Zech · Grundkurs Mathematikdidaktik

Friedrich Zech

Grundkurs Mathematikdidaktik

Theoretische und praktische Anleitungen für das Lehren und Lernen von Mathematik

Beltz Verlag · Weinheim und Basel

Über den Autor:

Friedrich Zech, Dr., Akademischer Oberrat am Seminar für Didaktik der Mathematik, der Chemie und Physik an der Universität Göttingen

Lektorat: Peter E. Kalb

8., völlig neu bearbeitete Auflage 1996

Herstellung: Erich Rathgeber, Weinheim
Satz: Satz- und Reprotechnik GmbH, Hemsbach
Druck: Druckhaus »Thomas Müntzer«, Bad Langensalza (Thüringen)
Umschlaggestaltung: Federico Luci, Köln
Umschlagfoto: Michael Seifert, Hannover
Printed in Germany

ISBN 3-407-25168-8

Inhaltsverzeichnis

Verzeichnis der Schemata

* *Anmerkung:* Die mit * bezeichneten Schemata geben jeweils eine Übersicht über wesentliche Gesichtspunkte eines ganzen Kapitels.

Vorwort zur Neuausgabe

Der »Grundkurs Mathematikdidaktik« blickt nun bald auf ein zwanzigjähriges erfolgreiches Bestehen zurück, und der Autor benutzt gerne die Gelegenheit zu einer gründlichen Neubearbeitung, die bereits 1981 im Vorwort zur 3. Auflage angekündigt worden war. Das seinerzeit gerade begonnene langjährige Projekt TELEMA (»**Te**xtliche **Le**rnhilfen für den **Ma**thematikunterricht«), das erst kürzlich abgeschlossen werden konnte, die stark gedrosselte Lehrerausbildung am Fachbereich Erziehungswissenschaften der Universität Göttingen (was eine Weiterentwicklung des Kurses im Rahmen von Hochschulveranstaltungen sehr erschwerte) und nicht zuletzt längere gesundheitliche Probleme haben die Neubearbeitung leider lange Zeit verhindert. Das längere Liegenlassen hatte vielleicht den Vorteil, daß ein vorschneller Anschluß an Modeströmungen und ein dementsprechendes Flickwerk von Auflage zu Auflage vermieden wurde. Jetzt ist der – wie ich hoffe – nötige Abstand da, um einige Dinge neu zu ordnen, zu ergänzen und zu gewichten.

Der im Vorwort zur 1. Auflage (1977) formulierte doppelte Anspruch des Buches bleibt voll bestehen: eine stärkere Einbeziehung der Pädagogik und Psychologie in die Mathematikdidaktik und eine möglichst unmittelbare Handlungsorientierung für den praktischen Unterricht (weitgehend unabhängig von Schulart und -stufe und unabhängig von speziellen Inhalten). Hierzu wird nach wie vor versucht, die als grundlegend anzusehenden Dimensionen des Mathematikunterrichts wie Rahmenbedingungen, Ziele, Denkentwicklung, Lernphasen und Lerntypen herauszustellen, in einen Zusammenhang zu bringen sowie in Planungs- und Beobachtungsvorschläge umzusetzen.

Ein besonderer Akzent der Darstellung liegt auf dem Unterrichten mathematischer Begriffe, Regeln und Verfahren und dem Problemlösen im Mathematikunterricht, mithin auf typischen Situationen des Mathematikunterrichts, die in einem Fachpraktikum Mathematik oder in der Referendarausbildung besonders angesprochen werden sollten. Insgesamt bemüht sich der Autor, allen Studierenden und Unterrichtenden des Lehrfachs Mathematik so etwas wie ein Koordinatensystem oder einen Orientierungsrahmen für den Mathematikunterricht zu vermitteln. Aufgrund der Komplexität der Fachdidaktik im Schnittpunkt von Mathematik, Allgemeiner Didaktik, Pädagogik, Psychologie u.a. und angesichts des bis heute erreichten Forschungsstandes in der relativ jungen Disziplin ist kaum mit direkten Handlungsanweisungen zu rechnen. Dazu spielen zu viele Einzelvariablen wie unterschiedliche Lehrer, Schüler und Unterrichtsinhalte eine zu große Rolle. Trotzdem scheint es möglich und geboten, Denkrichtungen für ein sensibles Agieren im Unterricht zu geben. Da der Anspruch in absehbarer Zeit wohl kaum viel höher geschraubt werden kann, ein entsprechendes vorläufiges Wissen aber immer für die Praxis gefragt sein wird, wird man sich auch kaum mehr für diese Situation entschuldigen müssen, zumal es sowohl in der Unterrichtspsychologie als auch in der Schulpädagogik, der Allgemeinen Didaktik und der Fachdidaktik inzwischen einige namhafte theorie-praxis-verbindende Lehrbücher gibt, die – je auf ihre Weise – sich in z.T. ähnlicher Richtung bemühen wie das vorliegende (es sei nur an Autoren wie Hans Aebli, Hilbert Meyer oder Erich Wittmann erinnert).

Als besondere Tugend der vorliegenden Darstellung wird ihre Systematik, Verständlichkeit und Integration vieler relevanter Theorieelemente und ihr möglichst unmittelbarer Praxisbezug gesehen. Es wird vermieden, sich einseitig bestimmten psychologischen Schulen oder Unterrichtslehren zu verschreiben, die durch Schlagworte wie operative oder genetische Methode, entdeckendes Lernen, Handlungs- oder auch Schülerorientierung gekennzeichnet sind. Dieser Grundkurs will nicht die teilweise Berechtigung solcher Wege anzweifeln, sie aber ein wenig relativieren, indem betont wird (und hierbei Autoren wie Ausubel oder Gagné folgend), daß es im Unterricht wesentlich um die Vermittlung von Wissen über den Lehrer geht und der Lehrer selbst beim Problemlösen den Schülern viel Hilfestellung zum Vermitteln von Denkstrategien geben muß. Trotz unterschiedlicher Akzentsetzungen scheint heute weitgehender Konsens darin zu bestehen, daß es einerseits entscheidend auf die Beachtung sogenannter kognitiver Theorien zu Lern- und Denkvorgängen des Verstehens, Erinnerns sowie zum Erwerb von Denkstrategien ankommt und andererseits auf die Beachtung von Motivationstheorien zum Ingangsetzen und Aufrechterhalten von Lernvorgängen. Insofern soll in dieser Neubearbeitung ein noch deutlicheres Gewicht hierauf liegen. Deshalb wird z.B. ein neues Kapitel zum sinnvollen Lernen und Behalten eingefügt und werden die Abschnitte über Motivation im Mathematikunterricht weiter vertieft.[1] Abschnitte über das Üben im Mathematikunterricht werden aus der einseitigen Sicht operativer Übungen im Sinne von Aebli u.a. einerseits und Automatisierungsübungen im Sinne einfacher Reiz-Reaktions-Theorien andererseits herausgeführt. Tieferes Verstehen und Anwendungen bekommen ein prinzipiell größeres Gewicht. Insgesamt werden operative Prinzipien, die in der Mathematikdidaktik lange eine dominierende Rolle gespielt haben (vgl. Dienes, Fricke, Wittmann u.a.) noch stärker relativiert als früher, z.T. auch neu interpretiert bzw. ergänzt.

Im übrigen wird natürlich versucht, einen neueren Literaturstand zu berücksichtigen, ohne die Gesamtdarstellung unnötig aufzublähen und zu komplizieren. Die Grundlinien sollen und können erhalten bleiben.

Gleichwohl war ein großer Teil des Buches neu zu schreiben, manches auch vorsichtiger, manches deutlicher, manches gekürzt, manches mit anderer Akzentuierung. In jedem Kapitel haben sich über das bereits Genannte hinaus kleinere oder größere Änderungen ergeben. Ich will hier nur einige kurz erwähnen:

---

1 Nebenbei bemerkt: Die alte, etwas zeitbedingte Bezeichnung »Schriba« als Kürzel für »schriftliches Basismaterial« für praktische Unterrichtsversuche wird zugunsten der alten, schlichten Bezeichnung »Kapitel« fallengelassen, ohne allerdings die Praxisorientierung dabei aus den Auge zu verlieren.

- Im Kapitel »Rahmenbedingungen« werden u.a. geschlechtsspezifische Unterschiede für Mathematikunterricht explizit diskutiert.
- Im Kapitel »Denkentwicklung« wird die Internalisierung von sprachlichen Instruktionen nach Galperin u.a. mit aufgenommen.
- Im Kapitel »Lerntypen« wird das lange vernachlässigte »Beobachtungslernen« in seiner fachdidaktischen Bedeutung reflektiert.
- Im Kapitel »Unterrichtsvorbereitung« wird die »alltägliche Vorbereitung« stärker diskutiert.
- Im Kapitel »Begriffslernen« wird u.a. die besonders erfolgreiche Strategie der »matched examples« berücksichtigt.
- Im Kapitel »Regellernen« wird neben der Fragetechnik stärker die Fragenqualität angesprochen.
- Im Kapitel »Problemlösen« werden die Behandlung von Sachaufgaben und die Vermittlung heuristischer Strategien (insbes. das »kognitive Modellieren«) stärker diskutiert.

Die Umarbeitung dieses Buchs wurde mir durch die Herausgabe meiner neuen, am Projekt TELEMA/STÜTZPFEILER orientierten Methodik »Mathematik erklären und verstehen« bei Cornelsen erleichtert; denn dort wird vieles inhaltlich fortgeführt, was ich in diesem allgemeiner orientierten Einführungsbuch nicht näher darstellen konnte, unter anderem:

- das Arbeiten mit Lehrtexten im Mathematikunterricht und ihre sinnvolle Gestaltung,
- die besondere Berücksichtigung lernschwacher Schüler wie überhaupt der Differenzierung im Mathematikunterricht,
- die weitere Berücksichtigung des kognitiven Modellierens im Mathematikunterricht und vor allem
- die Gestaltung einiger zentraler Unterrichtsinhalte wie Geometrie, Bruch-, Prozent- und Schlußrechnung.

Es darf also besonders darauf als Ergänzung hingewiesen werden.

Abschließend möchte ich mich herzlich bei all denjenigen bedanken, die mir bei der Neubearbeitung dieses Buchs geholfen haben:

- den Lehramtsstudenten in den letzten Semestern (SS 1994, WS 1994/95), bei denen ich die Neufassung erproben konnte und die mir viele nützliche Rückmeldungen gegeben haben;
- der Studentin Christiane Schuster, die zusätzlich bei den Schreibarbeiten geholfen hat;
- dem Studenten Matthias Liss, der sich zusätzlich um Literaturrecherchen gekümmert und vor allem die gesamte Graphik des Buchs neu gestaltet hat.

Frau Prof. Dr. Anna-Maria Fraedrich, Pädagogische Hochschule Weingarten, und Herrn Ak. Dir. Dr. Peter Kirsche, Universität Augsburg, danke ich herzlich für kritisches Gegenlesen des Manuskripts und viele nützliche Hinweise.

Ganz besonders danke ich meiner Frau Rosemarie, die den wesentlichen Teil der Vorfassung geschrieben und sehr viel Freizeit dafür geopfert hat.

Schließlich habe ich auch für die sehr sorgfältige redaktionelle Betreuung des Werks von seiten des Verlags recht herzlich zu danken.

Göttingen, den 15. 6. 1995 Friedrich Zech

Meine Adresse für freundliche Hinweise zur Verbesserung dieses Buches:

Dr. Friedrich Zech
Unter den Linden 32
37085 Göttingen
Tel. 0551 – 79 22 79

Aus dem Vorwort zur ersten Auflage

Es ist hervorzuheben, daß das gesamte seinerzeit vorgelegte Textmaterial das Ergebnis einer mehrjährigen theoretischen und praktischen Entwicklungsarbeit war. Es war ursprünglich gedacht als Leitmedium innerhalb eines Theorie und Praxis verbindenden Kurses für Lehramtskandidaten des Fachs Mathematik an Grund- und Hauptschulen. Der Kurs wurde im Rahmen des Fachpraktikums Mathematik an der damaligen Pädagogischen Hochschule Niedersachsen, Abteilung Göttingen, schrittweise aufgebaut und in unterschiedlichen Formen erprobt. In 7 Durchgängen wurde der Kurs mit insgesamt 12 Praktikumsgruppen (von jeweils 6 – 9 Studenten[2]) an mehreren Grund- und Hauptschulen im Göttinger Raum sowohl mit semesterbegleitendem Praktikum als auch mit einmonatigem Blockpraktikum erprobt. Zuletzt wurde der Kurs als zweisemestrige Veranstaltung mit einem zweistündigen Vorbereitungsseminar und einem daran anschließenden Praktikum angeboten. Die zu diesem Kurs angestellten Vorüberlegungen, Evaluationen und Reflexionen sowie die im Laufe der Kursentwicklung gewonnenen vielfältigen Erfahrungen für Einsatz und Durchführung des Kurses sind ausführlich im 1978 erschienenen Beltz-Forschungsbericht »Mathematikunterricht nach lehr-lern-theoretischer Orientierung« dargelegt.

---

2 Student*innen* natürlich auch. Ich vermeide die heute vielfach üblich gewordene Doppelung des Geschlechts aus sprachlichen Gründen. Ich versichere, daß ich – unserer gültigen Sprachkonvention entsprechend – bei »Schülern«, »Studenten«, »Referendaren«, »Lehrern« immer die weiblichen unter ihnen mitdenke bzw. anspreche.

Hinweise zur Lektüre

1. Jedes Kapitel ist weitgehend unabhängig von jedem anderen zu lesen; zumindestens ist es im Prinzip möglich, mit jedem Kapitel anzufangen.

2. Es empfiehlt sich, zunächst Kapitel 1 zu lesen, um eine umfassendere Orientierung zu den Leitideen dieses Kurses zu haben.

3. Der »kursorientierte« Leser wird die Kapitel zu Theorie und Praxis des Mathematikunterrichts im Sinne der ursprünglichen Intention dieses Buches zweckmäßig in der gegebenen Reihenfolge lesen.

4. Der »theoretisch-systematisch orientierte« Leser wird die Kapitel u.U. in der Reihenfolge 1–7, 9–11 und zum Schluß Kapitel 8 lesen.

5. Der eher »praktisch orientierte« Leser wird hingegen u.U. mit Kapitel 8 beginnen – und von daher auf die anderen Kapitel unsystematisch zurückgreifen.

6. Der besonders an der Konzeption der Unterrichtsversuche Interessierte wird zweckmäßig mit einem der Kapitel 9, 10 oder 11 beginnen.

7. Das Kapitel 12 wird zweckmäßig vor Beginn einer praktischen Phase sowie für die Zwecke des wiederholenden Überlernens und der Selbstüberprüfung herangezogen.

1. Kapitel: Zielsetzung, Voraussetzungen und Verlaufsplanung des Kurses

1.0 Vororientierung

Dieses einführende Kapitel soll zunächst die Zielsetzung des gesamten Kurses verdeutlichen, die Durchführung des Kurses begründen und einige charakteristische Merkmale des Kurses hervorheben.

Es soll die in diesem Buch genauer behandelten Hauptkategorien herausstellen und ihren Zusammenhang andeuten.

Es wird verdeutlichen, welche Art von Zielen auf welchen Ebenen anzustreben ist, um kompetentes Unterrichten zu ermöglichen.

Es gibt eine Übersicht, mit welchen Mitteln diese Ziele erreicht werden sollen, und einige Anhaltspunkte für sinnvolle Voraussetzungen zu Beginn des Kurses.

Schließlich liefert es einen Rahmen für eine mögliche Verlaufsplanung des Kurses.

Ergänzend wird darauf aufmerksam gemacht, durch welche besonderen Merkmale der in diesem Kurs zu besprechende Mathematikunterricht geprägt ist.

1.1 Allgemeine Zielsetzungen[1]

Der Sinn des Kurses besteht in der *Integration* von meist recht unverbundenen Komponenten der Lehrerausbildung:

a) Pädagogik, Psychologie, Allgemeine Didaktik,
b) Fachdidaktik,
c) Unterrichtspraxis.

Letztlich geht es um den Versuch, Theorie und Praxis des Mathematikunterrichts möglichst gut in sich und miteinander zu verbinden. »Theorie« heißt dabei in erster Linie pädagogisch-psychologische Grundlagen des Mathematiklernens, »Praxis« die Orientierung an entsprechenden Prinzipien im Unterricht.

---

1 Beachten Sie bitte auch schon beim Lesen die Diskussionsanregung am Schluß des Kapitels (Abschnitt 1.9).

Beides ist in ein geeignetes Wechselwirkungsverhältnis zu bringen: Einerseits sollte die Theorie in der Unterrichtspraxis erprobt werden, andererseits sollte die erfahrene Praxis zurückwirken auf die genauere theoretische Vorstellung.

Zur Zeit ist man in der Mathematikdidaktik meist leider immer noch von einem solchen Theorie-Praxis-Verhältnis weit entfernt. Weder die vielfach praktizierte rein »theoretische« Ausbildung im Rahmen der Fachwissenschaft und ihrer Didaktik, in Pädagogik, Psychologie usw. (wie sie an vielen Hochschulen üblich ist), noch eine isolierte »praktische« Ausbildung in der Kunst des Unterrichtens (wie sie in vielen Schulen üblich ist) werden einem zeitgemäßen Theorie-Praxis-Verhältnis gerecht.

Es besteht somit die Gefahr, daß es zu unerwünschten Ausbildungsergebnissen folgender Art kommt:

- Die didaktische Bedeutung der fachlichen Inhalte wird unzureichend erkannt bzw. der Unterricht wird zu einseitig an der Fachsystematik orientiert.
- Wichtiges pädagogisches und psychologisches Wissen bleibt bei der methodisch-didaktischen Planung des Unterrichts unberücksichtigt.
- Der Unterricht des »fertigen« Lehrers erfolgt mehr nach praktischen Faustregeln als nach theoretischen Reflexionen.[2] Hier setzten viele Reformvorschläge der 70er Jahre zu »einphasiger« Lehrerausbildung an (vgl. z.B. das Bremer oder Oldenburger Modell); sie wurden jedoch inhaltlich vielleicht nicht konkret genug ausgefüllt und sind inzwischen institutionell leider weitgehend gescheitert.

Es kommt hinzu, daß die theoretischen Teile der Lehrerausbildung unter sich meist schon schlecht miteinander verbunden sind. Die Grundwissenschaften (Pädagogik, Psychologie ...) lassen bei einer inhaltsneutralen Betrachtungsweise oft wichtige fachwissenschaftliche und fachdidaktische Aspekte außer acht; die Fachdidaktik wiederum bezieht häufig wichtige Aspekte der Grundwissenschaften zuwenig in ihre Betrachtung ein.

Hier setzten viele Reformvorschläge (vgl. wiederum die obengenannten Modelle und auch Göttinger Versuche) zu fächerintegrativem Studium ein; auch sie müßten inhaltlich stärker gefüllt werden und sind seit den 80er Jahren institutionell eher in Rückentwicklung begriffen. So versucht der Kurs nach wie vor, einen studienreformerischen Impuls in zwei Richtungen zu geben, der in den letzten zwanzig Jahren nichts an *Dringlichkeit* verloren hat:

zum einen in Richtung auf eine *bessere Verbindung von Fachdidaktik und Pädagogik/Psychologie*, zum anderen in Richtung auf eine *bessere Verbindung von Theorie und Praxis.*

---

2 Häufig ist er gar mehr oder weniger unbewußt an Modellen selbsterlebten Schul- oder Hochschulunterrichts orientiert (vgl. dazu auch Kap. 2). Gegen theoretisch begründete oder zumindest reflektierte Unterrichtsrezepte (vgl. dazu auch Grell 1979 und Meyer 1980) sei damit nichts gesagt.

1.2 Grundgedanken zur Realisation

Die Grundidee des vorliegenden Kurses ist angelehnt an den pädagogischen »Grundkurs Lehren und Lernen« (Eigler u.a. 1973). Es geht darum, in einem Lehrtext den theoretischen Hintergrund für typische Unterrichtssituationen aufzuarbeiten, die dann in kleinen Unterrichtsversuchen gezielt erprobt und schließend diskutiert werden. (In den siebziger Jahren sprach man dabei gern von sog. schriftlichem Basismaterial einerseits und microteaching (Allen/Ryan 1972) andererseits.)

Es liegt nahe, nicht bei der Darstellung und Erprobung allgemeiner Lehrverfahren (bei Eigler u.a. entdeckenlassendes Lehren versus darstellendes Lehren im Anschluß an die theoretischen Konzeptionen von Bruner 1974 und Ausubel 1974) und auch nicht bei der Darstellung engumgrenzter allgemeindidaktischer Einzeltechniken (vgl. den Überblick zu microteaching bei Gage/Berliner 1979[2], Kap. 2) stehenzubleiben, sondern nach sinnvolleren, etwas komplexeren, aber gleichwohl umgrenzten und überschaubaren Unterrichtssituationen in einem fachdidaktischen Rahmen Ausschau zu halten, wo sich die Lernbedingungen genau (und damit praxisnäher) beschreiben lassen.

Bei der Auswahl der Unterrichtssituationen haben die von Gagné (1980[5]) als allgemein besonders wichtig herausgestellten *»Lerntypen«* des Begriffslernens, Regellernens und Problemlösens Pate gestanden. Die allgemeinen Lernbedingungen sind für den Mathematikunterricht genauer anzupassen, zu präzisieren und zu modifizieren unter Berücksichtigung gegenwärtiger Fachdidaktik und einer stärkeren Einbeziehung der hierfür besonders relevanten »kognitiven Theorien« (vgl. u.a. Aebli, Bruner, Ausubel), die z.T. später auch bei Gagné eine zunehmende Rolle spielen.

Hierzu sind einerseits *»Entwicklungsstadien«* mathematischen Denkens (d.h. altersbedingte kognitive Fähigkeiten der Schüler) zu beachten, andererseits der *»Abstraktionsgrad«* (d.h. das ihrem Lernstand entsprechende kognitive Niveau – unabhängig vom jeweiligen Alter). Weiterhin geht es u.a. darum, wodurch *»sinnvolles Lernen«* (Verstehen) im Unterschied zu anderen Lernformen der Schüler ausgezeichnet ist.

Unter schulpädagogischen und allgemeindidaktischen Gesichtspunkten waren die sog. *»Lernphasen«* zu reflektieren, die den zeitlichen Verlauf von Lernprozessen beschreiben, d.h. ihr Anstoß, die typischen Schwierigkeiten und ihre Überwindung, die Festigung, Übung und Anwendung des Gelernten (jeweils unter Einbeziehung relevanter unterrichtspsychologischer und fachdidaktischer Gesichtspunkte). Besondere Beachtung verdienen hier Theorieelemente zu Motivation, Übung und Transfer.

Auch war klar, daß man Mathematik nur unterrichten kann, wenn man weiß, was dabei herauskommen soll. Also waren die allgemeinen und speziellen Ziele des Mathematikunterrichts zu reflektieren.

Nach Überzeugung von Vertretern der Allgemeinen Didaktik (vgl. z.B. Heimann/Otto/Schulz 1970[5]) und Unterrichtspsychologen (vgl. z.B. Ausubel 1974, Gage/Berliner 1979[2]) spielen schließlich »*Rahmenbedingungen*« wie das allgemeine Verhalten des Lehrers, die unterschiedliche Leistungsfähigkeit der Schüler, die Medienausstattung der Schule für jeden Unterricht (nicht nur »am Rande«) eine besondere Rolle.

Zumindest die genannten Gesichtspunkte waren systematisch unter einen Hut zu bringen, miteinander zu verbinden und in eine solche Form zu bringen, daß sie für den Mathematiklehrer im Unterricht tatsächlich zu berücksichtigen sind. Dazu gehört in der Darstellung eine verständliche »Metasprache«, die möglichst unabhängig von einer speziellen pädagogischen oder psychologischen Terminologie gehalten ist und verbindende Grundgedanken betont, theoretische Widersprüche in Handlungsalternativen übersetzt (oder versucht, zwischen ihnen unter praktischen Gesichtspunkten zu vermitteln) sowie auf viele Einzelgesichtspunkte und eine gar zu »wissenschaftliche« Diskussion bewußt verzichtet (dazu wird auf die jeweilige Hintergrundliteratur verwiesen).

Ein weiterer wichtiger Schritt zur eigenen Realisierung sind Beobachtungs- und Diskussionshinweise für den Unterricht (zunächst bei anderen, dann bei sich selbst) sowie Vorschläge zur Vorbereitung und praktischen Realisierung des Unterrichts, in die die wesentlichen Gesichtspunkte handlungsnah zu integrieren sind.

1.3 Das dem Kurs zugrundeliegende lehr- und lerntheoretische Modell[3] des Mathematikunterrichts

In den folgenden Kapiteln dieses Buches wird schrittweise ein Modell entworfen, mit dem die wichtigsten Momente für die Organisation von Mathematikunterricht erfaßt werden sollen. In den Kapiteln 2 bis 6 wird zunächst eine allgemeine lehr-lern-theoretische Grundlage für den Mathematikunterricht geschaffen, unter Herausarbeitung der nachfolgend genannten Hauptkategorien:

- Kapitel 2: *Rahmenbedingungen.*
- Kapitel 3: *Ziele.*
- Kapitel 4: *Entwicklungsstadien und Darstellungsebenen.*
- Kapitel 5: *Sinnvolles Lernen.*
- Kapitel 6: *Lerntypen.*
- Kapitel 7: *Lernphasen.*

Im folgenden Kapitel werden allgemeine Gesichtspunkte zur systematischen Vorbereitung und Beobachtung von Mathematikunterricht zusammengestellt (unter Berücksichtigung und Verbindung der in den einzelnen Kapiteln entwickelten didaktischen Gesichtspunkte):

- Kapitel 8: *Vorbereitung, Beobachtung.*

In den weiteren Kapiteln werden die wichtigsten Lerntypen des Mathematikunterrichts und ihre jeweiligen Bedingungen in gezielter Ausrichtung auf Unterrichtsversuche näher zu Teilmodellen des Mathematikunterrichts ausgestaltet:

---

3 Einige Erläuterungen zum Modellverständnis in diesem Buch vgl. Abschn. 1.10.2.

- Kapitel 9: Das Lernen von *Begriffen.*
- Kapitel 10: Das Lernen von *Regeln und Verfahren.*
- Kapitel 11: *Problemlösen* und die notwendigen *kognitiven Strategien.*

Bei der Konstruktion der drei Teilmodelle in den letzten drei Kapiteln ist es naheliegend, den Lernphasen der einzelnen Lerntypen zu folgen, weil sie die Grundstruktur des zeitlichen Nacheinander bestimmen und die durch die anderen Dimensionen des Mathematikunterrichts gegebenen Gesichtspunkte »einzuhängen« ermöglichen.

Die Gesamtkonstruktion der theoretischen Grundlage und die Konstruktion der Teilmodelle läßt sich kurz in den folgenden beiden Skizzen verdeutlichen:

Schema 0: Modellschema für Mathematikunterricht

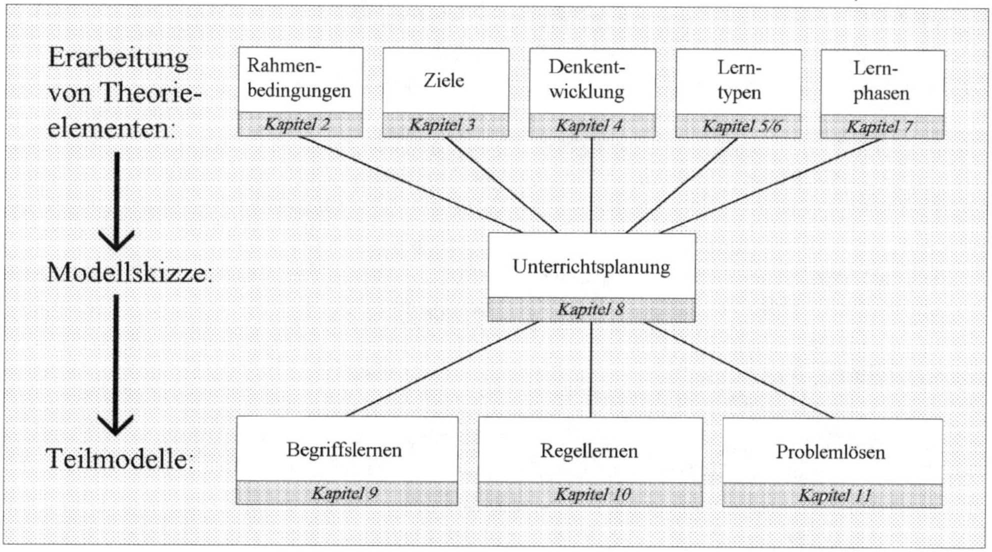

Abb. 1.1: Gesamtkonstruktion der theoretischen Grundlage

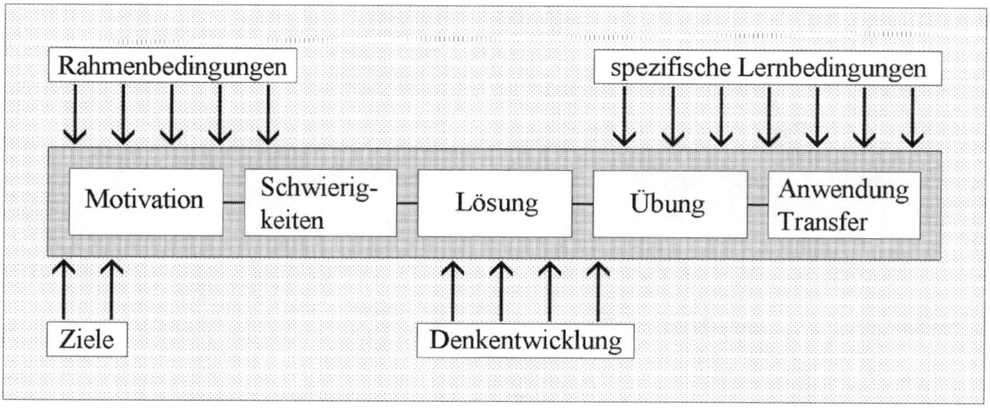

Abb. 1.2: Konstruktion der Teilmodelle

1.4 Inhaltliche Intentionen

Die Hauptintention des Kurses läßt sich wie folgt umreißen: *Er will dazu anleiten, Lernprozesse im Bereich der Mathematik für verschiedene Lerntypen (Begriffslernen, Regellernen, problemlösendes Lernen) unter Beachtung der jeweiligen Lernbedingungen zu planen, zu realisieren und zu evaluieren*[4].

Gemäß dieser Hauptintention sind nacheinander und im Wechsel Ziele auf verschiedenen Lernebenen anzustreben:

a) auf der kognitiven Ebene des Wissens, Verstehens und Anwendens (und der dementsprechenden affektiven Ebene des »Berücksichtigenwollens«);
b) auf der Ebene des analysierenden Beobachtens;
c) auf der Ebene des konstruktiven Planens;
d) auf der Ebene des unterrichtlichen Handelns;
e) auf der Ebene des evaluierenden Beobachtens (Beurteilens).

Diese Lernebenen stehen ersichtlich in einer gewissen hierarchischen Beziehung zueinander. Es ist für erfolgreiches Unterrichten wahrscheinlich sehr wichtig, keine dieser Lernebenen zu vernachlässigen, weil jede die Voraussetzung für die nächste ist, zumindestens diese aber fördert.

Dementsprechend ließen sich etwa Grobziele folgender Art formulieren: »Die Kursteilnehmer sollen die Darstellungsebenen nach Bruner kennen, bei der Beobachtung von Mathematikunterricht identifizieren, bei der Planung und Realisation mathematischer Unterrichtsprozesse möglichst angemessen zu beachten suchen und in der Rückschau kritisch reflektieren können« (vgl. Kapitel 4).

»Die Kursteilnehmer sollen bei der Behandlung eines mathematischen Begriffs durch Auswahl geeigneter Beispiele und Gegenbeispiele eine unbeabsichtigte Unter- bzw. Übergeneralisierung des Begriffs zu verhindern suchen« (vgl. Kapitel 9). (Dieses Ziel sollte wieder in jeweils spezifischer Ausformung auf den verschiedenen obengenannten Lernebenen angestrebt werden.)

»Die Kursteilnehmer sollen angeleitet werden (vgl. Kapitel 11), bei der Organisation problemlösenden Lernens im Mathematikunterricht geeignete, nach Stärke abgestufte Lernhilfen zu geben«. (Dies gilt wieder für die verschiedenen Lernebenen in spezifischer Weise: (a) geeignete Hilfen kennen, (b) solche bei der Beobachtung erkennen ...)

Der Leser möge sich hier mit dieser exemplarischen Verdeutlichung der Ziele begnügen. Weitere Grobziele dieser Art kann er später selbst nach weiteren Hinweisen in Kapitel 12 erschließen.

---

4 Evaluieren (lat.): einschätzen.

1.5 Tragende Teile (Medien und Verfahren) des Kurses und ihre Funktion[5]

Der inhaltlichen Intention entsprechend, werden zur Erreichung der Ziele folgende Mittel empfohlen, die ggf. je nach der jeweiligen Ausbildungssituation zu modifizieren sind:

a) Das vorliegende *Buch* (zur Orientierung über wichtige lehr-lern-theoretische Aspekte des Mathematikunterrichts, als Hilfe für Beobachtung und Planung des Unterrichts).
b) *Gruppendiskussionen* (zur Klärung der schriftlichen Grundlagen und ggf. zur Auswertung von Unterrichtsversuchen).
c) *Hospitationen* (zur Beobachtung des Unterrichts nach bestimmten Kategorien; anfangs evtl. auch zum Bekanntmachen mit der zugeordneten Klasse und dem bisherigen Fachlehrer).
d) *Unterrichtsversuche* (zur Erprobung des aufgrund dieses Buchs und seiner Planungsvorschläge erarbeiteten Unterrichtskonzepts).
Die Unterrichtsversuche sollten u.U. in einer auf die eine oder andere Weise vereinfachten Unterrichtssituation durchgeführt werden:
(1) eingegrenzte Unterrichtsaufgaben zu jeweils einem bestimmten Lerntyp,
(2) halbe Klassen (bei normaler Klassenstärke von ca. 25 bis 30 Schülern),
(3) evtl. verkürzte Unterrichtszeit (z.B. auf 30 Minuten[6]).
e) *Videoaufnahmen* (als veranschaulichende Modellbänder[7] und zur objektiveren Kontrolle und Auswertung der Unterrichtsversuche).
f) *Berater* (z.B. Mentor = Fachlehrer der Klasse und Tutor = Vertreter der »Theorie«; evtl. beides auch in einer Person).

Die genauere Funktionsbestimmung und der zweckmäßige Einsatz einzelner Medien und Methoden sollte sich aus gemeinsamen Absprachen der beteiligten Personen ergeben. Genauere Vorschläge bzw. Erfahrungen werden an geeigneter Stelle in den folgenden Kapiteln eingefügt. Es sei insbesondere auf Kapitel 8 sowie auf die Diskussions- und Beobachtungsvorschläge im Anschluß an die einzelnen Kapitel verwiesen.

1.6 Wünschenswerte Voraussetzungen oder Vertiefungen (Literaturhinweise)

Von der *fachlichen* und *fachdidaktischen* Seite kann eine gewisse Vertrautheit mit dem Mathematikunterricht der Grundschule und Sekundarstufe I nützlich sein. Für eine mögliche Orientierung seien stellvertretend z.B. Radatz/Schipper (1983), Schwartze/

5 Eine genauere Darstellung findet sich in Zech 1978, Kap. 6.
6 Letzteres wird gelegentlich nicht als Erleichterung empfunden, ermöglicht ggf. aber auch eine Rückmeldung durch die Schüler!
7 Dies können durchaus auch »instruktive« Aufnahmen früherer Unterrichtsversuche von Studenten oder Referendaren sein.

Fricke (1983[7]) oder Zech (1995) genannt. Es genügt zunächst aber auch ein Stöbern in einschlägigen Schulbüchern.

Daneben wären einige wünschenswerte Grundkenntnisse *aus der Pädagogik und der Psychologie* zu nennen, die in folgender Hintergrundliteratur zu diesem Buch angesprochen sind:

1. Aebli (1983): Die zwölf Grundformen des Lernens.
   Aebli (1987): Grundlagen des Lehrens.
   Die beiden Bände von Aebli stellen eine »Allgemeine Didaktik auf psychologischer Grundlage« dar.
2. Ausubel u.a. (1980[2] und 1981[2]): Psychologie des Unterrichts.
   Diese beiden Bände stellen eine »Theorie des sinnvollen Lernens« dar.
3. Gage/Berliner (1979[2]): Pädagogische Psychologie.
   Bd. 1: Grundlagen, Konzepte, Ergebnisse.
   Bd. 2: Lehrmethoden, Bewertung des Lernerfolgs.
4. Gagné (1980[5]): Die Bedingungen des menschlichen Lernens.
   Hier werden u.a. die sog. »Lerntypen« genauer diskutiert.
5. Meyer (1987 und 1988[2]): Unterrichtsmethoden.
   Bd. 1: Theorieband. Bd. 2: Praxisband.
6. Treiber/Weinert (1982): Lehr-Lern-Forschung. Dieses Buch gibt einen kritischen Überblick zu neueren Forschungsansätzen im genannten Bereich.

Die genannten Bücher seien für ein dieses Buch vorbereitendes, begleitendes oder vertiefendes bzw. ergänzendes pädagogisch-psychologisches Studium besonders empfohlen. Sie zeichnen sich allesamt durch Verständlichkeit und durch das Bemühen um den (durchaus unterschiedlich interpretierten) Theorie-Praxis-Bezug aus. Ich werde später gelegentlich auf diese Autoren verweisen. Vielleicht empfiehlt es sich, mit Aebli (1983; die Neubearbeitung der früheren »Grundformen des Lehrens«) oder mit Gagné (1980 in der 5. neu bearbeiteten deutschen Auflage) zu beginnen, zumal diese Autoren vom Inhalt her der Mathematikdidaktik wohl noch am nächsten stehen. Für eine erste kleinere allgemeine Grundorientierung kann auch Straka/Macke (1981[2]) dienen, wo wichtige Lehr-Lern-Theorien (u.a. von Gagné, Aebli, Roth, Ausubel, Bruner) kurz charakterisiert werden, die auch im vorliegenden Buch eine wesentliche Rolle spielen. Nach den einzelnen Kapiteln wird im übrigen noch auf manche Spezialliteratur – dann auch aus dem Bereich der Mathematikdidaktik – besonders hingewiesen. Da erfahrungsgemäß die angegebene Hintergrundliteratur nur in begrenztem Umfang vorausgesetzt werden kann, werden wichtige Gedanken daraus in diesem Buch (wenn naturgemäß auch in einer teils vereinfachten und auf den Mathematikunterricht zugeschnittener Form) herausgearbeitet. So mag dieses Buch einesteils häufiger als fachbezogene Einführung (in anderen Fällen als fachbezogene »Wiederholung«) dieser Grundlagen dienen.

1.7 Planung des Kursverlaufs

Es soll hier ein *Rahmenplan*[8] angegeben werden, der sich bei verschiedenen Kursformen bewährt hat und unterschiedlichen Rahmenbedingungen angepaßt werden kann:

I. Theoriephase (Vorbereitungsseminar[9])
Die Theoriephase hat, den Intentionen des gesamten Kurses gemäß (vgl. 1.1–1.5), u.a. den Sinn, ein nachfolgendes Praktikum anhand illustrierender Videobänder und durch Diskussionen sowie geeignete Übungsaufgaben vorzubereiten.

Als Vorbereitungsseminar ist umfangmäßig eine mindestens zweistündige Lehrveranstaltung vorzusehen, die sich bei etwa 13 Sitzungen an folgenden Schwerpunkten orientieren kann:

1. Zielsetzung und Verlaufsplanung der Veranstaltung (Kapitel 1).
2. Rahmenbedingungen des Mathematikunterrichts (Kapitel 2).
3. Ziele des Mathematikunterrichts (Kapitel 3, 1. Teil).
4. Taxonomie und Operationalisierung mathematischer Lernziele (Kapitel 3, 2. Teil).
5. Kognitive Entwicklung und operative Methode (Kapitel 4).
6. Vorstellungen zum sinnvollen Lernen (Kapitel 5).
7. Lernphasen des Mathematikunterrichts (Kapitel 6).
8. Lerntypen des Mathematikunterrichts (Kapitel 7).
9. Vorbereitung, Beobachtung und Besprechung von Mathematikunterricht (Kapitel 8).
10. Begriffslernen im Mathematikunterricht (Kapitel 9).
11. Regellernen im Mathematikunterricht (Kapitel 10).
12. Problemlösen im Mathematikunterricht (Kapitel 11, 1. Teil).
13. Problemlösen im Mathematikunterricht (Kapitel 11, 2. Teil).

Für die nähere Ausgestaltung eines solchen Seminars sei ggf. auf Zech (1978) verwiesen. Die Schwerpunkte können weitgehend nach den jeweiligen Wünschen der Adressaten gestaltet werden.

II. Praktische Erprobungsphase[10] *(Fachpraktikum, Unterrichtsversuche in der Referendarzeit)*
Zunächst ist das Praktikum inhaltlich vorzubereiten. Am Ende der Theoriephase konstituieren sich evtl. Praktikumsgruppen aus mehreren Praktikanten und Betreuern (Mentor, Tutor o.ä.). Hierbei werden zweckmäßig erste grobe Absprachen bezüglich der Unterrichtsinhalte und diesbezüglicher Lektüre getroffen (vgl. Näheres hierzu in Abschnitt 8.1.3). Die Erarbeitung der Unterrichtsinhalte kann mit dem Wiederholen

8 Er wird im 12. Kapitel noch etwas näher verdeutlicht.

9 Dem Vorbereitungsseminar (z.B. im Rahmen einer Hochschulveranstaltung) kann man sinnvoll noch eine Literaturphase vorschalten, für die man ausgewählte Beiträge gemäß den Anregungen des letzten Abschnitts oder den Hinweisen zu den Kapiteln verabredet.

10 Im weiteren kurz »Praktikum« genannt. Entsprechend wird im weiteren auch kurz von »Praktikanten« gesprochen; damit sind dann z.B. auch Referendare gemeint.

der lehr-lern-theoretischen Grundlagen verbunden werden. Das nachfolgende Praktikum könnte etwa folgende Struktur haben, die von den Praktikumsgruppen im einzelnen selbst festzulegen ist[11]:

A. Planungs- und Hospitationsphase

1. Lernzielkontrolle hinsichtlich der theoretischen Grundlagen, evtl. in Verbindung mit den verabredeten Unterrichtsinhalten (vgl. Abschnitt 12.2).
2. Erstellen eines genaueren Praktikumsplanes.
3. Klärung der Rahmenbedingungen, Ziele und Inhalte (vgl. Kapitel 2 und 8).
4. Hospitation bei Betreuern unter gezielten (an den Kapiteln 3–7 orientierten) Fragestellungen.
5. Genauere gemeinsame Vorbereitung der ersten Stunden (vgl. Kapitel 8).

B. Unterrichtsversuche

Es können Unterrichtsversuche zu folgenden typischen Situationen des Mathematikunterrichts durchgeführt werden:

1. Einführung eines Begriffs (vgl. Kapitel 9).
2. Übung zur Festigung des Begriffs.
3. Einführung einer mathematischen »Regel« (vgl. Kapitel 10).
4. Vertiefung der mathematischen Regel.
5. Bewußtmachen von kognitiven Strategien zum Aufgabenlösen.
6. Problemlösungsunterricht (vgl. Kapitel 11).
   Es empfiehlt sich u.U., weiterhin in das Praktikum aufzunehmen:
7. Eine »Wiederholungsstunde«[12].
8. Eine schriftliche Lernzielkontrolle (Klassenarbeit)[13].

Es kommt darauf an, möglichst geeignete Inhalte auszuwählen, aber daran zu denken, daß obige Situationen Idealisierungen darstellen, also nicht unbedingt für eine einzelne Stunde jeweils »lupenrein« zu bekommen sind. Es erscheint aber zweckmäßig, an vielen solchen »Situationen« prinzipiell festzuhalten, um ein möglichst reichhaltiges Praktikum zu gewährleisten.

Die Stunden werden jeweils auf der Grundlage dieses Buches vorbereitet, beobachtet und besprochen.

11 Genauere Vorschläge und Anregungen sowohl für Blockpraktika als auch für semesterbegleitende Praktika finden sich in Kapitel 9 von Zech (1978).
12 Anregungen hierzu findet man bei Zech (1995, Abschnitt 3.9).
13 Anregungen dazu geben Kapitel 3 und dortige Literaturhinweise.

C. Abschlußphase

1. Rekonstruktion des Praktikumsverlaufs.
2. Diskussion der gemachten Erfahrungen mit allen Beteiligten (auch den Schülern).

1.8 Arbeits- und Zeitanforderungen des Kurses

Wird der Kurs in allen seinen Teilen durchgeführt, ist er eine arbeitsintensive, aber erfahrungsgemäß »lohnende« Veranstaltung.

Die Lektüre, die Vordiskussion und Aufgabenbearbeitung (z.T. in Kleingruppen) erfordert erfahrungsgemäß beim ersten Durchgang pro Kapitel (bei Kapitel 3/4 und 11 pro Kapitelhälfte) ca. 2 ½ Stdn.: etwa 1 Std. das Lesen und 1 ½ Stdn. die Vorarbeit.

Die Diskussion in der Großgruppe erfordert zusätzlich jeweils etwa 1 ½ Stdn. (bei intensiver Behandlung und Aufgabenbesprechung vermutlich 3 Stdn.).

Eine »Lernzielkontrolle« zum Inhalt des Buches in der Art der in Kapitel 12 vorgeschlagenen Form erfordert ca. 6 Stdn. häuslicher Arbeit.

Die Klärung der Rahmenbedingungen, Ziele und Inhalte der Unterrichtsreihe (im Sinne von Kapitel 6) erfordert ca. 7 Stdn. Kleingruppenarbeit der Praktikumsgruppe.

Eine Hospitation bzw. ein Unterrichtsversuch erfordert ca. 1 Std. Vorbesprechung und ca. 2 Stdn. Nachbesprechung. Für die Vorbereitung der Unterrichtsstunde (nach Kapitel 8) benötigt ein Praktikant erfahrungsgemäß ca. 7 Stdn.

Die Abschlußphase erfordert ca. 2 Tage (je 6 Stdn.). Alle genannten Zahlen sind natürlich grobe Durchschnittswerte, für die es im Einzelfall starke Abweichungen geben kann; sie richten sich selbstverständlich insbesondere nach der zur Verfügung stehenden Zeit, nach dem Inhalt und der Intensität der Durchführung.

1.9 Diskussionsanregung

– Was ist bezüglich Zielsetzung oder Verlaufsplanung des Kurses unklar?
– Wo haben Sie Bedenken oder Vorschläge?

1.10 Ergänzungen: Grundmerkmale des Unterrichts

1.10.1 Das hier zugrunde gelegte Verständnis von Unterricht

Vorweg sei bemerkt, daß es bei diesem Kurs ausschließlich um »Lehren« und »Lernen« von Mathematikunterricht in der *Schule* geht und um Mathematikunterricht in einem *Klassenraum*, in dem *ein Lehrer* einer größeren oder kleineren *Gruppe von Schülern* mathematische Inhalte vermittelt.

Wenn sich der Kurs damit auf den »normalen« Klassenunterricht in einem Fach beschränkt, soll damit keine grundsätzliche Ablehnung anderer Formen von Mathematikunterricht (z.B. programmierter Unterricht, Teamteaching, projektorientierter, fächerintegrierter Unterricht usw.) verbunden sein, sondern eine Konzentration auf Unterrichtssituationen, die vermutlich noch für absehbare Zeit an unseren Schulen vorherrschend sind: Sie sollen nach der hier gegebenen lehr-lern-theoretischen Orientierung möglichst sinnvoll und effektiv gestaltet werden. Unter bewußtem Verzicht auf lerntheoretische Erörterungen und eine präzisere Definition (vgl. z.B. Hilgard/Bower 1973[3], S. 16) seien hier unter »Lehren und Lernen von Mathematik« zielorientierte Bemühungen um mathematische Inhalte im Bedingungsgefüge eines Klassenunterrichts verstanden (vgl. Klingenberg 1972, S. 81). Dabei bezeichnet *Lehren* jenen Aspekt des Unterrichtsprozesses, der die Tätigkeit des Lehrers, und *Lernen*[14] jenen, der die »Vorgänge« bei dem Schüler meint.

Dem Lehrer fällt dabei vornehmlich die Aufgabe zu (unter gegebenen Rahmenbedingungen, vgl. Abschnitt 2.3), die Lernziele und -inhalte auszuwählen und für geeignete Lernbedingungen (Lernmaterialien, Lehrverfahren usw.) zu sorgen (vgl. Eigler/Judith u.a. 1973, S. 28): Der Lehrer erscheint dabei insbesondere *als »Initiator« und »Organisator« von Lernprozessen.* Diese Rolle des Lehrers tritt bei dem hier beschriebenen Modell des Mathematikunterrichts in den Vordergrund.

Demgegenüber soll z.B. die soziale Rolle des Lehrers als »Erzieher« (Berater, Repräsentant der Erwachsenenwelt, Vermittler bewährter kultureller Werte) stärker in den Hintergrund treten. Damit soll diese Rolle des Lehrers einschließlich damit zusammenhängender Aspekte wie »Führungsstil« und »Klassenklima« nicht geringgeschätzt werden[15], aber zum einen handelt es sich hier um Fragen, die eher mit Unterricht allgemein als speziell mit dem Mathematikunterricht zu tun haben; zum anderen ist z.B. mit Ausubel (1974, S. 500) zu fragen, ob nicht »die wichtigste und charakteristischste Rolle des Lehrers im Klassenzimmer immer noch die eines Leiters von Lernaktivität ist« (im Sinne dieses Modells).

1.10.2 Anforderungen an das Unterrichtsmodell und Auswahl der Unterrichtsdimensionen[16]

Im Sinne von Popp (1970, S. 50) sei unter »Modell« eine vereinfachende Darstellung einer komplizierten Feldstruktur mit ihren Funktionszusammenhängen verstanden.

Beim Entwurf eines Modells für den Mathematikunterricht innerhalb dieses Buches war seine allgemeine Verwendbarkeit für die konstruktive und die analytische Reflexion der leitende Gesichtspunkt.

Dabei sollten vor allem folgende Anforderungen erfüllt werden:

1. Eine Erfassung der Hauptdimensionen des Mathematikunterrichts.
2. Die Herstellung eines sinnvollen Zusammenhangs zwischen diesen Dimensionen.

14 Näheres zum Begriff des (sinnvollen) Lernens in Kapitel 5.
15 Einiges davon wird in den Kapiteln 2, 3 und 11 berührt.
16 Näheres hierzu vgl. Zech (1978), Abschnitt 6.1 und 6.2.

3. Eine Beschränkung auf solche Zusammenhänge, die für alle Schulstufen[17] relevant sind.
4. Eine Beschränkung auf solche Zusammenhänge, die weitgehend für alle Schüler einer Klasse in gleicher Weise gelten. (Fragen der »inneren Differenzierung« werden soweit wie möglich ausgeklammert[18].)

Durch diese einschränkende Überlegung sollte sich ein hinreichend einfaches und praktikables Modell ergeben. Bei flexibler Handhabung des Modells scheint es gut möglich, weitere wesentlich erscheinende Faktoren einzuordnen. Als *Schlüsselfrage zur Auswahl der »wesentlichen« Unterrichtsdimensionen* kann die Frage angesehen werden (vgl. Abschnitt 1.3): Was muß ich als Lehrer (neben dem Inhalt) bei der Vorbereitung und Erteilung von Mathematikunterricht unbedingt berücksichtigen?

Die *Antwort* darauf wurde in Abschnitt 1.3 kurz entwickelt und in Abschnitt 1.4 zusammengefaßt.

Eine Frage könnte sich hier stellen: Wo bleiben die u.U. als grundlegend erachteten Medien (Unterrichtsmaterialien), Sozialformen (z.B. Kleingruppenarbeit) und Unterrichtsformen (z.B. fragend-entwickelnder Unterricht)? Die Medien, Sozial- und Unterrichtsformen sind hier als – wenn auch wichtige – Unterkategorien des Modells zu verstehen, die im wesentlichen durch die von den anderen Kategorien her gesetzten Bedingungen determiniert sind.

Bemerkungen zu Medien, Sozial- und Unterrichtsformen finden sich dementsprechend an geeigneter Stelle in den auf die Hauptkategorien abgestimmten Kapiteln, bzw. es wird – soweit es sich um fachübergreifende Gesichtspunkte handelt – auf andere Literatur verwiesen.

Die *Medien* als »Mittler« im Unterrichtsprozeß werden häufig bestimmt vom Denkniveau des Lernenden, d.h. insbesondere von der »Darstellungsebene«, auf der er das zu Lernende am besten aufnimmt. (Nicht zufällig bezeichnet Bruner die Darstellungsebenen selbst oft als »Medien«; vgl. auch Kapitel 4.[19])

Die *Sozialformen* ergeben sich wesentlich aus den Zielen des Unterrichts: Einzelarbeit z.B., wenn »Selbständigkeit« und »Selbsttätigkeit« des Lernenden, Partner- und Gruppenarbeit, wenn »Zusammenarbeit« angestrebt wird[20]. Weiterhin hängen die Sozialformen wesentlich von der didaktischen Funktion im Rahmen einer Lernphase ab: am Anfang beispielsweise Klassenunterricht, um die Aufmerksamkeit zu sammeln; Partnerarbeit etwa in einer Übungsphase, wenn gegenseitige Hilfe zur Überwindung von Schwierigkeiten angebracht ist; Einzelarbeit z.B., wenn die Leistungen des einzelnen Schülers erfaßt werden sollen[21].

Ähnliches gilt für die *Unterrichtsformen*: Sie werden wesentlich durch den Lerntyp bzw. die Lernphase innerhalb eines Lerntyps bestimmt: So eignet sich fragend-entwik-

---

17 Einige Unterschiede kommen in den Kapiteln 4, 7 und 11 zur Sprache.
18 Einige Unterschiede der Schüler kommen in den Kapiteln 2, 5, 9 und 11 zur Sprache.
19 Einige Hinweise zur Verwendung von Medien im materiell-technischen Sinne finden Sie in Abschnitt 2.4.
20 Zu diesen Zielsetzungen vgl. Kapitel 3.
21 Einige inhaltliche Hinweise zu den Sozialformen in Kapitel 11.

kelnder Unterricht häufig für das Erarbeiten einer »Regel« und zum Finden eines Problems, »entdecken lassender Unterricht« für das Lösen eines Problems oder für die Einführung eines Begriffs usw.[22] Zugleich sind damit ein wenig die Querverbindungen (Pädagogen sprechen auch gern von »Interdependenzen«) zwischen den Unterrichtsdimensionen angedeutet. Diese Querverbindungen und Wechselbeziehungen werden im Laufe der nächsten Kapitel nach deutlicher sichtbar und sollten bei der Unterrichtsvorbereitung besonders berücksichtigt werden (vgl. Kapitel 8).

22 Genauere Hinweise zum fragend-entwickelnden Unterricht in Kapitel 10.

2. Kapitel: Rahmenbedingungen des Mathematikunterrichts

2.0 Vororientierung

Die Aufgabe des 2. Kapitels besteht darin, einige Fragen folgender Art anzusprechen:

- Unter welchen personen- und gesellschaftsbezogenen Bedingungen wird Mathematik unterrichtet?
- Wie ist die Wirkung dieser Rahmenbedingungen einzuschätzen?
- Welchen Einfluß hat das Geschlecht der Schüler?
- Wie könnte man auf die Schülerunterschiede reagieren?
- Welche Lehrercharakteristika sind für den Unterricht u.U. förderlich?

2.1 Anthropogene und soziokulturelle Bedingungen

Was sind eigentlich »Rahmenbedingungen«?

Rahmenbedingungen sind relativ konstante, vorgegebene Bedingungen, in deren Rahmen sich der Unterricht abspielt und die vom Lehrer kurzfristig häufig nur begrenzt beeinflußbar sind.

In der Terminologie von Heimann/Otto/Schulz (1970[5]) spricht man von »anthropogenen« Bedingungen, soweit sie auf die am Unterricht beteiligten Menschen zurückzuführen sind, und von »soziokulturellen« Bedingungen, soweit sie auf äußere Gegebenheiten wie Schulverwaltung, die konkrete Schulsituation und das Elternhaus (häufig gesellschaftlich bedingt) zurückzuführen sind.

Rahmenbedingungen spielen bei jeglichem Unterricht, insbesondere auch beim Mathematikunterricht, eine wichtige Rolle. Bei oberflächlichem Hinsehen ist man geneigt, Rahmenbedingungen zu unterschätzen. Speziell beim Mathematikunterricht glaubt man gelegentlich, es komme hauptsächlich darauf an, daß der Lehrer seinen Stoff (unabhängig vom gegebenen Rahmen) vermittelt. Es wird nicht daran gedacht, in welchem Maße der Unterrichtserfolg von den beteiligten Personen abhängt. (Es wird gelegentlich allerdings auch die nicht haltbare Position vertreten, daß man »unter den gegebenen Bedingungen« zu gar keinen vernünftigen Unterrichtsergebnissen kommen kann.)

Es seien zunächst einfach einige Rahmenbedingungen zusammengestellt und kurz kommentiert, wobei klar ist, daß eine deutliche Trennung von anthropogenen und soziokulturellen Bedingungen (und auch zwischen einzelnen Bedingungen einer Sorte) nicht möglich ist. Die Zusammenstellung beschränkt sich hier vor allem auf solche Bedingungen, die der Lehrer einigermaßen leicht einschätzen kann[1]. Auf eine besondere Systematik (vgl. z.B. Peterssen 1973) wird verzichtet.

anthropogene Bedingungen	**soziokulturelle Bedingungen**
– Alter der Schüler (u. Lehrer)	– Schultyp
– Entwicklungsstand der Schüler	– Stadt- oder Landschule
– Geschlecht der Schüler	– Größe der Schule
– allgemeines Interesse der Schüler und Lehrer (u.a. Hobbys)	– Größe der Klasse
– Einstellung von Schülern und Lehrern gegenüber Mathematik (z.B. Begeisterung des Lehrers, Vorlieben, Aversionen der Schüler)	– Anzahl der Jungen bzw. Mädchen in Relation zueinander
– Begabungen bzw. Intelligenz der Schüler	– soziale Herkunft der Schüler, Berufe der Eltern
– Leistungsstand und Lernvoraussetzungen der Schüler	– häusliches Milieu; familiäre Situation
– Lerntempo der Schüler	– Vorgeschichte der Klasse; frühere Lehrer, ausgefallener Unterricht
– Mitarbeit der Schüler	– Lehr- und Unterrichtspläne
– Disziplin der Schüler	– innerschulische Organisationsform (z.B. Orientierungsstufe; Leistungskurs, Förderkurs)
– fachliche und didaktische Kompetenz des Lehrers	– Besonderheiten personeller oder materieller Ausstattung (z.B. Lehrbuch, Medien, Vervielfältigungsmöglichkeiten)
– Engagement des Lehrers für Schüler und Unterricht	– räumliche Gegebenheiten (z.B. architektonische Gestaltung, Gruppenräume)
– Klassenatmosphäre	– Sitzordnung (frontal, Hufeisen, Gruppentische)
– Gruppierungen innerhalb der Klasse	– zeitlicher Rahmen (wie viele Stunden für ein Thema?)
– Arbeitsstil der Klasse (z.B. Heftführung, Vertrautheit mit Kleingruppenarbeit, Durchführung der Hausaufgaben)	– Stundenplan (die wievielte Stunde?)
– …	– …

Die Aufstellung ist in keiner Weise vollständig. Auch wissenschaftlich stärker untersuchte Merkmale wie kognitive Stile der Schüler bzw. Lehrer (z.B. »reflexiv« versus »impulsiv«; vgl. etwa Radatz 1976) sind nicht dabei, weil sie letztlich doch nur recht unklare Rückschlüsse zulassen (vgl. Hasemann 1991). Man muß bei seinen Folgerungen aus den Rahmenbedingungen insgesamt ziemlich vorsichtig sein (siehe einige Anmerkungen weiter unten). Wenn man eine solche Aufstellung vor sich hat, wird man

1 Globale Bedingungen wie »der Mathematikunterricht insgesamt, wie er heute im allgemeinen erteilt wird«, mögen bedeutsam sein, können aber kaum verläßlich eingeschätzt werden. Von solchen Bedingungen wird nur am Rande die Rede sein.

freilich schon weniger geneigt sein, die wesentliche Wirkung von Rahmenbedingungen (auch) für den Mathematikunterricht zu bezweifeln. Der Praktikant oder Lehrer sollte versuchen, diese Bedingungen rechtzeitig in seiner Planung zu berücksichtigen, damit er nicht erst im Unterricht überrascht wird, wenn sie sich faktisch durchsetzen (vgl. Heimann/Otto/Schulz 1970[5], S. 36).

Das Gewicht der einzelnen Faktoren, insbesondere, was soziale und schulatmosphärische Faktoren betrifft, mag unterschiedlich eingeschätzt werden und ist wissenschaftlich auch umstritten (vgl. dazu etwa die Stellungnahmen bei Ausubel u.a. 1980[2], 1981[2], Gage/Berliner 1979[2], Treiber/Weinert 1982): Kommt es z.B. mehr auf die Lernvoraussetzungen und Begabungen der Schüler oder auf deren Motivation, auf das Geschick des Lehrers, auf die Klassenatmosphäre oder gar auch auf die Klassengröße entscheidend an? Dies scheint für den Lehrer von sekundärer Bedeutung, solange er von der Wichtigkeit jedes Faktors ausgehen muß. Deshalb geht es im folgenden um eher praktische Überlegungen: Wie finde ich mich in der komplexen Unterrichtssituation besser zurecht? Welche Folgerungen sind daraus bei meiner Unterrichtsplanung zu ziehen?

Sprechen wir also einige Punkte kurz in dieser Richtung an:

(1) Alter und Entwicklungsstand der Schüler
Hier sind entwicklungspsychologische Überlegungen angebracht: Welche Entwicklungsstufe liegt vor?

Wieweit sind die Schüler dem »konkreten Denken« verhaftet? (Antworten darauf z.T. im Anschluß an Piaget u.a.; vgl. Kapitel 4.) Welchen Einfluß hat ggf. die Pubertät der Schüler? (Vgl. dazu Abschnitt 2.3.)

(2) Allgemeine und fachliche Interessen der Schüler
Hier sind motivationspsychologische Überlegungen angebracht (vgl. Kapitel 6): Wo liegen besondere außerschulische Interessen? Handelt es sich evtl. um Schulabgänger mit besonderen berufspraktischen Interessen? (Hier könnte evtl. ein kleiner Fragebogen weiterhelfen.) Welche Möglichkeiten gibt es, bei besonderen Fachinhalten an Schülerinteressen anzuknüpfen oder solche zu wecken? Zu vergessen sind dabei auch nicht die Interessen des Lehrers; denn je mehr der Lehrer hinter der Sache steht, desto mehr wird er häufig die Schüler dafür bewegen können.

(3) Lernvoraussetzungen und Leistungsstand der Schüler
Sehr wichtig ist es, die Lernvoraussetzungen der Schüler gut zu kennen. Dazu gehört nicht nur das, was im Schulunterricht vorher behandelt und von den Schülern gelernt wurde, sondern bedeutsam sind auch Alltagserfahrungen und -wissen, woran man anknüpfen kann. (Wie wichtig gerade dieser Punkt für den Unterricht ist, wird im Kapitel 5 noch genauer besprochen.)

Auch den fachspezifischen Leistungsstand der Schüler und das Lerntempo der Klasse insgesamt sowie einzelner Schüler sollte man einzuschätzen versuchen, um Unter- wie auch Überforderungen möglichst zu vermeiden. Hier ist es insbesondere gut, die leistungsschwächsten und leistungsstärksten Schüler zu kennen, damit man weiß, welche Schüler am meisten Hilfe brauchen und welche Schüler am ehesten helfen können bzw. Zusatzaufgaben benötigen. Gelegentlich wird von Praktikanten oder jungen Lehrern eingewendet, daß genauere Erkundigungen Vorurteile schafften; man kommt aber kaum darum herum, wenn man Hilfen möglichst gut ansetzen will. Den erhaltenen Informationen darf man zudem auch kritisch gegenüberstehen. Eine Erwartungshaltung des Lehrers, einem (schwächeren) Schüler eher etwas zuzutrauen, scheint für dessen geistige Entwicklung eher förderlich (»Pygmalion-Effekt«; vgl. Kapitel 7).

(4) Fachliche und didaktische Kompetenzen des Lehrers
Es sei erlaubt, an dieser Stelle auf einige wichtige anthropogene Voraussetzungen des Lehrers hinzuweisen: seine fachliche und didaktische Kompetenz. Empirische Untersuchungen deuten darauf hin, daß die fachwissenschaftliche Kompetenz von Lehrern nicht besonders maßgeblich für den Unterrichtserfolg ist, wenn ein Mindestmaß fachlicher Einsicht für das fachlich Richtige im Unterricht gewährleistet ist (vgl. Ausubel u.a. 1981², S. 578–583)[2]: Ein Lehrer muß schließlich z.B. die Fehler seiner Schüler erkennen können, damit sie diese ggf. vermeiden lernen. Auf der anderen Seite darf man sicherlich davon ausgehen, daß der Unterrichtserfolg wesentlich mit den didaktischen Fähigkeiten des Lehrers zusammenhängt, wie sie z.B. durch dieses Buch gefördert werden mögen. Bei empirischen Untersuchungen verbergen sich solche fachdidaktischen Fähigkeiten unter allgemeineren Formulierungen wie Beobachtungsfähigkeit des Lehrers, pädagogische Phantasie, systematischer Unterrichtsaufbau, Verständlichkeit (vgl. etwas weiter unten die Untersuchungen von Kusmina[3]). Auf die Lehrercharakteristika kommen wir im nächsten Abschnitt noch einmal etwas genauer zurück.

Kritischer Einwurf:

Der Autor kann es sich an dieser Stelle nicht verkneifen, Fragen an die eigene Zunft der Hochschullehrer zu stellen:

- Wieweit wird eigentlich tatsächlich danach gefragt, ob der künftige Lehrer die Mathematik bzw. die Art von Mathematik braucht, die ihm an der Hochschule vermittelt wird (auch oder gerade soweit es sich um notwendiges sog. Hintergrundwissen handelt)?
- Wieweit wird eigentlich wirklich fachdidaktische Kompetenz vermittelt – nicht nur auf der Wissensebene, sondern auch auf der Beobachtungs-, Planungs- und Realisationsebene? (Der Autor weiß zu gut aus eigener Erfahrung, wie stark den Rahmenbedingungen der Hochschule wie Traditionen, personelle Ressourcen, Studienpläne, Prüfungsordnungen, Fächerparzellierung, Organisationsformen usw. entgegen-

2 Fachkompetenz wird freilich um so gefragter sein, je anspruchsvoller die Unterrichtsinhalte und -ziele sind.
3 Es wäre sicherlich interessant, einmal eine genauere Untersuchung zum Zusammenhang zwischen fachdidaktischer Kompetenz und Unterrichtserfolg im Fach Mathematik durchzuführen. (Dem Autor ist bislang keine solche bekannt.)

stehen. Den hierin ebenfalls eingezwängten künftigen Lehrern kann nur empfohlen werden, die eigenen Freiräume so weit in Richtung Unterrichtsrelevanz zu nutzen, als ihnen das selbst vertretbar erscheint. Leider wissen viele Kandidaten ja immer noch nicht, ob sie später wirklich Lehrer sein können: Auch das gehört zu den bedauerlichen Rahmenbedingungen.)

(5) Gruppierungen innerhalb der Klasse und auffällige Schüler
Wichtig kann es sein, die gruppendynamischen Beziehungen unter den Schülern zu kennen, z.B. für die Sitzordnung oder Gruppenbildungen. Hilfreich könnte für den Lehrer ein »Soziogramm« sein, in dem die gegenseitigen Beziehungen graphisch erfaßt sind. (Befragungsbasis: Neben wem würdest du gern sitzen? Mit wem würdest du gern spielen? Mit wem würdest du gerne in einer Gruppe zusammenarbeiten? Usw.) Hieraus ergeben sich dann auch auffällige Schüler (»Stars«, »Außenseiter« u.ä.). Literaturhinweis: Elbing (1972[4]).

(6) Verhaltensgewohnheiten der Klasse und Arbeitsstil der Schüler, Führungsstil des Lehrers
Hier spielt die Vorgeschichte der Klasse eine große Rolle: Man sollte sie möglichst gut kennen, um bestimmte Verhaltensweisen der Schüler (z.B. wenn sie vorher einen sehr »autoritären« Lehrer hatten) besser verstehen und steuern zu können. Es ist ein dem Anfänger häufig empfohlenes »Rezept« (vgl. Meyer 1980, S. 32), in solchen Fällen zunächst eher etwas straffer zu führen, ehe man zu »demokratischeren« Umgangsformen übergeht. Als Literaturhinweis zu den Führungsstilen sei Tausch/Tausch (1977[8]) genannt. Wichtig ist auch zu wissen, wieweit die Schüler bestimmte Sozialformen, z.B. Partnerarbeit oder Kleingruppenarbeit, gewohnt sind. (An mangelnder diesbezüglicher Information ist schon manche gutgemeinte Gruppenarbeit gescheitert!) Beachten Sie die Hinweise in Kap. 11.

(7) Disziplin der Schüler
Eine Rahmenbedingung, die gerade angehende Lehrer häufig beschäftigt und die deshalb auch ein fachlicher Betreuer nicht ignorieren darf, ist die Disziplin der Schüler. Tatsächlich kann ohne ein Minimum an Disziplin kein Unterricht funktionieren. Die bange Frage lautet: »Wie werde ich mit Disziplinschwierigkeiten fertig?« Ein kleiner Hinweis wurde bereits unter Punkt 6 gegeben für den Fall, daß der angehende Lehrer einen Unterricht »allzu idealistisch« beginnt. Als Fachdidaktiker kann man im übrigen den alten, guten Rat geben, möglichst gut vorbereiteten und motivierenden Unterricht zu machen. Insofern kann auf Kapitel 7 (Motivationsaspekte) und Kapitel 8 (Vorbereitungsaspekte) besonders hingewiesen werden. Darüber hinaus scheint mir unter dem Aspekt der Disziplin besonders wichtig, daß der angehende Lehrer möglichst deutlich macht, was er in diesem Zusammenhang von den Schülern erwartet und was der Sinn seiner Aktionsvorschläge ist.

Im übrigen seien dem Anfänger zur Überbrückung seiner ersten Angst vor allem die beiden ersten Lektionen über »Anfängerprobleme« von Meyer (1991[10]) und die Ausführungen über »Unterrichtsstörungen« von Meyer (1987) empfohlen.

In diesem Zusammenhang ist eine »disziplinierende Wirkung« des Mathematikunterrichts durch Gängelungen folgender Art natürlich abzulehnen[4]:
- Folgen enggeführter Lehrerfragen in Richtung auf ein bestimmtes Ergebnis;
- Rechnenlassen langer Aufgabenkolonnen als Selbstzweck;
- dauerndes Korrigieren der Schüler (»Wie heißt das richtig?«);
- ständiges Stellen lebensfremder Aufgaben, Schüler damit gleichgültig machen und sie veranlassen, immer wieder etwas zu tun, was sie im Grunde nicht einsehen;
- Überbetonung von »Ordnungstugenden« (vgl. Kap. 3.1.2).

Diese vielleicht gar nicht so seltenen Pervertierungen des Mathematikunterrichts haben wohl radikale Kritiker wie Neander (1974) bewogen, den herkömmlichen Rahmen des Mathematikunterrichts völlig abzulehnen, andere Mathematikdidaktiker, neue Formen problemorientierten, schülerorientierten, anwendungsorientierten, verständnisorientierten, neuerdings auch »offenen« oder »handlungsorientierten« Mathematikunterrichts zu propagieren.

Zum Thema Disziplin soll zuletzt noch auf Kounin (1970, 1976) hingewiesen werden, der sich viele Jahre damit auseinandergesetzt hat, welche Lehrereigenschaften wohl besonders relevant sind für gute Disziplin. Er meint zweierlei, das miteinander zusammenhängt:

1. Das sog. »overlapping«; das meint die Fähigkeit des Lehrers, auf mehrere Dinge im Unterricht gleichzeitig zu achten, »allgegenwärtig« zu sein (z.B. auf die Hausaufgaben in einem Schülerheft, den Schüler, der an der Tafel eine Aufgabe vorrechnet, und die Schüler in der Klasse gleichzeitig zu achten).
2. Die sog. »with-it-ness«; das meint die Fähigkeit des Lehrers, »mittendrin« zu sein, d.h. den Schülern ständig das Gefühl zu geben: Der Lehrer weiß, was sich um ihn herum abspielt, was die Schüler vorhaben und denken (und kann, deshalb, wenn nötig, sehr frühzeitig ermahnend eingreifen).

Diese Fähigkeiten wurden freilich routinierten Lehrern abgeschaut und stellen für einen jungen Lehrer wohl schwer erfüllbare Anforderungen dar.

Nachdem bisher mehr auf anthropogene Bedingungen geachtet wurde, sei jetzt noch kurz von einigen soziokulturellen Bedingungen die Rede.

(8) Größe der Klasse, Anzahl der Jungen bzw. Mädchen

Eine kleinere Klasse erleichtert »nach allen Erfahrungen« die Arbeitsbedingungen, weil man leichter wenigen – immer unterschiedlichen – Schülern gerecht werden kann als vielen[5]. Trotzdem verblüffen uns Gage/Berliner (1979², Bd. 2, S. 466) mit Untersuchungen, die bei Klassen bzw. Gruppen zwischen 15 und 45 Schülern keine besonderen Leistungsunterschiede erkennen lassen (Diskussionsaufgabe!).

Unabhängig davon ist es jedoch zweckmäßig, die genaue Schülerzahl aus dem ganz

4 Vgl. die als »Nebenwirkungen« bezeichneten Ziele des Mathematikunterrichts, aber auch die positiv zu begründenden Ordnungstugenden im 3. Kapitel.

5 Dies ist z.B. auch ein Grund, eine Klasse für Unterrichtsversuche ggf. zu halbieren.

banalen Grund zu kennen, um z.B zu wissen, wie viele Arbeitsblätter man von einer Matrize abziehen oder fotokopieren muß oder wie viele Gruppen man in welcher Stärke bilden kann. Auch die genaue Anzahl der Jungen und Mädchen für sich könnte dabei von Interesse sein (vgl. dazu noch Abschnitt 2.3).

(9) Soziale Herkunft, häusliches Milieu, Familiensituation
Die soziale Herkunft der Schüler näher zu kennen, kann nützlich sein, um damit zusammenhängende Probleme (z.B. Disziplinschwierigkeiten, Leistungsversagen, Sprachverhalten und -probleme, Hausaufgabensituation) besser verstehen und ihnen evtl. besser begegnen zu können. Dafür scheint heute zum einen immer noch die Schichtzugehörigkeit (z.B. Arbeiter oder Akademiker) maßgeblich, zum anderen aber allgemein die Bereitschaft und Fähigkeit der Eltern, sich um die schulischen Belange ihrer Kinder zu kümmern, evtl. gar selber helfen zu können. Daneben ist besonders mit sprachlichen Schwierigkeiten von vielen (noch nicht lange im Lande weilenden) Ausländerkindern zu rechnen. Der Leser muß sich hier leider mit sehr pauschalen Hinweisen begnügen.

Literatur: Huch (1973^5); Gage/Berliner (1979^2, Kap. 13); Funk/Neuner u.a. (1987) zur allgemeinsprachlichen Unterstützung ausländischer Jugendlicher.

(10) Lehr- und Unterrichtspläne
Es ist klar, daß der Praktikant bzw. Lehrer die jeweils gültigen Lehrpläne kennen muß, damit er sieht, in welchen von der Schulverwaltung gesetzten Bahnen sich der Unterricht etwa bewegen sollte. Es ist darauf hinzuweisen, daß der Bewegungsspielraum aufgrund der meist in der Präambel der Lehrpläne formulierten allgemeinen Zielsetzungen größer ist, als der Lehrer häufig denkt (vgl. Näheres dazu in Kapitel 3). Er ist zudem auch stoffmäßig häufig nicht so weit ausgefüllt, wie die prallen Schulbücher suggerieren.

Daneben empfiehlt es sich, Informationen über mögliche innerschulische Unterrichtspläne von Fachkonferenzen (z.B. für die Orientierungsstufe) einzuholen.

Literatur: Schubring/Thiede (1993); Fanghänel/Stamm/Weber (1992).

(11) Räumliche und materielle Ausstattung der Schule
Vor der Vorbereitung des Unterrichts tut man gut daran, sich nach den vorhandenen Medien wie Tafeln (Kreide-, Klett-, Magnettafeln), Projektoren, Transparenten, Lichtbildern, Vervielfältigungsmöglichkeiten, Modellen, Arbeitsmaterialien, Übungs- und Lernspielen, Zeichen- und Meßgeräten, bunter Kreide(!)... und nach dem jeweiligen Aufbewahrungsort und den Einsatzmöglichkeiten (Projektionswand, Verdunklungsmöglichkeiten ...) zu erkundigen. Gegebenenfalls kann man sich beim Herstellen eigenen Unterrichtsmaterials von erfahrenen Fachlehrern beraten lassen.

Nützliche Literaturhinweise und technische Hinweise zum Einsatz von Medien allgemein findet man z.B. bei Sörensen (1972), einige konkretere Hinweise zum Einsatz von Transparenten, Modellen und Arbeitskarten im Mathematikunterricht findet man z.B. bei Andelfinger u.a. (1979). Für Hinweise zu Lernspielen vgl. Abschnitte 6.4.2 und 7.3.2. Einige praktische Hinweise zu Medien im Mathematikunterricht gibt Stampe (1984).

(12) *Schulische Organisationsform*
Hier seien einige Faktoren zusammengefaßt wie Größe der Schule, Art der Verwaltung, Bildungskonzept der Schule, architektonische Gestaltung. Es sei hierzu nur am Rande angemerkt, daß es sich – allen Glaubenskriegen zum Trotz – anscheinend nicht um allzu entscheidende Faktoren für den Schulerfolg handelt. So zumindest kann man eine großangelegte Untersuchung von Rutter u.a. (1980) interpretieren: Ob es sich um eine kleine Schule (450 Schüler) oder eine große Schule (1200 Schüler) handelt, eine staatliche oder private Schule, Gesamtschule oder Gymnasium, koedukative oder reine Mädchen- bzw. Jungenschule, ob um eine Schule mit viel oder wenig räumlichen Möglichkeiten, ob um altmodische oder moderne Schulgebäude – Rutter u.a. konnten keine erheblichen Qualitätsunterschiede auf diese Faktoren zurückführen. Er fand Unterschiede eher in Faktoren begründet, die er zusammenfassend mit »Ethos« der Schule bezeichnet: in der Art der Führung einer Schule, ob Lernansprüche deutlich formuliert und ernst genommen werden oder nicht, ob sorgfältige, gemeinsame Planung des Unterrichts durch die Lehrer erfolgt, ob eine fachlich geordnete Atmosphäre in der Schule herrscht, wie »zugänglich« die Lehrer für die Schüler sind und wieviel echte Verantwortung man den Schülern gibt …

Warum wird hier über die Untersuchung von Rutter, wenn auch recht verkürzt, berichtet?

1. Hier liegt ein (vielleicht noch unzulänglicher) Versuch vor, aufgrund eines einigermaßen »objektiven« Datenmaterials soziokulturelle Faktoren gegen anthropogene Faktoren abzuwägen und in der Konsequenz zugunsten letzterer zu gewichten – nach dem Motto »Der Mensch bleibt doch entscheidend« (was letztlich auch ganz plausibel ist). Die Persönlichkeitsmerkmale des Lehrers haben besonderes Gewicht – eventuellen »äußeren« Widrigkeiten zum Trotz. Das tut einer eher optimistischen pädagogischen Grundhaltung gut.
2. Es wird, wenn auch nur schemenhaft, ein schulischer Rahmen deutlich, in dem ein »guter« Lehrer gedeihen kann. Es wird dem angehenden Lehrer evtl. eine Perspektive eröffnet, für welche Art von Schulrahmen ein Einsatz lohnt, weil er sich selbst am besten darin verwirklichen kann.

Damit ist zugleich der nächste Abschnitt vorbereitet, in dem wir noch einmal etwas genauer auf eventuelle Charakteristika eines »guten« Lehrers zurückkommen.

2.2 Charakteristika des »guten« Lehrers

Es werden hier einige Persönlichkeits- und Tätigkeitsmerkmale des Lehrers zusammengestellt, die sich nach den zitierten Autoren grundsätzlich »positiv« auf den Unterrichtserfolg auszuwirken scheinen. Dabei nehme ich vor allem Bezug auf größere Untersuchungen von Kusmina (1971). Auf die Problematik der Wertung und die damit verbundene Typisierung des »guten« Lehrers sei hier nicht weiter eingegangen. Es geht nicht darum, jeden Lehrer in einer bestimmten Richtung zu trimmen. Der angehende Lehrer bekommt aber vielleicht Anregungen, sich in dieser oder jener Richtung bewußter zu erproben. (Eine weitere Relativierung erfolgt zum Schluß.)

Kusmina (1971, S. 14) nimmt als äußere Kriterien des Lehrerfolges:

- planmäßige und systematische Arbeit,
- Konsequenz,
- gute Lernzielergebnisse bei den Schülern,
- Anerkennung durch die Schüler.

Sie untersucht empirisch, worin sich nach diesen Kriterien als »gut« eingeschätzte Lehrer von weniger guten unterscheiden. Sie vergleicht dazu die pädagogische Tätigkeit des Lehrers in folgenden Hauptkomponenten:

1. *Die konstruktive Tätigkeit* (Auswahl und Anordnung des Lehrstoffs, erzieherische Forderungen, Planung des Unterrichts).
2. *Die organisatorische Tätigkeit* (Organisation der Darbietung, des Schülerverhaltens, der Schülertätigkeit im Unterricht).
3. *Die kommunikative Tätigkeit* (Interaktion von Lehrern und Schülern).

Kusmina kommt zu folgenden Ergebnissen:

1. »Der Erfolg der konstruktiven Tätigkeit hängt in erster Linie von den Fachkenntnissen des Lehrers, von seinen pädagogischen und psychologischen Kenntnissen und von seiner Allgemeinbildung ab« (a.a.O., S. 37)[6].
2. Eine gute organisatorische Tätigkeit zeigt sich u.a. in der Fähigkeit, die Hilfe der Klasse für einzelne Schüler und den Einfluß der Eltern auf die Schüler (z.B. bei Elternabenden) zu organisieren, vor allem aber in einer geschickten Zeiteinteilung (a.a.O., S. 49).
3. Eine erfolgreiche kommunikative Tätigkeit wird gefördert durch folgende Faktoren:
   - eigene Begeisterung des Lehrers für sein Fach und den Unterricht (a.a.O., S. 58),
   - Klärung der Ursachen für aufgetretene Schwierigkeiten und Verständnis für die Schüler (a.a.O., S. 57),
   - Strenge in Grenzen, Stellen von Forderungen, Gerechtigkeit (a.a.O., S. 58),
   - Humor und Natürlichkeit (a.a.O., S. 59).

Darüber hinaus sind nach anderen Untersuchungen Kusminas folgende Komponenten[7] der Lehrertätigkeit für den Erfolg des Unterrichts maßgebend:

---

6 Man beachte, daß dies insgesamt in einem gewissen Widerspruch zu Ausubel u.a. in Punkt 2.2 d steht!

7 Diese Komponenten werden in diesem Buch fachdidaktisch stärker ausgebaut.

- das eigene *Beispiel*[8] (a.a.O., S. 81),
- die *Beobachtungsfähigkeit* des Lehrers im Unterricht (z.B. am Gesichtsausdruck der Schüler erkennen, ob sie das Dargebotene erfassen),
- die *pädagogische Phantasie* (»die Fähigkeit, die Vermittlung der Kenntnisse richtig zu planen und *mögliche Schwierigkeiten bei der Aneignung* des Unterrichtsstoffes durch die Schüler vorauszusehen«) (a.a.O., S. 90),
- *Verständlichkeit*, logischer Aufbau und Überzeugungskraft der Lehrersprache (a.a.O., S. 94).

Durch diese Auszüge aus den Untersuchungen Kusminas wird, ohne die Gewichtung der einzelnen Punkte näher zu diskutieren, zumindest deutlich, wie außerordentlich vielfältig und komplex die für den »Unterrichtserfolg« verantwortlichen Lehrertätigkeiten vermutlich sind.

Manche der hier als wesentlich angesehenen Faktoren stehen außerhalb der Möglichkeiten eines Praktikanten (z.B. Organisation des Elterneinflusses auf die Schüler); andere können in einem Praktikum nur am Rande diskutiert werden (z.B. Strenge und Gerechtigkeit des Lehrers, Verständnis für den Schüler).

Viele der im vorherigen Abschnitt genannten Rahmenbedingungen lassen sich kurzfristig wenig ändern (z.B. die allgemeinen Lernvoraussetzungen, die Einstellung der Schüler zum Fach, Verhaltensgewohnheiten der Klasse). Man tut deshalb gut daran, die eigenen Möglichkeiten innerhalb eines Praktikums, selbst wenn man mit dem Wissen von vielen wesentlichen Lernbedingungen aus den folgenden Kapiteln gut ausgerüstet ist, von vornherein nicht zu überschätzen!

Zudem sollte man nicht vergessen, was Ausubel u.a. 1981, S. 575–594 zu den Lehrercharakteristika schreibt[9]. Viele Ergebnisse Kusminas werden von Ausubel u.a. bestätigt, jedoch etwas relativiert: »Im allgemeinen haben die Persönlichkeitscharakteristika von Lehrern *nicht* hoch mit *Lehrereffektivität* korreliert. Die zwei Hauptausnahmen dieser Generalisation sind Wärme und Verständnis auf der einen Seite und die Tendenz, stimulierend und phantasievoll zu sein, auf der anderen« (a.a.O., S. 583)...

»Das wichtigste Persönlichkeitscharakteristikum (der Lehrer, d. Verf.), das ihren Unterrichtserfolg beeinflußt, dürfte das Ausmaß ihres persönlichen Einsatzes für die geistige Entwicklung der Schüler sein« (a.a.O., S. 583).

In ähnlicher Einschätzung warnt Piontkowski (vgl. Treiber/Weinert 1982, S. 151) vor einer Überbewertung des »Beziehungsaspekts« schulischer Kommunikation ohne Beachtung des Unterrichtsgegenstandes. Wie bei Ausubel wird als entscheidend angesehen, wie gut der Lehrer seine inhaltliche Vermittlungsfunktion erfüllt in der Strukturierung und Stimulierung von Lernprozessen. In einer dementsprechend *fachdidaktisch* zu akzentuierenden Unterrichtsführung ist mit Winter (1987) die Hauptaufgabe des Lehrers u.a. darin zu sehen:

- herausfordernde Situationen anbieten,
- ergiebige Arbeitsmittel bereitstellen,

8 Vgl. Abschnitt 6.3.7.
9 Diese Seiten seien für eine Lektüre besonders empfohlen.

- kreative Übungsformen vorschlagen,
- eine Kommunikation aufbauen, die dem lernenden Schüler förderlich ist: herausfordern, aufmerksam machen, fragen und ermuntern, zu Bedenken geben, probieren und erkennen lassen …

Aus meiner Sicht ist dies zu unterstreichen, wenn nicht eine Überbetonung des entdeckenden Lernens hieraus abgeleitet wird (vgl. auch 6.2.3 und 11.10.4). Es ist zu vermuten, daß das mittlere Leistungsniveau einer Klasse in stärkerem Maße auch von strukturierenden Maßnahmen des Lehrers abhängt wie Zielstrebigkeit, durchsichtiger Gliederung des Lernprozesses, Verständlichkeit, wohldosierten Hilfen und Rückmeldung, bewußter Beachtung von Lernbedingungen bei unterschiedlichen Phasen und Typen mathematischen Lernens (nicht zuletzt von Rahmenbedingungen!) im hier vorgetragenen Sinne (vgl. in dieser Richtung auch Treiber/Weinert 1982, S. 265).

Zum Schluß nur noch eine tröstliche Bemerkung:
Aus alledem sollte nicht geschlossen werden, daß der gute Lehrer ein »Übermensch« zu sein hätte. Jeder Lehrer hat die Möglichkeit, seine eigenen Stärken zu entwickeln und einzelne Schwächen abzubauen; dann ist manches andere vermutlich gar nicht so entscheidend.

2.3 Geschlechtsunterschiede im Mathematikunterricht

In diesem Abschnitt sei das unterschiedliche Geschlecht der Schüler als eine anthropogene Bedingung für den Mathematikunterricht etwas genauer betrachtet, weil sie in jüngster Zeit empirisch recht genau untersucht wurde. Im Anschluß an Menacher (1994) sei hierzu zusammenfassend hervorgehoben:

1. Gibt es eigentlich Unterschiede in Interesse und Leistung, die man als Rahmenbedingung im Mathematikunterricht gezielt berücksichtigen muß?
Es gibt gewisse Unterschiede, aber die Untersuchungsergebnisse sind nicht einheitlich, und die Unterschiede gehen in den letzten Jahren tendenziell zurück. Die Ergebnisse der Untersuchungen hängen von einer Reihe unterschiedlicher Faktoren ab wie Eltern, Aufgabentypus und der Art der verwendeten Tests. Insgesamt wurde ein unterschiedlich großer Leistungsvorsprung der Jungen festgestellt. Der größte Unterschied ergab sich bei Aufgaben zum räumlichen Vorstellungsvermögen und bei arithmetischen Sachaufgaben, was insbesondere auf einen Erfahrungsvorsprung der Jungen durch mehr Werken und Basteln und eine stärkere Vertrautheit mit den angesprochenen Sachbereichen zurückgeführt wird. Die Unterschiede werden offenbar geringer, wenn man den Mädchen mehr Zeit läßt. Dies erklärt sich u.a. damit, daß Mädchen mit geringerer Zuversicht an die Lösung der Aufgaben herangehen. Dies wiederum hängt offenbar damit zusammen, daß allgemein (insbesondere auch von Eltern und Lehrern) bei Mädchen geringere Mathematikleistungen erwartet werden als bei Jungen. Da zudem gute Mathematikleistungen in der Gesellschaft häufig noch als »unweiblich« gelten, trägt dies zu einer geringeren Leistungsbereitschaft der Mädchen auf die-

sem Gebiet bei. Dadurch werden anscheinend die Leistungen mathematikbegabter Mädchen, vor allem ab der Pubertät, eher gedämpft. Angesichts der insgesamt relativ geringen Unterschiede sind aber keine biologischen Unterschiede zwischen Jungen und Mädchen hinsichtlich Mathematikbegabung anzunehmen.

2. Welche Folgerungen sind daraus für den Mathematikunterricht zu ziehen?

a) Künftige Lehrer und Lehrerinnen sollten sich der gegebenen Sachverhalte bewußt sein und nicht womöglich noch zur Verstärkung falscher Vorurteile beitragen. In diesem Zusammenhang ist es wohl sinnvoll, auch die Schülerinnen und Schüler selbst über die psychologischen Sachverhalte aufzuklären und die Schülerinnen zu ermuntern, Neigungen und Interessen für Mathematik (entsprechend auch für Naturwissenschaften und Technik) auch entgegen den traditionellen Rollenzuweisungen zu entwickeln.[10]
b) Darüber hinaus ist es zweckmäßig, einige konkrete Maßnahmen zu ergreifen, z.B.:
   - Mädchen gerade bei Aufgaben, die räumliches Vorstellungsvermögen verlangen und ihnen weniger vertraute Sachverhalte ansprechen, u.U. etwas mehr Zeit zu geben;
   - stärker Sachverhalte zu berücksichtigen, die Mädchen u.U. stärker ansprechen bzw. für Jungen und Mädchen gleichermaßen interessant sind (Schulbücher sind häufig stärker jungenorientiert und unnötig stark auf traditionelle Geschlechtsrollen fixiert);
   - sich beim Anerkennen von Mathematikleistungen »geschlechtsneutral« zu verhalten, d.h., *nicht* dem herkömmlichen Erklärungsmuster nachzugeben, gute Mathematikleistungen bei Jungen mit Begabung und bei Mädchen mit Fleiß zu erklären oder umgekehrt schlechte Leistungen bei Jungen mit mangelnder Anstrengung und bei Mädchen mit geringer Begabung zu begründen (vgl. dazu auch Abschnitt 7.2.4 zur sog. »Kausalattribuierung«).

Dazu noch eine kleine *Anmerkung*:
Zur gegebenen Sachlage gehört es auch, daß Schülerinnen in reinen Mädchenschulen mehr Interesse und Selbstvertrauen im Mathematikunterricht zeigen (insbesondere, wenn es um Computer geht). Es wäre u.U. zu erproben, ob Mädchen und Jungen gelegentlich nicht besser getrennt unterrichtet werden, weil koedukativer Unterricht geschlechtsstereotype Verhaltensweisen eher verstärkt und somit kontraproduktiv wirkt.

2.4 Einige Bemerkungen zur Differenzierung

Den Versuch, unterschiedlichen Merkmalen von Schülern wie z.B. Alter, Geschlecht, Intelligenz, Vorwissen, Lerntempo im Unterricht gerecht zu werden, bezeichnet man als *Differenzierung*. Dem dienen im groben z.B. die verschiedenen Schultypen und Leistungskurse. Eine klassen- bzw. gruppenweise Zuweisung der Schüler bezeichnet

10 Dies würde übrigens einem allgemein zu beobachtenden Trend zu einer gewissen Auflösung von gesellschaftlichen Geschlechtsstereotypen (auch bei Jungen; z.B. hinsichtlich Kinderpflege usw.) entsprechen.

man bekanntlich als *äußere Differenzierung*. Offensichtlich sind jedoch auch die Unterschiede innerhalb so gebildeter Gruppen noch recht groß. Deshalb versucht man gelegentliche Aufteilung in Kleingruppen oder unterschiedliche Behandlung einzelner Schüler, was man als *innere Differenzierung* bezeichnet. So versucht man insbesondere, Leistungsunterschieden gerecht zu werden. Im Klassenunterricht versucht man, die Unterschiede teilweise aufzufangen durch eine gewisse Variation des Lernangebots (inhaltliche Differenzierung), durch unterschiedliche Motivierungen, durch unterschiedliche Aufgaben und durch unterschiedliche Hilfen und Lernmittel. Es ist außerordentlich schwierig, hierfür allgemeine Regeln zu formulieren.

Trotz teilweise aufwendiger Untersuchungen und Unterrichtsversuche ist man von allseits überzeugenden und praktikablen Lösungen immer noch ziemlich weit entfernt.

Die bisherigen Ergebnisse, aber auch die Chancen für die Zukunft sind allgemein theoretisch und praktisch eher skeptisch zu beurteilen (vgl. dazu einerseits etwa Gage/Berliner 1979² und von Hentig 1981). Dies gilt insbesondere auch für das Fach Mathematik. Zwar wurden schon vor Jahren viele schöne Überlegungen für die Differenzierung im Mathematikunterricht angestellt (vgl. z.B. Bauersfeld/Otte/Steiner 1978), aber all das ist mehr oder weniger Programm geblieben, wie u.a. aus einem neueren Artikel (Heymann 1991) hervorgeht. Ich denke, daß die besten Chance, dem einzelnen Schüler gerecht zu werden, vielleicht darin liegt, umfassendere inhaltliche Differenzierungen vorzunehmen, verbunden mit der Gestaltung stärker selbstlehrender, verständlicher Schülermaterialien (im Vergleich zu herkömmlichen Schulbüchern). Dem liegt der Gedanke zugrunde, daß verständliche Lehrtexte in stärkerem Maße von leistungsstärkeren Schülern selbständig bearbeitet werden könnten und sich der Lehrer somit stärker individuell um die leistungsschwächeren Schüler kümmern kann. Dieses Konzept wurde immerhin für einige wichtige Teilgebiete des Mathematikunterrichts der Orientierungsstufe und der Sekundarstufe 1 durchgeführt und erprobt.[11] Das Differenzierungsproblem wird m.E. nicht in größerem Umfang gelöst, wenn man mehr oder weniger herkömmliches Unterrichtsmaterial den Schülern zur Auswahl anbietet in einem sog. »offenen Unterricht« (vor allem in der Grundschule). Darüber können auch einzelne euphorische Lehrerberichte nicht hinwegtäuschen. Im Rahmen dieses Buches wollen wir uns indessen erklärtermaßen (vgl. Vorwort und Einführung) mit eher pragmatischen, herkömmlichen Mitteln der Differenzierung begnügen. Das bedeutet, daß allgemein auf einige begründete Möglichkeiten hingewiesen wird, unterschiedlich auf leistungsschwächere und leistungsstärkere Schüler zu reagieren, z.B. bei den Veranschaulichungen und Konkretisierungen, bei der Motivation, bei der Schwierigkeit der Aufgaben und bei der Stärke der Hilfen.

Wesentliche oder zumindest informative Rahmenbedingungen seien nochmals knapp und übersichtlich in einer Tabelle[12] zusammengefaßt:

11 Näheres zur Differenzierung in meiner Methodik (Zech 1995).

12 Solche Tabellen oder Listen (kurz »Schemata«) haben hier wie in den folgenden Kapiteln den Sinn, eine schnelle Orientierung für Diskussions- oder Vorbereitungszwecke zu ermöglichen (vgl. dazu Zech 1981, Kap. II).

Schema 1

Rahmenbedingungen des Mathematikunterrichts

anthropogene Bedingungen	soziokulturelle Bedingungen
– Alter der Schüler (und Lehrer) – Entwicklungsstand der Schüler – Geschlecht der Schüler – Interessen der Schüler (und Lehrer) – Klassenklima – Gruppierungen in der Klasse – auffällige Schüler – Arbeitsstil der Klasse – Disziplin der Schüler – Führungsstil des Lehrers – Lernvoraussetzungen der Schüler – Einstellung der Schüler (zum Fach bzw. Lehrer) – Mitarbeit der Schüler – Unterrichtskompetenz des Lehrers	– Schultyp – Grö 23e der Klasse – Anzahl der Jungen bzw. Mädchen – soziale Herkunft der Schüler – Berufe der Eltern – häusliches Milieu – Vorgeschichte der Klasse – frühere Lehrer – Lehr- u. Unterrichtspläne – Organisationsform der betreffenden Schulstufe – Sitzordnung, Stundenplan – personelle und materielle Ausstattung

Charakteristika des guten Lehrers (nach Kusmina)

- planmäßige und systematische Arbeit; Konsequenz
- gute fachliche Qualifikationen, pädagogisch-psychologische Kenntnisse und Allgemeinbildung
- Organisationstalent, geschickte Zeiteinteilung, Zusammenarbeit mit den Eltern
- Kontaktfreude, eigene Begeisterung, Humor, Natürlichkeit
- Strenge in Grenzen, Stellen von Forderungen, Gerechtigkeit
- gutes Beispiel geben
- Beobachtungsfähigkeit des Lehrers im Unterricht
- pädagogische Phantasie, Schwierigkeiten voraussehen
- Verständlichkeit, logischer Aufbau und Überzeugungskraft
- emotionale Zuwendung und vor allem geistig stimulierende Wirkung (Ausubel)
- Engagement für das Lernen der Schüler (Ausubel)

2.5 Aufgaben und Diskussionsanregungen[13]

0. Besinnen Sie sich auf das für Sie Wesentliche dieses Kapitels. Diskutieren Sie Unklarheiten mit anderen, oder schreiben Sie dem Autor.
1. Welche Rahmenbedingungen erscheinen für den Mathematikunterricht (im Vergleich zu anderen Fächern) besonders relevant?
2. Diskutieren Sie die Bedeutung des Geschlechtsunterschiedes der Schüler möglichst auf der (genaueren) Grundlage von Menacher (1994) und anhand Ihrer eigenen Erfahrungen in Schule und Hochschule.
3. Reflektieren und diskutieren Sie Ihre Erfahrungen von Mathematik aus der eigenen Schulzeit und vom Studium her als Rahmenbedingung für Ihren späteren Mathematikunterricht[14].
4. Diskutieren Sie die speziellen Rahmenbedingungen, die durch ein Fachpraktikum oder die Referendarausbildung für Ihren Unterricht gegeben sind.
5. Fallen Ihnen u.U. zu berücksichtigende Rahmenbedingungen für einzelne Stunden ein, die bisher noch nicht angesprochen wurden?
6. Diskutieren Sie die »Charakteristika des guten Lehrers« nach Kusmina. Welche Lehrereigenschaften scheinen Ihnen selbst besonders erstrebenswert?
7. Wie erklären Sie sich das fast paradox erscheinende von Gage/Berliner berichtete Ergebnis, daß der Unterrichtserfolg in einem relativ weiten Bereich unabhängig von der Klassengröße bleibt?

2.6 Literaturhinweise

Es sei zur Ergänzung dieses Kapitels noch einmal besonders hingewiesen auf:

Ausubel u.a. (1981, Bd. 2, Kap. 14) und Kusmina (1971) zu Lehrercharakteristika;
Menacher (1994) zu Geschlechtsunterschieden im Mathematikunterricht;
Meyer (1991[10], 1. u. 2. Lektion) und Meyer (1987, 10. Lektion, Exkurs) zu Disziplinproblemen;
Krippner (1995) und Zech (1995, Abschnitt 3.10) zu Differenzierungsfragen im Mathematikunterricht.

13 Die Aufgaben zu den einzelnen Kapiteln werden bei einer Lehrveranstaltung zweckmäßig in einer Kleingruppe vordiskutiert.

14 Zur Wirkung selbst erlebten Mathematikunterrichts vgl. auch Reiss (1975). Zur Wirkung von Mathematikunterricht insgesamt auf die Schüler vgl. auch Abschnitt 3.2.4 zum »verborgenen Curriculum«.

3. Kapitel: Ziele des Mathematikunterrichts; ihre Taxonomie[1] und Operationalisierung[2]

3.0 Vororientierung

Dieses Kapitel soll sich mit den Zielen des Mathematikunterrichts auseinandersetzen; denn klare Zielvorstellungen des Lehrers sind offenbar eine unverzichtbare Grundbedingung für das Gelingen des Unterrichts. Das Kapitel versucht, dem Praktikanten bzw. Mathematiklehrer in vier Richtungen Hilfestellungen zu geben:

1. Es soll eine Übersicht über wesentliche Zielvorstellungen des Mathematikunterrichts und über Gesichtspunkte für eine sinnvolle Auswahl der Unterrichtsziele geben.
2. Es soll über Möglichkeiten orientieren, mathematische Ziele ihrer Qualität nach sinnvoll zu ordnen und durch eine solche »Taxonomie« u.a. Anregungen geben, einseitige Zielsetzungen zu vermeiden.
3. Es soll Anregungen für eine angemessene Präzisierung (»Operationalisierung«) der Unterrichtsziele geben.
4. Es soll auf der Grundlage von Taxonomie und Operationalisierung der Ziele einige Anregungen für Lernzielkontrollen im Mathematikunterricht geben.

3.1 Allgemeine Zielvorstellungen des Mathematikunterrichts

3.1.1 Allgemeine Ziele des Schulunterrichts

Es ist klar, daß sich der Mathematikunterricht in die allgemeinen Ziele der Schule einzuordnen hat. Die Zielsetzungen der Schule allgemein bzw. die für jeden Schultyp formulierten Ziele gründen sich gewöhnlich auf Entscheidungen von politischen Gremien unter Hinzuziehung von Experten und finden ihren Niederschlag in Richtlinien und Lehrplänen.

In den Zielen der Schule spiegeln sich Optionen (Wünsche) der Gesellschaft wider für eine angemessene Ausstattung der Schüler mit Qualifikationen für ihr zukünftiges Leben in Familie, Beruf und Öffentlichkeit.

H. von Hentig (1971[3]) beispielsweise hat sich in einem Gutachten darum bemüht,

---

1 Taxonomie (gr.): Einschätzung, Einteilung, Klassifizierung.
2 Operationalisierung (lat.): Umsetzung in Handlung bzw. Verhalten.

allgemeine Lernziele zu formulieren, die für Schüler aller Schularten[3] bis zum jeweiligen Abschluß ihrer Schulzeit gelten.

Er geht dabei von bestimmten Grundphänomenen unserer Gesellschaft aus, denen in besonderem Maße Rechnung zu tragen sei:

- der sich beschleunigenden Veränderung,
- der Verwissenschaftlichung,
- der zunehmenden Vergesellschaftung.

Die allgemeinen Lernziele von Hentigs seien hier als orientierende Perspektive für den Schulunterricht überhaupt vorausgeschickt, bevor die Ziele des Mathematikunterrichts näher besprochen werden.

Sie seien fast wörtlich, jedoch etwas gekürzt und ohne weitere Erläuterungen wiedergegeben[4]. Vielleicht können sie dazu anregen, den Stellenwert der Mathematik besser einzuschätzen, evtl. sogar ein wenig zu relativieren (vgl. Aufgabe 1)[5]:

1. Kenntnis der Veränderungsprozesse der Gegenwart aus ihrer Geschichte/Bewußtsein von der Veränderbarkeit/Techniken der Innovation.
2. Fähigkeit, die eigene Spezialtüchtigkeit in ihrem Funktionszusammenhang zu sehen und zu kritisieren/Kooperation und Kommunikation.
3. Kenntnis und Verstehen der Prinzipien der Wissenschaft, ihrer grundlegenden Verfahren und ihrer Grenzen/Umgang mit Abstraktionen/Technik als Entlastung und als rationales System.
4. Allgemeine Berufsvorbildung/Ansätze zur Berufspraxis/Bewußtsein von der Gesellschaftlichkeit des Berufs.
5. Die Fähigkeit, auszuwählen, Ziele zu setzen, Spielraum zu nutzen/Toleranz und Kritik der anderen Positionen.
6. Fähigkeit, die Wahrnehmung und Gestaltung der eigenen Umwelt zu genießen, zu kritisieren, zu verändern/Verständnis der gesellschaftlichen Bedingungen und Wirkungen ästhetischer Phänomene.
7. Die Fähigkeit zur Identifizierung und Wahrnehmung der eigenen Interessen/Ertragen von Konflikten und Bemühen um Konsens/Einübung geeigneter sozialer Verhaltensformen.
8. Selbstbestimmung und Fremdbestimmung des eigenen Konsums/Gebrauch der Massenmedien/der Zusammenhang von Produktion, Konsum und gesellschaftlicher Güterverteilung/Kunstgenuß und Selbstgenuß/Aufhebung der sexuellen Angst/Kreativität im Denken, Wahrnehmen und Verhalten.
9. Gegenseitige Ergänzung von magischen, mythischen und religiösen Vorstellungsweisen und rational-kausalen Erklärungen.

---

3 Diese Ziele können z.B. bei Schulen für Lern- oder gar geistig Behinderte natürlich nur sehr eingeschränkt Gültigkeit beanspruchen.

4 Es sei auf die Quelle verwiesen: von Hentig (1971^3).

5 Die allgemeinen Ziele selbst dürfen natürlich auch kritisch »hinterfragt« werden.

10. Systematischer Gebrauch von Nachschlagewerken, Bibliotheken, Statistiken, graphischen Anschauungsmitteln, Rechenapparaten, Vervielfältigungsverfahren/Maschinenschreiben und Autofahren.
11. Ökonomie der Gesundheit in der Stadtkultur/Kenntnis der Trieblehre und Befreundung mit der eigenen Triebstruktur/Verstehen der Entwicklung, der Wirkungen, der Veränderbarkeit der eigenen Person.
12. Kenntnis von und bewußte Erfahrung mit den allgemeinen und tiefenpsychologischen Gesetzen im Leben mit den anderen Generationen/allgemeine Grundlagen einer pädagogischen Kinder- und Jugendkunde/praktische Hilfen zur vorschulischen Erziehung der eigenen Kinder.
13. Beherrschung mindestens einer Fremdsprache/Verfremdung und Relativierung der eigenen Kulturerfahrung …

Aus etwas neuerer Sicht akzentuiert von Hentig (1981, S. 66): Zu Grundkenntnissen und -fertigkeiten gehört neben Lesen z.B. auch:

- Umgang mit dem Fernseher (und dem Computer, d. Verf.),
- der richtige Umgang mit Ausländerkindern und Behinderten; – der richtige Umgang mit Geld,
- der Umgang mit dem Gemeingut,
- der Umgang miteinander (fair, streitbar … usw.),
- ein entzaubertes Verhältnis zu Technik, Wissenschaft, Ökonomie, Jurisprudenz, Medizin.

Dazu betont von Hentig (1981, S. 65), daß es sich natürlich nicht nur um Erkenntnisakte handeln kann, sondern auch um Erfahrung, Beteiligung, Praxis, Ernstfall, Eigenverantwortung. Letztlich kommt er zu dem Schluß, daß dazu unser gesamtes Schulsystem (d.h. die weitreichendste Rahmenbedingung für Schulunterricht überhaupt) viel stärker in der genannten Richtung umstrukturiert werden müßte …; was hier freilich nicht zu diskutieren ist[6].

3.1.2 Fachübergreifende und allgemeine Ziele des Mathematikunterrichts

Die in 3.1.1 wiedergegebenen Ziele von Hentigs sind unabhängig von bestimmten Fächern formuliert; sie sind deshalb als »allgemeine Unterrichtsziele« bezeichnet.

Es seien jetzt (schulstufenunabhängige) fächerübergreifende und allgemeine Ziele des Mathematikunterrichts angesprochen:

---

6 Es zeichnet sich allgemein in der Pädagogik und der Mathematikdidaktik zumindest der Trend ab, von einem zu stark »verkopften« und zu »kontemplativen« Unterricht wegzukommen (vgl. z.B. die allgemeindidaktisch orientierten Bücher aus den 80er Jahren von Aebli und Meyer zu handlungsorientierten Unterrichtsformen einerseits und die – insgesamt etwas zurückhaltenderen – fachdidaktischen Bemühungen um stärker anwendungsorientierte Unterrichtsformen in der gleichen Zeit; vgl. dazu die Abschnitte 7.3 und 11.15).

»*Fachübergreifende Ziele des Mathematikunterrichts*« sollen solche Ziele heißen, die nicht fachbezogene Fähigkeiten beschreiben, zu denen der Mathematikunterricht aber einen mehr oder weniger wesentlichen Beitrag zu leisten vermag (z.B. logisches Denken).

»*Allgemeine Ziele des Mathematikunterrichts*« seien fachtypische Ziele genannt, die stärker fachbezogene Fähigkeiten beschreiben, die sich jedoch nicht auf ein spezielles mathematisches Gebiet beziehen (wie z.B. Algorithmen verstehen und anwenden).

Es gibt eine ganze Reihe diesbezüglicher Zielkataloge von deutschen Mathematikdidaktikern. Die bekanntesten stammen von Lenné (1969), Jung (1971^3), Winter (1972), Lange (1974), Bigalke (1976). Diese Zielkataloge können hier nicht im einzelnen besprochen werden[7]. Es soll versucht werden, einige besonders wesentlich erscheinende, meist auch häufiger genannte Ziele hervorzuheben, durch einige m.E. »vernachlässigte« Ziele zu ergänzen, übersichtlich zu gliedern und zu einem neuen Katalog zu verbinden.

Ziele des Mathematikunterrichts seien in folgender Weise gegliedert und hernach an Beispielen verdeutlicht:

A. *Fachübergreifende Ziele*
- A.a. Fundamentale Denktätigkeiten und -haltungen.
- A.b. Geistige Grundtechniken.
- A.c. Allgemeine »Erziehungsziele«.

B. *Allgemeine Ziele des Fachs*
- B.a. Auf Einzelinhalte bezogene Fähigkeiten und Haltungen.
- B.b. Auf das Fach insgesamt bezogene Einsichten und Einstellungen.

Ziele des Mathematikunterrichts

A. *Fachübergreifende Ziele*

A.a. *Fundamentale Denktätigkeiten und -haltungen*

A.a.1 *Anschauungsvermögen*

Anschauungsvermögen wird hier im von Lenné (1969, S.114) herausgearbeiteten doppelten Sinne verstanden:

Räumliches Vorstellungsvermögen (Übersetzen von zweidimensionalen Darstellungen in dreidimensionale und umgekehrt) sowie *Nutzen von Anschaulichkeit* (als heuristische Hilfe durch Übersetzen eines Sachverhaltes in eine bildliche, insbesondere geometrische Darstellungsweise). Beispiele für das erste: die räumliche Vorstellung eines Hauses aufgrund seines Grund- und Aufrisses; die Darstellung von räumlichen Grundformen (z.B. Quader, Pyramide, Kegel) auf einem Blatt Papier.

---

7 Insbesondere ist es in diesem Rahmen nicht möglich, auf die historische Bedingtheit der Lernziele (und -inhalte) näher einzugehen; vgl. dazu z.B. Bigalke (1976) und Winter (1987).

Beispiele für das zweite: Verdeutlichung einer Situation durch eine Skizze, ein Schema, eine Darstellung im Koordinatensystem (vgl. das »Ikonisieren« in Kapitel 4).

Literaturhinweis: Wölpert (1983), Müller (1995).

A.a.2 Logisches Denken

Dies wird nach Lenné (1969, S. 121) wieder in einem doppelten Aspekt gesehen: *Innermathematisch* (insofern »allgemeines Ziel des Mathematikunterrichts«) und *außermathematisch* (insofern »fachübergreifend«).

Zum ersten: die Regeln der formalen Logik (z.B. Verneinungregeln, Schlußregeln, Beweisverfahren ...) beim mathematischen Argumentieren beachten lernen.[8]

Zum zweiten: logische Prinzipien auf Alltagssprache und außermathematische Situationen anwenden können. (Daß durch das erste nicht ohne weiteres das zweite gegeben ist, macht Lenné eindringlich deutlich; vgl. auch Transferfragen in Kapitel 7.)

Literaturhinweis: Dienes (1969), Schupp (1970), Bock/Walsch (1975).

A.a.3 Kommunikationsfähigkeit und Kooperationsfähigkeit

Dieses Ziel soll zugleich den Willen zu Kommunikation und Kooperation einschließen: die *Bereitschaft zum »rationalen Dialog«*. Es beinhaltet insbesondere, die Spielregeln der Logik einzuhalten, daneben aber ein ganzes Bündel von Einzelfähigkeiten (vgl. Winter 1972, S. 71) wie: Aussagen genau aufzunehmen, zu verdeutlichen, Beispiele und Gegenbeispiele anzugeben, Aussagen logisch anzuordnen, Aussagen zu prüfen (nachzurechnen, zu kontrollieren), sich an eine Definition zu halten usw. (Man beachte auch Abschnitt 3.2.4.)

A.a.4 Sprachförderung und Kritikfähigkeit

Diese Ziele sind von den vorhergehenden kaum zu trennen. Der Mathematikunterricht kann (in besonderem Maße?) dazu anregen, eigene Handlungen und Gedanken zu *verbalisieren*, z.B. beim Umgang mit speziellen Spiel- und Lernmaterialien[9], bei der Auseinandersetzung mit herausfordernden Aufgabenstellungen, bei der Herstellung von Modellen oder im Rahmen von kleineren »Projekten«[10].

Der Mathematikunterricht kann auch beitragen zur *Sprachpräzisierung*; er regt dazu an, sich genauer (und damit verständlicher) auszudrücken, indem hier immer wieder nach genauerem Begriffsinhalt, nach Voraussetzungen und Begründungen gefragt wird[11]. Er leistet damit zugleich einen allgemeinen Beitrag zur Kritikfähigkeit, indem er eine dementsprechende Fragehaltung fördert; abgesehen davon, daß der Mathematikunterricht auch durch bessere mathematische Informiertheit einen speziellen Beitrag zur Kritikfähigkeit liefert (vgl. Zielsetzungen B.a.3).

Literaturhinweis: Hestermeyer (1973), MU 1991/1 (Themenheft zu »Sprachliche Kommunikation im Mathematikunterricht«).

8 Zum »Argumentierenlernen« vgl. umfassender Abschnitt 3.2.4 D.

9 Vgl. auch Abschnitt 7.3.1.

10 Vgl. auch Abschnitt 11.15.

11 Dies sollte freilich vom Lehrer nicht übertrieben oder zu stark forciert werden (vgl. Abschnitt 2.1.(7).

A.a.5 Förderung von Problemlöseverhalten und Kreativität
In diese Zielvorstellung gehen im Grunde genommen alle vorangehenden Zielsetzungen ein:

»Das Ziel ist eine aktive Haltung gegenüber neuen Problemen; Mut zum Nachdenken, auch wenn kein Lösungsweg in Sicht ist, sich zu helfen wissen, bereit sein zum Formulieren und Prüfen von Vermutungen, zum systematischen Variieren von Lösungsansätzen« (vgl. Kirsch 1974, S. 164).

Ein Teilaspekt dieser Zielsetzung ist »*kombinatorisches Denken*«, d.h. systematisches Ausschöpfen von Lösungsmöglichkeiten (Beispiel: Wie viele »verschiedenartige« Würfelnetze gibt es?).

Ein anderer Teilaspekt ist »*Kombinationsfähigkeit*«: die Fähigkeit, durch Kombination von bekannten Begriffen, Sätzen und Regeln zu neuen Aussagen zu kommen.

Schließlich beinhaltet diese Zielvorstellung den *Erwerb von Denkstrategien*, d.h. von Methoden, Probleme anzugehen und schrittweise zu lösen. Dazu gehört z.B. das systematische Sammeln von Daten, die »Skizzierung« eines Sachverhaltes, Aufteilung eines Problemes in Teilprobleme, die Zurückführung auf Bekanntes, die Prüfung der Lösung.

Auf solche Denkstrategien (auch »kognitive Strategien« oder »heuristische Regeln« genannt) wird ausführlich in Kapitel 11 eingegangen (mit vielen Literaturhinweisen zur Zielsetzung insgesamt).

A.a.6 Selbständigkeit und Selbsttätigkeit
Diese Zielsetzung steht in einem Wechselverhältnis zu der des Problemlöseverhaltens: Das Lösen von Problemen setzt Selbständigkeit und Selbsttätigkeit voraus, fördert diese aber auch wieder. Die speziellen Möglichkeiten des Mathematikunterrichts, zur Selbständigkeit beizutragen, liegen wohl u.a. darin begründet, daß zur Lösung mathematischer Probleme prinzipiell »nur« *eigenes Nachdenken* erforderlich ist und die Überprüfung der Lösung prinzipiell selbst (unabhängig vom Lehrer oder anderen Autoritäten) durchgeführt werden kann. Die Selbständigkeit als ein zentrales Erziehungsziel geht freilich weit über die mathematische Selbständigkeit hinaus (vgl. 3.2.4).

A.b. Geistige Grundtechniken
In jedes der vorgenannten Ziele gehen geistige Grundtechniken ein, die hier gesondert herausgestellt werden sollen:

Vergleichen, Ordnen, Abstrahieren, Verallgemeinern, Klassifizieren, Konkretisieren, Formalisieren, Analogisieren.

Diese Denktätigkeiten wurden in ähnlicher Weise einerseits von Lompscher (1972, S. 34f.) als geistige Grundtechniken, andererseits von Winter (1972, S. 79ff.) als im Mathematikunterricht »hochstilisierte« Tätigkeiten der alltäglichen Denkpraxis herausgestellt. Wir folgen bei den ersten sechs Denktätigkeiten stärker der psychologisch begründeten Systematik von Lompscher, bei den beiden letzten den mehr mathematisch begründeten Kategorien von Winter. Alle geistigen Grundtechniken sind (insbesondere bei Begriffsbildung und Problemlösen) in vielfältiger Weise miteinander verwoben.[12] Es folgen Beispiele auf unterschiedlichen Ebenen, wo die jeweilige geistige Grundtechnik in besonderer Weise angesprochen ist.

A.b.1 Vergleichen
»Das Erfassen von Unterschieden zwischen Vergleichsobjekten hinsichtlich bestimmter Eigenschaften und das Erfassen von Gemeinsamkeiten zwischen ihnen.« Beispiele: Vergleich von Vierecken im Hinblick auf Symmetrien, Vergleich von Merkmalsklötzen hinsichtlich gleicher bzw. unterschiedlicher Merkmale (Unterschiedsspiele von Dienes 1966). Auf höherer Ebene: Vergleichen von Begriffen und Verfahren im Hinblick auf Unterschiede und Gemeinsamkeiten (z.B. unterschiedliche Symmetriebegriffe oder Lösungsverfahren).

A.b.2 Ordnen
»Das Erfassen beziehungsweise Herstellen einer auf- oder absteigenden Reihe von Objekten hinsichtlich eines oder mehrerer Merkmale.« Beispiel: das Ordnen von Brüchen nach ihrer Größe, das Einordnen von Merkmalsklötzen in ein Tabellenschema. Auf höherer Ebene: das logische Ordnen von Begriffen (z.B. von Vierecksarten oder Winkelsätzen)[13].

A.b.3 Abstrahieren
»Das Erfassen der für eine konkrete Ziel- oder Fragestellung wesentlichen Merkmale oder Komponenten und das Vernachlässigen der unwesentlichen«. Beispiele: das Herauslösen der wesentlichen Angaben aus einer Sachaufgabe, das Absehen von unwesentlichen Merkmalen bei einer Begriffsbildung. Auf einer höheren Ebene: das Herausarbeiten von »Strukturen« (z.B. Gruppenstruktur).

A.b.4 Verallgemeinern
»Das Erfassen der einer Reihe von Gegenständen oder Erscheinungen gemeinsamen und gleichzeitig wesentlichen Merkmale und das Bilden von Klassen.« Beispiele: Fortsetzen von Zahlenfolgen: 2, 3, 5... (»Wie könnte es weitergehen?«), Vermutung von Zahlengesetzen aufgrund von Einzelbeispielen. Auf höherer Ebene: das Verallgemeinern von Begriffen und Regeln (z.B. Erweitern ebener auf räumliche Symmetrie oder die Ausweitung von Begriffen und Verfahren auf neue Gültigkeits- und Anwendungsbereiche).

A.b.5 Klassifizieren
»Das Zuordnen eines Objektes zu einer Klasse oder das In-Beziehung-Setzen von Klassen zueinander.« Beispiele: Sortieren von Merkmalsklötzen nach Farben; Entscheiden, ob Quadrate Rauten sind. Auf höherer Ebene: das Klassifizieren von Be-

12 Vgl. hierzu auch Zech (1981, Kap. III).
13 Man spricht in der Mathematikdidaktik in diesem Zusammenhang gelegentlich auch von »lokalem Ordnen«. Das anspruchsvollste Ordnen in einem mathematischen Teilgebiet ist das »Axiomatisieren«.

griffen und Verfahren (z.B. geometrische versus algebraische Begriffe oder Verfahren.)

A.b.6 Konkretisieren bzw. Spezialisieren
»Das Übertragen und Anwenden des Allgemeinen auf das Besondere und Einzelne.« Beispiele: Den Satz des Pythagoras auf ein spezielles rechtwinkliges Dreieck anwenden, das Spiegelbild eines bestimmten Punktes konstruieren. Auf anderer Ebene: Konkretisierung eines inhaltlichen Verfahrens oder einer Denkstrategie (z.B. die Berechnung eines Prozentsatzes in einem konkreten Fall oder die Verdeutlichung gegebener Daten in einer Skizze).

A.b.7 Formalisieren
»Wir meinen in diesem Zusammenhang nicht in erster Linie die Formalisierung im mathematisch strengem Sinne, sondern verstehen hier ganz allgemein darunter die Fertigkeit, Informationen zu codieren, also ein geeignetes Zeichensystem zu verwenden.« Beispiele: Erstellung von Flußdiagrammen, Codierung von Zahlen auf Lochkarten. Auf anderer Ebene: Übersetzung eines Sachverhalts in eine Gleichung, Übersetzung eines mathematischen Verfahrens in ein Computerprogramm.

A.b.8 Analogisieren
»Der Schüler stellt Entsprechungen zwischen verschiedenen Phänomenbereichen her. Genauer: Der Schüler beurteilt, ob und inwiefern zwei (inhaltlich verschiedene) Phänomenbereiche eine allgemeine Struktur aufweisen.« Beispiele: »Entsprechungen« herstellen zwischen Zahlen und Punkten auf einer Geraden, zwischen algebraischen Gleichungen und Schaubildern in einem Koordinatensystem, zwischen Algebra und Geometrie. Allgemein geht es um »Ähnlichkeiten«, wie man sie im Unterricht allenthalben z.B. bei Veranschaulichungen durch Übersetzen in konkretere oder vertrautere Situationen nutzt.

Nachbemerkungen zu den geistigen Grundtechniken:
Als besonders grundlegend unter den geistigen Grundtechniken wird mancherseits (in verschiedenen Ausdeutungen) das Abstrahieren und Verallgemeinern gesehen (vgl. Peschek 1989), oder sie werden auch (beide und weitere Grundtechniken einbeziehend) zum »Begriffsbilden« in einem umfassenden Sinne zusammengefaßt (vgl. Kapitel 5). In vergleichbarer Weise wird »Analogisieren« gelegentlich als eine besonders grundlegende »kognitive[14] Strategie« herausgestellt (vgl. Kluwe 1982, Tietze 1981 und Abschnitt 11.3.1).

A.c Allgemeine »Erziehungsziele« des Mathematikunterrichts
Der Katalog der fachübergreifenden Ziele soll nicht abgeschlossen werden, ohne auf ein Bündel von Zielen hinzuweisen, das gerade von älteren Didaktikern (z.B. Fettweis/Schlechtweg 1965[4], S. 167) stärker betont wird und vermutlich durch die Zeit des Nationalsozialismus etwas in Mißkredit geraten ist:

14 Zum Terminus »kognitiv« vgl. 3.2.2.

Gemeint sind allgemeine »Arbeitstugenden« wie Sorgfalt, Genauigkeit, Gewissenhaftigkeit, Klarheit, Ordnung. Sie wirken sich sinnvoll z.B. in folgender Weise aus (geben Sie selbst unsinnige Gegenbeispiele!):

- saubere Konstruktion von geometrischen Figuren,
- sorgfältiges Erstellen von Diagrammen und Tabellen,
- genaues Rechnen, soweit sinnvoll und möglich,
- übersichtliches und vollständiges (sowie prägnantes) Notieren von Rechnungsgängen, Konstruktionsbeschreibungen und Aufgabenlösungen.

Solange diese Arbeitstugenden nicht unreflektiert zum Selbstzweck oder gar zum bloßen Disziplinierungsmittel werden (wie in der traditionellen Schule vielleicht allzuoft geschehen), besteht kein Grund, sie als »ideologieverdächtig« zu diffamieren (vgl. 2.1.(7)). Sie werden in begründeter Deutlichkeit u.a. auch von Walsch/Weber u.a. (1975) positiv herausgestellt. Weitere Hinweise in Abschnitt 3.2.5.

B. Allgemeine fachbezogene Ziele des Mathematikunterrichts

B.a. Auf Einzelinhalte bezogene Fähigkeiten und Haltungen

B.a.1 Beherrschung sog. »Kulturtechniken«
Dies beinhaltet eine gewisse Sicherheit bei der Ausführung von Operationen, die man im täglichen Leben häufig braucht, z.B.:

- das Einmaleins,
- schriftliche Rechenverfahren (?),
- das Durchführen von Überschlägen,
- Flächen- und Volumenberechnungen,
- Deutung von Dezimalbrüchen und Prozentsätzen,
- Umgang mit gängigen Größen.

Dazu würde man heute sicherlich auch zählen:

- das Lesen von graphischen Darstellungen und Tabellen,
- den Umgang mit Geodreieck und Zirkel,
- den Umgang mit elektronischen Rechnern (Taschenrechner, Computer).

B.a.2 Ein Verständnis für »Algorithmisieren«
Ein grundlegender Aspekt nicht nur bei schriftlichen Rechenverfahren, beim Umgang mit Formeln und beim Lösen von Gleichungen in der Mathematik, sondern auch in der immer bedeutender werdenden Informatik ist das »Algorithmisieren«: Man versteht hierunter das Zerlegen einer Operation in eine wohlbestimmte Reihenfolge von (evtl. sich wiederholenden) Einzelschritten, so daß sie prinzipiell von einem »programmierten« Computer ausgeführt bzw. gesteuert werden kann.

Zu verstehen, wie so ein Algorithmus »funktioniert«, scheint dabei heute meist wichtiger, als ihn selbst möglichst schnell ausführen zu können, weil man dazu ja früher oder später einen elektronischen Rechner hat.

B.a.3 Die Fähigkeit, (einfachere) Umweltsituationen zu mathematisieren
Gemeint ist die Fähigkeit, Rechenoperationen oder andere mathematische Beziehungen in Umweltsituationen wiederzuerkennen und in mathematischer Sprache auszudrücken: Insbesondere Rechen*fähigkeit* im Sinne der traditionellen Mathematikdidaktik (d.h. die Fähigkeit zum Lösen von Sachaufgaben aus dem Bereich der Bruchrechnung, Schlußrechnung, Prozentrechnung).

Dazu wären u.U. auch noch zu zählen: Erkennen und mathematisches Beschreiben von Symmetrien, Anwendungen graphischer Methoden (Erstellung von Diagrammen, graphischen Fahrplänen, lineares Optimieren ...).

B.a. 4 Die Fähigkeit, Umwelterscheinungen mathematischer Art zu verstehen (und kritisch zu beurteilen)
Z.B. gehört es heute zur Allgemeinbildung, die Arbeitsweise eines Computers (Codierungen, Entcodierungen, Approximationsverfahren), Glücksspiele (z.B. Toto, Lotto) zu durchschauen.

»Allgemeiner geht es um ein besseres Beurteilungsvermögen von Zahlenangaben aller Art, von statistischen Daten ebenso wie von Abzahlungs- oder Darlehensbedingungen. Der Schüler soll auch die Aussagekraft einer Graphik beurteilen können (›was kann ich aus einer Fieberkurve ablesen, was nicht?‹). Er muß wissen, daß man Graphiken ebenso wie Zahlenangaben in gewissen Grenzen manipulieren kann, und er soll so etwas erkennen« (Kirsch 1974, S. 164).

Bemerkung:
Vorstehend wurde (ohne Anspruch auf Vollständigkeit) nur ein Kernbereich von Zielsetzungen bis zur Sekundarstufe 1 angesprochen. Für weitere Zielsetzungen insbes. der Sekundarstufe 2 wie z.B. anspruchsvollere Formen des »Mathematisierens« und »Exaktifizierens« vgl. Tietze u.a. (1981).

B.b. Auf das Fach insgesamt bezogene Einsichten und Einstellungen

B.b.1 Die Fähigkeit, Möglichkeiten und Grenzen der Mathematik zu sehen, z.B.:

- Mathematik als Grundlage für Technik und Naturwissenschaften (Beschreibung von Naturgesetzen durch »Formeln«);
- die Gefahr der Verwechslung von Genauigkeit und Gerechtigkeit (Beispiel: »Notendurchschnitt« als Eignungsvoraussetzung);
- die Vorspiegelung falscher Absolutheit und Objektivität:
  Wenn-Dann-Charakter der Mathematik (die Mathematik liefert z.B. Daten unter bestimmten Voraussetzungen, kann aber nicht entscheiden...).

B.b.2 Die Freude an der ästhetischen und spielerischen Seite der Mathematik:

- an der »Eleganz« logischer Ableitungen für interessante Sätze (z.B. Primzahlensatz des Euklid, Satz des Pythagoras, Satz des Thales ... (vgl. auch Abschnitt 7.2.2));
- an der fachlichen Systematik (z.B. »Haus der Vierecke«);
- an der »Schönheit« geometrischer Figuren (z.B. Ornamente, Parkettierungen[15]);
- an Denksportaufgaben, z.B. »Logeleien« (Freizeitwert!).

3.1.3 Anmerkungen zu Inhalten und Verfahren des Mathematikunterrichts

Es wäre konsequent, jetzt weiterzufragen, welche Unterrichtsinhalte und -verfahren im einzelnen zur optimalen Verwirklichung der obengenannten allgemeinen und fachübergreifenden Ziele beitragen. Auf diese Frage kann hier jedoch nicht näher eingegangen werden, zumal sie voller Problematik steckt und sich wohl grundsätzlich nicht befriedigend beantworten läßt.

Folgende Fragen drängen sich im einzelnen auf:

- Welche Ziele sind vorrangig? (Problem der Zielgewichtung)
- Welche Teilziele sind aus übergeordneten Zielen abzuleiten? (Deduktionsproblem)[16]
- Welche Stoffe tragen in welchem Umfang zu welchem Ziel bei? (Transferproblem)
- Mit welchem Unterrichtsverfahren haben sich die Stoffe dabei zweckmäßig zu verbinden? (Methodenproblem)
- Welche Zeit ist für die einzelnen Stoffe vorzusehen? (Zeitproblem)

Die allgemeinen Zielsetzungen geben nur grobe Anhaltspunkte für geeignete Inhalte. Die genannten Beispiele geben nur einige bescheidene inhaltliche Hinweise. Darauf müssen wir uns hier beschränken. Die aufgeworfenen Fragen können allesamt sicherlich nur vorläufig, sehr bedingt und begrenzt in rationaler Auseinandersetzung im Rahmen gesellschaftlicher und wissenschaftlicher Institutionen entschieden werden. Der Beitrag der Mathematikdidaktik wird insbesondere in der Durchführung von vielen Entwicklungsprojekten bestehen müssen, deren Aufgabe vor allem in der Entwicklung von Lehrgängen und sie begleitender Forschung zu sehen ist (vgl. Zech/Wellenreuther 1992 bzw. Zech 1995, Schlußteil).

Es kann in diesem Rahmen nur hervorgehoben werden, daß es wahrlich nicht nur um die Diskussion allgemeiner Ziele geht, sondern auch um deren Konkretisierung durch ein sorgfältig entwickeltes Curriculum (angemessene Verbindung von Zielen, Inhalten und Methoden). Bei der letzten großen Lehrplanreform für den Mathematikunterricht (Stichwort Neue Mathematik/Mengenlehre; KMK-Richtlinien 1968) wa-

15 Vgl. Bigalke/Wippermann (1994).

16 Aus aktueller Sicht ist nach wie vor auf einen eklatanten Bruch zwischen der Formulierung von allgemeinen Zielen und ihrer Konkretisierung im Unterricht hinzuweisen. Dieser Bruch besteht häufig schon auf der Ebene der Lehrpläne und setzt sich fort in den Schulbüchern.

ren sicherlich zu sehr nur neue Inhalte und Darstellungsformen sowie in deren Gefolge die schnelle Schaffung neuer Materialien (inhaltlich »korrekterer« Schulbücher, logischer Blöcke nach Dienes und dergleichen) betont worden – unter Vernachlässigung der Entwicklung von Methoden und Verfahren nach neueren pädagogisch-psychologischen Erkenntnissen und Außerachtlassen von wesentlichen Rahmenbedingungen (z.B. Vorbereitung von Lehrern und Eltern).

Insbesondere wäre auch angesichts der zeitlichen Rahmenbedingungen zu zeigen gewesen, wie man bei Ausweitung der Inhalte berechtigte alte Ziele wie die arithmetischen Kulturtechniken und auch allgemeine Zielsetzungen wie z.B. Argumentationsfähigkeit und »Kreativität« erreichen kann. Hier gab es nur wenige Ansätze (z.B. das Alef-Programm von Bauersfeld u.a. 1970, Winter 1974).

Nach der damaligen Reformwelle kam es zu einer größeren Ernüchterung, die letztlich zu einer starken Rücknahme der inhaltlichen Reformen sowie zu Neuansätzen führte, die die Verfahren (also den Lehr-Lern-Prozeß und damit u.a. Unterrichts- und Kommunikationsstil sowie die Anwendungen) stärker betonten (vgl. Winter 1987). M.E. sind aber auch bei den neueren Ansätzen, die teilweise die Verfahren (Stichwort »entdecken lassendes Lernen«) und die Unterrichtsorganisation (Stichwort »offener Unterricht«) oder auch die Anwendungen (Stichwort »projektorientierter Unterricht«) überbetonen, neue Einseitigkeiten und letztlich Ernüchterungen zu befürchten. Nach meiner Einschätzung wird insbesondere wiederum versäumt, sorgfältigere Entwicklungsforschung zu treiben.

Im Rahmen dieses Buches kann es im folgenden nur darum gehen, die Bedingungen für die Gewinnung von Lernzielen und der sich daran anschließenden Lehr-Lern-Prozesse mit verschiedenen möglichen Akzenten möglichst unterrichtsnah zu verdeutlichen.

3.1.4 Gewinnung und Auswahl von Lernzielen und -inhalten

Schon auf der Ebene der Lehrplangestalter ist die Gewinnung der Ziele ein großes Problem: Es wurde in früheren Jahren nur noch nicht deutlich genug gesehen, als ein Expertengremium (im allgemeinen bestehend aus Lehrern, Pädagogen, Verwaltungsfachleuten ...) mehr oder weniger intuitiv in Fortschreibung bereits vorhandener Lehrpläne entschied. In den siebziger Jahren propagierte man, systematischer vorzugehen, etwa in Anlehnung an das Robinsohnsche Modell (Robinsohn 1970^2)[17].

Für die Auswahl von Bildungsinhalten sind nach Robinsohn (1970^2, S. 47) folgende *Kriterien* zu beachten:

a. Berufs- oder studienvorbereitende Bedeutung.
b. Allgemeinsozialisierende und -bildende Bedeutung.
c. Bedeutung im Gefüge der Wissenschaft.
d. Leistung für Weltverstehen.
e. Funktion in Verwendungssituationen des privaten und öffentlichen Lebens.

17 Zur Einführung in die Curriculumsforschung vgl. Hesse/Manz (1974^3).

Für die Entscheidungsprozedur[18] ist nach Robinsohn insbesondere zu beachten, daß auch genauere Analysen der Verwendungssituationen durchgeführt werden. Beispiele aus dem Bereich der Mathematik: Raatz u.a. (1973), Damerow u.a. (1974). Für die neuere Zeit ist vor allem Blum (1994) mit einer größeren Dokumentation zu nennen.

Wir wollen uns nun weiteren möglichen Auswahlkriterien zuwenden, die auch dem Lehrer bei vorgegebenen Richtlinien gewisse Anhaltspunkte für die Setzung von Schwerpunkten bei Inhalten und Zielen geben kann. Dies kann es ihm u.U. erleichtern, die in den Richtlinien häufig zu beobachtende Lücke zwischen allgemeinen Präambeln und Katalogen von Inhalten oder Einzelzielen zu verkleinern (vgl. auch Abschnitt 3.2.1).

In Lehrplankommissionen wurde in früheren Jahren öfters auf das *Prinzip der Emanzipation* als übergreifendes allgemeinstes Auswahlkriterium zurückgegriffen: »Der Wert eines Lernziels wird letztlich daran gemessen, inwieweit es innerhalb des organisierten Lernprozesses dazu beiträgt, die Fähigkeit des Schülers zur Analyse gesellschaftlicher Zusammenhänge und damit sein Selbstverständnis und seine Handlungsfähigkeit in der jeweiligen historischen Situation zu fördern« (vgl. Klafki 1972, S. 30).[19]

Es ist ganz anregend und nützlich, den Mathematikunterricht mit diesem Prinzip unmittelbar zu konfrontieren (vgl. Aufgabe 2). Man sollte es freilich nicht zu eng im Sinne vordergründiger »gesellschaftlicher Relevanz« verstehen (vgl. Bigalke 1976 und die obigen Ausführungen zu den Ordnungstugenden).

Eine konkretere Orientierungshilfe für die Auswahl von mathematischen Lerninhalten gibt Winter (1972, S. 84):

1. Inwieweit ist der Stoff geeignet, die spezifisch mathematische Denkweise angesichts der vorliegenden Dispositionen der Schüler zu repräsentieren?
   (Ist er von allgemeiner mathematischer Bedeutung und dem Schülerniveau angemessen?)
2. Inwieweit ist der Stoff (bzw. sind die bei seiner Vermittlung sich anbietenden Methoden) geeignet, möglichst vielen der allgemeinen Lernziele gerecht zu werden?
3. Inwieweit ist der Stoff speziell bedeutsam für die Anwendbarkeit im Sinne einer allgemeinen Berufsvorbereitung?
4. In welcher Weise wirkt sich die Hereinnahme des Stoffes auf den Gesamtinhalt aus?
5. Inwieweit berührt der Stoff Inhalte anderer Schuldisziplinen?
6. Inwieweit weisen der Stoff und die an ihm zu entfaltenden Tätigkeiten über sich selbst hinaus?
7. Inwieweit erfüllt der Stoff die seitens der »Abnehmer« gehegten Erwartungen?

---

18 Die notwendigen Entscheidungsprozesse bei der Curriculumsentwicklung werden bei Flechsig/Haller (1973) näher herausgearbeitet.

19 In neuerer Zeit drückt man sich manchmal etwas schlichter aus: Der Schüler soll der heutigen Welt möglichst aufgeklärt selbständig (d.h. möglichst wenig fremdbestimmt) und solidarisch begegnen können (vgl. etwa von Hentig 1981 und Aebli 1987).

Für die aktuelle Auswahl eines Unterrichtsinhaltes sollte man ergänzen:

8. Inwieweit kommt der Stoff Schülerinteressen (!) entgegen?
9. Inwieweit kommt der Stoff dem Lehrerinteresse entgegen?
10. Inwieweit ist das eingeführte Schulbuch bei der Behandlung des Stoffes zu benutzen?
11. Inwieweit ist zur Behandlung des Stoffes notwendiges Unterrichtsmaterial vorhanden oder leicht beschaffbar?

Zu den letzten Punkten sei kurz angemerkt:

Zu 8. Die Schülerinteressen sollte man nicht einfach an momentaner Lust und Laune der Schüler, sondern eher an ihrem »objektiven« Interesse, z.B. an echter Anwendungsfähigkeit des Gelernten, orientieren (vgl. Meyer 1987, S. 413). Damit verbietet sich ein vordergründiges Abhaken des Lehrplanes.

Zu 9. Beim Lehrerinteresse sollte man vor allem betonen, daß es sich der Lehrer hier nicht zu einfach machen sollte, indem er seine momentanen Neigungen mit dem Schülerinteresse gleichsetzt. Es soll aber damit betont werden, daß die eigene Identifikation des Lehrers mit dem Stoff sehr wichtig ist und daß er nicht über das aufgrund der Rahmenbedingungen Zumutbare hinauszugehen braucht.

Zu 10. Der Lehrer sollte sich nicht einfach nach dem Schulbuch richten, aber Lehrer und Schüler haben u.U. ein gemeinsames Interesse daran, sich eine Arbeit ohne Schulbuch nicht unnötig schwer zu machen.

Zu 11. Auch hier soll es wieder nicht heißen, daß der Lehrer z.B. Folien oder andere Materialien nur deshalb einsetzt, weil sie leicht verfügbar sind. Sie sollten zum Erreichen der Ziele wirklich *sinnvoll sein.* (Das ist bei eingeführten Schulbüchern manchmal nicht ganz einfach zu entscheiden.)

Die genannten Auswahlgesichtspunkte für mathematische Unterrichtsinhalte seien unter Einbeziehung der allgemeinen Lernziele noch einmal kurz in etwas anderer Anordnung in Form einer *Checkliste* zusammengefaßt (Schema 2).[20]

Zum sinnvollen Gebrauch der Checkliste ist es wichtig, *schärfere Maßstäbe* als eine vordergründige Wortbedeutung der Kriterien anzulegen. Anderenfalls kommt man leicht zur Rechtfertigung beliebiger Inhalte. Auch eine Gewichtung der Kriterien kann nicht außer acht gelassen werden: Eine überzeugende Begründung kann u.U. aufgrund einzelner Kriterien (z.B. von der inhaltlichen Bedeutung her oder durch den möglichen Beitrag zu einem allgemeinen Ziel wie der Kritikfähigkeit) gegeben werden.

---

20 In jedem Fall geht es nicht nur um die Auswahl der Inhalte allein, sondern auch um die damit zu verbindenden Methoden (vgl. Punkt 2 auf S. 63).

Schema 2

Checkliste zur Auswahl mathematischer Unerrichtsinhalte

(bzw. ANREICHERUNG gegebener Stoffe mit allgemeinen Zielsetzungen[20])
Ist der Stoff
- dem kognitiven Niveau und Interesse der Schüler angepaßt?
- dem Interesse und den didaktischen Möglichkeiten des Lehrers adäquat?
- von allgemeiner mathematischer Bedeutung?
- in das fachliche Curriculum sinnvoll einzuordnen?

Ist der Stoff gerechtfertigt
- als »Kulturtechnik«?
- durch eine umweltbezogene Sachsituation?
- als urteilsbildende Information?
- als mathematische Grundlage für technisches oder naturwissenschaftliches Verständnis?
- durch seine kulturhistorische Bedeutung?
- zur Besinnung auf Möglichkeiten und Grenzen der Mathematik?
- durch seinen ästhetischen Wert?

Ist der Stoff geeignet als Beitrag
- zum Anschauungsvermögen?
- zum logischen Denken/zur rationalen Argumentation?
- zu Kommunikations- bzw. Kooperationsfähigkeit?
- zur Sprachförderung?
- zur Kritikfähigkeit?
- zum Problemlöseverhalten/zur Kreativität (vgl. 11.10.3)?
- zur Selbständigkeit?
- zur Förderung geistiger Grundtechniken (Vergleichen, Ordnen, Abstrahieren, Verallgemeinern, Klassifizieren, Spezialisieren bzw. Konkretisieren, Analogisieren)?
- zur Förderung von »Arbeitstugenden« (Sorgfalt, Genauigkeit, Vollständigkeit, Gewissenhaftigkeit, Klarheit, Ordnung)?
- zur allgemeinen oder speziellen Berufsvorbereitung?

3.2 Taxonomie mathematischer Lernziele

3.2.1 Gesichtspunkt: Präzisierung der Lernziele

Ein Katalog allgemeiner Zielsetzungen des Mathematikunterrichts, wie er im Abschnitt 3.1 entwickelt wurde, ist als Grundorientierung für das, was im Mathematikunterricht herauskommen sollte, vielleicht ganz nützlich.

Lehrpläne (vgl. Schubring/Thiede 1993) beginnen häufig mit der Erläuterung einiger allgemeiner Ziele, setzen je nach Schulart Akzente und geben gelegentlich auch einige Hinweise zu ihrer Realisierung. Dann folgte früher meist eine Stoffliste ohne weitere Hinweise. Heute bevorzugt man meist längere Kataloge genauer ausformulierter Lernziele, häufig auch noch mit einigen methodischen Einzelhinweisen.

Leider kann man aber bei den Lernzielkatalogen häufig ebensowenig einen Zusammenhang mit den allgemeinen Zielsetzungen erkennen wie bei den alten Stofflisten. Die Checkliste des letzten Abschnitts könnte helfen, hier Akzente zu setzen oder die Zielsetzungen sinnvoll anzureichern, indem z.B. geeignete Sozialformen oder problemorientierte Unterrichtsformen eingesetzt werden, durch die allgemeine Ziele mit verfolgt werden können.

Allerdings ist dies eine andere Art der Spezifizierung von Lernzielen, als dies in den Lernzielkatalogen häufig durch »Taxonomie« und »Operationalisierung« versucht wird. Im folgenden wird diskutiert, was damit eigentlich gemeint ist und vor allem, wieweit das sinnvoll ist für die Formulierung von Lernzielen im Rahmen einer Unterrichtsvorbereitung des Lehrers.

Der Vorwurf gegenüber früheren Stofflisten bestand darin, daß sich der Lehrer bei einer bloßen Stoffangabe wie »Satz des Pythagoras« vielleicht zu schlecht vorstellen kann, was er eigentlich im Unterricht erreichen soll:

a) Soll der Schüler den Inhalt des Satzes von Pythagoras in eigenen Worten wiedergeben können?
b) Soll er einen Beweis des Satzes von Pythagoras reproduzieren können?
c) Soll er den Satz des Pythagoras in Sachaufgaben anwenden können?

Es ist für den Lehrer offensichtlich wichtig, genauer zu klären, welche Ziele er im Unterricht eigentlich erreichen will.

(Im Sinne der zuvor erörterten Anreicherung mit allgemeinen Zielen könnte er sich zusätzlich fragen:

- Könnte nicht auch über die kulturhistorische Bedeutung von Pythagoras gesprochen werden?
- Sollte das logische Denken an weiteren Beweisen des Satzes von Pythagoras geübt werden, und wäre das nicht auch eine besondere Möglichkeit, das räumliche Vorstellungsvermögen zu schulen?
- Könnte man über die verschiedenen Beweise nicht auch vergleichend diskutieren?)

3.2.2 Die Taxonomie der Lernziele nach Bloom u.a.

Eine Möglichkeit, sich größere Klarheit über Art und Komplexität der eigenen Lernziele zu verschaffen, ist eine Klassifikation der Lernziele nach der Taxonomie von Bloom u.a. (1972).

Hierunter ist ein Schema zu verstehen, das die Lernziele zunächst nach verschiedenen *Verhaltensdimensionen* (Lernzielbereichen) ordnet und innerhalb dieser Lernzielbereiche jeweils nach Komplexitätsgrad hierarchisch genauer einordnet.

Bloom (1972) unterscheidet drei Lernzielbereiche:

a) den kognitiven[21] Bereich,
b) den affektiven[22] Bereich,
c) den psychomotorischen[23] Bereich.

---

21 Kognitiv (lat.): das Erkennen betreffend.
22 Affektiv (lat.): das Gefühl betreffend.
23 Psychomotorisch (lat.): vom Gehirn gesteuerte Bewegungen betreffend.

Der *kognitive Bereich* umfaßt die Lernziele, die es mit Wissen und Denken zu tun haben.

Der *affektive Bereich* umfaßt die Lernziele, die es mit Einstellungen, Interessen und Wertschätzungen zu tun haben.

Der *psychomotorische Bereich* umfaßt die Lernziele, die es mit manuellen und motorischen Fertigkeiten zu tun haben.

Beispiele aus der Mathematik:

Ein *kognitives Ziel*: Der Schüler soll wissen, was ein Quadrat ist.
Ein *affektives Ziel*: Der Schüler soll bereit sein, Aufgabenlösungen durch eine Probe zu kontrollieren.
Ein *psychomotorisches Ziel*: Der Schüler soll mit einem Zirkel sachgerecht umgehen können.

Es sei gleich hier angemerkt, daß »kognitiv«, »affektiv« und »psychomotorisch« nur Schwerpunkte realer Zielsetzungen bedeuten, also in Wirklichkeit immer miteinander verschränkt sind: Kognitive und psychomotorische Ziele sind meistens mit dem affektiven Ziel der Bereitschaft verknüpft. Affektive und psychomotorische Ziele sind meistens mit dem kognitiven Ziel der »Einsicht« verknüpft. Kognitive und affektive Ziele sind meist (mit verschiedenen) psychomotorischen Zielen des Schreibens oder Zeichnens verbunden. Dies wird im folgenden noch näher zu besprechen sein.

Man hat es im Mathematikunterricht offenbar vorwiegend mit kognitiven und affektiven Zielen zu tun. Deshalb sollen besonders diese beiden Lernzielbereiche näher besprochen werden (man beachte jedoch auch Abschnitt 3.2.5 hinsichtlich der Bedeutung psychomotorischer Ziele für die Grundschule).

3.2.3 Eine Taxonomie kognitiver Ziele der Schulmathematik

Innerhalb des kognitiven Bereichs unterscheidet Bloom sechs Kategorien:

1. Wissen,
2. Verstehen,
3. Anwenden,
4. Analyse,
5. Synthese,
6. Bewertung.

Vergegenwärtigen wir uns kurz und grob, was Bloom mit diesen Kategorien meint:

1) »Wissen« (knowledge) heißt die Kenntnis (vor allem im psychologischen Sinne des Erinnernkönnens) von irgendwelchen Fakten oder Verfahren.
2) »Verstehen« (comprehension) heißt die Fähigkeit, eine mitgeteilte Information sachgerecht aufzunehmen, in eine andere Form zu übertragen, zu interpretieren oder zu verallgemeinern.
3) »Anwenden« (application) heißt die Fähigkeit, von allgemeinen Regeln und Verfahren in speziellen Situationen Gebrauch zu machen.

4) »Analyse« (analysis) heißt die Fähigkeit, eine Information in Teile zu zerlegen, so daß ihre Beziehungen zueinander bzw. ihre Organisation deutlich wird.
5) »Synthese« (synthesis) heißt die Fähigkeit, Teile zu einem neuen Ganzen zusammenzusetzen.
6) »Bewertung« (evaluation) heißt die Fähigkeit, Urteile über den Wert von Materialien und Methoden abgeben zu können.

Das Klassifikationsschema ist hierarchisch aufgebaut in der Weise, daß jede folgende Kategorie die vorhergehende i.a. voraussetzt. Es verläuft also von einfacheren Verhaltensformen zu komplexeren Verhaltensformen.

Betrachten wir uns diesen Aufbau am Beispiel des Satzes von Pythagoras. Man kann diesbezüglich Ziele auf jeder Ebene formulieren:

1) *Kenntnis* des Satzes von Pythagoras hieße z.B.: den Inhalt des Satzes in eigenen Worten wiedergeben zu können.
2) *Verstehen* des Satzes von Pythagoras hieße z.B.: den Gedankengang eines Beweises des Satzes wiedergeben zu können.
3) *Anwenden* des Satzes von Pythagoras hieße z.B.: in einer Sachaufgabe von ihm Gebrauch machen zu können.
4) *Analyse* hieße z.B.: einen vorgelegten Beweis des Satzes auf seine logische Stichhaltigkeit untersuchen zu können.
5) *Synthese* hieße z.B.: einen Beweis des Satzes selber finden zu können.
6) *Bewertung* hieße z.B.: verschiedene Beweise des Satzes bezüglich der benutzten Beweismittel vergleichen zu können.

Statt die Bloomsche Unterteilung der Kategorien in wiederum nach Komplexität geordneten Unterkategorien im einzelnen wiederzugeben und zu interpretieren, wenden wir uns im folgenden gleich einer dem mathematischen Schulunterricht angepaßten Klassifikation zu.

Eine Modifikation der fachunabhängigen Taxonomie von Bloom für das Fach Mathematik ist schon mehrfach – und für verschiedene Zwecke – versucht worden, so z.B. von Wood (1968), Avital/Shettleworth (1968, 1983), Wilson (1971). (Diese Taxonomien wurden u.a. von Stein (1973) und Christmann (1980) mit weiteren Modifikationen diskutiert.)

Alle hier genannten Taxonomien sind nicht zufriedenstellend, wenn man folgende Ansprüche in etwa berücksichtigen will:

a) Die wesentlichen Prozesse mathematischen Denkens sollen zum Ausdruck kommen.
b) Der besondere Charakter zuordenbarer mathematischer Inhalte soll zum Ausdruck kommen.
c) Die zugrundeliegenden psychologischen Prozesse sollten sich innerhalb der Hauptkategorien etwa entsprechen.
d) Die Taxonomie sollte – nur soweit sinnvoll möglich – nach zunehmendem kognitiven Anspruch bei den Hauptkategorien ausgerichtet sein.

e) Innerhalb einer Hauptkategorie sollte (nur soweit möglich und sinnvoll) nach aufsteigender Schwierigkeit unterteilt werden.
f) Die Taxonomie sollte eine breite Anregungsbasis zur Lernzielfindung und genaueren Lernzielformulierung sein.

In diesem Rahmen können die genannten Taxonomien nicht näher nach diesen Kriterien analysiert werden. Generell werden wohl die Punkte a, b, d, f zuwenig beachtet. Bei der häufig genannten Taxonomie von Wilson sieht man zusätzlich den Punkt c nicht erfüllt und die Hauptkategorien unglücklich bezeichnet.

Es sei demgemäß eine pragmatische Taxonomie vorgeschlagen, die einerseits eine fachliche Aufgliederung der Ziele und Inhalte (ähnlich wie Wilson) vorsieht, aber keine übertriebene Hierarchisierung der Ziele und damit eine Beschränkung auf nur fünf Hauptkategorien (ähnlich wie Avital/Shettleworth). Andererseits soll diese Taxonomie eine stärkere inhaltliche Aufgliederung der Hauptkategorien vorsehen und damit als eine hinreichend breite Anregungsbasis für schulische Zielsetzungen und Lernzielkontrollen dienen. Dies wird freilich erkauft durch eine teilweise geringere Reinheit des Klassifikationsgesichtspunkts: Bei der Kategorie 3 (Beherrschung von Verfahren[24]) werden z.B. auch logische Verfahren mit einbezogen, die quer zu anderen Zielsetzungen liegen, aber sonst u.U. gar keine eigene Berücksichtigung fänden und in der Kategorie 5 (Synthese und eigentliches Problemlösen) untergingen.

Die Taxonomie kann natürlich je nach Schulart und Schulstufe verkürzt (u.U. auch erweitert) und je nach den Bedürfnissen modifiziert und verbessert werden. Sie sollte also als flexibles didaktisches Instrument (insbes. als »Checkliste«) genutzt und keinesfalls dogmatisiert werden.

Schema 3

Eine pragmatische Taxonomie kognitiver Ziele des Mathematikunterrichts

1. *Verständnis von Begriffen, Sätzen und Verfahren*
   - Verständnis von Begriffen (u.a. Beispiele von Nichtbeispielen unterscheiden können, eigene Beispiele angeben können, definieren können ...).
   - Verständnis von Sätzen (z.B. der mathematischen Argumentation folgen können, einen mathematischen Sachverhalt in eigenen Worten wiedergeben können, in eine graphische oder symbolische Form übertragen können, an einem Spezialfall demonstrieren können ...).
   - Verständnis von Verfahren (z.B. die einzelnen Schritte von Rechnungen, Konstruktionen, Beweisen an einem Beispiel erläutern können ...).

Hierbei sind in wechselndem Maße alle geistigen Grundtechniken wie Vergleichen, Ordnen ... angesprochen.

24 »Beherrschung von Verfahren« kommt bei Bloom als eigene Kategorie gar nicht vor, bei anderen mathematischen Taxonomien nur als inhaltliches algorithmisches Verfahren. Sie beinhaltet Verständnis, Wissen und eine gewisse »Geläufigkeit« durch Übung.

2. *Kenntnis von Sachverhalten*
   - Kenntnis von Bezeichnungen und Symbolen (z.B. IN, π, $\sqrt{\ }$ ...),
   - Kenntnis von Fachausdrücken und Vereinbarungen (z.B. »Ungleichung«, »ausklammern«, »Punktrechnung geht vor Strichrechnung«).
   - Kenntnis von Fakten (z.B. der Quadratzahlen bis 20^2, des kleinen Einmaleins).
   - Kenntnis von Definitionen, Sätzen, Gesetzen und Formeln (z.B. eine Raute ist..., Winkelsummensatz für das Dreieck, Kommutativgesetz, binomische Formel).

Hier ist angesprochen, was Schüler nicht nur verstanden haben, sondern darüber hinaus mehr oder weniger auswendig wissen sollen.

3. *Beherrschung von inhaltlichen und formalen Verfahren*
   - Rechenverfahren (z.B. schriftliches Rechnen, Umgang mit dem Taschenrechner),
   - algebraische Verfahren (z.B. Lösen von Gleichungen),
   - geometrische Verfahren (z.B. Grundkonstruktionen mit Zirkel und Lineal),
   - logische Grundregeln (z.B. Verneinungsregeln),
   - heuristische Regeln allgemeiner Art (z.B. Situationsskizzen anlegen, Spezialfälle untersuchen),
   - heuristische Regeln inhaltlicher Art (z.B. Rechenvorteile, zweckmäßige Hauptnennerberechnung),
   - Beweisverfahren (z.B. indirekter Beweis, Widerlegen durch Gegenbeispiel).

Hierbei werden komplexere Verfahren angesprochen, die den Schülern geläufig sein sollen.

4. *Analyse und einfache Anwendung*
   - Die Fähigkeit, mathematische Daten aus einem Kontext herauszulösen: »Formalisieren« (z.B. bei einer Textaufgabe bestimmen, was gegeben bzw. gesucht ist; zusammengehörige Größen, eine bestimmte Rechenoperation identifizieren).
   - Die Fähigkeit, Entsprechungen in verschiedenen Situationen festzustellen: »Analogisieren« (z.B. Entsprechungen der Teilmengenbeziehungen und der Kleinerbeziehungen für natürliche Zahlen, zwischen Flächen- und Rauminhaltsbestimmung ...).
   - Die Fähigkeit, Aufgaben eines bekannten Typs zu lösen (Routineprobleme und -beweise),
   - Die Fähigkeit, Aufgaben verschiedenen Typs zu unterscheiden.
   - Die Fähigkeit, Strukturen aus einfachen Modellen zu abstrahieren, darzustellen und in anderen Konkretisierungen wiederzufinden (z.B. bei der Einführung der ganzen Zahlen).
   - Die Fähigkeit, logische Beziehungen zwischen vorgegebenen Sachverhalten festzustellen (z.B. Systematisieren der Vierecke, »lokales« Ordnen von Sätzen am Kreis ...).
   - Die Fähigkeit, Fehler zu finden (z.B. Rechenfehler, stillschweigende Voraussetzungen, Beweislücken, Beweisfehler).
   - Die Fähigkeit, vorgelegte Lösungen zu vergleichen.

Hier sind also »einfachere« Aufgaben angesprochen, die nicht so weit von der Grundlage des Gelernten entfernt sind und eher durch Analysieren (im Sinne von Bloom) zu lösen sind.

5. *Synthese und eigentliches Problemlösen*
   - Die Fähigkeit, Daten in neuer Weise zu kombinieren (z.B. verschiedene Möglichkeiten finden lassen, 27 und 28 zu addieren oder flächeninhaltsgleiche Figuren zu legen ...).
   - Die Fähigkeit, elementare Lösungsprogramme (»gehabte Aufgaben«) und heuristische Regeln zu kombinieren: Entwickeln eines Lösungsplanes (z.B. Sachaufgaben),

- Die Fähigkeit, aus Bekanntem logische Schlüsse zu ziehen (deduzieren, folgern, beweisen, begründen).
- Die Fähigkeit, eine Aufgabenlösung schriftlich darzustellen oder einen Beweis zu formulieren.
- Die Fähigkeit, selbständig Alternativen zu entwickeln (z.B. zu variieren, verallgemeinern).

Bei all diesen Fähigkeiten sind vorwiegend synthetisierende (d.h. zusammensetzende) geistige Fähigkeiten angesprochen, die beim Lösen eigentlicher (d.h. Nichtroutine-) Probleme die Hauptrolle spielen.

6. Bewerten
Die Angemessenheit von angewandten Verfahren, die Aussagekraft von Ergebnissen, die Zweckmäßigkeit von Mathematisierungen prüfen; nichtmathematische Gesichtspunkte bei außermathematischen Anwendungen diskutieren[25].

Das vorstehende Ordnungsschema bedarf noch einiger zusätzlicher *Erläuterungen*:

1. Das Schema ist gegenüber Bloom anfangs auf den Kopf gestellt: Bei Bloom steht Wissen vor Verstehen, weil es »einfacher« ist, etwas in gleicher Form wiederzugeben, als es auch in seinem »Sinn« zu verstehen. Hier jedoch wird in »pädagogischer« Absicht davon ausgegangen, daß am Anfang aller mathematischen Lernprozesse möglichst »Verständnis« stehen sollte, zu dem im weiteren Lernprozeß zusätzlich das Wissen, die Anwendung usw. dazukommt.
2. In Kapitel 5 wird näher herausgearbeitet, inwiefern »Verständnis« auch »psychologisch« die zentrale Kategorie darstellt und wie dieses als Zielsetzung noch weiter ausdifferenziert werden kann.
3. Bei schulischen Lernprozessen sollte man meist wenigstens bis zur Kategorie 4 (Analyse und einfache Anwendungen) vordringen, weil ein schulischer Lerninhalt gewöhnlich erst durch Anwendung (wenn möglich, auf außermathematische Situationen) für die Schüler wirklich sinnvoll wird (vgl. auch Kapitel 7).
4. So wie bei der Kategorie 3 die Kategorie 1 (Wissen) und 2 (Verstehen) vorausgesetzt werden, so wird bei den Kategorien 4 und 5 unterstellt, daß sie die vorangehenden (zumindest teilweise) voraussetzen.
5. Bei den Kategorien 4 und 5 werden Analyse und Synthese als geistige Grundprozesse im Anschluß an Lompscher (1972, S. 34) besonders herausgestellt. Analyse und Synthese konstituieren nach Lompscher alle Denkoperationen, wobei mal die Analyse, mal die Synthese im Vordergrund steht. Auch die in Abschnitt 1 genannten geistigen Grundtechniken haben analytischen und synthetischen Charakter (mit verschiedenen Schwerpunkten). Insofern spielen einfachere, oft unbewußtere Formen der Analyse und Synthese schon bei der Kategorie 1 (Verstehen) eine Rolle. Bei Kategorie 4 stehen bewußtere und anspruchsvollere Prozesse der Analyse im

25 Bewerten in diesem Sinne (taxonometrisch schwer einzuordnen) ist schon bei relativ einfachen Anwendungssituationen wichtig wie z.B.: Benutze ich Auto oder Zug, um zu irgendeinem Zielort zu kommen?

Vordergrund. Bei Kategorie 5 stehen bewußtere und anspruchsvollere Prozesse der Synthese im Vordergrund.

6. Prozesse der Analyse sind gegenüber Prozessen der Synthese im allgemeinen als einfacher anzusehen. Dies hat sich z.B. bei Untersuchungen von Lompscher/Stahl (1962) gezeigt: Beim Lösen von mathematischen Sachaufgaben fiel es den Kindern leichter, Komponenten der Problemsituation auszugliedern, als neue Beziehungen zwischen ihnen herzustellen.

3.2.4 Sozial-affektive Ziele des Mathematikunterrichts

Weinert (1974, S. 50/51): »Lernen in der Schule darf nicht reduziert werden auf die Vermittlung von Kenntnissen und Fertigkeiten, sondern muß die Veränderungen von Einstellungen, Motiven, Werthaltungen und sozialen Verhaltensweisen einschließen.«

A. Eine Taxonomie affektiver Ziele nach Kratwohl/Bloom/Masia

Die kognitiven Ziele des Mathematikunterrichts treten häufig so in den Vordergrund, daß man sich in der Diskussion mehr oder weniger auf diese beschränkt. Deshalb sei an dieser Stelle einmal näher auf die sozial-affektiven Ziele des Mathematikunterrichts eingegangen. (Durch den Vorsatz »sozial« wird zum Ausdruck gebracht, daß die affektiven Ziele des Mathematikunterrichts in den »sozialen« Bereichen der Kommunikation und Kooperation einen besonderen Schwerpunkt haben bzw. zumindest haben könnten.)

Zunächst ist grundsätzlich noch einmal festzustellen, daß in jedem Falle *affektive Ziele untrennbar mit kognitiven Zielen verbunden* sind, insofern für jeden kognitiven Lerninhalt eine gewisse affektive Zuwendung (Motivation, Lernbereitschaft) erforderlich scheint, wenn es zu effektiven Lernergebnissen kommen soll.

Darüber hinaus ist davon auszugehen, daß *je anspruchsvoller die kognitive Zielsetzung ist, desto stärker im allgemeinen die affektive Zuwendung* sein muß.

Kratwohl/Bloom/Masia (1975) haben, der kognitiven Taxonomie von Bloom entsprechend, eine Taxonomie affektiver Ziele nach dem Grad der inneren Zuwendung aufgestellt. Die Hauptkategorien seien etwas grob in freier Übersetzung wiedergegeben:

1. Beachtung (receiving),
2. aktive Zuwendung (responding),
3. punktuelle Wertschätzung (valuing),
4. allgemeines Interesse (organization),
5. Überzeugung (characterisation).

Lewy (1966, S. 234) hat versucht, diese allgemeine Taxonomie auf die Mathematik zu übertragen:

Affektive Ziele des Mathematikunterrichts

(1) Der Lernende soll die Bedeutung der Mathematik in unserer Gesellschaft kennen.
(2) Der Lernende soll die Mathematik als eine Disziplin schätzen, die logisches Denken und Nachdenken in besonderer Weise fördert.

Lewy unterteilt (2) nach den obigen Kategorien 1–4 und gibt entsprechende Verhaltensbeispiele:

1. »receiving« : daran interessiert sein, Logarithmenrechnung[26] als vereinfachendes Rechenverfahren kennenzulernen.
2. »responding« : häufiges Verwenden von Diagrammen zur Darstellung eigener Gedanken.
3. »valuing« : viel Zeit für die Lösung eines mathematischen Problems verwenden.
4. »organization« : Nachdenken über die Schönheit der Mathematik.

Man kann aus dieser Taxonomie wohl nicht sehr viel mehr entnehmen als den groben Hinweis, wie sich mathematisches Interesse vertiefen und in welchen Verhaltensweisen des Lernenden es sich niederschlagen könnte. Nähere Hinweise für die Gestaltung des Unterrichts bekommt man hier kaum.

B. Ein anderer Ansatz

Es ist vermutlich fruchtbarer, zunächst von der Taxonomie kognitiver Ziele des Mathematikunterrichts auszugehen und jeweils zu fragen: *Welche affektive Bereitschaft ist für die Entwicklung einer bestimmten kognitiven Fähigkeit erforderlich bzw. wünschenswert?*

Man bekommt dadurch affektive Ziele wachsenden Anspruchs, wie aus der folgenden Zusammenstellung (Schema 4) hervorgeht.

Soll ein bestimmtes kognitives Ziel erreicht werden, so müssen i.a. die durch das Schema zugeordneten affektiven Ziele und die im Schema darüberstehenden erreicht sein bzw. werden.

26 Logarithmenrechnung ist im heutigen Mathematikunterricht stark zurückgedrängt. Man setze an ihre Stelle etwa den Umgang mit dem Taschenrechner.

Schema 4

Zuordnung zwischen kognitiven und affektiven Zielsetzungen	
Kognitive Ziele (Fähigkeiten)	Affektive Ziele (Bereitschaften)
Verständnis von Begriffen, Sätzen und Verfahren	Bereitschaft zum genauen Hinhören und – -sehen bzw. Beobachten – zum Mit- und Nachdenken, – zum Begründen
Kenntnisse	Bereitschaft zum Behalten, Merken, Auswendiglernen
Beherrschung von Verfahren	Bereitschaft zum Verstehen, – zum häufigen Ausführen (Üben und Wiederholen)
Analyse und einfache Anwendungen	Bereitschaft zum »Durchdringen« eines vorgegebenen mathematischen Sachverhaltes, – zu Kritik und Kontrolle (insbesondere in bezug auf logische Richtigkeit und inhaltliche Plausibilität) – Bereitschaft, sich mit Fehlern auseinanderzusetzen
Synthese und eigentliches Problemlösen	Problemlösebereitschaft (Bereitschaft zum Suchen, Umstrukturieren, Prüfen, Verwerfen, Kombinieren), Durchhaltebereitschaft (Frustrationstol eranz), Bereitschaft zur Selbständigkeit – zur Zusammenarbeit mit anderen, – zu rationaler Argumentation

Solch eine Aufstellung scheint banal, macht gegebenenfalls dem Lehrer aber bewußt, wo er beim Vermitteln kognitiver Inhalte im affektiven Bereich anzusetzen hat.

Mit dieser Aufstellung von Bereitschaften sind die affektiven Ziele des Mathematikunterrichts natürlich nur teilweise erfaßt. Es sollte damit auch nur angeregt werden, bei den kognitiven Zielen stärker nach den affektiven Bedingungen zu fragen.

Eine Fülle affektiver Ziele steckt (ausgesprochen oder unausgesprochen) im vorangestellten allgemeinen Zielkatalog (Abschnitt 3.1) in Form von »*Werthaltungen*«:

Es geht z.B. nicht nur darum, »Kulturtechniken« zu beherrschen, sondern auch ihren »Wert« einzusehen. Es geht nicht nur um eine Mathematisierung irgendwelcher Umweltsituationen, sondern auch um die Erfahrung ihrer Sinnhaftigkeit und Nützlichkeit …

Es geht letztlich für den Lehrer darum, die »Werte« der Mathematik (und seien es ästhetische Werte oder auch der Freizeitwert) und damit den Wert der Mathematik überhaupt herauszustellen.

Im Mathematikunterricht geht es auf der affektiven Seite aber nicht nur um »Bereitschaften« und »Werthaltungen«, um fachliche (insbesondere kognitive) Ziele besser erreichen zu können.

Es geht auch darum, zu fächerübergreifenden Zielen, die nicht in der Mathematik allein begründet sind, um ihrer selbst willen beizutragen. Man kann einen möglichen Beitrag des Mathematikunterrichts vor allem im Bereich des »sozialen Lernens« sehen, insbesondere zur »rationalen Argumentation«.

C. Beitrag des Mathematikunterrichts zum sozialen Lernen

Es sei zunächst etwas genauer umschrieben, was mit »sozialem Lernen« gemeint ist. Schreiner (1973 und 1974) formuliert zwei Hauptziele, die er wie folgt untergliedert:

1. Ziel: *Lernen, mit anderen zusammen effizient zu arbeiten*
   a) Einstellung und Fähigkeit, Mehrwissen und individuell erarbeitete Problemlösungen, Hypothesen, Einfälle, Sichtweisen usw. anderen vorbehaltlos und verständlich mitzuteilen.
   b) Relative Selbständigkeit bei der Lösung von Problemen; nicht einfach nachmachen, was ein anderer macht; aber dennoch bereit sein, auf die Gedanken des anderen einzugehen.
   c) Gedankliche Disziplin (Konzentration auf das gemeinsame Ziel).

2. Ziel: *Lernen, Emotionen bei sich selbst und anderen wahrzunehmen, zu verstehen und mit ihnen umzugehen*
   a) Fähigkeit, anderen zuzuhören.
   b) Fähigkeit, Gefühle, Vermutungen (Intuitionen) zu artikulieren.
   c) Fähigkeit, Kritik zu ertragen.
   d) Frustrationstoleranz.

Mit Absicht sollte hier ein Sozialpsychologe (und Nichtmathematiker) zu Wort kommen, um die besonderen Möglichkeiten der Mathematik in bezug auf soziales Lernen von einem unabhängigen Standpunkt aus vielleicht etwas besser einschätzen zu können. Die Möglichkeit der Mathematik, hier einen Beitrag zu leisten, besteht wohl u.U. darin, daß mathematische Kooperation und Kommunikation sich auf einer relativ emotionslosen Basis abspielen, da es hier meist eigentlich nicht um »existentielle« Probleme geht:

- Relative Selbständigkeit ist in der Mathematik eher denkbar, da Mathematik letztlich eher auf Selbstkontrolle als Kontrolle durch andere angewiesen ist.
- Gedankliche Disziplin erscheint in der Mathematik eher möglich, da der Kontext meist stärker begrenzt bzw. begrenzbar ist als in anderen Fächern.
- Man kann besser einander zuhören, wenn man selbst emotional weniger betroffen ist.
- Man kann eher Fehler einsehen und Kritik vertragen, wenn diese stärker von der »Sache« her begründbar ist.

Es könnte sein, daß die Mathematik aus den genannten Gründen eine geeignete »Spielwiese« sozialer Verhaltensweisen ist, von der aus man sich dann eher auf andere Gebiete »wagen« kann. Vielleicht ist der Übergang zu »existentielleren« Problemen aber auch ein zu großer qualitativer Sprung. Es wäre wohl wert, solchen Vermutungen näher nachzugehen.

D. Der Beitrag des Mathematikunterrichts zur rationalen Argumentation

Sowohl bei Winter (1972, S. 71) als auch bei Wittmann (1981^6, S. 55) ist diese Zielsetzung besonders hervorgehoben (vgl. auch den Katalog in Abschnitt 1).

Die Merkmale für rationale Argumentation möge wieder ein Nichtmathematiker (der Philosoph Gatzemaier (1974)) bereitstellen:

1. Alle für das Verstehen der Argumentation wichtigen Worte müssen verständlich erläutert werden.
2. Alle Behauptungen müssen begründet werden (Begründungspflicht).
3. Kein von irgendeinem Gesprächspartner vorgebrachtes Argument darf von vornherein, d.h. ohne nähere Prüfung und Begründung, ausgeschlossen werden.
4. Die Argumentation muß unvoreingenommen sein; es muß die stete Bereitschaft dasein, eine Aussage zu revidieren.
5. Das Geben oder Verweigern der Zustimmung darf nur von der logischen Einsicht abhängen.

Wo ließe sich rationale Argumentation in diesem Sinne wohl besser üben als im Mathematikunterricht?

Die Begründungen dafür liegen angesichts der fachlichen Eigenart der Mathematik scheinbar auf der Hand. Die in der Frage zum Ausdruck gebrachte Vermutung müßte jedoch, besonders im Hinblick auf die Übertragbarkeit rationaler Argumentation auf nichtmathematische Situationen, genauer überprüft werden. Hier dürfe es letztlich ähnlich liegen wie beim »sozialen Lernen«.

E. Weitere Perspektiven affektiver Zielsetzungen im Mathematikunterricht

Die affektive Seite wäre noch sehr unvollständig beleuchtet, solange nicht die Rede gewesen wäre von besonderen »Freuden und Ängsten«[27], die durch den Mathematikunterricht vermittelt werden. Kapitel 7 geht näher auf »natürliche« Motivationen (z.B. Neugier, Spieltrieb) ein, an die der Mathematikunterricht unmittelbar anknüpfen und für sich durch Schaffen positiver Zuwendung nutzbar machen kann.

Es seien hier nur noch einige allgemeine Überlegungen von Mager (1970 und 1973) angesprochen:

Wenn wir ein Fach (hier Mathematik) unterrichten, dann geht es letztlich um eine positive Gesamteinstellung der Schüler diesem Fach gegenüber, und noch weiter: um eine positive Einstellung zum Lernen überhaupt. Mager (1973, S. 15) formuliert das etwa so:

Am Ende einer Unterrichtsperiode soll der Prozentsatz der positiven Reaktionen der Schüler gegenüber dem Unterricht mindestens genauso hoch sein wie zu Beginn des Unterrichts.

---

27 Es geht hier um eine etwas nähere Bestimmung allgemeiner emotionaler Bedingungen, die im Kapitel 2 als atmosphärische Rahmenbedingungen kurz angedeutet wurden.

Positive Tendenzen sucht Mager durch *Herstellung positiver Bedingungen und Vermeidung negativer Bedingungen* im Unterricht herzuzustellen (1970, S. 64).

Zu den *positiven* Bedingungen rechnet er (1970, S. 75f.):

- Schülerantworten, ob richtig oder falsch[28], als Lernversuche akzeptieren.
- Genügend viele Orientierungshilfen geben, damit der Schüler immer weiß, wo er steht und wohin er gehen soll[29]...
- Sicherstellen, daß der Schüler ihm gesteckte Ziele gut erreichen kann ...
- Ehrliche Freude ausdrücken über Erfolge des Schülers[30].
- In Klassenarbeiten nur solche Fragen stellen, die sich auf die vorher angestrebten Lernziele beziehen.[31]

Folgende *aversive* Bedingungen sollten vermieden werden (vgl. Mager 1970, S. 67–72):

Furcht und Angst:
- Dem Schüler sagen: »Du wirst zwar nicht begreifen, aber ...«
- Versagen androhen, indem man dem Schüler sagt: »Wenn du kein Interesse hast, bist du hier fehl am Platz.«

Frustration:
- Schüler gibt sich große Mühe, aber seine Anstrengungen finden keine Beachtung.

Langeweile:
- Information in so kleinen Häppchen anbieten, daß sie keinerlei Herausforderung darstellt oder Anstrengung fordert[32].

Gerade durch die letzten Beispiele dürfte deutlich geworden sein, daß der Mathematikunterricht (wie jeder andere Unterricht auch) *affektive Wirkungen* hervorruft, *selbst wenn sie in keiner Weise beabsichtigt sind.*

Auf mögliche *affektive Wirkungen ideologischer Art* weisen Damerow u.a. (1974, S. 146) am Beispiel des traditionellen Sachrechnens hin:

Es könnte der »Anpassung an fremdbestimmte Situationen und deren Hinnahme« förderlich sein (Sachzwangideologie). Wir hatten mögliche Effekte dieser Art bereits bei den Rahmenbedingungen (Kapitel 2) angedeutet. Im Rahmen dieses Kurses kann nicht weiter darauf eingegangen werden.

28 Besonders natürlich die falschen!
29 Gilt auch für Übungsphasen (vgl. Kapitel 6).
30 Gilt besonders für lernschwache Schüler!
31 Nicht plötzlich mehr verlangen!
32 Überforderung ist ebenso zu vermeiden (vgl. Abschnitt 7.2.4).

F. Zusammenfassung zu den sozial-affektiven Zielsetzungen des Mathematikunterrichts

Die Ausführungen zu den sehr heterogenen (verschiedenartigen) sozialen und affektiven Zielsetzungen seien in einigen für den Mathematikunterricht wesentlichen Aspekten in Form von Thesen zusammengefaßt:

1. Man sollte nicht vergessen, daß die Ausbildung von kognitiven mathematischen Fähigkeiten i.a. entsprechende affektive Lernbereitschaften voraussetzt.
2. Je anspruchsvoller die kognitiven Zielsetzungen sind, desto anspruchsvoller sind die entsprechenden affektiven Voraussetzungen bzw. Ziele (vgl. Schema 4).
3. Im Mathematikunterricht geht es nicht nur um die Vermittlung bestimmter Fähigkeiten, sondern auch bestimmter Werthaltungen, die mit den Fähigkeiten verbunden sind.
4. Affektive Zielsetzungen sollten im Mathematikunterricht nicht nur als Vehikel für kognitive Zielsetzungen eingesetzt werden.
5. Der Mathematikunterricht kann aufgrund seiner fachlichen Eigenart vielleicht einen eigenständigen Beitrag zu sozialen Verhaltensbereitschaften leisten (insbesondere zu Kooperations- und Kommunikationsbereitschaft).
6. Der Mathematikunterricht kann viele Motivationen aufgreifen, schaffen und fördern (vgl. Kapitel 7).
7. Der Mathematikunterricht sollte unter angenehmen affektiven Bedingungen erteilt werden.
8. Man sollte daran denken, daß der Mathematikunterricht affektive Wirkungen hervorruft, selbst wenn sie nicht beabsichtigt sind.
9. Zu beachten sind auch affektive Nebenwirkungen ideologischer Art (Stichwort aus der Pädagogik: verborgenes Curriculum).
10. Besondere Bedeutung hat im affektiven Bereich die Vorbildwirkung des Lehrers (vgl. 6.3.7).

Rückblickend ist festzustellen: Mathematikunterricht ist längst nicht nur eine kognitive Angelegenheit, wie häufig angenommen wird, sondern spielt stark in den sozial-affektiven Bereich hinein.

3.2.5 Psychomotorische Lernziele des Mathematikunterrichts

Die psychomotorischen – auf Bewegungsabläufe gerichteten – Lernziele spielen im Mathematikunterricht eine relativ untergeordnete, eher »dienende« Rolle. Sie sind jedoch gelegentlich nicht zu unterschätzen. Immerhin handelt es sich in der Grundschule und Sekundarstufe I um Ziele wie

- das akkurate Schreibenkönnen von Ziffern, später von Brüchen,
- das übersichtliche Schreiben von Termen und Gleichungen,
- das geordnete Untereinanderschreibenkönnen von Ziffern bei den schriftlichen Rechenverfahren,

- das korrekte Notieren von Überträgen,
- das koordinierte rhythmische Schreiben und Sprechen bei den schriftlichen Rechenverfahren,
- das zeichnerische Skizzieren von Rechenoperationen (Kringelmengen, Strichdiagramme, Zahlenstrahl),
- das bildliche Darstellen von Brüchen durch Rechteck- und Kreisteile,
- das übersichtliche Anlegen von Situationsskizzen,
- das Anlegen und Lesen von Tabellen und sonstigen Diagrammen
- das saubere Zeichnen mit Lineal, Zirkel, Geodreieck,
- der manuelle Umgang mit dem Winkelmesser (heute meist Geodreieck),
- das Beherrschen der Bewegungsabläufe für die Grundkonstruktionen mit Zirkel, Lineal und Geodreieck,
- die geläufige Handhabung des Taschenrechners,
- das Herstellen von Modellen (z.B. Würfel, Tetraeder usw.) …

Es kommt mehr zusammen, als man zunächst denkt!

Es sei noch einmal betont, daß diese psychomotorischen Ziele meist eng gekoppelt sind mit kognitiven Zielen bzw. ihnen dienen (z.B. Kenntnis der Rechenverfahren, Verstehen von Sachverhalten). Auch die Verbindung mit affektiven Zielen wie dem Willen zu Genauigkeit, Sauberkeit und Ordnung und wiederum die kognitive Einsicht in deren Sinn und Nutzen gehören dazu.

Es ist sicherlich wichtig, psychomotorische Ziele gelegentlich auch gezielt und mit besonderer Schwerpunktsetzung zu verfolgen, aber es lohnt sich kaum, für die psychomotorischen Ziele des Mathematikunterrichts eine eigene Taxonomie aufzustellen. Vielleicht ist es aber anregend, eine allgemeine Taxonomie von Dave (1968) in ihren Hauptkategorien im Hinblick darauf mit heranzuziehen, welche »Perfektion« man jeweils erreichen will. Dave unterscheidet nach dem Grad der Koordination des Bewegungsablaufs (frei übersetzt) etwa folgende Hauptstufen:

1. Bewältigung.
2. Festigung.
3. Präzision.
4. Harmonisierung
5. Automatisierung

Auf der ersten Stufe käme es darauf an, daß der Lernende den Bewegungsablauf überhaupt schafft.

Auf der zweiten Stufe wäre dann davon zu sprechen, daß der Lernende den Bewegungsablauf sicher (aber noch bewußt kontrolliert) ausführen kann.

Auf der dritten Stufe wird die Handlung schon mit einer gewissen Genauigkeit beherrscht.

Auf der vierten Stufe sollte es möglicherweise zu einer reibungslosen Koordination mit anderen Handlungsabläufen (z.B. beim Wechsel mit anderen Zeichengeräten) kommen.

Auf der fünften Stufe ist der Bewegungsablauf automatisiert: ohne Mühe, bei raschem Ablauf unbewußt.

Insgesamt ist wohl davon auszugehen, daß bei psychomotorischen Zielen das Imitationslernen eine besondere Rolle spielt (vgl. Kapitel 6).

3.2.6 Anmerkungen zum Gebrauch von Taxonomien

1. Gegen die Aufteilung der Lernziele in kognitive, affektive und psychomotorische ist wiederholt eingewandt worden, sie sei pädagogisch nicht sinnvoll, da die Lernziele im Unterricht nicht voneinander getrennt werden können (vgl. z.B. Messner 1972, S. 234).
   Dieser *Gesichtspunkt der faktischen und didaktischen Untrennbarkeit der Lernziele* ist zu betonen; für Zwecke der Unterrichtsvorbereitung kann es jedoch sinnvoll und wünschenswert sein, die Komponenten zunächst zu trennen, um damit den »Gehalt« eines komplexeren Lernziels genauer erfassen und berücksichtigen zu können.
2. Der *Hauptwert der Taxonomie* ist *für Unterrichtszwecke* wohl darin zu sehen, daß sie das ganze Spektrum möglicher Lernziele in ihrem unterschiedlichen Charakter deutlich macht, welche die Setzung eigener Lernziele erleichtern, zu vielfältigen Aufgabenstellungen anregen und Einseitigkeiten in der Zielsetzung verhindern. Insbesondere kann die Dimensionierung der Lernziele verhindern, daß die affektiven Ziele zu geringe Beachtung finden (Meyer 1974, S. 89).
3. Zur taxonometrischen Einordnung von Lernzielen wird von verschiedener Seite darauf hingewiesen (vgl. z.B. Merz/Raatz 1972, S. 48; Freudenthal 1974, S. 227), *daß* hierfür *der vorausgegangene Unterricht sehr maßgeblich* ist: Was heute ein eigentliches Problem (d.h. anspruchsvollere Analyse und Synthese) für jemanden ist, kann morgen eine simple Anwendung sein. Maßgeblich ist immer der Abstand der Lernaufgaben von den jeweiligen Lernvoraussetzungen. Dies beeinträchtigt jedoch nicht die Einsetzbarkeit der Taxonomie in der Unterrichtssituation.
4. *Für Zwecke der Unterrichtsvorbereitung* dürfte es bezüglich der Lernzielfindung angebracht sein, in pragmatischer Weise etwa folgende *Strategie* einzuschlagen:
   a) Man konfrontiere die ins Auge gefaßte Thematik mit dem allgemeinen Lernzielkatalog in Abschnitt 1 und erfasse dadurch die mit der Thematik möglicherweise zu verbindenden allgemeinen Zielsetzungen.
   b) Man beachte zugleich die Auswahlkriterien in Abschnitt 1 und versuche mit Hilfe dieser eine Begründung der Zielvorstellungen. (Für a) und b) vgl. Schema 3.)
   c) Man analysiere aufgrund der Anregungen der Taxonomien in Abschnitt 3.2 den genaueren kognitiven, affektiv-sozialen und psychomotorischen Gehalt der Lernziele.
   d) Man formuliere dann zunächst die allgemeinen kognitiven und psychomotorischen Ziele und füge an passender Stelle affektiv-soziale Ziele hinzu, falls sie gewichtig genug erscheinen.

Genauere Hinweise zur Lernzielformulierung gibt der nächste Abschnitt.

3.3 Operationalisierung mathematischer Lernziele

3.3.1 Die Operationalisierung der Lernziele nach Mager

Wir können gemäß der pragmatischen Taxonomie kognitiver Lernziele des Mathematikunterrichts (vgl. Abschnitt 2.3) etwa folgendes Lernziel aus der Kategorie »Beherrschen von Verfahren« formulieren:

»Die Schüler sollen die Lösung von quadratischen Gleichungen beherrschen.«

Das beinhaltet nach den bisherigen Ausführungen, daß sie das (bzw. ein) Lösungsverfahren verstehen und in unterschiedlichen Beispielen geläufig anwenden können. Damit ist die »Qualität« des Lernziels so deutlich erfaßt, daß man sich *etwa* vorstellen kann, was gemeint ist.

Will man jedoch wissen, wann das Lernziel als erreicht gelten kann, braucht man genauere Angaben. Dazu gehört nach Mager (1972, Neuaufl. 1994) eine Präzisierung des Lernziels in folgender Richtung:

1. Die Beschreibung des Lernziels als *Endverhalten* des Lernenden;
2. die *eindeutige Beschreibung* des Endverhaltens;
3. die genauere Angabe der *Voraussetzungen und Bedingungen* des Endverhaltens;
4. die *Angabe eines Beurteilungsmaßstabes* für die Güte des Endverhaltens.

Eine derartige Präzisierung eines Lernziels als kontrollierbare Verhaltensweise des Lernenden wird als »Lernzieloperationalisierung« bezeichnet. (Man spricht gelegentlich von einer »Lernzieloperationalisierung im engeren Sinne«, wenn alle vier Bedingungen von Mager erfüllt sind, und von einer »Lernzieloperationalisierung im weiteren Sinne«, wenn nur die ersten beiden Bedingungen erfüllt sind – vgl. Meyer 1974, S. 57.[33])

Zu den vier Bedingungen sei folgendes angemerkt:

Zu 1. Die Beschreibung des Lernziels als Verhalten am Ende des Lernprozesses ist offenbar die Grundbedingung der Kontrollierbarkeit; nur als solches ist es beobachtbar bzw. feststellbar.

Zu 2. Die Formulierung des Endverhaltens muß so erfolgen, daß es bezüglich der Art des Endverhaltens keine Mißverständnisse geben kann. Hierzu ist vor allem der Gebrauch von Verben wichtig, die nicht nur die Qualität des Endverhaltens umschreiben (wie wissen, verstehen, beherrschen, anwenden), sondern auch eine konkrete Tätigkeit ausdrücken (wie z.B. benennen, beschreiben, unterscheiden, lösen, berechnen, illustrieren …).

Zu 3. Zugelassene und nicht zugelassene Hilfen sollen so genau angegeben sein, daß ein Außenstehender diesbezüglich keine Unklarheiten haben kann.

---

33 Im weitesten Sinne bedeutet »Operationalisierung« (unabhängig von Mager) sich die Bedeutung allgemeiner Ziele klarmachen (vgl. Becker, H. u.a. 1974).

Zu 4. Aus der Angabe soll gegebenenfalls hervorgehen, wieviel Zeit dem Lernenden zur Verfügung gestellt wird und wieviel richtige Antworten für das Erreichen des Lernziels erforderlich sind.

Die Operationalisierung von Lernzielen nach Mager sei am obigen Beispiel »quadratische Gleichungen« verdeutlicht.

Dabei mag es genügen, den Teilaspekt der bloßen Fertigkeit weiter zu operationalisieren.

Die Bedingungen 1 und 2 wären dann etwa durch folgende Formulierungen erfüllt: Die Schüler sollen quadratische Gleichungen auf die Normalform $x^2 + px + q = 0$ bringen und mit Hilfe der Lösungsformel

$x_{1/2} = -\frac{p}{2} \pm \sqrt{\frac{p^2}{4} - q}$ lösen können.

Die Bedingung 3 wäre halbwegs durch Zusätze folgender Art zu erfüllen: »ohne Benutzung der Formelsammlung«, quadratische Gleichungen mit »einfachen« Brüchen als Koeffizienten. (Hier könnte man natürlich weiter operationalisieren!)

Der Bedingung 4 wäre etwa durch folgende Bemerkung Genüge getan: Das Lernziel gilt als erreicht, wenn die Schüler sechs von acht Aufgaben der beschriebenen Art in einer halben Stunde lösen können.

Sicherlich ist es *für Unterrichtszwecke* meist nicht erforderlich, die Lernzieloperationalisierung so weit zu treiben. Jedoch sollten möglichst die Bedingungen 1 und 2 beachtet werden.

Die genaueren Voraussetzungen und Bedingungen (Punkt 3) brauchen nur angegeben zu werden, wenn es erforderlich erscheint.

Punkt 4 ist im allgemeinen weniger, bei Klassenarbeiten oder lernzielorientierten Tests aber schon zu berücksichtigen.

Bei der Unterrichtsvorbereitung für eine Stunde kann es sinnvoll sein, *Ziele verschiedenen Allgemeinheitsgrades* zu formulieren: zunächst »Grobziele«; gemeint sind damit Ziele eines mittleren Allgemeinheitsgrades, wie sie etwa aus der Taxonomie hervorgehen. Diese sollten (soweit möglich und sinnvoll) einesteils durch noch allgemeinere Ziele und Auswahlkriterien begründet werden, andernteils zu spezielleren Teillernzielen (»Feinzielen«) der Stunde operationalisiert werden.

Im allgemeinen wird man nur kognitive (u.U. auch psychomotorische) Ziele genauer operationalisieren können. Auch anspruchsvollere kognitive Verfahren (z.B. heuristischer Art) wird man kaum sinnvoll operationalisieren können. Bei den affektiven Zielen wird man meist auf der Grobzielebene stehenbleiben.

In diesem Zusammenhang wird oft der *Einwand* erhoben, daß die Forderung nach Lernzieloperationalisierung dazu führen könnte, daß womöglich gerade wichtige anspruchsvollere Ziele gar nicht mehr angestrebt werden, weil sie nicht als Endverhalten nach Beendigung des Lernprozesses durch entsprechende Kontrollen nachzuweisen sind und sich der Unterricht auf die Erreichung anspruchsloserer kognitiver Ziele konzentriert (vgl. Messner 1972, S. 239/242; Meyer 1974, S. 30). Dieser Gefahr sich deutlich bewußt sein heißt schon fast, sie zu vermeiden. So sollte man eigentlich denken.

Indessen wurde hier in den letzten Jahren tatsächlich eine Fehlentwicklung deutlich: Die berechtigte Forderung, daß der Lehrer sich über seine Ziele – je nach Situation und Art der Ziele – möglichst klarwerden sollte, hat dazu geführt, daß manche Ausbilder aus der Lernzieloperationalisierung geradezu einen »Initationsritus«[34] für angehende Lehrer (vgl. Meyer schon 1980) gemacht haben. Dies wiederum führte dazu, daß diese jungen Lehrer ihre ganze Kraft darauf verwandten, ihre kognitiven Grobziele in langen Listen von Fein- und Feinstlernzielen aufzuspalten, so daß gar der eigentliche Unterricht zumindest so weit darunter litt, daß zuwenig Zeit für andere wesentlichere Überlegungen blieb oder eine zu starke Orientierung des Unterrichts an diesen Zielchen erfolgte.[35]

Hier gilt es also, kontraproduktive Übertreibungen zu vermeiden. Dies läßt sich m.E. am besten dadurch erreichen, daß man nur Teillernziele formuliert, die für sich genommen als Handlung noch Sinn machen, z.B. bei der schriftlichen Addition: »Mehrstellige Summanden addieren, bei denen keine Zehnerübergänge vorkommen«, ist ein sinnvolles Teilziel, aber nicht mehr: Zweistellige Summanden ohne Zehnerübergang..., dreistellige Summanden ohne Zehnerübergang..., zweistellige Summanden mit Zehnerübergang ... addieren usw.: Es geht zu weit, für jede Aufgabe ein Zwischenziel zu formulieren, das man letztlich für sich auch nicht überprüfen würde.

Ebenso sollte man auch nicht die Überprüfung von Voraussetzungen als lange Latte von Lernzielen formulieren.

Hingegen scheint es ggf. sinnvoll anzugeben, welche Beiträge man zu diesem oder jenem übergeordneten Ziel leisten will (auf welche Weise, werde in den methodischen Überlegungen erläutert), auch wenn es sich nicht als Schülerhandlung operationalisieren läßt. Häufig ist es auch sinnvoll, nur Ziele für eine größere Unterrichtseinheit von mehreren Stunden zu formulieren, die man in den Einzelstunden »im Auge« behält, so daß man sich in der einzelnen Stunde nicht zu sehr verpflichtet fühlt, genau die hierfür formulierten Feinziele zu erreichen, sondern u.U. eine passende Unterrichtssituation abwartet.

Man sollte bei den angedeuteten Schwierigkeiten die Operationalisierung von Lernzielen aber nicht unnötig verteufeln. Eine vernünftige Operationalisierung von Lernzielen hat sicher gewichtige Vorteile:

- Die (Teil-)Operationalisierung von Lernzielen verschafft dem Lehrer mehr Klarheit über seine Zielsetzungen.
- Sie macht die Zielsetzung häufig auch besser mitteilbar für die Schüler[36].
- Viele Ziele werden dadurch auch besser überprüfbar: Erst die Operationalisierung von Lernzielen ermöglicht angemessene Lernzielkontrollen (Aufgabenbeispiele sind häufig eine geeignete Operationalisierung von Zielen für die Schüler vor Klassenarbeiten).

34 Initiationsritus (lat.): Weihehandlung.
35 Zu ähnlichen Auswüchsen kam es in manchen Lehrplänen.
36 Vgl. jedoch auch 5.2.5 und 7.2.4 hinsichtlich des geeigneten Zeitpunkts.

3.3.2 Kontrolle mathematischer Lernziele

Lernzieloperationalisierung und Lernzielkontrolle hängen eng zusammen: Wird die Lernzieloperationalisierung zu Ende geführt, hat man unmittelbar Angaben darüber, an welchem Schülerverhalten unter welchen gegebenen Bedingungen das Lernziel als erreicht gelten kann. Der letzte Schritt zur Lernzielkontrolle besteht jetzt »nur« noch darin, diese Angaben in lernzielorientierte Testaufgaben (»Items«) umzusetzen.

Hierzu seien abschließend einige grundsätzliche Hinweise gegeben. Es geht dabei nicht nur um schriftliche Lernzielkontrollen am Schluß einer Stunde oder gar Klassenarbeiten, sondern auch um bescheidenere Formen von Zielüberprüfungen während der Stunde. Auf nähere Angaben zur sogenannten »Testkonstruktion« muß in diesem Rahmen verzichtet werden[37].

Der erste Gesichtspunkt, auf den bei der Formulierung von lernzielorientierten Aufgaben geachtet werden muß, ist der, daß die Aufgaben wirklich *nur das Lernziel abfragen* (»Inhaltsvalidität«)[38].

Die wichtigsten *Aufgabentypen*, die bei anspruchsvolleren lernzielorientierten Tests verwendet werden, sind (vor allem aus Gründen der leichten Auswertbarkeit):

Mehrfachwahlaufgaben (Multiple-choice-Aufgaben), Zuordnungsaufgaben, Ergänzungsaufgaben (vgl. Merten 1972, S. 7).

Sie sollen in Anlehnung an Merten kurz besprochen werden:

1. Mehrfachwahlaufgaben
Zu einer Aufgabe werden mehrere fertige Lösungen vorgegeben, von denen der Schüler die richtige ankreuzen soll.

Man überlegt sich, welche typischen Fehler man bei einer Aufgabe machen kann, und bietet diese Fehler neben der richtigen Lösung an.

2. Zuordnungsaufgaben
Dabei werden eine Reihe von Aufgaben und eine Reihe von Lösungen angeboten. Der Schüler soll dann die Lösungen den entsprechenden Aufgaben zuordnen.

3. Ergänzungsaufgaben
Ein vorgegebener Satz weist an bestimmten Stellen Lücken auf, die vom Schüler zu ergänzen sind.

Solche Testformen sind jedoch für normale Unterrichtszwecke nur beschränkt zu verwerten, da sie oft ein zuwenig differenziertes Bild des Lernergebnisses, insbesondere der vorhandenen Schwierigkeit, ergeben. Man sollte sie durch »offene« Aufgaben (in herkömmlichen Klassenarbeiten eher das Übliche) ergänzen, auch wenn die Auswertung schwieriger ist[39].

---

37 Für Schulzwecke sei z.B. auf Wendeler (1981) hingewiesen.
38 Valid (lat:): gültig.
39 Vgl. insbesondere auch die Bedenken gegen Multiple-choice-Aufgaben bei Stampe (1984, Abschnitt 7.5: Leistungsbewertung).

Auf spezifische Vorschläge zur Kontrolle von Lernzielen wird in Kapitel 5 (hinsichtlich Verständnis) und den Kapiteln 9–11 (hinsichtlich der wichtigsten Lerntypen) eingegangen. Einige Hinweise ergeben sich bereits unmittelbar aus dem Katalog kognitiver Ziele (Aufgabe 10).

Von grundsätzlicher Bedeutung ist es, die *Überprüfung* der Schülerleistungen *nicht* als *besondere Phase* des Unterrichtsprozesses aufzufassen[40]:

»Jede Schülerantwort, noch mehr die Fragen der Schüler, die Art und Weise ihrer Mitarbeit, ihr Umgang mit den Unterrichtsmitteln usw. sind für den Lehrer wichtige Anhaltspunkte für das Wissen, Können und Verhalten seiner Klasse. So gesehen kontrolliert der Lehrer ständig, und damit erfolgt auch eine ständige Selbstüberprüfung« (Klingberg 1972, S. 384).

Hervorzuheben ist dabei auch der implizite Hinweis, daß durch Beobachtung der Schüler auch sozial-affektive Ziele laufend »überprüft« werden können.

Mager (1970 und 1973) macht einige *Beobachtungsvorschläge zur Überprüfung von affektiven Zielvorstellungen*: Eine Möglichkeit besteht z.B. in der Registrierung von »Annäherungs- bzw. Entfernungstendenzen« innerhalb der Klasse.

Möchte man z.B. die Einstellung der Schüler zum Fach Mathematik messen, kann man ihnen einen Fragebogen vorlegen mit Fragen folgender Art (Mager 1970, S. 91):

1. Wenn du alle Schulfächer frei wählen könntest, würdest du Mathematik weiter haben wollen?
   a) Ja   b) Nein   c) Ich weiß nicht
2. Wie stark bist du daran interessiert, mehr über Mathematik zu lernen?
   a) Sehr interessiert   b) Etwas interessiert …
3. Falls jemand vorschlüge, du solltest einen Beruf ergreifen, der mit Mathematik zu tun hat, was würdest du antworten? …

Mager (1973) beschreibt auch, wie man durch »Zielanalyse« von vagen (insbesondere affektiven) Zielen zu meßbaren Zielen kommt.

Das Verfahren umfaßt fünf Schritte, deren wesentlicher Grundgedanke darin besteht, ausgehend von einem zunächst vage formulierten Ziel, alle Verhaltensweisen genauer aufzuschreiben, die jemanden veranlassen würden anzunehmen, daß das Ziel (z.B. rationale Argumentation) erreicht ist. Man kann dann diese Liste zu verschiedenen Zeitpunkten als Kriterienkatalog für die Einschätzung der Schüler benutzen und auf diese Weise Lernfortschritte feststellen.

Dies ist vielleicht insofern erwähnenswert, weil immer wieder das Vorurteil geäußert wird, affektive Lernziele ließen sich grundsätzlich nicht überprüfen.

Es ist vielleicht manchmal etwas mühsamer und auch nicht so exakt; aber wie sagt Mager (1970, S. 100) treffend?

40 Wohl aber scheint es sinnvoll, zwischen Phasen der Aneignung und der Leistungsbewertung zu unterscheiden.

»Es war noch nie ein Fehler, grobe Maßstäbe anzulegen, wohl aber, untätig auf die perfekte Methode zu warten.«[41]

3.4 Zusammenfassende Übersicht

Die Hauptgesichtspunkte zur Taxonomie und Operationalisierung mathematischer Lernziele werden noch einmal in der folgenden Liste (Schema 5) kurz zusammengefaßt:

Schema 5

Taxonomie und Operationalisierung mathematischer Ziele[42]

Lernzielbereiche nach Bloom
1. *kognitiver* Bereich
2. *affektiver* Bereich
3. *psychomotorischer* Bereich

Taxonomie kognitiver Ziele des Mathematikunterrichts
1. Verständnis von Begriffen, Sätzen und Verfahren
2. Kenntnis von Sachverhalten
3. Beherrschung von inhaltlichen und formalen Verfahren
4. Analyse und einfache Anwendung
5. Synthese und eigentliches Problemlösen

Thesen zu affektiven und sozialen Zielsetzungen des Mathematikunterrichts
1. Kognitive Ziele des Mathematikunterrichts sind untrennbar mit affektiven Zielsetzungen verbunden (Schaffung von Motivationen!).
2. Je anspruchsvoller die kognitiven Ziele, desto anspruchsvoller sind i.a. die affektiven Ziele.
3. Der Mathematikunterricht sollte versuchen, einen Beitrag zu sozialen Zielen wie Kooperations- und Kommunikationsbereitschaft (rationale Argumentation !) zu leisten.

Psychomotorische Lernziele des Mathematikunterrichts
Hierzu gehören u.a.:
- geordnetes Schreibenkönnen von Zahlen, mathematischen Zeichen und Texten
- geläufiger Umgang mit Zeichen- und Meßgeräten
- sicherer Umgang mit dem Taschenrechner

Operationalisierung mathematischer Lernziele
Nach Mager gehört dazu:
1. Die Beschreibung der Lernziele als Endverhalten des Lernenden
2. Die eindeutige Beschreibung des Endverhaltens
3. Die genauere Angabe der Voraussetzungen und Bedingungen des Endverhaltens
4. Die Angabe eines Beurteilungsmaßstabes für die Güte des Endverhaltens

41 Dies widerlegt übrigens auch die Kritiker, die Mager als den Urheber aller Operationalisierungsrigorismen sehen.
42 Man achte immer auf einen vernünftig-kritischen Umgang damit!

3.5 Aufgaben und Diskussionsanregungen

0. Besinnen Sie sich auf das für Sie Wesentliche des 3. Kapitels. Diskutieren Sie Unklarheiten mit anderen, oder schreiben Sie dem Autor.

1. Versuchen Sie, aus dem allgemeinen Lernzielkatalog von Hentigs Ziele des Mathematikunterrichts »abzuleiten«.

2. Konfrontieren Sie den Zielkatalog in 3.1.2 mit dem Prinzip der Emanzipation in 3.1.4, und versuchen Sie – soweit möglich – die Ziele als Beiträge zur »Emanzipation« zu begründen.

3. Diskutieren Sie den kritischen Aufsatz von Profke (1995): Brauchen wir einen Mathematikunterricht?

4. Suchen Sie nach (weiteren) inhaltsbezogenen Beispielen für die Ziele des mathematischen Lernzielkatalogs in 3.1.2.

5. Welche Ziele von 3.1.2 sind Ihres Erachtens in der Teilbarkeitslehre besonders anzusprechen und in welcher Weise?

6. Geben Sie zu jeder Kategorie der Taxonomie kognitiver mathematischer Lernziele (Schema 3 in 3.2.3) ein geeignetes Beispiel aus einem inhaltlich vertrauten Bereich. Mit welchen affektiven Zielen würden Sie diese kognitiven Ziele verbinden?

7. Welcher Kategorie und Unterkategorie der Taxonomie in 3.2.3 ist folgendes Lernziel einzuordnen: »Die Schüler sollen das Transitivitätsgesetz für die Teilerrelation in einem Pfeildiagramm erläutern können.«

8. Formulieren Sie je eine Aufgabe zum Begriff »kleinstes gemeinsames Vielfaches«, die
   a. auf einfache Anwendung, b. auf eigentliches Problemlösen zielt. Geben Sie die angenommenen Lernvoraussetzungen an.

9. Formulieren Sie ein im strengen (Magerschen) Sinne operationalisiertes Lernziel zur Addition von natürlichen Zahlen.

10. Wie soll eine schriftliche Lernzielkontrolle zu dem in Aufgabe 9 formulierten Lernziel aussehen? (Bitte Aufgaben formulieren!)

11. Welche Möglichkeiten haben Sie etwa, das Verständnis der Teilbarkeitsrelation »... ist ein Teiler von ...« bei den Schülern zu überprüfen (vgl. Taxonomie!)?

12. Diskutieren Sie die Vorzüge und Gefahren der Taxonomie und Operationalisierung von Lernzielen. Setzen Sie sich vor allem mit folgenden Einwänden und Vorzügen auseinander:

Einwände (i.w. nach Schulz 1972, S. XI–V	**Vorzüge** (nach Gage/Berliner 19792, Bd. 1, S. 34)
- Präzisierte Lernziele schränken die Lehrfreiheit des Unterrichtenden in unzumutbarer Weise ein. - Ein energisch zielbestimmter Unterricht beraubt die Lernenden der Möglichkeit, das Geschehen mitzubestimmen. - Vor der Orientierung an prüfbarem Verhalten ist zu warnen, weil das leicht Prüfbare auch oft das weniger wichtige Wissen und Können ist. 50 Bei Mager wird zu sehr das Beobachtbare betont, wodurch die Gefahr besteht, daß man sich darin verliert (vgl. Meyer 1980)[43].	- Man muß gegen das Mißverständnis der Schüler arbeiten, daß sie einen Inhalt mehr oder weniger auswendig lernen sollen. Schüler lernen effektiver, wenn sie wissen, was sie lernen sollen. - Der Lehrer kann besser zwischen leistungsstärkeren und leistungsschwächeren Schülern differenzieren. - Gerade wichtige Lernziele sollten genau spezifiziert werden.

Beziehen Sie weitere Argumente (auch aus dem vorangegangenen Text), in die Diskussion mit ein.

13. Führen Sie eine Zielanalyse im Sinne von Mager (vgl. 3.3.2) für das sozial-affektive Lernziel »rationale Argumentation« (vgl. 3.2.4 D) durch.

3.6 Literaturhinweise

Zu allgemeinen schulischen Zielsetzungen: von Hentig (1971^3).
Zur weiteren Vertiefung allgemeiner Ziele des Mathematikunterrichts: Lenné (1969), Winter (1972), Bigalke (1976), Zech (1981, Kapitel III), Profke (1995), Heymann (1995).
Zur Taxonomie kognitiver Ziele: Bloom (1972), Avital/Shettleworth (1983).
Zur weiteren Diskussion affektiver Ziele: Schmidt (1976).
Weitere Hinweise zu psychomotorischen Zielen: Vortmann (1977).
Klassischer Hintergrund zur Lernzieloperationalisierung: Mager (1977; neue Auflage 1994). Zusätzliche Anregungen: Meyer (1975^2).
Diskussion zur Lernzielfindung: Freudenthal (1974), Dahlke (1975).
Weitere Beiträge zu lernzielorientiertem Unterricht in der Zeitschrift »Lernzielorientierter Unterricht« ab 1972: Hirschmann (1972), Merz/Raatz (1972), Raatz/Forth/Priemer (1973), Stein (1973) ...

43 Vgl. dort den Abschnitt »Der Unfug mit der Lernzielorientierung«. Von dort her liegt es nahe, Lernziele nicht wie Mager über beobachtbares Verhalten, sondern als »Verhaltensdisposition« zu verstehen (vgl. auch 5.1.1 und 5.3.1).

4. Kapitel: Entwicklung mathematischen Denkens und operative Prinzipien

Mittel zur Durchführung math. Operationen

4.0 Vororientierung

Die Aufgabe dieses Kapitels ist es, einige grundlegende Theorieelemente zur Denkentwicklung zusammenzustellen, soweit sie für das Mathematiklernen in der Schule besondere Bedeutung zu haben scheinen.

Es wird in knappen, naturgemäß sehr vereinfachten Zügen dargestellt,

- wie sich nach Piagets Stadientheorie (insbesondere mathematische) Denkprozesse bei Kindern und Jugendlichen entwickeln;
- wie diese Theorie durch Aebli, Bruner, Galperin und Lompscher modifiziert und zu Unterrichtstheorien weiterentwickelt wird;
- welche didaktischen Konsequenzen sich hieraus unter Einbeziehung von Mathematikdidaktikern wie Dienes, Fricke, Oehl und Winter u.a. ergeben könnten.

4.1 Theorien zur Denkentwicklung

4.1.1 Die Stadientheorie Piagets

Die langjährigen Versuche Piagets zur Denkentwicklung und seine darauf basierende Theorie sind von grundlegender Bedeutung für die heutige Denkpsychologie. Piaget hat seine Theorie erstmals dargestellt in seiner »Psychologie der Intelligenz« (franz. 1947, dt. 3. veränd. Aufl. 1992)[1]. Er geht davon aus, daß sich die Denkentwicklung in mehreren Stadien vollzieht, die durch spezifische, im Laufe der Entwicklung immer höhere Denkleistungen gekennzeichnet sind. Im Rahmen dieses Kurses interessieren die drei Hauptstadien, die für ein Kind vom Vorschulalter bis zum Ende der Schulzeit charakteristisch sind.

A. Das präoperatorische Stadium

Das erste Stadium ist vor allem für das Vorschulkind (ca. 2–6 Jahre) charakteristisch; Piaget nennt es das Stadium der anschaulichen bzw. präoperatorischen Intelligenz. Das Denken des Kindes ist stark an konkrete Handlungen und unmittelbare Anschauung gebunden. So ist das Kind beispielsweise in der Lage, drei verschieden große

1 Zitiert im folgenden nach der Übersetzung der 2. Aufl. 1972.

Puppen handelnd aufgrund eines unmittelbaren Vergleichs je zweier Puppen der Größe nach zu ordnen. Es ist jedoch meist nicht in der Lage, allein aus der Vorstellung heraus (d.h. nur aufgrund des Bildes ohne probierende Vergleichshandlungen) z.B. folgende Streifen der Länge nach zu ordnen (vgl. etwa Piaget, 1972[5], S. 151f.):

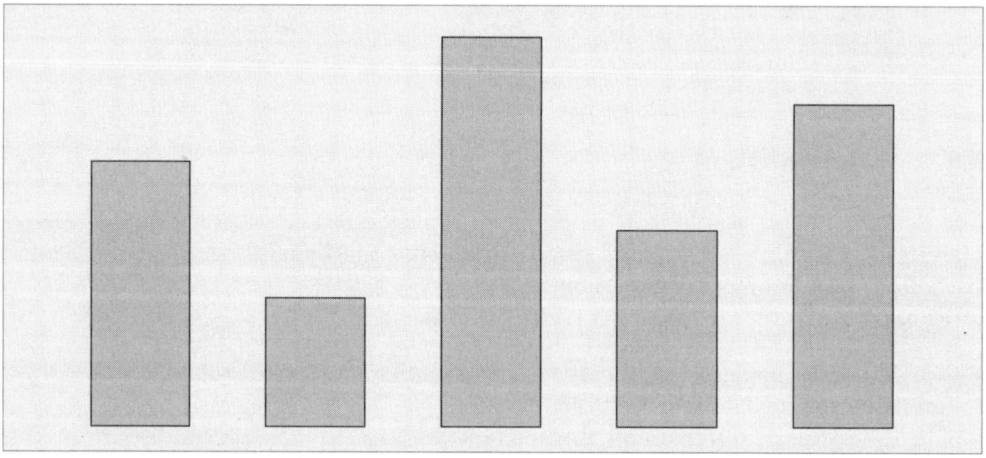

Abb. 4.1: Streifenversuch

Das Kind ist offenbar noch nicht in der Lage, die nötigen Vergleichsoperationen gedanklich zusammenzufügen. Andererseits ist es auch noch nicht in der Lage, eine einmal vollzogenen Handlung in Gedanken umzukehren. Das zeigt folgender Versuch (Piaget/Inhelder, 1969):

Eine Plastilinkugel wird zu einer Wurst geformt:

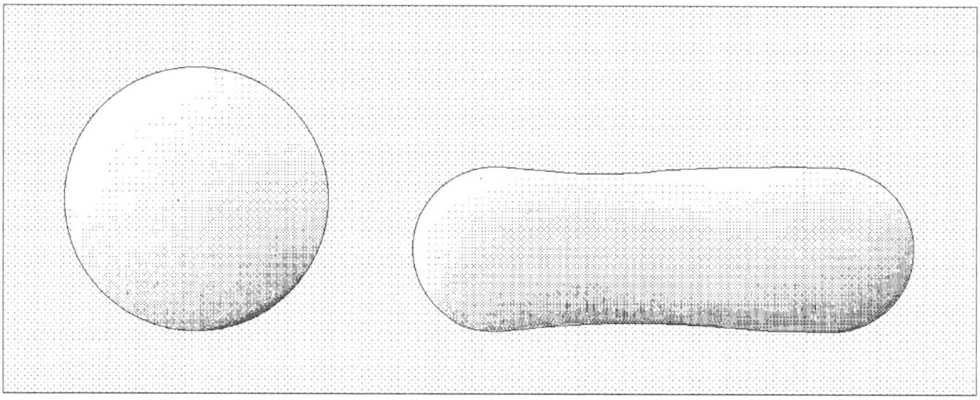

Abb. 4.2: Plastilinversuch

Das Kind glaubt, der Klumpen sei nun »mehr« geworden, da er durch die Verformung länger geworden ist. Damit wird deutlich, daß das Kind auf eine Dimension (die »Länge«) fixiert ist und die andere (die »Dicke«) vernachlässigt.

B. Das Stadium der konkreten Operationen

Dieses zweite Stadium ist vor allem für das Grundschulkind (ca. 7–11 Jahre) charakteristisch. Das Denken ist zwar immer noch an konkrete Vorstellungen (d.h. die unmittelbare Anschauung oder zuvor gemachte Erfahrung) gebunden, aber es ist jetzt durch eine größere Beweglichkeit gekennzeichnet. Die Denkhandlungen werden »kompositionsfähig« (zusammensetzbar) und »reversibel« (umkehrbar). Piaget nennt derart gekennzeichnete Denkhandlungen (und nur solche) »*Operationen*«.

Der Fortschritt des Stadiums der konkreten Operationen gegenüber dem vorangehenden ist daran zu erkennen, daß das Kind nun in der Lage ist, die »Reihung« bei der Streifenaufgabe vorzunehmen und die »Mengeninvarianz« bei dem Plastilinversuch zu erkennen. Wie in Abschnitt A schon angedeutet, beruht die Reihung auf der Kompositionsfähigkeit und das Erkennen der Mengeninvarianz auf der Reversibilität der Denkhandlungen.

Auf der Basis konkreter Operationen ist der Schüler in der Lage, grundlegende mathematische Begriffe aufzubauen: Menge, Zahl, Länge, Addition, Kleinerbeziehung usw.

Man sollte hier vielleicht dem möglichen Mißverständnis begegnen, daß das Grundschulkind mit solchen abstrakten Begriffen nur im unmittelbaren Kontakt mit konkreten Dingen umgehen könne. Mit Ausubel u.a. (1980, S. 175f.) ist darauf hinzuweisen, daß solchen Begriffen bei ihrem Entstehen eine intensive konkret-empirische Erfahrung vorausgegangen sein muß. Wenn aber der Begriff auf diesem Erfahrungshintergrund aufgebaut ist, kann das Kind verständnisvoll damit umgehen, ohne sich ständig auf konkrete Gegebenheiten stützen zu müssen. (So kann ein Grundschüler sogar abstraktere Relationen wie den Teilbarkeitsbegriff »verstehen«, wenn er einen klaren Vorstellungshintergrund für natürliche Zahlen und die Division gewonnen hat. Hier soll aber zunächst nur etwas über das prinzipiell Leistbare gesagt sein, noch nichts über mögliche »Fehlentwicklungen«; vgl. später.)

Bezeichnend sind nun aber die *Grenzen* dieses Denkstadiums. Die Kinder sind z.B. meist noch nicht in der Lage, Aufgaben folgender Art ohne anschauliche Hilfsmittel zu lösen (vgl. Piaget 1972[2], S. 168):

»Hans ist größer als Heinz, Hans ist kleiner als Horst. Wer ist der kleinste?«

Diese Frage wird häufig erst im Alter von ungefähr 12 Jahren richtig beantwortet. Der Grund ist nach Piaget darin zu sehen, daß die Voraussetzungen nur als sprachlich formulierte Hypothesen gegeben sind und daß die Schlußfolgerung auf formalem Wege (d.h. ohne Abstützung auf konkrete Operationen) gefunden werden muß. Interessanterweise wird die obige Aufgabe mit konkretem Material schon von Siebenjährigen gelöst.

C. Das Stadium der formalen Operationen

Dieses dritte Stadium wird nach Piaget ab ca. 11–12 Jahren (Sekundarstufe) erreicht. Die Kinder stehen hier am Anfang eines hypothetisch-deduktiven Denkens: »Wenn das und das gilt ..., gilt das ...«. Der Jugendliche wird allmählich befähigt, rein formal aufgrund von Annahmen zu schließen, ohne notwendigerweise auf Anschauung oder Erfahrung Bezug zu nehmen. Dies ist zugleich eine für die fortgeschrittene Mathematik typische Situation. Es wird formal geschlossen:

Wenn a < b und b < c, dann a < c.

Es wird vielfach hypothetisch überlegt (ohne Rücksicht auf Realisierungsmöglichkeiten):

Für 72 Pf bekommt man 3 Eier.

Für 1 Pf bekäme man $\frac{3}{72}$ Eier.

Für 3 DM bekommt man $300 \cdot \frac{3}{72}$ Eier.

Es kann etwa am gleichschenklig-rechtwinkligen Dreieck deduktiv erschlossen werden:

den Einzelfall aus dem Allgemeinen ableitend

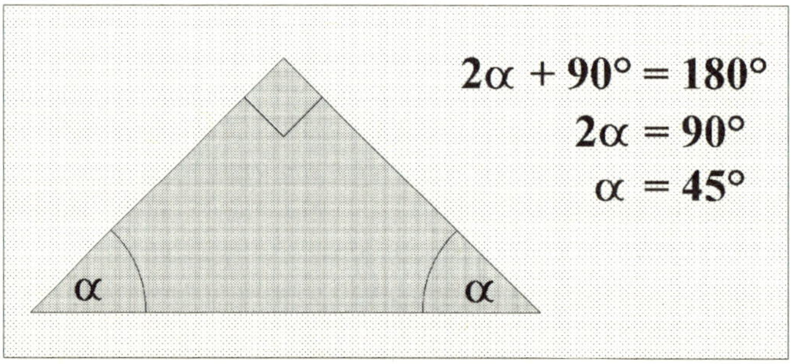

Abb. 4.3:
Deduktives Schließen

Allgemein wird jetzt der Schüler prinzipiell fähig, abstrakte Sachverhalte zu begreifen, z.B. Beweise und algebraische Umformungen zu verstehen und selber durchzuführen. (Ob er es unter schulischen Bedingungen wirklich kann, ist eine andere Frage.)

D. Zusammenfassendes Schema

Schema 6

Die Stadien der Denkentwicklung nach Piaget		
ungefähres Alter	*Stadium*	Denkleistung
2–6 Jahre	*präoperatorisch*	an konkrete Handlung und unmittelbare Anschauung gebunden; nicht kompositionsfähig, nicht reversibel
7–11 Jahre	*konkrete Operationen*	an konkrete Vorstellung gebunden; kompositionsfähig, reversibel
ab 12 Jahren	*formale Operationen*	nicht mehr an konkrete Vorstellung gebunden; formal-abstrakt, deduktiv, hypothetisch

E. Anmerkungen zu Piagets Stadientheorie

Die Theorie der Entwicklungsstadien von Piaget ist immer wieder durch Nachuntersuchungen in Frage gestellt worden. Sie können hier nicht diskutiert, sondern nur erwähnt werden, um anzudeuten, was hier offenbar Bestand hat und was nicht.

Die Altersangaben von Piaget sind erheblich zu relativieren; sie sind allenfalls als grobe Durchschnittswerte zu verstehen, erlauben also keinerlei Rückschlüsse vom Alter eines bestimmten Schülers auf seine Denkleistung. Eines jedoch hat sich immer wieder bestätigt: die prinzipielle Aufeinanderfolge solcher Stadien mit typischen Denkleistungen, auch wenn sie im einen Gegenstandsbereich früher, im anderen später einsetzen. (Vgl. die Untersuchungen solcher Verschiebungen von Montada 1970 und die Überlegungen von Seiler 1972 zur »Bereichspezifität der Denkentwicklung«, die Deutung der »Reifestadien« Piagets als kumulierte Lerneffekte[2] durch Gagné 1980[5] und schließlich die theoretischen Überlegungen zur »Subjektivität der Erfahrungsbereiche« von Bauersfeld 1983.)

Bevor wir später auf Folgerungen aus der Piagetschen Theorie für den Mathematikunterricht zurückkommen, wenden wir uns Modifikationen dieser Theorie zu, die didaktisch sehr fruchtbar scheinen.

4.1.2. Aeblis operative Methode

A. Modifizierung der Piagetschen Theorie durch Aebli

Die im vorigen Abschnitt dargestellte Denkentwicklung wird nach Piaget/Inhelder (dt. 1972; 3. Aufl. 1992) hauptsächlich durch vier Faktoren bestimmt:

1. Das organische Wachstum (Reifung).
2. Übung und Erfahrung.
3. Soziale Interaktionen[3] und Übermittlungen.
4. Aktive Kompensation[4] von Unzulänglichkeiten der Intelligenz.

Innerhalb einer Kultur erachtet Piaget die Gesamtwirksamkeit dieser Faktoren als weitgehend konstant. Das Entwicklungsstadium des Denkens wird nach Piaget weitgehend durch das Alter bestimmt. Die Entwicklung vollzieht sich mehr oder weniger »spontan« (d.h. im wesentlichen ohne von außen geleitete Instruktion) in Auseinandersetzung mit der natürlichen und sozialen Umwelt.

Gerade hier setzt Aebli, ein Schüler Piagets, an:

Er hat gegenüber Piaget die Abhängigkeit von *Erziehungsbedingungen*, die beschleunigend oder verzögernd wirken können, wesentlich stärker betont.

---

2 Auf dieser Basis lassen sich gegenstandsbedingte Entwicklungsverschiebungen als »Transferfragen« diskutieren (vgl. auch Kapitel 7.4).

3 Interaktion (lat.): Wechselwirkung.

4 Kompensation (lat.): Ausgleich.

Im einzelnen hat Aebli (1963b, Neuausg. 1989) folgende Bedingungsvariablen aufgewiesen:

- Komplexität und Anschaulichkeit des Gegenstandes;
- Lernprozeß während des Versuchs (aufgrund unterschiedlicher Zeitdauer und Wiederholungen);
- die Motivation der Versuchspersonen.

Die Piagetschen Stadien betrachtet Aebli (1963b) zwar als eine notwendige Aufeinanderfolge von Schritten in der Denkentwicklung, in vielfacher Hinsicht jedoch unabhängig vom Lebensalter. Wenn gewisse Faktoren (wie Anschaulichkeit, handelndes Lernen) für Kinder größere Bedeutung haben als für Erwachsene, hält das Aebli (vgl. auch 1963a) für rein graduelle Unterschiede. Zu vermuten ist: Je neuer ein Denkinhalt für den Erwachsenen ist, desto mehr Anschaulichkeit braucht auch er für das Verständnis.

Insgesamt erscheint der pädagogische Spielraum bei Aebli wesentlich größer als bei Piaget. Die Entwicklung betrachtet er im Rahmen einer eigenen Standortbestimmung gegenüber Piaget (vgl. Aebli 1983, S. 383ff.) letztlich als Summe von Lernprozessen: spontanen, ungeordneten Lernprozessen in Familie und Alltag einerseits und gesteuerten Lernprozessen in der Schule andererseits (übrigens ähnlich wie Gagné 1980[5], S. 144ff.). Aebli interessiert sich vor allem für die gelenkten Lernprozesse in der Schule, d.h. die didaktische Frage, wie eine Denkoperation im Kopf des Schülers aufgebaut, gefördert und gefestigt werden kann. Dies ist Inhalt der nächsten Abschnitte.

B. Denkoperationen als Gegenstand der operativen Methode; ein Beispiel aus der Mathematik

Denkoperationen im Piagetschen Sinne sind – wie im Abschnitt 4.1.1 B bereits hervorgehoben – durch eine besondere innere Beweglichkeit gekennzeichnet: nämlich die Fähigkeit, diese Operationen in verschiedener Weise gedanklich zusammenzusetzen und umzukehren (»Kompositionsfähigkeit« und »Reversibilität«). Der Aufbau solcher Denkoperationen im Unterricht ist Anliegen von Aeblis *»operativer Methode«*. Worauf es dabei u.a. ankommt, sei an einem Beispiel aus der Mathematik erläutert:

Die *Addition natürlicher Zahlen* ist nach Piaget und Aebli als Denkoperation erworben, wenn ihre Kompositionsfähigkeit (sprich: Kommutativität und Assoziativität im mathematischen Sinne) sowie ihre Reversibilität (sprich: Umkehrbarkeit durch die Subtraktion) erfaßt ist und beweglich angewandt werden kann. Das kommt in der Fähigkeit des Schülers zum Ausdruck, den Lösungsweg einer Additionsaufgabe zu variieren und zu kontrollieren.

Z.B. $4 + 3 + 6 = 6 + 4 + 3$;
$11 + 4 = 15$, Probe: $15 - 4 = 11$.

C. Verinnerlichung der Operation und operative Durcharbeitung

Zum wirkungsvollen Aufbau einer Operation im Unterricht ist nach Aebli (1961)[5] eine »Verinnerlichung« der Operation und eine »operative Durcharbeitung« erforderlich.

Die Verinnerlichung einer Operation vollzieht sich nach Aebli (1961, S. 102) *in drei Hauptstufen*:

»Am Anfang steht der effektive Vollzug am konkreten Gegenstand. Auf der zweiten Stufe wird der Gegenstand bildlich dargestellt, und der Schüler stellt sich die Operation aufgrund dieser Gegebenheit vor. Auf der dritten Stufe bedient sich der Schüler bei ihrem Vollzug ausschließlich der Zeichen, welche Gegenstand und Operation vertreten.«

Das hieße also für die Einführung der Addition:

Konkrete Stufe. Zunächst arbeiten die Schüler mit konkretem Material (z.B. Zusammenstecken einer Fünferstange und einer Dreierstange aus Steckwürfeln).

Figurale Stufe. Zeichnerische Darstellung durch Streifen aus Quadraten.

Symbolische Stufe. Darstellung durch Ziffern und Operationszeichen (im Beispiel $5 + 3 = ?$).

Didaktischer Hinweis: *Bei auftretenden Schwierigkeiten kehre der Lehrer zu einer früheren Stufe zurück.*

Die Verinnerlichung der Operation wird durch vorwegnehmende und nachträgliche *Verbalisierung der Handlungen* auf der konkreten und figuralen Stufe unterstützt.

Das Entscheidende dabei ist nicht die Beachtung einer bestimmten Stufenfolge im Unterricht, denn dies bewirkt nicht die Verinnerlichung der Operation mehr oder weniger zwangsläufig. Es kommt vielmehr darauf an, daß gewährleistet ist, daß es zu einem *Prozeß innerhalb des Lernenden* kommt, der ihn *durch ständige eigene Reflexion* über seine Handlung und anschauliche Wahrnehmung zu einer Vorstellung führt, die die gleichzeitige Anwesenheit anschaulicher Stützen nicht mehr braucht[6]. Es ist also besonders wichtig, den Schüler dazu zu veranlassen, über das Wahrgenommene nachzudenken und sich darüber zu äußern im Sinne: Was habe ich eigentlich gemacht?

Im Beispiel der Addition könnte dies vielleicht so heißen: Ich habe eine Stange aus 5 Würfeln mit einer Stange aus 3 Würfeln zusammengefügt und habe festgestellt, aus wieviel Würfeln die erhaltene Stange besteht.

5 Neu bearb. 1983, 7. Aufl. 1993.

6 Eine Grundbedingung, die sich hieraus selbstverständlich ergibt, in der Praxis aber nicht selten verletzt wird, sei hier nur am Rande erwähnt: Konkrete Darstellung und symbolische Darstellung dürfen nicht beziehungslos auseinanderfallen. In diesem Fall kann eine »Verinnerlichung« nicht stattfinden. Im Gegenteil: Konkrete Darstellung und symbolische Darstellung müssen zueinander »isomorph« sein (Aufgabe 5 in 4.4).

Man läßt den Schüler dann weiter überlegen:
Wie ist das zu skizzieren? (Hinterher vielleicht die Frage: Welche Handlung wurde noch damit dargestellt?) Wie läßt sich das mit bloßen Ziffern festhalten? (Hinterher, wenn keine Zeichnung mehr zu sehen ist: Beschreibe die Zeichnung (oder: die Handlung), die dazugehört.

Es wurde etwas übertrieben stilisiert. Aber worauf kommt es an? Jede neue Darstellung, sei es jetzt die zeichnerische oder die symbolische, muß mit der vorangegangenen in *möglichst enge Verbindung* gebracht werden.

»Das Ziel ist, daß sich die symbolische Darstellung mit der Bedeutung auflädt, die die konkrete Darstellung besitzt« (vgl. Aebli 1983, S. 238).

Die Phasen der Verinnerlichung seien mit einer Darstellung von Aebli (1983, S. 239) zusammengefaßt (vgl. die analoge Darstellung nach Lompscher in 4.1.5 b):

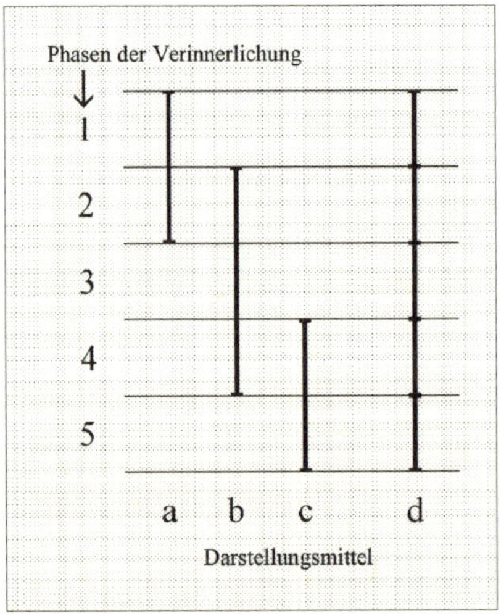

Abb. 4.4:
Die schrittweise Verinnerlichung einer Operation

»Sie ist durch den Fortschritt vom Handeln mit wirklichen Gegenständen (a), zum Durchdenken der Operation aufgrund ihrer Bilder (b) und zum Operieren mit Zeichen (c) gekennzeichnet. Die Phasen 1, 3 und 5 des Vorgangs sind durch die bloße Verwendung eines der drei Darstellungsmittel gekennzeichnet, die Phasen 2 und 4 sind Übergangsphasen, in denen die Bedeutung vom vorangehenden Darstellungsmittel auf das neue übertragen wird. Auf jeder Stufe werden die erarbeiteten Zusammenhänge auch mündlich (d) formuliert.«

Für den Unterricht ergibt sich u.a. auch die Konsequenz, verschiedene *Darstellungsweisen in der schriftlichen Fixierung möglichst dicht zusammenzubringen* und einander deutlich zuzuordnen, z.B. so oder ähnlich:

Ich füge *5 Würfel* und *3 Würfel* zusammen.
Wieviel Würfel erhalte ich?

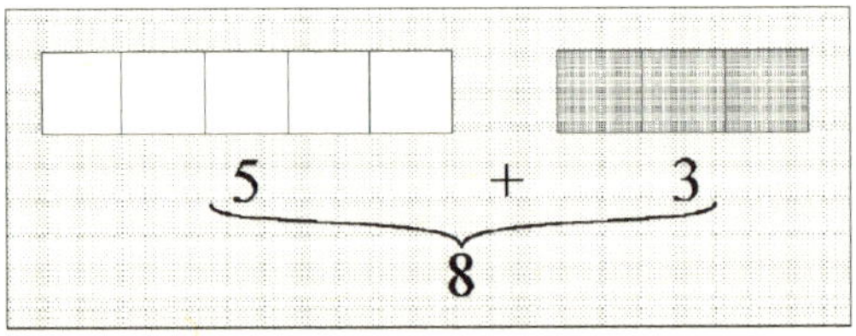

Abb. 4.5:
Verknüpfung der Darstellungweisen

Ich erhalte insgesamt: 8 Würfel.

Hier sind natürlich ganz unterschiedliche Notierungsweisen denkbar; die Schüler können sie selbst ausdenken. Das Wichtigste ist, daß sie mit »3 + 5« eine klare Vorstellung verbinden, auch wenn keine sprachliche oder zeichnerische Darstellung mehr da ist.

Zur Verinnerlichung einer Operation kommt nach Aebli als zweites das sog. *operative Durcharbeiten* dazu. Damit bezeichnet Aebli ein variables, sinnbezogenes *Üben, das der Vertiefung des Verständnisses dient*, dessen Ziel ausdrücklich noch nicht irgendeine Automatisierung ist (vgl. Aebli 1983, S. 235).

Wichtig erscheint dabei, daß die Art der Aufgabenstellung das wiederholte Durchdenken der Operation *auf der Grundlage der ursprünglichen Bedeutung der Operation* erfordert.

Was könnte dies beim Beispiel »Addition« bedeuten? Es kommt nicht darauf an, möglichst schnell Einsundeins-Sätze »parat« zu haben über »Aufgabenpäckchen« von der Art

2 + 5 = ?   4 + 4 = ?   6 + 3 = ?

Der Akzent sollte zunächst nicht auf den Ergebnissen liegen, sondern auf solchen Aufgaben:

- Was bedeutet eigentlich 2 + 5, 4 + 4, 6 + 3 anschaulich?
- *Wie* komme ich zum Ergebnis?
- Welche Dinge, welche Personen könnten da »zusammenkommen«?
- Denkt euch Situationen aus!
- Können wir uns das auch anders notieren (z.B. mit Kringeln oder Strichlisten)?
- Wie ändert sich das Ergebnis, wenn wir die eine Zahl um 1, 2, 3 erhöhen (oder erniedrigen)? Stelle dir eine Situation dazu vor!
- Was ergibt sich, wenn wir bei 3 + 5 die beiden Zahlen vertauschen?
- Wie kann man das Ergebnis überprüfen? Usw.

Wir wollen dies hier noch nicht weiter vertiefen: *Eine Möglichkeit, das Verständnis zu fördern, besteht darin, die ursprüngliche Situation in mehreren Richtungen zu verändern* nach dem Motto: Wie ist das, wenn ...? Was bedeutet das ...? Wie ändert sich ein Ergebnis, wenn ...? Wann bleibt es gleich? Warum bleibt es gleich?

Aebli stellt sich vor, daß die »Operation« – psychologisch gesehen – erst auf solche Weise eine gewisse Beweglichkeit erhält, wie sie für eine *flexible* Anwendung erforderlich ist.

Den entscheidenden Punkt sieht Aebli mit Piaget darin, daß »Operationen« abstrakte (man könnte auch sagen, nach bestimmten wesentlichen Zügen durchdachte und in dieser Weise vorgestellte) Handlungen sind. Durch das operative Üben werden sie von »Schlacken« (Zufälligkeiten) der ersten Bekanntschaft befreit[7].

Im nächsten Abschnitt geben wir weitere Beispiele aus dem Mathematikunterricht und vertiefen an ihnen zusätzliche Aspekte der operativen Methode.

7 Wir werden hierzu später in Abschnitt 4.2.2 u.a. ein »Prinzip der Variation des Unwesentlichen« formulieren.

Nachbemerkung zu Aeblis operativer Methode
Aeblis operative Methode, deren wesentliche Teile in der Verinnerlichung und operativen Durcharbeitung von »Operationen« besteht, hat – wie oben dargestellt – vor allem das Verständnis der Operationen (insbes. auch die Einsicht in Teilschritte und deren Zusammenhang) zum Ziel.

Hierdurch wie auch durch die im folgenden näher zu beschreibenden Einzelaspekte und weitere verwandte Theorieelemente scheinen jedoch nicht alle wesentlichen Aspekte und Lernbedingungen des »Verstehens« ausreichend erfaßt. Diesbezüglich stellt Kapitel 5 (Verstehen im Sinne eines »sinnvollen Lernens« nach Ausubel) noch eine wesentliche Ergänzung dar.

4.1.3 Weitere Verdeutlichungen der operativen Methode

A. Beispiele für mathematische Denkoperationen

Hier zunächst einige Beispiele für Denkoperationen, die durch Mathematikunterricht im Schüler aufzubauen sind:

- Mengenoperationen (z.B. Vereinigungs- und Schnittmengenbildung),
- Zahlenoperationen (z.B. Addition, Multiplikation),
- Messungen von Größen (z.B. Längen- und Flächenmessung).

B. Zur operativen Behandlung des Einmaleins

»Operative Behandlung« heißt vor allem Schaffung beweglicher Operationen. Wie bereits deutlich wurde, ist dies das genaue Gegenteil der Schaffung stereotyper Reaktionen (fester Assoziationen, Automatismen). Während stereotype Reaktionen starre und verhältnismäßig isolierte Verhaltensweisen sind, bilden Operationen bewegliche Gesamtsysteme, innerhalb deren die Operationen in vielfältiger Beziehung zueinander stehen. Solche Systeme nennt Piaget (dt. 1972^2, S. 43) »*Gruppierungen*«[8]. Ein typisches Beispiel ist die Gruppierung der Grundrechenarten.

Zunächst hat man vielleicht eine Gruppierung der additiven und multiplikativen Operationen für sich, wie sie für die multiplikativen Operationen in folgendem Diagramm angedeutet ist:

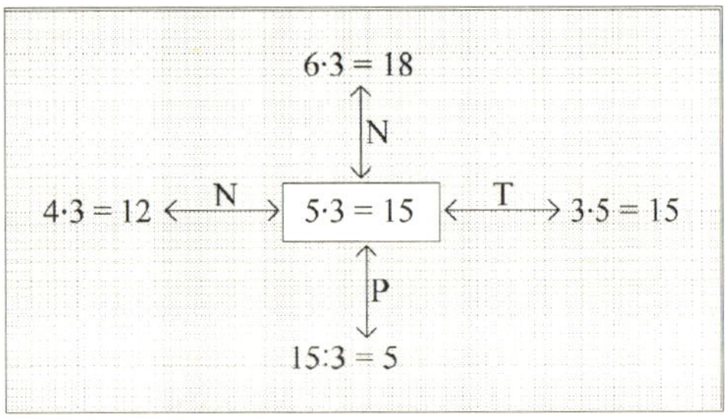

Abb. 4.6:
»Gruppierung« innerhalb des Einmaleins

8 Mit Aebli (1985, S. 6) stellen wir uns darunter jedoch nicht unbedingt Systeme mit bestimmten formalen Eigenschaften vor, wie sie genauer von Wittmann (1978) diskutiert wurden.

Hier bedeutet N: Übergang zu einer sogenannten »Nachbaraufgabe«,
T: Übergang zu einer sogenannten »Tauschaufgabe«,
P: Übergang zu einer sogenannten »Probeaufgabe«.

Es ließen sich hier weitere »Verwandtschaften« mit einbeziehen (vgl. etwa Fricke/Besuden 1970, S. 85).

Die vier Grundrechenarten sind durch vielfältige weitere Beziehungen und Gesetze in einer Gruppierung untereinander verbunden.

Dies werde durch folgende Zahlensätze für $9 \cdot 6$ angedeutet:

$9 \cdot 6 = 6 \cdot 9 = 5 \cdot 9 + 1 \cdot 9 = 9 + 9 + 9 + 9 + 9 + 9;$
$9 \cdot 6 = 10 \cdot 6 - 1 \cdot 6;$
$9 \cdot 6 = 5 \cdot 6 + 4 \cdot 6;$
$9 \cdot 6 = 18 \cdot 3 = 3 \cdot 18.$

Solche Beziehungen kann man (zugleich die Bedeutung der Operationen betonend) evtl. durch Aufzeigen, Umordnen, Gliedern, Ergänzen des folgenden Kringelfeldes sehr einfach verdeutlichen oder aus ihm entwickeln:

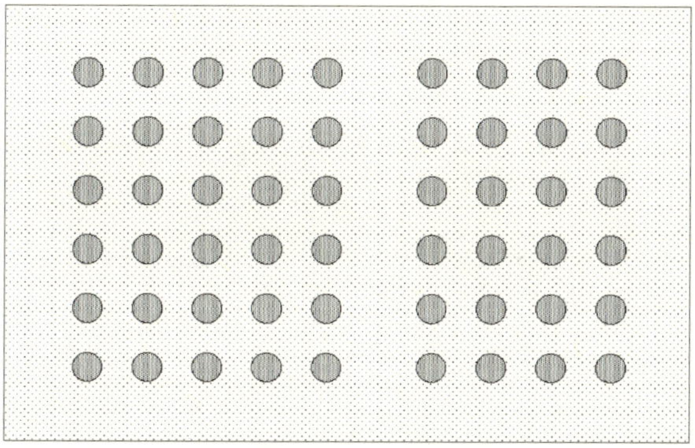

Abb. 4.7:
Kringelfeld als operatives Veranschaulichungsmittel

Beispiel: $6 \cdot 9 = 6 \cdot 5 + 6 \cdot 4$.

Lernt der Schüler das Einmaleins in dieser Weise als System von Operationen, so wird er eher eine Beweglichkeit im Rechnen bekommen, die es ermöglicht, unter mehreren verschiedenen Wegen einen günstigen auszusuchen[9].

Hier sei freilich kritisch angemerkt, daß man operative Übungen nicht in der Weise übertreiben sollte, daß man nur möglichst viel variiert (hier die Lösungswege), ohne andere Gesichtspunkte mit im Auge zu behalten. Dies verlangt im Unterricht gelegentlich eine deutliche Gewichtung (hier z.B. in Richtung günstiger Lösungswege). Ähnliches wird noch bei anderen Variationen zu bemerken sein.

9 Zur systematisch-operativen Erarbeitung einer ganzen Einmaleinsreihe vgl. auch Abschnitt 6.2.2.

C. Zur operativen Behandlung der Flächenmessung

Es soll an diesem Beispiel zunächst das *schrittweise Verinnerlichen* verdeutlicht werden, wie es Oehl (1965, S. 45–47) im Anschluß an Aebli stärker für den Unterricht ausdifferenziert. Er schlägt vor, etwa in folgenden Teilschritten vorzugehen:

1. Aufbau der Operation durch eine *tatsächliche Handlung*:

   a) Die Operation wird von jedem Schüler *selbständig* vollzogen. Am Beispiel: Die Schüler führen die Flächenmessung durch Abtragen eines Maßes (z.B. eines »Dezimeterquadrats«) auf der zu messenden Fläche (z.B. auf einem Tisch) konkret handelnd durch.

   b) Die Operation wird nur mehr *mitgedacht*, wenn sie der Lehrer oder ein Schüler demonstriert.

Bemerkung: Aus Gründen der Praktikabilität muß man wohl gelegentlich auf Teilschritt a) verzichten und sich mit b) begnügen. Dies kann insbesondere auch dann angebracht sein, wenn eine Handlung im Prinzip (z.B. hier durch das Auslegen mit Spielkarten) hinreichend vertraut ist oder so komplex bzw. so materialaufwendig ist, daß die Einsicht des Schülers in das Wesentliche durch die eigene Handlung womöglich eher erschwert als erleichtert wird.

2. Das konkret-handelnde Operieren in Verbindung mit dem vorstellenden Operieren:

   a) Nach tatsächlich vollzogener Operation werden die einzelnen Teilschritte aus der Vorstellung heraus wiederholt (Unterstützung der Operation durch den sprachlichen Ausdruck!).

   b) Bei weiteren Operationsbeispielen werden einzelne Operationsschritte in der Vorstellung *vorausgedacht* und dann erst durchgeführt.

3. Die Stufe der zeichnerischen Darstellung:

   a) Die konkrete Handlung wird bildlich nachgeahmt. Die obige Flächenmessung wäre etwa durch folgendes Bild wiederzugeben:

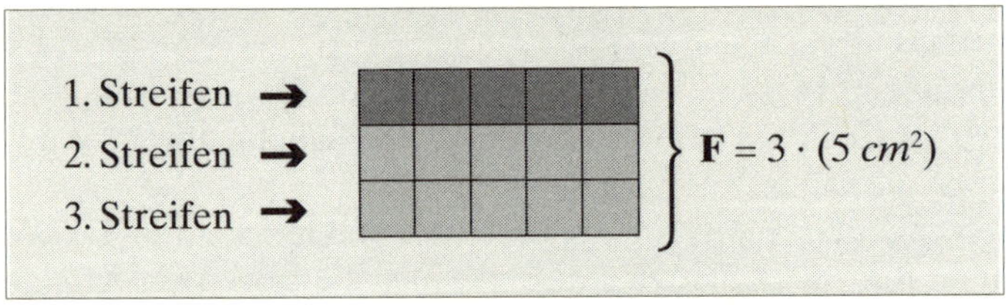

Abb. 4.8: Darstellung der Flächenmessung

   b) Die zeichnerische Darstellung wird ergänzt durch die *mathematische* Zeichensprache, s.o.).

4. Die Umkehrung der zeichnerischen Stufe:

   Es werden Aufgaben in der mathematischen Zeichensprache gegeben; hierzu ist die zeichnerische Darstellung zu geben.

5. Die Stufe des rein vorstellenden Operierens:
   Es werden Aufgaben ohne zeichnerische Hilfe aus der bloßen Vorstellung heraus gelöst.

Die Beweglichkeit der Operation ist nicht schon nach der ersten Einführung gesichert. Die Operation muß noch »durchgearbeitet« werden, d.h., »nach allen[10] Möglichkeiten hin durchdacht und durchlaufen werden« (vgl. Aebli 1961, S. 99).

Aebli (1963a, S. 99f.) hat solch ein *operatives Durcharbeiten* am Beispiel »Flächenmessung« ausführlich verdeutlicht:

»Nachdem die Schüler die Flächenberechnung des Rechtecks kennengelernt hatten, wurde diese Operation auf folgende Weise durchgearbeitet: Jeder Schüler hatte ein kariertes Blatt vor sich, auf dem er selber ein Netz von Quadratzentimetern eingezeichnet hatte. Zudem verfügte er über eine Schablone aus festem, dunklem Papier von der Form eines großen L.«

Abb. 4.9:
Zum operativen Durcharbeiten der Flächenmessung

»Mit dieser Winkelschablone konnte er nun auf dem in Quadratzentimeter eingeteilten Blatt alle möglichen Teile abdecken, so daß die unbedeckte Fläche Rechtecke jeder gewollten Größe darstellte.«

Nun konnte der Lehrer die Schüler auffordern:

»Zeigt ein Rechteck, das aus 7 Streifen zu 3 Qudratzentimetern besteht! Zeigt ein Rechteck, dessen Fläche 24 Quadratzentimeter beträgt und dessen Streifen je 6 Quadratzentimeter enthalten! Zeigt ein Rechteck, dessen Fläche 35 Quadratzentimeter mißt und aus 5 Streifen zusammengesetzt ist!«

»Dabei kann die Idee der Zusammensetzung der Gesamtfläche aus Streifen und der Streifen aus Maßquadraten nach allen Richtungen hin beleuchtet werden. An die direkte Operation ($a \cdot b\ cm^2 = F\ cm^2$) kann sofort auch die umgekehrte Operation angeschlossen werden ($F\ cm^2 = b\ cm^2$ a mal, = a Streifen) usw. Auf diese Weise wird die Operation recht eigentlich durchgeturnt, und sie erwirbt die Beweglichkeit, welche sie von der Gewohntheit und der bedingten Reaktion[11] unterscheidet.«

---

10 Besser wäre m.E. zu formulieren: nach einigen wesentlich erscheinenden Möglichkeiten (vgl. die Bemerkung am Ende von Abschnitt B und Bemerkungen am Ende dieses Abschnitts (C).

11 Vgl. 6.3.1.

Hierzu sei angemerkt, daß die Umkehrfragestellung nach der Anzahl der Streifen (womöglich auch noch auf der Ebene von Sachaufgaben) wegen mangelnder Anwendungsrelevanz nicht unbedingt sinnvoll scheint. Das ständige Einbeziehen von Umkehrfragestellungen im Sinne Piagets/Aeblis kann die Sache (zumal für schwächere Schüler) auch unnötig erschweren. Vgl. hierzu eine Alternative bei Zech (1995, Abschnitt 3.9.5). Es scheint u.U. angebracht, sich auf praktisch wichtige Variationen zu beschränken.

D. Weitere Beispiele zur operativen Methode

Für weitere Beispiele aus allen Schulstufen muß vor allem auf die *Literatur* verwiesen werden (vgl. Abschnitt 4.4).

Hier sei nur noch auf einige grundsätzliche Möglichkeiten für das operative Durcharbeiten in verschiedenen Stoffgebieten hingewiesen, die sich bei ihrer Betrachtung unter dem Operatoren-(Abbildungs-)Aspekt ergeben (aber auch zu Mißverständnissen führen).

Man hat hier immer wieder mit folgenden beiden *Aufgabentypen* zu tun:

a) Operator – Operator – Operator,
b) Zustand – Operator – Zustand.
(Zwei Angaben liegen jeweils vor, gesucht wird die dritte.)

Beispiel für Typ a)

Gegeben ist der Verdoppelungsoperator $\cdot 2$;
gegeben ist der Verdreifachungsoperator $\cdot 3$;
gesucht der Operator, der für die Hintereinanderausführung beider Operatoren stehen kann (Grundschuleinkleidung: Gegeben zwei Maschinen ...; wie heißt die Ersatzmaschine?).

Die Operatoren können auch additiver Art sein, es kann sich um Bruchoperatoren, Deckabbildungen einer Figur oder Permutationen handeln.

Sind nun f, g, h drei Operatoren, so ist ein operatives Durcharbeiten der Operatorverkettung durch Aufgaben folgenden Typs denkbar:

$f \circ g = \square; \square \circ g = h; f \circ \square = h.$

($\square$ bezeichnet dabei jeweils den gesuchten Operator.)

Beispiel für Typ b)

Hier handelt es sich um Aufgaben, die in der Grundschule etwa folgendermaßen dargestellt werden:

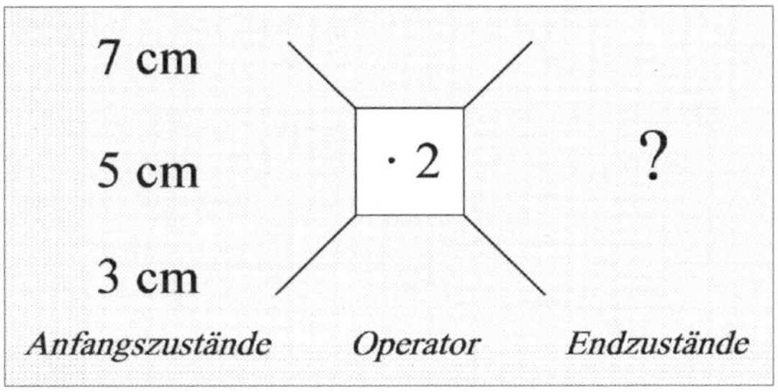

Abb. 4.10: Zum Zustand-Operator-Zustand-Schema

Beim operativen Durcharbeiten könnte man insgesamt folgende Typen berücksichtigen:

Zustand – Operator – ? ,
Zustand – ? – Zustand,
? – Operator – Zustand.

Die »Zustände« könnten in Klasse 6 beispielsweise irgendwelche Zahlen oder Größen, die Operatoren könnten Bruchoperatoren sein. Die Zustände könnten auch bestimmte Decklagen einer Figur, die Operatoren Deckabbildungen dieser Figur sein.

Die genannten Aufgabentypen sind zugleich die *Grundtypen von vielen Sachaufgaben* und geben damit Hinweise auf evtl. geeignete operative Übungen in diesem Bereich:

1. Sachaufgaben zur Bruchrechnung (vgl. Griesel 1973, S. 121–126),
2. Sachaufgaben zur Prozentrechnung (vgl. Griesel 1973, S. 196),
3. Sachaufgaben zur Zinsrechnung (vgl. Griesel 1973, S. 200f.).

Auch die Aufgaben zur Schlußrechnung (»Dreisatz« usw.) sind letztlich hier einzuordnen. Man vergleiche hierzu die operativen Übungen bei Griesel (1973, S. 222f.).

Hier seien insgesamt aber folgende *Bemerkungen* hinzugefügt:

1. Die zuletzt genannten Aufgabentypen werden bei Griesel und im Anschluß daran in vielen Schulbüchern im Sinne der »Operatormethode« behandelt. Dies gibt Anlaß, zunächst darauf hinzuweisen, daß man »operative Methode« nicht mit »Operatormethode« verwechseln sollte. Bei letzterer geht es um eine bestimmte Auffassung von mathematischen Sachverhalten im Sinne des Leitbegriffs Abbildung, die freilich gewissen operativen Übungen wie der Variation der gesuchten Größe im Rahmen eines Operatorschemas (siehe oben) entgegenkommt. Um Verwechslungen zu vermeiden, sollte man also erstens besser von Operatorauffassung statt von Operatormethode sprechen, zweitens nicht den Terminus »operatorische Übung« statt »operative Übung« verwenden.
2. Es ist deutlich darauf hinzuweisen, daß weder die mathematische Weihe eines Stoffes durch die Operatorauffassung einerseits noch die psychologische Weihe durch Hinweis auf die Operatormethode andererseits alleine dazu ausreicht, ein unter-

richtliches Vorgehen zu rechtfertigen. Es gibt viele weitere Gesichtspunkte wie z.B. die Orientierung an der Art der Anwendungssituationen, am Alltagsdenken[12], an der Wichtigkeit für die Schüler, die es nahelegen, die »Operatorauffassung«, u.U. in Verbindung mit einer verkürzten Sicht der operativen Methode (Durchvariieren eines Operatorschemas), sehr vorsichtig anzuwenden. Dies gilt insbesondere für die erwähnten Gebiete der Bruchrechnung, Prozentrechnung, Zinsrechnung und Schlußrechnung. Ich möchte hierzu auf ausführlichere Diskussionen in meiner Methodik (Zech 1995) verweisen.

4.1.4 Die Theorie der Darstellungsebenen nach Bruner

A. Die Darstellungsebenen

Bruners Theorie der Denkentwicklung ist als weitere Modifikation der Piagetschen Theorie anzusehen. Die theoretischen Positionen von Bruner und Aebli liegen nicht weit auseinander bzw. haben sich in den letzten Jahren weiter angenähert, wie es auch aufgrund von Verweisen Aeblis auf Bruner (vgl. Aebli, 1983 bzw. 1993[7]) vermutet werden darf. Indessen ergeben sich bei Bruner zusätzliche Aspekte. Auf die Herausarbeitung feinerer Unterschiede kann in diesem Rahmen verzichtet werden. Die Denkentwicklung vollzieht sich nach Bruner (1974) nicht auf zeitlich abgestuften Denkniveaus, sondern gleichzeitig auf verschiedenen »Darstellungsebenen«, die in starker Wechselbeziehung zueinander stehen.

Bruner (a.a.O., S. 16, 17, 49) unterscheidet drei solcher Darstellungsebenen (Repräsentationsmodi)[13], auf denen sich dem Menschen die Umwelt erschließen kann:

- die *enaktive Darstellung*, d.h. die Erfassung von Sachverhalten durch eigene Handlungen (mit konkretem Material);
- die *ikonische Darstellung*, d.h. die Erfassung von Sachverhalten durch Bilder[14] oder Graphiken;
- die *symbolische Darstellung*, d.h. die Erfassung von Sachverhalten durch verbale Mitteilung oder im Zeichensystem (z.B. im mathematischen).[15]

Im Laufe der Entwicklung ergeben sich *Akzentverschiebungen* zwischen diesen Darstellungsebenen. Zunächst dominiert die enaktive, dann die ikonische und schließlich die symbolische Darstellung:

---

12 Hierzu Näheres im nächsten Kapitel.

13 Gelegentlich findet man hierfür auch den Terminus »Medien«. Damit ist zugleich ein tieferes Verständnis der Medien im üblichen Sinne als sog. Mittlern eines Lernprozesses angedeutet. Vgl. auch Abschn. 1.10.2.

14 Mitgemeint sind hier auch »innere Bilder« (anschauliche Vorstellungen).

15 Ersichtlich können diese drei Darstellungsebenen der konkreten, figuralen und symbolischen Stufe im Verinnerlichungsprozeß von Aebli zugeordnet werden (vgl. 4.1.2 C).

»Zuerst kennt das Kind seine Umwelt hauptsächlich durch die gewohnheitsmäßigen Handlungen, die es braucht, um sich mit ihr auseinanderzusetzen.
Mit der Zeit kommt dazu eine Methode der Darstellung in Bildern, die relativ unabhängig vom Handeln ist. Allmählich kommt dann eine neue und wirksame Methode hinzu, die sowohl Handlung wie Bild in die Sprache übersetzt ...« (Bruner 1971, S. 21).

Der Sprache weist Bruner eine Leitfunktion innerhalb der intellektuellen Entwicklung für Handlung, Wahrnehmung und Denken zu.

Der *Gebrauch der Sprache* verändert sich in einer für die gesamte Entwicklung typischen Weise:

»Das sehr junge Kind gebraucht die Sprache fast nur wie eine Weiterführung des Hinzeigens. ...
Es kommt nur ganz allmählich dazu, daß Wörter verwendet werden, die sich auf nichtgegenwärtige Sachen beziehen sollen ...
Und noch später gelangt man dahin, daß Wörter das Vehikel für Äußerungen in den Kategorien des Möglichen werden ...« (Bruner 1974, S. 20).

Die Denkentwicklung ist nach Bruner als eine immer bessere Koordination zwischen den verschiedenen Darstellungsebenen (unter wesentlicher Beteiligung der Sprache) zu verstehen:

Der intellektuelle Erwachsene zeichnet sich durch die Fähigkeit aus, – den Erfordernissen entsprechend – flexibel zwischen den verschiedenen *Darstellungsebenen* zu *wechseln* (Bruner 1971, S. 21). Koordinationsmängel, d.h. insbesondere Diskrepanzen zwischen den verschiedenen Darstellungsebenen, können geradezu als Auslöser der Denkentwicklung angesehen werden. Bruner (a.a.O., S. 223ff.) berichtet über Versuche, die dies eindrucksvoll belegen:

Es handelt sich dabei um *Versuche zur Invarianz von Flüssigkeiten*, in Abwandlung ähnlicher Versuche von Piaget, mit 5- bis 6jährigen Kindern. Grob gesagt, ergab sich folgendes:

Beim Umfüllen von Wasser aus einem schmalen Glas in ein breites Glas (vgl. Abb. 4.11)

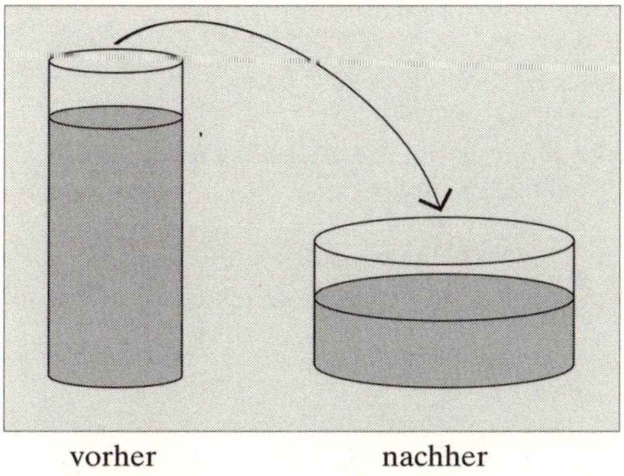

Abb. 4.11:
Zum Invarianzversuch nach Bruner

sagen die meisten Kinder dieses voroperatorischen Alters, daß es weniger Wasser wird (vgl. Plastilinversuch!). Schirmt man jedoch das breite Gefäß durch eine Sichtblende gegen die irritierende Wahrnehmung eines niedrigeren Flüssigkeitsspiegels ab, so zeigt sich, daß die meisten Kinder jetzt Invarianz annehmen, und viele bleiben dabei und begründen richtig (!), wenn in einem weiteren Versuch die Sicht wieder freigegeben wird. Diesen Lerneffekt erklärt Bruner damit, daß durch den Abschirmversuch eine sprachlich-symbolische Repräsentation der Situation im Sinne der Invarianz »erzwungen« wird. Diese symbolische Repräsentation gerät beim abschließenden Versuch (ohne Abschirmung) mit der ikonischen Repräsentation (dem »Augenschein«) in Konflikt. Dieser Konflikt führt bei vielen Kindern zu einer intellektuellen Fortentwicklung.

Dem Versuch von Bruner ist zugleich der didaktische Hinweis zu entnehmen, *daß die Anschauung gelegentlich dem Lernen im Wege stehen kann.* Nähere Hinweise auf verwandte Erscheinungen und *schulische Beispiele zur Abschirmtechnik* findet man bei Hole (1973, S. 53–59).

B. Wechsel zwischen den Darstellungsebenen

Entscheidende Bedeutung kommt nach Bruner der wechselseitigen Beziehung und damit letztlich der wechselseitigen Stützung der Darstellungsweisen zu. Es ist nützlich, sich zunächst eine Übersicht über alle wesentlichen Übergänge zwischen den Darstellungsebenen zu verschaffen. Dabei scheint es für die Mathematik zweckmäßig, auf der symbolischen Ebene zwischen sprachlicher Formulierung und der Darstellung in mathematischen Zeichen zu unterscheiden[16]. Es ergibt sich folgendes Schema:

Schema 7: Mögliche Übergänge zwischen den Darstellungsebenen

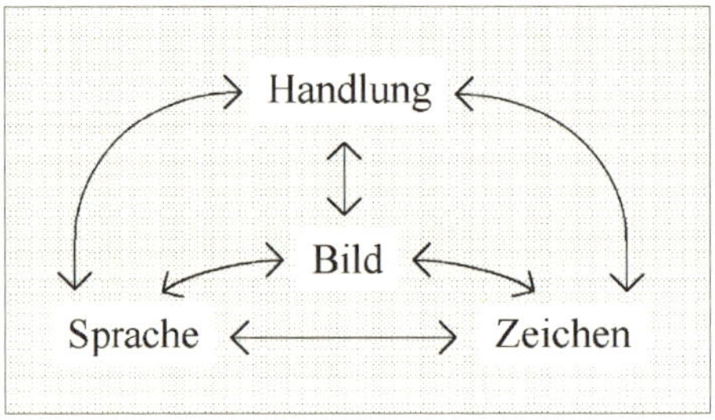

Abb. 4.12:
Darstellungsübergänge
Jeder Doppelpfeil ←→ steht für zwei mögliche Übergänge: ← und →

Alle Übergänge zur Handlung bezeichnet man als »*Enaktivierung*«, die zum Bild als »*Ikonisierung*«, die zur Sprache als »*Verbalisierung*« und die zum Zeichen als »*Formalisierung*«.

16 Entsprechend könnte man auf der ikonischen Ebene zwischen »Bild« und »Schema« unterscheiden, worauf hier aber verzichtet werden kann. Im Kapitel 4 wird uns noch die Unterscheidung Alltagssprache – Fachsprache besonders wichtig.

Im Sinne von Bruner kommt es darauf an, alle[17] *durch die Pfeile angedeuteten Übergänge zwischen den Darstellungsebenen zu pflegen* – und zwar nicht nur die »Abstraktionen« (angedeutet durch die Pfeilrichtung von oben nach unten), sondern auch die »Konkretisierungen« (angedeutet durch die Pfeilrichtung von unten nach oben).

Als Beispiel diene die Einführung der Begriffe »ganze Drehung«, »halbe Drehung«, »Vierteldrehung nach links«, »Vierteldrehung nach rechts« in der Grundschule (vgl. Hole 1973, S. 74):

1. Auf sprachliche Instruktionen hin Handlungen ausführen lassen (»Macht eine halbe Drehung«, »Macht eine Vierteldrehung nach links« …).
2. Eine Handlung verbalisieren lassen (ein Kind führt eine Drehung aus, ein anderes sagt, um welche Drehung es sich gehandelt hat).
3. Eine Handlung ikonisieren lassen. Z.B. wird die halbe Drehung eines Quadrates dargestellt durch Abb. 4.13.

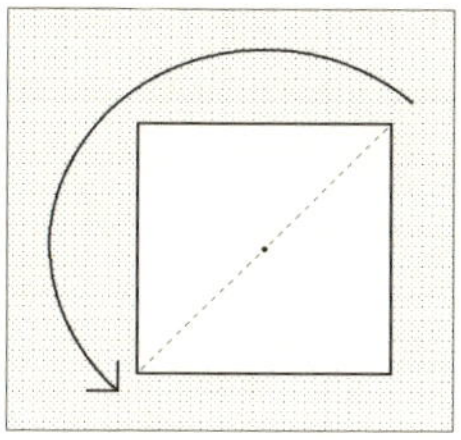

Abb. 4.13

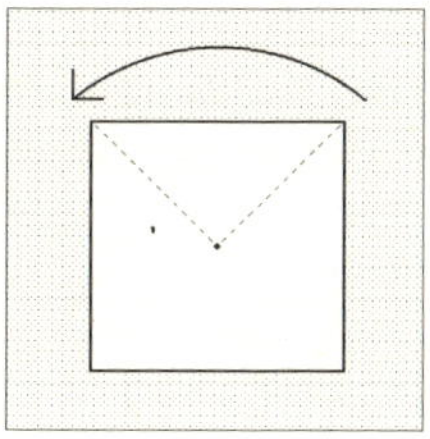

Abb. 4.14

4. Eine ikonische Drehung (vgl. Abb. 4.14) enaktivieren (»Führt die dargestellte Drehung aus!«).
5. Auf eine sprachliche Instruktion hin formalisieren lassen (»Schlagt ein Zeichen für eine Vierteldrehung nach rechts vor!«).
6. Ein Zeichen verbalisieren lassen (z.B.: »Was bedeutet V_l?«).

Diese Andeutungen sollen genügen.

Insgesamt gibt es *zwölf mögliche Übergänge* zwischen den einzelnen Darstellungsweisen. Natürlich braucht man nicht bei jeder Gelegenheit alle Übergänge durchzuspielen. Das Interaktionsschema kann jedoch vielfältige Anregungen für intellektuell fördernde Aufgabenstellungen des Enaktivierens, Ikonisierens, Verbalisierens und Formalisierens geben; vgl. auch »Verständnisaufgaben« in 5.2.4).

17 Dies ist praktisch sicher etwas einzuschränken; vgl. weiter unten.

C. Zur Nützlichkeit des Ikonisierens

Es liegt nahe, an dieser Stelle nach dem spezifischen Sinn einzelner Übergänge zu fragen, vor allem, wenn sie von einer abstrakteren Ebene zu einer konkreteren verlaufen. Hier soll nur das Ikonisieren[18] näher besprochen werden, dem in der Mathematikdidaktik besondere Beachtung geschenkt wird; wohl u.a. deshalb, weil es in Schulbüchern die einzige Möglichkeit darstellt, abstraktere Inhalte zu veranschaulichen.

Unter *Ikonisieren* ist jedes bildhafte (bzw. geometrische) Darstellen oder Vorstellen zu verstehen, das wesentliche Eigenschaften eines mathematischen Sachverhalts zum Ausdruck bringt.

Z.B. ist der *Zahlenstrahl* eine ikonische Darstellung der natürlichen Zahlen (Übergang Zeichen → Bild). Diese Darstellung ermöglicht eine bessere Einsicht in die Ordnungsstruktur der natürlichen Zahlen, weil sie hier in die uns vertraute räumliche Ordnung übersetzt wird.

Eine ikonische Darstellung ist besonders nützlich zur *simultanen Erfassung verschiedener Alternativen*, die auf der Handlungsebene nur nacheinander ausführbar sind. Beispiele dafür sind die Darstellung von Produktmengen im »Strichdiagramm« und die Darstellung von Ereignismengen im »Baumdiagramm« (Übergang Handlung → Bild).

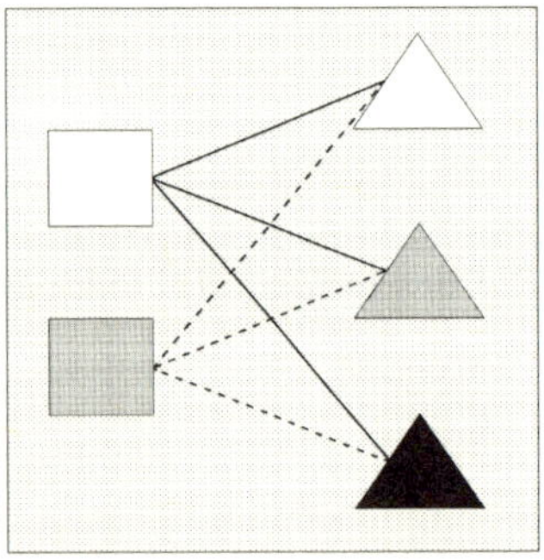

Abb. 4.15:
Kombinationsmöglichkeiten

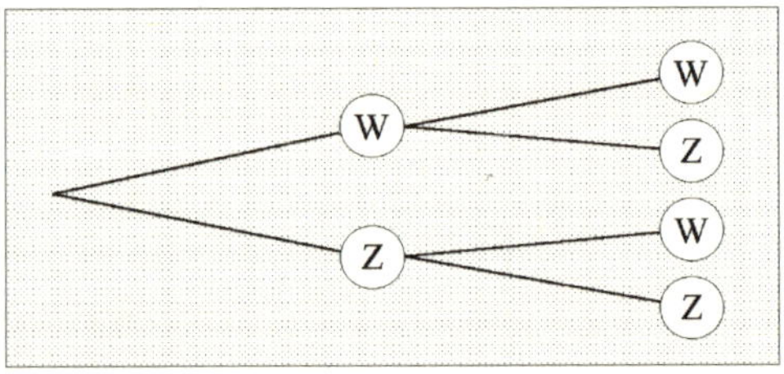

Abb. 4.16:
Möglichkeiten, mit zwei Münzen »Wappen/Zahl« zu werfen

Eine besondere Bedeutung hat die ikonische Darstellung als *Situationsskizze.* Hier geht es meist darum, eine Handlung oder einen Text in »übersichtlicher Form« darzustellen. Die Situationsskizze kann allgemein als *Problemlösungshilfe* verstanden werden (vgl. Abschnitt 11.3).

---

18 An anderer Stelle (insbesondere in den Kapiteln 9 und 10) wird etwas näher auf das Verbalisieren eingegangen. In der Grundschuldidaktik (vgl. z.B. Radatz/Schipper 1983, aber auch schon bei Breidenbach 1969[3], Oehl 1962) wird seit jeher – bereits vor Piaget – besonderes Gewicht auf das Enaktivieren, d.h. auf die Darstellung mathematischer Inhalte durch Handlungen, gelegt. Hierauf kann in diesem Buch nicht weiter eingegangen werden.

Ein einfaches Beispiel aus der Grundschule:

»Hans hat 12 Kastanien gefunden. 5 verschenkt er an einen Freund. Wieviel hat er noch?« (Vgl. Griesel 1971, S. 154.)

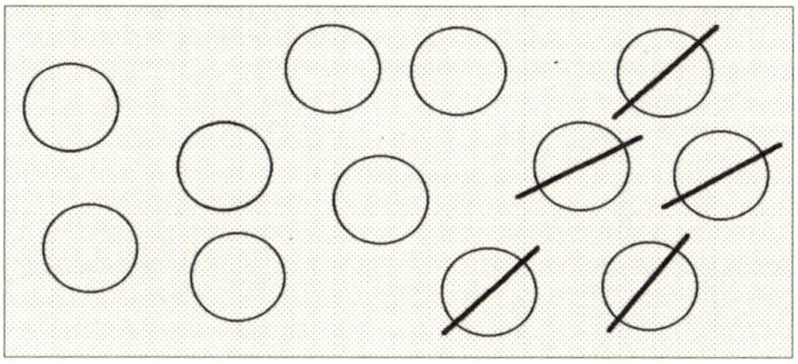

Abb. 4.17: Situationsskizze[19]

Größen werden in Situationsskizzen gern *als Flächen* dargestellt

Ein Beispiel:

»Eine Zementfabrik stellt täglich 570 t her. Der Zement wird in Säcke von je 50 kg verpackt. Wieviel Sack Zement sind das?« (Vgl. Griesel 1971, S. 73.)

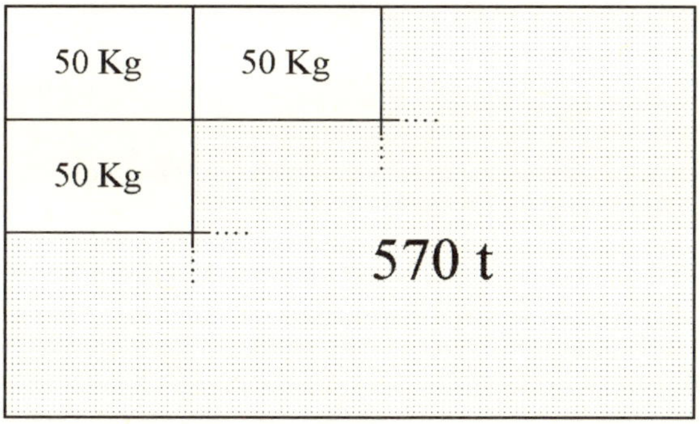

Abb. 4.18: Situationsskizze[20]

Ein typisches Beispiel für eine »*Textaufgabe*«:

»Herr Bartels fährt mit seinem Kleinwagen von Hannover nach Hamburg (160 km) mit einer Durchschnittsgeschwindigkeit von 60 km/Stunde. Er bricht um 9.15 Uhr auf. In Uelzen besucht er einen Freund. Dadurch hat er eine halbe Stunde Aufenthalt. Wann kommt er in Hamburg an?« (Vgl. Breidenbach 1969, S. 186.)

19 Im heutigen Zeitalter der »Postmengenlehre« wird man sich die mengenkennzeichnenden »Einkringelungen« sparen dürfen.

20 Bei den Situationsskizzen sind natürlich auch andere Darstellungen denkbar (hier z.B. eine Streifendarstellung).

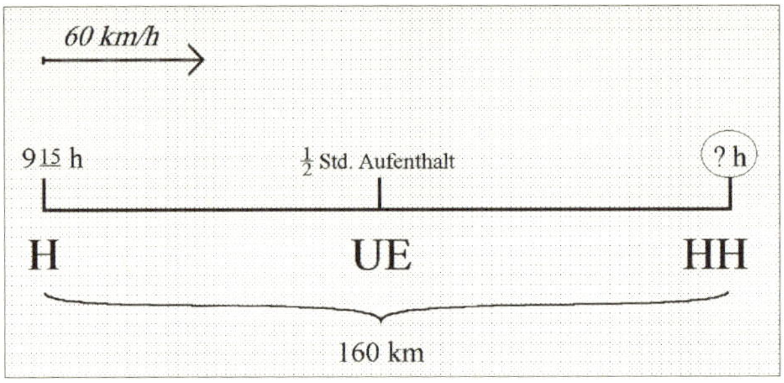

Abb. 4.19:
Situationsskizze

Eine Reihe weiterer Beispiele für ikonische Darstellungen gibt Hole (1973, S. 47–53).[21]

4.1.5 *Die Theorie der etappenweisen Ausbildung geistiger Handlungen (nach Galperin und Lompscher)*

A. Ebenen der Erkenntnistätigkeit

Einen weiteren Beitrag zum Thema »Denkentwicklung«, der letztlich auch auf Piaget zurückgeht, leisteten Galperin (zur Zeit der UdSSR) und Lompscher (zur Zeit der DDR).

Ausgehend von der These Piagets, daß die geistige Tätigkeit eine Verinnerlichung der realen Tätigkeit mit Gegenständen darstellt, möchten sie deren Ausbildung – noch stärker als Aebli oder Bruner – zu einer *Sache gesteuerter Einwirkung genauer Planung und Lenkung* machen.

Lompscher (1972b, S. 9) führt im Anschluß an Galperin aus:

»Die geistigen Handlungen entstehen im Prozeß ihrer etappenweisen Ausbildung. Die Entwicklung ist ihrem Wesen nach ein Lernprozeß. Es kommt darauf an, die Bedingungen aufzudecken, die berücksichtigt bzw. geschaffen werden müssen, um diesen Lernprozeß optimal zu gestalten.«

Lompscher (1972a, S. 51f.) geht – ähnlich wie Bruner – davon aus, daß geistige Operationen auf verschiedenen Ebenen stattfinden, die durch vielfältige Beziehungen miteinander verbunden sind:

1. *Die Ebene der praktisch-gegenständlichen Handlung*

   »Die praktisch-gegenständliche Handlung liefert in gewissem Sinne die Stütze für das geistige Durchdringen des jeweiligen Erkenntnisobjekts.«

21 Beachten Sie auch die Literaturhinweise zu Veranschaulichungen in Abschnitt 4.4.

2. *Die Ebene der unmittelbaren Anschauung*

Damit ist nicht die bloße Wahrnehmung, sondern die gedankliche Durchdringung eines unmittelbar wahrnehmbaren Erkenntnisobjekts (z.B. einer Handlung oder einer Zeichnung) gemeint.

3. *Die Ebene der mittelbaren Anschauung*

Hier erfolgt die geistige Tätigkeit an der Vorstellung eines bereits früher wahrgenommenen Erkenntnisobjekts. Die Rolle der Sprache (die natürlich auch auf den vorangegangenen Ebenen beteiligt ist) nimmt zu.
»Diese Ebene zeichnet sich aber nicht nur durch ein Entfallen einer Stütze der Erkenntnistätigkeit, sondern auch durch eine größere Unabhängigkeit vom Objekt aus: In der Vorstellung ist es normalerweise leichter, sich von der Wirkung auffälliger, aber unwichtiger Merkmale zu befreien, als in der Wahrnehmung.«

4. *Die Ebene der sprachlich-begrifflichen Erkenntnis*

Die geistige Tätigkeit vollzieht sich hier vor allem im Begrifflichen, also anhand von abstrakt-unanschaulichen Gebilden.

Die Bezüge zwischen Galperin/Lompscher und Piaget/Aebli/Bruner liegen auf der Hand:

Die Ebene der praktisch-gegenständlichen Handlung entspricht der konkreten Stufe bei Aebli bzw. der enaktiven Darstellung bei Bruner. Die Ebenen der unmittelbaren bzw. mittelbaren Anschauung entsprechen der zeichnerischen Stufe bei Aebli bzw. der ikonischen Darstellung bei Bruner.

Lompscher legt besonderen Wert auf die Unterscheidung zwischen einem sichtbaren Veranschaulichungsmittel und einer anschaulichen Vorstellung (ohne Anwesenheit des Veranschaulichungsmittels). Er plädiert für eine allmähliche »Abschirmung« (vgl. Bruner in Abschnitt 4.1.4 B).

B. Die wechselnden Beziehungen zwischen den Erkenntnisebenen

Lompscher (1972a, S. 52) weist besonders auf die unterschiedliche *Rolle der Sprache* auf den verschiedenen Ebenen der Erkenntnistätigkeit hin:

»Auf der Ebene der sprachlich begrifflichen Erkenntnis, aber auch bei der mittelbaren Anschauung ist sie Träger der geistigen Handlungen; auf den Ebenen der praktisch-gegenständlichen Handlung und der unmittelbaren Anschauung ist sie in gewissem Sinne zusätzliches (allerdings notwendiges) Element, sie steuert die Handlung (Instruktion), faßt Ergebnisse der Handlung zusammen (Wissen) usw.«

Die Ebenen der Erkenntnistätigkeit und ihre Übergänge lassen sich nach Lompscher (1972a, S. 52) in folgender Weise schematisch darstellen:

Schema 8: Ebenen der Erkenntnistätigkeit nach Lompscher

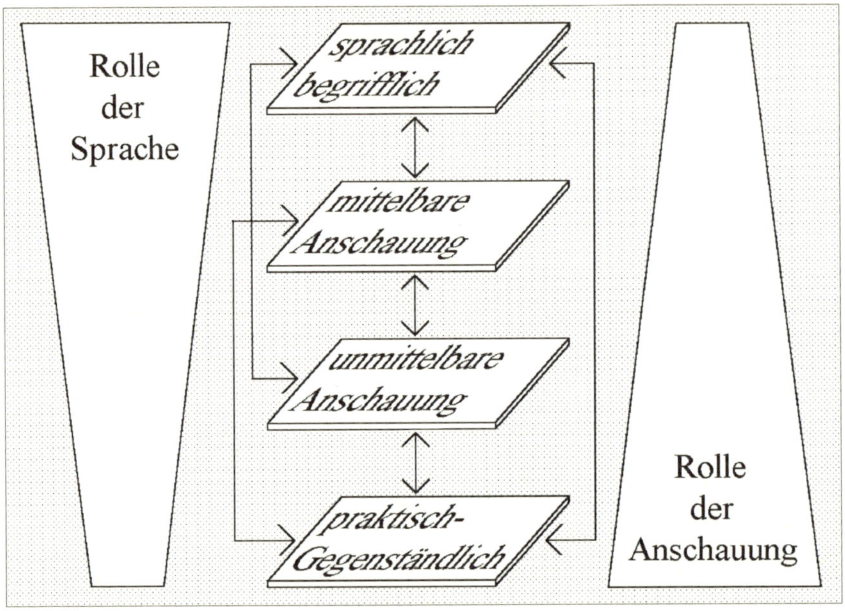

Abb. 4.20

Lompscher (1972a, S. 53) bemerkt dazu:

»Die vier Ebenen mit ihren Übergängen stellen einesteils eine genetische Folge dar – die jeweils höhere entwickelt sich aus der niedrigeren und auf ihrer Grundlage. Andererseits hören die niedrigen Ebenen nicht auf zu existieren, sondern alle einmal entstandenen Ebenen bestehen weiter; und die neueren Ebenen wirken auf die anderen zurück, verändern ihren Charakter. Zwischen den vier Ebenen bestehen also Wechselbeziehungen, die sich im Verlauf der Entwicklung ständig verändern.«

Letzteres wird bei der Betrachtung der Untersuchungen von Gullasch (1967) noch deutlicher (vgl. Bericht von Lompscher 1972a, S. 53):

Gullasch (1967) legte den Schülern des 7. Schuljahres beispielsweise die jeweils gleichen mathematischen Sachaufgaben auf drei verschiedenen Ebenen der Erkenntnistätigkeit vor: auf der Ebene der sprachlich-begrifflichen Erkenntnis (Angaben im Text in Form von Variablen), der Ebene der mittelbaren Anschauung (Angaben in Form natürlicher Zahlen, die den Schülern konkretes Vorstellen ermöglichten) und der Ebene der unmittelbaren Anschauung (graphisch-schematische Veranschaulichung der in der Aufgabe genannten Sachverhalte und Beziehungen). Für die Versuchspersonen waren die Variablen im Text der Sachaufgaben so abstrakte Gebilde, daß damit an ihr begriffliches Denken sehr hohe Anforderungen gestellt wurde. Bei jüngeren Schulkindern wurde diese Ebene bei entsprechenden Untersuchungen von Lompscher u.a. durch natürliche Zahlen repräsentiert, die an das sprachlich-begriffliche Denken dieser Kinder etwa ebensolche Anforderungen stellten wie die Variablen an das der älteren Schüler. Demgegenüber waren die Schüler der 7. Klasse bereits so vertraut mit natürlichen Zahlen, daß diese die Ebene der mittelbaren Anschauung repräsentieren konnten.

So kommt Lompscher (1972a, S. 53) zu dem bemerkenswerten Schluß, daß die Ebenen der Erkenntnistätigkeit – auf den Prozeß der geistigen Entwicklung und damit das Alter der Schüler bezogen – bis zu einem gewissen Grade *relativen Charakter* haben.

C. Denken als »internalisiertes Sprechen« sich zu eigen machen

Es sei hier noch ein theoretischer Gesichtspunkt hinzugefügt, den wir später beim Modellieren, Begriffslernen und Problemlösen (Kapitel 6, 9 und 11) im Rahmen sog. »Selbstinstruktionen« wieder aufgreifen. Es handelt sich um das ursprünglich von Galperin von den russischen Lerntheoretikern Luria (1961) und Vygotski (1969) übernommene und von Galperin (1969) didaktisch ausgeformte Konzept »Denken als inneres Sprechen«.

Dabei wird davon ausgegangen, daß das Verhalten von Kindern zunächst über die Sprache der Erwachsenen von außen gesteuert und kontrolliert wird. Dann wird das laute Sprechen des Kindes zu sich selbst (gewissermaßen in »Übernahme« von den Erwachsenen) ein wirksamer Verhaltensregulator, und schließlich übernimmt das nicht mehr geäußerte »innere (zunehmend unbewußter werdende) Sprechen« eine selbststeuernde Rolle als Denken.

Indizien für Denken als internalisiertes Sprechen sind auch noch beim Erwachsenen zu finden: Wenn der automatische Ablauf des Denkens unterbrochen wird durch ein plötzliches Problem (z.B. beim Autofahren taucht plötzlich ein Hindernis auf), dann neigen wir zum »Selbstgespräch«, häufig sogar in Form eines in Bruchstücken hörbaren Sprechens zu uns selbst.

Dementsprechend versteht Galperin die Entwicklung geistiger Handlungen ganz allgemein als einen Prozeß der »Verkürzung«:

»Die erste Form einer geistigen Handlung ist eindeutig als äußeres Sprechen zu sich selbst entwickelt … Sobald das äußere Sprechen zu sich selbst genügend beherrscht wird …, entfaltet sich die Sprache rasch zu ihrer höchsten Form, zur inneren Sprache« (a.a.O., S. 263).

Alltagsbeispiel[22]: Beim Lernen des Autofahrens spricht man bei den aufeinanderfolgenden Einzelhandlungen gern zu sich selbst: Erst das, … dann das … Das laute Sprechen verschwindet allmählich – bis das Autofahren zur Routinehandlung geworden ist.

Für die Internalisierung des Sprechens hat Galperin zur didaktischen Orientierung letztlich fünf Stufen angenommen:

1. Eine Handlung wird zunächst nach »Fremdinstruktion« im konkreten Umgang mit Materialien (z.B. in Form von gegenständlichen Modellen) vollzogen.

---

22 Entsprechendes ist auch ohne gezielte didaktische Einwirkung z.B. beim Erlernen schriftlicher Rechenverfahren zu beobachten.

2. Die »materialisierte Handlung« greift in der Vorstellung nur noch auf einige wichtige Aspekte der Materialien zurück.
3. Die Bewältigung der Handlung gelingt im sozialen Sprechen mit anderen sowie
4. in der äußeren Sprache für sich (dem »egozentrischen« Sprechen), um dann
5. im weitgehend automatisierten inneren Sprechen (»Selbstinstruktion«) vollzogen werden zu können.

Hier verbinden sich ansatzweise Gedanken zur »Verinnerlichung« von Handlungen (siehe dies genauer bereits oben bei Lompscher) mit Gedanken zur »Internalisierung von Sprache« (hier ist Galperin genauer)[23].

Wir werden sehen, wie dies Konzept für die Überführung einer Fremdinstruktion zur Selbstinstruktion bei anderen Gelegenheiten (siehe oben) wieder aufgenommen wird.

4.2 Praktische Folgerungen für den Mathematikunterricht

Die verschiedenen theoretischen Ausführungen zur Denkentwicklung seien abschließend in einigen didaktischen Prinzipien und Vorschlägen für operative Übungen zusammengefaßt. Zugleich seien damit Sinn und Zweck didaktischer Prinzipien diskutiert und der bisherige Umgang mit solchen Prinzipien z.T. kritisch hinterfragt.

4.2.1 Grundsätzliches zu didaktischen Prinzipien

Bevor wir aus den Theorien der Denkentwicklung operative Prinzipien »ableiten«, scheint es zweckmäßig, einige Bemerkungen zu didaktischen Prinzipien allgemein vorauszuschicken.

Didaktische Prinzipien sind dazu da, das sehr komplexe Unterrichtsgeschehen für den Praktiker einigermaßen überschaubar zu machen. Sie haben, wie Wittmann (1975) betont, eine wichtige Funktion als »konstruktive Regeln im Rahmen einer praktischen Erziehungslehre«. Ähnliches gilt m.E. auch für die in diesem Buche gern verwendeten Schemata in Form von Checklisten und Graphiken, die komplexere Sachverhalte übersichtlich verdichten. Gelegentlich geht es auch um Kurzbeschreibungen von typischen Unterrichtsabläufen, wie wir sie in den letzten Kapiteln versuchen. All das bezeichnet Grell (1979) kurz als »Rezepte», die für den Praktiker unverzichtbar sind, weil sich darin das für ihn handlungsrelevantes Wissen verdichtet. Welche Eigenschaften sollten didaktische Prinzipien, Schemata, Rezepte haben, um ihre Funktion erfüllen zu können?

1. Sie sollten praktikabel (d.h. kurz, verständlich, übersichtlich, leicht handhabbar) sein.

23 Man beachte Aufgabe 10 in Abschnitt 4.4.

2. Sie sollten einen mutmaßlich breiten Gültigkeitsbereich haben (d.h. sie sollten z.B. für möglichst viele Schüler, Inhalte und Situationen gelten).

3. Sie sollten möglichst allgemein formulieert, aber gegen Mißverständnisse abgesichert werden.

4. Sie sollten möglichst gut begründet sein.

Dies sind allerdings teils widersprüchliche Anforderungen:

Um (4) zu erfüllen, müßten »Rezepte« eine Sammlung möglichst detaillierter Forschungsergebnisse sein, die dann aber nicht (1), (2) und (3) erfüllen können; denn sie müßten die genauen Bedingungen ihrer Gültigkeit z.B. hinsichtlich Schülern und Inhalten benennen. (Davon abgesehen, verfügen wir in der Mathematikdidaktik kaum über derart detaillierte Forschungsergebnisse.) Was bleibt also? – Es kann nur darum gehen, im Rahmen eines Unterrichtsmodells einigermaßen begründete allgemeine Aussagen zu wesentlichen Unterrichtsdimensionen (vgl. Abschn. 1.10.2) aufgrund empirischer Forschung, theoretischer Überlegung und praktischer Erfahrung zu formulieren und diese in unterrichtsnaher Weise zu bündeln, um wenigstens allgemeine Denkrichtungen für das unterrichtliche Handeln zu geben. Mit Ausubel u.a. (1980[2], S. 25) kann man nur betonen: »Didaktische Prinzipien auf ganz bestimmte Situationen anzuwenden, ist mehr eine Kunst als eine Wissenschaft.«

Es scheint wichtig für den Lehrer, diese grundsätzliche Situation möglichst klar zu sehen, um nicht vorschnelle und u.U. unangemessene Folgerungen zu ziehen und sich selbst zugleich kritisch und produktiv bei der Anwendung didaktischer Prinzipien zu verhalten. Es ist zuzugeben, daß in der Vergangenheit gerade operative Prinzipien gelegentlich zu allgemein bzw. »apodiktisch« formuliert und – mangels hinreichend klarer Sicht – mit zuwenig kritischen Kommentaren versehen wurden, so daß es nicht nur bei Lehrern, sondern auch bei Didaktikern und Schulbuchautoren aus heutiger Sicht zu Mißverständnissen und Auswüchsen kam. Es scheint also besonders wichtig, auf mögliche Mißverständnisse hinzuweisen, wie es mit einigen Anmerkungen in den Abschnitten zuvor schon versucht wurde.

Ein Grundproblem scheint bei den operativen Prinzipien, die sehr viel mit Variationen zu tun haben, darin zu liegen, daß zu viele Variationen neue Schwierigkeiten verursachen können und dementsprechend zu überlegen ist, welche Variationen sinnvoll sind und auf welche Weise unnötig viele Variationen vermeidbar sind.

4.2.2 Operative Prinzipien

Aus den verschiedenen Theorien der Denkentwicklung nach Aebli, Bruner, Lompscher kann man – so scheint es – aufgrund ihrer Ähnlichkeit unter praktischen Gesichtspunkten weitgehend einheitliche Folgerungen für den Unterricht ziehen, die wir als »operative Prinzipien« formulieren. Von Piaget, obwohl der »Vater« der genannten Theorien, läßt sich direkt im wesentlichen nur ein operatives Prinzip ableiten, mit dem wir beginnen.

A. Das Prinzip der Stufengemäßheit

Im Unterricht sollten tendenziell die Stadien der Denkentwicklung nach Piaget von mehr konkret-handelndem Denken zu mehr formal-abstraktem Denken berücksichtigt werden.

Dies gibt, wie wir gesehen haben, eine nur recht vage, aber doch wichtige Grundorientierung:

Im Grundschulunterricht ist darauf zu achten, daß eine konkrete Erfahrungsbasis (sei es durch Alltags-, sei es durch Schulerfahrung) gewährleistet ist.

Man könnte dies auch andersherum so formulieren:

Verfrühungen im Sinne rein verbaler Vermittlungsversuche ohne reale Erfahrungsgrundlage sollte man vermeiden. An hypothetisch-deduktives Denken sollte man die Schüler erst nach der Grundschule (ab 5. Schuljahr) ganz allmählich heranführen.

Mit Aebli ist daran zu erinnern, *daß auch ältere Schüler bei neuen Stoffgebieten häufig konkret-anschauliche Ausgangspunkte/Beispiele brauchen.* Dies hat man in der Allgemeinen Didaktik früher auch als *Prinzip der Realitätsnähe und eines eher induktiven Vorgehens* bezeichnet[24].

Für den Mathematikunterricht der Grundschule hat Dienes angesichts der Tatsache, daß dort häufig eine natürliche Erfahrungsgrundlage aus der eigenen Umwelt fehlt, zwei eng zusammengehörende Prinzipien formuliert: *Jüngere Kinder sollten Gelegenheit bekommen, mathematische Konzepte konkret-handelnd aufzubauen* (»Aufbauprinzip«). Man sollte ihnen ggf. mit Hilfe von »strukturiertem Material« eine geeignete »mathematische Umgebung« anbieten, in der sie spielend-konstruktiv durch eigene Aktivität und Erfahrung lernen (»Dynamisches Prinzip«)[25].

Ein *Musterbeispiel* für Aufbauprinzip und Dynamisches Prinzip ist der »spielende« Aufbau der *Stellenwertsysteme* mit Hilfe der Mehrsystemblöcke nach Dienes (1967b) in der Grundschule.

Auch für etwas ältere Schüler empfiehlt sich gelegentlich solch ein spielerischer Aufbau. Ein Beispiel wäre etwa die Arbeit mit dem Mathematiklabor »Kombinatorik und Wahrscheinlichkeitsrechnung« (Klett – Stuttgart) zum Erwerb reichhaltiger konkreter Erfahrung zu diesem Themenbereich.

B. Das Prinzip der Verinnerlichung und der Verzahnung der Darstellungsebenen

Im Anschluß an Aebli, Bruner und Lompscher läßt sich zusammenfassend als gemeinsamer Kern ein sog. *Verinnerlichungsprinzip* formulieren:

Der Mathematikunterricht aller Stufen sollte von einer konkret-anschaulichen Darstellung (konkret-handelnd; zeichnerisch-ikonisch; Beispiele, mit denen man anschauliche Vorstellungen verbinden kann) allmählich zu einer abstrakt-symbolischen Darstellung

24 Man beachte dazu teils betonend, teils einschränkend auch Ausubel im nächsten Kapitel.

25 Zu den didaktischen Prinzipien von Dienes vgl. Dienes (1967a, S. 15–36), Dienes (1969^3, S. 31–49) und Dienes/Golding (1970, Kap. 3).

(Fachtermini und mathematische Zeichen verwendend) übergehen – mit dem Ziel, daß der Schüler mit der abstrakten Formulierung immer noch eine konkrete Vorstellung verbinden kann. Deshalb ist dieses Prinzip untrennbar mit dem folgenden *Verzahnungsprinzip* verbunden: *Die Verinnerlichungsstufen sind nicht isoliert voneinander zu durchlaufen, sondern müssen eng miteinander verzahnt werden.*

Es seien noch ein paar *Anmerkungen* hinzugefügt:

Es wurde versucht, das Verinnerlichungsprinzip so zu formulieren, daß vor allem zwei Mißverständnissen vorgebeugt wird:

a) Das Wichtigste ist (vor allem bei älteren Schülern) nicht etwa die eigene konkrete Handlung der Schüler. Es kommt ganz auf die bisherige Erfahrungsgrundlage der Schüler an, womit man »konkret« beginnt. Aebli (1983, S. 233) hat sehr deutlich die Gefahr eines übertriebenen Hantierens mit konkreten Material gesehen: »Je konkreter das Material und je vielfältiger die praktischen Handlungen, desto eher können die inhärenten Beziehungen im Vielerlei der Aktivitäten untergehen.« Deshalb scheint es besonders wichtig, auf jede praktische Handlung eine Phase der Reflexion folgen zu lassen.
b) Die größte Gefahr im Unterricht besteht wohl darin, die konkret-anschauliche Grundlage zu schnell zu verlassen und die insbesondere sprachliche Verknüpfung zwischen abstrakter und konkreter Darstellung zu vernachlässigen, so daß der Schüler im Endeffekt nur noch verständnislos mit mathematischen Zeichen operiert. Der Sinn des Verinnerlichungsprinzips besteht genau darin, dies zu verhindern.

C. Verfeinerungen des Verinnerlichungsprinzips

Die zuletzt angesprochene Gefahr der Isolierung der Darstellungsebenen und des Abreißens der Verbindung zwischen Anschauung und mathematischer Darstellung wird einesteils darin reflektiert, daß es zweckmäßig sein kann, in mehreren Stufen vorzugehen, wobei man die Hauptstufen nach Bruner als

*e*naktiv – *i*konisch – *s*ymbolisch

bezeichnen und entsprechend vom *EIS-Prinzip* sprechen kann. Weiterhin ist ggf. besonders hervorzuheben, daß die Schüler trotz aller Verknüpfungsbemühungen zwischen diesen Darstellungsebenen auf seiten des Lehrers nicht gleich schnell verinnerlichen. Dies schlägt sich in der Grundregel nieder:

Bemerkt der Lehrer bei einzelnen Schülern Schwierigkeiten auf einer abstrakteren Stufe, biete er diesen ein Zurückgehen auf eine konkretere Stufe an (*Rückschaltprinzip*). Man beachte aber, daß hiermit nur eine Groborientierung gegeben ist. Die Verinnerlichung kann u.U. erleichtert werden, wenn »Zwischenstufen« eingeschaltet werden, wie sie etwa von Oehl propagiert werden (vgl. Abschn. 4.1.3 C): Statt eigener konkreter Handlung bzw. Zeichnung der Schüler erst Demonstration der Handlung bzw. Zeichnung des Lehrers (und Mitdenken der Schüler); vorherige, begleitende und nachträgliche Verbalisierung der Handlung bzw. Zeichnung (Vorausdenken, Durchdenken und Nachdenken der Schüler). Man könnte dies vielleicht als *Zwischenschaltprinzip* bezeichnen. (Hierbei wird besonders der Übergang zwischen »unmittelbarer« zu »mittelbarer« Anschauung im Sinne von Lompscher deutlich eingeplant.)

Hier sollte man sich häufiger auch eines *Abschirmprinzips* erinnern, das von Bruner wie von Lompscher her zu begründen ist (vgl. Abschnitt 4.1.4 und 4.1.5):

Die Verinnerlichung von Operationen kann durch Abschirmung der »unmittelbaren Anschauung«[26] *(insbes., wenn von sehr auffälligen, aber unwesentlichen Merkmalen abzusehen ist) gefördert werden.*

Hole (1973, S. 54) gibt dafür das erhellende Beispiel, daß Schüler die Anzahl der Kanten einer Schachtel »im Kopf« gegebenenfalls besser feststellen können als am Gegenstand selbst, weil dadurch eher ein »klassifizierendes Zählen« (also eine abstrakt-begriffliche Verarbeitung) angeregt wird.

D. Prinzip der operativen Durcharbeitung

Eine eingeführte Operation[27] sollte zumindest in dreifacher Weise durch Aufgaben operativ durchgearbeitet (»geübt«) werden:

I. Die anschauliche Bedeutung ist durch wiederholtes Zurückkommen auf die ursprüngliche Situation und deren Veränderung gezielt zu vertiefen.

II. Das Wesentliche ist in Zusammenhang mit der Variation unwesentlicher Aspekte hervorzuheben.

III. Die Eigenschaften der Operation und deren Beziehung zu anderen Operationen sind, z.B. durch vielfaches Zusammensetzen und Umkehren, herauszuarbeiten.

Bemerkungen

a) Hierdurch sind zunächst nur einige wesentliche Gesichtspunkte operativer Übung recht global angesprochen. (Andere Übungsgesichtspunkte wie Stabilisierung, Automatisierung, Transfer werden – soweit sie sich nicht unmittelbar aus Theorieelementen der operativen Methode ergeben – in den folgenden Kapiteln genauer diskutiert.)

b) Das Prinzip der operativen Durcharbeitung ist inhaltlich nicht vom Verinnerlichungsprinzip zu trennen; so wie es keine eigentliche Trennung zwischen »Erarbeitung« und »Übung« gibt.

c) Auch die im folgenden hervorgehobenen Übungsgesichtspunkte überschneiden sich. Sie sollen nur unterschiedliche Schwerpunkte andeuten.

---

26 … und damit durch den Übergang zur »mittelbaren Anschauung« …

27 Analoges gilt für einen Begriff oder ein Verfahren.

Im folgenden werden in loser Zuordnung zu den Hauptgesichtspunkten operative Einzelprinzipien diskutiert:

Zu I. Der *Vertiefung des Verständnisses* dient besonders das *Prinzip der Variation der Darstellungsebenen.*

Ein vielfältiger Wechsel zwischen enaktiver, ikonischer und symbolischer Ebene im Sinne des Schemas 6 in Abschnitt 4.1.4 B ist – bei Betonung der »konkretisierenden« Übergänge – zu empfehlen.

Das eigentliche Ziel der Verinnerlichung (Verzahnung von anschaulicher Grundlage und mathematischer Symbolik) ist weiterzuverfolgen.

Zur Erläuterung sei an Beispiele zur Addition, zur Flächenmessung und zum Begriff der Drehung in Abschnitt 4.1 erinnert.

Weitere wichtige Aspekte von »Verständnisübungen« werden im Kapitel 6 angesprochen.

Zu II. Hier ließe sich geradezu ein *Prinzip der Variation des Unwesentlichen*[28] formulieren:

Das für eine Operation Unwesentliche sollte variiert werden: Veranschaulichungsmittel, mathematische Variable, Art der Anwendungsituation.

In diesem Zusammenhang sind die im Anschluß von Bruner/Kenney (1965) von Dienes formulierten Prinzipien der Variation der Veranschaulichungsmittel und der mathematischen Variation kurz zu diskutieren, weil sie – wie oben bereits angedeutet – zu überzogenen Interpretationen verleiten.

(1) Das *Prinzip der Variation der Veranschaulichungsmittel* lautet: *Ein mathematischer Unterrichtsgegenstand sollte, soweit möglich, auf mehrere Weisen verkörpert bzw. veranschaulicht werden.* Der Sinn scheint zunächst klar: Hierdurch kann die Bindung einer Operation (eines Begriffs) an eine bestimmte Veranschaulichung verhindert bzw. gelöst werden.

Beispiele

a) Mengenoperationen (bzw. logische Operationen) sollten womöglich nicht nur mit logischen Blöcken, sondern mit anderen Materialien und den Schülern selbst durchgeführt werden. Sie sollten womöglich auch nicht nur durch Venn-Diagramme, sondern z.B. auch durch »Torspiele« veranschaulicht werden.

b) Stellenwertsysteme sollten womöglich nicht nur durch »Mehrsystemblöcke« (Herder), sondern in Steigerung des Abstraktionsgrades vielleicht auch mit farbigen Plättchen für die Stufenzahlen und durch das »Register-Spiel« (Schroedel) dargestellt werden[29].

c) Brüche sollten womöglich nicht nur durch Kreissegmente (Tortenmodell), sondern auch durch Rechtecke, Strecken und durch Teile irgendwelcher anderer Figuren dargestellt werden.

---

28 Gemeint ist das strukturell-begrifflich Unwesentliche; dies kann inhaltlich durchaus bedeutsam sein!

29 Genauere Information zu den Beispielen a) und b) bei Radatz/Schipper (1983).

Die Vielfalt von Veranschaulichungen für einen Begriff oder eine Operation betrachtet man heute etwas differenzierter als Dienes, weil das Veranschaulichungsmittel selbst u.U. auch unnötigen zusätzlichen Lernstoff darstellt (vgl. u.a. Schipper 1982). Grundsätzlich kann man (auch in der Grundschule) auf manches zusätzliche Veranschaulichungsmittel sicher verzichten, wenn man das Allgemeine an einer Veranschaulichung sprachlich in folgender Art stärker herausarbeitet: »Hiermit wird das und das (allgemein) dargestellt ... Auf die spezielle Darstellung kommt es nicht an. Es hätte auch so und so aussehen können ... (und eine Variation wird nur angedeutet). Der Kringel steht für irgendeinen Gegenstand (z.B. ...). Der Kreis (das Rechteck) steht für irgendein Ganzes (z.B. ...).«

Man braucht also nicht so zu tun, als müßte der Schüler »spontan« (ohne weitere Hinweise) das Gemeinsame mehrerer Veranschaulichungen entdecken. Andernfalls kommt man mit relativ wenigen und einfachen Veranschaulichungen aus (vgl. auch Kapitel 7 und 9 zum Begriffslernen). Der Einsatz von Veranschaulichungsmitteln und ihre Variation sollte zumindest genauer in folgenden Richtungen überlegt werden[30]:

- Welches (möglichst einfache) Standardveranschaulichungsmittel wähle ich?
- Welches zusätzliche Veranschaulichungsmittel ist zur Verdeutlichung eines Aspekts erforderlich, der sich mit meinem ursprünglichen Veranschaulichungsmittel nicht oder nur schlecht verdeutlichen läßt?
- Wie kann ich das Allgemeine durch sprachliche Hinweise ohne weitere Variation verdeutlichen oder: Wo genügen Andeutungen möglicher Variationen?

(2) Das *Prinzip der mathematischen Variation* lautet: *Mathematische Variablen, die für einen Begriff nebensächlich sind, sollten vielfach variiert werden.*

Beispiele

a) Will man den Begriff des Stellenwertsystems verdeutlichen, variiere man womöglich mehrfach die Basis.

b) Will man den Begriff »Parallelogramm« verdeutlichen, so variiere man womöglich die Lage, die Winkel, die Seiten.

c) Will man den Bruchbegriff verdeutlichen, variiere man die Größe des Zählers und des Nenners.

So plausibel diese Art der Variation ist[31], auch sie ist stärker zu reflektieren:

- Wie viele Beispiele sind wirklich nötig?
- Wie kann ich ihre Anzahl durch verallgemeinernde Hinweise reduzieren?
- Welche Variationen sind wichtig, weil Mißverständnisse zu befürchten sind?
- Welche Variationen sind weniger wichtig oder durch verbale Hinweise zu ersetzen?

---

30 Vgl. Literaturhinweise zu Veranschaulichungen in Abschnitt 4.4.

31 Es geht allgemein offenbar um eine sinnvolle Variation von Beispielen (vgl. auch Kapitel 7 und 9).

– Welche Beispiele sind von den Anwendungen her wichtig, welche sind überflüssig oder eher zu vermeiden?

Man spürt, daß sinnvolle Variationen nicht allein von mathematischen Variablen abhängen, sondern auch vom Einsatz sprachlicher Mittel, von anderen psychologischen Bedingungen, von übergeordneten Zielen usw.[32]

Entsprechendes gilt offenbar auch hinsichtlich der oben angesprochenen dritten Art der Variation des »Unwesentlichen«: der Variation des *Kontexts bzw.* der *Anwendungssituation.*

Zu III. Hier kommen wir stärker auf die ursprünglich mit dem »Operativen« verbundenen Gesichtspunkte der Kompositionsfähigkeit, der Reversibilität und der Gruppierung nach Piaget/Aebli zurück[33]. Man kann hier vom *Prinzip des operativen Durcharbeitens* (i.e.S.) sprechen. Es wird meist nicht am Anfang einer operativen Übung stehen:

Die eingeführten Operationen sollten in vielfacher Weise zusammengesetzt, verändert, umgekehrt und durch Herstellung vieler Bezüge zu anderen Operationen in umfassendere Systeme integriert werden.

Wir heben hier kurz drei Teilaspekte hervor:

1. *Systematisches Verändern der Ausgangssituation und Untersuchen, was diese Veränderung bewirkt*

Beispiele

a) Die systematische Abwandlung von Multiplikationsaufgaben: z.B. in Nachbar-, Tausch- und Probeaufgaben usw. (vgl. 4.1.3 B)[34].

b) Die Untersuchung »funktionaler Abhängigkeiten«; z.B.
   – von Grundwert, Prozentwert und Prozentsatz,
   – von Seite, Flächeninhalt und Umfang eines Quadrats.

c) Die systematische Veränderung der Daten einer Sachaufgabe, z.B.:
   – Wie ändert sich der Taxipreis mit der Wegstrecke?
   – Wie ändert sich der Taxipreis bei Erhöhung der Pauschale bzw. der Gebühr pro Einheit?
   – Wie ändert sich die Wegstrecke bei unterschiedlichen Tarifen?

---

32 Da es hier natürlich auch auf die Unterschiede zwischen Schülern ankommt, sind dabei Differenzierungsmaßnahmen genauer zu überlegen.

33 Vgl. die Abschnitte 4.1.2 C und 4.1.3 B.

34 Nebeneffekt: Auf solche Art und Weise läßt sich das Einmaleins auf relativ wenige Grundaufgaben reduzieren (vgl. etwa Radatz/Schipper 1983, S. 83ff. und Abschnitt 6.2.2 hier).

2. *Die Variation des Lösungswegs:*

Man sollte häufig nicht nur nach einer Lösung fragen, sondern nach mehreren und diese vergleichen (vgl. 4.1.3 B).

Dies ist eine natürliche Art und Weise, Operationen in unterschiedlicher Weise zusammenzusetzen und beweglich anzuwenden. Man denke dabei etwa an reine Rechenaufgaben, an Sachaufgaben oder auch an Kontruktionsaufgaben. Die Variation des Lösungswegs ergibt sich in der Klassensituation bei mehreren zugleich tätigen Schülern häufig von selbst. Auch der Vergleich liegt meist nahe. Persönliche Präferenzen für bestimmte Lösungswege zugestanden, lassen sich Lösungswege häufig nach Zweckmäßigkeit diskutieren. Der Lehrer hat hier die wichtige Aufgabe, *auf günstige Lösungswege aufmerksam zu machen.* Es heißt, einer falsch verstandenen Kreativität zu huldigen, immer wieder nur nach neuen Lösungswegen zu fragen, ohne sie zu kommentieren (sei es durch andere Schüler oder den Lehrer). Eine Variation des Lösungswegs sollte ausdrücklich herausgefordert werden, wenn sich gedankenlose Automatisierung eines bestimmten Weges anbahnt (wenn Schüler z.B. 25% von etwas berechnen, indem sie zuerst 1% berechnen).

3. *Die Variation der gesuchten Größe*

In einem mathematischen Teilgebiet sind häufig mehrere Größen miteinander verknüpft. Die gegenseitige Abhängigkeit kann deutlicher werden, wenn mal nach der einen, mal nach der anderen Größe gefragt wird (vgl. die Beispiele in 4.1.3 D).

Es sei hier stellvertretend an die Zinsrechnung erinnert, um daran auch einen kritischen Aspekt zu beleuchten. Hier werden Kapital, Zinsen, Zinssatz und Zeit in einen systematischen Zusammenhang gebracht. Das Prinzip des operativen Durcharbeitens legt nahe, die Aufgaben systematisch derart durchzuvariieren, daß drei dieser Größen gegeben sind und die vierte gesucht ist.

Da dieses Durchvariieren zugleich einem Bedürfnis nach mathematischer Systematik nachkommt, ist diese Art von Variation im Mathematikunterricht weit verbreitet. Es ist jedoch auch hier wieder fraglich, ob sie immer im gleichen Maße gerechtfertigt ist. Für die Hauptschule dürfte z.B. gelten, daß eine systematische Variation der gesuchten Größe im Rahmen der Zinsrechnung eine Überforderung darstellt. In solchen Fällen scheint es sinnvoller, sich auf praktisch wichtige Aufgabentypen zu beschränken (dies dürfte hier vor allem die Berechnung der Zinsen sein). Aber nicht nur die Leistungsfähigkeit der Schüler sollte hier als Rahmenbedingung stärker akzeptiert werden: Es kann auch aus Zeitgründen sinnvoll sein, sich bei der Variation der gesuchten Größe zu beschränken, um z.B. übergeordnete Ziele wie die wirklichkeitsbezogene Behandlung einiger Spar- und Kreditformen besser berücksichtigen zu können (vgl. dazu genauer Zech 1995).

E. Rückblick auf die operativen Prinzipien insgesamt

Man muß einräumen, daß die operativen Prinzipien nur recht vage zu formulieren und nicht dazu geeignet sind, Dogmen im Sinne zwingender Folgerungen für den Unterricht abzuleiten. Sie sind insofern typische Beispiele für didaktische Prinzipien überhaupt.

Positiv gesehen, geben die operativen Prinzipien wesentliche Anregungen für die Verinnerlichung von Operationen und für Übungsaufgaben, die u.U. einem tieferen Verständnis (statt bloßer Automatisierung) dienen. Sie können die didaktische Phantasie des Lehrers und gelegentlich auch die Kreativität der Schüler beflügeln. Sie können aber auch zu einer verwirrenden Überfülle von Aufgaben führen, bei denen zuwenig gewichtet wird (diesen Eindruck bekommt man gelegentlich bei der Literatur zur operativen Methode).

Die größte Gefahr scheint bei den vielen Variationsprinzipien zu liegen und deren zu gedankenloser Anwendung. Die Folgen können die mangelnde Beachtung des eigentlichen Sinns dieser Variationen sein, eine Überforderung der Schüler und eine Vernachlässigung übergeordneter Ziele.

Es ist auch deutlich darauf hinzuweisen, daß operative Prinzipien allein keinesfalls ausreichen, eine tragfähige pädagogisch-psychologische Grundlage für den Mathematikunterricht abzugeben, so sehr man sich auch gerade um den Ausbau der operativen Methode bemüht hat. Dies liegt nicht nur in der mangelnden Präzision der operativen Prinzipien begründet (die ist – wie erörtert – zumindest teilweise auch bei weiterer Forschung unvermeidlich), sondern auch an dem didaktischen Bereich von Mathematikunterricht, den sie abdecken können. Dies belegen vor allem die anderen Kapitel in diesem Buch: Die operative Methode kann naturgemäß keine Aussagen über Ziele des Mathematikunterrichts machen; Motivations- und Transferbedingungen wie auch die Bedingungen für Begriffs-, Regel- und Problemlösungslernen lassen sich von anderen Theorien her genauer angeben (Literaturhinweise zur Kritik der operativen Methode unter 4.5).

4.3 Zusammenfassende Übersicht

Abschließend seien die wichtigsten Termini und Gesichtspunkte stichwortartig zusammengefaßt:

Schema 9

Kognitive Niveaus[35] und operative Prinzipien

Stadien der Denkentwicklung nach Piaget
präoperatorisch – konkrete Operationen – formale Operationen

Verinnerlichungsstufen nach Aebli
konkrete Stufe – figurale Stufe – symbolische Stufe (in möglichst enge Verbindung zu bringen); siehe Prinzipien unten

Operatives Durcharbeiten nach Aebli
variables, sinnbezogenes Üben zur Vertiefung der Verständnisgrundlage (durch gezieltes Zurückkommen und Verändern der ursprünglichen Situation); siehe Variationsprinzipien unten (nicht übertreiben!)

Darstellungsebenen nach Bruner

enaktive Ebene	- ikonische Ebene	- symbolische Ebene
(Handlung)	(Bild, Schema)	(Fachsprache, Zeichen)

wichtig: Übersetzungen, insbesondere Konkretisierungen

Ebenen der Erkenntnistätigkeit nach Lompscher

praktisch – gegenständlich	unmittelbare Anschauung	mittelbare Anschauung	sprachlich – begrifflich

Internalisierung der Sprache nach Galperin u.a.
Fremdinstruktion → Selbstinstruktion

Operative Prinzipien nach Piaget, Aebli, Bruner, Lompscher u.a. Prinzip der Stufengemäßheit (nach Piaget)
- Aufbauprinzip und Dynamisches Prinzip (nach Dienes), Prinzip der Realitätsnähe und des eher induktiven Vorgehens
- *Prinzip der Verinnerlichung und Verzahnung der Niveaus* (Hauptziel: Verbindung Anschauung ↔ mathematische Zeichen). EIS-Prinzip; Rückschaltprinzip, Zwischenschaltprinzip, Abschirmungsprinzip (mittelbare Anschauung; Reflexion!)

Prinzipien der operativen Durcharbeitung und Variationsprinzipien

- Variation der Darstellungsebenen
- Variation des Unwesentlichen
  Variation der Veranschaulichungsmittel
  mathematische Variation (nach Dienes)
  Variation des Kontexts
- Variation des Lösungswegs
- Variation der gesuchten Größe

---

35 Der Terminus »kognitives Niveau« sei eine allgemeine Bezeichnung einesteils für die Stadien der Denkentwicklung nach Piaget, andernteils für die Verinnerlichungsstufen nach Aebli, die Darstellungsebenen nach Bruner und die Ebenen der Erkenntnistätigkeit nach Lompscher.

4.4 Aufgaben und Diskussionsanregungen

0. Besinnen Sie sich auf das für Sie Wesentliche des 4. Kapitels. Diskutieren Sie Unklarheiten mit anderen, oder schreiben Sie dem Autor.

1. Piagetscher Plättchenversuch zur »Mengeninvarianz«: Einem Kind werden zwei Reihen von Plättchen, eine Reihe von roten Plättchen und eine Reihe von blauen Plättchen, in folgender Anordnung vorgelegt:

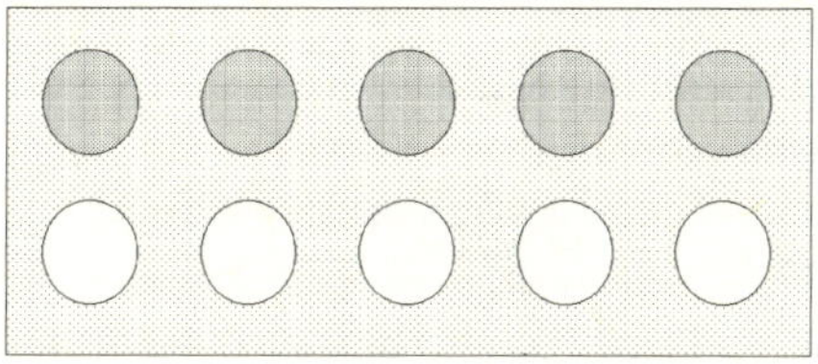

Abb. 4.21:
Plättchenversuch (»vorher«)

Wir ziehen nun eine der beiden Reihen vor den Augen des Kindes ein wenig auseinander und betonen dabei zugleich, daß nichts weggenommen wird.

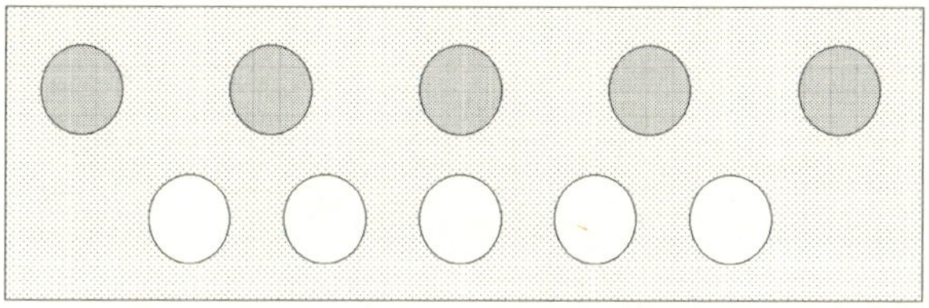

Abb. 4.22:
Plättchenversuch (»nachher«)

Wie reagiert das Kind nach Piaget im präoperatorischen Stadium, wie im Stadium der konkreten Operationen? Versuchen Sie, das Ergebnis im Sinne der Piagetschen Theorie zu begründen!

2. Erklären Sie den Unterschied zwischen Piagets Stadium der konkreten Operationen und Aeblis konkreter Stufe im didaktischen Verinnerlichungsprozeß an einem Beispiel.

3. Diskutieren Sie folgendes Unterrichtsbeispiel:
Der Lehrer behandelt das Kommutativgesetz für die Vereinigung von Mengen auf der konkreten und figuralen Stufe (wie könnten diese Stufen aussehen?). Er faßt die Erkenntnisse zusammen durch die Gleichung $A \cup B = B \cup A$.
Muß er nach Piaget mit solch einer Schreibweise warten, bis die Schüler die Stufe der formalen Operationen erreicht haben? Begründen Sie!

4. Stellen Sie eine kleine operative Übung zum kleinen Einmaleins im Sinne von Abschnitt 4.1.3 B zusammen.

5. Geben Sie ein Beispiel für geeignete Verinnerlichungsstufen zur Division eines Bruches durch eine natürliche Zahl (und auch ein Beispiel nicht zueinander passender »Verinnerlichungsstufen«; vgl. Fußnote 6).

6. Verdeutlichen Sie den Unterschied zwischen der figuralen Stufe im Sinne Aeblis und der ikonischen Darstellung im Sinne Bruners am Beispiel der Produktmenge (vgl. Abschnitt 4.1.4 C).

7. Diskutieren Sie die Abschirmmethode Bruners am Beispiel der Aufgabe 1.
8. Konkretisieren Sie den Wechsel der Darstellungsebenen (vgl. Abschnitt 4.1.4 B) am Beispiel einer Übung zur Konstruktion von Spiegelbildern. (Was ist hier enaktive und was ikonische Darstellung?)
9. a) Verdeutlichen Sie sich den Unterschied zwischen unmittelbarer und mittelbarer Anschauung im Sinne von Lompscher am Beispiel der Aufgabe 8.
   b) Was hieße hier Vorausdenken, Durchdenken, Nachdenken im Sinne eines »Zwischenschaltprinzips« (vgl. Abschnitt 4.2.2 C).
10. a) Machen Sie sich den Internalisierungsvorgang der Sprache nach Galperin am Autobeispiel in den einzelnen Stufen noch einmal genau klar.
    b) Erläutern Sie den Unterschied zwischen »operativer« Verinnerlichung einer Handlung und Internalisierung von Sprache.
11. Diskutieren Sie Sinn und Unsinn der Variationsprinzipien nach der »operativen Methode«.

4.5 Literaturhinweise

Empfohlen seien:

Ausubel u.a. (1980^2, Bd. 1, Kap. 6) als allgemeine Einführung in die Psychologie der Denkentwicklung;

Piaget (1992, 3. veränd. Aufl.) als Einführung in die Piagetsche Theorie; ergänzend dazu Piaget/Inhelder (1993); Steiner (1973); Wittmann (1981^6);

Aebli (1993^7) zur allgemeinen Einführung in die »operative Methode«; zur Ergänzung Aebli (1985);

Bruner (1974) als Einführung in die Theorie der Darstellungsebenen;

Lompscher (1972a, Abschn. 2.4) als Einführung in die Theorie der Erkenntnisebenen; ergänzend Galperin (1972);

Fricke-Besuden (1970) als Einführung in die »operative Methode« im Mathematikunterricht; ergänzend Fricke-Besuden in Meyer (1969) und Oehl (1965, S. 294–296).

Aus neuerer Zeit sei besonders hingewiesen auf die Aufsätze von Winter (1984), Winter (1987) und Wittmann (1985) in der Zeitschrift »Mathematik lehren« (ML) mit grundsätzlichen Ausführungen, Erweiterungen und Beispielen zur operativen Methode.

Die Hefte ML 1984/2 (»Üben«), ML 1985/11 (»Operatives Prinzip«) und ML 1993/60 (»Üben im Mathematikunterricht«) bieten insgesamt ein umfangreiches, kritisch zu sichtendes Beispielmaterial für »operative Übungen« (teils enger, teils weiter gefaßt als in diesem Buch).

Zur operativen Methode in der Grundschule findet man genauere Hinweise bei Lorenz/Radatz (1993).

Was hinsichtlich Veranschaulichungen bzw. ikonischen Darstellungen genauer zu beachten ist, finden Sie bei Lorenz (1993), Profke[36](1994) und bei Zech (1995, Abschn. 3.6); dort auch weitere Literaturhinweise dazu.

Zur Kritik an der operativen Methode ist hinzuweisen auf Bauer (1993), Dahlke (1981), Zech (1981) und Zech (1995, Abschn. 3.9.5).

36 Profke vertritt hier allerdings einen weiteren Begriff von »Anschauung«.

5. Kapitel: Sinnvolles Lernen im Mathematikunterricht

5.0 Vororientierung

In diesem Kapitel soll etwas genauer herausgearbeitet werden, was eigentlich psychologisch einen »sinnvollen« Lernvorgang (Verstehen im weitesten Sinne) ausmacht, wie es sich von weniger sinnvollem Lernen abgrenzen läßt und wie man sinnvolles Lernen fördern bzw. Abgleiten in »sinnloses« Lernen verhindern kann. Hierzu geben uns Ausubel u.a. mit ihrer Theorie des sinnvollen Lernens wertvolle Hinweise, die in einigen Punkten über die operative Methode hinausführen. Einiges von dem, was wir im letzten Kapitel zur operativen Methode diskutiert haben und was wir im nächsten Kapitel zu den Lerntypen besprechen werden, wird besser verständlich. Somit kann dieses Kapitel u.a. auch zum sinnvollen Lernen durch dieses Buch beitragen.

5.1 Was heißt eigentlich »Lernen«?

5.1.1 Umschreibungen für Lernen

Es wurde in diesem Buch schon häufiger von »Lernen« gesprochen, ohne daß gesagt worden wäre, was darunter genauer zu verstehen ist (vgl. auch 1.10.1) – in der wohl berechtigten Annahme, daß jeder Leser genügend viel Vorverständnis dazu mitbringt. Auch hier sei mit Gagné (1980[5], S. 14) zunächst nur eine etwas nähere Umschreibung gegeben:

»Lernen ist eine Veränderung in einer menschlichen Disposition oder Fähigkeit, die über einen bestimmten Zeitraum erhalten bleibt und nicht einfach durch Wachstumsprozesse zu erklären ist.«

Dies ließe sich mit Skowronek (1969, S. 11) noch etwas präzisieren: »Lernen ist der Prozeß, durch den Verhalten aufgrund von Interaktionen mit der Umwelt oder Reaktionen auf eine Situation relativ dauerhaft entsteht oder verändert wird, wobei auszuschließen ist, daß diese Änderungen durch angeborene Reaktionsweisen, Reifungsvorgänge oder vorübergehende Zustände des Organismus (Ermüdung, Rausch oder ähnliches) bedingt sind ...«

Bei der Diskussion von Piaget (vgl. 4.1.1) haben wir schon gesehen, daß es manchmal durchaus strittig ist, ob Verhaltensänderungen auf Reifungs- oder Lernvorgänge (oder beides) zurückzuführen sind.

5.1.2 Grobeinteilung von Lernarten: sinnvolles und mechanisches Lernen

Bevor in Kapitel 6 nach Gagné u.a. genauer in Lernarten unterteilt wird, sei hier mit Ausubel u.a. (1980², S. 48f.) eine Unterscheidung getroffen, die in den vorangegangenen Kapiteln schon mehrfach anklang, nun aber etwas zu präzisieren ist:

»sinnvolles Lernen« einerseits – »mechanisches Lernen« andererseits. Wir beschränken uns bei dieser Unterscheidung auf den *kognitiven* Bereich (vgl. 3.2.1). *Sinnvoll* Gelerntes ist definitionsgemäß auf relevante, bereits vorhandene Ideen in der »kognitiven Struktur« des Lernenden bezogen und verankert (Genaueres in 5.2.1). *Mechanisch* Gelerntes ist hingegen auf die kognitive Struktur des Lernenden nur in relativ isolierten Einheiten »zufällig und wortwörtlich« bezogen und nicht in relevanten Ideen des Lernenden verankert.

Dieser Unterschied zwischen mechanischem und sinnvollem Lernen hat wichtige *Implikationen* für die jeweilige Art der Lern- und Behaltensprozesse: Mechanisches Lernen erfolgt weitgehend nach den »Assoziationsgesetzen« (Kontiguität[1], Wiederholung, Verstärkung) behavioristischer Theorien[2].

Bei »sinnvollem« Lernen spielt der Aufbau und die Verstärkung assoziativer Verknüpfungen nur eine geringe Rolle. Der Haupteinfluß kommt von der kognitiven Struktur des Lernenden, wobei nach Ausubels Theorie die bereits vorhandenen relevanten Ideen von zentraler Bedeutung sind (Beispiele später in 5.2.3).

5.2 Beschreibung sinnvollen Lernens nach Ausubel u.a.

5.2.1 Begriff und Aufbau der kognitiven Struktur

Unter »kognitiver Struktur« versteht Ausubel Inhalt und Anordnung der Ideen (d.h. mentalen kognitiven Repräsentationen) einer Person. Man könnte auch sagen: Sie ist die subjektive psychologische Struktur von Wissenselementen einer Person, die geordnet (und sei es noch so bruchstückhaft und vorläufig) aufeinander bezogen sind. Die kognitive Struktur eines Lernenden hat u.U. sehr wenig zu tun mit der objektiven logischen Struktur des entsprechenden Gegenstandsbereichs (z.B. der Mathematik). – Zum Aufbau der kognitiven Struktur machen Ausubel u.a. (1980²) folgende Annahmen[3]:

Zur ökonomischen Speicherung der ungeheuren Vielfalt von Bedeutungen, die ein Mensch im Laufe seines Lebens aufnehmen muß, dient ein *hierarchischer Aufbau* der kognitiven Struktur: An der Spitze stehen Bedeutungen allgemeiner, umfassender Art, denen spezifischere und differenziertere Bedeutungen untergeordnet sind und deren Fundament konkrete Informationen und Fakten bilden. Man kann sich die kognitive Struktur also etwa als eine Pyramide mit folgendem Aussehen vorstellen:

1 Kontiguität (lat.): zeitlich-räumliche Nähe.
2 Vgl. auch die Abschnitte 5.3.1, 6.3.1 und 6.4.2.
3 Wir folgen hier teilweise den Kurzdarstellungen von Eigler/Judith u.a.(1973) und Straka/Macke (1981).

Schema 10: Aufbau einer kognitiven Struktur nach Ausubel

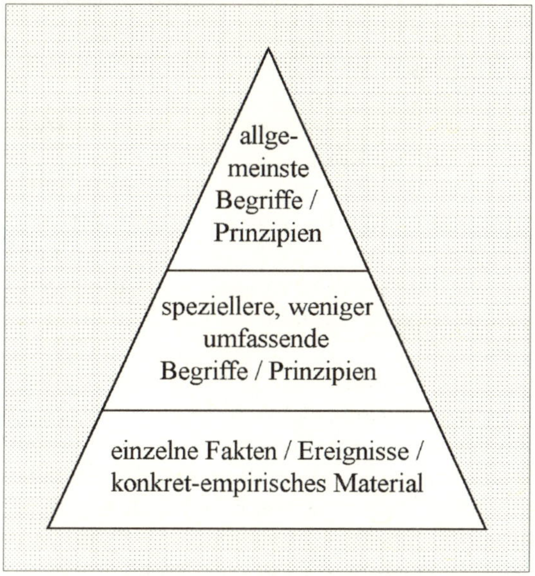

Abb. 5.1

Diesem modellhaft gedachten hierarchischen Aufbau der kognitiven Struktur entsprechen insbesondere Lernvorgänge, die von bereits in der kognitiven Struktur vorhandenen allgemeinen Begriffen ausgehen und über einen Prozeß zunehmender Differenzierung ein beziehungsreiches Geflecht von Bedeutungen aufbauen. Diesem Prozeß liegt der *Vorgang der Unterordnung* (engl. »subsumtion«) zugrunde, d. h., eine neu zu lernende Bedeutung wird als Beispiel, Modifikation, Einschränkung schon bestehenden Bedeutungen höheren Allgemeinheits- und Abstraktionsgrades untergeordnet. Die Veränderung der kognitiven Struktur kann auch über Ausweitungen von Bedeutungen erfolgen. Dann setzt sich die allgemeinere Bedeutung an die Stelle der spezielleren Bedeutung und subsumiert diese. Bei dem Vorgang der Unterordnung wird eine Tendenz zum Auslöschen der spezielleren Bedeutung angenommen, gewissermaßen, um Platz zu schaffen für neue Bedeutungen (vgl. auch Abschnitt 5.2.8).

5.2.2 Grundbedingung sinnvollen Lernens: Anknüpfen an die kognitive Struktur des Lernenden

Als wichtigste Bedingung sinnvollen Lernens ist nach Ausubel u. a. (1980²) auf seiten des Lernenden die Qualität der kognitiven Struktur anzusehen, die durch die Vielfalt der »subsuming concepts« sowie deren Klarheit und Stabilität[4] bestimmt ist.

Als entscheidende Lehrmaßnahme ist der Versuch herauszustellen, neu zu lernen-

4 Klarheit und Stabilität von entsprechenden Bedeutungen und der kognitiven Struktur der Schüler ist eine psychologische Qualität, die nicht verwechselt werden darf mit einer möglichst exakten fachsprachlichen Definition eines Lehrers.

de Bedeutungen in der schon bestehenden kognitiven Struktur an möglichst klaren und stabilen allgemeinen Vorstellungen zu verankern. So erklärt sich das Motto, das Ausubel u. a. (1980²) ihrer Unterrichtspsychologie voranstellen:

»Wenn wir die ganze Psychologie des Unterrichts auf ein einziges Prinzip reduzieren müßten, würden wir dies sagen:

Der wichtigste Faktor, der das Lernen beinflußt, ist das, was der Lernende bereits weiß. Dies ermitteln Sie, und danach unterrichten Sie Ihren Schüler.«

Es wäre zu vordergründig und eng interpretiert, wenn man darunter nur die in der Schule vermittelten Voraussetzungen verstehen würde: Es ist die kognitive Struktur des Lernenden insgesamt gemeint, also all das, was an diesbezüglichen Erfahrungen bereits vorliegt. Die *Alltagserfahrungen bieten* dabei wahrscheinlich sogar *die verläßlichsten Anknüpfungspunkte*, weil sie meist weniger sporadisch sind als Vorerfahrungen aus der Schule.

An die »kognitive Struktur der Schüler« (ihre »Voraussetzungen« im weitesten Sinne) anschließen, das heißt auch *an das Sprachrepertoire der Schüler anschließen,* in dem sich ihr Alltagswissen repräsentiert, d. h., an Worte, Vorstellungen anschließen, die ihnen möglichst vertraut sind. Das ist der tiefere Sinn »schülergemäßer« Sprache, Bilder und Erklärungen. Es tritt also nicht so sehr eine bestimmte Darstellungsebene, sondern eine möglichst vertraute Sprach- und Erfahrungsebene in den Vordergrund.

Etwas zugespitzt: Alltagserfahrung ist u.U. wichtiger (unterrichtsrelevanter) als Handlungen mit künstlichem konkreten Material, und Alltagssprache ist zunächst sicherlich wichtiger als Fachsprache.

Nach Ausubel u. a. (1980², S. 64) *erleichtert die Sprache das sinnvolle Lernen ganz erheblich.* Im Gegensatz etwa zu Piaget sehen sie die Sprache nicht nur in ihrer kommunikativen Rolle (d. h. zur zwischenmenschlichen Verständigung), sondern vor allem auch in ihrer integrierenden und das Denken fördernden (aktiven) Rolle: »Dadurch, daß die Manipulierbarkeit von Begriffen und Propositionen[5] durch die repräsentationalen Eigenschaften der Worte erhöht wird und das entstehende subverbale Verständnis im sinnvollen rezeptiven und entdeckenden Lernen verfeinert wird, klärt es solche Bedeutungen und macht sie außerdem präziser und transferierbarer ...« (Vgl. dazu auch a. a. O., S. 110–114, den Abschnitt über »Die Sprache und das kognitive Verhalten«[6].)

Diese wesentliche Rolle der Sprache kann eine Fachsprache zunächst weder bei der Formulierung von Vorerfahrungen noch bei der Formulierung des Lernergebnisses so gut erfüllen wie die Umgangssprache, weil letztere viel besser in der kognitiven Struktur der Schüler verankert ist.

Bevor wir daraus konkrete Folgerungen für den Mathematikunterricht ziehen, seien noch zwei allgemeine Gesichtspunkte hervorgehoben, die durch Ausubel besonders deutlich in den Vordergrund treten:

5 Propositionen = aus mehreren Begriffen zusammengesetzte Ideen (d.h. Bedeutung von Regeln, Sätzen, Verfahren).

6 Ausubel u. a. berufen sich dabei übrigens ausdrücklich auf Bruner.

1. Kein Mathematikunterricht kann Erfolg haben, der sich nicht an den Vorerfahrungen und Voraussetzungen der Schüler orientiert; denn nur mit ihnen kann der Schüler Neues sinnvoll einfangen.
2. Der Lehrer kann sich noch so sehr bemühen, neuen Stoff sinnvoll aufzubereiten. Er kann nicht Erfolg haben, wenn der Schüler nicht wirklich bereit ist, den Stoff *aktiv* in seine kognitive Struktur aufzunehmen.

Mit anderen Worten: Mathematiklernen funktioniert weder durch Überstülpen noch durch »Einlöffeln« gegen den Willen des Schülers.

5.2.3 Erste Folgerungen für den Mathematikunterricht

Wie könnte das Anknüpfen an die kognitive Struktur des Lernenden im Mathematikunterricht aussehen, wenn man im Sinne Ausubels den Alltagserfahrungen, ihren allgemeinen Verdichtungen zu Alltagbegriffen und -vorstellungen in Alltagssprache als verläßlichsten »Ankerplätzen« besonderes Gewicht gibt?

Dies sei zunächst einmal am bewußt einfachen *Beispiel der Addition natürlicher Zahlen* durchgespielt.

Nicht das Zusammenlegen von irgendwelchen vielgestaltigen Dingen (unterschiedlicher Form, Größe, Farbe ...) im Unterricht ist die maßgebliche Vorerfahrung der Schüler, sondern deren vielfältige Alltagserfahrungen des Zusammentuns, Sammelns, Dazugewinnens, Erhöhens, Ankoppelns, Dazukommens, Zusammenzählens (!). Um solche Erfahrungen zu mobilisieren und von ihnen zu abstrahieren, braucht man im Grunde wenig und möglichst merkmalarmes Material; man braucht die Schüler nur *an solche Erfahrungen erinnern*, kann sie mit *einfachsten* Mitteln (z. B. mit □, ○, |) an der Tafel skizzieren, an der Hafttafel darstellen oder mit Plättchen oder Streichhölzern legen lassen. Von daher wird die Addition vielleicht am besten – mit Aebli gesprochen – zu einer abstrakten Vorstellung verinnerlicht. Vor der mathematischen Formulierung der Addition als Zahlensatz wäre für Ausubel vermut-lich die *explizite alltagssprachliche Formulierung* der Operation wichtig, z. B. in der Form: »Es wird zu einer Anzahl von Personen (Dingen) eine andere Anzahl hinzugetan und dann zusammengezählt.«

In solch einer sprachlichen Formulierung (nicht etwa in einer aufgepfropften, erst zu lernenden Mengensprache[7]) wird die vorherige Erfahrung in allgemeiner Form integriert und als »Idee der Addition« mit den Vorerfahrungen als »Unterideen« in der kognitiven Struktur des Schülers bestmöglich verankert.

Eine derartige alltagssprachliche Verankerung mathematischer Begriffe und Operationen in der kognitiven Struktur hat möglicherweise viel größere didaktische Auswirkungen in vielen mathematischen Teilgebieten, als es zunächst scheint und auch in der mathematikdidaktischen Diskussion bisher deutlich wird. Deshalb sei diesen Auswirkungen ein weiterer Abschnitt gewidmet.

---

7 Daß man das versucht hat zu Zeiten der »Mengenlehre«, war sicher ein großes didaktisches Mißverständnis.

5.2.4 Explizite Formulierung eines Verständniskerns und Verständnisaufgaben

Mit »*Verständniskern*« eines mathematischen Sachverhalts werde seine möglichst »tief« in der kognitiven Struktur des Schülers verankerbare Bedeutung bezeichnet[8].

Es erscheint nach den Vorüberlegungen des letzten Abschnitts als wichtige didaktische Aufgabe, solche Verständniskerne herauszuarbeiten, *explizit* zu formulieren und in »Verständnisaufgaben« gezielt anzusprechen.

Bei der Formulierung eines Verständniskerns kommt es darauf an, auf möglichst vertraute Begriffe und Sachverhalte zurückzugehen (d.h. möglichst Alltagssituationen oder zumindest möglichst vertraute Grundbegriffe des vorangegangenen Unterrichts). Bei der Erarbeitung des Kerns wird man auf entsprechend »anschauliche« Sachverhalte durch Hinweise, Skizzen oder Handlungen Bezug nehmen. Der von daher verinnerlichte Verständniskern ist als das zu betrachten, was nach Aebli auch auf der Ebene fachsprachlich-symbolischer Formulierung noch als »Vorstellung« mitschwingen sollte. Die explizite »schülergemäße Formulierung« schafft die nach Ausubel wünschenswerte verbale Verdichtung und klare Bewußtheit. Sie ist deshalb besonders zu betonen, weil sie im üblichen Unterricht häufig allenfalls beiläufig oder gar nicht erfolgt. Allzuschnell landet man bei einer fachsprachlichen Formulierung, wie sie Mathematiker nun mal gewohnt sind.

Die Folge ist dann, daß der Verständniskern entweder gar nicht recht bewußt wurde oder sehr schnell wieder verlorengeht – zumal, wenn er nach der fachsprachlichen Formulierung kaum noch angesprochen wird. So ähnlich wird es auch in vielen Schulbüchern gehalten, wie ein willkürliches Beispiel aus einem renommierten Hauptschulwerk[9] illustrieren mag:

Wir kürzen Brüche

Wir falten ein Quadrat in Achtel und ein gleich großes Quadrat in Viertel. Vom ersten Quadrat färben wir $\frac{6}{8}$ und vom zweiten Quadrat $\frac{3}{4}$.

Wir sehen: $\frac{6}{8} = \frac{3}{4}$.

Man sagt, der Bruch $\frac{6}{8}$ wurde auf $\frac{3}{4}$ gekürzt.

Wir sehen, wenn wir Zähler und Nenner in Faktoren zerlegen: $\frac{6}{8} = \frac{3 \cdot 2}{4 \cdot 2} = \frac{3}{4}$.

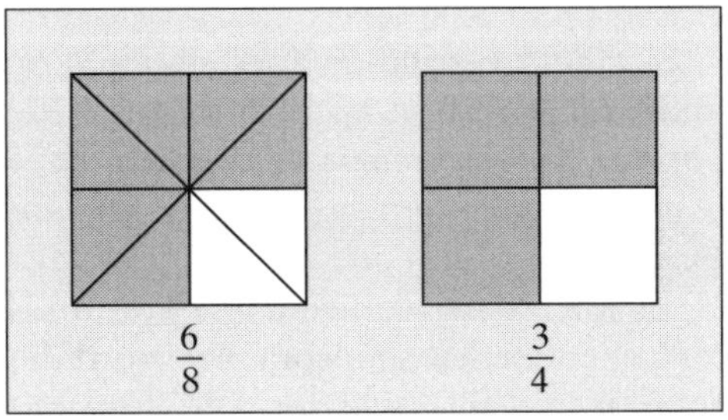

Einen Bruch **kürzen** heißt, ihn in einen gleich großen Bruch mit kleinerem Nenner und kleinerem Zähler umwandeln. Dazu werden Zähler und Nenner durch dieselbe Zahl dividiert.

Abb. 5.2: Eine Schulbucherklärung

8 Bei Zech (1995) auch »mathematikdidaktischer Kern« oder auch kurz »Kern« genannt.

9 Vgl. Leppig (1989a, S. 37).

Man sieht: Bei der »Erklärung« des Kürzens wird auf den anschaulichen Verständniskern nicht mehr Bezug genommen. Man bewegt sich gleich auf der fachsprachlichen Ebene. Trotz Veranschaulichung wird der Kern nicht explizit und damit verständlich. Wie könnte man den Kern zunächst vielleicht formulieren?

Kürzen eines Bruchs heißt »Vergröbern« seiner Einteilung. Man teilt das Ganze in weniger, aber entsprechend größere Teile.

Beispiel: »Kürzen« von $\frac{6}{8}$ mit 2 bedeutet: halb so viele, aber doppelt so große Teile. Welche Alltagserfahrung steht dahinter? Wenn man einen Kuchen aufschneidet, benutzt man u.U. nur jede zweite »Kerbe«.

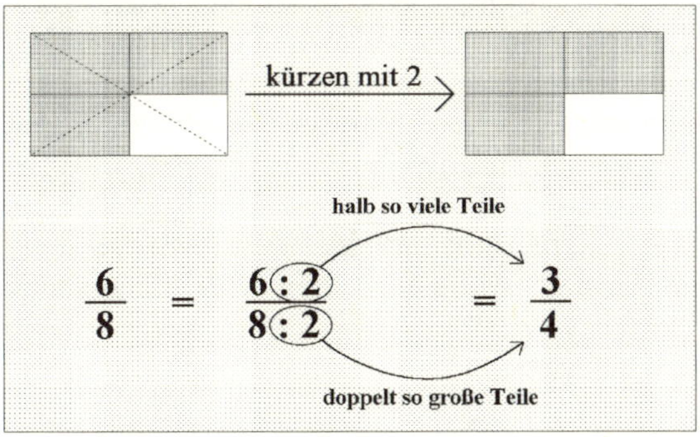

Abb. .5.3:
Versuch einer »sinnvollen« Erklärung

Der »Wert« des Bruchs ändert sich nicht (vorher und hinterher ist genausoviel Kuchen da). Kürzen bedeutet also *nicht* Verkleinern.

Nebenbei zeigt das obige Beispiel: Das Anknüpfen an die kognitive Struktur des Schülers bedeutet auch explizites *Ausräumen möglicher Mißverständnisse*, die fachsprachliche Termini durch ihre umgangssprachliche Bedeutung bewirken können.

Bei operativen Übungen verdient der Verständniskern in seiner umgangssprachlichen Formulierung besondere Berücksichtigung. Er bildet eine besonders gute Brükke zwischen Anschauung und Fachsprache und wird bei herkömmlichen operativen Übungen zuwenig angesprochen. Zwar wird die Sprache bei der operativen Methode als mögliche Darstellungsebene verstanden, aber die Art der Sprache wird zuwenig diskutiert.

Welche Art von *Verständnisaufgaben* bietet sich also *zur Verbindung von Anschauungsgrundlage, Alltagssprache und Fachsprache* zusätzlich an?

- *Übersetzen von Fachsprache in anschauliche Umgangssprache*, auch bei Teiloperationen.
  (Hier z. B.: Was bedeutet die Division durch 2 im Zähler, was bedeutet die Division durch 2 im Nenner?)
- *Wiederholen des anschaulichen Verständniskerns an anderen Beispielen.*
- Den *Verständniskern eines Beispiels an einer Skizze verdeutlichen oder umgekehrt: nach dem Verständniskern einer Skizze fragen.*

- *Fehler auf der symbolischen Ebene auf der Basis des Verständniskerns begründen.* (Hier z.B.: Warum kann es nicht sein, daß man beim Kürzen von

  $\frac{4}{9}$ als Ergebnis $\frac{2}{3}$ erhält?)

Die explizite Formulierung eines Verständniskerns und darauf bezogene Übungen können hier nicht ausführlich weiterdiskutiert werden, sollen aber in einer Reihe von Aufgaben in Abschnitt 5.4 nochmals angesprochen werden.

Es ist jedoch noch auf wichtige curriculare Folgerungen hinzuweisen:

Es ergibt sich daraus nämlich die weitreichende Konsequenz, bei der *Einführung* von mathematischen Inhalten (Begriffen, Operationen, Verfahren) auch wirklich einen Zugang über einen Verständniskern im obigen Sinne zu suchen und nicht auf irgendwelche »formalen« Einführungen auszuweichen, die nicht tiefer zu verankern sind. Solche »Ersatzformen« werden in der didaktischen Literatur nicht selten propagiert:

- Einführungen auf der fachsymbolischen Ebene, ohne auf eine »tiefere Bedeutung« überhaupt zurückzugehen (z.B. über formale Aufgabenreihen oder die formale Umkehrung einer Operation),
- Einführungen über die Lösung von Gleichungen,
- Einführungen über Formeln,
- Einführungen über Aufgabenrezepte,
- Einführungen, die anschaulich anfangen, aber auf der symbolischen Ebene keinen Bezug mehr zu dieser Anschauung herstellen (vgl. Aufgabe 2 in Abschnitt 5.4).

Das Problem geeigneter »sinnvoller« Einführungen und Erklärungen wird theoretisch und inhaltlich-praktisch an zahlreichen Beispielen aus Bruch-, Prozent- und Schlußrechnung in meiner Methodik (Zech 1995) diskutiert.

5.2.5 Vorstrukturierungen

Anknüpfen an eine hierarchisch aufgebaute kognitive Struktur von der in Abschnitt 5.2.2 vorgestellten Art stellt sich Ausubel vor allem als ein Verankern in »subsuming concepts« allgemeinerer Bedeutung vor. (Als solche »subsuming concepts« haben wir im letzten Abschnitt die aus vielfältigen Alltagserfahrungen hervorgegangenen Alltagsbegriffe und die daraus hervorgegangenen »Verständniskerne« betrachtet.)

Für die Strukturierung des Unterrichts ergibt sich daraus nach Ausubel allgemein ein *Prinzip der vorstrukturierenden Lernhilfen* (advance organizers), das wir mit Eigler/Judith u.a. (1973, S. 77/88) gleich in einer praxisorientierten Form wie folgt formulieren:

»Die Verbindung von neu zu erlernenden Bedeutungen mit schon vorhandenen Kenntnissen und Erfahrungen zu Beginn einer Unterrichtseinheit geschehe durch vermittelnde und vorstrukturierende Hinweise, die sog. ›advance organizers‹.

Advance organizers
- geben einen Vorblick auf Thematik und Lernziel einer Unterrichtseinheit,
- stellen die Verbindung zu in der kognitiven Struktur schon vorhandenen relevanten Kenntnissen und Vorstellungen her,
- leiten damit die Verankerung der zu lernenden Bedeutungen in der kognitiven Struktur, insbesondere ihre Unterordnung unter »subsuming concepts« ein,
- weisen auf wesentliche Unterschiede zwischen Bekanntem und zu Lernendem hin und schärfen die für das Behalten wichtige Unterscheidungsfähigkeit.«

Es handelt sich hier um eine besondere Form von Vororientierung, deren Hauptfunktion es ist, die Kluft zu überbrücken zwischen dem, was der Lernende bereits weiß, und dem, was er wissen muß, bevor er erfolgreich die jeweilige Lernaufgabe bewältigen kann.

Es sei darauf hingewiesen, daß die in diesem Buch verwendeten Vororientierungen keine oder nur sehr bedingt Vororientierungen im Sinne Ausubels sind. Hier müßte man ja auch die Vorerfahrungen und Vorkenntnisse der Leser genauer kennen. Auch ist bei Erwachsenen anzunehmen, daß sie bei Büchern sehr viel stärker selbst anhand von Inhaltsverzeichnissen, Vorblättern u.a. ihre relevanten Vorbegriffe (auch abhängig vom jeweiligen Leseinteresse) mobilisieren und sich damit einen Inhalt vorstrukturieren.

Vorstrukturierungen sind um so eher erwünscht, je jünger und leistungsschwächer die Adressaten und je neuer und umfangreicher der Inhalt. Sie sind um so besser möglich, je besser die Voraussetzungen und Vorerfahrungen der Adressaten bekannt sind und je mehr man in mündlicher Kommunikation mit den Adressaten steht . Für einige Beispiele (schriftlicher) Vorstrukturierungen für Schüler verweise ich auf Zech (1995)[10]. Hier sei zumindest ein *Beispiel mündlicher Vororientierung* für die Prozentsatzberechnung im 7. Schuljahr angedeutet:

»... Bei der Berechnung von Prozentsätzen geht es i.w. darum, den Teil eines Ganzen in Prozenten dieses Ganzen auszudrücken, z.B.:

5 von 17 Schülern sind krank. Wieviel Prozent sind das?« ...

U.U. kann auch zusätzlich eine Abgrenzung von Prozentwertberechnungen erfolgen. Je nachdem, wie selbständig die Schüler die Antwort finden sollen und welche Vorkenntnisse dazu vorliegen, wird der Unterrichtende u.U. fortfahren.

»Zur Berechnung des Prozentsatzes werden wir in mehreren Schritten vorgehen:

1. Wir überlegen, welchen Bruchteil 5 von 17 Schülern darstellt.
2. Wenn wir diesen Bruchteil haben, versuchen wir ihn in einen Hundertstelbruch (nichts anderes sind ja Prozente) umzuformen ... (U.U. durch Erweitern).
3. Häufig werden wir den Bruch in einen Dezimalbruch verwandeln müssen ...
4. Wenn wir den Dezimalbruch haben, dann runden wir ihn auf zwei Stellen (Hundertstel) und haben damit die Prozente ...«[11]

10 Auch habe ich mich dort für das Buch selbst stärker um Vorstrukturierungen im Sinne von Ausubel bemüht.

11 Häufig wird der Lehrer auch gemeinsam mit den Schülern einen solchen groben Lösungsplan erarbeiten.

Eines dürfte klar sein:

Es geht hier nicht um eine Angabe operationalisierter Lernziele und auch nicht um eine vorausgenommene Zusammenfassung, denn am Anfang des Lernprozesses dürfen natürlich nur die Begriffe oder Verfahren verwandt oder angedeutet werden, mit denen der Lernende bereits eine Vorstellung verbinden kann.

Unter unterrichtspraktischen Gesichtspunkten kann empfohlen werden, solche Vorstrukturierungen eher kurz zu halten, aber in der einen oder anderen Form den »Verständniskern« anzusprechen. Es sei hier an Bruner (1974, S. 7) erinnert: »Wir geben uns, wenn wir anfangen, alle erdenkliche Mühe, den Kindern zu erzählen, wohin die Reise gehen soll. Doch von derartigen Erzählungen im Detail kommt wenig an«.

Manchmal kann es deshalb auch sinnvoll sein, einfach mit einer Aufgabe anzufangen und dadurch und daran (u.U. Schritt für Schritt) eine Vorstrukturierung zu bewirken. Überhaupt sollte man die Aufgabe der Vororientierung nicht zu eng als rein verbales Problem betrachten. Man kann sie auch in Begleitung einer Handlung oder in Verbindung mit einem Bild geben. Man sollte jedoch nur dann auf sie verzichten, wenn der »Kontext« wirklich klar ist.

5.2.6 Progressive Differenzierung

Für die weitere am Aufbau der kognitiven Struktur orientierte Gliederung des Unterrichts legt Ausubel das *Prinzip der progressiven Differenzierung* nahe. Dies läßt sich schlicht so angeben: *Nachdem zu Beginn des Lernprozesses auf die umfassenden und allgemeinen Ideen hingewiesen wurde, geht es in den folgenden Lerneinheiten darum, sie zunehmend differenzierter auszuführen* (man denke etwa an die oben allgemein umschriebenen Schritte der Prozentsatzberechnung). Dabei geht es wesentlich darum, mit den in der Vororientierung gegebenen Gedanken so etwas wie einen *»roten Faden«* zu spinnen. Damit bekommt der Unterricht eine natürliche Systematik: Indem man die Schritte insgesamt u.U. grob an der Tafel fixiert, versucht man den Schülern bewußtzumachen: Was haben wir schon? Wo stehen wir, was kommt jetzt? – Was ist jetzt genauer zu beachten?

Das Prinzip der progressiven Differenzierung ist in gewisser Spannung zu einem mehr induktiven Vorgehen zu sehen (vgl. Abschnitt 4.2.2), stellt aber keinen unbedingten Widerspruch zu ihm dar:

Das Prinzip der progressiven Differenzierung stellt in den Vordergrund, von einem allgemeinen Gedanken auszugehen und ihn dann weiter zu verdeutlichen. Das Prinzip des induktiven Vorgehens stellt in den Vordergrund, von Beispielen auszugehen, um das Allgemeine anschließend herauszuarbeiten.

Im Sinne des früher besprochenen »Verzahnungsprinzips« für unterschiedliche Darstellungsebenen (vgl. 4.2.2) käme es indessen ohnehin darauf an, die konkretere Ebene der Beispiele und die abstraktere Ebene der Gedanken möglichst eng miteinander zu verknüpfen.

Im kleinen geht es also häufig nur darum: entweder mit einem Beispiel anzufangen, um daran sogleich Allgemeines (nur bitte explizit!) zu verdeutlichen; oder aber: mit einem allgemeinen Gedanken anzufangen, um ihn gleich durch ein Beispiel zu erläutern. Das macht praktisch sicher keinen großen Unterschied. Man wird – ohne ein Dogma daraus zu machen – mal so, mal so vorgehen dürfen. Im Sinne Ausubels benutzt man oder schafft man in beiden Fällen allgemeinere Ankerbegriffe (subsuming concepts) für die kognitive Struktur des Schülers.

Im großen wird das Prinzip der progressiven Differenzierung von Mathematikdidaktikern gelegentlich im Anschluß an Dienes als »*Deep-end-Prinzip*« diskutiert. Manchen erscheint es z. B. günstiger, erst die allgemeine Idee des Stellenwertsystems durch Bündelungen (z. B. von Kringelmengen) nach verschiedenen Basen durchzuführen und dann auf einzelne Stellenwertsysteme genauer einzugehen – anstatt ein Stellenwertsystem gründlich zu behandeln und dann erst auf andere Stellenwertsysteme einzugehen, um die Idee des Stellenwertsystems deutlich zu machen.

Betrachtet man es genauer, geht es auch hier nicht so sehr um Extreme. Es stellt sich eher die Frage, wieweit muß man (hier komplexere) Beispiele variieren, um daran das Allgemeine deutlich zu machen; wieweit kann man auf sie verzichten, wenn man allgemeine Hinweise ergänzt oder vorausschickt[12]?

Zum Schluß sei noch vermerkt, daß auch in diesem Buche versucht wird, in großen Zügen das Prinzip der progressiven Differenzierung anzuwenden, was darstellungstechnisch immer wieder in entsprechenden Vorverweisungen zum Ausdruck kommt: Zunächst erfolgte die Vermittlung eines Gesamtrahmens in Kapitel 1; in Kapitel 3 z. B. die Darstellung von Gedanken zur Denkentwicklung, dann deren zunehmende Ausdifferenzierung in operativen Prinzipien, in diesem Kapitel eine weitere Ausdifferenzierung und Vertiefung mit Hilfe von Überlegungen zum sinnvollen Lernen. Die grobe Differenzierung von Lernarten in diesem Kapitel wird weiter ausdifferenziert im nächsten Kapitel und noch weiter ausdifferenziert in den Kapiteln 9 bis 11. Eine interessante Frage ist dabei natürlich: Wo beginnt man die Differenzierung, und wie weit treibt man sie jeweils? Man überlegt also z. B.: Welches sind die Hauptpunkte (die allgemeinsten Gedanken), wieweit sind sie aufeinander bezogen, wieweit sind sie getrennt auszudifferenzieren? Wieviel Komplexität darf man den Adressaten in einem Kapitel zumuten, wie wahrt man am besten die Gesamtübersicht, wie lassen sich die Gesichtspunkte insgesamt am besten verbinden?

Man mag daran erkennen, daß man für einen größeren Lehrstoff (noch weniger als für einen kleineren) aus einem »Prinzip der progressiven Differenzierung« wiederum nur eine allgemeine Richtungsorientierung entnehmen kann, keinesfalls aber eindeutige Folgerungen für ein bestimmtes Arrangement erwarten darf, weil neben dem Differenzierungsprinzip andere Gesichtspunkte eine wesentliche Rolle spielen und nicht zuletzt ein »Verbindungsprinzip«, auf das wir im nächsten Abschnitt kurz eingehen.

---

12 Vgl. auch bereits die Diskussion um die »mathematische Variation« im 4. Kapitel. Letztlich geht es hier wie dort um »Transferfragen« im Sinne des 7. Kapitels.

5.2.7 *Integrative Verbindung*

Zur sinnvollen Eingliederung eines neuen Lernstoffs in die kognitive Struktur des Lernenden ist nach Ausubel schließlich ein *Prinzip der integrativen Verbindung* zu formulieren: *Am Ende eines Lernprozesses geht es darum, das Gelernte in einer Idee zu verbinden und abzugrenzen.* Dieses Prinzip hat Ähnlichkeit mit einem Integrationsprinzip im Rahmen einer operativen Durcharbeitung (vgl. Abschnitt 4.2.2), bekommt aber innerhalb der Theorie des sinnvollen Lernens zusätzliche Aspekte:

a) Nach Ausubel scheint eine explizite sprachliche Zusammenfassung zu *einer* neuen Idee wichtig, die dann besser als »subsuming concept« in späteren Lernsituationen dienen kann (vgl. bereits die explizite Formulierung eines Verständniskerns aus dem gleichen Grunde).

b) Die neue Idee ist abzugrenzen von anderen Ideen, da sie dadurch zusätzlich Stabilität und Klarheit gewinnt und zukünftig von anderen Ideen innerhalb der kognitiven Struktur besser unterschieden werden kann (und dadurch auch nicht so leicht einer »auslöschenden Subsumtion« unterworfen wird; vgl. den nächsten Abschnitt).

In unserem Beispiel der Prozentsatzberechnung würde das z. B. bedeuten, daß die vorhin erwähnten Schritte zusammengefaßt werden und zu einer Idee verschmelzen, vielleicht in der Art, daß der bereits am Anfang angesprochene – inzwischen begrifflich ausdifferenzierte Kern – mit den zugehörigen Fachtermini knapp formuliert wird; etwa so:

Prozentsatzberechnung

Der Anteil eines Ganzen (z. B. 5 von 17 Schülern einer Klasse) ist als Prozentsatz, d. h. als Hundertstelbruch des Ganzen, auszudrücken. Dazu ist

1. der Anteil als Bruchteil zu schreiben
   (5 von 17 = $\frac{5}{17}$),
2. der Bruchteil durch Division in einen Dezimalbruch zu verwandeln
   ($\frac{5}{17} = 5 : 17 = 0{,}2941\ \ldots$),
3. der Dezimalbruch auf zwei Stellen hinter dem Komma (Hundertstel) zu runden:
   ($0{,}2941 \approx 0{,}29 = 29\,\%$).

Kurz am Beispiel: 5 von 17 = $\frac{5}{17} = 0{,}2941\ldots \approx 0{,}29 = 29\,\%$.

Der Unterschied der Zusammenfassung zur Vororientierung, obwohl äußerlich manchmal gar nicht so groß, besteht vor allem darin: Was vorher noch vage, separate Schritte waren, hat im Lernprozeß Schritt für Schritt eine klare Bedeutung gewonnen (z. B.: Warum kann man den Anteil in dieser Weise als Bruchteil und den Bruchteil als

Division schreiben; wie und warum funktioniert das Divisionsverfahren; wie und warum kann ich in dieser Weise runden?).

Die Schritte werden zu einem Gedanken verbunden, wie es in der Kurzschreibweise zum Ausdruck kommt. Die kürzeste Zusammenfassung erfolgt letztlich im Terminus »Prozentsatzberechnung« selbst.

Wir lernen den ganzen *Lernprozeß* (entsprechend zu neueren Theorien der Textverständlichkeit[13]) verstehen *als laufendes Zusammenfassen zu immer umfassenderen Bedeutungen.*

Zusammenfassen erfolgt jeweils wesentlich mit Hilfe und in Sprache, sowohl des Lehrers wie des Schülers, weil sie hilft, sich von Einzelfällen zu lösen, und den allgemeinen Gedanken »zum Ausdruck« bringt[14].

Die *Abgrenzung von anderen ähnlichen Ideen* (z. B. die Abgrenzung der Prozentsatzberechnung von der Prozentwertberechnung) ist ein weiterer wesentlicher Gesichtspunkt[15]. Die Abgrenzung kann bzw. sollte teilweise schon bei der Vorstrukturierung geschehen (vgl. die Hinweise für advance organizer in Abschnitt 5.2.5); sie kann zum Schluß aber erst richtig explizit gemacht werden, wenn die Bedeutungen voller ausgebildet sind.

Schlußbemerkung:
Integrative Verbindungen (samt Abgrenzungen) sind natürlich bei der Erarbeitung eines umfangreicheren Stoffgebiets zwischendurch und zum Schluß immer wieder geboten. In Zech (1995) wird genauer erörtert, wie solche wiederholenden Zusammenfassungen zu verschiedenen Zeitpunkten in unterschiedlichen Stoffgebieten aussehen können. Hier sind durchaus viele Formen denkbar. Eine Möglichkeit der Zusammenfassung besteht z. B. in der Form von Schemata und Tabellen (vgl. die in diesem Buch), die den Lernenden womöglich anregen zu weiterer eigener Zusammenfassung (auf das eigene Einhängen in die kognitive Struktur kommt es ja letztlich an). Ausmaß und Art der Zusammenfassungen hängen wie Vorstrukturierungen wesentlich von der Art des Stoffes und den Adressaten ab.

5.2.8 Sinnvolles Lernen und Gedächtnis

Es steht nach Ausubel u. a. (1980², S. 169f.) außer Frage: *Je sinnvoller etwas gelernt wird, d.h., je besser es auf die kognitive Struktur des Lernenden bezogen wird, desto besser wird es auch behalten.* Das Behalten ist gewissermaßen ein Aspekt des sinnvollen Lernens selbst. Man darf sich das etwa so vorstellen: Je tiefer und vielfältiger und damit fester neue Bedeutungen in der kognitiven Struktur vernetzt und verankert

---

13 Vgl. als erste Einführung z. B. Treiber/Weinert (1982) oder van Dijk (1980).

14 Damit soll wiederum nicht gesagt sein, daß es Verbegrifflichung nur über Sprache gibt; eine Verallgemeinerung wird aber durch Sprache wesentlich unterstützt (vgl. das Zitat zur Bedeutung der Sprache in Abschnitt 5.2.1).

15 Auf das hier angedeutete »Kontrastprinzip« kommen wir bei Überlegungen zum Begriffslernen und zum Transfer noch einmal genauer zurück.

werden, desto eher kann man im Erinnerungsprozeß, d.h. bei der Rekonstruktion der Bedeutungen, auf »Anhaltspunkte« zurückgreifen.[16]

Doch trotz noch so sinnvollen Lernens gibt es das Phänomen des »Vergessens«, d.h. ein Nachlassen der Verfügbarkeit über das Gelernte. Dies liegt nach Ausubel an der sog. »auslöschenden Subsumtion«. Diese ist gewissermaßen bedingt durch ein Ökonomieprinzip des kognitiven Funktionierens selbst: Um mit der Flut der laufend einströmenden Informationen fertig zu werden, werden diese in allgemeineren Ideen »aufgehoben« und als Einzelinformationen mit der Zeit ausgelöscht. So ist eine *Vergessenstendenz* immer schon vorprogrammiert.

Ausubel hält es für eine Hauptaufgabe der Fachdidaktik, dieser Vergessenstendenz entgegenzuwirken. Soll etwas sinnvoll Gelerntes verfügbar bleiben, muß es »überlernt«, d.h., sinnvoll wiederholt werden. Dies liefert eine tiefere Begründung für operative Übungen und Verständnisaufgaben, insbesondere für das dort besonders zu betonende Verzahnungsprinzip zwischen allgemeineren und konkreteren Vorstellungen: Beachtet man es nicht, dann gehen – aus Ausubels Sicht – die konkreten Vorstellungen zu leicht verloren. Wenig wirksam sind dementsprechend rein verbale »Wort für Wort«-Wiederholungen und Einschleifübungen auf der symbolischen Ebene, weil die Bedeutungshaltigkeit (d.h. die Verankerungen in der kognitiven Struktur) dadurch nicht erhöht wird.

Die Folgerungen gehen aber noch etwas darüber hinaus:

1. *Es scheint sehr wichtig, auch bei schulischen Zusammenfassungen die Verbindung mit der konkreten Ebene nicht abreißen zu lassen.* So sollte man den Schülern nicht einfach abstrakt-fachliche »Merksätze« geben, sondern dabei zumindest auch an den Verstehenskern erinnern und mit dem einen oder anderen Beispiel verbinden (siehe auch unsere obige Zusammenfassung der Prozentsatzberechnung). Damit läßt sich beim späteren Überlernen die Bedeutung wesentlich leichter rekonstruieren.
2. *Weiterhin scheint es sehr wichtig, nicht nur in der operativen Übungsphase nach einer Neueinführung, sondern auch später immer mal wieder Verständnisaufgaben zu stellen,* um die Einsicht wachzuhalten und die Verfügbarkeit früher erworbenen Bedeutungen zu erhalten. Leider werden aber häufig schon nach der Neueinführung viel zuwenig Verständnisaufgaben gestellt (auch in den Schulbüchern), in den Klassenarbeiten erst recht und später sowieso. Dabei wäre es so wichtig, zu allen Zeiten das »Verständnis« als ein didaktisches Hauptziel des Mathematikunterrichts in den Mittelpunkt zu stellen.
3. *Bei Neueinführungen ist es zudem wichtig, die dort benötigten Bedeutungen, soweit sie in der kognitiven Struktur der Schüler bereits vorhanden waren, erneut in konkreterer Form wachzurufen,* weil letztlich eine neue Bedeutung nur aus klaren alten Bedeutungen aufgebaut werden kann. (M.a.W.: Verständnis kann nicht auf Unverstandenem oder Vergessenem aufgebaut werden.) So sind im Beispiel der Prozentsatzberechnung sicherlich viele Voraussetzungen aus der Bruchrechnung zumindest wieder »aufzuwärmen«.

---

16 Wie man sich Lernen und Erinnern etwas genauer vorstellen kann, ist Gegenstand des Abschnitts 5.3.2.

5.2.9 Zusammenfassende Übersicht

Schema 11

Sinnvolles Lernen nach Ausubel
heißt vor allem

Anknüpfen an die kognitive Struktur des Lernenden,

heißt

1. *an möglichst vertraute allgemeine Vorstellungen anschließen* (insbesondere Alltagsbegriffe und vertraute Grundbegriffe),
2. *Bilden und Formulieren von »Verständniskernen«* (in Umgangssprache),
3. *Unterrichtsinhalte vorstrukturieren* (kurzer Vorblick auf Thema und Zielsetzung; Vorbereitung eines Verständniskerns in allgemeinverständlicher Form),
4. *progressiv ausdifferenzieren* (»roten Faden« bewußt halten),
5. *integrativ verbinden und abgrenzen,*
6. *Vergessenstendenz beachten!* (Zusammenfassungen mit anschaulichem Rückbezug; wiederholte Verständnisaufgaben)

5.3. Ergänzung: »Kognitive Theorien«[17]

5.3.1 Kognitive versus behavioristische Theorien

Es scheint »sinnvoll«, im Rück- und Vorblick eine kurze Besinnung auf sog. kognitiven Theorien einzuschieben, die u.a. den Hintergrund der beiden letzten Kapitel darstellen.

Dazu kommen wir zurück auf die Unterscheidung zwischen sinnvollem und mechanischem Lernen in Abschnitt 5.1.2. Sinnvolles Lernen wird häufig den »kognitiven« Lerntheorien, mechanisches Lernen »behavioristischen« Lerntheorien zugeordnet. Da ist etwas Wahres daran, wenn man dabei auch nicht zu stark verallgemeinern darf. Zunächst: Wie sind behavioristische von kognitiven Lerntheorien grob zu unterscheiden?

Behavioristische Theorien sind solche Theorien, die zur Beschreibung und Erklärung von Lernvorgängen im wesentlichen auf beobachtbare »Reize« (Einwirkungen von außen auf den Lernenden) und beobachtbare »Reaktionen« (Verhaltensänderungen des Lernenden) zurückgreifen. Die englischen Bezeichnungen für Reiz und Reaktion sind »**s**timulous« und »**r**esponse«, weshalb man diese Theorien auch als S-R-Theorien bezeichnet. Der Prozeß, der zwischen Reiz und Reaktion im Lernenden passiert (wie der Lernende die Reize verarbeitet, wie er denkt usw.), wird nicht

17 Lediglich zur groben Information für »Anfänger«!

thematisiert. Es wird gewissermaßen so getan, als wenn sich der Lernprozeß in einer »black box« (d. h. in einem schwarzen Kasten) abspielt. Dies wird häufig so dargestellt:

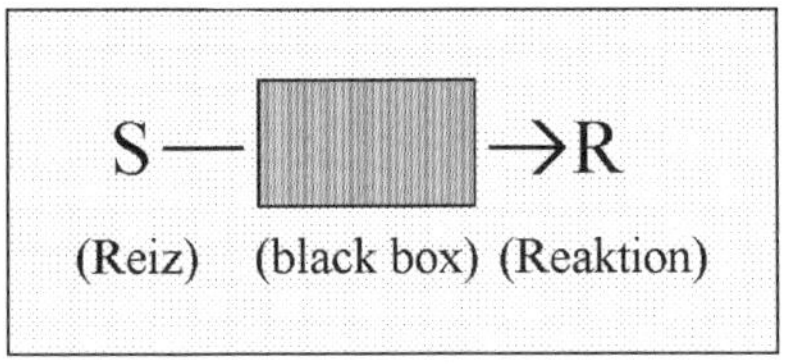

Abb. 5.4:
Behavioristisches Reiz-Reaktions-Schema

Da man sich an das Beobachtbare hält, ist es nur konsequent, daß Lernen in behavioristischen Theorien als *sichtbare Verhaltensänderung* beschrieben wird. Verhaltensänderung heißt hier beispielsweise, daß der Lernende etwas bezeichnen kann, was er vorher nicht konnte.

Von daher ist es verständlich, daß der Behaviorist Mager bei der Lernzielpräzisierung die beobachtbaren Leistungen sehr in den Vordergrund gestellt hat. Im übrigen glauben Behavioristen daran, daß es beim Lernen vor allem auf die »äußeren« Bedingungen (Reize) ankommt. Ein maßgeblicher Behaviorist war u. a. auch der als »Erfinder« des programmierten Unterrichts bekannte Skinner (vgl. etwa sein Buch von 1971). Behavioristen wie er nehmen an, daß erwünschtes Lernverhalten vor allem durch Lob u. ä. »verstärkt« werden muß, um es zu verbessern. Auf der anderen Seite gibt es sog. *kognitive Theorien*, die das Lernen gerade durch den im Lernenden stattfindenden *Prozeß* aufgrund bestimmter Annahmen und »Konstrukte« genauer beschreiben und erklären möchten. Man könnte sie als S-O-R-Theorien charakterisieren anhand einer solchen Darstellung (wobei »S« und »R« dieselbe Bedeutung haben wie eben):

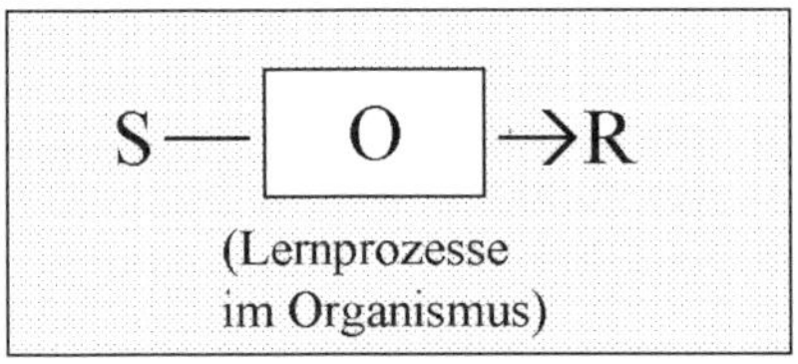

Abb. 5.5.:
Kognitivistisches Reiz-Reaktions-Schema

»Lernen« wird demzufolge bei kognitiven Theorien (wozu insbesondere die besprochenen von Aebli, Bruner und Ausubel gehören) als Veränderung einer »Verhaltensdisposition« (bzw. Fähigkeit) verstanden, als Veränderung einer »kognitiven Struktur« (o.ä.). Annahmen zu nicht sichtbaren Konstrukten wie »kognitive Struktur« oder »Verinnerlichung« sind typisch.

Es liegt fast auf der Hand (ist aber auch nicht so selbstverständlich, wie theoretische Kontroversen über viele Jahre zeigten), daß kognitive Theorien eher geeignet sind, so etwas wie »sinnvolles Lernen« zu beschreiben. Da dies zudem die schulischen Lernvorgänge betrifft, die besonders erwünscht scheinen, stehen kognitive Theorien im Mittelpunkt dieses Buches. Davon abgesehen, ist aber auch allgemein ein »Trend« zu kognitiven Theorien festzustellen, was vielleicht symptomatisch an früheren und späteren Arbeiten des schon öfter erwähnten amerikanischen Psychologen Gagné abgelesen werden kann. Auf der anderen Seite scheinen behavioristische Theorien nach wie vor geeignet, mechanische Lernformen zu beschreiben. Sie helfen uns, günstige Bedingungen für erwünschtes mechanisches Lernen wie z.B. gewisse Automatisierungsvorgänge beim Rechnen und Zeichnen anzugeben wie auch unerwünschtes mechanisches Lernen im Mathematikunterricht (»Lernen nach Schema F« u.ä.) besser zu verstehen und zu vermeiden. Wir kommen darauf im nächsten Kapitel zurück. Im nächsten Abschnitt betrachten wir hingegen kognitionstheoretisch gedeutete Lernprozesse noch einmal etwas genauer, um das in diesem Buch bisher Behandelte und das noch nicht (oder gar nicht) Behandelte besser einordnen bzw. erkennen zu können.

5.3.2 Ein Informationsverarbeitungsmodell

Kognitionstheoretisch ist das Lernen wesentlich als ein Prozeß des Verarbeitens äußerer Reize durch den Lernenden zu verstehen. Nachdem wir bereits wesentliche Annahmen über die Art der Verarbeitung und das Abrufen von Informationen nach Ausubel diskutiert haben, scheint es hilfreich, sich eine allgemeinere Vorstellung von der Informationsverarbeitung des Lernenden insgesamt zu machen. Hierzu ist vielleicht ein gegenüber Gagné (1980[5], S. 59f.) weiter vereinfachtes »Informationsverarbeitungsmodell« geeignet, wenn es letztlich auch nur aus einer bestimmten Richtung innerhalb der kognitiven Theorien kommt und damit auch nur eine mögliche Beschreibung andeutet. Hiernach kann man sich die Informationsverarbeitung modellhaft grob etwa folgendermaßen vorstellen:

Schema 12: Modellskizze zur Informationsverarbeitung

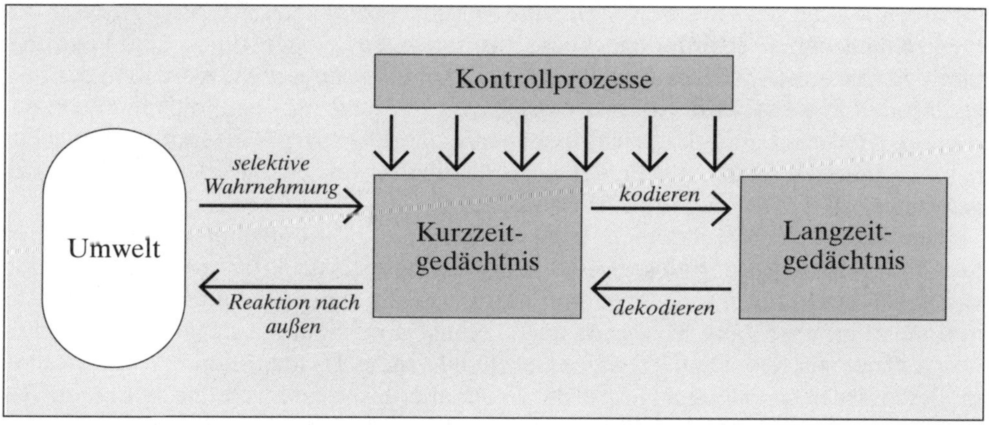

Die Information aus der Umwelt wird aus eigenem Interesse des Lernenden oder durch Lenkung der Aufmerksamkeit von außen zunächst selektiv (ausgewählt) wahrgenommen und dann in ein »*Kurzzeitgedächtnis*« geleitet, wo sie etwa 20 Sekunden verbleibt. Das Kurzzeitgedächtnis hat die Funktion eines Arbeitsspeichers für aktuelle Aufgaben. Es hat eine sehr begrenzte Kapazität von ca. 7 Informationseinheiten. Diese Einheiten können Buchstaben, Zahlen oder einsilbige Wörter sein. Sobald diese Kapazität überschritten ist, müssen alte Einheiten weichen. Hieraus erklärt sich z.B. die Schwierigkeit, beim Rechnen mehrere Zahlen und Teiloperationen gleichzeitig präsent zu haben. (Besonders Grundschüler sind hier schnell überfordert. Beim Hören oder Lesen müssen dic Informationen deshalb ständig weitergeleitet werden.)

Die für den Lernprozeß entscheidende Umformung der Information erfolgt beim Übergang vom »*Kurzzeitgedächtnis*« in das kapazitätsmäßig praktisch unbegrenzte sog. »*Langzeitgedächtnis*«. Dieser Prozeß wird »Kodierung« genannt. Die Information, die im Kurzzeitgedächtnis noch bestimmte Wahrnehmungsmerkmale hatte, wird nun in eine begriffliche oder sinnhafte Form gebracht. Man könnte auch sagen: Sie wird »zusammengefaßt«. (Im Sinne von Ausubel wird sie zu »Bedeutung«). Die gespeicherte Information wird nicht nur einfach gesammelt, sondern in einer bestimmten Weise *organisiert*. (Ausubel stellt sich hier – wie besprochen – eine hierarchisch geordnete »kognitive Struktur« vor.) Dabei wird allgemein angenommen, daß sowohl visuelle als auch andere aus Wahrnehmungen abgeleitete Vorstellungen Kodierungsgrundlage sein können.

Die Informationen werden jedenfalls in kodierter Form im Langzeitgedächtnis gespeichert. Von dort können sie mit Hilfe von Suchprozessen gefunden und abgerufen (dekodiert) werden und damit wieder in das Kurzzeitgedächtnis gelangen. Dies verlangt offenbar mehr als eine bloße »Vergegenwärtigung«. (Wir hatten gesehen, daß sich Ausubel hier eine »Rekonstruktion« über »Ankerplätze« der kognitiven Struktur vorstellt.) Vom Kurzzeitgedächtnis kann dann eine Reaktion nach außen gesteuert werden.

Wenn eine Übertragung des Gelernten (Transfer) gefragt ist, bei einem neuen »Problem« eingesetzt werden soll, sind offenbar kompliziertere Suchprozesse im Langzeitgedächtnis erforderlich. Diese Suchprozesse werden durch sog. kognitive Strategien oder heuristische Regeln (vgl. 11. Kapitel) gesteuert. Sie werden in der obigen Modellskizze als »Kontrollprozesse« bezeichnet und sind eigentlich in einem besonderen Teil des Langzeitgedächtnisses gespeichert. Durch die »Herausstellung« mit den von ihnen ausgehenden Pfeilen soll angedeutet werden, daß sie jede Phase der Informationsverarbeitung beeinflussen können.

Zum Schluß noch ein kleiner Ausblick: Je besser die Kontrollprozesse (kognitive Strategien, Beobachtung des eigenen Lernens, Selbstinstruktionen) ohne Stützung von außen funktionieren, desto mehr ist der Lernende zum Selbstunterricht (zum »autonomen Lernen«) fähig. Man kann auch sagen: Dann hat er das Lernen gelernt. Dies ist – psychologisch gesehen – das Endziel allen Lernens. Es wird beim »Problemlösen« in diesem Buch ein wenig angesprochen, geht aber insgesamt weit darüber hinaus. Es beinhaltet z.B. auch das selbständige Lesen und Lernen aus schriftlichem Material, was für den Mathematikunterricht m.W. bisher kaum näher diskutiert wurde. Wie man es dem Schüler evtl. wesentlich durch »verständliche Darstellung« erleichtern könnte, wird bei Zech (1995, Kapitel 3) genauer erörtert.

5.4 Aufgaben und Diskussionsanregungen

0. Besinnen Sie sich auf das für Sie Wesentliche des 5. Kapitels. Diskutieren Sie Unklarheiten mit anderen, oder schreiben Sie dem Autor.

1. Versuchen Sie, den »Verständniskern« folgender Begriffe und Operationen mit möglichst einfachen Alltagsbegriffen unter Anschluß an möglichst vertraute anschauliche Vorstellungen zu formulieren:
   a) Subtraktion natürlicher Zahlen,
   b) Multiplikation natürlicher Zahlen,
   c) Division natürlicher Zahlen (2 »Kerne«),
   d) Erweitern von Brüchen,
   e) Achsensymmetrie,
   f) Proportionalität.

2. Diskutieren Sie mit Bezug auf die abgebildete Schulbuchseite (vgl. S. 146):
   a) Wie könnte ein Verständniskern für die Division von Brüchen formuliert werden?
   b) Wie könnte eine Erklärung der Division von Brüchen aussehen, die an diesen Verständniskern anschließt?
   c) Wie könnten »Verständnisaufgaben« aussehen, die auf diesen Verständniskern Bezug nehmen?

3. Wie könnte eine kurze, an Alltagserfahrungen anschließende Vororientierung zu den Begriffen Achsensymmetrie und Proportionalität aussehen, die sowohl auf den Verständniskern Bezug nimmt als auch fachsprachlicher (genauer) formuliert ist und auf ein typisches Beispiel Bezug nimmt?

5.5 Literaturhinweise

Folgende Literatur sei zur Vertiefung oder Ergänzung von Teilen dieses Kapitels empfohlen:

Ausubel u. a. (1980²; Kapitel 2: Sinnbedeutung und sinnvolles Lernen; Kapitel 4: Sinnvolles rezeptives Lernen und Behalten) als Originallektüre zur Theorie des sinnvollen Lernens.

Eigler/Judith u. a. (1973; Schriba 7), Straka/Macke (1981²; Lehrtext 7) als kurze Zusammenfassung von Ausubels Theorie des sinnvollen Lernens.

Gagné (1980⁵, S. 59–69) zum angedeuteten Informationsverarbeitungsmodell.

Gardner (1989) zu den vielen unterschiedlichen, z. T. widerstreitenden Modellen für menschliche Informationsverarbeitung (Computermodelle, neurophysiologische Modelle usw.).

Weltner (1978) zum autonomen Lernen.

Zech (1995, 2.4 Vorstellungen zum Lernprozeß; 2.5 Was ist eine verständliche Erklärung im Mathematikunterricht? 3.4 Strukturierungsgesichtspunkte; 3.7 Zusammenfassungen; 3.9.2 Der Aufbau von Übungen und Wiederholungen) als vielfache Ergänzung zu diesem Kapitel (dort auch weitere Literatur).

Wir dividieren durch einen Bruch

Martin und Claudia bereiten für das Schulfest einen Getränkestand vor. Sie probieren aus, wie viele Gläser zu $\frac{1}{5}$ Liter sie aus einer Flasche mit $\frac{7}{10}$ Liter Limonade füllen können.

Um das Ergebnis auszurechnen, müssen sie $\frac{7}{10}$ durch $\frac{1}{5}$ teilen.

$$\frac{7}{10} : \frac{1}{5} = ?$$

Martin weiß es. Er sagt: „Es ist dasselbe, ob man durch einen Bruch teilt oder mit dem **Kehrwert** des Bruches malnimmt."
Den Kehrwert des Bruches erhält er, wenn er Zähler und Nenner des Bruches vertauscht.

$$\frac{7}{10} : \frac{1}{5} = \frac{7}{10} \cdot \frac{5}{1} = \frac{7 \cdot 5}{10 \cdot 1} = \frac{7 \cdot 1}{2 \cdot 1} = \frac{7}{2} = 3\frac{1}{2}.$$

Martin und Claudia können $3\frac{1}{2}$ Gläser füllen.

Daß Martin richtig gerechnet hat, zeigt er durch die Probe:

$$\frac{7}{10} : \frac{1}{5} = \frac{7}{10} \cdot \frac{5}{1} = \frac{35}{10} = \frac{7}{2} \qquad \text{Probe: } \frac{7}{2} \cdot \frac{1}{5} = \frac{7 \cdot 1}{2 \cdot 5} = \frac{7}{10}.$$

Wir können jetzt die Regel für das Dividieren aufstellen:

Wir dividieren durch einen Bruch, indem wir mit seinem Kehrwert multiplizieren.

$$\frac{2}{3} : \frac{4}{5} = \frac{2}{3} \cdot \frac{5}{4} = \frac{10}{12} = \frac{5}{6}$$

Kehrwert

Beispiele

1. $\frac{3}{5} : \frac{7}{6} = \frac{3}{5} \cdot \frac{6}{7} = \frac{3 \cdot 6}{5 \cdot 7} = \underline{\underline{\frac{18}{35}}}$

2. $\frac{4}{7} : \frac{3}{14} = \frac{4}{7} \cdot \frac{14}{3} = \frac{4 \cdot 14}{7 \cdot 3} = \frac{4 \cdot 2}{3} = \frac{8}{3} = \underline{\underline{2\frac{2}{3}}}$

Abb. 5.6:
Erklärung für die Division von Brüchen in einem Schulbuch (Leppig 1990, S. 30)

6. Kapitel: Lerntypen des Mathematiklernens und ihre Bedingungen

6.0 Vororientierung

Während in Kapitel 5 das »sinnvolle Lernen« als wichtigste Form des Mathematiklernens globaler herausgestellt wurde, ist in diesem Kapitel die Unterschiedlichkeit sinnvoller mathematischer Lernprozesse stärker zu berücksichtigen. Daneben ist auch die Bedeutung mechanischer Lernprozesse zu diskutieren.

Es sollen dementsprechend mehrere »Lerntypen« oder auch »Lernarten« mathematischen Lernens, vor allem im Anschluß an Gagné, aber auch das sog. Beobachtungslernen im Sinne von Bandura als weitere wichtige Form des Mathematiklernens unterschieden werden aufgrund ihrer jeweils unterschiedlichen Lernbedingungen[1].

Für den Lehrer ist es wichtig, die in seinen Unterricht eingehenden Lernarten zu identifizieren und ihre unterschiedlichen Bedingungen bewußt zu berücksichtigen.

Dieses Kapitel gibt einen Überblick über die im Mathematikunterricht relevanten Lerntypen und ihre jeweiligen Bedingungen insgesamt, um den Gesamtzusammenhang zu verdeutlichen, in dem die Unterrichtsversuche zu Hauptlerntypen des Mathematikunterrichts (Begriffslernen, Regellernen, Problemlösungslernen) stehen[2].

6.1 Die Gagnésche Einteilung von Lerntypen

6.1.1 Verschiedene Einteilungen von Lernarten

Roth (1965[8], S. 199ff.) gibt verschiedene Möglichkeiten an, Arten des Lernens einzuteilen und zu diskutieren: z. B.:

- nach dem Grad der Einsicht[3],
- nach dem Lerngegenstand,
- nach dem Grad der Bewußtheit,
- nach dem Schwerpunkt in einem Lernprozeß (Lernen in einer bestimmten Lernphase. Auf diese Unterscheidung kommen wir in Abschnitt 6.2.3 zurück).

---

1 Mit »Lerntypen« werden hier also nicht die häufig zu findenden Charakterisierungen von Lernenden »visuellen Typs«, »auditiven Typs« o.ä. bezeichnet (vgl. etwa Vester 1980).

2 Dem Überblickscharakter dieses Kapitels entsprechend, wird hier keine Vollständigkeit der Ausführungen zu den einzelnen Lerntypen angestrebt. Sie werden in den Kapiteln 9–11 und auch durch Zech (1995) ergänzt.

3 Diese Unterscheidung entspricht etwa der von Ausubel in sinnvolles und mechanisches Lernen; vgl. Abschnitt 5.1.2.

Aebli (1983) unterscheidet zwölf Grundformen des Lernens: Die ersten fünf betreffen die Art und Weise, wodurch der Schüler lernt:

(1) Erzählen, (2) Vorzeigen, (3) Anschauen, (4) Lesen, (5) Texte verfassen.

Die nächsten drei betreffen die Art des Lernergebnisses: den Aufbau von (6) einer Handlung, (7) einer Operation, (8) eines Begriffs. Die letzten vier betreffen die Phasen bzw. Funktionen des Lernprozesses: (9) Problemlösen, (10) Durcharbeiten, (11) Üben, Wiederholen, (12) Anwenden.

Man könnte auch daran denken, Lernarten nach den Lernzielbereichen (kognitv, affektiv, psychomotorisch) oder nach Lernzielkategorien (z. B. Wissen, Verstehen, Anwenden) einzuteilen.

Dies mag hinreichend beleuchten, daß unterschiedliche Zweckmäßigkeitserwägungen zu sehr unterschiedlichen und relativ willkürlichen Einteilungen führen. Alle Lernarten haben, ganz gleich wie man sie einteilt, gemeinsame und unterschiedliche Merkmale.

Im folgenden soll ein bekannter Einteilungsvorschlag Gagnés näher betrachtet werden, da er lernpsychologisch recht gut begründet und als Ausgangsbasis für eine Taxonomie mathematischer Lerntypen im kognitiven Bereich geeignet erscheint.

6.1.2 Lerntypen nach Gagné

Für Gagné (1980[5]) ist bei der Unterscheidung von Lerntypen die Überlegung maßgeblich: Welche verschiedenen Arten von Leistungsfähigkeiten (Lernergebnissen) gibt es, die sich nach unterschiedlichen Lernbedingungen psychologisch unterscheiden und dementsprechend im Unterricht berücksichtigen lassen?

Er unterscheidet:

1. *Grundformen des Lernens*: Assoziationen und Ketten
   Dazu gehören elementare Fertigkeiten des Lesens, Schreibens und Rechnens, wie sie in der Grundschule gelernt werden.
2. *Intellektuelle Fähigkeiten* (intellectual skills)[4]
   - Diskriminationen (Wahrnehmungslernen)
   - Begriffsbildung (konkrete und definierte Begriffe)
   - Regelbildung (nur inhaltliche Regeln)
   - Bildung Regeln höherer Ordnung (Problemlösen)
3. *Kognitive Strategien* (Fähigkeiten, das eigene Lernen, Erinnern und Denken zu steuern)
4. *Verbale Information* (aufnehmen und weitergeben)
5. *Motorische Fertigkeiten*
6. *Einstellungen*

4 Der Terminus »skills« wird in der deutschen Übersetzung häufig mit »Fertigkeiten« wiedergegeben. Da man in der deutschen Mathematikdidaktik den Ausdruck »Fertigkeiten« aber gern für eher mechanische Leistungen verwendet und den Ausdruck »Fähigkeiten« für Leistungen, die mit Verstehen und Anwenden verbunden sind, scheint mir hier der Oberbegriff »Fähigkeiten« zweckmäßig.

Hier seien einige *Bemerkungen* hinzugefügt, weil sich Gagné im Laufe der Zeit in mehreren Punkten korrigiert hat:

1. Vier mechanische Lernarten (Signallernen, Reiz-Reaktions-Lernen, Kettenbildung, sprachliche Assoziation) wurden zur Kategorie 1 (Assoziationen und Ketten) zusammengefaßt – ähnlich, wie ich es schon 1977 in der ersten Auflage dieses Buches für das Mathematiklernen vorgeschlagen hatte.

2. Die kognitiven Strategien werden als eine eigene Fähigkeitsart herausgestellt (Kategorie 3)[5].

3. Als neue Kategorie wird der Umgang mit verbaler Information aufgenommen. Mit dieser Kategorie ist ein sinnvolles verbales Lernen im Sinne von Ausubel gemeint, allerdings in einer eingeschränkten Form des Kommunizierens: Verstehen und Produzieren von Texten, für die die verwendeten Termini im allgemeinen bereits bekannt sind. Dies beinhaltet z. B. Zeitung lesen, nachlesen in Lexika oder populärwissenschaftlichen Büchern, Mitteilungen des Lehrers verstehen, sich selber mit andern »verständigen« usw. Kurzum: Information aufnehmen und weitergeben, wenn keine begriffliche Anstrengung erforderlich ist.
   Verbale Fähigkeiten dieser Art werden nach Gagné bei jeder anderen Lernart benötigt. Sie sind abzugrenzen einerseits von »sprachlicher Assoziation« (Auswendiglernen von Texten, Bildung von Verbalismen ohne Sinnverbindung) und andererseits von Begriffs- und Regellernen über sprachliche Vermittlung, falls dazu Konstruktions- und Rekonstruktionsprozesse bestimmter Art erforderlich sind (vgl. 6.3).

4. Die sog. Hierarchiehypothese, wonach eine bestimmte Lernart jeweils die Voraussetzung für die nächsthöhere ist, hat Gagné auf die kognitiven Lernformen der Kategorie 1 und die intellektuellen Fähigkeiten der Kategorie 2 eingeschränkt. Danach gilt: assoziatives Lernen < Diskriminationslernen < Begriffslernen < Regellernen < Problemlösen (vgl. 6.2.1).

5, Motorische Fertigkeiten und Einstellungen werden bei Gagné nun auch als eigene Lernarten diskutiert.

Im folgenden sei kurz vergegenwärtigt, wie die assoziativen Lernarten und die intellektuellen Fähigkeiten von Gagné gemeint sind. Dazu werden neben mathematischen auch nichtmathematische Beispiele gegeben, um damit den allgemeinen Charakter der Lerntypen stärker hervorzuheben.

---

5 Sie werden »Kontrollprozesse« in Zusammenhang mit dem Informationsverarbeitungsmodell genannt (vgl. 5.3.2), früher auch »heuristische Regeln«.

A. Grundformen des Lernens: Assoziationen und Ketten

Im einzelnen handelt es sich hier um eine Ausdifferenzierung »mechanischen Lernens«, wie es bei Ausubel hieß. Gagné unterscheidet:

(1) Signallernen	(2) Reiz-Reaktions-Lernen
(3) Kettenbildung	(4) Sprachliche Assoziation

(1) *Signallernen* (Lernen als bedingte Reaktion, klassisches Konditionieren[6])
Charakteristisch ist hierfür folgender Sachverhalt:

Wird häufiger ein eine bestimmte Reaktion hervorrufender »Wirkungsreiz« mit einem »Signalreiz« verbunden, so kann der Signalreiz an die Stelle des Wirkungsreizes treten, um die Reaktion hervorzurufen. Man spricht dann von »bedingter Reaktion«und nennt den Vorgang »Konditionieren«.

Klassisches Beispiel: der »Pawlowsche Hund«. An die Stelle des Futters, das eine Speichelsekretion bewirkt, kann ein häufig damit gekoppelter Summton (Signalreiz) treten, der dann alleine ebenfalls die Speichelsekretion bewirkt.

Ein Beispiel aus dem Unterricht:

An die Stelle einer »Ruhe« bewirkenden Ermahnung des Lehrers kann ein häufig damit verbundenes Händeklatschen treten, um die Ruhe zu bewirken. Entsprechende Formen des Signallernens kommen in der Schule häufiger vor. Oft handelt es sich dabei um emotional gefärbte Reaktionen (Sympathien, Antipathien) auf bestimmte »Signalreize«.

So kann der Lehrer selbst zum Signal werden für positive oder aversive Reaktionen, weil seine Erscheinung gekoppelt ist an allerlei Verhaltensweisen, die er früher als »Wirkungsreize« an den Tag gelegt hat.Die früheren Ausführungen (Kapitel 3) zur Einstellungsbildung und zum affektiven Lernen im Anschluß an Mager werden aus dieser Sicht besser verständlich.

(2) *Reiz-Reaktions-Lernen* (Lernen durch »Versuch und Irrtum«; Lernen durch Verstärkung; operantes bzw. instrumentelles Konditionieren[7])
Hier handelt es sich im wesentlichen um den Aufbau einer Reiz-Reaktions-Verbindung aufgrund einer »Verstärkung« (z. B. Erfolg, Lob, Bestätigung): »Von Verstärkung bzw. Bekräftigung – beide Ausdrücke haben dieselbe Bedeutung – wird gesprochen, wenn ein Reiz die Häufigkeit, mit der eine Verhaltensweise auftritt, erhöht« (Bredenkamp 1974, S. 621)[8]. (Auch bei dem »klassischen Konditionieren« des Signallernens spricht man von Verstärkung in diesem Sinne. Im Unterschied zum instrumentellen Konditionieren des Reiz-Reaktions-Lernens liegt die Verstärkung jedoch *vor* der Reaktion.)

---

6 Vgl. hierzu Hilgard/Bower (1973[3], Kap. 3: Pawlows »klassische« Konditionierungslehre).
7 Vgl. Hilgard/Bower (1973[3], Kap. 5 Skinner; Die »operante« Konditionierung).
8 Daraus ergibt sich, daß evtl auch Tadel eine »Verstärkung« bedeuten kann.

Beispiel: Jemand hat ein paarmal vergeblich versucht, mit seinem Schlüssel die Tür zu öffnen; plötzlich (bei einem leichten Anheben der Tür) funktioniert es. – Dies ist wie folgt zu deuten:

»Reiz«: Schlüssel stößt auf Widerstand.

»Reaktion«: Versuche, die Tür zu öffnen.

Die Reaktion »Anheben der Tür« wird aufgrund des »Erfolges« (Selbstbekräftigung) verstärkt, sie wird also bei einem entsprechenden Reiz in gleicher Situation eher auftreten. Mit dieser Auffassung des operanten Konditionierens ist die Motivationslosung »Erfolgserlebnisse vermitteln!« im nächsten Kapitel besser zu verstehen.

Ein einfaches mathematisches Beispiel für Reiz-Reaktions-Lernen ist das Auswendiglernen von Einmaleinssätzen:

Reiz: $3 \cdot 5$, Reaktion: 15.

Die Verbindung zwischen Reiz und Reaktion wird z. B. durch die Bestätigung des Lehrers bekräftigt.

Weitere Beispiele: Jeder Dressurakt ist als Reiz-Reaktions-Lernen zu verstehen; aber auch: das Aussprechenlernen von schwierigen Wörtern (z. B. »symmetrisch«, »Hypotenuse« ...).

Warum? – Aufgabe 3!

(3) *Kettenbildung* (Lernen von Automatismen)
Hier handelt sich um den Aufbau längerer Reiz-Reaktions-Ketten mit Hilfe von Bekräftigung. Typisch ist hierfür die Bildung von Gewohnheiten und die Automatisierung von Handlungen und Verfahren.

Beispiele: Schreibmaschine schreiben, Auto fahren. – Aus der Mathematik: schriftliche Rechenverfahren, Auflösung von Gleichungen (nach Schema), der Umgang mit geometrischen Zeichengeräten.

Anmerkung: Leider kommen im Mathematikunterricht häufig Automatismen zustande, auch wenn z. B. bestimmte Regeln oder Verfahren noch nicht verstanden wurden. Ein Schritt ist dann Reiz für den nächsten Schritt und dieser wiederum für den darauffolgenden, ohne jeden tieferen Bezug zur »kognitiven Struktur«, nur aufgrund »äußerer« Merkmale. Das funktioniert dann z.B bei der Prozentsatzberechnung so:

»Kleinere Zahl suchen – größere Zahl suchen – kleinere Zahl durch größere Zahl dividieren – in den Taschenrechner eintippen – den sich ergebenden Dezimalbruch ablesen – nach auswendig gelernter Rundungsregel auf 2 Stellen hinter dem Komma runden – die beiden Stellen hinschreiben – Prozent dahinterschreiben – fertig.«

Da viele Schüler bei solch einer Art, Mathematik zu lernen, auch noch durch gute Noten verstärkt werden, findet solches Mathematiklernen so häufig statt. Um diese Art des Lernens als degenerierte Spielart einer höheren zu kennzeichnen, spricht man auch von »Schematismus«. Vornehmer spricht man nach Skemp (1979) von einem bloß »instrumentellen Verstehen«. (Der Schüler weiß eben, wie es geht, mehr nicht.)

(4) *Sprachliche Assoziation* (verbales Auswendiglernen)
Hier handelt es sich um den Aufbau mehr oder weniger langer sprachlicher Ketten (Lerntyp 3 auf sprachlichem Niveau). Dieser Lerntyp ist uns allen vom Auswendiglernen eines Gedichtes geläufig.

Beispiele aus der Mathematik: Zählen lernen, Definitionen lernen. (An dieser Stelle geht es um das bloße Erinnernkönnen der betreffenden Wortfolge; Verständnis ist ausgeklammert!) Handelt es sich dabei lediglich um die mechanische Ersatzform sinnvoller Lernarten, spricht man hier auch von »Verbalismus«.

B. Intellektuelle Fähigkeiten

Hier handelt es sich um eine Ausdifferenzierung »sinnvollen Lernens«, wie es bei Ausubel hieß; Gagné unterscheidet:

(1) Diskriminationslernen	(2) Begriffslernen
(3) Regellernen	(4) Problemlösung

(1) *Diskriminationslernen* (Unterscheiden lernen, Wahrnehmungslernen)
Hier handelt es sich um das Lernen, auf eine Reihe unterschiedlicher (u.U. ähnlicher) Reize verschieden zu reagieren. In einer Skizze dargestellt, sieht das so aus (S = Reiz, R = Reaktion):

$$S_1 \longrightarrow R_1$$
$$S_2 \longrightarrow R_2$$
$$S_3 \longrightarrow R_3$$

Abb. 6.1

Es geht – schlicht gesagt – darum, verschiedene Dinge und Merkmale als verschieden zu erkennen.

Beispiele: verschiedene Schlüssel eines Schlüsselbundes, verschiedene Wolken am Himmel, verschiedene Autos auf der Straße unterscheiden können.
- Aus der Mathematik: logische Blöcke, verschiedene Dreiecke, verschiedene Zahlzeichen oder andere Symbole … unterscheiden können. Viele grundlegende Diskriminationen sind bereits gelernt, wenn das Kind in die Schule kommt.

(2) *Begriffslernen* (Gemeinsames erkennen lernen)
Hier handelt es sich nach Gagné im Gegensatz zum Diskriminationslernen um ein Lernen, auf verschiedene Reize (bei gewissen Übereinstimmungen) »gleich« zu reagieren:

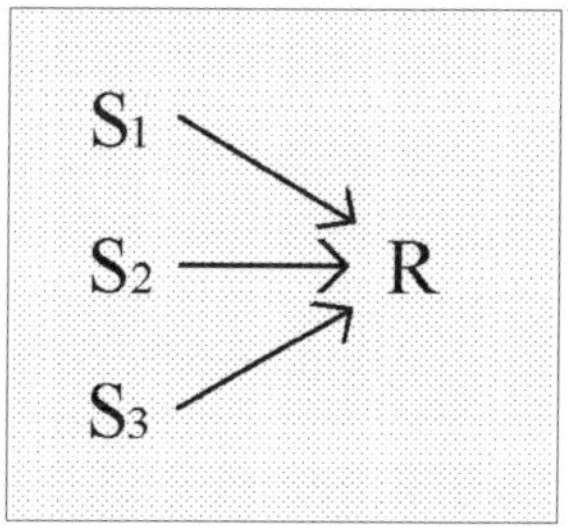

Abb. 6.2

Es geht – schlicht gesagt – darum, an verschiedenen Objekten gemeinsame Merkmale zu erkennen.

Beispielsweise sind ein Dackel, ein Bernhardiner, ein Foxterrier … als »gleich« anzusehen; sie fallen alle unter den Begriff »Hund«.

In ähnlicher Weise sind die Kante eines Würfels, die Seite eines Dreiecks und ein Abschnitt auf der Zahlengeraden als gleich anzusehen; sie fallen alle unter den mathematischen Begriff »Strecke«. Weitere Beispiele aus der Mathematik:

die Begriffe Menge, natürliche Zahl, achsensymmetrisch …

(3) *Regellernen* (Zusammenhänge durch Erklärung »genauer« verstehen)
Der Terminus »Regel« wird bei Gagné in einem wesentlich umfassenderen Sinne gebraucht, als es dem deutschen Sprachgebrauch entspricht. »Regellernen« heißt bei Gagné einsichtsvolle Erfassung einer Verknüpfung mehrerer Begriffe in einem Satz, Gesetz, in einer Gesetzmäßigkeit, aber auch in einer verbalen Definition als »Klassifikationsregel« oder in einem inhaltlichen Verfahren. Gagné hat hier offensichtlich vor allem »Schulwissen« in gutem Sinne im Auge: Das »volle« Verständnis von Zusammenhängen auf der Grundlage »voll« ausgebildeter Begriffe. Dazu gehört in der Mathematik dann z. B. auch so etwas wie »Begründungen verstanden haben«. Unter dieser Voraussetzung sind als Beispiele anzusehen:

a) Wenn $A \subset B$, $B \subset C$, dann $A \subset C$ (A, B, C für Mengen)
b) $a \cdot (x + y) = a \cdot x + a \cdot y$ (a, x, y stehen für beliebige natürliche Zahlen).
c) Ein Trapez wird definiert als ein Viereck mit zwei parallelen Seiten.
d) Die Diagonalen im Parallelogramm halbieren sich.
e) Der Satz des Pythagoras
f) Das Verfahren zur Prozentsatzberechnung.

Regellernen muß abgegrenzt werden von assoziativen Ketten einerseits (dem bloßen Aufsagenkönnen von Regeln) im Sinne des Lerntyps A4 und vom Verständnis verbaler Information im Sinne des oben vorgestellten 4. Lernbereichs andererseits: die Bedeutung lediglich im Sinne einer Lexikonerklärung verstehen können[9].

---

9 Ausubel trifft die letzte Unterscheidung offenbar nicht. Er spricht etwas unscharf vom »Erwerb von Ideen« (abstrakten Zusammenfassungen); vermutlich, da er sich den Begriffs- und Regelaufbau weniger statisch als Gagné vorstellt, d. h. als fortlaufende Erweiterung, Vertiefung und Präzisierung von Abstraktionen.

(4) *Problemlösen* (Regeln »höherer Ordnung« durch eigene Überlegung verstehen)
Der Unterschied zum »Regellernen« ist grundsätzlich zunächst darin zu sehen, daß der *Problemlöser* durch *eigene* Überlegung lernt. Das bedeutet, daß der Lernende fähig ist, bereits gelernte Begriffe und Regeln zu einer neuen Regel zu kombinieren, d.h., das Gelernte in einer neuen Situation anzuwenden.

Da hierzu prinzipiell zusätzlich der Einsatz von kognitiven Strategien erforderlich ist, bekommt das Lernergebnis eine zusätzliche Qualität, die es vom normalen Ergebnis des Regellernens unterscheidet (z.B., daß es langfristig besser behalten wird und in stärkerem Maße zum eigenen »geistigen Repertoire« wird). Man denke z.B. an die Bewältigung des Problems, den kürzesten Weg zu einem bestimmten Platz im Heimatort zu finden, den man noch nicht gegangen war. Dies kann mit dem Finden eines eigenen Lösungswegs für eine Sachaufgabe in der Mathematik verglichen werden. Es könnte z.B. auch die Lösung irgendeiner Konstruktionsaufgabe oder Beweisaufgabe sein. Entscheidend ist nicht, ob ein Außenstehender geneigt ist, so etwas ein »Problem« zu nennen, sondern, daß das zu Lernende für den Lernenden neu ist.

6.2 Überlegungen zur Gagnéschen Lerntypeneinteilung

6.2.1 Zur hierarchische Struktur der Gagnéschen Lerntypen

Nach Gagné (1980[5]) besitzen die Lerntypen Assoziationslernen, Diskriminationslernen, Begriffs-, Regel- und problemlösendes Lernen eine hierarchische Struktur. Ein Lerntyp setzt bestimmte Formen der vorangehenden Lerntypen voraus.

Diese *Hierarchiehypothese* ist für naturwissenschaftliche Fächer und Mathematik aufgrund ihrer logisch-hierarchischen Struktur im Bereich ihrer Begriffe und Regeln unmittelbar plausibel: Begriffe und Regeln logisch höherer Ordnung erfordern – auch psychologisch gesehen – die Beherrschung der logisch untergeordneten Begriffe und Regeln. Die Hierarchie setzt sich aber fort bis hin zu den niederen Lernformen, die kein Äquivalent mehr haben in der Fachstruktur, die aber außer einigen Diskriminationen für konkrete empirische Vorbegriffe schon früh in der Grundschule erworben sind.

Es geht also nach Gagné im wesentlichen darum, für Regeln und Begriffe nach den ihnen vorgeordneten Regeln und Begriffen zu fragen, wenn es um die wesentlichen Voraussetzungen geht, die im Unterricht zu erarbeiten sind.

Praktisch geht man so vor, daß man von einer bestimmten Lernaufgabe ausgeht, nach den nötigen Voraussetzungen fragt, diese wiederum nach ihren Voraussetzungen usw.

Stellt man die benötigten Regeln und Begriffe in einem Diagramm dar, bei dem eine von unten nach oben führende Verbindung »ist Voraussetzung von …« bedeutet, bekommt man eine übersichtliche Darstellung in einer sog. »*Lernstruktur*«, in der man gut erkennt, welche Voraussetzungen man benötigt, wie sie aufeinander aufbauen und bezogen sind. Man bricht das Diagramm nach unten ab, wenn man glaubt, daß man bei Voraussetzungen angekommen ist, von denen man annehmen darf, daß sie bei den Schülern vorhanden sind.

Als Beispiel diene folgende Lernstruktur zu einer Unterrichtseinheit im 9. Schuljahr:

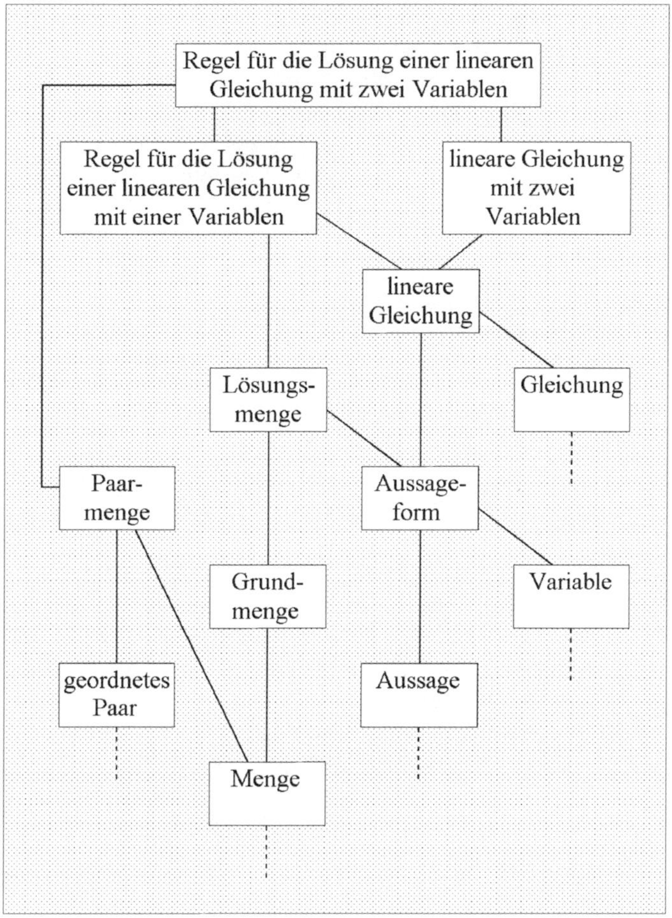

Abb. 6.3:
Beispiel einer Lernstruktur

Die gestrichelten Linien deuten ein bewußtes Abbrechen der Lernstruktur nach unten an, weil alles, was an noch einfacheren Voraussetzungen käme, zu den »Selbstverständlichkeiten« für die Schüler gezählt wird (z.B. Zahlbegriffe und Zahlenoperationen). Im übrigen sei noch hinzugefügt:

1. *Das Diagramm ist natürlich nicht eindeutig*, sondern hängt vom gewählten mathematischen Aufbau und den bei den Schülern zu machenden Voraussetzungen ab. (Das obige könnte z.B. für eine Klasse ohne »Mengenlehre« modifiziert werden.)

2. *Nach Gagné ist anzunehmen, daß die Endleistung um so besser ist, je besser die Voraussetzungen erfüllt sind. Es ist also wichtig, im Laufe des Unterrichts die Voraussetzungen möglichst gut zu klären.* Das führt gelegentlich zu dem Mißverständ-

nis, daß die Lernstruktur nur von unten nach oben in kleinsten Schritten durchlaufen werden müßte. Zwar wird von Gagné ein möglichst lückenloses Durchlaufen der Voraussetzungen in einem geeigneten »learning set« gefordert; das kann aber durchaus auch »auf einmal« geschehen.
Die Forderung nach Lückenlosigkeit ist also so zu interpretieren, daß nicht einfach wesentliche Lernvoraussetzungen übersehen werden dürfen.
Im übrigen scheint es durchaus möglich, an irgendeiner sinnvoll erscheinenden Stelle »einzusteigen« und auf vorgeordnete Regeln und Begriffe »zurückzukommen«. (Die obenerwähnte Unterrichtseinheit begann gleich mit einer Aufgabe zur Lösung einer Gleichung mit zwei Variablen!)
Das erübrigt jedoch nicht eine Gesamteinsicht in die Lernstruktur des Themas, denn sie ermöglicht ein flexibles Eingreifen bei Schwierigkeiten; mögliche Lücken bei den Schülern können schneller diagnostiziert werden.
Die Lernhierarchie *verdeutlicht u.U. wichtige Zwischenziele* und kann damit eine *Hilfe bei der Erstellung von Lernsequenzen* bedeuten, ohne den Lernweg im einzelnen vorzuschreiben.

3. *Die Lernstruktur kann also ein nützliches didaktisches Hilfsmittel sein*, wenn man sie nicht zu sehr im Sinne von »Vorratslernen« interpretiert und keine zu lineare Vorstellung des Lernprozesses damit verbindet. Es scheint auch nicht zweckmäßig, die einzelnen Begriffe und Regeln zu isoliert im Rahmen einer Unterrichtseinheit zu betrachten. Auch sinnvolles »vorläufiges Lernen« im Sinne Ausubels und die Einbettung in ein umfassenderes Curriculum sollten bedacht werden: Es kann zweckmäßig sein, einen vorgeordneten Begriff auch in einer größeren Unterrichtseinheit nicht vollständig auszuschöpfen: Der Unterricht verliert sich sonst zu leicht in der Breite. Wichtige Fähigkeiten, die man zu erreichen sucht, geraten so u.U. außerhalb einer motivierenden Reichweite (vgl. dazu Abschnitt 7.2). Dies gilt vor allem bei einem stärker an praktischen Anwendungen orientierten Unterricht.
Auch Vorstellungen einer »Curriculumspirale« im Sinne von Bruner (ein wiederholtes Aufnehmen eines Lerngegenstandes auf unterschiedlichem Niveau) stehen in gewissem Widerstreit zu Gagné. Wenn man indessen dem »Verzahnungsprinzip« für unterschiedliche Darstellungsebenen (vgl. 4.2.2) stärkeres Gewicht gibt und unterrichtsorganisatorische Unzulänglichkeiten der Curriculumspirale[10] beachtet, könnte es durchaus sein, daß man hier stärker auf »systematischen« Unterricht im Sinne Gagnés zurückkommt.
Die eher kritische Seite der Gagnéschen Lernhierarchie muß im nächsten Abschnitt angesprochen werden.

10 In der Praxis ist z.B. zu beobachten, daß sich Lehrer beim Unterrichten eines Inhalts selten darum kümmern, was Kollegen auf früherem Niveau dazu durchgenommen haben (eher Neubehandlung statt »Aufbau«).

6.2.2 Zur Unvollständigkeit der Gagnéschen Lernstruktur

Um Überinterpretationen oder Verengungen zu vermeiden, muß noch einmal deutlich auf die begrenzte Reichweite der Lerntypenhierarchie hingewiesen werden. Es wurden hier ja bewußt der Bereich verbaler Information, der Bereich kognitiver Strategien, der sozial-affektive Bereich und der motorische Bereich ausgeblendet, weil sie sich nicht entsprechend hierarchisieren lassen. Mit den letzten drei Bereichen scheinen zudem Phänomene angesprochen, die stärker dem »Beobachtungslernen« (vgl. 6.3.7 und 6.4.1) zugeordnet werden können. Das Beobachtungslernen steht quer zu allen Lerntypen Gagnés und paßte Gagné wohl schon deshalb nicht recht zu seiner Hierarchie der Lernarten. Er sieht zwar auch die Bedeutung des Beobachtungslernens für den Bereich der Einstellungen, bleibt in dessen Diskussion aber recht blaß.

Da Gagné sich auch stark auf schulische bzw. klar eingrenzbare Voraussetzungen konzentriert, wird er den Vorerfahrungen des Alltags nicht gerecht, denen nach Ausubel eine besondere Bedeutung zugemessen werden muß.

Kurz und gut: Obwohl Gagné mit Recht die Bedeutung intellektueller Voraussetzungen für intellektuelle Fähigkeiten so stark betont, wird seine »Lernstruktur« den insgesamt notwendigen Voraussetzungen des Unterrichts zuwenig gerecht. Insofern sollte man sich für Zwecke des Unterrichts erlauben, die aus wissenschaftsinternen Gründen eingeschränkte Lernstruktur ggf. geeignet zu erweitern, zumindest mit wichtigen Voraussetzungen aus dem Bereich des verbalen Wissens und aus dem motorischen Bereich. Auch die anderen Voraussetzungen aus dem Bereich der kognitiven Strategien und aus dem affektiv-sozialen Bereich sind auf jeden Fall immer mitzubedenken. In Wirklichkeit sind diese Bereiche ja ohnehin nicht zu trennen. Ein Lehrer sollte sich also nicht unnötig darüber den Kopf zerbrechen, wie ein Ziel lerntypenmäßig genau einzuordnen ist. Zumal in der Grundschule dürfte die Einordnung gelegentlich schwerfallen, wenn es nicht einfach um fachliche Begriffe und Regeln geht. Trotzdem kann es auch gerade hier sehr sinnvoll sein, eine Lernstruktur zu den Voraussetzungen zu entwerfen, wenn sie auch nicht im strengen Sinne Gagnés angelegt ist. Man wird dadurch u.U. auf das eine oder andere aufmerksam, an das man sonst vielleicht nicht gedacht hätte.

In diesem Sinne sei es also gewagt, das folgende Beispiel einer »Lernstruktur« aus der Grundschule für das Lesen und Darstellen einer Zuordnung in einer Tabelle zur Diskussion zu stellen.

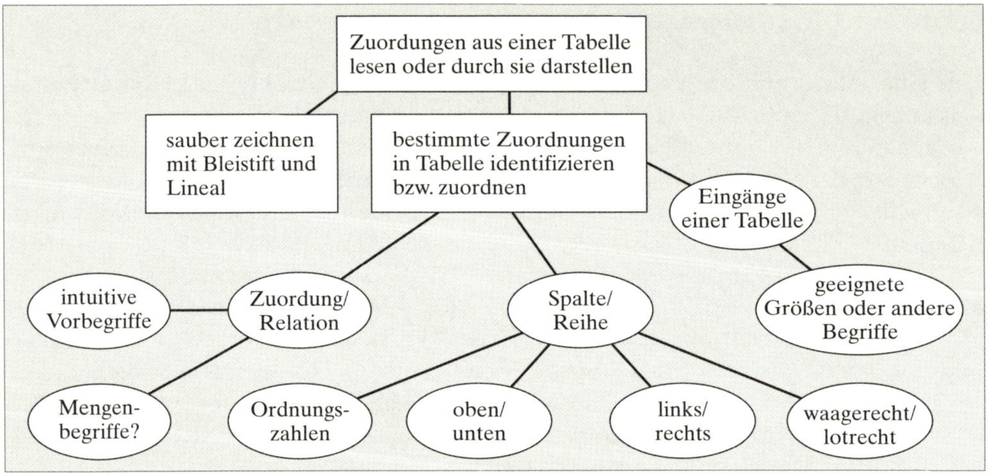

Abb. 6.4: Beispiel einer Lernstruktur aus dem Grundschulbereich

Diese Lernstruktur ist aus der Sicht Gagnés fragwürdig:

1. Wieweit geht es hier um Begriffe und Regeln, wieweit um bloße Diskrimination oder verbale Information?

   Offenbar ist es gar nicht entscheidbar, ohne die Zielsetzungen des Unterrichts genauer zu bedenken. Einige Fragen:
   a) Wieweit soll der Relationsbegriff entwickelt werden? Soll vielleicht nur mit intuitiven Vorbegriffen gearbeitet werden?
   b) Sollen bei »waagerecht/lotrecht« nur die unterschiedlichen Richtungen im Heft gezeigt werden (Diskrimination)? Soll eine verbale Information hinsichtlich der Beziehung zum »Erdboden« gegeben werden? Soll in Richtung des Begriffs »... ist senkrecht zu ...« (mit unterschiedlichen Beispielen) gearbeitet werden?
2. Es wird hier an intuitive Vorbegriffe erinnert.
3. Es werden motorische Zielsetzungen mit einbezogen.
4. Es werden ggf. verbale Informationen einbezogen.

Trotz alledem kann solch eine grobe Lernstruktur (gerade, weil sie so »fragwürdig« ist) zum didaktischen Weiterdenken anregen. M.E. ist unter Gesichtspunkten einer praktischen Unterrichtslehre viel mehr über nützliche Hilfsmittel für den Unterricht nachzudenken unter Berücksichtigung verschiedener Theorieelemente, anstatt einer bestimmten Theorie möglichst »rein« gerecht zu werden (mit der Gefahr überzogener Folgerungen). Es sei deshalb hier noch eine ganz andere Art von »Lernstruktur« erwähnt, wo der erste Erwerb der Einzeloperation sogar u.U. schon vorausgesetzt werden mag. Es geht dabei um den bekannten Vorschlag (vgl. z.B. Radatz/Schipper 1983, S. 85), Einmaleinsaufgaben vor allem über die »Königsaufgaben« $2 \cdot x$, $5 \cdot x$ und $10 \cdot x$ anzugehen[11] mit Verdoppeln (Halbieren), Addieren und Subtrahieren von $1 \cdot x$. Inso-

11 Insofern enthält das folgende Diagramm u.U. auch Anregungen für die Erstbehandlung von Einmaleinsaufgaben.

fern könnte man die Umsetzung dieses Vorschlags in die folgende Lernstruktur auch als »Übungsstruktur« bezeichnen.

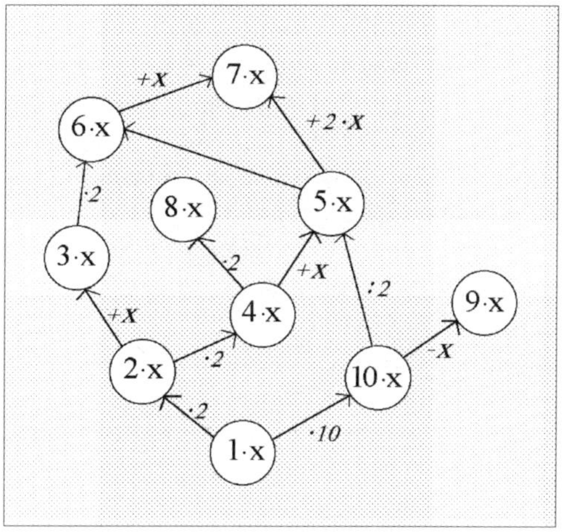

Abb. 6.5:
Beispiel einer »Übungsstruktur«

Hier sieht man, wie stark ein solches Lerndiagramm von didaktischen Vorentscheidungen geprägt ist. Ein theoretisch denkbares wäre ja immerhin auch das folgende:

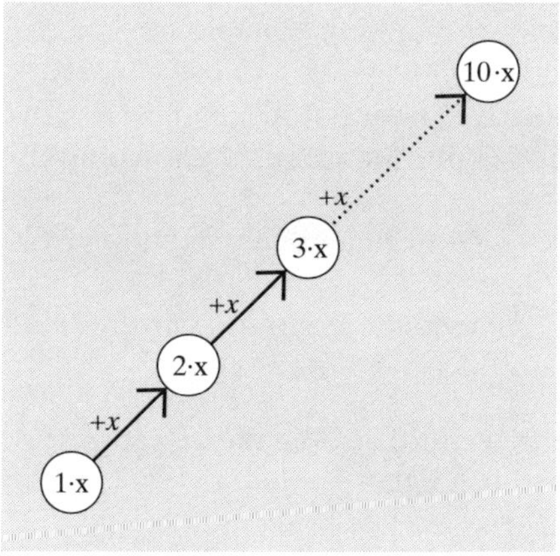

Abb. 6.6:
Beispiel einer unzweckmäßigen Übungsstruktur

6.2.3. Rezeptives Lernen versus entdeckendes Lernen

Zwei traditionell wichtige Unterscheidungen innerhalb der Lernarten finden sich bei Gagné implizit wieder:

a) die Unterscheidung zwischen mechanischem und sinnvollem Lernen (diese wurde bereits diskutiert),
b) die Unterscheidung zwischen rezeptivem und entdeckendem Lernen.

Die zweite Unterscheidung nach den Unterrichtsverfahren wird bei den Lerntypen »Regellernen« und »Problemlösen« angesprochen und soll jetzt diskutiert werden.

Wir machen die Unterscheidung zunächst mit Ausubel (1980^2, S. 47f.) deutlich:

Bei rezeptivem Lernen wird dem Schüler der vollständige Inhalt von dem, was gelernt werden soll, in seiner »fertigen« Form übermittelt. Von ihm wird nur gefordert, den Stoff so aufzunehmen, daß er ihn bei späterer Gelegenheit verfügbar hat und ihn reproduzieren kann. Das wesentliche Merkmal des entdeckenden Lernens ist die Tatsache, daß der Hauptinhalt dessen, was gelernt werden soll, nicht gegeben ist, sondern vom Schüler »entdeckt« werden muß.

M.a.W.: »Die Lernenden sollen ihr Wissen durch eigene Aktivität aufbauen, Fakten und Zusammenhänge selbständig suchen und ihre Lernvoraussetzungen zur Erweiterung ihrer Kenntnisse produktiv einsetzen« (Neber 1973, S. 7).

(Es sei nebenbei vermerkt, daß entdeckendes Lernen nicht unbedingt »sinnvoll« ist, sondern auch »mechanisch« sein kann: Lernen durch Versuch und Irrtum).

An dieser Stelle soll die klassische Kontroverse von Ausubel als Vertreters eines mehr rezeptiven Lernens und Bruner als Vertreters eines mehr entdeckenden Lernens nicht ausführlich entfaltet werden. Man kann auf das gut aufbereitete Material von Eigler/Judith u. a. (1973, S. 61–69) und auf leicht lesbare bei Neber (1973, S. 15–69; 1981, S. 15–44) aufgenommene Originalaufsätze von Bruner und Ausubel zurückgreifen. Die Kontroverse bleibt trotz vieler weiterer inzwischen erfolgten Forschungen im wesentlichen bestehen (vgl. auch den Zwischenbericht von Neber 1981). Es sieht inzwischen so aus, daß die Kontroverse durch Forschung wohl sehr schwer zu entscheiden ist, weil es letztlich um sehr langfristige und schwer meßbare Fähigkeiten wie den Erwerb kognitiver Strategien geht (vgl. Fußnote 13).

Es ist hier nur insofern kurz auf die Frage »rezeptives oder entdeckendes Lernen« einzugehen, weil sie die Zielsetzungen dieses Kurses im Sinne eines »Sowohl-Als-auch« (mit-)begründet.

Es seien nur einige plausible Argumente beider »Lager« gegenübergestellt (vgl. bereits Eigler/Judith u. a. 1973):

Für das entdeckende Lernen (bzw. das »entdecken lassende Lehren«) wird ins Feld geführt:

1. Es fördere besonders die Motivation, auch für weitere Problemlösungsprozesse und erhöhe damit allgemein die Problemlösebereitschaft.
2. Es führe zu besserem Behalten und sichererem Wissen.[12]
3. Es fördere besonders den Transfer des Gelernten; Selbstentdecktes werde in neuen Situationen eher eingesetzt.
4. Es eigne sich besonders für das Lernen von überall benötigten Problemlösetechniken (heuristischen Regeln) und fördere damit allgemein die Problemlösefähigkeit.

Für das rezeptive Lernen (bzw. das »expositorische Lehren«) wird ins Feld geführt:

---

12 Hier hat man nach Gagné (1980^5, S. 159) u.U. etwas zu differenzieren: Untersuchungen deuten darauf hin, daß die *darstellende Methode* zu besserem Behalten des Erlernten *unmittelbar nach* der Erarbeitung führt, die *entdeckende Methode* jedoch zu besserem langfristigen Behalten.

1. Das entdeckende Lernen benötigt zur Erreichung des gleichen fachlichen Ziels unverhältnismäßig mehr Zeit und Aufwand und führt damit – im Hinblick auf die zur Verfügung stehende Schulzeit – zu einer weniger ausgebauten und differenzierten kognitiven Struktur.
2. Nicht die Häufigkeit des Lösens von Problemen ist die entscheidende Bedingung für die Problemlösefähigkeit, sondern die kognitive Struktur des Lernenden. Je umfangreicher und stabiler eine kognitive Struktur ist, desto mehr Lösungsalternativen lassen sich entwickeln und desto kritischer und fundierter können diese überprüft werden.
3. Entdeckendes Lernen setzt eine Fülle komplexer Fähigkeiten und Bereitschaften kognitiver und affektiver Art voraus (vgl. die Taxonomie in Kapitel 3), die nur bei verhältnismäßig wenigen Schülern in dem Maße vorausgesetzt werden können oder trainierbar sind, wie die Fähigkeit, verbal präsentierte Sachverhalte zu verstehen und kritisch zu verarbeiten (Gefahr der Überforderung und Motivationsminderung!).
4. Die Problemlösetechniken gehen oft nicht über einen Teilbereich hinaus und tragen damit wenig zu einer allgemeinen Problemlösefähigkeit bei[13].

Die genannten Argumente sprechen dafür, ein Vorgehen anzustreben, das zwischen expositorischem und entdecken lassendem Lehren wechselt, wie es bereits dem Plädoyer von Eigler/Judith u. a. (1973) und noch früher (in etwa) dem Roths (1965[8]; 1976[15]) für einen Wechsel zwischen orientierendem und exemplarischem Lehren entspricht.

Diese Ansicht ist in die Konzeption dieses Kurses mit aufgenommen, indem akzentuierte Phasen des »Regellernens« *und* des »Problemlösens« vorgesehen sind.

Das Ausmaß expositorischen und entdecken lassenden Unterrichts muß in der gegebenen Situation letztlich der Entscheidung des einzelnen Lehrers überlassen bleiben. Es ist aber u.U. ratsam, entdecken lassenden Mathematikunterricht vorwiegend auf »eigentliche« Problemlösungssituationen des Mathematikunterrichts wie Sachaufgaben, Konstruktions- und Beweisaufgaben zu beschränken (vgl. Kapitel 11). Indessen wäre m.E. hierin durchaus ein »Gewinn« zu sehen, da bisher echter Problemlösungsunterricht trotz allen Propagierens nach allen eigenen Beobachtungen faktisch selten versucht wird. Vermutlich liegt es u. a. auch daran, daß der Lehrer in der Ausbildung häufig wenig konkrete Anleitung dazu erhält. So wird durch diesen Grundkurs zumindest angestrebt, daß der Lehrer Problemlösungsunterricht im Repertoire hat. Auf die Bedingungen, die bei solch einem Unterricht zu beachten sind, geht Kapitel 11 im einzelnen ein.

Es seien noch einige Bemerkungen hinzugefügt, die vielleicht mögliche Mißverständnisse beseitigen helfen:

Gerade, wenn man mehr entdeckendes Lernen möchte, muß man irreführende Argumentationen vermeiden. Dazu gehört die gelegentlich zu hörende Ansicht, entdekkendes Lernen sei »aktiv« und »sinnvoll« und rezeptivem Lernen vorzuziehen, weil

13 Der Möglichkeit der Entwicklung einer allgemeinen (womöglich fachübergreifenden) Problemlösefähigkeit an spezifischeren Inhalten muß man selbst bei zusätzlichen Transferbemühungen eher skeptisch gegenüberstehen (vgl. auch Kapitel 11).

dieses »passiv« und »mechanisch« sei. Dies wäre insofern ein Mißverständnis, weil auch rezeptives Lernen »sinnvoll« sein kann und als solches »aktiv« sein muß: Der angeleitete Schüler muß letztlich immer selbst die Bezüge zu seiner kognitiven Struktur herstellen. Natürlich muß der Lehrer auch selbst die Bedingungen sinnvollen Lernens einhalten, d.h., sich mit großer Sensibilität an der kognitiven Struktur seiner Schüler orientieren. Insofern mag es sein, daß ein stärker rezeptiver Unterricht, in dem der Lehrer »über die Köpfe der Schüler« hinwegredet, häufig zu mechanischem Lernen führt, weil dem Schüler dann nichts bleibt, als »auswendig« zu lernen. Leider wird ein effektiver rezeptiver Unterricht, so wie er mit gutem Grund in diesem Buch auch propagiert wird, leider ebenfalls zu selten praktiziert, weil er in der Mathematikdidaktik zuwenig reflektiert wird. Dazu gehören, wie früher ausgeführt, u.a. Vorstrukturierungen, schülergemäße Sprache, Erarbeitung eines tief verankerten Verständniskerns, Einplanung eines roten Fadens und eine schülergemäße Zusammenfassung, prototypische Beispiele mit verallgemeinernden Hinweisen, ergänzt durch operative Übungen und Verständnisaufgaben.

Ein »gelenktes Entdecken« à la Winter (vgl. 1991^2 und 1987) oder ein »genetischer« Unterricht à la Wittmann (1981^6) oder ein »problemhafter« Mathematikunterricht im Sinne einer in der früheren DDR propagierten Unterrichtsform (vgl. z.B. Hinweise in 11.15) oder ein stärker »anwendungsorientierter« Unterricht (vgl. ebenfalls 11.15) bezeichnen Formen und Stilarten von Mathematikunterricht, die die Akzente (unterschiedlich stark) auf eher entdeckendes Lernen legen. All diese Konzepte betonen mit Recht häufig vernachlässigte Gesichtspunkte, die z.T. auch wesentlich über die bloße Unterrichtsform hinausgehen und mit der jeweiligen Auffassung von Mathematik zusammenhängen. Diese Konzepte bleiben nach meiner Einschätzung aber, ob sie es nun offen zugeben oder dagegen polemisieren, ebenfalls auf Elemente stärker geführten, systematisierenden, rezeptiven Unterrichts (der natürlich möglichst »sinnvoll« sein soll) angewiesen.

Auf die mathematikdidaktische Kontroverse zum Gewicht entdecken lassenden Unterrichts kommen wir in Abschnitt 11.10.4 noch einmal kurz zurück.

6.2.4 Zur Verschränkung der Lerntypen

Es scheint wichtig, »Puristen« darauf hinzuweisen, daß die verschiedenen Lerntypen nicht scharf voneinander getrennt werden können, sondern sich vielfältig verschränken. Das ist nicht nur in der Praxis so, wenn das Lernen unversehens »degeneriert« z.B. vom sinnvollen zum mechanischen Lernen (Stichworte Verbalismus, Lernen »nach Schema F«, Lernen nach Versuch und Irrtum): Häufig sind bei den tatsächlichen Lernergebnissen sinnvolle und mechanische Elemente bunt vermischt (sowohl beim rezeptiven wie auch beim entdeckenden Lernen). Dabei täuscht sich häufig der Lehrer, der etwas anderes beabsichtigt hatte; denn man kann ja nicht ohne weiteres sehen, wieweit der Schüler etwas »verstanden« hat, d.h., auf seine kognitive Struktur bezogen hat oder nicht. Auch theoretisch sind die Lerntypen letztlich nicht zu trennen. So hat Gagné selbst bereits in einem Aufsatz von 1973 darauf hingewiesen, daß »Entdeckungsprozesse« als Teil jeder Lernart vorkommen: Beim Lernen konkreter Begriffe werden z.B. gemeinsame Eigenschaften mehrerer Objekte »entdeckt«. Beim

Regellernen werden (auf Hinweise des Lehrers) »Teilzusammenhänge« entdeckt. »Begriffslernen« geht beim Lernen konkreter Begriffe durch Definition und verbale Hinweise in »Regellernen« über. Regellernen geht fließend in Problemlösen über. Reines Problemlösen gibt es im Schulunterricht kaum, da es im Extrem sämtliche Eingriffe des Lehrers ausschließt. *Es geht also im Grunde nur um mehr oder weniger starke Lenkungsmaßnahmen.*

Im übrigen ist darauf hinzuweisen, daß – unbestritten – zu jedem anspruchsvollen rezeptiven Lerntyp im Unterricht eine Übungsphase gehört, in der die Schüler stärker selbsttätig werden sollen, um das Neue in der kognitiven Struktur zu stabilisieren und auszuweiten. Das beinhaltet jeweils Entdeckungsprozesse; selbst wenn die Hilfen nach der ersten Erarbeitungsphase häufig so stark sein werden, daß man insgesamt kaum von Problemlösen sprechen wird. Im nächsten Abschnitt wird eine etwas andere pragmatische Einteilung der Lerntypen für den Mathematikunterricht vorgeschlagen, die dem *kontinuierlichen Übergang der Lernarten* entspricht, aber auch der Zusammengehörigkeit der Unterrichtssituationen und der Ergänzungsbedürftigkeit der sonst einseitig im Vordergrund stehenden Lerntypenhierarchie kognitiver Fähigkeiten.

Unter dem Aspekt der Verschränktheit der Lerntypen ist hierbei hervorzuheben: Das Lernen von definierten Begriffen wird mitbehandelt unter »Begriffslernen« (bei Gagné früher »Regellernen«), weil das Lernen von Begriffen von Bedingungen und Situationen her häufig nahtlos übergeht in das Lernen definierter Begriffe (vgl. Abschnitt 6.3.3 und Kapitel 9). Das Lernen heuristischer Regeln (bei Gagné »kognitive Strategien«) gehört andererseits in so enge Nachbarschaft des Problemlösens, daß es nicht außerhalb des Rahmens intellektueller Fähigkeiten diskutiert werden sollte, wird aber auch als gesonderter Lerntyp aufgeführt, weil heuristische Regeln nicht nur entdeckend, sondern auch stärker rezeptiv erworben werden können.

Vor allem aber sollte man nicht dem Mißverständnis verfallen (was nach Akzentuierung der Lerntypen in diesem Kurs nahegelegt werden könnte), daß es in einer Schulstunde nur um »Begriffslernen«, in einer anderen nur um »Regellernen« und in einer dritten nur um »Problemlösen« geht. Im realen Unterricht treten selbstverständlich alle Lerntypen in unterschiedlichem Ausmaß vermischt auf. Manche Begriffe werden »en passant« während eines »Regellernens« eingeführt, und eine operative Übung zu einem Begriff oder einer Regel wird eventuell mit einem kleinen Problem abgeschlossen. Wenn für diesen Kurs trotzdem dafür plädiert wird, jeweils gesonderte Stunden für jeden Lerntyp anzusetzen, so hat das den alleinigen Sinn, die jeweiligen – akzentmäßig unterschiedlichen – Lernbedingungen deutlicher ins Bewußtsein zu rufen und anhand verabredeter Beobachtungskategorien besser diskutieren zu können.

6.3. Eine Einteilung von Lerntypen des Mathematiklernens

Vorbemerkungen

In diesem Abschnitt möchte ich – ausgehend von den Gagnéschen Lerntypen – eine neue Einteilung von Lernarten für den Mathematikunterricht vorschlagen. Mit gewissen Uminterpretationen gegenüber Gagné und bei Hinzufügung des quer zu den Lerntypen Gagnés liegenden Beobachtungslernens seien hier unterschieden:

1. Assoziatives Lernen	5. Lernen heuristischer Regeln
2. Diskriminationslernen	6. Lösen mathematischer Probleme
3. Lernen mathematischer Begriffe	7. Beobachtungslernen
4. Lernen mathematischer Regeln	

Zu dieser Einteilung ist zu bemerken:

a) Hier sind die Lernarten aufgeführt, deren Bedingungen einen Kernbereich des Mathematiklernens ausmachen dürften und in Abschnitt 6.4 genauer diskutiert werden sollen.
b) Der Versuch einer Hierarchisierung der Lernarten wird zu einem wesentlichen Teil aufgegeben. Nach wie vor sollen aber zumindest ähnliche Lernbedingungen gelten für jede Lernart.
c) Es werden im wesentlichen kognitive Lernarten angesprochen. Beim Beobachtungslernen sind der affektive und motorische Bereich mit einbezogen.
d) Der Lerntyp »verbale Information« erscheint hier nicht gesondert: Einesteils wurde er bereits implizit mitdiskutiert beim 5. Kapitel über »sinnvolles Lernen« nach Ausubel. Andernteils bin ich in meinem Buch »Mathematik erklären und verstehen« (Zech 1995) genauer auf diesen Lerntyp eingegangen, wo es u.a. um Verständlichkeitsgesichtspunkte für die Gestaltung mathematischer Texte geht.
Schließlich spielt »verbale Information« implizit eine große Rolle bei der Beschreibung der Lernbedingungen für die anderen Lernarten.

Im folgenden werden die obengenannten Lernarten 1–6 knapp in ihrer Spezifizierung und Bedeutung für den Mathematikunterricht beschrieben. Auf das Beobachtungslernen ist etwas genauer einzugehen, weil es bei den Gagnéschen Lerntypen keinen Platz findet, aber von besonders umfassender Bedeutung scheint.

6.3.1 Assoziatives Lernen

Unter »assoziativem Lernen« werden die auf den kognitiven Bereich beschränkten Gagnéschen Grundformen des Lernens zusammengefaßt, die dort näher als Signallernen, Reiz-Reaktions-Lernen, Kettenbildung und sprachliche Assoziation spezifiziert sind. Unter »assoziativem Lernen« werde dementsprechend der *Aufbau kürzerer oder längerer Reiz-Reaktions-Verbindungen* (Automatismen) im kognitiven Bereich verstanden. Das betrifft in der Mathematik (positiv betrachtet) all jene Dinge, die im herkömmlichen Sinn – zumindest bis zu einem gewissen Grade – »eingeschliffen« werden sollen, wie z.B. das Einmaleins, die schriftlichen Rechenverfahren, Verfahren der Bruchrechnung, Termumformungen, Lösung von Gleichungen. Es sei hervorgehoben, daß solche Automatisierungen in der Mathematik durchaus angebracht sind, da sie das Denken für höhere Operationen entlasten können. (Man denke etwa daran, wie die Lösung von Sachaufgaben entlastet werden kann, wenn die Rechenprobleme quasi nebenbei – heute ja häufig auch mit dem Taschenrechner – zu lösen sind.) Das bedeutet jedoch keinesfalls, daß Automatismen für sich und vorneweg ohne Verständnis gedrillt werden sollen. Sie setzen bei einer didaktisch sinnvollen Lernsequenz zu allermeist das Verständnis von Begriffen und Regeln voraus.

6.3.2 *Diskriminationslernen*

Unter »Diskriminationslernen« werde ein Unterscheidenkönnen verschiedener, auch ähnlicher Dinge, aber auch von Begriffen verstanden. Hier wird also die Beschränkung Gagnés auf bloßes Wahrnehmungslernen für tatsächliche Objekte (z.B. von viereckigen Formen) und Beziehungen zwischen solchen Objekten fallengelassen. Diskrimination, wie sie hier gedeutet wird, ist einerseits Voraussetzung für Begriffslernen; denn bevor man zwischen verschiedenen Dingen gemeinsame Eigenschaften feststellt, muß man sie als verschieden erkennen (diskriminieren) können. Andernteils ist Diskrimination auf höherer Ebene als Ergebnis des Lernens von Begriffen erwünscht: Der Schüler soll z.B. nicht nur zwischen Quadraten, Rechtecken, Rauten als einzelnen Objekten, sondern auch als Begriffen unterscheiden lernen. Die Bedingungen für Unterscheidungen beiderlei Art sind ähnlich (vgl. 6.4.3).

6.3.3 *Lernen mathematischer Begriffe*

Man spricht allgemein von einem »Begriff«, wenn eine Anzahl von Objekten oder Ereignissen aufgrund gewisser übereinstimmender Merkmale mit einem gemeinsamen Namen belegt wird (vgl. Weinert 1974, S. 664).

Im Anschluß an die Begriffslogik erscheint es zweckmäßig, verschiedene Arten von mathematischen Begriffen zu unterscheiden. Zunächst einmal kann man zwischen »Eigenschaftsbegriffen« und »Relationsbegriffen« unterscheiden:

Eigenschaftsbegriffe (kurz Eigenschaften, Merkmale)[14] können einzelnen Objekten zugesprochen oder abgesprochen werden. (Beispiel: dreieckig, rechtwinklig, Primzahl …)

Relationsbegriffe können Paaren, Tripeln … von Objekten zugesprochen bzw. abgesprochen werden. (Beispiel: … ist länger als …, … liegt zwischen … und …)

Weiterhin kann man »einfache« und »zusammengesetzte« Begriffe unterscheiden:

Zusammengesetzte (abgeleitete, definierte) Begriffe werden durch Definition auf andere Begriffe zurückgeführt, *einfache* Begriffe nicht mehr.

Einfache Begriffe sind in der axiomatisch betriebenen Mathematik die sogenannten »Grundbegriffe« (Beispiel: Punkt, Gerade, … liegt auf …). Was man als Grundbegriff wählt, ist bis zu einem gewissen Grade willkürlich; es hängt letztlich von der axiomatischen Basis ab, die man für sinnvoll hält.

Im (nicht axiomatischen) Schulunterricht sind einfache Begriffe diejenigen, die »keiner Erklärung mehr bedürfen«; was natürlich erst recht nur relative Bedeutung haben kann.

---

14 Es wird hier nicht genauer zwischen Merkmalen einer »Gattung« und Eigenschaften als »Ausprägungen« dieser Merkmale unterschieden.

Beispiele: sich kreuzen, liegt unter/über ..., liegt links/rechts von ..., Fläche, Kugel usw.

Solche Begriffe werden meist mehr oder weniger unmittelbar durch »Abstraktion« aus Beispielen der Erfahrungswelt gewonnen, allenfalls umgangssprachlich etwas erläutert. Vor allem an derartige einfache »empirische« Eigenschafts- oder Relationsbegriffe dachte Gagné bei seinem Lerntyp »Begriffslernen«.

Im weiteren sollen beim »Begriffslernen« auch die zusammengesetzten Begriffe mit einbezogen werden (deren Erlernen Gagné früher unter »Regellernen« subsumierte), weil ihre Lernbedingungen eher denen der anderen Begriffe entspricht (vgl. Kapitel 9).

Beispiele: Trapez (als Viereck mit ...), Spiegelung (als Abbildung der Ebene auf sich mit ...), Diagonale ...

Bemerkungen:

1. Es erscheint auch insofern nicht zweckmäßig, das Lernen definierter Begriffe zum »Regellernen« zu zählen, da es beim Regellernen meist nicht nur darum geht, die sprachliche Aussage der Regel (entsprechend der Definition) zu verstehen, sondern auch um deren Begründung. Insofern ergeben sich beim Regellernen, wie es hier verstanden wird, neue Lernbedingungen gegenüber dem Lernen definierter Begriffe.
2. Allerdings kann man Begriffe und Regeln häufig auch unter gemeinsamen übergreifenden Gesichtspunkten betrachten. Wir haben das, Ausubel folgend, im 5. Kapitel bereits getan, wenn wir statt von Begriffen und Regeln von »Ideen« (begriffliche Abstraktionen, Zusammenfassungen, jede Art von Verallgemeinerung) sprechen. Offensichtlich gelten hier auch gemeinsame Lernbedingungen. Sie wurden im 5. Kapitel unter dem Stichwort »sinnvolles Lernen« herausgearbeitet. In diesem Kapitel arbeiten wir stärker die unterschiedlichen Bedingungen heraus.

6.3.4 Lernen mathematischer Regeln

Im folgenden soll der Terminus »Regellernen« gegenüber Gagné eingeschränkt werden auf sinnvolles rezeptives Lernen von mathematischen Sätzen, Gesetzen, Regeln und inhaltlichen Verfahren.

Beispiele: Satz des Pythagoras, Distributivgesetz für natürliche Zahlen, Teilbarkeitsregel für die Teilbarkeit durch 9, Lösungsverfahren für eine quadratische Gleichung.

Nach der obigen zweiten Bemerkung zum Begriffslernen sollte bei den Lernbedingungen für Regellernen überlegt werden, inwieweit sie sich evtl. vom Begriffslernen her übertragen lassen (vgl. dazu Zech 1995, Abschnitt 3.5).

6.3.5 Lernen heuristischer Regeln

Es werde unter diesem Lerntyp das sinnvolle (teils rezeptive, teils entdeckende) Lernen inhaltlich orientierter und allgemeiner heuristischer Regeln verstanden. (Gagné dachte bei seinen »kognitiven Strategien« eher an allgemeine heuristische Regeln.)

Inhaltlich orientierte heuristische Regeln sind »Strategien« für inhaltlich mehr oder weniger abgegrenzte Teilgebiete der Mathematik.

Beispiele:

- Nutzung von Rechenvorteilen,
- zweckmäßige Berechnung eines Hauptnenners,
- Benutzung von Baumdiagrammen zur Darstellung multiplikativer Zusammenhänge,
- Klärung logischer Zusammenhänge mit Hilfe von Venn-Diagrammen,
- Zeichnen von »Planfiguren« für die Lösung von Konstruktionsaufgaben,
- Benutzung von graphischen Fahrplänen bei Bewegungsaufgaben,
- Nutzung von Kongruenzsätzen bei Beweisen in der Geometrie …

Das Lernen solcher inhaltlich orientierten heuristischen Regeln ist in direktem Zusammenhang mit der »Anwendungsphase« des Lernens gewisser inhaltlicher Regeln zu sehen. Dabei geht es eher um die Bewältigung häufiger Standardsituationen.

Allgemeine heuristische Regeln sind hingegen für alle mathematischen Teilgebiete geltende Problemlösungsstrategien, z. T. von fachübergreifender Bedeutung.

Beispiele:

- Analyse der Daten bei Problemlösungsaufgaben (Was ist gegeben, was ist gesucht?);
- gezielter Einsatz von früher Gelerntem (Was weiß ich aus ähnlichen Situationen?);
- Überprüfung von Zwischenergebnissen (Bin ich auf dem richtigen Wege?) …

Das Lernen solcher allgemeinen heuristischen Regeln steht offenbar in unmittelbarem Zusammenhang mit dem Lösen mathematischer Probleme. Beim Lernen beider Arten von heuristischen Regeln scheinen prinzipiell ähnliche Bedingungen zu gelten (vgl. 6.4.6).

6.3.6 Lösen mathematischer Probleme

Hierunter werde ein entdeckendes Lernen mathematischer Zusammenhänge verstanden. Dazu zählen wesentlich das Lösen von Sachaufgaben, geometrische Konstruktionsaufgaben sowie das Beweisen von Sätzen.

Will man den besonderen Anspruch von Problemlösungsaufgaben gegenüber anderen Aufgaben betonen, so kann man sie auch als solche Aufgaben kennzeichnen, die ein hohes Maß an Transfer erfordern (vgl. Abschnitt 7.4; eine genauere Umschreibung erfolgt in Kapitel 11).

6.3.7 Beobachtungslernen nach Bandura u. a.

Vorbemerkung:
Wenn man Beobachtungslernen didaktisch, gar mathematikdidaktisch herausstellen will, gerät man leicht in den Verdacht, vorgestrige Ansichten zu vertreten. Vormachen – Nachmachen, darum scheint es ja vordergründig nur zu gehen, und das ist doch scheinbar längst überwunden. Daß dies nicht so ist und unter Berücksichtigung neuerer kognitiver Theorien (man beachte insbesondere Bandura 1979) mathematikdidaktisch stärker positiv aufgearbeitet werden sollte, sei in diesem und dem nächsten Abschnitt herausgestellt.

Die sozial-kognitive Lerntheorie Banduras

Bandura (1979, S. 31) geht davon aus, daß die meisten menschlichen Verhaltensweisen durch die Beobachtung von Modellen erlernt werden[15]:

»Bei der Beobachtung anderer macht man sich eine Vorstellung davon, wie diese Verhaltensweisen ausgeführt werden, später dient diese kodierte Information dann als Handlungsrichtlinie.«

Schlicht gesagt: Modellernen ist Lernen als Folge der Beobachtung eines anderen. Neben »Beobachtungslernen« findet man auch die Bezeichnungen »Modellernen«, »Imitationslernen«, »Vorbildlernen«, »stellvertretendes Lernen« (im Gegensatz zum direkten Lernen als Folge eigenen Tuns). Es gibt Versuche, hier noch gewisse Differenzierungen zu treffen. Dies ist für unsere Zwecke nicht erforderlich. Wir werden später nur eine Sonderform als sog. »kognitives Modellieren« besonders bezeichnen.

Es gibt Versuche, das Beobachtungslernen behavioristisch und kognitivistisch (im Sinne von 5.3.1) zu deuten. Wir halten uns im folgenden an die »sozial-kognitive Lerntheorie« Banduras.

Banduras Ansatz des Beobachtungslernens ist in dessen Theorie des sozialen Lernens (Social Learning Theory) eingebettet. Diese Theorie versucht, menschliches Verhalten mit besonderer Berücksichtigung sozialer und kognitiver Einflüsse zu ananlysieren und zu erklären.

Es ist hervorzuheben, daß Bandura »Beobachtungslernen« als ganz eigene Lernart betrachtet, die über die Bildung einfacher Reiz-Reaktions-Ketten (was vielleicht einem »Nachäffen« entspräche) hinausgeht, bei der eine echte *Informationsverarbeitung* stattfindet, die man als »innere Nachahmung«, »Nach-Denken« und »Bewerten« während der Beobachtung des Modells bezeichnen kann. So können auf sehr einfache, natürliche Weise kognitives, psychomotorisches und auch affektives Verhalten erworben werden. Im Grunde ist dies jedem aus seiner Alltagserfahrung geläufig: So lernen wir beispielsweise »Spielregeln«, Umgang mit Werkzeug und die »Einstellung« zu Mitmenschen sicherlich weitgehend durch solch eine »reflektierte« Beobachtung von Mitmenschen. Daß man bei der Beobachtung der gleichen Menschen nicht zu den gleichen Lernergebnissen kommt, ist geradezu ein Beweis für den eher kognitiven als

15 Es ist davon auszugehen, daß das Beobachtungslernen die wesentliche Grundlage darstellt für die »Sozialisation« im Rahmen von Familie, Schule und Beruf.

mechanischen Charakter dieses Lernens. Wie »gut« man durch Beobachtung lernt, hängt freilich – wie bei anderen Lernarten auch – wesentlich von den Lernbedingungen ab. Diese sind nach Bandura (1979, S. 33) bestimmt durch vier Teilprozesse, die Beobachtungslernen steuern[16]:

(1) Aufmerksamkeitsprozesse,
(2) Behaltensprozesse,
(3) motorische Reproduktionsprozesse,
(4) Motivationsprozesse.

Schlicht gesagt, lernt der Beobachter um so besser,

(1) je besser er das erkennen kann, was er lernen soll,
(2) je besser er behalten kann, was er lernen soll,
(3) je mehr Hilfen er bei der eigenen Ausführung des Gelernten bekommt,
(4) je besser er erkennt, was das Gelernte wert ist.

Das Lernergebnis hängt natürlich nicht nur vom Beobachten, sondern entscheidend auch vom Modell ab. Wir kommen auf die Bedingungen in Abschnitt 6.4.1 genauer zurück.

Im Blick auf den Mathematikunterricht ist hier noch besonders hervorzuheben, daß Modelle nach Bandura nicht nur konkrete Handlungen mit realen Objekten (z.B. Mehrsystemblöcken, Bruchscheiben, Zeichengeräten), sondern auch Handlungen symbolischer Natur (z.B. Rechenverfahren, Vorgehensweisen beim Aufgabenlösen) sein können. Auch affektives Verhalten kann im Mathematikunterricht gut durch »Modellieren« vermittelt werden: Nicht nur die globale Einstellung zur Mathematik durch Verdeutlichung ihres Wertes im Vollziehen mathematischer Tätigkeiten oder soziale Verhaltensweisen durch Vorbild (auch ganz konkret z.B. beim Umgang mit Schülerfehlern); auch das Verhalten beim Aufgabenlösen (etwa das »überlegte« Herangehen, die überlegte Kontrolle des Tuns) können auf diese Weise vermittelt werden.

Schlußbemerkung: Es sei nebenbei auch auf die gewichtige Bedeutung des Beobachtungslernens bei der praktischen Ausbildung von Lehrern hingewiesen (vgl. Kapitel 8).

Kognitives Modellieren

Eine Spielart des Modellernens ist das Lernen über sogenannte »kognitive Modelle«. Vom Modell aus (z.B. Lehrer) spricht man auch von »*kognitivem Modellieren*«. Das Lernen über kognitive Modelle unterscheidet sich vom alltäglichen Beobachtungslernen dadurch, daß das Modell die Regeln und Strategien, denen es im Handeln folgt, laut ausspricht (z.B.: »Bevor ich jetzt etwas tue, denke ich erst einmal nach ...«)[17] und

16 Kontrollprozesse im weiten Sinne des Informationsverarbeitungsmodells in Abschnitt 5.3.2.
17 Ausführliches Beispiel in Abschnitt 11.7.2.

damit die kognitiven Grundlagen des Verhaltens verdeutlicht. Solche kognitiven Modelle werden vor allem in der Verhaltenstherapie z.B. bei ängstlichen, impulsiven und lernschwierigen Kindern eingesetzt (vgl. Lauth u.a. 1983, M. Bauer 1979, Meichenbaum 1979).

Der Erfolg bei der Verhaltenstherapie spricht dafür, ähnliche Methoden viel mehr im Mathematikunterricht, vor allem auch für lernschwache Schüler, anzuwenden. Häufig wird das kognitive Modellieren erweitert durch das sog. »*Selbstinstruktionstraining*«, indem zuvor laut modellierte Verhaltensweisen gezielt als Selbstinstruktionen der Kinder geübt und internalisiert werden. Dies geht letztlich auf lerntheoretische Vorstellungen zum Denken als inneres Sprechen zurück (vgl. 4.1.5).

Die Techniken des kognitiven Modellierens und des Selbstinstruktionstrainings gehen weit über das bloße Vorführen von Aufgabenlösungen hinaus.

In Abschnitt 11.7.2 wird versucht, das kognitive Modellieren an einem konkreten Beispiel genauer zu modellieren (genauere Hinweise auch bei Zech 1995, Abschnitt 4.4).

6.4 Bedingungen des Mathematiklernens

Vorbemerkungen:

1. Der Grundgedanke der Gagnéschen Lerntypeneinteilung, dem wir uns anschließen, besteht darin, Lernarten so weit zu unterscheiden, wie für sie unterschiedliche Lernbedingungen gelten, und diese Lernbedingungen genauer anzugeben.
   Nach Gagné hat der Lehrer als »Organisator von Lernprozessen« auf zweierlei Bedingungen zu achten:

   a) *Interne Bedingungen* des Lernenden; das sind die Lernvoraussetzungen, die der Schüler für den Lernprozeß mitbringt bzw. mitbringen sollte (z.B. Aufmerksamkeit, Vorkenntnisse).
   b) *Externe Bedingungen* des Lernens; das sind die äußeren Bedingungen, die den Lernvorgang begünstigen (z.B. Medien, verbale Hinweise des Lehrers, Lehrerhilfen jeder Art).

   Die vom Lehrer zu schaffenden externen Bedingungen (Lehrermaßnahmen) ergeben sich oft unmittelbar aus den beim Lernenden vorliegenden internen Bedingungen. Den obigen internen Bedingungen entsprechen beispielsweise die externen Bedingungen: Interesse wecken, Vorkenntnisse sichern. Es sollen im folgenden einige wesentliche (interne und externe) Lernbedingungen für die in Abschnitt 6.3 herausgestellten Lerntypen des Mathematikunterrichts zusammengetragen werden.

2. Wir gehen zunächst auf die Bedingungen des Beobachtungslernens ein, da sie auch bei allen anderen Lerntypen implizit eine gewisse Rolle spielen; denn in jedem Unterricht wird auf irgendeine Weise durch Beobachtung anderer gelernt. Die unterrichtlichen Bedingungen für das Lernen mathematischer Begriffe und Regeln sowie für das Lösen mathematischer Probleme werden in diesem Kapitel in einigen wesentlichen Zügen angesprochen und in den Kapiteln 9–11 näher diskutiert.

3. Auf zwei wesentliche Grundbedingungen, die für alle Lernarten gelten, soll vorweg besonders hingewiesen werden:

   a) Die *Aufmerksamkeit* des Schülers. Sie ist vom Lehrer in jedem Fall zu sichern; denn sie hat psychologisch zwei unverzichtbare Funktionen:
      (1) eine allgemeine Mobilisierungsfunktion für die Lernbereitschaft,
      (2) die Steuerung der selektiven Wahrnehmung für die Aufnahme wesentlicher Daten in das Arbeitsgedächtnis (vgl. das Informationsverarbeitungsmodell in Abschnitt 5.3.2).

   b) Die *Rückmeldung* (ob nun durch Lehrer, Schüler, in mündlicher oder schriftlicher Form): die Information des Schülers darüber, ob er sein Ziel erreicht hat oder wie nahe er ihm ist; denn nur so weiß der Schüler, ob oder wie er weiterlernen muß.

Wir kommen auf diese Grundbedingungen zurück, wenn sie besonders wichtig scheinen.

6.4.1 Bedingungen für das Beobachtungslernen

(Der Leser denke etwa an das Modellieren des Umgangs mit dem Winkelmesser[18].)

Es sei erinnert an die vier Steuerungsprozesse des Beobachtungslernens nach Bandura in Abschnitt 6.3.7. Sie legen folgende Lernbedingungen nahe:

1. *Bedingungen für Aufmerksamkeitsprozesse* (Bandura 1979, S. 33):

Hier scheint die Aufmerksamkeit besonders wichtig, weil der Schüler ganz auf das Modell des Lehrers angewiesen ist: Der Schüler muß auf die wichtigen Merkmale des modellierten Verhaltens achten und diese genau wahrnehmen. Das bedeutet z.B. für den modellierenden Lehrer:

(1) Er fordert die Schüler auf, genau aufzupassen. (Das bedeutet ggf., daß er seinerseits dafür sorgen muß, daß alle Schüler gut hören und sehen können. U.U. ist zur Zentrierung der Aufmerksamkeit der Einsatz eines Overheadprojektors zweckmäßig.)

(2) Er führt das Verhalten deutlich vor, d.h.,
   - er teilt es ggf. in einige klare Einzelschritte auf;
   - er hebt das Wesentliche deutlich hervor.

2. *Bedingungen für Behaltensprozesse* (a.a.O., S. 34)

Soll der Lernende Nutzen vom Modell haben, wenn es nicht anwesend ist, muß das Reaktionsmuster symbolisch oder bildhaft (durch Sprache oder Vorstellung) im Gedächtnis repräsentiert werden.

18 Übungsaufgabe 10!

Das bedeutet z. B. für den Lehrer (vgl. Ausubel):

(1) Er sollte auf eine leichtverständliche, womöglich »bildhafte«, schülergemäße Sprache achten.
(2) Er kommentiert begleitend sein Tun (Vorbereitung der Selbstinstruktion des Schülers durch »kognitive Modellierung«).
(3) Er sollte prägnante schriftliche Stichworte oder Skizzen (am besten beides) einsetzen (Doppelkodierung!)[19].
(4) Er wiederholt die Modellierung u.U. mehrmals, evtl. schwierige Einzelschritte alleine.

3. *Bedingungen für motorische Reproduktionsprozesse* (a.a.O., S. 36)

Als nächstes muß die codierte Repräsentation in Handlung umgesetzt werden. Schlichter gesagt: Der Lernende muß das am Modell Gelernte in eigenes (beobachtbares) Verhalten umsetzen können. (»Motorisch« soll hier genau dieses besagen: Das muß i.a. kein psychomotorisches Verhalten im Sinne Blooms – vgl. 3. Kapitel – sein.)

Wieviel vom Gelernten tatsächlich gezeigt werden kann, hängt sicherlich einesteils wesentlich von der vorangegangenen Aufmerksamkeit und einer guten Kodierung des Verhaltens ab. Sie hängt andernteils wesentlich davon ab, wie weit Teilfertigkeiten bereits bekannt waren oder zuvor beim Modellieren verstanden wurden bzw. wie schnell sie koordiniert werden können[20].

So kann die Verhaltensreproduktion Fehler oder Hemmnisse aufweisen. Was ist zu tun?

(1) Der Schüler versucht es mehrmals selbst (Einzelteile des Verhaltens oder das Verhalten insgesamt).
(2) Der Lehrer versucht, laufend Rückmeldung zum Gelingen des Schülerverhaltens zu geben. Das erfordert aber zuvor:
   - Der Lehrer versucht, durch genaues Beobachten oder Fragen herauszubekommen, was dem einzelnen Schüler noch »fehlt« (Verständnis oder Koordination), und versucht, entsprechend Hilfestellung zu geben:
     - Er erklärt nochmals gezielt.
     - Er zeigt dem Schüler das richtige Vorgehen noch einmal.
     - Er hilft nach, wo es noch hakt.

4. *Bedingungen für motivationale Prozesse* (a.a.O., S. 37)

Bandura unterscheidet zwischen Erwerb und Ausführung des Gelernten: Nicht alle modellierten Verhaltensweisen werden vom Lernenden in sein eigenes »Repertoire«

---

19 Tanzlehrer geben nach meiner Beobachtung häufig keine solchen Kodierungshilfen, weshalb man häufig zu Hause nicht mehr das Gelernte reproduzieren kann.

20 Dies gilt nicht nur bei Bewegungsabläufen, sondern auch bei stärker kognitiv betonten Prozessen. Mit der Beherrschung der Teilfähigkeiten ist noch nicht die Gesamtfähigkeit gesichert (vgl. etwa die Verbindung der Schritte bei der Prozentsatzberechnung in 5.2.7).

übernommen. Die Übernahme einer Verhaltensweise erfolgt nur dann, wenn er einen bestimmten Wert mit ihnen verbinden kann. Dies ist für die anfängliche Aufmerksamkeit und die Übungsbereitschaft besonders wichtig: Was folgt daraus?

(1) Der Lehrer wird den Wert des zu Lernenden am Anfang besonders herausstellen.
(2) Er wird die Schüler in der Übungsphase nochmals zu überzeugen suchen, daß sich die Anstrengung lohnt.
(3) Er wird den (un)ausgesprochenen Zweifeln der Schüler besonders nachzuspüren suchen und sich um befriedigende Antworten bemühen.

(Die motivationalen Bedingungen werden noch wesentlich genauer im nächsten Kapitel dargestellt.)

Nachbemerkung:
Es wurde schon erwähnt, daß man vom Beobachtungslernen auch im Mathematikunterricht umfassenden Gebrauch machen kann. Das bedeutet aber nicht, daß man in jeder Situation davon Gebrauch machen müßte. Auf Beobachtungslernen zielende Unterrichtsmaßnahmen sollten aber zum Repertoire jedes Lehrers gehören. Besonders eignet sich das Beobachtungslernen vielleicht für psychomotorische Zielsetzungen (vgl. 3.2.5) und zur Demonstration heuristischer Regeln (vgl. 6.4.6); aber auch für das systematische Aneignen von Begriffen oder die Demonstration inhaltlicher Verfahren (vgl. 6.4.5 und 6.4.6) scheint es häufiger geeignet. Gerade bei letzterer wird man nicht unbedingt mit dem Modellieren beginnen, aber es kann nach einer Einführungsphase zweckmäßig sein, z.B. am Beginn einer Übungsphase. (Mehr zum Einbau von Modellierungen in den Unterricht insgesamt bei Zech 1995, Abschnitt 4.4). Besonders in der Grundschule beim Unterricht lernschwacher Schüler (da, wo es wohl intuitiv schon am meisten verwendet wird) sollte man viel bewußter vom Modellieren Gebrauch machen. Es sei auch darauf hingewiesen, daß man Schüler als Modelle einsetzen kann.

Auf das kognitive Modellieren mit anschließender Selbstinstruktion kommen wir in den Abschnitten 9.10.2 und 11.7.2 noch einmal zurück.

6.4.2 *Bedingungen für assoziatives Lernen*

(Man denke etwa an die Automatisierung eines Grundbestandes von Einmaleinssätzen.)

Hier lassen sich im Sinne der behavioristischen Reiz-Reaktions-Theorien vor allem drei wichtige Lernbedingungen nennen (vgl. Gagné 1980[5], S. 88–90):

a) häufige Wiederholung;
b) Verstärkung;
c) rasche Rückmeldung.

Die hier erforderliche *Wiederholung* (»Einübung«), die auf rasche stereotype Reaktionen zielt, darf nicht verwechselt werden mit der früher (in Kapitel 4) besprochenen operativen Übung nach Aebli u.a., die auf Verständnis und Beweglichkeit des Denkens zielt. Die operative Übung ist jedoch eine wichtige Bedingung für das Einüben. Denn: Einsichtig Gelerntes wird besser behalten!

Außerdem ist daran zu erinnern, daß nur Verstandenes wieder »rekonstruiert« werden kann (vgl. 5.2.8): Weiß man dann das Ergebnis von 17 · 17 nicht mehr auswendig, kann man es sich gfs. wieder ausrechnen.

Für das Auswendigwissen sind vor allem *häufige* Wiederholungen wichtig. Dabei haben sich zeitlich verteilte Wiederholungen gegenüber zu gehäuften Wiederholungen als wirksamer erwiesen.

Es empfiehlt sich weiterhin eine möglichst unmittelbare *Rückmeldung* (Bestätigung bzw. Korrektur) bezüglich des Lernergebnisses.

Günstig sind gelegentliche schriftliche Lernkontrollen (Übungsarbeiten), zum einen aufgrund der breiteren Aktivität der Schüler (eigener Übungsvollzug!), zum anderen: wegen der umfassenderen Rückmeldung durch den Lehrer.

Da die Rückmeldung um so effektiver ist, je rascher sie erfolgt, sollte man solche Arbeiten möglichst bald zurückgeben. (Das gilt sicherlich auch für höhere Lerntypen!)

Wichtig ist schließlich eine angemessene *Verstärkung* der Lernleistung durch den Lehrer. Das »Lob« des Lehrers sollte jedoch möglichst bald durch »Selbstbekräftigung« des Schülers aufgrund des eigenen Lernerfolgs abgelöst werden.

Damit der Schüler Spaß an den Übungen behält, gestalte sie der Lehrer möglichst interessant und abwechslungsreich. Hier gibt es mittlerweile fast ein Überangebot, insbesondere an Lernspielen für die Grundschule (vgl. z.B. Schipper 1993[7] mit vielen nützlichen Hinweisen). Für die Hauptschule geben z.B. Böhmer u.a. (1990) viele Hinweise für geeignete Materialien.

Bei allen Einübungen im Sinne assoziativen Lernens sollte man freilich nicht auch spätere operative Übungen und Verständnisaufgaben vergessen (vgl. Kapitel 4 und 5); vor allem, wenn Fehler auftreten, die auf mangelndes Verständnis schließen lassen. Man sollte daran denken, daß man Verständnis durch noch so viele Automatisierungsübungen nicht ersetzen kann.

Auf Übungen im Mathematikunterricht kommen wir nach einmal zusammenfassend im Abschnitt 7.3 zurück.

6.4.3 Bedingungen für Diskriminationslernen

(Man denke etwa an Unterscheidenlernen verschiedener Vierecke.)
Interne Bedingung: eindeutige Reiz-Reaktions-Verbindungen.

Zur Erleichterung der Diskrimination präsentiere man die zu unterscheidenden Dinge so, daß ihre Unterschiedlichkeit betont wird (z.B. durch bunte Kreide!).

Dies erfordert zudem räumliche und zeitliche »Kontiguität« (Nachbarschaft):

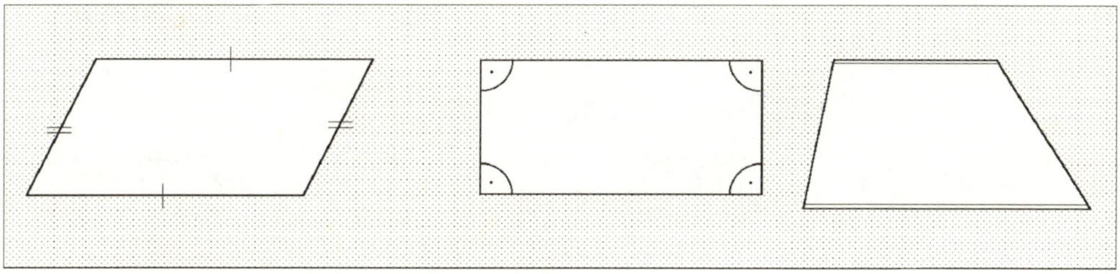

Abb. 6.7: Zur Diskrimination verschiedener Vierecke

Eine entsprechende Bedingung gilt für das Lernen mathematischer Begriffe: Kontiguität der Objekte; (zeichnerische und verbale) Hervorhebung der relevanten Merkmale.

6.4.4. Bedingungen für das Lernen mathematischer Begriffe

(Man denke etwa an den Begriff »Quadrat«.)

Hier ist u.U. genauer zwischen den Begriffsarten zu differenzieren (vgl. Kapitel 9). Allgemein kann man für das Beispiel vorwegschicken: Der Lernende muß verschiedene Vierecke unterscheiden können (Diskrimination als interne Bedingung des Begriffslernens).

Relevante Merkmale sollten meist an mehreren Beispielen hervorgehoben werden. Irrelevante Merkmale sollten dabei variiert werden (vgl. *Variationsprinzipien von Dienes* in Kapitel 4).

Zur (ersten) Vermittlung des Begriffs »Quadrat« ist es z.B. zweckmäßig, daß man die Farbe, Größe und Lage der Quadrate variiert:

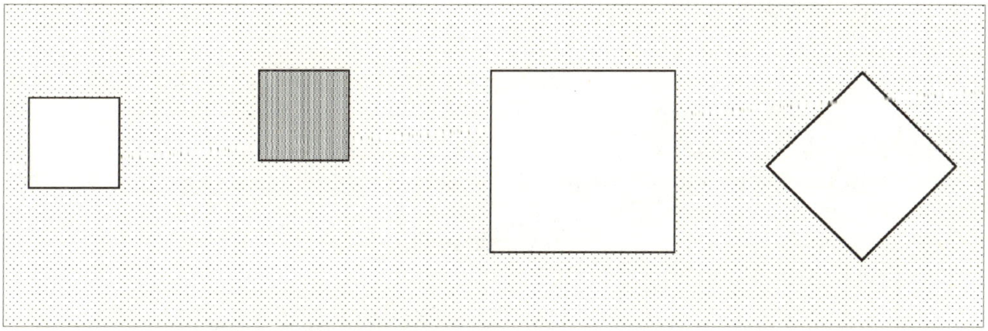

Abb. 6.8: Variierte Beispiele für den Begriff »Quadrat«

Damit man einen Begriff nicht zu weit faßt, sind Gegenbeispiele erforderlich (*Kontrastprinzip*; vgl. dazu bereits Abschnitt 5.2.7):

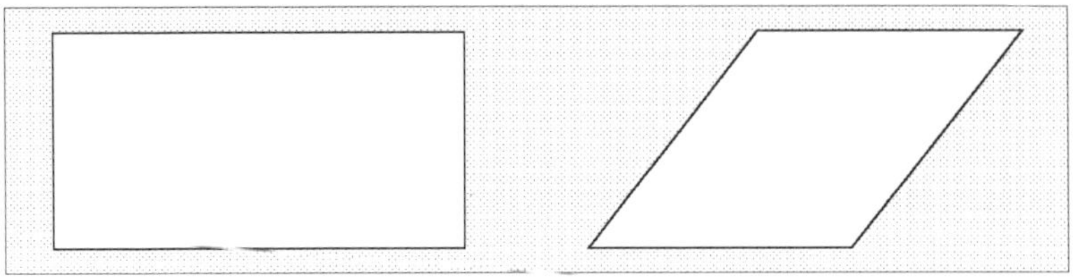

Abb. 6.9: Gegenbeispiele zum Begriff »Quadrat«

Näheres in Kapitel 9!

6.4.5 Bedingungen für das Lernen mathematischer Regeln

(Man denke etwa an das Lernen eines Distributivgesetzes für natürliche Zahlen.)

Eine unerläßliche Bedingung für Regellernen (wie für das Lernen zusammengesetzter Begriffe) ist offenbar, *daß die vorgeordneten Begriffe (sonst eventuell auch Regeln) geklärt werden*: Begriffslernen als interne Bedingung für Regellernen (vgl. bereits 6.2.1).

Sicherlich sind hier häufig verbale Hinweise und Veranschaulichungshilfen als externe Bedingungen nützlich.

Näheres in Kapitel 10!

6.4.6 Bedingungen für das Lernen heuristischer Regeln

Für das Lernen inhaltlich orientierter heuristischer Regeln (man denke etwa an das Nutzen eines Rechenvorteils) ist sicher die *Kenntnis der zugrundeliegenden Gesetzmäßigkeit* und ein *häufiges Aufmerksammachen* des Lehrers auf die Anwendbarkeit des Rechenvorteils in speziellen Situationen erforderlich sowie die eigene Anwendung durch die Schüler in immer neuen Beispielen und Zusammenhängen (vgl. Transferbedingungen in Abschnitt 7.4).

Für das Lernen allgemeiner heuristischer Regeln gelten offenbar ähnliche Lernbedingungen wie für die inhaltlich orientierten: Lösung von Aufgaben unter Lenkung des Lehrers, Hervorheben zweckmäßiger Verfahren (z.B. Anfertigung von Situationsskizzen), Rückblick auf bereits gelöste Aufgaben sind hierbei transfergünstige Bedingungen (vgl. 7.4).

Für beiderlei heuristische Regeln sei auch nochmals an die Möglichkeit des kognitiven Modellierens erinnert (vgl. 6.3.7).

6.4.7 Bedingungen für das Lösen mathematischer Probleme

(Man denke etwa an das Lösen einer Sachaufgabe.)

Interne Bedingungen: Um ein Problem lösen zu können, muß der Schüler die *relevanten Begriffe und Regeln parat haben.* Er muß darüber hinaus fähig sein, gewisse kognitive Fähigkeiten einzusetzen, z.B. Sachverhalte zu analysieren, zu vergleichen, Beziehungen herzustellen. Er muß in der Lage sein, *heuristische Regeln* anzuwenden.

Da der Schüler möglichst selbständig arbeiten soll, gilt hier das *Prinzip der »minimalen Hilfe«*.

Geringste Hilfe:	eine Ermunterung (»Du kannst das!«);
stärkere Hilfe:	ein Hinweis auf eine allgemeine Strategie (»Was willst du eigentlich wissen?«);
noch stärker:	ein Hinweis auf eine inhaltliche Strategie (»Versuche es doch mal mit einer graphischen Darstellung!«);
stärkste Hilfe:	eine inhaltliche Hilfe (»Wenn du Geschwindigkeit und Zeit kennst, kannst du den Weg berechnen!«).

Auf die hier angedeutete »Hierarchie der Hilfen« und weitere Bedingungen eines Problemlösungsunterrichts wird in Kapitel 11 ausführlich eingegangen.

6.4.8 Zusammenfassende Übersicht

Einige wichtige Lernbedingungen zu den einzelnen Lerntypen seien in folgender Tabelle (Schema 13) zusammengefaßt:

Schema 13

Lerntypen mathematischen Lernens und ihre Bedingungen

Grundbedingungen für alle Lerntypen: Aufmerksamkeit, Rückmeldung

Lerntyp	**Lernbedingungen**
assoziatives Lernen	– häufige Wiederholung – Verstärkung – rasche Rückmeldung
Diskriminationslernen	– Unterschiede hervorheben (bunte Kreide!) – Kontiguität
Lernen mathematischer Begriffe	– Fähigkeit zur Diskrimination von Beispielen – relevante Merkmale hervorheben – mehrere Beispiele (irrelevante Merkmale variieren) – Gegenbeispiele (Kontrastprinzip)
Lernen mathematischer Regeln	– Klärung vorgeordneter Begriffe und Regeln (Regelstruktur!) – verbale Hinweise – Veranschaulichungshilfen

Lernen heuristischer Regeln	– häufiges Hinweisen auf Anwendungsfälle – kognitives Modellieren – eigene Anwendung in neuen Fällen – Hervorheben zweckmäßiger Verfahren – Rückblick auf bereits gelöste Aufgaben
Lösen mathematischer Probleme	– Geläufigkeit relevanter Begriffe und Regeln – Problemlösefähigkeiten (analysieren, vergleichen, Beziehungen herstellen ...) – Fähigkeit, heuristische Regeln einzusetzen – Prinzip der minimalen Hilfe (Motivationshilfe – heuristische Hilfe – inhaltliche Hilfe)
Beobachtungslernen	– Aufmerksamkeit des Schülers – Wesentliches deutlich hervorheben – Kodierungshilfen durch Stichworte/Skizzen – mehrmalige Wiederholung und Rückmeldung

6.5 Aufgaben und Diskussionsanregungen

0. Besinnen Sie sich auf das für Sie Wesentliche des 6. Kapitels. Diskutieren Sie Unklarheiten mit anderen, oder schreiben Sie dem Autor.
1. Geben Sie für jeden der sieben besprochenen Lerntypen mathematischen Lernens zwei eigene Beispiele.
2. Suchen Sie Beispiele für Gelegenheiten, (a) bei denen Sie selbst besonders viel durch Beobachtung eines anderen gelernt haben; (b) bei denen Sie als Modell für einen anderen tätig waren.
3. Erläutern Sie, inwiefern es sich beim Aussprechenlernen schwieriger Wörter wie »symmetrisch« und »Hypotenuse« um Reiz-Reaktions-Lernen handelt.
4. Versuchen Sie, die Lernstruktur in Abschnitt 6.2.1 noch weiter zu ergänzen, auch in Richtung »niedrigerer« Lerntypen.
5. Erstellen Sie eine (hypothetische) Lernstruktur zur Quersummenregel für die Teilbarkeit durch 9.
6. Welche Beziehungen oder »Nichtbeziehungen« sehen Sie zwischen den die betreffenden Lernarten beschreibenden Begriffspaaren mechanisch-sinnvoll und rezeptiv-entdeckend?
7. Diskutieren Sie kritisch die Argumente für (mehr) rezeptives bzw. (mehr) entdeckendes Lernen in Abschnitt 6.2.3.

8. Diskutieren Sie die »Übergänge« von Begriffslernen zu Regellernen und von Regellernen zu Problemlösungslernen.
9. Geben Sie je ein eigenes Beispiel für das Lernen eines zusammengesetzten mathematischen Begriffs und für das Lernen einer allgemeinen heuristischen Regel.
10. Versuchen Sie, die Lernbedingungen des Schemas 13 an passenden mathematischen Lerninhalten möglichst stark zu konkretisieren.

6.6 Literaturhinweise

Empfohlen seien:

Gagné (5., neu bearbeitete Auflage 1980 nach der 3. amerikan. Aufl.) als psychologische Grundorientierung zur Thematik dieses Kapitels;
Straka/Macke (1981) für pädagogisch orientierte Kurzfassungen zur Ergänzung:
Lehrtext 5: Gagnés Ansatz des kumulativen Lernens,
Lehrtext 4: Skinners Theorie der operanten Konditionierung,
Lehrtext 8: Bruners Theorie des Entdeckungslernens;
Kleineberg (1981) zu Möglichkeiten und Grenzen der Gagnéschen Lernhierarchiekonzeption im Mathematikunterricht;
Schipper u. a. (1993^7), Bömer u. a. (1990) mit anregenden Vorschlägen zum »Einüben« im Mathematikunterricht;
Bandura (1979) als psychologische Grundlage zum Beobachtungslernen;
Lauth u. a. (1983) als verhaltenstherapeutisch orientierte Kurzfassung zum kognitiven Modellieren und zum Selbstinstruktionstraining (mit praktischen Beispielen);
Neber (1981, 3., völlig überarbeitete Auflage) zur Kontroverse »rezeptives versus entdeckendes Lernen« mit Originalaufsätzen von Ausubel u. a. und Bruner sowie Forschungsarbeiten zum entdeckenden Lernen;
Bauer (1980) zu Möglichkeiten und Grenzen des entdeckenden Lernens im Mathematikunterricht;
Winter (1987 und 1991^2) als Anregungen für entdeckendes Lernen im Mathematikunterricht[21];
Zech (1995) als eher sinnvoll-rezeptiv orientiertes Konzept für einige grundlegende Teilgebiete des Mathematikunterrichts (u. a. mit vertiefenden Hinweisen zum Modellernen).

21 Weitere Hinweise zu tendenziell eher entdecken lassenden Konzeptionen vgl. in Abschnitt 11.15.

7. Kapitel: Lernphasen, insbesondere Motivation, Übung, Anwendung und Transfer des Mathematiklernens

7.0 Vororientierung

Lernvorgänge, insbesondere auch solche mathematischen Inhalts, können – wie das vorangegangene Kapitel gezeigt hat – außerordentlich unterschiedlich aussehen: Dem muß der Lehrer durch Beachtung sehr unterschiedlicher Bedingungen Rechnung tragen. Dessenungeachtet, stimmen sie aber in wesentlichen Merkmalen ihres zeitlichen Verlaufs überein – den sog. »Lernphasen«: Jeder (bewußte) Lernprozeß muß mehr oder weniger angestoßen werden und hat Schwierigkeiten zu überwinden; das Gelernte muß gefestigt, geübt und angewendet werden, um zum »Besitz« des Lernenden (d. h. einsatzfähig in späteren Situationen) zu werden.

Es ist klar, daß sich dies auf die Gliederung (man spricht auch von der »Artikulation«) des Unterrichts auswirken muß:

In Abschnitt 7.1 wird ein Lernphasenschema vorgeschlagen, das dem Lehrer eine Grundorientierung für die Gliederung des Unterrichts geben kann – insbesondere unter dem Aspekt, daß Lernprozesse möglichst »vollständig« zu durchlaufen sind, um wirklich »effektiv« zu werden.

Die weiteren Abschnitte beschäftigen sich besonders mit der »Anfangsphase« (Motivation) und der »Endphase« (Transfer) mathematischer Lernprozesse, aber nochmals auch mit der »Hauptphase« des Lernens (Übung und Anwendung):

Wir fragen nach Motivationsmöglichkeiten im Mathematikunterricht, d. h. wie der Lehrer Mathematikunterricht interessant machen kann, und nach günstigen Transferbedingungen, also danach, was der Lehrer besonders zu beachten hat, damit der Schüler das Gelernte in späteren Situationen auch wirklich anwenden kann. Dafür ist das Üben und Anwenden im vorangegangenen Unterricht von besonderer Bedeutung. Das Thema »Üben«, das bereits in den Kapiteln 4–6 unter verschiedenen theoretischen Aspekten behandelt wurde, wird – jetzt vor allem unter dem Aspekt unterschiedlicher Übungsformen in der Unterrichtspraxis – erneut aufgegriffen.

7.1 Lernphasen

»Didaktisch-methodische Arbeit am neuen Stoff ist nicht auf ein bloßes ›Durchnehmen‹ oder ›Behandeln‹ des Stoffes zu reduzieren … Vielmehr ist die Arbeit am neuen Stoff erst abgeschlossen, wenn das Wissen und Können der Schüler fest und dauerhaft angeeignet, verfügbar und anwendbar ist« (Klingberg 1972, S. 373).

Das vorstehende Zitat eines Pädagogen diene als ständige Erinnerung an den Sinn der Lernphasen. Im folgenden sei zunächst eine Übersicht über den »normalen« zeitlichen Verlauf von Lernprozessen gegeben, verdeutlicht an Beispielen. Dabei wird an bewußte und beabsichtigte Lernprozesse, vor allem im kognitiven Bereich, gedacht. Die pädagogisch-psychologische Argumentation schließt sich in etwa der von Roth (1976^{15}) an.

7.1.1 *Die Phase der Motivation*[1]

Jeder Lernprozeß der oben bezeichneten Art bedarf eines Anstoßes, oft über den Lehrer. Dieser Lernanstoß, komme er nun von »innen« oder von »außen«, wird »Motivation« genannt[2].

Um z.B. die Schüler für die schriftliche Addition natürlicher Zahlen zu motivieren, versucht man, ihnen die Nützlichkeit eines solchen Rechnens zu verdeutlichen. Wir werden in Abschnitt 7.2 sehen, daß die Motivationsmöglichkeiten sehr vielgestaltig sein können, z.T. auch sein müssen.

7.1.2 *Die Phase der Schwierigkeiten*

Ist der Lernprozeß angestoßen, so sieht sich der Lernende im allgemeinen mit gewissen Schwierigkeiten konfrontiert, die je nach Lernprozeß sehr verschieden aussehen können. Der Schüler hat bei der schriftlichen Addition z.B. Schwierigkeiten, die Ziffern richtig untereinanderzuschreiben oder hat Schwierigkeiten beim sog. »Zehnerübergang«.

Die Schüler können Verständnisschwierigkeiten haben, sie können Schwierigkeiten mit Veranschaulichungen, mit bestimmten Aufgabentypen oder mit »Textaufgaben« haben. Diese Schwierigkeiten dokumentieren sich u.a. in den Fehlern der Schüler. In jüngerer Zeit hat man sich in der Mathematikdidaktik systematisch mit typischen Schwierigkeiten und Fehlern von Schülern beschäftigt (vgl. z.B. Radatz 1980, Gerster 1982, Padberg 1989, Lorenz 1984). Wir gehen in diesem Buch auf Fehlertypen nicht im einzelnen ein, sondern beschäftigen uns »nur« mit psychologischen Grundschwierigkeiten des Verständnisses (vgl. besonders die Kapitel 4–6, 9–11).

7.1.3 *Die Überwindung der Schwierigkeiten (Lösungsphase)*

Der Lernende sucht – u.U. unter Hilfestellung des Lehrers oder von Mitschülern – mit den Schwierigkeiten fertig zu werden. Bei der Bewältigung von Aufgaben spricht man auch von einer sog. »Lösungsphase«.

---

1 Motiv (lat.): Beweggrund.
2 Genauere Begriffsklärungen folgen in Abschnitt 7.2.1.

Bei der Lösung einer schriftlichen Additionsaufgabe könnte eine Hilfe des Lehrers u.U. darin bestehen, daß er die Schüler zunächst ein »Abakusschema« (eine Stellenwerttafel) verwenden läßt. Bei der Überwindung von Schwierigkeiten können allgemein Erklärungen, Beispiele, Veranschaulichungen (meist in Verbindung mit verbalen Hinweisen) von Nutzen sein, bzw. es kann – je nach Art des Lernprozesses – die Beachtung bestimmter Lernbedingungen helfen (vgl. z.B. die Abschnitte 4.2, 5.2, 6.4).

Von grundsätzlicher Bedeutung ist hier – worauf früher schon gelegentlich hingewiesen wurde – die *Rückmeldung* von seiten des Lehrers. Der Lernende sollte erfahren, wieweit seine ersten Lernversuche Erfolg hatten, welche Schwierigkeiten überwunden sind und was er noch besser machen muß.

Mit einer einmaligen Überwindung der Schwierigkeiten ist es meist jedoch nicht getan, wenn das Gelernte für die Zukunft »parat« sein soll. Dazu ist erforderlich, daß das Gelernte gesichert, geübt und angewendet wird. Die folgenden Phasen stehen in einem engen Zusammenhang.

7.1.4 Die Sicherung des Gelernten

Das neu Gelernte wird – evtl. nach mehrmaliger Korrektur – nochmals ausgeführt, verbessert und schließlich »fürs erste« (schriftlich) fixiert und kontrolliert.

Eine wesentliche didaktische Funktion hat hier bei sinnvollen Lernprozessen die »*Zusammenfassung*«, eine prägnante Verdichtung des Gelernten am Beispiel (vgl. 5.2.7). Damit wird eine bessere Verankerung im Gedächtnis und eine »Bereitstellung« für den weiteren Gebrauch angestrebt (vgl. auch 5.2.8).

Im Beispiel der schriftlichen Addition könnte das so aussehen, daß der Schüler sich ein Musterbeispiel ins Heft notiert (unter Hervorhebung des Wesentlichen).

Weiterhin könnte eine »*Lernkontrolle*« durch die Bearbeitung weiterer Beispiele seitens der Schüler erfolgen.

7.1.5 Die Phase der Anwendung und Übung

Nach einer ersten Sicherung des Gelernten wird es in neuen Beispielen angewendet und geübt, zunächst vielleicht im Sinne von Verständnisaufgaben und einer operativen Übung bzw. Vertiefung (vgl. 4.2 und 5.2.4), später vielleicht mehr im Sinne eines »Einschleifens« (vgl. 6.4.2).

Das könnte für das Beispiel »schriftliche Addition« u.a. heißen: Neue Beispiele in unterschiedlichen Sachzusammenhängen, Variation der Stellenzahl (ohne und mit Zehnerübergängen), Normierung der Sprechweise, Erhöhung der Geschwindigkeitsanforderung (bei fortlaufender Besprechung von Fehlern, Lernkontrollen und Rückmeldung).

Auf die Gestaltung sehr unterschiedlicher Übungsformen und »Wiederholungen«, ihre unterschiedlichen Bedingungen und gegenseitigen Bezüge kommen wir in Abschnitt 7.3 zurück.

7.1.6 Der Transfer[3] des Gelernten

Erst wenn der »Transfer« (die Anwendung des Gelernten in späteren Schul- und Lebenssituationen) gelingt, kann der Lernprozeß als erfolgreich abgeschlossen gelten. Eine derartige »Ernstsituation« kann als Bewährung und zugleich als letzte Phase eines Lernprozesses angesehen werden.

Solch eine Transfersituation wäre im Beispiel der schriftlichen Addition (innerschulisch) bei der schriftlichen Multiplikation oder (außerschulisch) bei der Kontrolle einer Wirtshausrechnung gegeben.

Damit es hier zu positiven Ergebnissen kommt, müssen die vorangegangenen Phasen eine Reihe von »Transferbedingungen« erfüllen, die in Abschnitt 7.4 näher zu besprechen sind.

7.1.7 Das Lernphasenschema und seine Bedeutung

Zusammenfassend ergibt sich folgende Aufstellung:

Schema 14

Lernphasen

1. Motivation
2. Schwierigkeiten
3. Überwindung der Schwierigkeiten
4. Sicherung
5. Anwendung und Übung
6. Transfer

In ähnlicher Form sind die Lernphasen u.a. von Roth (1976[15]) als »Stufen« gekennzeichnet worden[4]:

1. Stufe der Motivation
2. Stufe der Schwierigkeiten
3. Stufe der Lösung
4. Stufe des Tuns und Ausführens
5. Stufe des Behaltens und Einübens
6. Stufe des Bereitstellens, der Übertragung und Integration des Gelernten

---

3 Transfer (lat): Übertragung; genauere Begriffserklärung in Abschnitt 7.4.1.

4 Die Bezeichnung »Stufe« scheint weniger zweckmäßig, weil sie sonst auch gerne mit Stadien der Denkentwicklung oder mit Darstellungsebenen (vgl. Kapitel 4) verbunden wird. Bei Aebli (1983), teilweise auch bei Drefenstedt/Neuner (1970[3]) – vgl. 7.1.8 – wird in diesem Zusammenhang von »Funktionen« gesprochen. Diese Bezeichnung schiene mir hingegen wieder zu allgemein, weil es auch viele andere didaktische Funktionen wie z.B. Differenzierung oder Schülerorientierung gibt.

Da es letztlich nicht so sehr auf eine starre zeitliche Reihenfolge der »Phasen« bzw. »Stufen« des Lernprozesses, sondern auf die *Erfüllung bestimmter didaktischer Funktionen* ankommt, unterscheiden sich die Schemata eigentlich nur in unterschiedlicher Akzentuierung oder Zusammenfassung der Gesichtspunkte.

Die pädagogische Bedeutung des Lernphasenschemas liegt darin – dies sei nochmals betont –, daß es den Lehrer dazu anhält, Lernprozesse (zu denken ist vor allem an sinnvolle kognitive) im Sinne der angegebenen Phasen *möglichst vollständig* zu durchlaufen und den Unterricht entsprechend zu *gliedern* bzw. zu *artikulieren.*

Zur Vermeidung von verbreiteten Mißverständnissen seien dem Lernphasenschema noch einige *Anmerkungen* hinzugefügt:

1. Das Lernphasenschema darf *nicht* als *Schema für eine Unterrichtsstunde* mißverstanden oder gar dogmatisiert werden:
   Die Lernphasen gelten u.U. für einen kleinen, abgeschlossenen Lernakt innerhalb einer Unterrichtsstunde ebenso wie auch für größere Lerneinheiten, die u.U. eine ganze Unterrichtsreihe von vielen Stunden umfassen. Die einzelne Lernphase kann zudem sehr unterschiedlich schnell durchlaufen werden.

2. Die Lernphasen können in verschiedenen Unterrichtsstunden außerordentlich verschieden *akzentuiert* sein. Eine »Einführungsstunde« beschränkt sich z.B. häufig auf die ersten Phasen. Eine »Übungsstunde« beschränkt sich definitionsgemäß wesentlich auf eine spätere Phase.

3. Die Lernphasen sind, da sie sich u.a. auf verschieden große Lerneinheiten beziehen, vielfältig miteinander *verflochten*. So muß z.B. jede Übung, ja u.U. jede Aufgabe neu motiviert werden. Bei Anwendungen sind oft (neue) Schwierigkeiten zu überwinden. Im weiteren Verlauf des Lernprozesses muß neu gesichert und zusammengefaßt werden. Die Motivation kann bereits mit einer »Anwendungsaufgabe« (womöglich sogar in Form einer Hausaufgabe) beginnen.

4. Die Lernphasen können oft *unterbrochen* werden – insbesondere bei auftretenden Schwierigkeiten – und zu einem späteren Zeitpunkt neu aufgenommen bzw. fortgeführt werden.

5. Bescheidenere Formen des »Transfers« finden schon in früheren Phasen des Lernprozesses statt (z.B. von einer Aufgabe auf die nächste).

7.1.8 Andere Vorschläge für die Artikulation des Unterrichts[5]

Es gibt eine ganze Reihe von Vorschlägen für die Artikulation des Unterrichts. Die Tradition reicht bis zu Herbart (1776–1841) und dessen »Schüler« Ziller und Rein zurück, die mit ihren »*Formalstufen*« lange die deutsche Unterrichtslehre bestimmt haben. In der Formulierung von Rein heißen sie (zitiert nach Vogel 1975[4]):

5 »Artikulation des Unterrichts« ist ein traditioneller Ausdruck für die Gliederung in Lernphasen.

Vorbereitung – Darbietung – Verknüpfung – Zusammenfassung – Anwendung

Befreit man diese Stufen von ihrer ehemals dogmatischen Erstarrung, so haben sie auch heute noch ihre pädagogisch-psychologische Bedeutung[6]. H. Meyer (1987, S. 128) findet letztlich in

»Einstieg, Erarbeitung, Ergebnissicherung«

so etwas wie den methodischen Grundrhythmus schulisch institutionalisierter Lehre als Substrat aller Artikulationsschemata. Damit sind die Lernphasen freilich so reduziert und eines konkreteren Inhalts entleert, daß das im Fachunterricht wesentlich zu Leistende (insbesondere im Sinne des psychologisch Notwendigen) daraus kaum noch rekonstruierbar ist.

In diesem Sinne ist m.E. mehr mit einem Phasenschema nach Roth »anzufangen« oder z.B. mit dem Artikulationsvorschlag von Drefenstedt/Neuner (1970^3):

1. Einführung in die Arbeit am neuen Stoff; Zielorientierung;
2. Arbeit am neuen Stoff; Mobilisierung von Vorkenntnissen;
3. Festigen und Anwenden; Konzentration auf das Wesentliche beim Üben, Eingreifen, Wiederholen;
4. Systematisieren: Herstellen von größeren Zusammenhängen;
5. Wiederholen:
   a) als durchgängige Funktion bei 1–4;
   b) als spezielle Funktion der langfristigen Sicherung von Wissen und Können;
6. Kontrolle und Bewertung: als durchgängige Funktion bei 1–5, zur Rückmeldung des Lern- und Leistungsstands für Lehrer und Schüler.

Eine Zuordnung zu den Lernphasen des Schemas 14 bleibe als Übungsaufgabe.

7.2 Motivation des Mathematiklernens

Lehren, so könnte man mit Roth (1976^{15}) etwas überspitzt sagen, ist die Kunst, das Lernen adäquat zu motivieren. Wenn es dem Lehrer nicht gelingt, die Schüler für den Unterricht zu motivieren, sind seine Bemühungen weitgehend umsonst. Dieser Abschnitt soll daher einige Anregungen für angemessene Motivationen im Mathematikunterricht geben.

---

6 Eine neuere pädagogische Aufarbeitung dieser Tradition findet man bei H. Meyer (1987, 1988).

7.2.1 *Motive und Motivation (Begriffsklärung und Vorbemerkungen)*

Will man sich von einer umgangssprachlichen Bedeutung der Begriffe »Motiv« (jede Verhaltensursache) und »Motivation« (Lust, irgendetwas zu tun) lösen, ist es zweckmäßig, nach Heckhausen (1974, S. 142f.) zwischen »Motiv« und »Motivation« in folgender Weise zu unterscheiden:

Motive sind »hochgeneralisierte Wertungsdispositionen für einzelne ›Grundsituationen‹, die letztlich in der menschlichen Existenzweise, in den Notwendigkeiten der Daseinsfristung und Daseinsvorsorge unter den gegebenen Lebensbedingungen begründet sind.«

Motive (manchmal auch »*Triebe*« oder »*Antriebe*« oder »*Grundbedürfnisse*« genannt) sind m.a.W. angenommene Dispositionen, die sich in immer wiederkehrenden Grundsituationen menschlichen Lebens im Laufe der Entwicklung allmählich herausbilden.

»Demgegenüber ist *Motivation* situationsabhängig und ein kurzfristiges Geschehen. Man bezeichnet damit alle aktuellen Faktoren und Prozesse, die unter gegebenen situativen Anregungsbedingungen zu Handlungen führen und diese bis zu ihrem Abschluß in Gang halten. In der Motivation treten Situationsfaktoren und Motivfaktoren miteinander in Wechselwirkung.«

Situationsfaktoren sind in der Schule z.B. Lerninhalt, Medien, Klassenatmosphäre, Person des Lehrers (vgl. Kapitel 2).

Für die Zwecke des Unterrichts sei pragmatisch zwischen folgenden *Motiven* unterschieden, die gleichwohl nicht immer klar zu trennen sind:

a) *kognitiver Antrieb* (der Wunsch nach Wissen und Verstehen),
b) *Lebenszweckmotiv* (der Wunsch, das eigene Leben und die Umwelt zu bewältigen),
c) *Leistungsmotiv* (der Wunsch nach Steigerung oder mindestens Bewahrung von eigener Kompetenz bzw. eigenem Leistungsniveau),
d) *Selbstverwirklichungsmotiv* (der Wunsch nach Eigenverantwortlichkeit und Selbständigkeit),
e) *Machtmotiv* (der Wunsch, über andere zu dominieren; Geltungsbedürfnis),
f) *Anschlußmotiv* (sozialer Antrieb: Geselligkeitsbedürfnis, Hilfsbereitschaft, Identifikation mit anderen),
g) *ästhetisch-ethisches Motiv* (Bedürfnis nach Schönheit im weitesten Sinne, Wahrheit, Genauigkeit, Ordnung).

Die Unterscheidung der vorgenannten Motive ist – wie bereits gesagt – eine pragmatische Klassifikation; sie basiert nicht auf einer geschlossenen Motivationstheorie, da es eine solche bis heute nicht gibt, sondern auf einer Reihe von Autoren, die sich schwerpunktmäßig mit unterschiedlichen Motivarten psychologisch, pädagogisch oder philosophisch auseinandersetzten.[7]

---

7 Bei a) sei etwa verwiesen auf eine Theorie von Berlyne (1974), bei b) z.B. auf Rosenfeld (1973[8]), bei c) besonders auf Heckhausen (1974), bei d) u.a. auf Maslow (1954), bei e) und f) wie auch hinsichtlich der Unterscheidung von a) und c) auf Ausubel u.a. (1981) und Heckhausen (1974), bei g) u.a. auf Aebli (1983).

Auf diese Hauptmotive sind die Motivationen im Mathematikunterricht sicherlich weitgehend zu gründen. Dabei verquicken sich die Motive auf vielfältigste Weise mit situativen Bedingungen, wie die folgende Graphik andeutet (Verdeutlichung am Beispiel als Aufgabe):

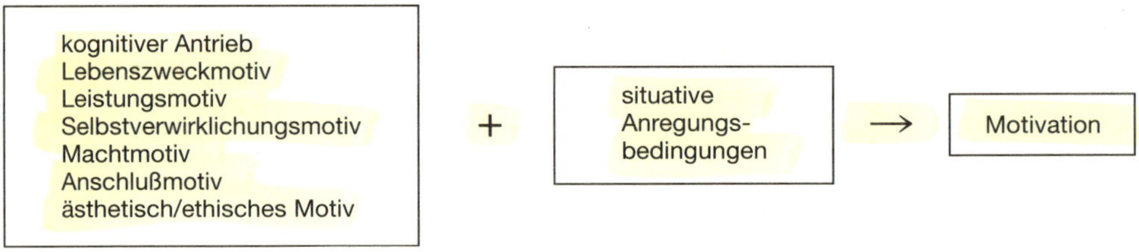

Abb. 7.1: Zur Entstehung von Motivationen

Einigen Motiven und Motivationsmöglichkeiten im Mathematikunterricht soll im folgenden etwas näher nachgegangen werden, ohne dieser Einteilung genauer zu folgen.

Einige Bemerkungen zu den Hauptmotiven seien aber noch vorausgeschickt:

1. Das Selbstverwirklichungsmotiv wird von Maslow (1954) als ein übergreifendes Motiv eingestuft[8].
2. Die Hauptmotive werden ersichtlich ihrerseits bereits wieder durch ein Bündel von Bedürfnissen bzw. Wünschen umgangssprachlich umschrieben.
3. Der Mathematikunterricht scheint von der Sache her besondere Anknüpfungsmöglichkeiten bei den Motiven a), b), c) und g) zu haben. Die Motive d), e) und f) sind eher durch die Art der Unterrichtsführung anzusprechen.
4. Es versteht sich von selbst, daß die Zielsetzungen des Mathematikunterrichts zu einem wesentlichen Teil aus den Hauptmotiven (»Bedürfnissen«) der Schüler zu begründen sind bzw. sie zu berücksichtigen haben. Motivationen sind mithin nicht nur Ausgangspunkt, sondern auch Ziel des Lernens in Form von »Interessenentwicklung«, Bildung von »Einstellungen«, Förderung »sozialer Verhaltensweisen« (vgl. auch die affektiven Zielsetzungen in 3.2.4).
5. Es sei daran erinnert, daß längerfristige Motive/Motivationen (»positive Einstellungen«) wesentlich über Beobachtungslernen (mit dem Lehrer als Modell), aber auch aufgrund von »Erfolgen« und »angenehmen Begleitumständen« erworben werden (vgl. 3.2.4 und 6.3.7).
6. Wenn im Mathematikunterricht durch die Anregung einiger Hauptmotive eine positive Einstellung oder gar eine gefühlsmäßige Zuneigung zur Mathematik insgesamt erzeugt werden kann, ist die beste Grundlage für jede weitere Motivation zum Erlernen von Mathematik gelegt (vgl. sinngemäß Dienes 1969[3], S. 28).

8 Vgl. korrespondierend das übergreifende Unterrichtsziel »Emanzipation« in Abschnitt 3.1.

7.2.2 Motivation durch »kognitiven Antrieb« (Neugier)

Ausubel (1981, S. 467) sieht im kognitiven Antrieb das »potentiell« vielleicht wichtigste Motiv schulischen Lernens: Das Wissen- und Verstehen-Wollen als »Selbstzweck«; ein Lernen, das nicht erst aufgrund irgendeines Nutzens angekurbelt werden muß, sondern auf bloßer Neugier basiert. Hiermit ist Entwicklung und Lernen des Menschen u.U. wesentlich zu begründen. Neugier, so nimmt Berlyne (1974) an, entsteht durch das Empfinden von zu geringer oder widersprüchlicher Information, allgemein durch »Inkongruenzen«[9] wie Neuartigkeit, Veränderung, Erhöhung von Komplexität, Überraschung, Zweifel, Ungewißheit. Heckhausen (1974, S. 12) hat das Motivierende solcher Inkongruenzen sehr griffig als »dosierte Abweichung vom bereits Vertrauten« bezeichnet. Sein im Rahmen eines Aufsatzes über Faktoren des Entwicklungsprozesses formuliertes *Inkongruenzprinzip* übernehmen wir hier für die Motivation schulischen Lernens: *das Prinzip, vom bereits Vertrauten in dosiertem Maße abzuweichen, um motivierende »Diskrepanzerlebnisse« hervorzurufen.*

Unter Verzicht genauerer psychologischer Beschreibung der Diskrepanzerlebnisse stelle ich einige einschlägige *typische Motivationsmöglichkeiten für den Mathematikunterricht* mit Beispielen zusammen, die die Bandbreite der Neugier-Motivationen deutlich macht.

Dabei sollen nicht nur »Rosinen«, sondern vor allem auch alltägliche Beispiele berücksichtigt werden, damit nicht der Eindruck entsteht, hier ginge es nur um ungewöhnliche Situationen.

1. Schaffen von Unklarheiten/Zweifel/Ungewißheit

a) Die Diskussion von scheinbaren Beispielen, Fastbeispielen, Extrembeispielen, ungewohnten Situationen:
   - Ist das Parallelogramm achsensymmetrisch oder nicht?
   - Liegt in Abb. 7.2 ein Viertel vor oder nicht?

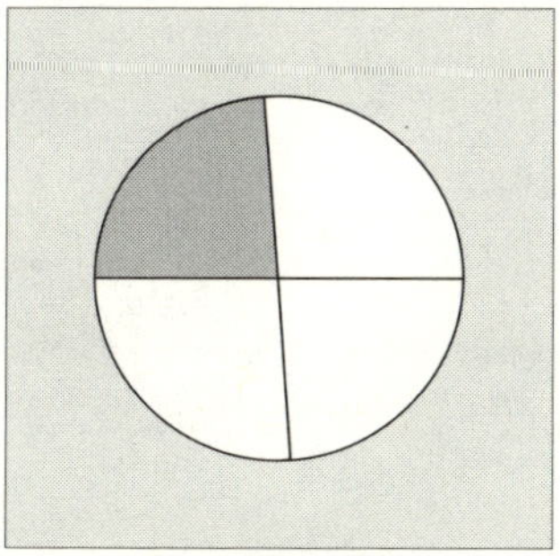

Abb. 7.2

   - Ist 1 eine Primzahl?
   - Ist die Zuordnung zwischen Wegstrecke und Taxipreis eine Proportionalität?

9 Inkongruenz (lat).): Unverträglichkeit.

b) Die Schüler stellen empirisch in der Geometrie (wegen ungenauer Zeichnung oder ungenauen Messens häufig allerdings nur annähernd) eine empirische Gesetzmäßigkeit fest (z.B. beim Winkelsummensatz oder beim Schnittpunktsatz für die Winkelhalbierenden des Dreiecks oder beim Satz des Thales). Es fragt sich: Ist das immer so? – In der Arithmetik gibt es ähnliche Beispiele: Quersummenregeln, den Satz: »Die Differenz zweier benachbarter Quadratzahlen ist eine ungerade Zahl« usw.

c) Man geht von (u.U. auch scheinbaren) Tatsachen oder Gesetzmäßigkeiten aus und läßt die Folgerungen ungewiß erscheinen.
   - Man weist auf, daß die Primzahlen nach »oben« hin immer seltener werden. Gibt es vielleicht eine letzte?
   - Man weiß, daß ein Dreieck durch drei Seiten »eindeutig bestimmt« ist. Frage: Ist ein Dreieck mit drei beliebigen Seitenlängen zu konstruieren?
   - Läßt sich ein bestimmter Satz (z.B. der Satz von Pythagoras) verallgemeinern oder umkehren?

2. Schaffen von Widersprüchlichkeiten, »Provokationen«

Man braucht nicht gleich an bekannte logische Paradoxien zu denken, um entsprechende Motivationsmöglichkeiten aufzuweisen. Man gehe etwa von häufigen Schülerfehlern oder Behauptungen aus, die für Schüler eine gewisse Plausibilität haben und deshalb in ihrer Widersprüchlichkeit zum Richtigen nicht so ohne weiteres durchschaut werden:

- $0{,}2 \cdot 0{,}3 = 0{,}6$? $0{,}7 < 0{,}43$? $\sqrt{3^2 + 4^2}$ $3^2 + 4^2 = 3 + 4 = 7$?
- Ein Ratenkredit über 12 Monate mit einem Monatszins von 0,5 % entspricht nicht einem Kredit mit einem Jahreszinssatz von 6 %.
- Wo steckt der Fehler? (Schmidt 1985, S. 64)

  Aus $a > b$ wird geschlossen…

$$\begin{aligned} a &= b + c \\ a \cdot (a - b) &= (b + c)(a - b) \\ a^2 - ab &= ab + ac - b^2 - bc \\ a(a - b - c) &= b(a - b - c) \\ a &= b \end{aligned}$$

3. Hervorrufen von Überraschung, Staunen

Hier sei zunächst an zwei bekannte Aufgaben erinnert:

a) Ali Baba will 17 Kamele an drei Söhne verschenken mit den Anteilen $\frac{1}{2}$, $\frac{1}{3}$ und $\frac{1}{9}$. Er leiht sich dazu ein weiteres Kamel aus, löst die Aufgabe und gibt das geliehene Kamel zurück.

b) Ein Band soll um den Äquator gelegt und dann um einen Meter verlängert werden … Wie hoch liegt das Band über der Erde? Wie heißt die Antwort, wenn das gleiche Experiment mit einer Apfelsine … ausgeführt wird?

(Man beachte, daß es im Unterricht auf eine schülergemäße »spannende« Ausformung ankäme!)

Überraschung und Staunen (und damit Lernmotivation) kann aber auch in weniger »ausgefallenen« Situationen erzeugt werden; z. B.:

c) Die Quersummenregel für die Teilbarkeit durch 9 kann überzeugend motiviert werden, wenn der Lehrer sich ein paar große Zahlen nennen läßt und den Schülern jeweils sehr schnell sagen kann, ob diese Zahlen durch 9 teilbar sind, während die Schüler bei herkömmlichem Dividieren dafür recht lange brauchen.
d) Das Kopfrechnen kann entsprechend für das kleine Einmaleins motiviert werden, wenn der Lehrer selbst im Kopf rechnet und die Schüler mit dem Taschenrechner rechnen läßt (und sie sich womöglich noch dabei vertippen).

4. Lücken lassen, etwas vervollständigen lassen, offene Aufgaben

Diese Art von Motivation ist in vielen Unterrichtssituationen einzusetzen:

a) Vervollständigen lassen von Relationsdiagrammen, Verknüpfungstafeln, Quadratschemata zu »Zauberquadraten« (gleiche Summe in allen Richtungen) …
b) Ergänzen lassen von Figuren zu symmetrischen Figuren.
c) Weitere Möglichkeiten finden lassen, eine Aufgabe zu lösen (z. B. bei einer Rechenaufgabe oder bei der Erstellung von Würfelnetzen).
d) Mögliche Fragen zu gegebenen Daten finden lassen.
e) Lücken im Rahmen eines systematischen Unterrichts identifizieren lassen … (»Was fehlt uns noch?« … z. B. bei der Behandlung verschiedener Vierecksarten).
f) Einen Fehler unter mehreren richtigen Lösungen herausfinden und verbessern lassen …

5. Erhöhung von »Komplexität« und Schwierigkeiten: Komplizierung

Aufgabenschwierigkeiten allmählich »hochschrauben«: Das können wir schon; wie sieht es aus, wenn wir …?

a) Z. B. Übergang von Aufgaben ohne Zehnerübergang zu Aufgaben mit Zehnerübergang oder Steigerung der Stellenzahl.
b) Steigerung der Schwierigkeit von Aufgaben mit glatten Zahlen zu Aufgaben mit »krummen« Zahlen …
c) Steigerung der Schwierigkeit von Sachaufgaben, die eine Operation erfordern, zu solchen, die zwei oder mehrere Operationen erfordern.

Man beachte hier besonders: Die Diskrepanz zwischen den Aufgaben sollte nach diesem Gesichtspunkt »dosiert« sein, d.h. nicht zu klein und nicht zu groß.

6. Abwechslung, Neuigkeit

Die Möglichkeiten, Motivationen durch dosierte Diskrepanzen zu schaffen, wurde bisher auf den Unterrichtsinhalt selbst bezogen. Weitere Möglichkeiten, solche Diskrepanzen zu schaffen, gibt es durch den *Wechsel der »Verpackung« von Aufgaben* (z.B. durch phantasievolle »Verfremdung« einer Aufgabenstellung: Statt zu fragen nach der Darstellung einer Zahl im Dreiersystem, kann man die Aufgabe stellen: Wie könnte ein Affe eine große Anzahl von Bananen »erfassen«, wenn er nur bis drei zählen kann?).

Andere Möglichkeiten bestehen im *Wechsel der Medien* (z.B. Übergang von der Arbeit an der Tafel zur Arbeit mit dem Buch), im *Wechsel der Arbeitsform* (z.B. erst Klassenunterricht, dann Partner- oder Kleingruppenarbeit).

Bei solchen Variationen muß man freilich aufpassen (ähnlich wie bei operativen Übungen; vgl. 4.2.2), daß der Wechsel nicht nur um des bloßen Wechsels durchgeführt wird, weil er doch »für sich« motivierend sei.

Hier gilt besonders das, was im Grunde für jede Motivierung und jede andere Unterrichtsmaßnahme gilt: Sie sollte letztlich nicht als Selbstzweck, sondern im Gesamtrahmen des Lernprozesses begründbar sein. Es wäre also darüber hinaus z.B. zu fragen:

- Macht die gewählte Verpackung einer Aufgabe einen vernünftigen Sinn?
- Können sich die Schüler dadurch vielleicht etwas besser vorstellen?
- Können Aufgaben dadurch vielleicht zügiger behandelt oder überprüft werden[10]?
- Kann durch den Wechsel des Mediums ein Ziel besser erreicht werden als ohne diesen Wechsel? (Entsprechendes gilt für den Wechsel von Arbeitsformen.)

Werden andere übergeordnete Gesichtspunkte, auch andere Motivationsmöglichkeiten nicht beachtet, sind solche Wechsel »sinnlos«, verlieren sie schnell ihre motivierende Wirkung. Der Lehrer darf sich nicht einfach als »Unterhaltungskünstler« verstehen.

7.2.3 Motivationen im Umfeld des Lebenszweckmotivs (Anwendungen, Verlebendigungen, historische Bezüge)

»Innermathematisch« können Schüler vor allem durch Ansprechen des Neugiermotivs motiviert werden, »außermathematisch« vor allem durch Ansprechen des Lebenszweckmotivs[11], d.h. insbesondere dadurch, daß den Schülern deutlich gemacht wird,

---

10 Vgl. dazu auch 7.3.2.
11 Kaum durch den Lehrerhinweis: »Das braucht ihr später.«

für was ein mathematischer Inhalt im Leben gut ist, wo man ihn braucht, was man damit anfangen kann. Die häufige Schülerfrage »Warum lernen wir das?« sucht vor allem eine Antwort in dieser Richtung.

Rosenfeld (1973^8, S. 31) betont vor allem diesen *Lebenszweckgedanken* bei der Motivation von Schülern:

»Der Versuch, pädagogische Aktivitäten vornehmlich um ihrer selbst willen (als Selbstzweckhandlungen, ursprüngliche Interessenzuwendungen ohne Vorschaltung realer Lebensziele, als ›geistige Vitalbedürfnisse‹) zu motivieren, steht im Gegensatz zu den objektiven Kriterien pädagogischer Vorgänge.«

Er weist in diesem Zusammenhang auf die Gefahr der sich letztlich negativ auswirkenden Lebensfremdheit des Unterrichts hin. Er kommt aufgrund eigener Untersuchungen zu der Ansicht, daß sich der Reiz der Sache auf die Dauer in dem Maße verringert, wie ihre erlebte Zweckhaftigkeit sich vermindert. Er empfiehlt daher, sich stärker an der Lebenssituation der Schüler zu orientieren, um Erlebnisse sinn- und zweckvoller Tätigkeit zu vermitteln.

Die Forderung nach mehr »Anwendungsorientierung« ist in den 80er Jahren – nach einer Periode anwendungsarmer »moderner« Mathematik – verstärkt gestellt worden und hat zu einer Reihe von Vorschlägen geführt, die hier nicht im einzelnen diskutiert werden können. Es sei etwa hingewiesen auf Beck (1982), Becker (1979), Glatfeld (1983).

Es können hier nur einige grundsätzliche Fragen in ihrer motivationspsychologischen Bedeutung angesprochen werden. Dabei geht es nicht so sehr darum, daß der Unterricht überhaupt Anwendungen berücksichtigt, sondern wie er das tut. Anwendungen in der Form herkömmlicher Textaufgaben sind – wie man aus Erfahrung weiß – häufig nicht motivierend für die Schüler, wenn sie

- zu weit von ihrem Erfahrungsbereich entfernt sind;
- unecht bzw. »gekünstelt« sind (z. B. bloße Einkleidungen für irgendwelche Rechenoperationen);
- nicht aktuell sind;
- schwer verständlich formuliert sind;
- zu komplex sind;
- keine lebendige Vorstellung bei den Schülern hervorrufen.

Es sei also versucht, ein paar Anregungen zu geben, Anwendungen für Schüler etwas motivierender zu gestalten.

a) Wie sind Anwendungen schülernäher zu gestalten?

Schulleben und Freizeit liegen dem Schüler häufig näher als Politik oder Berufsleben. Aus einem eigenen Entwicklungsprojekt zur Prozentrechnung (vgl. Zech 1995) wissen wir z. B., daß sich Schüler häufig weniger interessieren für Wahlergebnisse von Bundestagswahlen als beispielsweise für Wahlergebnisse einer Klassen- oder Schulsprecherwahl. So interessieren sich Schüler auch eher dafür, welchen Anteil der Miete ihr eigenes Zimmer ausmacht, als wenn es um den Mietanteil von Herrn Müllers Arbeitszimmer geht.

Dezimalbrüche aus dem Bereich des Sports interessieren die Schüler eher als statistische Zahlen aus der Wirtschaft. Die Schüler sollten öfter das Gefühl bekommen, daß etwas nicht erst später, sondern wenigstens zum Teil heute schon für sie interessant ist. Dies erfordert, wenn möglich, Schülerinteressen stärker aufzugreifen. Dies kann z.B. bedeuten, mehr an Hobbys der Schüler anzuschließen (vgl. Kapitel 2), Schülerfragen gezielt zu sammeln und an passender Stelle einzubeziehen, die Schüler nach eigenen Begegnungen mit Anwendungen zu fragen bzw. solche (z.B. durch Zeitungslektüre) herbeizuführen.

Über eine ganze Reihe solcher Aktivitäten und deren Ergebnisse berichtet Krippner (1981). Es ergaben sich dabei z.B. Fragen nach

- der Fläche, die einem Huhn in einer Legebatterie zur Verfügung steht;
- der Bedeutung von Prozentangaben auf Verkehrsschildern zur Information über das Gefälle von Straßen;
- der Volumenangabe für den Kofferraum eines Autos;
- den Kosten eines Hundes pro Jahr;
- der Preiswürdigkeit einer Dauerkarte für das Schwimmbad;
- der Zeit, die Schüler in einer Woche vor dem Fernseher sitzen;
- das Geld, das man sparen kann, wenn man nicht raucht.

Gegenüber vielen Schulbuchaufgaben ist die größere »Offenheit« obiger Fragen, die Unvollständigkeit der notwendigen Informationen und ein lebendiger Alltagsbezug auffallend.

b) Wie sind Anwendungen aktueller zu gestalten?

Manchmal sind Anwendungsbezüge in Schulbüchern durchaus schülernah reflektiert, aber hinsichtlich der Zahlen oder der Situation veraltet. Solche Aufgaben gewinnen natürlich an Motivationswert, wenn sie aktualisiert oder zumindest auf einen neueren Stand gebracht werden; z.B. durch Beschaffung der neuesten Preise, die Zahlen der letzten Wahlen, die neuesten Zinsangaben für Sparformen oder Kredite.

Zeitungsanzeigen lassen sich oft durch aktuellere ersetzen, Aufgaben zu weiter zurückliegenden Ereignissen lassen sich ggf. umschreiben auf ein entsprechendes Ereignis, das besser in Erinnerung ist (z.B. von den Olympischen Spielen 1990 auf die von 1994).

Ein glücklicher Umstand liegt dann vor, wenn sich eine ganz aktuelle Situation von allgemeinem Interesse aufgreifen läßt. In diesen Tagen – September 1994 –, als ich an diesem Kapitel schrieb, stellte sich für sehr viele Leute (insbesondere auch Schüler) die »brennende« Frage nach der Wahrscheinlichkeit, den Rekord-Jackpot von 42 Millionen DM im Lotto zu gewinnen. Solch eine günstige Situation sollte sich kein Mathematiklehrer entgehen lassen.

Alltägliche Gelegenheiten ergeben sich ebenfalls durch Unterrichtsgänge (z.B. in einen Supermarkt oder zu einer Sparkasse) oder in Verbindung mit einem Schulereignis, z.B. der Vorbereitung einer Klassenfete oder einem Unterrichtsprojekt, z.B. »Geldanlage«.

c) Wie kann man Aufgaben auf andere Weise verlebendigen?

Ein wichtiger Gesichtspunkt ist sicherlich, im Schulbuch beschriebene oder *dargestellte Situationen durch reale Situationen zu ersetzen*. So wird man z.B. im Rahmen der Dezimalbruchrechnung Messungen mit dem Thermometer oder ähnlichem Gerät real ausführen und nicht nur an abgebildeten Skalen diskutieren. So wird man bei der Behandlung von Volumenmaßen ein Litermaß (evtl. eine Literflasche) nicht nur theoretisch in einen Dezimeterwürfel umfüllen, sondern auch praktisch.

Wesentlich scheint vor allem auch eine *attraktivere Gestaltung von Textaufgaben*:

Textaufgaben leiden – abgesehen von mangelnder Schülernähe oder Aktualität – häufig darunter, daß sie unnötig unverständlich und unanschaulich formuliert sind. Hier wird manchmal vergessen, daß es letztlich nicht das Hauptziel eines anwendungsorientierten Mathematikunterrichts sein kann, Texte zu entschlüsseln, sondern vielmehr darauf ankommt, bestimmte Situationen der Wirklichkeit mathematisch zu bewältigen. Dem kann zumindest dadurch Rechnung getragen werden, daß man Aufgaben stärker veranschaulicht (z.B. durch Illustration der Situation vor einem Schaufenster, in einem Laden oder auf dem Markt) oder zu Daten in einem Zeitungsausschnitt, einem Aushang, einem Fahrplan oder auch nur zu einem Kassenbon Fragen formuliert[12].

Eine gute Möglichkeit, die besonders jüngere oder leseschwache Schüler wie auch Ausländerkinder anspricht, besteht im Stellen von regelrechten »*Bildaufgaben*«, durch die Situationen in der Art von Comics dargestellt sind, zu denen die Schüler u.U. selbst mehrere Aufgaben formulieren können (vgl. z.B. die auf S. 196 stehende Bildaufgabe aus Bracht/Pietschner (1980², S. 13)).

Ein Vorteil solcher Bildaufgaben besteht auch darin, daß sich die Schüler intensiv in eine Sachsituation hineindenken können[13], was bei herkömmlichen, häufig von Situation zu Situation springenden Textaufgaben kaum möglich ist.

Ähnliches läßt sich erreichen, wenn der Unterricht zumindest länger in einem bestimmten Kontext verweilt, um den Schülern Gelegenheit zu geben, sich in ihn einzuleben und eigene Erlebnisse und Gedanken daran zu entwickeln. Dies fällt um so leichter, wenn man zusätzliche Identifikationsmöglichkeiten mit den handelnden Personen ermöglicht. So werden z.B. Flächenmaße und ihre Verwendung im Wohnungsbereich zweckmäßig etwa im Rahmen der Wohnungsrenovierung einer Wohngemeinschaft von Lehrlingen entwickelt (vgl. Zech 1993). Von daher bieten sich natürlich prinzipiell auch umfassendere *Arbeitsvorhaben* an, in die man eine Reihe von

12 Viele Beispiele dieser Art von Aufgaben findet man z.B. in den Schülerheften der Reihe Stützpfeiler (Zech/Wellenreuther ab 1992).

13 Auch Rollenspiele bieten sich hier gelegentlich an (Beispiel: Autokauf).

Abb. 7.3: Bildaufgabe (4. Schuljahr)

kleineren Aufgaben integriert, wie z.B. das unter c) erwähnte Projekt »Geldanlage« oder das Basteln von maßstäblichen Modellen (vgl. z.B. Zech 1992). Man muß dabei freilich immer aufpassen, daß das Arbeitsvorhaben nicht zu komplex wird und die Systematik des Unterrichts nicht unnötig leidet (vgl. dazu genauer Zech 1995, Abschnitt 5.2.9).

d) Verlebendigung mathematischer Inhalte durch historischen Bezug

Eine weitere Möglichkeit, die Anwendung mathematischer Inhalte bewußtzumachen und zugleich zu verlebendigen bzw. zu »vermenschlichen«, besteht in der Herstellung historischer Bezüge. Man weist auf, in welchen geschichtlichen Situationen bestimmte Verfahren (erstmals) Verwendung fanden (vgl. H. Roth 1973[14]: »Die originäre Begegnung als methodisches Prinzip«). Im Mathematikunterricht ist da beispielsweise an die historische Entwicklung der Zahlzeichen, an die Messung der Höhe einer Pyramide mit Hilfe von »Ähnlichkeitssätzen« (nach Thales) oder an die Herstellung von rechten Winkeln mit Knotenschnüren im alten Ägypten zu denken. Lehmann (1981) konnte in einer empirischen Untersuchung zeigen, daß solche Motivationen durch historische Verlebendigung neben aktuellen Anwendungen bei Schülern besonders beliebt sind.

7.2.4 *Leistungsmotivation im Mathematikunterricht*

a) Begriff der Leistungsmotivation

Eine besondere Bedeutung im Motivationsgefüge nimmt die sog. »Leistungsmotivation« ein. Es ist eine in vielen schulischen Situationen wirksame Motivation, die wesentlich durch das langfristig entwickelte Leistungsmotiv bestimmt ist:

»Man kann es als das Bestreben bezeichnen, die persönliche Tüchtigkeit in allen jenen Tätigkeiten zu steigern oder möglichst hoch zu halten, in denen man einen Gütemaßstab für verbindlich hält und deren Ausführung deshalb gelingen oder mißlingen kann« (Heckhausen 1974, S. 162).

Beim Leistungsmotiv unterscheidet Heckhausen zwischen zwei Haupttendenzen: zwischen *Hoffnung auf Erfolg* und *Furcht vor Mißerfolg* (oder kurz zwischen Erfolgs- und Mißerfolgsmotiv). »Die eigene Tüchtigkeit zu steigern trifft eher auf das Erfolgsmotiv zu, sie möglichst hoch zu halten auf das mehr defensive Mißerfolgsmotiv.«

Auf die Differenzierung zwischen Erfolgsmotivation und Mißerfolgsmotivation gehe ich hier nicht näher ein (vgl. dazu früher Vontobel 1970) und komme lediglich bei der Besprechung der als wichtig anzusehenden »Kausalattribuierung« (d. h. der subjektiven Ursachenzuweisung für Erfolg und Mißerfolg) und ihrer Rückwirkung auf das Selbstkonzept unter Punkt d) noch einmal kurz darauf zurück.

Ausubel (1981, S. 478) weist darauf hin, daß das, was meist in schulischen Situationen als »Leistungsmotivation« angesehen wird, keineswegs als Ergebnis eines einheitlichen Motivs angesehen werden kann, sondern sieht darin zumindest *drei Komponenten* beteiligt:

- eine *aufgabenorientierte* Komponente (kognitiver Antrieb; vgl. 7.2.2),
- eine *ich-erhöhende* Komponente (ein auf schulische Leistung oder Prestige gerichtetes Leistungsmotiv),
- eine *soziale* Komponente (ein auf Identifikation mit anderen gerichtetes Anschlußmotiv).

Diese manchmal schwer zu trennenden Komponenten werden auch bei der folgenden Aufstellung von Anregungsbedingungen für die Leistungsmotivation im Mathematikunterricht als maßgeblich betrachtet.

Die Leistungsmotivation wird im Mathematikunterricht vermutlich besonders relevant, weil der Schüler hier ein relativ deutliches »Anspruchsniveau« entwickeln kann.

b) Leistungsmotivation durch Zielorientierung

Leistungsmotivation zeigt sich z. B. in dem Wunsch des Lernenden, zu einem bestimmten Tun fähig zu sein. Eine wichtige Bedingung für Leistungsmotivation ist es deshalb, den Lernenden über die zu erwartende Leistung möglichst deutlich zu informieren.

Der Effekt der *Information über das zu Leistende* besteht jedoch nicht nur darin, daß sich der Schüler den »Erfolg« im voraus vorstellen kann und dadurch motiviert wird; er ist nach Ausubel (1973, S. 223f.; vgl. auch 5.2.5) daneben in einer Vorausorganisation des Lernmaterials zu sehen: Der Lernende kann das zu Lernende besser einordnen und weiß von vornherein genauer, worauf es ankommt (»Aufmerksamkeitslenkung« im Sinne von Abschnitt 5.3.2). Zielinformationen werden zweifellos erst dann richtig wirksam, wenn der Lernende zugleich etwas vom *Sinn* des zu Lernenden erfährt, also *warum es erstrebenswert ist, gerade dieses zu lernen*.

In diesem Sinne könnte z.B. die schriftliche Addition dadurch motiviert werden, daß den Schülern gesagt wird, sie würden nun lernen, Geldbeträge u.ä. auf einfache und schnelle Weise zu addieren. Die deutlichste Information über die mögliche Leistung besteht u.U. darin, »tatsächlich« zu zeigen, wie die Leistung aussieht[14].

Das könnte in dem erwähnten Beispiel heißen: Der Lehrer führt solch eine schriftliche Addition selbst an der Tafel vor (evtl. nachdem die Schüler es selbst zunächst mit ihrer bisherigen mündlichen oder halbschriftlichen Methode versucht hatten).

Zielorientierung ist in jeder Unterrichtsphase gefragt und auf vielerlei Art möglich. Dietz (1969²) unterscheidet im einzelnen folgende methodische Formen der Zielsetzung:

1. die orientierende Ausgangsdarstellung des Lehrers,
2. das orientierende Vorzeigen oder Vorführen,
3. das orientierende Gespräch (bei entsprechenden Kenntnissen der Schüler),
4. die orientierende Aufgabenstellung (die auf weiterführende Fragen führt),
5. die orientierenden Vorarbeiten (gezielte Hausaufgaben).

Der Lehrer muß entscheiden, was er jeweils für sinnvoll hält. Bei größeren Zielen ist es wichtig, den Schülern auch immer wieder Teilziele zu nennen, die auf dem Wege zu bewältigen sind: Dazu gehört das Bewußtmachen von Zwischenergebnissen und noch auszufüllenden »Leerstellen« (vgl. auch 7.2.2, Punkt 4). Jüngeren Kindern sollte man grundsätzlich mehr Nahziele geben, die bald erreichbar sind (vgl. Roth 1976¹⁵, S. 235).

Ebenso bedarf es bei jüngeren Kindern gelegentlich noch der Zwischenschaltung vordergründiger Zweckziele (Versetzung, Zensuren, Belohnung u.a.), während sich später eher die langfristige Zweckhaftigkeit und Bedeutung des Lernens für die eigene Person verdeutlichen läßt (vgl. Rosenfeld 1973⁸, S. 195).

Abschlußklassen können vermutlich besonders durch ein befriedigendes Abschlußzeugnis motiviert werden (vgl. Heckhausen/Rheinberg 1980, S. 37ff.).

Schlußbemerkung:
Maßgeblich für jegliche Zielorientierung ist die damit zu verbindende *Sinngebung für den Unterricht*, ob die Motivation ansonsten eher innermathematisch oder außermathematisch erfolgen mag. Der Schüler sollte möglichst zu jeder Zeit das Gefühl haben, daß das, was er gerade tut, sinnvoll ist. Dem Schüler sollte jedoch nicht nur in angemessener Weise deutlich gemacht werden, *was* und *warum* etwas, sondern auch *wie* es erreicht werden sollte (vgl. Bülow/Franke 1981). Dies erfordert mithin immer eine ge-

---

14 Heutzutage wäre den Schülern aber vielleicht zusätzlich zu begründen, warum man nicht gleich den Taschenrechner nimmt (vgl. 3.1.2).

wisse Einbeziehung und Mitsprache des Schülers bei methodischen Überlegungen, wie bestimmte Ziele am besten erreicht werden können (z.B. in welcher Sozialform, mit welchen Aufgaben, mit welchen Variationen, mit welchen Medien)[15].

c) Leistungsmotivation durch »angemessene« Schwierigkeit

Nach dem Inkongruenzprinzip (vgl. Abschn. 7.2.2) und früherer Forschung zur Leistungsmotivation (vgl. Heckhausen 1968, S. 195) schien es plausibel, daß die Leistungsmotivation am besten durch Lernaufgaben gefördert werden kann, wenn Kenntnisse und Erwartungen des Schülers in mäßigem Maße durchbrochen werden. Die Aufgaben sollten also einen mittleren Neuigkeits-, Überraschungs- und Ungewißheitsgrad sowie einen mittleren Schwierigkeitsgrad haben (bezogen auf den jeweiligen sachstrukturellen Entwicklungsstand). Danach scheinen leichte Aufgaben offenbar zu »langweilig«, schwere Aufgaben zu »frustrierend«. Nach neueren Forschungen kann das Prinzip der mittleren Schwierigkeit jedoch keine Allgemeingültigkeit beanspruchen: Nach Kloep (1985) bevorzugen die Schüler (ob nun leistungsstark oder leistungsschwach) am Anfang eines längeren Lernprozesses leichte Aufgaben – offenbar in dem Bedürfnis, erst einmal eine sichere Ausgangsbasis zu haben.

Im üblichen Klassenunterricht ist es allgemein natürlich schwierig, den passenden Schwierigkeitsgrad zu treffen, weil er bei fortschreitendem Lernprozeß vom einzelnen Schüler abhängt: Hier müssen nicht nur Überforderungen (besonders bei lernschwachen Schülern), sondern auch Unterforderungen (besonders bei leistungsstärkeren Schülern) vermieden werden. Gelegentlich wird deshalb vorgeschlagen, die Schüler selbst die für sie passenden Aufgaben wählen zu lassen (vgl. z.B. Rheinberg 1980). Dies scheint jedoch nur bedingt möglich, weil die Schüler häufig erst lernen müssen, den Schwierigkeitsgrad richtig einzuschätzen. (Zur Einschätzung des Schwierigkeitsgrades durch den Lehrer vgl. Abschnitt 11.7.1.)

d) Leistungsmotivation durch Erfolg und Mißerfolg

Grundsätzlich darf man zunächst davon ausgehen, daß gelungenes Lernen (»Erfolg«) Befriedigung verschafft und mißlungenes Lernen (»Mißerfolg«) eher eine gewisse Unlust. Insofern kann man sagen, daß Erfolg eher motiviert als Mißerfolg. So wird wie bereits von Correll (1965, S. 77) mancherseits propagiert: Wenn der Lehrer die Leistungsmotivation seiner Schüler fördern will, muß er den Schülern möglichst viel Erfolgserlebnisse vermitteln. Zumindest eines ist nach wie vor sicher: Wenn ein Schüler *auf Dauer* keine ausreichenden Erfolge erzielt, wird er die Lust am Lernen verlieren. Im einzelnen hat man heute die Motivation durch Erfolg oder Mißerfolg etwas differenzierter zu sehen. Es kommt z.B. darauf an, welche Ursachen der Schüler für seinen Erfolg oder Mißerfolg verantwortlich macht (die sog. Kausalattribuierung). Bei allen Verästelungen neuerer Attributionsforschung (vgl. dazu etwa Weiner 1984) scheinen

15 Näheres hierzu bei Zech 1985, S. 11–15.

für den (Mathematik-)Unterricht folgende Erkenntnisse wichtig (vgl. dazu auch Zech 1985): Wesentliche Ursachen, auf die Erfolg oder Mißerfolg zurückgeführt werden, sind einerseits Fähigkeit und andererseits Anstrengung oder nur Glück. In einem Fach erfolgreiche (eher »erfolgsmotivierte«) Schüler tendieren häufig dazu, ihren Erfolg eigener Fähigkeit zuzuschreiben, ihren Mißerfolg aber mangelnder Anstrengung. In einem Fach weniger erfolgreiche (eher »mißerfolgsängstliche«) Schüler tendieren hingegen umgekehrt dazu, ihren Erfolg eher auf die Gunst des Zufalls zurückzuführen, ihren Mißerfolg aber auf mangelnde Begabung[16]. Das erste Motivationsmuster stärkt, das zweite verringert das Selbstvertrauen. Eine wesentliche Aufgabe für den Mathematiklehrer besteht darin, *das Attributionsmuster der »Mißerfolgsängstlichen« in Richtung auf das Attributionsmuster der »Erfolgsorientierten« zu verbessern*. Das scheint zumindest teilweise möglich:

1. Der Lehrer kann bei Mißerfolgsängstlichen eine positive Erwartungshaltung »Hoffnung auf Erfolg« induzieren, indem er die Attribution »mangelnde Begabung« teilweise umstrukturiert in eine Attribution »mangelnde Anstrengung« (vgl. Andrews/Debus 1978) – etwa nach dem Motto: »Du brauchst nicht zu denken, du wärst von Natur aus so schlecht in Mathematik. Wenn du dich anstrengst, schaffst du das schon.«)
   Ein gewisser Optimismus ist hier nicht zuletzt aufgrund des bekannten Pygmalion-Effekts angebracht: Die Erwartungshaltung des Lehrers wirkt wie eine »Selffulfilling prophecy« (vgl. Rosenthal/Jacobson 1971).[17]

2. Der Lehrer kann einen mißerfolgsängstlichen Schüler dadurch langsam aufbauen, daß er ihm anfangs leichtere Aufgaben gibt und ihn veranlaßt, eintretende Erfolge auf sich selbst zurückzuführen (vgl. Schiefele 1978², S. 416). Im weiteren ist es wichtig, Lernfortschritte deutlich bewußtzumachen. Dabei ist darauf zu achten, den Fortschritt am einzelnen Schüler selbst zu messen und nicht an anderen (besseren) Schülern (vgl. dazu auch Wittoch 1985).

Es seien nur noch ein paar Bemerkungen zur Motivation durch Erfolg und Mißerfolg hinzugefügt.

Damit der Schüler überhaupt etwas als »Erfolg« oder »Mißerfolg« erkennt, mithin einen Maßstab für seine Leistungen bekommt, ist es wichtig, daß er möglichst *detaillierte Rückmeldung* und *Erfolgskontrolle* bekommt (vgl. Abschnitt 3.3.2). Für diese gibt es bekanntlich verschiedene Formen (mündliche Rückmeldung während des laufenden Unterrichts, Übungsarbeiten, Klassenarbeiten). Daneben gibt es z.B. auch die Möglichkeit, *Trainingshefte* zu führen, in denen der Schüler fortlaufend seine Übungsschwerpunkte und Fortschritte notiert (vgl. Krippner 1981). Dies ermöglicht zudem, individuelle, längerfristige Trainingspläne (z.B. für eine ganze Woche) zu entwickeln.

Wichtig ist dabei für die Leistungsmotivation, daß – wie oben schon betont – *Erfolge möglichst deutlich sichtbar* gemacht werden. Dies ist auch ganz im wörtlichen Sinne

---

16 Ein solches Attributionsmuster ist bei Mädchen gelegentlich auch geschlechtsbedingt (vgl. Abschnitt 2.3).

17 Vgl. dazu auch Meyer 1987, S. 199.

zu verstehen: Wenn z.B. Übungskarten verwendet werden mit den Lösungen auf der Rückseite, so kann der Lernerfolg als wachsender Stapel abgelegter Karten sichtbar gemacht werden. Besonders deutlich sichtbar wird der Erfolg, wenn gelungene Konstruktionen oder Modelle vorgezeigt werden können.

Eine letzte Bemerkung noch zu »Mißerfolgen«: Wichtig ist für den Schüler, daß er bei einer Rückmeldung möglichst viel dazu erfährt, wie er Fehler berichtigen oder Lerndefizite aufholen kann, damit die *Hoffnung auf Erfolg* bleibt. Auch Mißerfolge können – vor allem innerhalb einer Erfolgsserie oder im Wechsel mit Erfolgen – durchaus motivierend wirken (Odenbach 1965, S. 496)[18].

e) Leistungsmotivation durch Selbsttätigkeit

Hier ist die »ich-erhöhende« Komponente der Leistungsmotivation bzw. das Selbstverwirklichungsmotiv besonders angesprochen. Schlicht gesagt: Der Schüler hat Freude an eigener Tätigkeit und eigenem Können. Oft mag hier auch eine auf bloßen kognitiven Antrieb zurückgehende »Funktionslust« im Rahmen »spielerischer« Aktivitäten eine Rolle spielen, wenn z.B. noch nicht voll gemeisterte Tätigkeiten immer wieder erprobt werden (vgl. Heckhausen 1974, S. 130/148). Das dabei zu erreichende und demonstrierbare Könnensbewußtsein scheint für die Schülermotivation im Mathematikunterricht u.U. sogar von besonderer Bedeutung. Damit deutet Schupp (1983) z.B. die Präferenz vieler Schüler für schriftliche Rechenverfahren und geometrische Konstruktionen ebenso wie Leppig (1984) die relative Beliebtheit des »Päckchenrechnens«[19].

Der Mathematikunterricht bietet darüber hinaus prinzipiell viele Möglichkeiten zur Selbsttätigkeit. Die denkpsychologischen Überlegungen im 4. Kapitel (enaktive Phase!) zeigen sogar ihre häufige Notwendigkeit in den ersten Lernstadien für neue abstrakte Unterrichtsinhalte. Der handelnde Umgang mit konkreten Mengen (z.B. Bohnen, Plättchen, logischen Blöcken ...), mit Lernmaterial (z.B. Mehrsystemblöcken, Registerspiel ...) sind Beispiele dafür.

Selbsttätigkeit ist oft auch in Übungsphasen sinnvoll und notwendig, wenn das gerade Gelernte von den Schülern – zumindest teilweise – auf neue Beispiele angewandt werden soll. Sie verbindet sich bei Partner- und Gruppenarbeit oder in gemeinsamen Übungsspielen (vgl. 7.3.2) häufig auch mit »sozialer Motivation«.

Es besteht hier aber auch die Gefahr blinder oder vordergründiger Aktivität (»Aktionismus«), wenn Handlungen und Selbsttätigkeit keinen eigentlichen lernpsychologischen Sinn haben (vgl. 4.2.2).

Darüber hinaus gibt es aber auch viele »tiefere« Formen motivierender Selbsttätigkeit, die bis zum »autonomen Lernen« reichen (vgl. 5.3.2). Hierzu gehört z.B. das Selbstbestimmen von Zielen, das Selbstorganisieren eines Lernprozesses, das Agieren

18 In ähnlicher Richtung Ausubel 1981, S. 485 in bezug auf Lohn und Strafe sowie Abschnitt 7.2.5 a in bezug auf Lob und Tadel.

19 Päckchenrechnen heißt: viele gleichartige (Zahlen) Aufgaben hintereinander. Seine Beliebtheit besagt nicht, daß es immer sinnvoll ist (vgl. 7.3.2).

in der Öffentlichkeit (also das Durchbrechen herkömmlicher, allzu passiver schulischer Lernformen).

Um solche Motivationen der Selbsttätigkeit stärker zu nutzen und zu fördern, sind häufig *neue Unterrichtsformen* wie projektorientierter, handlungsbezogener oder offener Unterricht propagiert worden. Man geht gewissermaßen von der Hypothese aus, daß ein Unterricht für die Schüler um so motivierender ist, je mehr Handlungsmöglichkeiten man ihnen einräumt: »Ihr Interesse ist größer, wenn sie die Lösung einer Aufgabe selber finden, als wenn sie nur der Demonstration der Lösung beiwohnen dürfen, es ist größer, wenn sie selbst mit konkreten Gegebenheiten arbeiten können, als wenn sie sich dieser Gegebenheit vorstellen müssen – oder sie nur als Zuschauer betrachten dürfen« (vgl. Aebli 1963, S. 25). Hier muß freilich auch wieder relativierend auf erhebliche Unterrichtsprobleme hingewiesen werden (vgl. die Diskussion zum entdeckenden Lernen in Abschnitt 6.2.3).

Trotzdem sollten vielleicht nochmals einige zusätzliche *Möglichkeiten größerer Schülerselbsttätigkeit* gegenüber herkömmlichen Unterricht genannt werden wie z. B.:

- Mitbestimmung bei den Zielen, indem der Lehrer beispielsweise Alternativen verdeutlicht;
- Mitsprache bei den Aufgaben in Abstimmung mit dem Lehrer (vgl. Trainingsheft);
- Mitsprache bei den methodischen Entscheidungen (vgl. Abschnitt b über Zielorientierung);
- vorbereitende Aktivitäten der Schüler durch selbständige Erkundung und Informationsbeschaffung (vgl. Abschnitt b);
- offenere Aufgabenstellungen (vgl. Abschnitt 7.2.3 a);
- mehr »problemorientierter Unterricht«, der stärker von innermathematischer Motivation lebt (vgl. Abschnitt 7.2.2);
- mehr »handwerkliche« Arbeitsvorhaben (vgl. Abschnitt 7.2.3 c);
- mehr echter Problemlösungsunterricht (vgl. Kap. 11).

7.2.5. Soziale Motivationen im Mathematikunterricht

Hier geht es um Motivationen, die vorwiegend auf dem »Anschlußmotiv« und auf dem »Machtmotiv« basieren. Ihre gemeinsame Wurzel kann man vielleicht in dem Bedürfnis des Menschen sehen, bei anderen etwas zu gelten, insbesondere der Schüler beim Lehrer und/oder bei anderen Schülern bzw. im familiären Umfeld.

a) Lob und Tadel

Lob und Tadel sind sprachliche Formen, welche die Leistung eines anderen beurteilen und von ihm als »Erfolg« oder »Mißerfolg« verbucht werden. Grundsätzlich will der Lernende seine Leistung durch andere bestätigt sehen. Deshalb wirkt Lob im allgemeinen besser als Tadel. Zumindest möchte der Lernende Beachtung seiner Leistung. Insofern wirkt Tadel oft besser als Ignorieren (vgl. Correll 1965[4], S. 79). Tadel kann (wie Mißerfolg; vgl. 7.2.4 d) positiv wirken, wenn die Hoffnung auf Erfolg bleibt. Wichtig scheint dabei, daß der *Tadel möglichst sachbezogen* ausgesprochen wird und nicht das Selbstgefühl des anderen verletzt. Man sage also nicht: »Das hast du schlecht gemacht.« Sondern eher: »Diese Lösung ist (noch) nicht richtig.« (Vgl. etwa Roth 1976[15], S. 241.)

»Am besten motiviert Tadel wegen ungenügender Anstrengung und Lob wegen realisierter eigener Fähigkeit« (Heckhausen 1974, S. 582). Lob ist im Klassenunterricht am wirksamsten, wenn es vor der ganzen Klasse an einzelne gegeben wird; während Tadel am wirksamsten ist, wenn er privat an einzelne gegeben wird (Correll 1965[4], S. 79). Die Aussagen zu Lob und Tadel sind freilich noch etwas zu differenzieren; denn Lob und Tadel können auf verschiedene Schüler und je nach Situation recht verschieden wirken (vgl. dazu schon Fokken 1964).

Aus heutiger Sicht ist besonders zu betonen, daß das Selbstkonzept des Lernenden zu beachten ist und wie er ein Lob oder einen Tadel interpretiert (»attribuiert«; vgl. Abschn. 7.2.4 d). So ist z.B. zu beachten, daß nicht nur Tadel, sondern auch Lob möglichst sachbezogen erteilt werden sollte: Zumal ältere Schüler entnehmen einem Lob bei einer sehr leichten Aufgabe u.U. die Information, daß der Lehrer sie für unbegabt hält (vgl. Weinert 1980, S. 202).Bei leistungsstarken Schülern kann zuviel Lob die Leistungsmotivation leicht herabdrücken[20].

b) Wettbewerb und Zusammenarbeit

Soziale Motivation in der Gruppe äußert sich einesteils in dem Bemühen, mehr zu leisten als der andere (Wettbewerb!), und andernteils im Streben nach Zusammenarbeit.

Offenbar kommt es – pädagogisch gesehen – darauf an, ein *ausgewogenes Verhältnis* zwischen Wettbewerb und Zusammenarbeit herzustellen. Ein Zuviel des einen zerstört das andere (vgl. Roth 1976[15], S. 239). Vor häufigem »Wettrechnen« o.ä. ist deshalb zu warnen. Es kommt dabei – wie man aus Erfahrung weiß – zu Übereifer der Besseren und Frustration der Schwächeren.

Schärferer Wettbewerb ist wohl noch am ehesten zwischen etwa gleichen Partnern angebracht, setzt also eine Leistungsdifferenzierung voraus. Zumindest scheint also bei Wettrechnen eine vorherige Aufteilung der Klasse in eine bessere und eine schwächere Hälfte angebracht.

Im übrigen scheint es so, daß der Wettbewerbsgedanke in unseren Schulen aufgrund des allgemeinen Notensystems nicht besonders betont zu werden braucht. Eine akzeptable Form des Wettbewerbs ist unter den gegebenen Verhältnissen am ehesten der *Wettbewerb zwischen Gruppen*. Er wird in begrenzter Weise beim Problemlösen in Kleingruppen (vgl. Kapitel 11) angesprochen. Auf eventuelle Chancen für Gruppenkooperation im Mathematikunterricht wurde bereits in Abschnitt 3.2.4 hingewiesen.

---

20 Eine knapp zusammenfassende Darstellung der Lob-Tadel-Problematik findet man bei Chandler 1981, S. 10–12.

7.2.6 Schlußbemerkungen zum Thema »Motivation«

In den vorangegangenen Abschnitten konnten nur einige wesentliche allgemeine Motivationsmöglichkeiten des Mathematikunterrichts hervorgehoben werden. Es wurde z.B. bisher nicht eingegangen auf ästhetisch/ethische Motivationen, die häufig mit Neugiermotivation verbunden sind: (1) das »Staunen« über arithmetische oder geometrische Gesetzmäßigkeiten, (2) die Freude an Gedankenführungen und Systematik (mathematischer »Eleganz«), (3) die »Befriedigung« über die Unbezweifelbarkeit mathematischer Aussagen (Wahrheitswert), (4) die Freude an »schönen« Figuren und Zeichnungen. Es sei dazu nur an einige bekannte Beispiele erinnert:

– *Die Formel für die Summe der ersten Zahlen*, den arithmetischen Beweis dafür durch Gauß bzw. den geometrischen Beweis durch die Pythagoreer:

(a) »nach Gauss«

$$\begin{array}{rcl} & 1 + 2 + \ldots n & \\ + & n + (n-1) + \ldots 1 & \\ \hline & \underbrace{(n+1) + (n+1) + \ldots (n+1)}_{\frac{1}{2} n\,(n+1)} & \end{array}$$

(b) Pythagoreer (Dreieckszahlen)

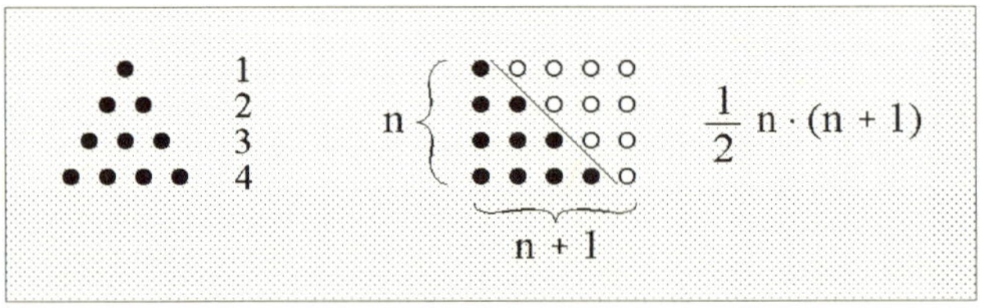

Abb. 7.4

– *Die Möndchen des Hippokrates* und der Beweis des Zusammenhangs $A_1 + A_2 = A_3$:

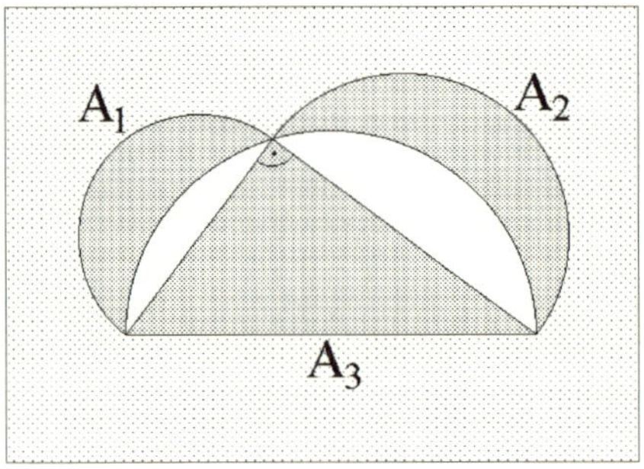

Abb. 7.5

– Die Herstellung geometrischer Kuriositäten (vgl. Fraedrich 1995).
– Die Darstellung von Parkettierungen bzw. Ornamenten und ihre Beschreibung durch Symmetrien (vgl. Bigalke/Wippermann 1993).
– Der Nachweis für die Existenz von fünf platonischen Körpern und das Zeigen (evtl. eigene Herstellen) dieser Modelle.

Allein aus solchen vorwiegend innermathematischen Beispielen kann bei Schülern allgemein eine *positive Wertschätzung* für Mathematik erwachsen, genauso wie bei anderen Schülern z.B. über den Nützlichkeitswert von Anwendungen oder den Wert spezieller Inhalte für einen in Aussicht genommenen Beruf.

In diesem Zusammenhang sei auf zwei bedenkenswerte Gesichtspunkte aufmerksam gemacht, auf die schon Strunz (1968, S. 289 und S. 299) hingewiesen hat und die eng zusammengehören: Da in einer Klasse viele, z.T. in unterschiedlicher Weise denkende und Mathematikunterricht bewertende Schüler sitzen, empfiehlt es sich, bei der Stoffauswahl und -darbietung *möglichst mehrere Motivationsmöglichkeiten* zu berücksichtigen.

Darüber hinaus ist an das Phänomen der *Interessenübertragung* zu erinnern: Ein Schüler, der sich vielleicht zunächst mehr von einer Seite des Mathematikunterrichts angesprochen fühlt, überträgt sein Interesse oft auf andere Seiten davon.

Es sei auch daran erinnert, daß für die Einstellung der Schüler zur Mathematik die *emotionale Zuwendung des Lehrers* (eigene Begeisterung für die Sache und Hilfsbereitschaft) und die damit verbundene *Vorbildwirkung* eine besondere Rolle spielt (vgl. dazu 2.2 und 6.3.7). Das hierbei wirksam werdende Anschlußmotiv scheint in der Grundschule von ganz besonderer Bedeutung.

Ein spezielles Problem bleibt die *Motivation lernschwacher, häufig mißerfolgsängstlicher Schüler*. Einige Möglichkeiten wurden bereits angesprochen:

- Erfolge schaffen,
- Fortschritte bewußtmachen,
- positive Erwartungshaltung des Lehrers,
- Umpolen für das Selbstkonzept ungünstiger Attributionsmuster hinsichtlich Erfolg und Mißerfolg und entsprechender Einsatz von Lob und Tadel.

Eine wichtige Bedeutung hat hier darüber hinaus die *Reduktion der Angst vor Mathematik* u.a. durch

- verständliche Erklärungen,
- Verdeutlichung der Erwartungen (»Probearbeiten«),
- Organisation von Hilfsdiensten.

Es sei hier besonders hingewiesen auf Wittoch (1985) und Zech (1995, Abschnitt 3.3).

Besondere Hoffnungen werden häufig mit der Motivation durch *Spiele* verbunden (Stichworte: freieres, ungezwungenes Lernen in angenehmer Atmosphäre, größere Erfolgschancen bei Einführung von Zufallsmomenten usw.)[21]. Eine gewisse Skepsis gegenüber übertriebenen Erwartungen (vgl. bereits 3.2.4) scheint jedoch angebracht.

Nach eigener Einschätzung kommt die vielleicht stärkste Motivation immer noch aus einem möglichst schülernahen Anwendungsbezug (der freilich häufig nicht so einfach zu bekommen ist), insofern der Lernende – ausgesprochen oder unausgesprochen – gerne sehen möchte, wofür der Lerninhalt »gut« ist (womöglich für ihn selbst).

»Warum lernen wir das?« ist eine Frage, die von Schülern häufig, besonders häufig wohl hinsichtlich mathematischer Stoffe, gestellt wird. Es ist eine Frage, die sicherlich so genau wie möglich beantwortet werden sollte. Noch besser wäre es freilich, wenn der Lehrer dieser Frage durch eine entsprechende Motivierung und Unterrichtsführung zuvorkäme.

---

21 Vgl. z.B. Floer (1985). Einige konkrete Hinweise zu Spielen folgen noch in Abschnitt 7.3.

Es sei zum Schluß aber auch – das Vorhergehende etwas relativierend und Ausubel (1981, S. 469) frei interpretierend – hervorgehoben, daß man sich bei der Vorbereitung des Unterrichts manchmal nicht zu komplizierte Gedanken über »Einstiege« machen (und dabei nicht auf eher zweifelhafte Motivationstricks verfallen) sollte. Man sollte aber zumindest so unterrichten, daß die Schüler anfangs etwas »verstehen« können, gewissermaßen auf den kognitiven Antrieb der Schüler vertrauend, etwas lernen zu wollen. Danach möge der Lehrer weitersehen und das Spektrum der vielen Motivationsmöglichkeiten zu beachten suchen.

7.2.7 Zusammenfassende Übersicht

Abschließend sei eine Übersicht über die wichtigsten Motivationsmöglichkeiten mit einigen Hinweisen gegeben:

Schema 15: Motivationsmöglichkeiten im Mathematikunterricht

Motivationsart	**Hinweise für den Lehrer**
kognitive Motivationen durch dosierte Diskrepanzerlebnisse (Inkongruenzprinzip!)	alltäglicher ausgedrückt: »Neugier schaffen« (vor allem durch innermathematische »Probleme«)
1. Unklarheit/Zweifel	– Diskussion von scheinbaren Beispielen und Extremfällen – empirische Einzelfälle zu verallgemeinern? – Verallgemeinerung/Umkehrung von Satz möglich?
2. Provokation	– mit naheliegenden Fehlschlüssen konfrontieren
3. Überraschung/Staunen	– Geschichten mit unerwarteten Ausgängen – scheinbar Unmögliches demonstrieren
4. Lücken lassen	– Angefangenes vervollständigen lassen – Fehler finden und verbessern lassen – noch Offenes bewußtmachen
5. Komplizierung	– Schwierigkeiten »dosiert« hochschrauben
6. Wechsel/Neuigkeit	– gelegentlicher Wechsel von »Verpackungen«, Medien, Themen, Arbeitsformen
Motivation durch Anwendungen	– Anwendungen im Alltag: möglichst schülernah, aktuell und lebendig – historische Bezüge

Leistungsmotivation	
1. Zielorientierung	– Leistungsart verdeutlichen – Stoffe vorstrukturieren – »Sinn« verdeutlichen – laufende Zielorientierung (auch über Sinn methodischer Maßnahmen)
2. angemessene Schwierigkeit	– am Anfang und in Prüfungssituationen eher leichte, sonst mittelschwere Aufgaben – Aufgaben nach Leistungsfähigkeit der Schüler differenzieren – angemessenes Unterrichtstempo beachten
3. Erfolg und Mißerfolg	– vor allem Erfolgserlebnisse schaffen – Erfolge möglichst auf Fähigkeit, Mißerfolge auf mangelnde Anstrengung zurückführen – positive Erwartungshaltung – Fortschritte/Erfolge deutlich bewußtmachen – detaillierte Rückmeldung
4. Selbsttätigkeit	– Freude am eigenen Können vermitteln – für enaktive Phasen und eigene Übungsmöglichkeiten sorgen – Aktionismus vermeiden – autonomes Lernen fördern (schüler- und handlungsorientierte Unterrichtsformen)
soziale Motivation	
1. Lob und Tadel	– sachbezogen loben und tadeln – bei Tadel Hoffnung auf Erfolg lassen
2. Wettbewerb und Zusammenarbeit	– bei Wettbewerb nach Leistung differenzieren – evtl. Wettbewerb zwischen Gruppen
3. emotionale Zuwendung und »Vorbild« des Lehrers	– hilfsbereit sein bei Lernschwierigkeiten; durch eigene Begeisterung »mitreißen«
Wertschätzung für Mathematik	– Schüler durch Eleganz, Ästhetik und Schlüssigkeit der Mathematik beeindrucken – lernschwachen Schülern die Angst vor der Mathematik nehmen – sich stets der Schülerfrage stellen: »Warum lernen wir das?«

7.3 Anwendung und Übung des Mathematiklernens

In diesem Abschnitt sind frühere Ausführungen zu Verständnisübungen, operativen Übungen und Automatisierungsübungen in den Kapiteln 4, 5 und 6 noch ein wenig zu vertiefen: Die Übungsformen werden weiter aufgegliedert, ihre Hauptfunktionen, Wechselbeziehungen zwischen ihnen und ihre äußere Gestaltung kurz besprochen. Im Hinblick auf längere Lernprozesse scheint es zweckmäßig, hier auch die Frage der Motivation von Übungen und einige Aspekte der langfristigen Sicherung des Gelernten durch Wiederholungen einzubeziehen.

7.3.1 Formen des Übens

Zwar sind früher bereits wesentliche Bedingungen und Unterschiede zwischen den behandelten Übungsformen angesprochen worden. Angesichts eines weiten Feldes von Übungen und Anwendungen in einem längeren Lernprozeß sollte man jedoch zusätzliche Übungsschwerpunkte unterscheiden. Es wird vorgeschlagen, vorläufig zwischen folgenden Übungsformen zu unterscheiden, auch wenn sie sich teilweise überschneiden[22]:

Schema 16

Übungsformen	didaktische Funktion
1. Verständnisübungen	Sicherung des begrifflichen Grundverständnisses, vor allem durch Ansprechen des Verständniskerns (vgl. 5.2.4)
2. stabilisierendes Üben	Geläufigmachen von Teilschritten mit allmählicher Schwierigkeitssteigerung durch homogene Aufgaben (Isolierung der Schwierigkeiten; gestuftes Üben)
3. operatives Üben	Vertiefung des Verständnisses, Beweglichmachen des Denkens durch vielfältige Variationen (vgl. 4.2)
4. automatisierendes Üben	Einübung von Techniken und Standardverfahren bis zur sicheren Beherrschung (vgl. 6.4.2)
5. anwendungsorientiertes Üben	Betonung unterschiedlicher Anwendungsmöglichkeiten zur gezielten Verbreiterung des Transfers (vgl. 7.4)
6. Wiederholungen	Aufwärmen des Verständnisses, Integration des Gelernten, Zusammenfassungen im großen

Durch diese Aufstellung sind die möglichen Übungsformen noch keinesfalls ausgeschöpft. Darüber hinaus sind z.B. auch *heuristische Übungen* zum Problemlösen sehr

22 Ähnliche Unterscheidungen findet man bei Radatz/Schipper (1983) und Wagemann (1984), die ich u.a. durch einige Aspekte nach Dahlke (1976) ergänze.

wichtig (vgl. einige Hinweise in Kap. 11). Schließlich wäre sicherlich auch an *Übungen zum »Lernen des Lernens«* zu denken, die über den Rahmen dieses Buches hinausweisen.

Ansonsten werden von anderen Autoren auch Kopfrechnen, Kopfgeometrie oder Zehnminutenrechnen als Übungsformen genannt. Hiermit scheinen mir jedoch eher bestimmte inhaltsbezogene Übungsformen gemeint bzw. ein Zeitrahmen gesetzt, der durch sehr unterschiedliche spezielle Übungen im Sinne der obigen Aufstellung gefüllt werden kann (Automatisierungsübungen in Form eines Abfragens, »Ekkenrechnen«[23], Wettrechnen, Übungsspiele operativer oder mechanisierender Art, Verständnisaufgaben).

Zur obigen Aufstellung seien nun noch einige erläuternde Bemerkungen hinzugefügt.

1. Verständnisübungen im hier gemeinten Sinne werden bei anderen Autoren gewöhnlich nicht gesondert aufgeführt, sondern eher als Teilaspekt operativer Übungen gesehen, dort aber nicht genügend betont und dementsprechend in der Praxis auch nicht genügend berücksichtigt (vgl. die früheren Ausführungen).

2. Das stabilisierende Üben wurde bisher noch nicht eigens herausgestellt. Hier geht es vor allem um das Vertrautmachen mit einzelnen Denkschritten und gezieltes Ausräumen spezifischer Schwierigkeiten durch mehrere relativ ähnliche Aufgaben. Dieser Aspekt wurde indirekt bei der Kritik operativer Prinzipien als wesentlich hervorgehoben (keine Erschwerung des Lernprozesses durch zuviel Variation (vgl. 4.2.2); daneben auch bei der Diskussion des Schwierigkeitsgrades von Aufgaben in 7.2.4)[24].

Gedacht ist hier z.B. an getrenntes Üben von Additionen ohne und mit Zehnerübergang, von (schriftlicher) Subtraktion bei gleicher und unterschiedlicher Stellenzahl der Glieder, getrenntes verständiges Einüben von Teilschritten bei der Prozentsatzberechnung (Erkennen von Anteilen, Schreiben eines Anteils als Bruch, Verwandlung eines Bruchs in einen Dezimalbruch, Runden eines Dezimalbruchs auf Hundertstel).

Bei dieser Art von Stabilisierung der Lernschritte geht es wohlgemerkt *nicht* um Automatisierung, sondern um ein schrittweises verständiges Festigen.

3. Operative Übungen werden, wie in der Tabelle angedeutet, gegenüber der Übungsform 1 stärker in der Funktion späterer Verständnisvertiefung gesehen (vgl. dazu auch die früheren Beispiele). Wieweit hierbei zuvor die Isolierung von Aufgabentypen (z.B. von Umkehraufgaben) beachtet werden muß, hat mit der Komplexität der Gesamtsituation zu tun: Beispielsweise kann man bei der Entwicklung eines Grundverständnisses für die Addition natürlicher Zahlen im noch stark handlungsbezogenen Bereich bald auch die Subtraktion hinzunehmen (»Wegnehmen« gegenüber »Hinzufügen« von irgendwelchen Dingen). Das gleiche gilt sicherlich nicht für das schriftliche Addieren und Subtrahieren.

---

23 Vgl. dazu z.B. Schipper u.a. (1993^7).

24 Im übrigen ist hier hinzuweisen auf Dahlke (1976); vgl. auch Abschn. 7.4.

4. Zu den *automatisierenden Übungen* ist vor allem hervorzuheben, daß sie gegenüber den ersten Übungsformen nicht verfrüht eingesetzt werden sollten, weil es sonst leicht zur Verfestigung falscher Techniken (»Fehlerstrategien«) kommen kann, die hinterher oft schwer zu beseitigen sind.

Wird die Tendenz zu Fehlerstrategien bei automatisierenden Übungen erkannt, (z.B. ein Schüler berücksichtigt Zehnerübergänge nicht oder addiert Brüche durch Addition der Zähler bzw. Nenner), sollte man schnell zu einer besseren Klärung des Verständnisses zurückkehren. Vor allem bleibt zu beachten, daß Automatisierungen, die im Rahmen von Übungen nur durch Hinweise auf das »richtige« Verfahren korrigiert werden, nicht Verständnis ersetzen, sondern es allenfalls zeitweise überspielen können. Wenn nicht zuvor genügend Verständnis entwickelt wurde, ist eine Automatisierung immer in Gefahr, bald nicht mehr zu funktionieren, weil der Lernende bei »Ausfällen« nicht mehr in der Lage ist, fehlende Teile mit Verständnis zu »rekonstruieren« (vgl. 5.2.8).

Ein besonderer Gesichtspunkt ist bei der Automatisierung von bestimmten Techniken (z.B. schriftlichen Rechenverfahren) zu beachten. Im Gegensatz zu operativen Übungen ist es *hier sinnvoll, die Reihenfolge, ja sogar den begleitenden Wortlaut in eine ganz bestimmte Standardform zu bringen.* Dies hängt mit den Reiz-Reaktions-Ketten des Automatisierens (vgl. 6.3.1und 6.4.2) zusammen: Je besser die Reize fixiert sind, desto besser sind die Reaktionen fixiert, und desto besser funktioniert die ganze Kette.

5. Anwendungsorientiertes Üben wird hier in einem weiteren Sinne von Anwendungen gemeint: Es wird hier nicht nur an außermathematische, reale Anwendungen gedacht, wie sie bereits in 7.3.2 unter dem Motivationsaspekt stärker angesprochen wurden, sondern auch an innermathematische Anwendungen, insofern die weitere Verwendung des Gelernten in der (Schul-)Mathematik angestrebt wird.

In beiden Fällen geht es um eine hinreichend breite Anwendung des Gelernten in neuen Fragestellungen und Situationen in einer Richtung, die vor allem eine Übertragung auf vorgestellte spätere Anwendungssituationen begünstigt.

Bei den *außermathematischen* Anwendungen geht es in dieser Übungsphase vor allem um eine Verbreiterung der Anwendungsbeispiele auf häufige Anwendungssituationen (»Standardsituationen«), in denen das Gelernte vermutlich am ehesten gebraucht wird. Zu denken wäre etwa an Anwendungen zu »Grundaufgaben« der Prozent- und Zinsrechnung mit einer ihrem Vorkommen im Alltag entsprechenden Gewichtung. Solche Anwendungsübungen stehen häufig am Ende eines »mittelgroßen« Lernabschnitts (Behandlung einer Rechenoperation oder eines Aufgabentyps).

Bei den *innermathematischen* Anwendungen geht es vor allem um die Routinebildung für mathematische Verfahren für solche Fälle, die in der Mathematik häufiger vorkommen (u.U. auch als Teilaufgaben außermathematischer Anwendungen). In diesem Sinne sind z.B. folgende Übungen zu verstehen (vgl. auch 3.2.3):

- Rechenübungen zum zweckmäßigen Rechnen (z.B. von Aufgaben des großen Einmaleins, überschlägiges Rechnen),
- Größenumwandlungen (besonders bei Längen-, Flächen-, Raum- und Gewichtsmaßen)
- Aufgaben zur Anwendung der Bruchrechenregeln,
- Termumformungen und Lösung von Gleichungen.

Bei inner- wie außermathematischen Anwendungsübungen geht es um längerfristiges Geläufigmachen (psychologisch vergleichbar mit Übungsform 2), ohne den Anspruch einer Automatisierung zu haben. Das Ziel ist, spätere Fälle auf »ähnliche Weise« (also auf dem Wege der Analogiebildung) relativ reibungslos und ohne große Überlegung bewältigen zu können.

6. Wiederholung ist hier nicht im Sinne eines häufigen »wortwörtlichen« Wiederholens gemeint, wie es in Abschnitt 6.4.2 als wesentliche Bedingung für automatisierendes Üben genannt wurde. Gemeint ist auch nicht ein häufigeres Wiederholen ähnlicher Aufgaben zur Stabilisierung (Übungsform 2) oder zur Routinebildung (Übungsform 5). Gemeint sind vielmehr »Neuaufnahmen« von Lernprozessen nach längeren Lernabschnitten, die vor allem periodisch wiederkehrenden Zusammenfassungen dienen, dem Einordnen und Abgrenzen, dessen Sinn in Abschnitt 5.2.7 bereits näher beschrieben wurde. (Solche Wiederholungen dienen immer »sinnvollen« Lernprozessen.) Dementsprechend könnte man »Wiederholungen« im hier gemeinten Sinne vor allem von »Übungen« nach einer ersten Einführung einzelner Operationen und Aufgabentypen unterscheiden[25]. Wiederholungen nehmen häufig auch Elemente anderer Übungsformen wieder auf (z.B. Verständnisaufgaben zu besonderen Schwierigkeien, die wichtigsten Routinesituationen, jetzt aber meist in »gemischter« Form; vgl. Abschnitt 7.4). Dazu gehören auch komplexere Anwendungsaufgaben, die verschiedene frühere (auch länger zurückliegende) Aufgabentypen in sich bergen, also häufig auch Problemlöseaufgaben im Sinne des Kapitels 11.

7.3.2 Zur Motivierung und äußeren Gestaltung von Übungsaufgaben

a) Allgemeines zur Motivierung von Übungen

Es wird oft übersehen, daß auch Übungen zu motivieren sind. Häufig entsteht für Schüler eher der Eindruck, daß sie eine unvermeidliche Zutat des Unterrichts sind; als Hausaufgaben haben sie manchmal gar Strafarbeitscharakter. Eine Klarheit über das »Warum« besteht bei den Schülern selten. Dies ist besonders dann der Fall, wenn Übungsblätter ohne weiteren Kommentar ausgeteilt werden (»Ich habe euch da ein Arbeitsblatt mitgebracht, versucht mal, die Aufgaben zu lösen!«). Allzuoft werden erst nach dem Klingeln ad hoc, schnell und unüberlegt irgendwelche Aufgaben aus dem Buch als Hausaufgabe gestellt.

Die Schüler aber möchten gerne wissen (und haben ein Recht darauf zu wissen), welchen »Sinn« diese vielen Aufgaben haben (vgl. 7.2.4 zur Zielorientierung). Der Lehrer sollte sich also genauer Gedanken machen, welchem Zweck die Aufgaben dienen. Die didaktischen Funktionen der im letzten Abschnitt aufgelisteten Übungsformen geben dazu vielleicht eine gewisse Grundorientierung. Um die Bereitschaft der Schüler zum Üben zu erhalten, ist es daneben u.a. wichtig, den Schwierigkeitsgrad der Aufgaben einigermaßen richtig zu dosieren (d.h. beispielsweise auch, die Aufgaben –

25 Zur näheren Charakterisierung von »Übungen« und »Wiederholungen« anhand von Gestaltungsbeispielen vgl. Zech 1995, Abschnitt 3.9.2.

zumindest etwas – nach Leistungsstärke der Schüler zu differenzieren), Rückmeldung (insbesondere auch zu den Hausaufgaben) zu geben sowie Übungsfortschritte bewußtzumachen (vgl. 7.2).

b) Zur Gestaltung von Aufgaben in reinen Rechenübungen

Bei den Aufgaben kommt es natürlich z. T. auch auf die Aufmachung und »Verpackung« an. Das gilt insbesondere für reine Rechenübungen mit »nackten« Zahlen. Das herkömmliche »Päckchenrechnen« (obwohl bei den Schülern gar nicht unbeliebt; vgl. 7.2.4 e) ist durchaus nicht als Optimum anzusehen, zumal wenn es um die Berücksichtigung mehrerer übergeordneter Gesichtspunkte geht. Auf die mögliche Verpackung in Spielformen wurde schon hingewiesen (vgl. 6.4.2); auch auf mögliche soziale Motivationen und angstabbauende Effekte (vgl. 7.2.5) sowie auf evtl. ästhetische Effekte (vgl. 7.2.6) ist hinzuweisen. Zur Verdeutlichung seien hier einmal zwei kleine *Beispiele* für mögliche Übungsspiele gegeben. Das Spielmaterial ist von den Schülern leicht herzustellen; die Spielregeln sind leicht. Die Schüler können die Spiele allein, zu zweit oder in Gruppen spielen.

Das Domino (zur Stabilisierungs-/Automatisierungsübung)
Es besteht aus einer großen Anzahl von Karten, z. B.

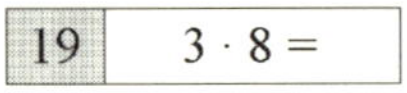

Abb. 7.6

Die Karten sind im Spiel so aneinanderzureihen, daß das anschließende Kärtchen die Lösung des vorhergehenden trägt … (Nach Vortmann/Schmid 1975, S. 21f.)

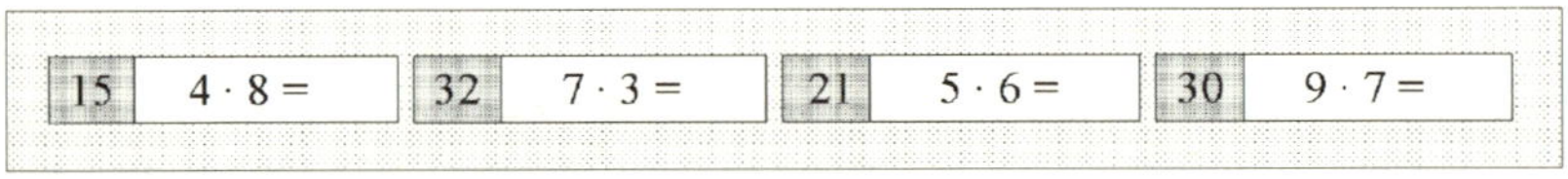

Abb. 7.7

Das Fußballspiel (zur operativen Übung)
In die Tore werden je eine Gewinnzahl eingetragen, in das Spielfeld 5 Bälle:

Beispiel:

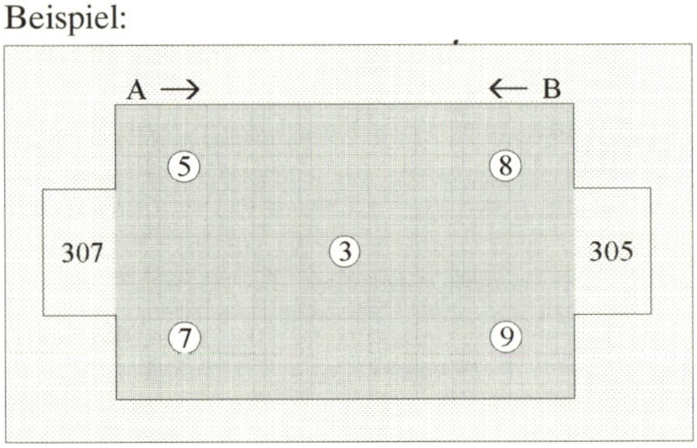

Abb. 7.8

Regel: A muß 305 erreichen, B muß 307 erreichen.

Der Anstoß erfolgt mit zwei Bällen auf der Seite der Partei A. Ein Schuß besteht in der beliebigen Verknüpfung durch Grundrechenarten. Die Parteien schießen abwechselnd mit dem jeweils vorliegenden Zwischenergebnis und einem Ball im Spielfeld. Ein Tor liegt vor, wenn die gegnerische Gewinnzahl getroffen wird … (Nach Borst in Schipper u. a. 1993[7], S. 26.)

Diese Spiele können offensichtlich auch leicht modifiziert und auf andere Zahlbereiche und Rechenoperationen übertragen werden. Zweckmäßig sind daneben auch Verpackungen von Aufgaben, die ein *rationelles Stellen* der Aufgaben und u.U. zusätzlich eine *Selbstkontrolle* durch die Schüler ermöglichen. Hierzu ebenfalls zwei kleine Beispiele:

Vorgabe von Zahlenfeldern (zu Mechanisierungsübungen und operativen Übungen)

Neben ein Zahlenfeld wie in Abb. 7.9 wird ein Operator geschrieben (z.B. **+ 7**) Nun ist nur noch auf Zahlen zu tippen, und jeder weiß die Aufgaben.

1	2	3	4
5	6	7	8
9	10	11	12
13	14	15	16

Abb. 7.9: Zahlenfeld

Statt eines Operators kann man auch ein Operationszeichen verwenden, z.B. ⊙. Es werden dann immer zwei Zahlen markiert … Hier sind auch kleine »Entdekkungsaufgaben« möglich, z.B.: Wer hat einen kürzeren Rechenweg für ☒ · 3 + ☒ ? … (Nach Schipper 1993[7], S. 31).

Besondere Vorteile bieten vorgefertigte *»Leerschemata«* (z.B. unausgefüllte Zahlenquadrate wie oben, Zahlenpyramiden, Zahlenräder, Rechenschnecken usw.). *Kopiervorlagen* findet man dafür bei Schipper (1993[7]).

Vorgabe »ewiger« Ketten (für Mechanisierungsübungen mit möglicher Selbstkontrolle)

Man wählt zwei Zahlen, eine Ausgangszahl (7) und eine Operationszahl (9). Letztere schreibt man für einen Durchgang in die Mitte und behält sie dann bei.

Dann rechnen die Schüler:

$7 + 9 = 16$
$16 \cdot 9 = 144$
$144 - 9 = 135$
$135 : 9 = 15$
$15 + 1 = 16$
$16 - 9 = 7$

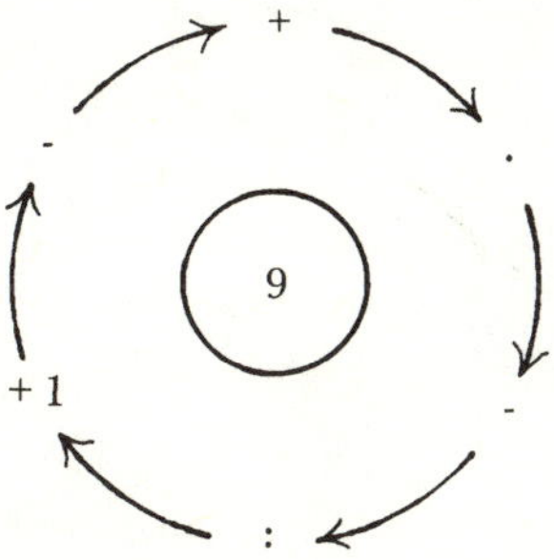

Abb. 7.10: Übungskreisel

Man sieht, daß bei diesem »Übungskreisel« (auch bei anderer Ausgangs- und Operationszahl) Ausgangszahl und Endergebnis übereinstimmen müssen (Möglichkeit der Selbstkontrolle!). Solch eine Kette läßt sich offensichtlich leicht modifizieren und auch auf andere Zahlbereiche übertragen. (Nach Vortmann/Schmid 1975, S. 95.)

c) Zur Gestaltung von Aufgaben in anwendungsorientierten Übungen

Neben Rechenübungen haben vielleicht Anwendungsübungen gelegentlich eine attraktivere Verpackung besonders nötig. In Abschnitt 7.2.3 wurden hierzu schon einige grundsätzliche Hinweise gegeben. Hier sei nur noch einmal daran erinnert, daß herkömmliche Textaufgaben insbesondere durch zwei Arten lebendigerer Verpackung zu ersetzen sind:

1. Bildaufgaben
Hierzu geben die Hefte von Bracht/Pietschner eine Reihe schöner Beispiele (eines davon finden Sie in Abschnitt 7.2.3).

2. Fragen zu einem vorgegebenen Realitätsausschnitt
Hierzu sei an dieser Stelle ein typisches Beispiel aus Zech (1992), S. 35f. angedeutet:

Auf dieser Seite ist der **Grundriß des Erdgeschosses eines Hauses im Maßstab 1 : 100** dargestellt, der dem Prospekt einer Baufirma entnommen wurde. In den einzelnen Räumen findest du die Möbel auf schematische Weise eingezeichnet. Sie sind aber im richtigen Größenverhältnis dargestellt. So kannst du dir ganz gut vorstellen, wie es in den Räumen aussieht.

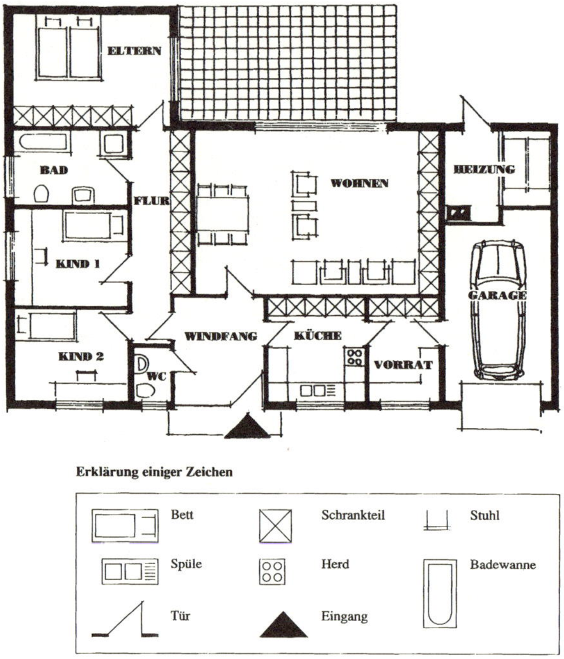

Zu einem Wohnungsgrundriß lassen sich z. B. *Fragen* folgender Art stellen (5. Schuljahr):

1) *Welche wirklichen Maße haben Haus und Wohnung*? (Z.B.: Breite eines Fensters, eines Garagentors, Länge und Breite der Kinderzimmer.)
2) *Was kann man noch »ablesen«*? (Z.B.: Wie viele Fenster gibt es? Wie werden Tische dargestellt? Was bedeuten die Darstellungen im Bad?)
3) *Wieviel Platz ist in der Wohnung*? (Z.B.: Könnte man im Kinderzimmer noch ein Bett aufstellen? Wäre auf der Terrasse Platz für eine Tischtennisplatte?)

Abb. 7.11:
Wohnungsgrundriß

7.4 Transfer des Mathematiklernens

Sofern man bejaht, daß Lernen – über momentanen Spaß und Freude hinaus – irgendwie in der Zukunft nützlich sein soll, stellt sich die entscheidende Frage nach dem »Transfer«:

Welche Bedingungen müssen erfüllt sein, damit eine erwünschte Übertragung des Gelernten auf neue Situationen möglich wird?

Grundsätzlich kann man nach den Ergebnissen der Lernpsychologie vorweg sagen:

- Der erwünschte Transfer des Gelernten ist nicht so ohne weiteres von selbst gewährleistet.
- Will man den Transfereffekt erhöhen, so muß man den Transfer in geeigneter Weise anleiten.

Dies beinhaltet insbesondere eine Absage an die sog. formale Bildung: »Logisches Denken« in Latein gewährleistet noch keineswegs von selbst logisches Denken in Mathematik oder auf einem anderen Gebiet oder auch im Alltag (vgl. dazu genauer z.B. Roth 1976[15])[26].

7.4.1 Begriffsklärung: Transferarten

Als »Transfer« (Lernübertragung) bezeichnet man jede Beeinflussung späteren Lernens durch vorausgegangene Lernerfahrungen (Weinert 1974, S. 687).

Die Auswirkungen des früheren auf das spätere Lernen können naturgemäß sehr verschieden sein:

- erleichternd (*positiver* Transfer);
- beeinträchtigend (*negativer* Transfer);
- neutral (Nulltransfer).

Man unterscheidet weiterhin zwischen »*spezifischem*« und »*unspezifischem*« (allgemeinem) Transfer (a.a.O., S. 702f.):

Spezifischer Transfer bezieht sich auf relativ kurzfristige Effekte innerhalb einer geschlossenen Lernsequenz (spezifische Fertigkeiten und Methoden eines Stoffgebiets).

Unspezifischer Transfer bezieht sich auf relativ langfristige Effekte bezüglich der Breite der Verallgemeinerung bestimmter Lernerfahrungen (die Fähigkeit, allgemeine Ideen und Methoden einzusetzen; »Lernen des Lernens«).

In ähnlicher Weise unterschied Gagné früher (1969, S. 168) zwischen »vertikalem« und »lateralem« Transfer:

---

26 So darf auch logisches Denken oder Argumentierenkönnen im Rahmen der Mathematik nicht so ohne weiteres als Erreichen des entsprechenden allgemeinen Lernziels angesehen werden.

Im ersten Fall werden bestimmte Leistungsfähigkeiten (*vertikal*) zum Erlernen neuer Leistungsfähigkeiten eingesetzt (z.B. die schriftliche Addition bei der schriftlichen Multiplikation). Allgemein hätte man darunter mit Gagné u.a. alle Auswirkungen von in einer Lernhierarchie untergeordneten Lerntypen auf einen übergeordneten Lerntyp zu verstehen (vgl. 6.2.1).

Im zweiten Fall werden die erworbenen Leistungsfähigkeiten »in der Breite« (*lateral*) zur Anwendung in ähnlichen Situationen benutzt (z.B. Übertragen der Art des Herangehens an eine Aufgabe auf eine ganz andere). Allgemein hätte man darunter mit Gagné etwa die Übertragung von »kognitiven Strategien« zu verstehen.

Die Begriffsunterscheidungen sind letztlich nicht scharf zu treffen, lassen aber vielleicht die unterschiedliche Art von Transferbedingungen für sinnvolles (kognitives) Lernen besser verstehen, die im folgenden kurz besprochen werden. Dabei kann im Rahmen dieses Kurses nur auf einige »Faustregeln« hin abgehoben werden.

7.4.2 Günstige Bedingungen für positiven Transfer

a) In Richtung spezifischen Transfers

Denken wir zunächst mehr an spezifischen bzw. vertikalen Transfer, so ist hier die wichtigste Transferbedingung offenbar die »Güte« der Lernvoraussetzungen (vgl. Weinert 1974, S. 703/706):

- Die Lernvoraussetzungen müssen *vollständig* sein (es dürfen keine »Lücken« bestehen)[27];
- das Gelernte muß hinreichend gut *verstanden* und sinnvoll *geübt* sein (vgl. insbes. die Verständnisübungen und die variablen operativen Übungen!);
- das Gelernte muß öfter *angewendet* werden (es muß insbes. in neuen Lernzusammenhängen gelegentlich aufgewärmt und überarbeitet – man sagt auch »vertieft« oder »überlernt« – werden.

Ausubel u.a. (1980, S. 203) drücken dies in ihrer Nomenklatur etwa so aus: Die entscheidende Bedingung für den Transfer ist eine adäquate Ausbildung der kognitiven Struktur mit allem, was dazugehört (vgl. Kapitel 5); u.a.:

- eine möglichst gute Verankerung und Integration relevanter Ideen in der kognitiven Struktur,
- eine gute Abgrenzung gegen andere Ideen usw.

Daß »Verständnis« eine wesentliche Transferbedingung ist, sei durch folgendes Untersuchungsergebnis illustriert.

Schon die Übertragung der schriftlichen Subtraktion von zweistelligen auf dreistellige Zahlen ist deutlich beeinträchtigt, wenn bei der Einführung des Verfahrens auf Einsicht kein Wert gelegt wird (Roth 1976[15], S. 290).

27 Dies ist der Gesichtspunkt, der von Gagné mit den Lernhierarchien besonders betont wird.

Wie wichtig es ist, darauf zu achten, daß alle maßgeblichen Voraussetzungen nicht nur »drangewesen« sind, sondern auch wirklich verstanden wurden und u.U. vor oder mit einem neuen Stoff nochmals überlernt werden, um einen ausreichenden Transfer zu gewährleisten, mag zusätzlich das Beispiel »Prozentsatzberechnung« beleuchten (vgl. auch bereits 7.3.1):

Hier gehen u.U. viele meist länger zurückliegende Voraussetzungen aus der Bruchrechnung ein (Anteilbegriff, eine besondere Bruchauffassung, Divisionsverfahren für beliebige natürliche Zahlen, dezimale Schreibweise von Brüchen, Runden von Dezimalbrüchen), so daß Verständnis bei den Schülern vorher kaum durchgängig erwartet werden darf. Dann ist es wichtig, die Voraussetzungen vorher zu wiederholen oder das nötige Verständnis im Rahmen des neuen Lernprozesses zu sichern (Näheres dazu vgl. Zech 1995, Kapitel 7). Andernfalls ist ein mangelndes Verständnis für die Prozentsatzberechnung vorprogrammiert und damit ein weiterer schlechter Transfer für diese selbst. Ähnliches gilt für sehr viele Situationen des Mathematikunterrichts.

b) In Richtung unspezifischen Transfers

Denken wir darüber hinaus auch stärker an unspezifischen bzw. lateralen Transfer, so wird man noch andere Transferbedingungen betonen müssen:

1. Die naheliegendste ist folgende (vgl. Gagné 1969, S. 189): *»Je breiter eine erlernte Leistungsfähigkeit fundiert ist, um so größere Chancen bietet sie für den Transfer auf neue, unterschiedliche Situationen.«* Dies bedeutet beispielsweise, daß es notwendig ist, den *Kontext* von Schlußrechenaufgaben (Dreisatz usw.) so weit zu *variieren*, daß ein später erhoffter Transfer möglich ist[28]. Für Begriffe bedeutet das allgemein, daß die Beispiele breit genug angelegt werden müssen, um den Transfer im Sinne einer hinreichenden Verallgemeinerung zu gewährleisten. Dies gilt vermutlich auch für allgemeinere Methoden und heuristische Regeln bzw. kognitive Strategien (vgl. dazu auch Punkt 3).

2. *Darüber hinaus* – dieses präzisiert in gewisser Weise die erste Bedingung – *werden Wissen und Fertigkeiten leichter übertragbar, wenn sie in realistischen und »echten« Situationen gelernt werden*, die denen entsprechen, für die sie letztlich bestimmt sind (vgl. dazu Ausubel u.a. 1980, S. 242; Oevering/Travers 1973, S. 104). Dies ist mithin ein zusätzliches Argument für lebensnahe Aufgaben. In diesem Zusammenhang muß für den Mathematikunterricht besonders herausgestellt werden, daß ein Transfer nicht gewährleistet ist, wenn Schüler in der Schule nur Sachaufgaben mit »glatten« Zahlen, mit denen die geforderten Operationen »aufgehen«, vorgesetzt bekommen, im Alltag aber mit »krummen« Zahlen konfrontiert werden, bei denen die geforderten Operationen nicht aufgehen (Näheres zu diesem Problem vgl. bei Zech 1995, Abschnitt 3.9.3).

---

28 Dies deutet an, daß die zu schaffende Transferbedingung auch von der Leistungsfähigkeit des Schülers und später zu erwartenden Leistungen abhängig ist (bezüglich der Schlußrechnung vgl. Zech 1995, Kapitel 8).

3. *Günstig im Sinne eines allgemeinen Transfers scheint es auch zu sein, wenn frühzeitig zentrale einigende Ideen des Fachs herausgestellt werden*, weil quasi von selbst günstige Transferbedingungen geschaffen werden, falls von diesen Ideen immer wieder Gebrauch gemacht wird und sich damit im Sinne von Punkt 1 immer mehr Anwendungssituationen ergeben (vgl. Ausubel u. a. 1980, S. 157 und 241).
   Zu solchen zentralen Ideen zählen in der Mathematik potentiell folgende: »Leitbegriffe« wie Menge, Funktion (Operator), Relation; Rechengesetze; heuristische Regeln, die beim Aufgabenlösen immer wieder verwendet werden können (vgl. dazu Kapitel 11).
   Dies muß heute in der »Postmengenlehrezeit« wohl zumindest hinsichtlich der Leitbegriffe und der frühzeitigen Herausstellung der Ideen bereits in der Grundschule ein wenig relativiert werden, weil sie auch »kindgemäß« sein müssen (d. h., nicht zu »abstrakt«, weit weg vom realen Erfahrungsbereich und der Sprache der Kinder sein dürfen).
   Zudem scheint es auch nicht zweckmäßig, fachliche Leitbegriffe zu unterrichtlichen Leitbegriffen zu machen, wenn sich insgesamt zuwenig »Beispiele« ergeben (wie etwa in der Hauptschule; vgl. dazu auch Zech 1995). Vielleicht sind die Leitideen auch anders (spezifischer, faßbarer, sinnbetonter) zu formulieren oder auch eher andere Leitideen herauszustellen, damit der Transfergedanke zum Tragen kommt. Vielleicht wäre es in diesem Sinne zweckmäßig, z. B. die Idee der *Teilmengenbeziehung* mehr im Zusammenhang mit der logischen Implikation und ihrer Verdeutlichung durch Venn-Diagramme, die Idee der *Rechengesetze* mehr im Zusammenhang mit ihrem rechenpraktischen Nutzen herauszustellen. Vielleicht zählen die Stellenwertdarstellung von Zahlen, der Symmetriegedanke, die Ideen des Algorithmus, der Messung und der Näherung (Schätzen, Rechnen, Überschlagen) dazu (vgl. Winter 1987)[29].

4. Unabhängig von Überlegungen zu zweckmäßigen fachlichen Leitideen *scheint es auch im Rahmen kleinerer Lernprozesse transfergünstig, allgemeine Gesichtspunkte explizit herauszustellen* (vgl. dazu bereits 5.2.7 und 6.3.3):

- wesentliche Züge z. B. einer Aufgabenlösung zu betonen;
- auf frühere Situationen, Ähnlichkeiten, Unterschiede hinzuweisen;
- Querverbindungen zu schaffen;
- das Gelernte durch den Schüler zu verbalisieren, aber eine verfrühte Fixierung zu vermeiden.

Es geht allgemein im Sinne Ausubels darum, die Gültigkeit eines Gedankens in möglichst großer Allgemeinheit (»Breite«) bewußt- und ihn damit zum »subsuming concept« (vgl. 5.2.1) für spätere Beispiele zu machen.

29 Zu evtl. zweckmäßigen »fundamentalen Ideen« in der Sekundarstufe II vgl. Tietze u. a. (1982) und die dort angegebene Literatur.

7.4.3 Negativer Transfer und Möglichkeiten seiner Verhinderung

Transfer geht nicht von selbst in die erwünschte »positive« Richtung. Man weiß gerade vom Mathematikunterricht, daß das Gelernte oft »sinnlos« angewendet (negativ übertragen) wird. Das ist z.B. der Fall, wenn durch Übung unerwünschte Mechanisierungen von Handlungs- oder Denkabläufen eintreten.

Es ist z.B. aus der Behandlung der Schlußrechnung bekannt, daß Schüler bei Nonsens-Aufgaben nur aufgrund gewisser syntaktischer Merkmale inadäquate Schlüsse ziehen:

2 Eier kochen 3 Minuten;
wie lange kochen 4 Eier?
(Schüler antwortet: 6 Minuten.)

Derart (häufig provozierter) negativer Transfer kann didaktisch dazu genutzt werden, ihn als solchen bewußtzumachen und damit künftig zu verhindern (der Schüler lernt hier z.B. zu prüfen, ob überhaupt eine Proportionalität vorliegt.)

»Negativer Transfer« liegt häufig in der Form vor, daß bisherige Lernerfahrungen unzulässig ausgeweitet werden:

»$0{,}4 < 0{,}32$, weil $4 < 32$« oder »$(a+b)^2 = a^2+b^2$, da doch auch
$(a+b) \cdot 2 = a \cdot 2 + b \cdot 2$«.

Wird das in systematischer Form getan, spricht man von Fehlerstrategien (vgl. dazu auch die Hinweise in Abschnitt 7.1.2).

Allgemein kommt es leicht zu negativem Transfer bei mangelndem Verständnis der Schüler (häufig dadurch mitbedingt, daß der Lehrer zuwenig auf Verständnis achtet).

Ein weiteres Beispiel: Wenn ein Schüler einen spiegelsymmetrischen Punkt nach dem Motto »gerade rüber« zeichnet (vgl. Abb. 7.12), so wäre dies ein negativer Transfer.

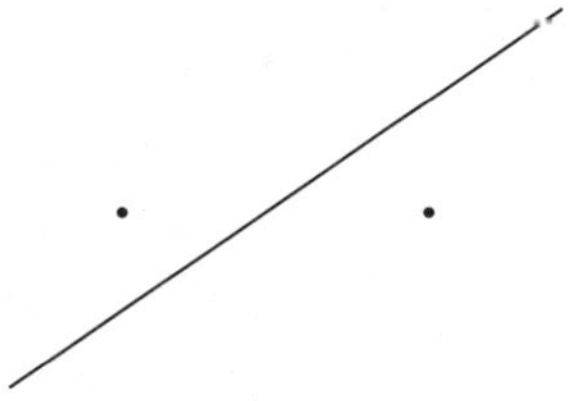

Abb. 7.12

Bei der Einführung des Begriffs »achsensymmetrisch« wurde u.U. (unter Nichtbeachtung der Transferbedingung »hinreichende Variation der Anwendungsfälle«) die Achsenlage zuwenig variiert.

Es gibt berühmte Beispiele für negativen Transfer aufgrund von »Einstellungsfixierungen« aus Versuchen von Luchins und Wertheimer (dargestellt bei Weinert 1974, S. 677 und S. 707). Auf die Versuche von Wertheimer kommen wir in Abschnitt 11.6.6 zurück.

Eine Gefahr negativen Transfers liegt vor allem bei der Aufeinanderfolge ähnlicher Aufgabentypen vor, wo es leicht zu »Verwechslungen« kommen kann. Zur Vermeidung solch eines negativen Transfers hat Dahlke (1974) spezielle Untersuchungen durchgeführt. Er kommt anhand von Aufgaben zum Umfang und Flächeninhalt von Rechtecken zu dem Ergebnis, daß es unzweckmäßig ist, frühzeitig beide Aufgabentypen zu mischen[30]. Transfergünstiger scheint es zu sein, erst Aufgaben jeder Art getrennt zu üben und dann beide Aufgabentypen zu mischen (vgl. auch Abschn. 7.3.1). Zur Verhinderung negativen Transfers ist natürlich auch wichtig, ähnliche und unterschiedliche Merkmale zweier Aufgabensituationen explizit herauszustellen (vgl. 5.2.7).

Allgemein kann der Lehrer negativen Transfer dadurch zu verhindern suchen, daß er Beispiele zeigt, auf die das Gelernte *nicht* übertragen werden kann.

7.4.4 Zusammenfassende Übersicht

Abschließend seien günstige Transferbedingungen des Mathematikunterrichts kurz in einer Tabelle zusammengestellt:

Schema 17: Günstige Transferbedingungen Im Mathematikunterricht

in Richtung spezifischen bzw. vertikalen Transfers	**in Richtung unspezifischen bzw. lateralen Transfers**
– Vollständigkeit der Lernvoraussetzungen	– breite Anwendung des Gelernten
– Verständnis des Gelernten (Verständnisübungen, operative Übungen)	– realistische, lebensnahe Situationen
– Wiederholungen, Überlernen	– Herausstellung zentraler Ideen
– Verhinderung von negativem Transfer durch	– Betonung wesentlicher Züge
– Aufmerksammachen auf inadäquate Lernübertragung	– Hinweise auf analoge Situationen (Ähnlichkeiten und Unterschiede)
– Vermeiden zu früher Mechanisierung	– Schaffung von Querverbindungen
– Mischung von Aufgaben nach vorheriger Konsolidierung	– Verbalisation des Gelernten

30 M.a.W.: Es ist unzweckmäßig, das operative »Integrationsprinzip« zu frühzeitig zu strapazieren (vgl. Abschn. 4.2).

7.5 Aufgaben und Diskussionsanregungen

0. Besinnen Sie sich auf das für Sie Wichtige des 7. Kapitels. Diskutieren Sie Unklarheiten mit anderen, oder schreiben Sie dem Autor.

1. Ordnen Sie die Phasen des Lernprozesses von Drefenstedt/Neuner dem Lernphasenschema (Schema 14) bzw. den Lernstufen von Roth zu. Versuchen Sie auch eine Zuordnung zu den Reinschen Formalstufen.

2. Erläutern Sie die Lernphasen (nach Schema 14) am Thema »Proportionaltäten« oder einem anderen Ihnen geläufigen Thema.

3. Machen Sie sich die mögliche Verflechtung von mehreren Motiven und Anregungsbedingungen bei der Motivation zu einem Unterrichtsgegenstand an einem Beispiel klar.

4. Diskutieren Sie die Spannung zwischen »innermathematischen« und »außermathematischen« Motivationen im Anschluß an die Abschnitte 7.2.2 und 7.2.3.

5. a) Versuchen Sie, die im Schema 15 aufgeführten Motivationsmöglichkeiten möglichst mit eigenen Beispielen zu konkretisieren.
   b) Welche Motivationen erscheinen als Anfangsmotivationen (Einstiegsmöglichkeiten) besonders geeignet?
   c) Versuchen Sie, die verschiedenen Motivationsmöglichkeiten zu gewichten.

6. Woran können Sie »Motivation« bei den Schülern im Unterricht erkennen?

7. Versuchen Sie, sich anhand von Schema 16 nochmals die verschiedenen Übungsformen zu vergegenwärtigen (evtl. unter Nutzung der Rückverweise), und machen Sie sich Unterschiede, Überschneidungen und gegenseitige Abhängigkeiten klar.

8. Versuchen Sie, zu jeder der in Schema 17 aufgeführten günstigen Transferbedingungen ein eigenes konkretes Beispiel anzugeben.

9. Correll (1970[10], S. 163) berichtet über eine Untersuchung des amerikanischen Psychologen Thorndike: 6 % einer Gruppe von Studenten war nicht fähig, den Term x + y richtig zu quadrieren; 28 % konnten hingegen $b_1 + b_2$ nicht quadrieren. Diskutieren Sie dieses Ergebnis[31] unter dem Gesichtspunkt günstiger bzw. ungünstiger Transferbedingungen. Was könnte getan werden, um zu einem besseren Ergebnis zu kommen?

10. Wagenschein (1962) und Wittenberg (1963) geben recht instruktive Beispiele, wie man fachtypische Methoden und Denkweisen der Mathematik mit Schülern praktizieren kann. Diskutieren Sie diesen »exemplarischen« Unterricht (soweit bekannt) unter Transfergesichtspunkten.

---

31 Vgl. zu ähnlichen Ergebnissen auch Nägerl u. a. (1975).

7.6 Literaturhinweise

Empfohlen seien:

Pädogogisch-psychologische Literatur

Roth (1976[15]), Kap. XI als Klassiker zum Thema »Lernphasen«;
Meyer (1988, 4. Lektion), Meyer (1987, 9. Lektion) als neuere pädagogische Orientierung zu den »Lernphasen«;
Gagné (1980[5]), Kap. XII als eine Darstellung der Lernphasen, die stark an einem Informationsverarbeitungsmodell (vgl. Abschn. 5.3.2) orientiert ist;
Ausubel u. a. (1980, Kapitel 5) und Ausubel u. a. (1981, Kapitel 1) zu den Themen »Motivation« und »Transfer«;
Heckhausen/Rheinberg (1980) zur Motivation;
Weinert (1974) zum Thema »Transfer«.

Mathematikdidaktische Literatur

Zbick (1988) als sehr umfassende Darstellung des Motivationsproblems im Mathematikunterricht (560 S.; in erster Linie für Mathematikdidaktiker);
Zech (1985) als Ergänzung zur Darstellung in diesem Buch einschließlich einiger wichtiger empirischer Arbeiten zur Motivation im bzw. für Mathematikunterricht. Im gleichen MU-Heft eine ganze Reihe weiterer Aufsätze, u. a. von Beck, Besuden, Floer, R. Gerhard, G. Müller, G. Schmidt, Wittoch zur Motivation in einzelnen Schulstufen, zu inner und außermathematischer Motivation sowie speziell zur Motivation lernschwacher Schüler;
Themenhefte der Zeitschrift »Mathematik lehren« (ML) zu Motivation und Anwendung: ML 1988/29: Anwendungsorientierung im Mathematikunterricht, ML 1991/47: Historische Quellen für den Mathematikunterricht;
Gerster (1982) und Padberg (1989) zu Rechenschwierigkeiten;
Wagemann (1984) als allgemeine Orientierung zum Thema »Üben im Mathematikunterricht«;
Vortmann/Schmid (1975) mit einigen Anregungen für Übungen im Mathematikunterricht (neu 1990);
Schipper (1993[7]) und Wittmann/Müller (1994) mit vielen nützlichen Anregungen für das Üben im Mathematikunterricht der Grundschule samt Materialzusammenstellung und Kopiervorlagen;
Lichtenberger (1989) mit vielen Vorschlägen für mathematische Spiele im Unterricht der Klassen 5–7 samt vielen Kopiervorlagen;
Dahlke (1974) und Dahlke (1976) zu Übung und Transfer im Mathematikunterricht;
Dienes (1973) und Stampe (1984) als Ergänzung zum Thema »Transfer im Mathematikunterricht«.

8. Kapitel: Leitlinien zur Vorbereitung, Durchführung, Beobachtung und Besprechung von Mathematikunterricht

8.0 Vororientierung

In den vorangegangenen Kapiteln 1–7 sind grundlegende Kategorien des Mathematikunterrichts diskutiert worden, die in jeder Mathematikstunde zu berücksichtigen sind: Rahmenbedingungen, Ziele, kognitive Niveaus, Lerntypen und Lernphasen.

Leider ist es mit dem bloßen Wissen wichtiger Gesichtspunkte für das Unterrichten von Mathematik noch längst nicht getan. Es erfordert zusätzliche Anstrengungen und Phantasie, die Vielzahl der Gesichtspunkte so unter einen Hut zu bekommen, daß sie in der Praxis zur Geltung bzw. Erprobung kommen und praktikabel bleiben.

Beim Übergang von der Theorie zur Praxis scheint es von besonderer Bedeutung, die Wissensebene mit der Vorbereitungsebene und die Vorbereitungsebene mit der eigentlichen Durchführungsebene in möglichst effektiver Weise zu verknüpfen. In der Ausbildungsphase (aber auch noch später) kommt es zusätzlich besonders darauf an, die wesentlichen Gesichtspunkte auch im Unterricht gezielt beobachten und diskutieren zu lernen, um sich gegebenenfalls korrigieren zu können.

Dieses Kapitel versucht, entsprechende Hilfestellungen zu geben. Zugleich soll die Theorie und Praxis verbindende Gesamtkonzeption dieses Kurses genauer entwickelt und begründet werden.

8.1 Vorbereitung von Mathematikunterricht

8.1.1 Zum Problem der Unterrichtsvorbereitung allgemein

Das Problem der Unterrichtsvorbereitung (und erst recht das des tatsächlichen Unterrichtens) besteht u.a. darin, vielfältigsten pädagogischen, psychologischen, fachlichen und fachdidaktischen Anforderungen gleichzeitig gerecht zu werden.

Es sei nur an einige Anforderungen erinnert, die sich aus den Kapiteln 1–7 ergeben: Der Unterrichtende hat

- die Voraussetzungen des Unterrichts (u.a. Lernvoraussetzungen der Schüler und äußere Rahmenbedingungen) zu ermitteln,
- Lerninhalte auszuwählen und zu begründen,
- Lernziele zu präzisieren,
- geeignete Motivationen zu überlegen,

- Aufgaben und Aufgabensequenzen nach operativen Prinzipien und Prinzipien sinnvollen Lernens zu konstruieren,
- Lernkontrollen zu überlegen,
- Lernbedingungen bezüglich bestimmter Lerntypen seines Unterrichts zu reflektieren.

Der angehende Lehrer weiß häufig gar nicht, wo er anfangen soll, weil die Unterrichtsvorbereitung zusätzlich dadurch erschwert wird, daß sich die erforderlichen Überlegungen z.T. gegenseitig bedingen und daher nicht in eine feste Reihenfolge zu bringen sind (»Interdependenzprinzip«); z.B.: Wenn ich Ziele formuliere, muß ich wissen, ob sie sich bei den gegebenen Voraussetzungen überhaupt realisieren lassen. Voraussetzungen zu ermitteln setzt andererseits bereits eine Zielvorstellung voraus usw.

Bei Berücksichtigung der wechselseitigen Abhängigkeiten wird man sich häufig nur allmählich über mehrere Korrekturen zur Endgestalt eines Stundenentwurfs vorarbeiten können. Im übrigen sind der Planungszeitraum, die bereits gesammelte Erfahrung, die beabsichtigte Unterrichtsform, der Zweck der Vorbereitung und das dafür sinnvolle Maß schriftlicher Fixierung zu berücksichtigen (unter Einbeziehung der zur Verfügung stehenden Vorbereitungszeit). Es wird im folgenden darum gehen, vor allem an die Situation des angehenden Lehrers im »normalen« Klassenunterricht zu denken und zu versuchen, die aus den Kapiteln 1–7 hervorgehenden Elemente einer Unterrichtsvorbereitung zu einer einigermaßen günstigen Vorbereitungsstrategie zu verbinden.

Dabei ist erfahrungsgemäß besonders darauf zu achten, daß man den Gefahren eines blinden Schematismus (vor allem bei der schriftlichen Unterrichtsvorbereitung einer Stunde) begegnet und übergeordnete Gesichtspunkte (z.B. langfristige Unterrichtsziele, ein insgesamt schlüssiges Unterrichtskonzept und die Begründungszusammenhänge) hinreichend stark berücksichtigt, um sich nicht einfach in vielen Einzelheiten zu verlieren.

8.1.2 Gegenstand der Unterrichtsplanung

Es ist zweckmäßig, bei der Unterrichtsplanung zu unterscheiden zwischen

- der Erstellung eines langfristigen Arbeitsplanes (u.U. für ein Schulhalbjahr, ein Schuljahr oder gar für eine Schulstufe, z.B. die Bruchrechnung im 5./6. Schuljahr);
- einer mittelfristigen Unterrichtsplanung für eine größere Unterrichtseinheit (für ein abgegrenztes Stoffgebiet innerhalb eines Schuljahres, z.B. die »Schlußrechnung im 7. Schuljahr« oder »Flächeninhaltsberechnungen«);
- einer kurzfristigen Unterrichtsvorbereitung für eine Unterrichtsstunde (z.B. die »Einführung des Begriffs proportional«).

Schulz (1981[3]) spricht hier dementsprechend von *Perspektivplanung, Umrißplanung* und *Prozeßplanung*.

Der langfristige Arbeitsplan bzw. die Perspektivplanung hält z.B. fest,

- welche allgemeinen Unterrichtsziele und -inhalte aus einem von der Schulverwaltung vorgegebenen Rahmenlehrplan ausgewählt werden,
- wann und wie lange an den einzelnen Themen gearbeitet werden soll (»Stoffverteilungsplan«),
- zu welchem Zeitpunkt schriftliche Arbeiten oder Tests zur Lernerfolgskontrolle vorgesehen sind,
- u.U. auch, welche Arbeitsformen und Regeln des Zusammenarbeitens unter den Lehrern praktiziert werden oder welche bei den Schülern zu entwickeln sind.[1]

Im vorliegenden Buch beschäftigen wir uns (der auf wenige Wochen begrenzten Dauer eines Praktikums oder einer Phase des Referendariats entsprechend) mit der Vorbeitung von größeren Unterrichtseinheiten bzw. -sequenzen und von Unterrichtsstunden.

Man sollte sich aber grundsätzlich bewußt bleiben, daß diese Planungen u.U. in längerfristige Planungen einzubetten sind. Der Planung von Einzelstunden sollte in jedem Falle die Vorbereitung einer größeren Unterrichtseinheit vorangehen, in die die Einzelstunden eingebettet sind.

Zu betonen ist noch, daß es im folgenden nicht um Vorbereitung von Unterricht allgemein, ja nicht einmal von Mathematikunterricht allgemein geht, sondern vor allem um Vorbereitung von Unterricht im Rahmen einer praktischen Ausbildungsphase, insbesondere für einige häufig wiederkehrende Klassenunterrichtssituationen auf der Grundlage von in diesem Buch ausgewiesenen Theorieelementen. Für betont schülerorientierte und offene Unterrichtsformen sind z.T. andere Akzente zu setzen[2], ebenso für Unterricht, der z.B. bewußt den Einsatz von Schülerarbeitsheften betont (vgl. Zech 1995 bzw. Zech/Wellenreuther ab 1992). Auch für Mathematikunterricht, der Projektunterricht (vgl. z.B. Münzinger 1977) oder autonomes Lernen besonders in den Vordergrund stellt (vgl. z.B. Weltner 1978), sind sicherlich teilweise andere Planungsüberlegungen anzustellen[3].

Freilich finden sich im folgenden viele Überlegungen, die sich gewiß auf jeglichen Mathematikunterricht, ja Unterricht allgemein übertragen lassen.

8.1.3 Die Vorbereitung einer größeren Unterrichtseinheit

Vor Beginn einer längeren Unterrichtsphase besteht die Aufgabe, die entsprechende Unterrichtsreihe nach Gesichtspunkten vorzubereiten, die für diese Zeit insgesamt vermutlich wichtig sind (»Umrißplanung«). Hierzu gehört vorrangig:

---

1 Für nähere Anregungen zu längerfristiger Planung vgl. man z.B. Messer u.a. (1975[2], S. 37–43) und Schulz (1981[3], S. 28–73).

2 Vgl. dazu etwa Schulz (1981[3]), Boettscher u.a. (1982), Meyer (1991[10], 1987, 1988[2]).

3 Es wäre sehr wünschenswert, daß Fachdidaktiker alternative Unterrichtsformen stärker lehr-lern-theoretisch und unterrichtspraktisch (d.h. z.B. auch hinsichtlich geeigneter Unterrichtsmittel und Vorbereitung) aufarbeiten.

I. Die Klärung von Rahmenbedingungen

I. 1. Schultyp und Klassenstufe.
I. 2. Größe der Klasse; Anzahl der Jungen, Anzahl der Mädchen.
I. 3. Alter der Schüler; Entwicklungsstand (insbesondere nach Piaget, vgl. Kapitel 4).
I. 4. Allgemeine Interessen der Schüler (insbesondere Hobbys, Berufsorientierung).
I. 5. Soziale Herkunft der Schüler; häusliches Milieu, Berufe der Eltern.
I. 6. Auffällige Gruppierungen, auffällige Schüler innerhalb der Klasse, Rivalitäten (evtl. Soziogramm).
I. 7. Verhaltensgewohnheiten der Klasse; insbesondere übliche Arbeitsformen, Heftführung, Art und Umfang der Hausaufgaben …
I. 8. Besondere Vorgeschichte der Klasse (z.B. bezüglich Zusammenstellung der Klasse, früheren Lehrers, ausgefallenen Unterrichts, …)?
I. 9. Besondere Organisationsform (z.B. Leistungskurs, Orientierungsstufe)?
I.10. Lehrplananforderungen; Stoffverteilungsplan.
I.11. Allgemeine, auch länger zurückliegende Lernvoraussetzungen und Vorerfahrungen der Schüler (für die Unterrichtseinheit).
I.12. Fachlicher Leistungsstand der Klasse.
I.13. Einstellung der Schüler zum Fach, insbesondere Mitarbeit (evtl. kleiner Fragebogen, vgl. Abschnitt 3.3.2).
I.14. Verhältnis Fachlehrer – Schüler.
I.15. Besonderheiten bezüglich personeller, räumlicher und materieller Ausstattung (z.B. Stundenkürzung, häufiger Raumwechsel, vorhandene Medien)?
I.16. Stundenplan der Klasse (nicht nur des Fachunterrichts).
I.17. Sitzplan der Klasse.
I.18. Weiteres?

Bemerkungen

1. Für die Bedeutung der einzelnen Punkte sei insbesondere auf Abschnitt 2.1 verwiesen.
2. Die vorgenannten Bedingungen sollten mit dem Mentor (sonstigen Fachlehrer) der Klasse möglichst weit abgeklärt werden, *unter ständigem Bezug auf die geplante Unterrichtseinheit* diskutiert werden, *mögliche Änderungen (Verbesserungen?)* überlegt und entsprechende Entscheidungen vorgenommen werden.
3. Einige Gesichtspunkte (wie z.B. auffällige Schüler, Verhaltensgewohnheiten, Leistungsstärke, Verhältnis zum Fachlehrer) können auch ganz gut im Rahmen von Hospitationen, wieder andere (wie z.B. allgemeine Interessen und Einstellungen zum Fach) durch informelle Gespräche mit Schülern abgeklärt werden.
4. In eine *schriftliche* Vorbereitung sollten die konkreten Bedingungen und *Folgerungen für die Unterrichtseinheit* bezüglich der jeweils relevanten Punkte aufgenommen werden. Eine ungewichtete Abarbeitung der vorstehenden Checkliste ohne Folgerungen sollte vermieden werden.

II. *Die Klärung von Inhalten, Zielen, Methoden* (didaktisch-methodische Grobanalyse)

II. 1. *Begründung der Thematik* (vgl. Checkliste in 3.1.4).

II. 1.1. Innerfachliche Bedeutung (Wie ist die Thematik fachlich einzuordnen? In welchem Zusammenhang steht der Unterrichtsinhalt zu früheren oder späteren Unterrichtsinhalten? Welche zentralen Begriffe, Sätze, Verfahren sind angesprochen?).

II. 1.2. Allgemeine und fachübergreifende Bedeutung für den Schüler (Welchen Beitrag kann der Lerninhalt zur Qualifikation der Schüler im beruflichen, öffentlichen und privaten Bereich leisten?).

II. 1.3. Zu welchen übergeordneten Zielsetzungen des Mathematikunterrichts kann die Unterrichtsreihe beitragen? (Formulierung von Grobzielen.).

Bemerkungen

1. Auf eine groß angelegte, vom Unterricht losgelöste fachliche Darstellung (früher auch »Sachanalyse« genannt) sollte man im Rahmen einer schriftlichen Unterrichtsvorbereitung verzichten (vgl. im gleichen Sinne z.B. auch Aebli 1987, Meyer 1991[10]).
2. Bei der Reflexion des Punktes II.1 und einer evtl. schriftlichen Fixierung muß man unbedingt nach wirklich bedeutsamen Beiträgen fragen. Bei oberflächlicher Betrachtung landet man sonst leicht dabei, daß man irgendwelche trivialen Beiträge zu allen möglichen übergeordneten Zielen notiert. Kognitive, sozialaffektive oder psychomotorische Schwerpunkte sollte man evtl. hervorheben, aber keine künstlichen Trennungen bei der Formulierung der Ziele nach verschiedenen Lernzielbereichen vornehmen.
3. Die Beteiligung der Schüler bei der Auswahl neuer Inhalte wird im Mathematikunterricht selten möglich sein, weil die Schüler meist noch zuwenig Vorstellungen damit verbinden können. Der Lehrer sollte aber die Unterrichtsreihe insgesamt auch den Schülern (oder Eltern) gegenüber begründen können (und dies im späteren Unterricht ggf. auch tun).

II. 2. *Grundkonzeption der Unterrichtsreihe* (Hauptideen zur Unterrichtsreihe)

II. 2.1. Nach welcher methodischen Grundkonzeption sollen die Unterrichtsinhalte behandelt werden? (Z.B. Operatorkonzept oder Größenkonzept oder welches Mischkonzept in der Bruchrechnung? Welche »didaktischen Modelle« (konkreten Repräsentationen einer mathematischen Struktur) sollen mehr oder weniger durchgängig verwendet werden (z.B. Skalenwerte eines Thermometers, Pfeildarstellungen oder Buchungen von Ein- bzw. Auszahlungen für ganze Zahlen?).

II. 2.2. In welche Reihenfolge sollen die Inhalte mit welcher Begründung gebracht werden?
(Z.B. Grobaufteilung der Unterrichtsinhalte nach aufeinander aufbauenden Begriffen, Regeln, Problemen oder anderen Lerntypen; vgl. Kapitel 6.)

II. 2.3. Zeitliche Verteilung auf Unterrichtsstunden (unter angemessener Berücksichtigung von Übungs- und Anwendungsphasen sowie von Wiederholungen und schriftlichen Lernkontrollen).

Bemerkung
Knappes Ergebnis der Überlegungen unter Punkt I und II könnte die schriftliche *Fixierung eines ungefähren Zeitplans* für die ganze Unterrichtseinheit sein, etwa gemäß folgendem Schema:

Datum/Stunde	Thema	Stundenziel (evtl. darunter Nrn. der einschlägigen Grobziele)
8. 9. 95/2. Std.	Proportionalität	Einführung des Begriffs
11. 9. 95/3. Std.	"	operative Übung des Begriffs
"	"	"
"	"	"

III. Unterlagen zur Vorbereitung einer größeren Unterrichtseinheit

III. 1. Einschlägige Fachliteratur mit didaktischer Orientierung (z.B. Griesel 1971, 1974, Kirsch 1987, Holland 1988, Starke/Türke 1971, Bigalke/Hasemann 1977a, 1977b, Kirsch 1994, Schwartze 1980, 1984, Vollrath 1994, DIFF-Kurs-Mappen).
III. 2. Ein allgemeiner Zielkatalog (vgl. Kapitel 3 oder dort empfohlene Zielkataloge).
III. 3. Die gültigen Lehrpläne (vgl. Schubring/Thiede 1993 oder evtl. Nachfolgeband).
III. 4. Das übliche Schulbuch der Klasse und andere Schulbücher desselben Schuljahres (möglichst mit zugehörigen Kommentaren für Lehrer[4]).
III. 5. Methodiken zu einzelnen Schulstufen (z.B. Lauter 1991, Radatz/Schipper 1983, Radatz/Rickmeyer 1991, Padberg 1989, Breidenbach 1969, Oehl 1976[6], Zech 1995, Tietze u.a. 1982).

8.1.4 Die Vorbereitung einer Unterrichtsstunde (innerhalb einer größeren Unterrichtseinheit)

Der Schwerpunkt der Stundenvorbereitung (»Prozeßplanung«) liegt in der Präzisierung der Zielvorstellungen, der genaueren Abklärung der Voraussetzungen, methodischen Überlegungen für das unterrichtliche Vorgehen im einzelnen und die Konzipierung eines Stundenverlaufs. Überlegungen zur Unterrichtseinheit im Sinne von 8.1.3 werden erneut aufgegriffen, spezifiziert und dabei sicherlich auch modifiziert.

Es seien kurz die Punkte besprochen, die bei einer ausführlicheren schriftlichen Unterrichtsvorbereitung zu berücksichtigen sind, wie sie häufig als Darlegung eines

4 Nach Oehlschläger (1978) die primäre Vorbereitungsliteratur des fertigen Lehrers!

detaillierten Konzepts zur »Rechtfertigung« und als Besprechungsgrundlage in der Ausbildung erwartet wird.

Wichtig scheint vor allem, daß der Zusammenhang mit übergeordneten Gesichtspunkten (Zielen und Konzepten der Unterrichtsreihe insgesamt) nicht verlorengeht und auch der Begründungszusammenhang zwischen den einzelnen Gesichtspunkten der Stunde (z. B. Voraussetzungen, Zielen, Methoden) sichtbar wird (vgl. bereits 8.1.1). Ein bloßes Abhaken von Einzelgesichtspunkten ergibt noch kein schlüssiges Stundenkonzept. Eine überzeugende Darstellung sollte in der Ausbildung explizit geübt werden, was erfahrungsgemäß einige Rückmeldung von Ausbildern und anderen Beteiligten erfordert (vgl. auch 8.4.2). Dies schließt ein, wie man durch geschickte Verweise und eine zusammenhängende Argumentation unnötige Wiederholungen vermeidet. Im einzelnen sei empfohlen, etwa folgende Überlegungen anzustellen.

I. *Rahmenbedingungen*

Welche Rahmenbedingungen sind *speziell für diese Stunde* besonders zu berücksichtigen? (Vgl. Katalog in 8.1.3 und speziellere Situationsfaktoren, die in dieser Stunde zu berücksichtigen sind.)
Eine besonders wichtige Rahmenbedingung für jede Stunde nach einer Einführungsstunde sind Verlauf und Ergebnis der vorangegangenen Stunde(n). (Vgl. auch die Erörterungen zur Nachbesprechung bzw. Nachbesinnung in Abschnitt 8.4.2. Evtl. unter II.8 einzubeziehen.)

II. *Inhaltsanalyse*

II. 1. Einordnung und Funktion des Stundenthemas in der Gesamtplanung der Unterrichtseinheit. (Vgl. Zeitplan der Unterrichtsreihe; »Stundenziel«?)

II. 2. Schülergemäße, aber doch möglichst gegenstandsnahe Formulierung des »Kerns« einzuführender Begriffe, Regeln, Probleme. (Hier geht es besonders um den Anschluß an die »kognitive Struktur« der Schüler; vgl. Abschnitt 5.2.4. Konzessionen gegenüber der Fachwissenschaft – evtl. auch nur vorübergehende – sollte man ggf. deutlich machen. Im Zusammenhang damit steht der nächste Punkt.)

II. 3. Schülergemäße Vorklärung des Inhalts, je nach Lerntyp, u.U.
a) bei Begriffen: Diskussion der spezifischen für Schüler herauszustellenden relevanten bzw. irrelevanten Merkmale,
b) bei Regeln: Formulierung einer schlüssigen und verständlichen schülergemäßen Ableitung der Regel,
c) bei Problemen: Überlegung möglicher Schülerlösungen,
d) bei Modellierungen bzw. Automatisierungen ggf. der Wortlaut des zu Modellierenden oder zu Automatisierenden.

II. 4. Ggf. Erstellung einer an II.2 bzw. II.3 orientierten kognitiven »Lernstruktur« (vgl. Abschnitt 6.2): In welcher Weise sind die zu erarbeitenden Begriffe und Regeln aufgebaut bzw. welches sind ihre jeweiligen Voraussetzungen?

II. 5. Formulierung anderer wichtiger (in der Lernstruktur nicht erfaßten) Voraussetzungen, die in dieser Stunde zu machen sind (z.B. besondere Interessen; Kenntnisse von Hilfsmitteln; die Fähigkeit, mit bestimmten Geräten umzugehen ...)

II. 6. Welche Voraussetzungen sollen ggf. wiederholt oder überprüft werden?

II. 7. Welche Vorbegriffe bzw. Vorerfahrungen, welche Lücken liegen bei den Schülern vor? (Vgl. auch I oder IV.2.)

III. Ziele der Stunde

Formulierung der angestrebten Ziele; nicht losgelöst, sondern möglichst als »Teilziele« des Stundenziels, die bestimmten Unterrichtsabschnitten zuzuordnen sind bzw. als bewußte Beiträge zu allgemeineren Zielen anzusehen sind (vgl. die Vorüberlegungen zur Unterrichtsreihe in 8.1.3). Besonders auf »Verständnisziele« achten (Ziel »Verständnis« über bestimmte Aufgabenarten; vgl. z.B. 5.2.4, speziell zum Begriffslernen in 9.7, zum Regellernen in 10.4, zum Problemlösen in 11.5). Bei der Operationalisierung der Ziele sollte man nicht zu »kleinfieselig« werden und sich der Unterrichtssituation anpassen (vgl. 3.3). Häufig genügen einige wenige zentrale Ziele.

IV. Methodische Analyse

Es empfiehlt sich, die methodischen Entscheidungen zunächst an einem grob skizzierten »intuitiven« Stundenablauf zu reflektieren, der einerseits an sachlogisch geordneten Zielvorstellungen und andererseits an einer möglichen Gestaltung aufeinanderfolgender Lernphasen (vgl. Kapitel 6) orientiert ist. Routinierte Lehrer denken dabei von *möglichen Aufgabenstellungen* und *Schülertätigkeiten* her (vgl. auch 8.1.5 c). Über eine von hier ausgehende, allmählich genauer werdende methodische Reflexion kommt man dann zu einem (teilweise sicherlich revidierten) detaillierteren und besser begründeten Stundenverlauf (und damit häufig auch erst zu seinen endgültigen Zielen der Stunde). Beim Aufschreiben orientiert man sich zweckmäßig wieder an der idealisierten Verlaufsform des Unterrichts bzw. den zugeordneten didaktischen Funktionen (Leitlinie der weiteren Gliederung).

IV. 1. Motivationsmöglichkeiten (vgl. 7.2.7/Schema 15)

- Was ist als *Anfangsmotivation* (Einstieg) geeignet? Hier denke man ggf. besonders an Aufgabenstellungen, die kognitive Diskrepanzen erzeugen oder auf zentrale Anwendungssituationen zielen, auf die man evtl. noch häufiger zurückkommen und damit so etwas wie eine »kognitive Landkarte« erzeugen kann.
  Man vergesse auch nicht, evtl. anhand einer solchen Aufgabenstellung, eine knappe *Zielorientierung* und eine Information über die Bedeutsamkeit des Themas bzw. den Sinn der Stunde zu geben. Evtl. kann auch eine explizitere

Vorstrukturierung erfolgen (vgl. 5.2.5) und ein (evtl. schriftlicher) Überblick über den Stundenverlauf gegeben werden.

- Welche *weiteren besonderen Motivationsmöglichkeiten* ergeben sich im Lauf der Stunde?
  Übertreibungen sollte man hier vermeiden; manchmal wird aber zu sehr nur an eine nicht weit genug tragende Anfangsmotivation gedacht.
  Besonders zu überlegen ist ggf., wie Übungen zu motivieren sind (vgl. 7.3.2).

IV. 2. Reflexion möglicher Schwierigkeiten und Hilfen

Bei diesem Punkt ist grundsätzlich von den lernschwachen Schülern auszugehen (und evtl. auch an geeignete Hilfen durch leistungsstärkere Schüler zu denken). Dabei sollte *im Zusammenhang und am konkreten Beispiel* (nicht isoliert und nur allgemein lerntheoretisch) diskutiert werden:

- Mit welchen Schwierigkeiten ist zu rechnen, bzw. welche Schwierigkeiten haben sich im vorangehenden Unterricht ergeben? (Vgl. auch 7.1.2.)
- Auf welchem kognitiven Niveau soll der Unterrichtsinhalt eingeführt oder fortgeführt werden? Wie sind die Darstellungsebenen (Vorstellungsgrundlage und Abstraktion) am besten zu verzahnen (vgl. Kapitel 4)?
- Welche speziellen Bedingungen bezüglich bestimmter Lerntypen sind in welcher Weise zu beachten (vgl. die Schemata 13, 22, 23, 28 in den Abschnitten 6.4.8, 9.11, 10.7, 11.12)?
- Welche Fragen oder Denkanstöße können weiterhelfen?

IV. 3. Sicherung des Gelernten/Lernkontrollen

Auf diesem Feld ist zu überlegen und evtl. gezielt zu entscheiden (nicht alles ist in einer Stunde durchzuführen):

- Wie ist das laufende Verständnis zu überprüfen? (An lernschwache Schüler denken!)
- Wie soll das Wesentliche bewußtgemacht werden?
- Soll explizit zusammengefaßt oder wiederholt und nochmals am Beispiel verdeutlicht werden?
- Bietet sich eine Phase selbständiger Schülerarbeit (evtl. als Partner- oder Gruppenarbeit) oder eine schriftliche Lernkontrolle an?

IV. 4. Übungsmöglichkeiten, Anwendungen

Dieser Punkt ist in Zusammenhang mit von Punkt IV.2 und IV.3 zu diskutieren (systematischer für eine Übungsstunde). Man beachte unterschiedliche Übungsformen (vgl. 7.3/Schema 16).

- Welche *operativen Übungen* (vgl. Kapitel 4) und welche *Verständnisaufgaben* (vgl. 5.2.4) bieten sich an? Wo sind noch Mängel oder Lücken; was soll noch vertieft werden? Welche Gesichtspunkte sollen in welcher Weise berücksichtigt werden?

- Soll eine Automatisierung oder ein Übungsspiel durchgeführt werden, nach welchen Gesichtspunkten? (Vgl. 7.3.)
- Welche *Anwendungen* sind ggf. mit den Übungsaufgaben zu verbinden?
- Welche *Hausaufgaben* werden mit welcher didaktischen Funktion gestellt?

IV. 5. Transfermöglichkeiten

- Welche speziellen Möglichkeiten bieten sich in der Stunde, gezielt Transfer anzuregen (vgl. 7.4.4/Schema 17)? (Transfer vom alten Stoff auf den neuen, vom neuen auf späteren, von den Unterrichtsinhalten zu Umweltsituationen usw.)

Dieser Punkt sollte immer mitbedacht werden, geht aber oft in der Diskussion der anderen mit auf.

IV. 6. Unterrichtsformen, Sozialformen

- Welche Unterrichtsformen (Lehrervortrag, Lehrermodellierung, Kreisgespräch, fragend-entwickelndes oder entdecken lassendes Verfahren, Stillarbeit) bieten sich an?
- Welche Sozialform (Arbeit mit der ganzen Klasse, Kleingruppenarbeit, Partnerarbeit, Einzelarbeit) ist jeweils vorgesehen oder wird vom Lehrer vorgeschlagen?

Besondere methodische Entscheidungen jeweils *begründen*; sollte im Zusammenhang mit den Punkten IV.1–4 erfolgen.

IV. 7. Differenzierungsmöglichkeiten, Alternativen[5]
Auch dieser Punkt läuft quer zu den anderen methodischen Gesichtspunkten:

- Genügend Zeit einplanen, so daß auch lernschwächere Schüler mitkommen. Zeitplan flexibel halten.
- Wie kann man in Stillarbeitsphasen oder bei den Hausaufgaben differenzieren zwischen Aufgaben für die Leistungsstärkeren und die Leistungsschwächeren? (Vgl. 11.7.1.)
- Kann man leistungsstärkere Schüler als Tutoren für leistungsschwächere Schüler einsetzen?
- Alternativen einplanen, wenn mit besonderen Schwierigkeiten zu rechnen ist. (Evtl. anderen Erklärungsversuch, andere Veranschaulichung bzw. anderes Arbeitsmaterial, andere Unterrichts- oder Sozialform, andere Hausaufgaben, anderen Stundenschluß (Abbruchmöglichkeiten) überlegen, evtl. Rückbesinnung auf das bisher Geleistete und/oder Vorbesinnung auf noch zu Leistendes; roten Faden wahren!)

5 Ich bin mir darüber im klaren, daß man hier keine übertriebenen Erwartungen bei Anfängern haben darf. Dieser Punkt wird für den fortgeschrittenen Lehrer aber um so wichtiger!

Bemerkungen

1. *Es ist unbedingt zu vermeiden, einen Schematismus oder »Krampf« aus den schriftlichen Unterrichtsvorbereitungen zu machen.* Man wird nur die wirklich wesentlichen Überlegungen ausführen. Wie schon betont, sollten sie letztlich ein zusammenhängendes, begründetes Konzept deutlich machen. Dabei ist es durchaus denkbar, daß man die wesentlichen intentionalen und methodischen Überlegungen nach Punkt III und IV gar nicht trennt, sondern nach Unterrichtsabschnitten des Unterrichtsverlaufs gliedert (vgl. Punkt V). Man benutzt dann die obigen Gesichtspunkte nur als Gegencheck. Dabei mag es sein, daß der eine oder andere Punkt auch gar nicht angesprochen wird, je nachdem es sich z.B. um eine Einführungsstunde oder eine Fortsetzungs- bzw. Übungsstunde handelt. Gewisse methodische Detailüberlegungen (z.B. Medien) können auch im Stundenverlaufsschema (vgl. unter V) untergebracht werden. Die falsche Manie, es müßten möglichst viele Gesichtspunkte (Ziele, Motivationen, Lernbedingungen, Übungsmöglichkeiten, Unterrichts- und Sozialformen, Medien) erwähnt werden, kann bei der Planung und Durchführung der Stunde zu unangemessener Überladenheit und »Überdidaktisierung« führen. Das richtige Augenmaß für das in einer Stunde Sinnvolle und Mögliche gehört unbedingt mit zu einem guten Unterricht!

2. *Vorbereitungsmuster von »Fachleuten«*, konkretisiert an bestimmten Unterrichtsthemen, mit verantwortlicher Gewichtung und Ausführlichkeit können für anfangende Lehrer und Lehrerinnen natürlich hilfreich sein, aber auch einengend wirken. Um eine gelegentliche Konkretisierung sollte man aber Hochschultutoren, Fachleiter und andere Ausbilder (möglichst zu deren eigenem Unterricht) bitten. Ich selbst habe dies immer wieder einmal im Rahmen von Fachpraktika versucht. Zwei solcher Ausarbeitungen (für die Einführung des Begriffs »achsensymmetrisch« und für die problemlösende Behandlung einer Sachaufgabe aus dem Bereich der Schlußrechnung) finden sich bei Zech (1981). Vielleicht sollte man einige solcher schriftlichen Vorbereitungen (am besten immer in Verbindung mit der Vorbereitung einer größeren Unterrichtseinheit oder zumindest unter Miteinbeziehung wichtiger Gesichtspunkte einer solchen (vgl. 8.1.3)) in einer kleinen Infothek für angehende Lehrer zusammenstellen. Gibt man Beispiele für sehr unterschiedliche Unterrichtssituationen und variiert man die äußere Form und Ausführlichkeit, so ist vielleicht am ehesten dem leider weitverbreiteten Schematismus bei schriftlichen Unterrichtsvorbereitungen vorgebeugt[6].
Keinesfalls darf man davon ausgehen, daß Unterrichtsplanung (insbesondere in ihrer schriftlichen Form) von selbst und ohne Hilfestellung und Übung zu guten Ergebnissen führt. Immerhin fokussiert sich hier eine erhebliche Komplexität von Theorie und Praxis. Ich weiß aber aus Erfahrung, daß man auch hier durchaus zu befriedigenden Ergebnissen (u.U. angepaßt an verschiedene Ausbildungssituationen und Zeitzwänge) kommen kann. Zu möglichen sinnvollen Verkürzungen siehe auch weiter unten (8.1.5 c).

6 Verhinderung von Automatismus durch Variation!

3. Die Unterrichtsversuche des hier vorgeschlagenen Kurses sind *auf jeweils einen Lerntyp besonders ausgerichtet.* Wesentliche Gesichtspunkte für methodische Überlegungen zum Begriffslernen sind in Kapitel 9 (Abschnitte 9.8 und 9.9), zum Regellernen in Kapitel 10 (Abschnitte 10.5 und 10.6) sowie zum Problemlösen in Kapitel 11 (Abschnitt 11.6) zusammengefaßt und unterrichtspraktisch konkretisiert. Die Lerntypen gehen – wie in den Kapiteln 9, 10 und 11 noch deutlich wird – fließend und in natürlicher Weise ineinander über. Dementsprechend werden sich die auf die Lerntypen bezogenen methodischen Gesichtspunkte für »normale« Stunden stärker miteinander mischen.

V. Geplanter Unterrichtsverlauf (Lehr-Lern-Sequenz)

Die in den Abschnitten I–IV angestellten Überlegungen sind zweckmäßig in einem zeitlich angemessenen Unterrichtsplan zu verdichten bzw. zu ergänzen, bei einer ausführlichen schriftlichen Vorbereitung z. B. etwa gemäß folgendem Verlaufsschema (»Edelraster« im Sinne von H. Meyer 1991[10]): [7]

Zeit	Unterrichts-abschnitt	vorauss. Lehrer-verhalten	erwartetes Schülerverhalten	Bemerkungen
ungefähre Dauer jedes Unterrichtsab schnitts[7]	Gliederung nach Inhalt bzw. Teilziel (evtl. nur Nr. wie unter II)	(Unterrichtsform) wichtige Fragen, Denk-anstöße, Lern-hilfen, organi-satorische Maß-nahmen	(Sozialform) wesentliche Antworten, Überlegungen, Schwierigkeiten, Tätigkeiten	Medieneinsatz, Arbeitsblätter, Folien, Tafeltext bzw. -skizze; Alternativen, Differenzierungen; evtl. auch Stichworte zur didaktischen Begründung

Hierzu sind wiederum einige *Bemerkungen* erforderlich:

1. Natürlich ist vieles in einem solchen Schema nicht so zwangsläufig, wie es auf den ersten Blick aussehen mag[8]:

   a) Die Zeit sollte wirklich nur als Groborientierung verstanden werden, wie überhaupt ein sorgfältig geplanter Unterrichtsverlauf *nicht* als »Fahrplan« mißverstanden werden sollte, der unbedingt einzuhalten ist. Alle Beteiligten sollten sich das zugestehen und sich von einem unheilsamen Zwang befreien, weil er nicht der an vielen Stellen von Natur aus »offenen« Unterrichtssituation entsprechen kann. Der Unterrichtende sollte (eigentlich »müßte«) flexibel genug sein (dürfen), bei unvorhergesehenen Schwierigkeiten (z. B. fehlenden Voraussetzungen

7 Für sich selbst sollte der Unterrichtende auch eine Uhrzeit notieren, um nicht unnötig rechnen zu müssen. Für die Beobachter ist es vielleicht besser so, wie angegeben.

8 Damit wird von vornherein eingeräumt, daß es sinnvoll ist, ein Vorbereitungsschema je nach Sinn und Zweck zu variieren.

oder Schülerfragen) oder bei intelligenten Schüleranregungen vom Konzept abzuweichen. Gelegentlich sollte er einige *Alternativen* ja sogar bewußt einplanen[9] und diese in der Spalte »Bemerkungen« hervorheben, auch wenn sie nicht vorher ausführlich diskutiert werden.

b) Die Unterrichtsabschnitte kann man sinnvoll gliedern nach Ziel/Inhalt oder nach der Phase des Lernverlaufs oder auch nach Unterrichts- oder Sozialform oder einer Verbindung einiger dieser Gesichtspunkte. Die beabsichtigte Unterrichts- bzw. Sozialform kann man, wie im Schema angedeutet, aber u.U. auch beim »wahrscheinlichen Lehrer- oder Schülerverhalten« einordnen oder, wenn sie belangloser ist, unter »Bemerkungen«. Vielleicht erscheint es gelegentlich auch künstlich, zwischen voraussichtlichem Lehrer- und Schülerverhalten zu trennen, wenn sich das eine aus dem anderen mehr oder weniger selbstverständlich ergibt. (Der Sinn der Trennung liegt gelegentlich darin, die Schülertätigkeiten stärker in den Vordergrund zu stellen; weshalb manchmal auch die beiden Spalten vertauscht werden.) Dies alles kann man je nach Situation *so oder so machen* und sollte es auch ruhig variieren, um keinen falschen Dogmatismus aufkommen zu lassen.

2. Es kommt letztlich natürlich auf den *Sinn des Stundenrasters* in einer Ausbildungssituation an. Hier kann als grobe Regel formuliert werden: Es sollte auf jeden Fall übersichtlich angelegt sein, so daß man sich zu wesentlichen Momenten des Unterrichts schnell informieren kann. Dies hilft häufig bei der Lokalisierung von Beobachtungen in einer anschließenden Besprechung. Die im Schema zum Ausdruck gebrachte Unterrichtsplanung sollte so detailliert (in Stichworten ohne Begründung) abgefaßt sein, daß man die Realisation im Unterricht sinnvoll damit vergleichen und Diskrepanzen zwischen Planung und Realisation diskutieren kann. Bei einer weniger gezielten Beobachtung, die sich auf einen solchen Vergleich oder besonders auf die Verlaufsform konzentriert, kann auch eine freie Spalte vorgesehen werden (dann evtl. Querformat).

3. Häufig kann es sinnvoll sein, den *Tafelanschrieb* im voraussichtlichen Wortlaut und mit der überlegten Anordnung in einem gesonderten Punkt darzustellen. Dies besonders dann, wenn es um eine Gliederung für die Schüler, schülergemäße Formulierungen, Veranschaulichungen und übersichtliche Zusammenfassungen geht. Gute Leserlichkeit (besonders in der Grundschule), Übersichtlichkeit (Tabellen, Zwischenüberschriften, sinnvoller Einsatz bunter Kreide) spielen dabei eine wichtige Rolle. Es geht dabei lehr-lern-theoretisch darum, Bedingungen des Diskriminationslernens (Deutlichkeit) wie auch allgemein sinnvollen Lernens (Hervorhebung des Wesentlichen) besonders zu beachten. So betrachtet, geht es dabei um mehr als ein vordergründig »sauberes Tafelbild«[10].

9 Mit Recht ist von vielen Seiten immer wieder hervorgehoben worden, daß eine gute Unterrichtsvorbereitung häufig geradezu Voraussetzung (keinesfalls ein Hindernis) für ein flexibles Unterrichtsverhalten ist.

10 Nach ähnlichen Gesichtpunkten können auch vorbereitete Arbeitsblätter und Folien diskutiert werden. Vgl. auch 8.2.4!

Als *Nebenbemerkung* sei hier noch angeführt:
Ein vorbereitetes Tafelbild sollte gleichwohl i.a. nicht als vorfabriziertes »Fertigteil« (womöglich vor der Stunde) eingebracht, sondern vor und mit den Schülern entwickelt werden, weil es so (in Schritten die Aufmerksamkeit der Schüler zentrierend und sich an deren kognitive Struktur anpassend) verständlicher für die Schüler wird. Auch bei Folien und Arbeitsblättern ist mindestens zu fragen, ob und ggf. wieweit Vorfabrikation sinnvoll ist.[11]

VI. Vorbereitungsunterlagen für eine Unterrichtsstunde

Außer auf die in Abschnitt 8.1.3 (Punkt IV) dieses Kapitels genannte Literatur (davon sind jetzt die Schulbücher als detailliertere, aber immer kritisch zu betrachtende Anregung besonders relevant) sei hingewiesen auf folgende Hilfsmittel:

VI. 1. die Schemata zu den Kapiteln 1–11 (z.T. mit genaueren Rückverweisen zu den relevanten Gesichtspunkten),

VI. 2. allgemeine Vorbereitungsvorschläge, z.T. auf etwas anderer theoretischer Grundlage, z.B.: Hole (1976⁵), Wittmann (1981⁶), Christmann (1980), Stampe (1984),

VI. 3. konkrete Unterrichtsvorschläge auf ähnlicher oder etwas anderer (häufig auf weniger explizit gemachter) lehr-lern-theoretischer Grundlage: z.B. Müller/Wittmann (1977), Wittmann/Müller (1994), Winter (1987), Viet (1982), Palzkill/Schwirtz (1971), Zech/Wellenreuther (ab 1992).

8.1.5 Technische Hinweise zur Unterrichtsplanung

A. Vorschlag für den Rahmen einer schriftlichen Stundenvorbereitung (innerhalb einer praktischen Ausbildungsphase)

Berücksichtigt man die vorgenannten Punkte, bietet sich etwa folgende äußere Gliederung einer Stundenvorbereitung an:

Unterrichtender:	Datum:
Klasse:	Schule:
Mentor:	Tutor:
Thema:	
1. Rahmenbedingungen	5. Stundenverlauf
2. Inhaltsanalyse	6. Benutzte Literatur
3. Ziele der Stunde	7. Aufgabenblätter
4. Methodische Analyse	(evtl. Übungsaufgaben, Lernkontrolle, Hausaufgaben)

11 Vgl. auch die Hinweise zum Medieneinsatz in Abschnitt 2.2.1 (11).

Bemerkung: Es sei ausdrücklich betont, daß sich die Punkte 1–4 zugunsten einer schlüssigen Darstellung des Stundenkonzepts in unterschiedlichster Weise zusammenfassen lassen.

B. Zusammenfassende Checkliste zur Unterrichtsvorbereitung

Für eine schnelle Übersicht über die Hauptgesichtspunkte einer ausführlichen schriftlichen Unterrichtsvorbereitung, die die Vorbereitung einer größeren Unterrichtseinheit einschließt, sei die folgende Liste (Schema 18) zusammengestellt. Es sei nochmals darauf hingewiesen, daß eine solche Checkliste nicht zu verwechseln ist mit einer an den jeweiligen Unterricht angepaßten Gliederung.

Schema 18

Schriftliche Vorbereitung von Mathematikunterricht

Bezüglich des »Kopfes« einer solchen ausführlichen Ausarbeitung sei auf S. 236 verwiesen.

A. Vorbereitung einer größeren Unterrichtseinheit (vgl. 8.1.3)

1. Klärung von Rahmenbedingungen (vgl. S. 226)
2. Didaktisch-methodische Grobanalyse (vgl. S. 227)
3. Stundenfolge (vgl. Schema S. 228)

B. Vorbereitung einer Unterrichtsstunde (vgl. 8.1.4)

1. *Spezielle Rahmenbedingungen* (vgl. S. 229)
2. *Inhaltsanalyse* (vgl. S. 229f.)
   - 2.1 Einordnung des Themas, Stundenziel
   - 2.2 Schülergemäße Formulierung von wichtigen Begriffen, Regeln, Problemen ...
   - 2.3 Schülergemäße Vorklärung des Inhalts
   - 2.4 Erstellung einer Lernstruktur
   - 2.5 Formulierung der notwendigen Voraussetzungen
   - 2.6 Notwendige Wiederholungen bzw. Überprüfungen
   - 2.7 Vorbegriffe und Vorerfahrungen der Schüler
3. *Ziele der Stunde* (vgl. S. 230)
4. *Methodische Analyse* (vgl. S. 230ff.)
   - 4.1 Motivationsmöglichkeiten
   - 4.2 Reflexion möglicher Schwierigkeiten
   - 4.3 Sicherung des Gelernten, Lernkontrollen
   - 4.4 Übungsmöglichkeiten, Anwendungen
   - 4.5 Transfermöglichkeiten
   - 4.6 Unterrichtsformen, Sozialformen
   - 4.7 Differenzierungsmöglichkeiten, Alternativen
5. *Geplanter Unterrichtsverlauf* (vgl. S. 234)

Zeit	Unterrrichtsabschnitt	vorausichtliches Lehrerverhalten	erwartetes Schülerverhalten	Bemerkungen; Tafelbild

6. *Aufgabenblätter*
   Vorbereitungsunterlagen (vgl. S. 228 und S. 236)

C. Zur »Herrichtung der Unterrichtsstätte«

Der Anfänger vergißt leicht gewisse technische Maßnahmen, die unter »Herrichtung der Unterrichtsstätte« einzuordnen sind (vgl. Kramp 1974[11], S. 56–58).

Es ist daran zu denken,

- daß alle Hilfsmittel des Unterrichts vor Beginn der Stunde einsatzbereit sind, insbesondere Kreide, Farbkreide, Schwamm, Zeichengerät, Arbeitsblätter, saubere Tafel, Flanelltafel, Overheadprojektor, Folien, Farbstifte usw.;
- daß die Schüler gegebenenfalls rechtzeitig erinnert werden, Zeichengerät, gespitzten Bleistift, Taschenrechner o.ä. mitzubringen;
- daß das Gestühl für eine besondere Sitzordnung (z.B. bei Kleingruppenarbeit) möglichst bereits vor Beginn der Stunde hergerichtet ist, wenn das nicht zügig zu bewältigen ist.

D. Zum zweckmäßigen Vorgehen bei der Unterrichtsplanung, zur Vorbereitung des »fertigen« Lehrers und einer schriftlichen Kurzform der Unterrichtsvorbereitung

Es wurde schon angesprochen, daß die schriftliche Unterrichtsvorbereitung keinesfalls beschreibt, wie der Unterrichtende bei der Planung tatsächlich zweckmäßig vorgeht, schon gar nicht, was der routinierte Lehrer tut, was der Unterrichtende in die Stunde als schriftliche Unterlage zweckmäßig mitnimmt bzw. wie eine schriftliche Unterrichtsvorbereitung zweckmäßig verkürzt wird, wenn nicht viel Zeit zur Verfügung steht; kurz: wie die Vorbereitung im »Alltag« ökonomisch angelegt werden könnte. Alles dies soll jetzt im Zusammenhang kurz diskutiert werden.

Zunächst noch einmal zur »Feiertagsplanung für Vorführstunden«: Man lasse sich vielleicht ein wenig vom üblichen Schulbuch anregen, schaue evtl. in das zugehörige Lehrerheft, orientiere sich in der einschlägigen didaktischen und methodischen Literatur, überlege schon einmal eine »intuitive« Grobplanung für die Unterrichtseinheit bzw. -stunde im zeitlichen Ablauf unter Berücksichtigung der »Lernphasen«. Man erkundige sich dann genauer nach den Rahmenbedingungen, bei Stundenvorbereitungen vor allem sehr genau nach den Voraussetzungen und Vorerfahrungen der Schüler sowie nach den vorhandenen Unterrichtsmitteln.

Erst dann gehe man zu einer systematischen (u.U. stichwortartigen halbschriftlichen) Planung über, verwende dabei z.B. das Schema auf S. 237. Vor allem setze man sich dann auch genauer mit seinen Zielen auseinander, bevor man versucht, den Unterricht methodisch zu optimieren und schriftlich als »Konzept« zu fixieren.

Schließlich sei empfohlen, daß sich der Vorbereitende von Kollegen, dem Mentor (Fachlehrer der Klasse) und dem Tutor (Ausbilder der Hochschule oder Fachleiter) beraten läßt bzw. mit den Genannten seine Vorstellungen diskutiert.

Es hat sich bei Praktika im Rahmen dieses Grundkurses übrigens als zweckmäßig erwiesen, wenn der erste schriftliche Stundenentwurf (dann vielleicht noch in einer Kurzform, die sich lediglich auf Zielsetzungen und Stundenverlauf bei sonstiger nur mündlicher Abklärung beschränkt) spätestens zwei Tage vor der Stunde für eine Vorbesprechung vorliegt, damit für evtl. erforderliche Revisionen und die schriftliche Endform noch genügend Zeit bleibt[12].

Was der Unterrichtende schließlich zweckmäßig als schriftliche Unterlage in den Unterricht mitnimmt, hängt weitgehend von seiner Routine und auch seinem individuellen Gedächtnis ab. Grundsätzlich gilt die sehr plausible Regel, daß man sich das notiert, was einem nicht selbstverständlich ist und als Gedächtnisstütze nötig erscheint. Das könnten z.B. sein:

- der Unterrichtsablauf in Stichworten für die Hauptabschnitte der Stunde (mit groben Zeitangaben),
- daneben die benötigten Hilfsmittel,
- wichtige Fragen/Aufgaben,
- die vermutliche Hausaufgabe.

} (jeweils dem Stundenverlauf zugeordnet)

Außerdem kann es sinnvoll sein, mögliche Differenzierungsmaßnahmen, evtl. auch lernschwache Schüler, auf die man in der Stunde besonders achten will, und Alternativen zu notieren.

Dies sind zunächst die Dinge, die auch ein »fertiger« Lehrer häufig noch in seine Vorbereitungsunterlagen aufnimmt (evtl. auch für spätere Gelegenheiten, zumindest als Orientierung).

Im übrigen scheint der »fertige« Lehrer bei seiner (noch nicht schriftlich fixierten) Vorbereitung vor allem von möglichen *Schülertätigkeiten und Aufgaben als »Kern«* auszugehen, die er Hand in Hand mit seinen Zielsetzungen und möglichen Schwierigkeiten der Schüler reflektiert und aktualisiert (vgl. z.B. Bromme 1986, Lehmann 1986, Meyer 1991[10]). Er scheint also wesentlich globaler und simultaner zu planen als der anfangende Lehrer. Methodische Einzelmaßnahmen, Unterrichts- und Sozialformen, Medien … scheinen sich dann eher »von selbst« aus der Routine zu ergeben. Wieweit und ob das genügt, alle wesentlichen Gesichtspunkte zu berücksichtigen, ist schwer zu beurteilen, manchmal auch zu bezweifeln (angesichts z.T. verheerender Unterrichtsergebnisse).

Vorerst darf man davon ausgehen, daß es zumindest wichtig ist, daß sich Lehrer in der Ausbildungszeit möglichst bewußt mit vielen wichtig erscheinenden Gesichtpunkten möglichst konkret und genau (in Vorbereitung, praktischer Durchführung, Beobachtung und Diskussion) auseinandersetzen, um sich ein Routinerepertoire zu erwerben, das über die schon in der eigenen Schulzeit, Hochschulzeit und verstärkt in der »zweiten Phase« erlebten und übernommenen Lehrerverhaltensmodelle hinausgeht (vgl. dazu bereits die Abschnitte 1.1 und 2.2). Dazu dienen m.E. nicht zuletzt die weiter oben diskutierten, so sinnvoll wie nur möglich zu praktizierenden ausführlicheren Stundenvorbereitungen.

---

12 Der zeitliche Aufwand für gründliche Stundenvorbereitungen ist am Anfang relativ hoch (vgl. Abschnitt 1.8).

8.2 Durchführung von Mathematikunterricht

8.2.1 Das Problem des Unterrichtens

Nachdem genauer überlegt wurde, wie sich ein Lehrer vernünftig auf Mathematikunterricht vorbereiten kann, ist nun ein wenig zu überdenken, wie er sich im Unterricht selbst angemessen verhalten kann. Leider ist dies durch eine gute Vorbereitung alleine noch keineswegs gewährleistet. Schon aus dem täglichen Leben kennen wir ja die häufige Diskrepanz zwischen Vorgenommenem und Realisiertem. Zudem geht aus den vorangegangenen Kapiteln und den Planungsüberlegungen in Abschnitt 8.1 deutlich hervor und wird sich in den nächsten Kapiteln noch deutlicher zeigen, daß der Unterricht, insbesondere der von Mathematik, eine sehr komplexe Handlungssituation ist, für die und in der sehr vieles bedacht sein will. Es ist gerade für den Anfänger recht schwierig, gleichzeitig auf so viele Dinge (wie etwa Schülerinteressen, Zielsetzungen, operative Prinzipien, Motivationen, Schwierigkeiten der Schüler und spezielle aus verschiedenen Lerntypen resultierende Bedingungen) zu achten. Daneben ergeben sich besondere Anforderungen, die aus der aktuellen Situation kommen: die Schüler die ganze Stunde über »auf dem laufenden« zu halten, auf alle Schüler möglichst gleichzeitig zu achten, lernschwache Schüler womöglich besonders im Auge zu haben und zusätzlich vielleicht auch noch Diziplinschwierigkeiten zu bewältigen!

Bei einer sich daraus ergebenden Überforderung besteht leicht die Gefahr, daß es gegenüber dem ursprünglich wohldurchdachten Planungskonzept (zu dessen Erstellung man gegenüber der Unterrichtsstunde selbst noch relativ viel Zeit hat) in der Unterrichtssituation zu unerwünschten Verkürzungen und stereotypem Lehrerverhalten kommt, das z.T. unbewußt gar aus häufigen Erfahrungen der eigenen Schulzeit reproduziert wird.

8.2.2 Microteaching-Konzepte

Bei der geschilderten Problematik des Unterrichtens ist es naheliegend, Überlegungen anzustellen, wie die angesprochene Komplexität des Unterrichtens für angehende Lehrer sinnvoll reduziert werden kann.

So entstanden (beginnend 1963 in Stanford/USA) sogenannte »Microteaching-Konzepte«, von denen wir uns in den 70er Jahren für das Fachpraktikum Mathematik anregen ließen.

Ihr Grundgedanke besteht wesentlich in folgenden Punkten:

- Reduzierung der Schülerzahl (z.T. auf wenige Schüler);
- Reduzierung der Unterrichtszeit (z.T. auf wenige Minuten);
- Begrenzung der Unterrichtsaufgabe (z.T. auf einzelne »skills« = Lehrfertigkeiten);
- Beschränkung der Beobachtung und Rückmeldung auf diese Einzelfertigkeiten;
- objektivierte Kontrolle durch Videoaufnahmen;
- erneuter Unterrichtsversuch nach der Rückmeldung auf gleicher Basis.

Auf diese Weise werden z. B. Verstärkungstechniken, Fragetechniken, sozialintegrative Verhaltensweisen trainiert (nicht nur von Lehramtsanwärtern, sondern u.U. auch von »ausgewachsenen« Lehrern im Rahmen von Lehrerfortbildung).

Auf diese meist in den USA entwickelten und in Deutschland modifizierten Microteaching-Konzepte kann hier nicht näher eingegangen werden (vgl. z.B. Allen/Ryan 1972 und Olivero/Brunner 1976). Sie haben sich in Deutschland wenig durchgesetzt, weil sie sich vermutlich zu oft und vordergründig behavioristischen Theorieansätzen (vgl. 5.3.1) verschrieben hatten. Im einzelnen bleibt gerade gegenüber früheren Microteaching-Konzepten kritisch anzumerken,

- daß sie sich meist allzusehr auf allgemeine Lehrtechniken ohne Inhalts- und Fachbezug (und damit auf eher äußerliche Verhaltensweisen) konzentriert haben;
- daß sie sich nicht um einen umfassenderen (stärker an kognitiven Theorien orientierten) Bezugsrahmen bemüht haben;
- daß sie die Unterrichtstechniken vielleicht allzustark vom übrigen Unterricht isoliert haben und damit zu punktuell geblieben sind;
- daß sie sich insgesamt allzustark von der wirklichen Unterrichtssituation entfernt haben.

Speziell für den Mathematikunterricht sind wenige Microteaching-Konzepte bekanntgeworden (z.B. der Minikurs »Förderunterricht in Mathematik« von Borg u.a. 1970).

8.2.3 Das Unterrichtskonzept dieses Grundkurses

In das Konzept der Unterrichtsversuche im Rahmen dieses Kurses gehen einige Elemente von »Microteaching« ein, wobei jedoch mögliche Schwächen früherer Microteaching-Konzepte vermieden werden sollten:

- Es sieht auch eine Reduktion hoher Schülerzahlen vor, aber allenfalls auf halbe Klassen.
- Es sieht, falls zweckmäßig, auch eine gewisse Reduzierung der Unterrichtszeit vor, aber allenfalls auf eine halbe Unterrichtsstunde.
- Es sieht auch eine Begrenzung der Unterrichtsaufgaben vor, aber jeweils auf ein ganzes »Bündel« von Unterrichtsmaßnahmen, die sich auf einen bestimmten Lerntyp beziehen.
- Es gründet sich dabei auf ein zuvor erarbeitetes fachbezogenes Unterrichtsmodell, das kognitive Theorien wesentlich mit einbezieht.
- Es sieht ebenfalls eine Vorbereitung der Unterrichtsversuche durch Videobänder vor.
- Es übernimmt die gezielte und objektivierte Rückmeldung über Videoaufnahmen.

Das Unterrichtskonzept soll im ganzen in realistischer Nähe zum normalen Schulunterricht bleiben und einen hinreichenden Transfer auf »Normalunterricht« gewährleisten.

Es seien dazu im einzelnen noch einige Bemerkungen angeschlossen, die das Unterrichtskonzept weiter verdeutlichen und auf bisherige Praktikumserfahrungen Bezug nehmen:

1. Für die Unterrichtsversuche hat sich eine gelegentliche *Unterteilung der Klassen in zwei Gruppen* mit zwei verschiedenen Lehrern bewährt, weil dies die Videoaufnahme von zwei Versionen zu dem gleichen Thema ermöglicht, die anschließend nebeneinander diskutiert werden können. Das hat verschiedene Vorteile:
   - Es ermöglicht einen gewissen Vergleich, läßt eher eventuell vorteilhafte oder nachteilige Unterrichtsmaßnahmen und damit Alternativen deutlich werden.
   - Die didaktische Phantasie wird dadurch allgemein stärker angeregt und bewahrt vor unnötigen Fixierungen.

   Technisch wird die Herstellung zweier Videoaufnahmen zum gleichen Thema entweder durch zwei Videosets (heute meist »Camcorder«) bewältigt, oder aber beide Gruppen werden in zwei aufeinanderfolgenden Stunden aufgenommen, wobei die jeweils nicht aufgenommene Gruppe z.B. von weiteren Praktikanten betreut wird. Statt zwei Hälften einer Klasse aufzunehmen, kann man natürlich auch zwei Leistungskurse oder zwei Parallelklassen aufnehmen.
2. Die *Reduzierung der Unterrichtszeit* hat sich bei den Unterrichtsversuchen meist weniger empfohlen, da eine sinnvolle Realisierung der Unterrichtsaufgaben gewöhnlich eine volle Unterrichtsstunde erfordert. (Eine Verkürzung der Unterrichtszeit wird auch von den Praktikanten selten gewünscht und als keine besondere Erleichterung empfunden. Sie wird gelegentlich aber gerne für eine Rückmeldung der Schüler an den Praktikanten genutzt.)
3. Die *Ausrichtung auf einen bestimmten Lerntyp* in einer Stunde darf hingegen als sinnvolle Erleichterung bezeichnet werden: So können typische Situationen des Mathematikunterrichts relativ isoliert, intensiv und bewußt durchgespielt werden, wobei dazwischenliegende Fortführungsstunden (vertiefende Übungen, Anwendungen …) natürliche Übergänge bilden. Dadurch ist gewährleistet, daß trotz Akzentuierung bestimmter Situationen eine sinnvolle Lernsequenz für die Schüler nicht aufgegeben werden muß.
4. Die Planung und Durchführung wird durch die fachlich ausgerichtete *Entwicklung von Einzelmodellen* zum Unterricht von Begriffen und Regeln sowie zum Problemlösungsunterricht und durch viele unterrichtspraktische Hinweise in den Kapiteln 9, 10, 11 zusätzlich erleichtert.
5. Auch die *Videobänder* stellen eine Hilfe dar. Es handelt sich dabei allerdings bewußt nicht um »Musterstunden«, sondern um Aufnahmen früherer Praktikumsstunden, die ein kritisches Lernen an gelungenen und weniger gelungenen Situationen ermöglichen.
6. Von besonderer Bedeutung ist die *Videokontrolle*: Sie ermöglicht nicht nur eine distanzierte Betrachtung des Unterrichts durch den Unterrichtenden selbst und eine gemeinsame, zur genauen Detailanalyse beliebig oft reproduzierbare Diskussionsgrundlage (und damit eine größere Beobachtungsobjektivität). Sie eröffnet auch weitere besondere Möglichkeiten:

- Die Videobänder können später als »Modellbänder« bei anderen Praktika sowie als Unterrichtsdokumente in anderen Veranstaltungen dienen.
- Die Videobänder sind zur Aufnahme von Kleingruppenunterricht geradezu unentbehrlich, sofern auch ein Tonmischpult zur Aufnahme mit mehreren Mikrophonen an den einzelnen Tischen zur Verfügung steht: Es gibt m.E. sonst kaum ein Verfahren, die Arbeit in den einzelnen Gruppen und die Interaktionen des Lehrers mit den Gruppen relativ störungsfrei zu kontrollieren.

Nebenbei bemerkt: Die Befangenheit der Schüler (und auch der Lehrer) durch die Aufnahmetechnik ist nach allen bisherigen Erfahrungen wesentlich geringer, als manchmal angenommen wird; sie legt sich meist schon nach wenigen Minuten und ist jedenfalls kaum höher zu veranschlagen als bei Unterrichtsversuchen ohne technischen Aufwand.

Die Schüler kennen Ton- und Videogeräte heutzutage meist schon aus dem Alltag. Sie sind also nichts »Besonderes« mehr.

8.2.4 Einige praktische Hinweise zum Unterrichten

Es sei an dieser Stelle an einige Unterrichtstechniken erinnert, die nicht im Mittelpunkt einer Praxisphase fachdidaktischer Ausbildung und deshalb auch nicht im Vordergrund der vorangegangenen Theorieelemente des Mathematikunterrichts stehen. Sie sind erfahrungsgemäß für einen geregelten Unterrichtsablauf wesentlich und werden von Praktikanten gelegentlich nicht genügend beachtet: vor allem Dinge, die Grundbedingungen des Beobachtungs- und Diskriminationslernens und Gesichtspunkte sprachlicher Deutlichkeit und Verständlichkeit ansprechen[13]. Man könnte sie in einem »Deutlichkeitsprinzip« zusammenfassen.

Hierzu gehört z. B., daß der Unterrichtende

- besonders am Anfang der Stunde und zu Beginn eines neuen Unterrichtsabschnitts die Aufmerksamkeit sammelt (und den Unterricht damit zugleich deutlich artikuliert);
- deutlich und genügend laut sowie genügend langsam[14] spricht;
- deutlich, genügend groß und übersichtlich an die Tafel (oder auf die Folie eines Overheadprojektors) schreibt;
- bunte Kreide bzw. farbige Folienstifte sinnvoll für Verdeutlichungen einsetzt;
- Anschauungsmaterial bzw. Arbeitsmittel so wählt, daß das Wesentliche für alle Schüler der Klasse gut erkennbar bzw. begreibar ist (vgl. Abschn. 6.4.3)[15];
- klare und verständliche Arbeitsanweisungen und Aufgaben gibt;
- darauf achtet, daß er möglichst einfach spricht (also möglichst keine unnötigen Fremdwörter und Spezialausdrücke verwendet; vgl. 5.2.2);

---

13 Vgl. dazu einerseits 6.4.1 und 6.4.3 dieses Buchs, andererseits Zech 1995, 3.3.2.

14 Vor allem in der Grundschule wegen des noch wenig entwickelten Kurzzeitgedächtnisses der Grundschüler (vgl. 5.3.2).

15 Insbesondere hat er darauf zu achten, daß er nicht selbst im Wege steht.

- für die nötige Arbeitsruhe sorgt (dies ist bei Klassenunterricht bzw. vielen Schülern etwas mehr, bei Gruppenarbeit/weniger Schülern etwas weniger erforderlich[16]).

8.3 Beobachtung von Mathematikunterricht

8.3.1 Das Problem der Unterrichtsbeobachtung allgemein

Wenn ein angehender Lehrer bestimmte Gesichtspunkte im Unterricht beachten soll, die den Unterricht vermutlich effektiver machen, dann muß sein Unterricht nach diesen Gesichtspunkten nicht nur sorgfältig geplant, sondern auch gezielt beobachtet werden.

Bei entsprechender Rückmeldung der Beobachter an den Unterrichtenden sind offenbar die besten Voraussetzungen für eine Verbesserung seines Unterrichts in einer erwünschten Richtung gegeben. Eine an wissenschaftlichen Ansprüchen orientierte Unterrichtsbeobachtung bringt indessen mehrere Probleme mit sich, z.B.:

- Die Beobachtung soll möglichst *objektiv* und *zuverlässig* (reliabel) sein, d.h., es soll gewährleistet sein, daß eine Beobachtungskategorie so direkt und unmittelbar erfaßbar ist, daß mehrere Beobachter zu jeder Zeit diesbezüglich das gleiche beobachten.
  M.a.W.: Die Beobachtungskategorien sind als leicht beobachtbares Schüler- bzw. Lehrerverhalten zu *operationalisieren*.
- Die Beobachtung sollte *gültig* (valide) sein, d.h., die beobachteten Verhaltensweisen sollten ein echtes Indiz für die Beobachtungskategorie sein.

Wenn man allein dies bei der Unterrichtsbeobachtung innerhalb eines Praktikums berücksichtigen will, kommt man in große Schwierigkeiten:

Die Forderung nach Gültigkeit, d.h. insbesondere »Vollständigkeit«, bringt es mit sich, daß die Beobachtungskategorie in eine Vielzahl von Lehrer- und Schülerverhaltensweisen operationalisiert werden müßte. Zur gleichzeitigen Erfassung dieser Verhaltensweisen wäre eine größere Zahl geschulter Beobachter erforderlich. Diese Schulung wäre innerhalb der normalen Ausbildungszeit kaum zu leisten. – Zum anderen fehlen wissenschaftlich abgesicherte Operationalisierungen solch komplexer Kategorien wie z.B. Schülermotivation. Daraus ergibt sich:

»Es ist nicht möglich, die Prinzipien einer wissenschaftlichen Beobachtungstechnik direkt und vollständig auf den Aufgabenbereich der Ausbildungspraxis zu übertragen, da diese im Rahmen der hier zu bewältigenden Aufgaben nicht realisiert werden können« (Walter 1975, S. 39).

Man hat sich also bei derartigen Beobachtungen mit gewissen Annäherungen ohne größeren wissenschaftlichen Anspruch zu begnügen. Schon dies allein macht »Verbes-

16 Der Gesichtspunkt heißt hier: die Schüler dürfen so laut sein, daß sie sich nicht gegenseitig in der Wahrnehmung stören (vgl. im übrigen die Hinweise zum Disziplinproblem in Abschnitt 2.1, Punkt (7)).

serungsvorschläge« auf dieser Basis natürlich fragwürdig. Vor allem aber hat man sich darüber im klaren zu sein, daß es um die Anwendung letztlich vager Prinzipien geht, bei der eine Entscheidung über »richtig« oder »falsch« kaum möglich ist, sondern allenfalls eine Präzisierung möglicher Denkrichtungen. (Näheres vgl. 8.3.3.)

8.3.2 Prinzipien für Unterrichtsbeobachtungen

Für Beobachtungen innerhalb dieses Kurses ist ein gangbarer Mittelweg zwischen normaler Alltagsbeobachtung und wissenschaftlich orientierter Beobachtung höheren Anspruchs zu suchen. Dabei geht es vor allem darum, gröbere Störungen und Fehler bei der Beobachtung zu vermeiden.

Alltagsbeobachtung ist gekennzeichnet durch

- eine starke, meist unbewußte Selektion von Sachverhalten bei ihrer Wahrnehmung,
- eine dauernde Verflechtung von Beobachtung und Wertung (Friedrich/Lüdtke 1971, S. 182).

Um diesen Störungen der Beobachtung zu entgehen, ist im Grunde ein »Perzeptionstraining«[17] erforderlich. Da dies in diesem Rahmen nicht durchführbar ist, bleibt nur, die Störung zu mildern:

- einmal dadurch, daß man die Beobachtungskategorien so spezifiziert, daß eine möglichst bewußte Selektion der Wahrnehmung erfolgt;
- zum anderen dadurch, daß die Beobachter (durch Selbstkontrolle und gegenseitige Kontrolle) darauf achten, Beobachtung und Wertung zu trennen, nach dem Motto: »Erst das Gesehene beschreiben, dann Stellung nehmen!«

Für die Einschätzung des gesehenen Unterrichts, aber auch schon für die Beobachtung des Unterrichts dürfte es weiterhin von einer gewissen Bedeutung sein, bewußt gegen den sogenannten *Halo-Effekt* anzugehen: die »Tendenz, bei der Schätzung oder Beurteilung eines Charakteristikums einer Person von einem anderen Charakteristikum oder vom Gesamteindruck dieser Person beeinflußt zu werden« (Schulz/Teschner/Voigt 1970).

M.a.W.: Es besteht eine gewisse natürliche Neigung zur »Schwarzweißmalerei«: bei einem einmal positiv Eingeschätzten nur Positives, bei einem einmal negativ Eingeschätzten nur Negatives zu sehen.

Dem wird auch dadurch entgegengewirkt, daß möglichst mehrere Beobachter das gleiche beobachten und die Beobachtungsergebnisse vergleichend diskutieren.

Zur größeren Objektivität der Beobachtung trägt nicht zuletzt auch der Einsatz einer Videokontrolle bei: Die Beobachtungssituation ist dadurch, wenn nötig, mehrmals reproduzierbar; man kann sich eher über das Beobachtbare »einigen«. (Dies ist

---

17 Perzeption (lat.): Wahrnehmung.

besonders wichtig für den Unterrichtenden selbst, da es die Voraussetzung dafür darstellt, daß er die Rückmeldung »annimmt«.)

8.3.3 Ziele der Unterrichtsbeobachtung

Das Ziel der Unterrichtsbeobachtung kann nicht darin bestehen, ein darauf gegründetes Urteil über den »Unterrichtserfolg« abzugeben. Der Unterrichtserfolg müßte zusätzlich zumindest durch laufende lernzielorientierte Tests und über Schülerfragebogen flankierend abgeschätzt werden (Walter 1975, S. 15), wozu man sich innerhalb einer Ausbildungspraxis nur begrenzt in der Lage sieht und was in größerem Ausmaß im Rahmen eines laufenden Lernprozesses kaum sinnvoll wäre.

Das Ziel der Unterrichtsbeobachtung besteht hier vor allem darin zu überprüfen, wieweit die Gesichtspunkte, die man aufgrund der in den einzelnen Kapiteln dieses Buches niedergelegten theoretischen Überlegungen u.U. für wesentlich halten darf, tatsächlich im Unterricht berücksichtigt werden (um dann darüber zu diskutieren, ob es mutmaßlich eine adäquate Realisierung war, ob sie vielleicht zu verbessern ist).

Für den Unterrichtenden ist es zunächst wesentlich zu erfahren, ob das von ihm realisierte Verhalten mit dem geplanten übereinstimmt bzw. ob das von den Schülern an den Tag gelegte Verhalten mit dem erwarteten Schülerverhalten übereinstimmt (Walter 1975, S. 13f.).

Eine wichtige Aufgabe ist in diesem Zusammenhang in einer rationalen Aufhellung und einer Sensibilisierung für möglicherweise beachtenswerte Unterrichtsbedingungen zu sehen. Insofern kommt der Diskussion der Beobachtungen nicht nur eine wichtige *Rückmeldungsfunktion* für den Unterrichtenden zu, sondern auch eine wichtige *Anregungsfunktion* für alle Beteiligten.

8.3.4 Beobachtungsschemata

»Eine sinnvolle nachträgliche Diskussion ist nur auf der Basis eindeutig formulierter Beobachtungsaufträge möglich, denn nur so ist sicher, daß im Verlauf der Diskussion jedermann klar wird, wovon eigentlich die Rede ist« (Walter 1975, S. 16).

Die Beobachtungsaufträge dürfen offensichtlich nicht zu allgemein und nicht zu speziell sein:

Nicht zu allgemein, damit jeder weiß, worauf er zu achten hat; nicht zu speziell, damit nicht zu enge Teilaspekte angesprochen sind, die in der betreffenden Stunde vielleicht gar nicht auftreten, und somit keine Aussage (außer der Fehlanzeige) über die dahinter stehende Kategorie zu machen ist.

Es soll versucht werden, im Blick auf die diskutierten Gesichtspunkte einige Beobachtungsaufträge zu den bisherigen Kapiteln zu formulieren.

Die Beobachtungsaufträge werden praktisch realisiert über »Beobachtungsschemata«. Darunter sei mit Friedrich/Lüdtke (1971, S. 51) ein Plan verstanden, der angibt, was und wie zu beobachten ist.

Die folgenden Beobachtungsvorschläge sind freilich eher als Hinweise zur Erstellung von Beobachtungsschemata zu verstehen, da ein »Beobachtungsrahmen« der unten folgenden Art durch Ausrichtung auf bestimmte Unterrichtsinhalte besser operationalisiert werden kann.

a) Beobachtungsvorschläge für Verständnisübungen/operative Übungen

Hier sind wesentliche Stichworte aus der früheren Darstellung (vgl. vor allem die Abschnitte 4.2.2 und 5.2.2) aufzugreifen und in Beobachtbares umzusetzen.

Ziel von Verständnisübungen/operativen Übungen, die man auch kurz zusammenfassend als »Vertiefungsübungen« bezeichnen könnte, ist ein besseres Verständnis von und ein beweglicher Umgang mit Denkoperationen. Hierzu gehört im einzelnen:

- eine allmähliche »Verinnerlichung« einer Operation von konkret-anschaulichen zu sprachlich-abstrakten Darstellungsweisen (Prinzip der Verinnerlichung, Rückschaltprinzip, Zwischenschaltprinzip, Abschirmprinzip, Prinzip der Verzahnung konkreterer und abstrakterer Darstellungsformen, insbesondere die Herausarbeitung eines umgangssprachlich zu formulierenden Verständniskerns sowie dessen Bewußthaltung und »Aufhebung« in der abstrakten Darstellung);
- ein Ablösen der (einfachen) Operation von allem Unwesentlichen durch Wiederholung des Kerns an (leicht) verändertem Beispiel, Variation unwesentlicher Gesichtspunkte (mathematische Variable, Veranschaulichungsmittel), sprachliches Hervorheben des Wesentlichen bzw. Unwesentlichen, Variation des Kontextes;
- ein intensives »Durcharbeiten« der Operation durch u.U. verschiedenartiges zweckmäßiges Zusammensetzen von Teiloperationen (Kompositionsfähigkeit, Variation von Lösungswegen), Einbeziehung von Umkehraufgaben (Reversibilität), In-Beziehung-Setzen (Verbinden, Abgrenzen) zu anderen Operationen, Untersuchung von Fehlern durch Rückgang auf die Verständnisgrundlage.

Die Aufgabe besteht darin zu beobachten, welche Gesichtspunkte berücksichtigt werden. Die Beobachter erkennen dies an den Aufgabenstellungen, Fragen, Aufforderungen und Hinweisen des Lehrers.

Die drei sich teilweise überschneidenden Teilaspekte »Verinnerlichen«, »Ablösen von Unwesentlichem« und »Durcharbeiten« können je nach Unterrichtssituation unterschiedlich akzentuiert sein (nur ja nicht alles unreflektiert in eine Übungsstunde packen wollen!), sollten aber u.U. auf mehrere Beobachter verteilt werden. Idealerweise sollte jeder Teilaspekt von mindestens zwei Beobachtern protokolliert werden. Wichtig ist, daß die einzelnen Aspekte hinsichtlich ihrer Bedeutung genauer vorgeklärt sind. In einer praktischen Ausbildungsphase ist es sinnvoll, die Beobachtungsgesichtspunkte mit dem Unterrichtenden vorher abzusprechen. (Auf der folgenden Seite sind mögliche Beobachtungsgesichtspunkte im Schema 19 zusammengefaßt.[18])

18 Nebenbei bemerkt: Dieses Schema kann auch gut als Checkliste für die Vorbereitung einer Übungsstunde verwendet werden. Es ergibt sich aus der Natur der Sache, daß Vorbereitungs- und Beobachtungsgesichtspunkte häufig identisch sind, ja sein sollten (vgl. 8.3.3).

Schema 19: Beobachtungsrahmen für Vertiefungsübungen im Mathematikunterricht

(Man kreuze die beobachtete Art der Aufgabenstellung an, numeriere die Aufgaben, Fragen, Hinweise ggf. in zeitlicher Reihenfolge durch und ergänze sie durch eine Notiz.)

Aufgaben zur Verinnerlichung	**Aufgaben zur Ablösung vom Unwesentlichen**	**Aufgaben zur Durcharbeitung**
– auf enaktiver Ebene (En) – auf ikonischer Ebene (Ik) · bei unmittelbarer Anschauung (Ik/UA) · bei mittelbarer Anschauung (Ik/MA) – umgangssprachliche Verdeutlichung (USp) – fachsprachliche Ebene (FSp) – fachsymbolische Ebene (FSy)	– Wiederholen des Kerns an neuem Beispiel – Variation unwesentlicher Gesichtspunkte – sprachliche Hervorhebung des Wesentlichen/Unwesentlichen (an Beispielen) – Variation der Daten (innerhalb eines Kontextes) – Variation des Kontextes	– zweckmäßige Zusammensetzungen – Variation des Lösungsweges – Umkehraufgabe bzw. Variation der gesuchten Größe – Herstellung einer Beziehung zu anderen Operationen – Analyse von Fehlern
(En) (Ik/UA) (Ik/MA) (USp) (FSp) (FSy)	**Besondere Auffälligkeiten**	
Anmerkung: Bei Verknüpfung von Darstellungsweisen entsprechenden Pfeil (mit Nr.) eintragen!		

b) Beobachtungsvorschläge für Motivationen im Mathematikunterricht

Motivationsmöglichkeiten im Mathematikunterricht sind in Kapitel 7/Schema 15 zusammengestellt. Es fragt sich nun:

Woran kann man Motivationen erkennen?

Motivation ist ein »inneres« Geschehen, es ist aber z.B. durch folgendes Schüler- bzw. Lehrerverhalten teilweise zu erschließen:

- gespannter, aufmerksamer Gesichtsausdruck der Schüler;
- freudige, neugierige oder staunende Äußerungen der Schüler (z.B. »Zeig mal!«, »Das ist ja toll!«, »Mensch!«);
- interessierte Schülerfragen;
- lobende Äußerungen des Lehrers;
- provozierende Äußerungen des Lehrers;
- »Begeisterung« des Lehrers.

Bei Registrierung »motivierenden« Lehrerverhaltens (oft eher als »Motivationsversuch« zu klassifizieren) wird man jeweils zusätzlich die Schülerreaktion festzustellen suchen.

Die Beobachtungsaufgabe sollte wieder (ggf. unter Beteiligung des Unterrichtenden) geeignet spezifiziert, geklärt und aufgeteilt werden. Vor der Beobachtung schaue man sich auf jeden Fall Schema 19 (evtl. auch die vorangegangenen Beispiele) nochmals etwas genauer an. (Mögliche Beobachtungsgesichtspunkte sind im Schema 20 übersichtlich zusammengestellt, s.u.)

Schema 20: Beobachtungsrahmen für Motivationen im Mathematikunterricht

(Man kreuze an, welche Motivationsart am Schüler- oder Lehrerverhalten zu erkennen oder vermuten ist, numeriere die entsprechenden Motivationen in der zeitlichen Reihenfolge durch und notiere ein entsprechendes Verhalten.)

Nr.	Motivationsart		Lehrerverhalten	Schülerverhalten
	–	Unklarheit/Zweifel hervorrufen		
	–	Provokation		
	–	Überraschung/Staunen		
	–	Lücken aufzeigen		
	–	Abwechslung		
	–	Anwendungen		
	–	(laufende) Zielorientierung		
	–	angemessene Schwierigkeit bzw. Schwierigkeitssteigerung		
	–	Erfolg/Mißerfolg (Wirkung von Lob und Tadel)		
	–	Selbsttätigkeit/Mitentscheidung der Schüler		
	–	Wettbewerb/Zusammenarbeit		
	–	Begeisterung des Lehrers		
	–	emotionale Zuwendung des Lehrers		
	–	ästhetisch/ethischer Wert		
	–	Sonstiges		

Es empfiehlt sich, eventuell die Beobachtung der Motivationen durch *Schülerfragebogen* etwa folgender Art zu ergänzen:

Ich fand die heutige Stunde (kreuze an!)

sehr langweilig	langweilig	weiß nicht	interessant	sehr interessant

(Anworte im folgenden stets mit »ja«, »weiß nicht« oder »nein«, indem du Entsprechendes ankreuzt!)

	ja	weiß nicht	nein
Der Unterricht hat mich heute neugierig gemacht			
Der Lehrer hat interessantes Material mitgebracht			
Der Lehrer hat für Abwechslung gesorgt			
Mir ist heute klargeworden, warum wir den Stoff lernen			
Ich wußte stets, worum es ging			
Der Lehrer hat meine Leistung anerkannt			
Ich hatte heute Lust mitzumachen			
Dem Lehrer hat es heute selbst Spaß gemacht			
Der Lehrer hat sich um unsere Schwierigkeiten gekümmert			

Was mir heute sonst noch Spaß gemacht hat bzw. keinen Spaß gemacht hat:

8.3.5 Weitere Hinweise zur Unterrichtsbeobachtung

a) *Beobachtungsvorschläge zum Begriffslernen, Regellernen und Problemlösungslernen folgen in den Kapiteln 9, 10, 11.*

b) Es empfiehlt sich in der Ausbildungspraxis meist, in ein Beobachtungsschema die Rubrik »*Besondere Auffälligkeiten*« für Dinge aufzunehmen, die sich außerhalb der gezielten Beobachtung besonders aufdrängen. Hier können u.U. fachliche Fehler, »ungeschicktes Lehrerverhalten« (z.B. in bezug auf Deutlichkeitsgesichtspunkte – vgl. 8.2.4 –, aber z.B. auch mangelndes Eingehen auf Schülerschwierigkeiten, Abweichungen vom geplanten Stundenverlauf usw.) notiert werden.

Es hat sich zwar einerseits bewährt, die Beobachtungsgesichtspunkte bewußt einzuengen (weil man – wie man gerade bei gezieltem Beobachten feststellen kann – nicht sehr viel gleichzeitig genauer beobachten kann). Auf der anderen Seite will man sich aber in einer Ausbildungssituation sein Gesichtsfeld nicht unnötig stark einengen lassen, wenn man plötzlich etwas wichtig findet. In der Tat kann dies u.U. mithelfen, sich bei der Diskussion vieler Beobachtungsdetails nicht den Blick für manchmal als »übergeordnet« anzusehende Gesichtspunkte zu verschließen.

c) Man stelle sich im übrigen bewußt und konzentriert auf die Beobachtung ein. *Unterrichtsbeobachtung ist kein einfaches »Zuschauen«* und *auch kein »Fernsehen«* (auch wenn sie bei einer Videoaufzeichnung vor dem Fernseher stattfindet). Man muß erfahrungsgemäß häufig gegen eine Neigung zur Passivität angehen. Unterrichtsbeobachtung ist eine aktive, gelegentlich anstrengende Tätigkeit, die sich aber bei der anschließenden Diskussion deutlich auszahlt.

8.4 Besprechung einer Mathematikstunde

8.4.1 Einige grundsätzliche Gesichtspunkte der Stundenbesprechung

Wesentlich scheint vor allem, daß man sich vor dem Unterricht, womöglich vor der Planung, darüber verständigt, nach welchen Gesichtspunkten beobachtet und worüber dementsprechend nach der Stunde gesprochen werden soll. Dies sollte zumindest für die Stunden während der praktischen Ausbildung gelten. Viele Unterrichtsbesprechungen leiden darunter, daß die Gesprächsbasis vorher nicht ausgewiesen wird und die Beurteilungskriterien ad hoc im nachhinein gesetzt werden.

Dies besagt durchaus nicht, daß man *nur* über vorher vereinbarte Beobachtungsgesichtspunkte sprechen sollte. Im letzten Abschnitt wurde bereits hervorgehoben, daß immer auch Raum für die Beobachtung und damit sinngemäß auch für die Besprechung besonderer Auffälligkeiten bleiben sollte. An einer schwerpunktmäßigen Besprechung von vorher vereinbarten Beobachtungsgesichtspunkten sollte man jedoch festhalten, nicht zuletzt auch deswegen, weil

- man dann dem Unterrichtenden meist viel genauer Rückmeldung geben kann (deshalb ist auch ein gelegentlich *wörtliches Mitprotokollieren* sehr wichtig!);
- der Unterrichtende sich dann weniger überfordert sieht, auf bestimmte Punkte besonders zu achten (insofern auch eine Frage von Ökonomie und Effektivität der Ausbildung!).

Auf gravierende »Fehler« grundsätzlicher Art darf und muß der Unterrichtende aber immer hingewiesen werden; das will er, so ist zu unterstellen, auch selbst.

Stundenbesprechungen sollten freilich insgesamt nie in der Atmosphäre von Gerichtsverhandlungen ablaufen, die das Selbstkonzept des Unterrichtenden zerstören können. Auch hier gilt wesentlich: Hoffnung auf »Erfolg« lassen![19]

19 Wichtig scheint auch in diesem Zusammenhang, daß ein betreuender Ausbilder eigenen Unterricht gleicher Kritik aussetzt und sich dabei keineswegs als »unfehlbar« erweist.

8.4.2 Zeitlicher Verlauf der Besprechung

Für eine rationale Diskussion hilft auch ein geregelter Ablauf der Besprechungen, auf den sich die Beteiligten einigen sollten, damit die Beobachtungsgesichtspunkte und aktuellen Bedürfnisse möglichst angemessen und ausgewogen berücksichtigt werden können. (Grundvoraussetzung dürfte etwa eine Stunde Besprechungszeit sein.[20])

Im übrigen seien folgende Hinweise aus eigener Ausbildungspraxis gegeben:

1. Für die Unterrichtsbesprechungen hat es sich als zweckmäßig erwiesen, den *Unterrichtenden zunächst selbst* über seine spontanen Eindrücke und Sorgen während der Stunde sowie über Abweichungen vom geplanten Verlauf (die ja sehr sinnvoll sein können) berichten und Gründe dazu angeben zu lassen.

2. Daneben scheint es zweckmäßig, auch die anderen Beobachter zunächst über *spontane Eindrücke* (auch Gesamteindrücke) und ihre bezüglich der Rubrik »Besondere Auffälligkeiten« notierten Beobachtungen zu befragen.

3. Erst, wenn die stärksten Spontaneindrücke zur Sprache gekommen sind (und damit »der erste Dampf abgelassen ist«), empfiehlt es sich, die *gezielten Beobachtungen* zu referieren und zu diskutieren.

   Standen nur wenige Beobachter zur Verfügung, bietet es sich an dieser Stelle u.U. an, (mit der gegebenen Vorsicht) Gesichtspunkte in die Diskussion mit einzubeziehen, die nicht genauer beobachtet werden konnten.

4. Dann könnte sich eine *Besprechung des schriftlichen Unterrichtsentwurfs* anschließen. Daß auch hierzu eine Rückmeldung erforderlich ist, wurde bereits in Abschnitt 8.1 deutlich gemacht. (Damit sie möglich wird, sollte genügend Lesezeit vor dem Unterricht eingeplant werden.) Vor allem sollte diskutiert werden, ob ein *schlüssiges Konzept* für die gesehene Stunde formuliert worden war. Damit ließe sich ein *systematischer Vergleich von Planung und Realisation* verbinden. Dies sollte man sich insbesondere bezüglich der gesetzten Ziele und des Unterrichtsverlaufs vornehmen – mit der Leitfrage: *»Wie realistisch war die Planung?«*
   Hinsichtlich der »erreichten Ziele« sollte man bei seiner Einschätzung freilich sehr vorsichtig sein: Zum einen liegt selten eine schriftliche Lernkontrolle vor, an der man die Einschätzung teilweise überprüfen könnte. Zum anderen geht es ja auch um die ohnehin schwer einschätzbaren übergeordneten Ziele. Hilfreich kann gelegentlich eine Einbeziehung von Schülern bei der Besprechung sein. Nicht selten ergeben sich dabei erhebliche Diskrepanzen zwischen Einschätzung der Schüler, der Beobachter und der Selbsteinschätzung des Unterrichtenden. (Spätestens jetzt sollte bei einer gründlichen Besprechung eine *Pause* eingelegt werden oder eine Vertagung erfolgen!)

5. Eine kurze Rückbesinnung auf die bisherige Besprechung könnte mit der Sammlung von speziellen *Beobachtungspunkten für eine Videowiedergabe* verbunden werden.

---

20 Ansonsten muß man bei den folgenden Punkten da oder dort Abstriche machen.

6. Erfahrungsgemäß empfiehlt es sich meist *nicht*, die ganze *Unterrichtsstunde wiederzugeben.* Dies ist am ehesten für eine seperate Nachbesinnung des Unterrichtenden interessant. Lange Videowiedergaben können ermüden, die Besprechung unnötig in die Länge ziehen und damit ineffektiv werden. Wenn die Wiedergabe und Beobachtung ohnehin nur ausschnittsweise erfolgt, ist es zweckmäßig, an jeden Ausschnitt die Diskussion gleich anzuschließen. Vor allem sollte man sich bei der genauen Beobachtung auf wesentliche Punkte beschränken und die Stunde nicht unnötig »zerreden«
7. Ein ganz wichtiger Punkt sollte bei alledem nicht vergessen werden: die *Nachbesinnung darauf, welche vermuteten »Mängel«, »Lücken«, »Versäumnisse«, »Bedürfnisse«* im weiteren Unterricht (womöglich in der nächsten Stunde) sinnvollerweise »ausgebügelt«, angesprochen oder weiterbearbeitet werden sollten. Damit sind ja ganz wesentliche Voraussetzungen (vgl. 2.1.3) für das Weitere gegeben. Wenn man noch das »Wie« dieser Mängelbeseitigung diskutiert, geht die Nachbesprechung einer Unterrichtsstunde unversehens in die Vorbesprechung (als einen Teil der Vorbereitung) der nächsten Stunde über … (wozu man sich aber am besten gesondert verabredet).

Schlußbemerkung zur Nachbesinnung des routinierten Lehrers

Auch der routinierte Lehrer braucht Nachbesinnung und Rückmeldung zu seinem Unterricht, um die weiteren Voraussetzungen für seine Bemühungen zu bestimmen. Dem engeren Zeitrahmen, aber auch der größeren Erfahrung entsprechend, verkürzt sich das, was in einer ausführlichen Unterrichtsbesprechung geschieht. Was aber bleiben sollte, ist eine mehr oder weniger gründliche Nachbesinnung auf die im Laufe des Unterrichts gemachten Beobachtungen.

Sie verdichtet sich womöglich in dem Punkt »besondere Auffälligkeiten« und »besondere Mängel«, in dem sich freilich nicht nur Oberflächenphänomene, sondern möglichst auch tiefere pädagogisch-psychologische/fachdidaktische Gesichtspunkte (wie sie hier angesprochen werden) wiederfinden sollten. Den einen oder anderen Punkt wird sich auch der »ausgewachsene« Lehrer als Erfahrungswert für spätere Unterrichtsvorbereitungen schriftlich notieren. Was sich für den routinierten Lehrer wohl noch stärker als für den Lehramtsanwärter anbietet (insoweit er die Schüler besser kennt), ist die planmäßige Einbeziehung der Schüler in seine Arbeit im Sinne eines Mitplanens, Mitbeobachtens, Mitbesinnens und Mitdiskutierens des Unterrichts, soweit das sinnvoll möglich ist.

8.5 Aufgaben und Diskussionsanregungen

Besinnen Sie sich bitte wie immer auf das für Sie Wesentliche des Kapitels, und diskutieren Sie über Diskussionswürdiges mit anderen. Die Aufgaben, die sich aus diesem Kapitel ergeben, sind im übrigen wesentlich die Aufgaben des Praktikums bzw. der Praxis selbst:

Vorbereitung, Durchführung, Beobachtung und Besprechung konkreten Mathematikunterrichts, in etwa nach Leitlinien dieses Kapitels – bei kritischer und produktiver Weiterentwicklung der genannten Gesichtspunkte. Schon in der Vorbereitungsphase praktischer Unterrichtsversuche (z. B. während eines Vorbereitungsseminars) kann – soweit möglich – mit entsprechenden Aktivitäten begonnen werden:

- Klärung von Rahmenbedingungen der Klasse.
- Beobachtung von Videoaufnahmen des Unterrichts früherer Praktikanten oder Referendare, z. B. nach Motivations- oder Übungsgesichtspunkten oder nach Bedingungen verschiedener Lerntypen (z. B. Beobachtungslernen).
- Fachliche und didaktisch-methodische Vorüberlegungen zu einer vorgesehenen größeren Unterrichtseinheit.

8.6 Literaturhinweise

Empfohlen seien:

Aebli (1987), Gagné (1980[5]), Grell (1979), H. Meyer (1991[10]), Schulz (1981[3]), Walter/Edelmann (1979) zum Studium allgemeindidaktischer Vorschläge zur Unterrichtsvorbereitung.

Zur Vorbereitung von Mathematikunterricht im Rahmen des hier diskutierten Planungsmodells sei u. a. auf die Literatur am Ende der Abschnitte 8.1.3 und 8.1.4 hingewiesen.

Konkrete Beispiele für Unterrichtsvorbereitungen nach dem hier vorgeschlagenen Planungsmodell finden Sie bei Zech (1981).

Andere Vorschläge von Mathematikdidaktikern zur Unterrichtsvorbereitung finden Sie im MU-Heft 1985/1 »Unterrichtsplanung« (mit Bibliographie).

Zur alltäglichen Vorbereitung des (Mathematik-)Lehrers und ihrem psychologischen Hintergrund informieren insbes. Bromme/Seeger (1979) und Bromme (1986).

Zur Gesamtproblematik Vorbereitung, Beobachtung, Durchführung, Bewertung von Mathematikunterricht findet man einige weitere Hinweise bei Hole (1976[5]).

Zur Unterrichtsbeobachtung in der Ausbildung allgemein sei Walter (1975) genannt, zur Bewertung Messner/Füglister (1974).

9. Kapitel: Das Lernen mathematischer Begriffe

9.0 Vororientierung

Durch dieses Kapitel sollen Unterrichtsversuche zum Lernen mathematischer Begriffe genauer vorbereitet werden. Hierzu sind einige Aspekte des Begriffslernens aus früheren Kapiteln nochmals aufzugreifen, zu spezifizieren und zu ergänzen. Die Bedingungen des Begriffslernens sind genauer zu präzisieren und zu diskutieren. Die Ausführungen münden ein in praktische Vorschläge für die Gestaltung eines Unterrichts, in dem Begriffe eingeführt werden und eine erste Vertiefung erfahren sollen.

9.1 Von welchen Begriffen hier besonders die Rede ist

In Abschnitt 6.3.3 wurden bereits verschiedene Begriffsarten unterschieden: Eigenschaftsbegriffe und Relationsbegriffe bzw. einfache und zusammengesetzte Begriffe.

Darüber hinaus erscheint es zweckmäßig, Begriffe nach der Art der Begriffsdefinition zu unterscheiden, auch wenn ein und derselbe Begriff u.U. auf mehrere Arten definiert werden kann und keine eindeutige Klassifikation möglich ist. Hier seien drei Möglichkeiten[1] angedeutet:

a) Konventionaldefinition

In einer derartigen Definition werden die Bedingungen angegeben, die erfüllt sein müssen, wenn ein Objekt oder Ereignis unter den Begriff fällt.

Beispiele: 1) Sind g und h zwei verschiedene Geraden und ist P ein gemeinsamer Punkt von g und h, so heißt P der *Schnittpunkt* von g und h.
2) Die Seite eines rechtwinkligen Dreiecks, die dem rechten Winkel gegenüberliegt, heißt *Hypotenuse*.

b) Realdefinition

Hierbei wird ein Begriff mit Hilfe eines umfassenderen Gattungsbegriffs und durch die Angabe eines oder mehrerer artbildender Merkmale definiert.

---

1 In der Mathematik kennt man weitere: Definition über eine Konstruktionsvorschrift (vgl. 9.10.1) oder durch Rekursion (vgl. Tietze u. a. 1982).

Beispiele:

Begriff	Gattungsbegriff	artbildendes Merkmal
Trapez	Viereck	zwei Seiten sind parallel
gleichschenkliges Trapez	Trapez	zwei gleiche (Innen-)Winkel an einer der zueinander parallelen Seiten
Rechteck	Viereck Parallelogramm	vier rechte Winkel ein rechter Winkel

c) Definition über Äquivalenzklassenbildung (»Abstraktion«)
Begriffe werden in der Mathematik häufig auch dadurch eingeführt, daß man innerhalb einer Menge von Objekten eine Äquivalenzrelation erklärt und die dadurch bestimmten Äquivalenzklassen durch einen Begriffsnamen bezeichnet.

Beispiele: Zahlen- und Größenbegriffe

Objekte	Äquivalenzrelation	Begriff
Mengen	ist gleichmächtig zu	natürliche Zahl
Strecken	ist deckungsgleich zu	Länge

Die folgenden Ausführungen beziehen sich besonders auf einfache empirische bzw. auf zusammengesetzte Begriffe, denen eine Realdefiniton im obigen Sinne zugrunde liegt. Sie beziehen sich weniger z. B. auf Zahlen- und Größenbegriffe und auf Begriffe, denen im obigen Sinne eine Konventionaldefiniton zugrunde liegt. Man könnte auch schlicht sagen: Es geht vor allem um Begriffe, für die sich in sinnvoller Weise verschiedenartige Beispiele und Gegenbeispiele angeben lassen. Die Einschränkung ergibt sich daraus, daß sich unterrichtsrelevante Begriffsforschung vor allem auf solche Begriffe bezieht. Dies bedeutet, daß eine Übertragbarkeit der Überlegungen (zumindest hinsichtlich Beispielen und Gegenbeispielen) auf andere Begriffe und Regeln, Abstraktionen und »Verbegrifflichungen« in einem weiteren Sinne geprüft werden muß. Solche Überlegungen in Richtung sinngemäßer Verallgemeinerung sind didaktisch geboten, solange es keine genaueren Forschungen gibt (vgl. dazu z. B. Zech 1995, 3.5.2 und 3.5.3).

9.2 Sinn von Begriffsbildungen; logische und psychologische Seite der Begriffsbildung

Wozu bildet man eigentlich Begriffe?

Begriffe dienen dazu, Übersicht und »Struktur« in eine Welt wirklicher und gedachter Objekte zu bringen. Indem wir immer wieder »ähnliche« Objekte oder Phänomene begrifflich zu einer »Klasse« zusammenfassen, können wir auf diese ganze Klasse in gleicher Weise reagieren. Wir brauchen dann nicht in jedem Einzelfall immer neu zu überlegen. Insofern sind Begriffe grundlegend für jedes kognitive Funktionieren, weil sie die Welt in geeigneter Weise vereinfachen, sie standardisieren und somit auch mitteilbar machen. Dies gilt in gleicher Weise für die reale Welt wie die Wissenschaften, insbesondere die Mathematik.

Die Begriffsbildung hat eine objektiv-logische und eine subjektiv-psychologische Seite.

Logisch gesehen, ist ein (mathematischer) Begriff z. B. das Gemeinsame einer Menge von Objekten, das durch eine bestimmte Merkmalskombination zu beschreiben (definieren) ist und durch ein Wort bezeichnet wird.

Beispiel: der Begriff »Primzahl«
Definition: Eine Primzahl ist eine natürliche Zahl ungleich 1, die nur durch 1 und sich selbst teilbar ist.
Die Menge der Objekte, die unter diesen Begriff fällt, ist
2, 3, 5, 7, 11, 13 ...

Von der *psychologischen* Seite her ist es wichtig zu sehen, daß man einen »Begriff« gebildet haben kann als eine »mentale Einheit« im Rahmen einer kognitiven Struktur, ohne eine genaue Definition oder eine (vereinbarte) Wortbezeichnung dafür zu haben. Einen gemeinten Begriff kann man z. B. dadurch zum Ausdruck bringen, daß man sagt, welche Objekte unter den Begriff fallen und welche nicht. Daß die sprachliche Fassung eines Begriffs u. U. das genaue Abgrenzen innerhalb der kognitiven Struktur, das eigene Denken und das Kommunizieren mit anderen bedeutend erleichtern kann, steht dabei außer Frage (vgl. auch 9.6). Umgekehrt kann man bekanntlich aber auch eine Wortbezeichnung und eine verbale Definition für einen Begriff haben, ohne den Begriff selbst (d. h. eine entsprechende mentale Einheit in der kognitiven Struktur) gebildet zu haben.

Psychologisch gesehen, ist ein Begriff erst dann gebildet, wenn man ihn aus den Objekten abstrahieren und generalisieren kann – in dem Sinne, daß man ihn in neuen Situationen richtig zuordnet und anwendet.

9.3 Psychologische Vorgänge bei der Begriffsbildung

Nach Ausubel u. a. (1980², S. 130) besteht die Begriffsbildung »im Grunde« aus mehreren Teilprozessen der Abstraktion und Generalisierung, die etwa in folgender Reihenfolge ablaufen[2]:

1. diskriminative Analyse verschiedener Reizmuster (Betrachtung unterschiedlicher Objekte);
2. Formulierung von Hypothesen, die abstrahierte gemeinsame Elemente betreffen (Vermutung gemeinsamer Eigenschaften);

2 Man denke beispielsweise an die Bildung des Begriffs »Hund« bei einem kleinen Kind (Übungsaufgabe!).

3. darauffolgendes Testen dieser Hypothesen in spezifischen Situationen (Prüfung der Vermutung an neuen Objekten);
4. selektive Bestimmung einer allgemeinen Kategorie oder eines Satzes gemeinsamer Merkmale aus ihnen (Auswahl einer bestimmten Merkmalskombination);
5. Beziehung von Merkmalen auf relevante Ankerideen (bereits vorhandene Gattungsbegriffe);
6. Differenzierung des neuen Begriffs von verwandten, früher gelernten Begriffen (Unterscheidung von ähnlichen Begriffen);
7. Generalisieren der relevanten Merkmale des neuen Begriffs auf alle in Frage kommenden Objekte bzw. Ereignisse (Verallgemeinerung des Begriffs);
8. Repräsentation des neuen Begriffsinhalts durch ein Sprachsymbol (sprachliche Erklärung, Benennung und Bezeichnung).[3]

Es sei angemerkt, daß diese psychologische Deutung Ausubels in groben Zügen der von Lompscher (1972, S. 47) entspricht, der das »Definieren« als eine zusammengesetzte komplexe Operation auffaßt, deren wesentliche Bestandteile das Abstrahieren, das Klassifizieren und das Verallgemeinern sind (vgl. die »geistigen Grundoperationen« in Abschnitt 3.2.3).

9.4 Begriffslernen in Abhängigkeit von der Denkentwicklung

Die obengenannten Prozesse bei der Begriffsbildung beziehen sich bei jüngeren Kindern auf wahrnehmbare Objekte. Sie können sich, den Stadien der Denkentwicklung entsprechend (vgl. 4.1.1), zunehmend auf nicht wahrnehmbare Objekte erstrecken und sich durch direkte verbale Bezüge auf in der kognitiven Struktur bereits vorhandene Begriffe verkürzen und verdichten.

Ausubel u. a. (1980², S. 136–138) kennzeichnen *Schwerpunkte der Begriffsbildung* im Laufe der Denkentwicklung durch die Art der zu bildenden Begriffe in folgender Weise:

1. *Erwerb primärer Konzepte* (einfacher Begriffe) in der voroperationalen Phase durch engen Kontakt mit verschiedenen Exemplaren des Konzepts: Konzeptträger sind meist *wahrnehmbare* und vertraute Objekte und Ereignisse (Beispiele: »Hund«, »Haus«, »Kugel«, »Würfel« ...).
2. *Erwerb weniger komplexer sekundärer Konzepte* (zusammengesezter Begriffe) in der konkret-operationalen Phase: nicht unbedingt abhängig von wahrnehmbaren Exemplaren des Konzepts, aber zumindest von konkret-empirischen Stützen; d.h. Erwerb von Konzepten, die nicht zu sehr von früherer Erfahrung des Lernenden entfernt sein sollen (Beispiele: »Dreieck«, »Rechteck«, »Quadrat«,»symmetrisch«, »konvex« ...).
3. *Erwerb komplexer sekundärer Konzepte* in der Phase der abstrakt-logischen (formalen) Operationen: »Die Kriteriumsattribute von komplexen Konzepten und se-

3 »In Fällen, wo das verbale Symbol ohne die vorhergehenden Schritte einfach mechanisch auswendig gelernt wird, hat es keine ideelichen Bedeutungsträger und stellt es keinen echten Begriff dar« (a. a. O., S. 130).

kundären Konzepten höherer Ordnung können ohne irgendwelche konkret-empirischen Stützen unmittelbar auf die kognitive Struktur bezogen werden« (a.a.O., S. 138). (Beispiele: »Primzahl«, »proportional« ...[4])

Etwas vereinfachend zusammengefaßt:

In jüngeren Jahren (Primarstufe) steht das Lernen über konkret-anschauliche Beispiele im Vordergrund, von denen man sich in späteren Jahren (Sekundarstufe) immer mehr entfernen kann. Eine zunächst eher »induktive« Begriffsbildung von Beispielen her zu einer verbalen Definition kann später einer eher »deduktiven« Begriffsbildung durch eine verbale Definition mit erläuternden Beispielen weichen (vgl. auch 9.6).

Dem zunehmenden Anteil definierter Begriffe entspricht nach Ausubel u.a. (1980², S. 141) in natürlicher Weise ein zunehmend rezeptives Lernen[5] beim Begriffserwerb.

Für das Unterrichten von Begriffen sei hier im übrigen an die mit der Denkentwicklung in Zusammenhang gebrachten operativen Prinzipien der Verinnerlichung und der operativen Durcharbeitung aus Kapitel 4 sowie an die Prinzipien sinnvollen Lernens zur begrifflichen Verankerung und Strukturierung aus Kapitel 5 erinnert.

Diese Prinzipien werden besonders relevant für »operative« (d.h. aus Handlungen zu gewinnende) Begriffe.

Beispiele:

a) Mengenbegriffe (Vereinigungsmenge, Schnittmenge, Teilmenge);
b) Größenbegriffe (Zahl, Länge, Flächeninhalt ...);
c) Symmetriebegriffe (Achsen-, Dreh- und Translationssymmetrie).

Für operative Begriffe propagieren Palzkill/Schwirtz (1971, S. 18) »genetische Definitionen« (gegenüber sonst üblichen »Ist-Definitionen«), die an die »Entstehung« aus der Handlung erinnern: »Die zugehörige Fragestellung lautet dann nicht: Was ist ein ...?, sondern: Wie entsteht ein ...?«

Beispiel: Winkelbegriff
Ist-Definition: »Ein Winkel ist die von zwei von einem Punkt ausgehenden Strahlen gebildete Figur.«
Genetische Definition: »Ein Winkel entsteht durch Drehung eines Strahls um seinen Anfangspunkt.« (Weitere Beispiele: Übungsaufgabe!)[6]

4 Diese Begriffe können natürlich anhand von Beispielen auf konkreterer Ebene schon früher »verstanden« werden!
5 Vgl. Abschnitt 6.2.3.
6 Ggf. sind die Winkeldefinitionen von Palzkill/Schwirtz näher zu präzisieren als »Strahlenpaar« oder als »Winkelfeld« (vgl. z.B. Holland 1974).

9.5 Einige Ergebnisse und Anregungen spezieller Begriffsforschung

Vorbemerkungen:
Neben den globaleren Theorien zur Begriffsentwicklung und zum Unterrichten von Begriffen nach Piaget, Aebli, Bruner, Dienes, Galperin, Lompscher, Ausubel, Gagné, die wir bereits in früheren Kapiteln etwas näher diskutierten, gibt es eine speziellere Forschung zu Bedingungen des Begriffserwerbs, die sich im wesentlichen auf Begriffe beziehen, die durch einen Oberbegriff und aussondernde Merkmale (vgl. 9.1) bestimmt sind[7]. Im folgenden geht es nur um einige grundlegende Ergebnisse, die sich auf Instruktionsstrategien für Begriffe in klassenraumähnlichen Situationen beziehen und sich besonders bei Markle/Tiemann (1970), Clark (1971), Niegemann (1978) und Tennyson/Park (1980) dargestellt und diskutiert finden. (Frühere Begriffsforschung wie z.B. von Bruner/ Goodnow/Austin (1965) und vielen anderen bezog sich allzusehr auf »spontane« Begriffsbildung schulferner Begriffe ohne Instruktionsabsicht.)

Folgende Erkenntnisse lassen sich als auch im Mathematikunterricht zu beachtende Quintessenz dieser Begriffsforschung herausstellen.

9.5.1 Grundsätzliches zur Vermittlung von Begriffen über Beispiele, Gegenbeispiele und verbale Hinweise

a) Es ist deutlich belegt, daß Begriffe weder durch Beispiele allein noch durch Beispiele und Gegenbeispiele allein, noch durch bloße Erklärung, sondern durch ein *Zusammenspiel von Beispielen, Gegenbeispielen und verbalen Erläuterungen* am effektivsten vermittelt werden (vgl. etwa Tennyson/Park 1980 S. 56f.).
Insbesondere ergibt sich daraus, daß man auch bei jüngeren Schülern auf Verbalisierungen (wenn auch zunächst stärker im umgangssprachlichen Bereich bleibend) ebensowenig verzichten sollte wie bei älteren auf eine exaktere Definition, verbunden mit Beispielen und Gegenbeispielen.
Dies steht offenbar insbesondere im Einklang mit der Theorie sinnvollen kognitiven Lernens nach Ausubel (vgl. 3.2).

b) Es wurde im Zusammenhang mit a) nachgewiesen, daß *bei entsprechender Verbalisierung wesentlich weniger Beispiele und Gegenbeispiele zur erfolgreichen Begriffsvermittlung erforderlich* sind.
Dies leuchtet unmittelbar ein, da die Hypothesenbildung des Lernenden hinsichtlich der durch Beispiele und Gegenbeispiele vermittelten Information durch explizite verbale Hinweise auf relevante und irrelevante Merkmale offenbar häufig abzukürzen ist:
Machen wir den Schüler beispielsweise bei der Vermittlung geometrischer Begriffe wie Quadrat oder achsensymmetrisch anhand eines Beispiels verbal darauf aufmerksam, daß er auf die Lage der Figur nicht zu achten braucht, dann sind gewiß nicht viele weitere Beispiele erforderlich, um dies zu verifizieren.

---

7 Diese Einschränkung der Begriffsart wird selten explizit gemacht, ist implizit aber immer deutlich.

9.5.2 Zur Auswahl von Beispielen und Gegenbeispielen[8]

a) *Beispiele sollten so breit* (unter Einbeziehung von Sonder- und Extremfällen) *variiert werden, daß eine »Untergeneralisierung«* (unerwünschte Begriffsverengung) *verhindert wird.* M.a.W.: Es muß dafür gesorgt werden, daß Beispiele womöglich nicht für Gegenbeispiele gehalten werden.
Bei der Behandlung des Begriffs »Rechteck« sollten z.B. auch Quadrate oder auch Rechtecke mit extremen Unterschieden in den Seitenverhältnissen (in unterschiedlichen Lagen) als Beispiele vorkommen.
Offensichtlich ist die Einbeziehung vor allem solcher Beispiele wichtig, die im Alltag eher nicht für Beispiele gehalten werden. Entsprechende sprachliche Hinweise sind für die Schüler sicherlich zusätzlich nützlich (siehe oben).

b) *Gegenbeispiele sollten so ausgewählt werden, daß eine »Übergeneralisierung«* (unerwünschte Begriffsausweitung) *verhindert wird.* M.a.W.: Es muß dafür gesorgt werden, daß Gegenbeispiele womöglich nicht für Beispiele gehalten werden.
Man muß also vor allem auch der Alltagsneigung entgegenarbeiten, »Fastbeispiele« als Beispiele anzuerkennen (was zweifellos mit der Vagheit von Alltagsbegriffen zusammenhängt): In diesem Sinne ist ein Stück »Würfelzucker« sicher ein gutes Gegenbeispiel für den mathematischen Würfel, ein »symmetrisches« Blatt eines Baumes ein gutes Gegenbeispiel für mathematische Achsensymmetrie.
Auch hier sind entsprechende sprachliche Hinweise für die Schüler gewiß nützlich.

c) Allgemeiner kann man folgende *Regel* formulieren (vgl. Tennyson/Park 1980, S. 58):
»Beispiele und Gegenbeispiele sind dann am effektivsten, wenn sich die Beispiele möglichst stark in den irrelevanten Merkmalen unterscheiden und die Gegenbeispiele in möglichst wenigen relevanten Merkmalen unterscheiden.«
Niegemann (1978, S. 48) präzisiert eine optimale Menge von Beispielen und Gegenbeispielen (in der Begrifforschung auch *»rational set«* genannt) folgendermaßen:
»Bei den Beispielen müßte jedes wichtig erscheinende irrelevante Merkmal mindestens einmal variiert werden. Bei Gegenbeispielen müßte jedes relevante Merkmal einmal fehlen.«
Man sollte sich jedoch von der Vorstellung frei machen, als wenn es damit auch eine ideale Anzahl von Beispielen und Gegenbeispielen gäbe, die zur Vermittlung eines Begriffs insgesamt erforderlich ist.
Die Anzahl der nötigen Beispiele und Gegenbeispiele hängt von einer ganzen Reihe von Faktoren ab:

- Sie hängt einesteils sicher von der Anzahl relevanter und »wichtiger« irrelevanter Merkmale ab.
- Sie hängt aber andernteils vom Stand der Denkentwicklung beim Schüler, seinen Vorerfahrungen und Vorkenntnissen ab (insbesondere auch, inwieweit die

8 Vgl. hierzu vor allem Markle/Tiemann (1969, 1970) und Tennyson/Park (1980).

Merkmale wirklich wahrnehmbar sind und inwieweit bloße sprachliche Hinweise genügen).
- Sie hängt auch davon ab, ob ein Begriff lediglich kurzfristig oder aber langfristig zur Verfügung stehen soll (danach richtet sich das Ausmaß von späteren Übungs- und Wiederholungsbeispielen).
- Schließlich hängt sie auch davon ab, wieweit die Schüler über Begriffsbildungsstrategien verfügen; wieweit sie z. B. darauf »geeicht« sind, von sich aus bewußt reflektierend genau auf genannte relevante Merkmale zu achten (vgl. auch 9.7 und 9.10.2).

Dementsprechend läßt sich immerhin festhalten:
Es kommt weniger auf möglichst viele Beispiele und Gegenbeispiele, sondern auf gut ausgewählte und verbal erläuterte an. (Eine nützliche Richtschnur können dabei die obengenannten Kriterien sein.)

9.5.3 Abfolge und Anordnung von Beispielen und Gegenbeispielen

a) In der Tendenz scheint es effektiver, Beispiele eher *von leicht nach schwer* zu ordnen[9] (vgl. auch die frühere Diskussion der Aufgabenschwierigkeit in 7.2.4).
Dies setzt freilich voraus, daß man die Schwierigkeit von Beispielen genauer einschätzen kann. Ein Beispiel wird im allgemeinen dann einfach sein, wenn es möglichst wenige irrelevante Merkmale aufweist und die relevanten Merkmale möglichst deutlich (von selbst) hervortreten.
Wenn es sich zudem um »häufig vorkommende« Beispiele handelt, wird man in der Mathematik von »typischen Beispielen« sprechen[10].
Mit solcherart einfachen und typischen Beispielen wird man (wie auch sonst bei Aufgaben) *in der Mathematik die Einführung eines Begriffs häufig beginnen* (vgl. auch Clark 1971). Dies steht wiederum im Einklang mit einer gewissen Anfangskonsolidierung im Sinne von Ausubel u. a. (vgl. 5.2.7 und 9.4.3). Es sei jedoch auch hier daran erinnert, daß man sicherlich nicht immer mit dem »einfachsten« Beispiel beginnen muß, wenn ein weniger einfaches entsprechend »interessant« ist. (Das heißt: Übergeordnete Gesichtspunkte sind u. U. wichtiger.)
b) Des weiteren wird häufig eine *simultane Darbietung* von Beispielen und Gegenbeispielen empfohlen (vgl. schon 6.4.3 zum Diskriminationslernen).

- Durch die *Gegenüberstellungen von (möglichst unterschiedlichen) Beispielen* kann die Variationsbreite von Beispielen besonders betont werden:

---

9 Ein Beispiel gilt leichter als ein anderes, wenn die Schüler bei seiner Identifikation im Durchschnitt weniger Fehler machen.

10 Rosch (1975) vermutet, daß sich »natürliche Begriffe« im Alltag häufig um besonders »typische« (prototypische) Beispiele entwickeln, die den meisten Beispielen ähnlich und Beispielen für andere Begriffe unähnlich sind.

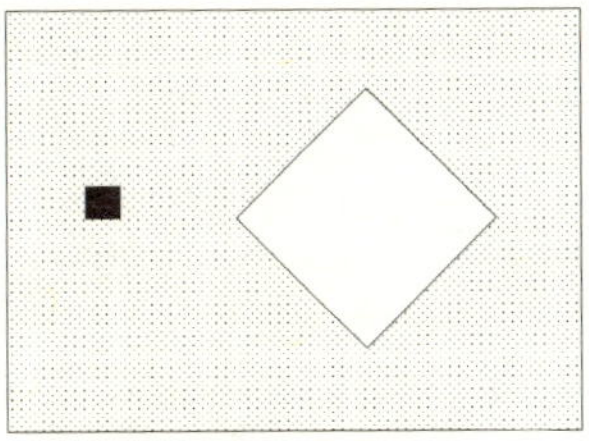

Abb. 9.1: Beispielpaar mit extremen Unterschieden

»Beides Quadrate!«

- Durch die *Gegenüberstellung von einem Beispiel und einem möglichst ähnlichen Gegenbeispiel* können die relevanten Merkmale besonders gut herausgehoben werden:

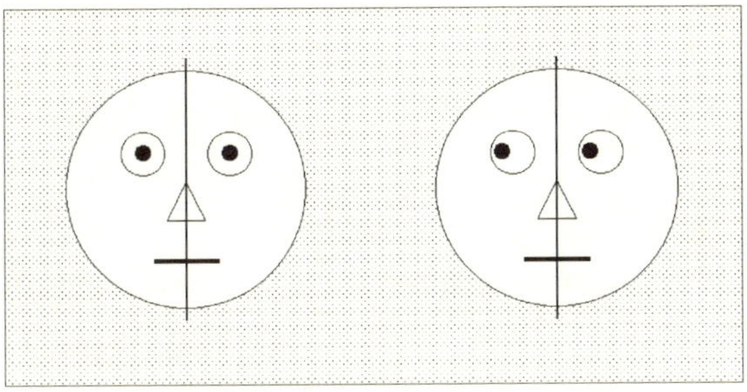

Abb. 9.2:
Beispiel/Gegenbeispiel – Paar mit starker Ähnlichkeit

achsensymmetrisch nicht achsensymmetrisch

Diese besondere Art simultaner paarweiser Gegenüberstellung von Beispielen und Gegenbeispielen wird in der Begriffsforschung als *besonders* effektiv herausgestellt (vgl. Niegemann 1978, S. 50, Tennyson/Park 1980, S. 59). Man spricht hier auch von »*Matching*« der Objekte bzw. von »*matched*[11] *examples*«.

9.5.4 Bedeutung und Beschränkung der Begriffsforschung

Die dargestellten Instruktionsmaßnahmen sollten als *Anregungen* verstanden werden, Prinzipien der Variation und Kontrastierung (vgl. Kapitel 4, 5, 6) für die Behandlung zumindest einer bestimmten Art von Begriffen ein wenig zu präzisieren und effektivieren. Es sollte ausdrücklich *nicht* dafür plädiert werden, die Vermittlung eines Begriffs allein hieran zu messen und andere Gesichtspunkte außer acht zu lassen.

Andere Gesichtspunkte, die in der engeren Begriffsforschung sichtlich zu kurz kommen, seien anhand der bereits dargestellten Schwerpunkte dieses Buchs nochmals betont. Dazu gehören u.a. Berücksichtigung der Denkentwicklung (Alter) der Schüler, ihrer kognitven Struktur (Vorerfahrungen), ihrer Motivation, übergeordneter Unterrichtsziele, von Übungs- und Anwendungsaspekten.

11 Matched (engl.): zusammenpassend.

Dies läßt sich beispielsweise am Thema »Achsensymmetrie« gut verdeutlichen. Hier kommt es nicht nur darauf an, gut ausgewählte Beispiele und Gegenbeispiele zu präsentieren:

- Bei jüngeren Schülern wäre es wohl zweckmäßig, konkret-handelnd einzusteigen (z.B. mit dem Ausschneiden von Schnittmustern aus gefaltetem Papier); dabei womöglich sogar die Jahreszeit als »Rahmenbedingung« zu berücksichtigen (je nachdem wären u.U. Weihnachtssterne oder Faschingsmasken oder ein Muttertagsherz als erste Beispiele zu wählen).
- Dazu gehörte wohl auch die Einbeziehung physikalischer Spiegelung (insbesondere das Phänomen der Spiegelschrift); ebenso:
- die gezielte Einbeziehung von Aufgaben, die das räumliche Vorstellungsvermögen besonders fordern bzw. fördern (z.B. Symmetrieachsen von Figuren suchen, symmetrische Ergänzungen skizzieren lassen);
- die Einbeziehung von technischen Aspekten der Symmetrie (Gleichgewichtsaspekte[12], ökonomische Aspekte[13] …): dabei möglichst Übergang von der Ebene in den Raum …;
- die Herstellung von Beziehungen zu anderen Symmetriebegriffen (z.B. ebene Translations- und Drehsymmetrie)[14];
- die Berücksichtigung von kulturhistorischen und anwendungstechnischen Aspekten (z.B. Diskussion von Bandornamenten und Parkettierungen) …

Kurz und gut: Die ganze Vielfalt des Mathematikunterrichts soll und kann erhalten bleiben!

9.6 Zur Rolle der Sprache beim Begriffslernen

Schon im letzten Abschnitt klang mehrfach an, daß die Sprache beim Begriffslernen über Beispiele und Gegenbeispiele hinaus eine ganz wesentliche Rolle spielt. Sie dient u.a. dazu, Bedeutungen genauer abzugrenzen, hilft, Beispiele und Gegenbeispiele zu generalisieren, relevante und irrelevante Merkmale zu betonen.

Betrachtet man das Lernen von Begriffen im Unterricht insgesamt, so wird ersichtlich, daß die Rolle der Sprache noch deutlich über die erwähnte Bedeutung hinausgeht. Die mehrfache Funktion der Sprache von Lehrer und Schüler stellt sich im einzelnen wie folgt dar:

a) Am Anfang des Lernprozesses hat die Sprache des Lehrers eine *orientierende Funktion:*
Der Lehrer stellt auf die eine oder andere Weise die Bedeutsamkeit des zu lernen-

12 Banales Beispiel: Flugzeug.
13 »Gleiche« Hälften sind häufig leichter herzustellen und damit billiger.
14 Vom Begriffspsychologischen her ist hier noch zu beachten, daß Beispiele verwandter Begriffe häufig geeignete Gegenbeispiele darstellen, weil sich somit die Begriffe gegenseitig verdeutlichen lassen.

den Begriffs heraus. Er knüpft (was für einen sinnvollen Lernprozeß sehr wichtig ist; vgl. Kapitel 5) an die vagen Vorbegriffe der Schüler an.

b) Die Sprache des Lehrers hat bei der weiteren Begriffsbildung immer wieder eine *hinweisende* (aufmerksamkeitszentrierende) *Funktion*:
Der Lehrer macht anhand von Beispielen und Gegenbeispielen auf relevante und irrelevante Merkmale des Begriffs aufmerksam. Dem korrespondiert auf der Seite der Schüler die *Begründung*, wann und warum es sich um ein Beispiel bzw. Gegenbeispiel handelt (wobei sich für ihn das Wesentliche allmählich und bewußter »herausschält«).

c) Die Sprache des Lehrers (ggf. auch die von Schülern) hat eine *rückmeldende Funktion*:
Richtige Begriffsverwendungen werden bestätigt und falsche korrigiert. Der Lernerfolg hängt sicherlich wesentlich davon ab, wie informativ diese Rückmeldung gestaltet wird. Insbesondere scheint es wichtig, daß die Fehler dabei begründet werden (keinesfalls nur aus »Motivationsgründen«, sondern wegen der damit verbundenen Hilfe für die Begriffsbildung).

d) *Die Sprache hat eine Benennungsfunktion*:
Dem Begriff wird ein Name zugeordnet, wird in der kognitiven Struktur gewissermaßen mit einer »Marke« versehen und ist damit leichter abrufbar. Der Begriffsinhalt wird durch den Begriffsnamen benennbar und dadurch leichter mitteilbar. Die Benennung ist damit eine wesentliche Bedingung für den späteren Gebrauch des Begriffs.

e) Die Sprache hat eine *Definitionsfunktion*:
Der Begriffsinhalt wird durch Verbalisation genauer umrissen und (womöglich) durch eine prägnante Definition zusammengefaßt. Hierdurch wird wiederum Wesentliches für die Transferfähigkeit des Begriffs geleistet:
»Die Sprache hilft uns dabei, das Erlernte aus den speziellen Situationen herauszulösen, so daß es für alle möglichen Situationen anwendbar wird« (van Parreren 1972[4], S. 24).

Der *Anteil der Sprache* beim Begriffslernen – das wurde bereits in Abschnitt 9.4 angedeutet – nimmt mit dem Alter der Schüler zu. Man kann diesbezüglich im wesentlichen zwei *Verlaufsformen* beim Erlernen von Begriffen im Unterricht unterscheiden:

1. den vorwiegend entdeckenden Erwerb einfacher Begriffe anhand von relativ vielen Beispielen und Gegenbeispielen sowie wenigen erläuternden Hinweisen bei einem geringen Ausmaß exakter Verbalisation;
2. den vorwiegend rezeptiven Erwerb zusammengesetzter Begriffe anhand von relativ vielen Erklärungen sowie wenigen erläuternden Beispielen bei einem stärkeren Ausmaß exakter Verbalisation.

Die erste Verlaufsform gilt eher für jüngere Schüler: Hier steht die empirische Erfahrung im Vordergrund.

Die zweite Verlaufsform gilt eher für ältere Schüler: Hier steht die sprachliche Präsentation der relevanten und irrelevanten Merkmale im Vordergrund.

Ausubel u.a. (1980[2], S. 141) sprechen im ersten Falle von »Begriffs*bildung*«; im zweiten Falle von »Begriffs*assimilation*«.

Gagné (1980[5]) unterscheidet in ähnlicher Weise zwischen dem Erwerb »konkreter Begriffe« einerseits und »definierter Begriffe« andererseits.

Tatsächlich bestehen zwischen beiden Grundformen des Begriffslernens fließende Übergänge (vgl. das Unterrichtsbeispiel in Abschnitt 9.9).

9.7 Zur Zielsetzung und Kontrolle des Begriffslernens

Mögliche Lernkontrollen für Begriffslernen hängen natürlich davon ab, was als kurzfristige und langfristige Zielsetzung des Begriffslernens anzusehen ist. Diesbezüglich soll ein wenig zwischen den herausgestellten Hauptformen des Begriffslernens differenziert werden.

Als *kurzfristige Ziele* des Lernens einfacher empirischer Begriffe könnte man etwa folgendes formulieren:

Der Lernende soll

a) zwischen positiven und negativen Beispielen des Begriffs unterscheiden können;
b) zwischen für den Begriff relevanten und irrelevanten Merkmalen unterscheiden können;
c) seine Entscheidung Beispiel – kein Beispiel begründen können;
d) eigene Beispiele für den Begriff angeben können;
e) den Begriff in eigenen Worten umschreiben können.

Als kurzfristiges Ziel des Lernens zusammengesetzter Begriffe könnte man darüber hinaus ansehen:

f) Der Lernende soll eine genaue Definition des Begriffs geben und die Definition an Beispielen und Gegenbeispielen erläutern können.

Die Verfügbarkeit über den Begriff könnte also z.B. dadurch überprüft werden, daß man

- den Lernenden neue Beispiele und Nichtbeispiele identifizieren läßt,
- aus einer Liste von relevanten und irrelevanten Merkmalen die relevanten ankreuzen läßt,
- neue Beispiele angeben läßt ...

Es ist wichtig, neue Beispiele vorzulegen bzw. vorlegen zu lassen, weil nur so die Fähigkeit zu angemessener Generalisierung zuverlässig überprüft und von »mechanischen« Lernvorgängen unterschieden werden kann.

Es ist ausdrücklich darauf hinzuweisen, daß das »Definierenkönnen« nicht allein durch »Aufsagen« der Definition überprüft werden kann, denn die Definition könnte als »assoziative Kette« auswendig gelernt sein, ohne daß der Bedeutungsgehalt des

Begriffs verstanden wurde. Man wird also im allgemeinen *zusätzliche Erläuterungen* geben lassen.

Über die genannten kurzfristigen Ziele des Begriffslernens hinaus sind auch *mittel- und langfristige Ziele* im Auge zu behalten. Es ist nicht nur an die Einführung eines Begriffs, die Klärung seiner Schwierigkeiten und seine (erste) Festigung zu denken, sondern auch an spätere Lernphasen (Anwendung, Transfer). Zudem sind die meisten Begriffe einzubetten in eine Struktur von anderen Begriffen, zwischen denen viele Querverbindungen bestehen (»Begriffsnetz«). Man denke etwa an das Beziehungsnetz der Viereckarten (»Haus der Vierecke«). Die Begriffe werden durch mathematische Sätze (»Regeln«) miteinander verknüpft. Damit kommen wir dann bereits in den Bereich des nächsten Kapitels. Hier sollte nur daran erinnert werden, daß der Begriffserwerb letztlich ein unabgeschlossener Prozeß ist, der sich in neuen Begriffen, Definitionen, Sätzen und Problemen, bei denen der Begriff verwendet wird, weiter fortsetzt.

Man mache sich das vielleicht nochmals an dem Begriff der »Proportionalität« klar. Er wäre sicherlich unzulänglich behandelt, wenn man ihn (sinngemäß) nur als eine Abbildung $f: G_1 \rightarrow G_2$ von einem Größenbereich in einem anderen mit $f(n \cdot x) = n \cdot f(x)$ $(x \in G_1)$ verständlich machte. Er wird erst tiefer verstanden und auch erst richtig anwendungsfähig, wenn man äquivalente Kriterien für Proportionalität mit einbezieht, die Proportionalität anderen »Je-mehr-desto-mehr-Beziehungen« und der Antiproportionalität gegenüberstellt und in vielen praktischen Situationen anwendet. Ein wesentliches Ziel des Begriffslernens ist erreicht, wenn man – wie man so schön sagt – mit dem Begriff »arbeiten« kann.

Genauer betrachtet, gehen die Ziele des Begriffslernens langfristig sogar noch darüber hinaus. Es soll – zumindest was die zweite Verlaufsform des Begriffslernens betrifft – möglichst auch noch ein Beitrag zum allgemeinen Ziel des mathematischen Definierenkönnens geleistet werden. Dazu gehört das Finden eines notwendigen und hinreichenden Merkmalssystems, das Unterscheidenkönnen zwischen Definition und Satz und schließlich so etwas wie der Erwerb einer Begriffsbildungsstrategie; d.h., daß man sofort weiß, worauf es beim Definieren ankommt, wie man überprüft, ob ein Beispiel zu einem Begriff gehört oder nicht u.ä.

9.8 Lernphasen des Begriffslernens und unterrichtspraktische Hinweise

»Moreover, mathematical concepts like other concepts do not usually develop suddenly into their final form. They widen und deepen with experience and are often only available in specific situations at first. The process of concept formations thus differs from the learning of facts and of isolated details« (Klausmeier/Harris 1966, S. 210).

In diesem zusammenfassenden Abschnitt sollen wesentliche Gesichtspunkte aus Kapitel 6 und den vorhergehenden Abschnitten erneut aufgegriffen und noch durch einige unterrichtspraktische Hinweise ergänzt werden.

Es folgen getrennte Ausführungen für die beiden Hauptformen des Begriffslernens, gegliedert nach Lernphasen. Dabei sollte klar sein, daß es sich hier um die idealisierte

Darstellung von Unterricht handelt, der an den jeweiligen Begriff und an die jeweiligen Schüler geeignet anzupassen ist.

A. Begriffslernen, vorwiegend durch Beispiele und begleitende Hinweise (einfache Begriffe)

A.0. Zur Vorbereitung des Lehrers

a) Er entscheide über die dem Begriff spezifischen relevanten Eigenschaften, ebenso über die anzusprechenden irrelevanten Eigenschaften.
b) Er identifiziere mögliche Vorbegriffe und Lernvoraussetzungen der Schüler.
c) Er gebe eine schülergemäße Begriffsbeschreibung (eine explizite Formulierung des »didaktischen Kerns«; vgl. 5.2.4).

Die genannten Vorbereitungstätigkeiten sind nicht in eine feste Reihenfolge zu bringen; sie bedingen sich gegenseitig.

A.1. Motivation

Dem Schüler sollte die Bedeutsamkeit des zu lernenden Begriffs bewußtgemacht werden[15]. Zugleich könnte eine angemessene Zielorientierung erfolgen (vgl. Möglichkeiten in 7.2.4). Die Aufmerksamkeit ist auf Beispiele des Begriffs zu lenken, die für den Schüler interessant sind (u.U. ist auch gleich ein »ähnliches« *Kontrastbeispiel* im Sinne von 9.5.3 *danebenzustellen*!).
Der Lehrer knüpfe möglichst an Vorbegriffe der Schüler an und grenze, wenn nötig, vom Alltagssprachgebrauch ab (vgl. 5.2.2).
Er berücksichtige im übrigen die Prinzipien der Denkentwicklung nach Piaget u.a. (vgl. 9.4) und wähle nötigenfalls einen Einstieg auf der konkret-handelnden Ebene (bei vertrauten Handlungen u.U. auch auf der zeichnerisch-ikonischen Ebene). Weitere Motivationsmöglichkeiten für den Beginn und den Fortgang des Unterrichts vgl. Kapitel 7, Schema 15.

A.2. Schwierigkeiten und ihre Überwindung (Hilfen)

Die Schwierigkeit besteht für die Schüler zunächst darin, das den Beispielen Gemeinsame (die relevanten Merkmale) zu erkennen. Deshalb empfehlen sich folgende Hilfen:

a) Der Lehrer nehme als erste Einführungsbeispiele vor allem positive Beispiele, die möglichst wenig irrelevante Merkmale aufweisen, um zunächst eine gewisse Konsolidierung zu erreichen.
b) Möglichst mehrere Beispiele gleichzeitig präsentieren (Kontiguität). Die Beispiele stärker variieren, um die Breite des Begriffs zu verdeutlichen. Zur Ver-

15 Dies kann zunächst oft nur andeutungsweise durch die Art der Beispiele geschehen; es bleibt somit auch eine Aufgabe des weiteren Unterrichts.

deutlichung der relevanten Merkmale können »gematchte« Beispiele/Gegenbeispiele dienen (vgl. 9.5.3).

c) Verbale Hinweise auf relevante Merkmale (»Achtet auf …!«) und auf irrelevante Merkmale geben (»Auf … kommt es nicht an.«).
d) Hinweise über didaktische Hilfsmittel, wie z.B. durch farbiges Hervorheben bestimmter Merkmale, zeitweiliges Abdecken der übrigen Merkmale.
e) Rückmeldung durch Bestätigung oder korrigierende Bemerkungen. Schüler sollten möglichst mit herangezogen werden (»Ist das richtig?« …, »Sage, worauf es (nicht) ankommt!« …).

A.3. Erste Sicherung und Lernkontrolle
So könnte es dann u.U. weitergehen:

a) Festhalten eines typischen Beispiels; Gegenüberstellung eines »gematchten« Gegenbeispiels.
b) In Verbindung damit wesentliche Erkenntnisse in Schülersprache fixieren (evtl. übersichtliche Tabellendarstellung wählen).
c) Begriffsnamen deutlich herausstellen.
d) Erste Lernkontrolle anhand neuer Beispiele und Gegenbeispiele (»Was ist das?« …, »Worauf kommt es an?« …, »Zeige« …). Vor allem: Beispiele und Gegenbeispiele als solche begründen lassen.

A.4. Weitere Begriffsvertiefung (Verständnisübungen, operative Übungen und Anwendungen)

a) Es sollten in verstärktem Maße schwierigere bzw. »komplexere« Beispiele mit mehreren irrelevanten Merkmalen, Extrem- und Sonderfälle sowie schwerer erkennbare Gegenbeispiele diskutiert werden.
b) Schüler sollten auch selbst Beispiele suchen und den Begriff ggf. durch Skizzen erläutern.
c) Geeignete Gesichtspunkte operativer Übungen beachten (vgl. 4.2.2 bzw. 8.3.4).
d) Geeignete Gesichtspunkte für Verständnisübungen beachten (vgl. 5.2.4).
e) Es sollten Situationen gesucht und diskutiert werden, wo der Begriff inner- oder außermathematisch angewendet wird (hier ggf. erneute Abgrenzung gegenüber umgangssprachlichen Bedeutungen).
f) Gegebenenfalls Einordnung und Integration ähnlicher Begriffe.
g) Zusammenfassung, Wiederholung, gegebenenfalls umfassendere Lernkontrolle.

A.5. Weitere Anwendungen und Transfer
Seine Transferfähigkeit erweist der Begriff insbesondere in darauf aufbauenden »höheren« Lernprozessen (vgl. Regel- und Problemlösungslernen in den nächsten Kapiteln).

B. Begriffslernen, vorwiegend durch Erklärung und erläuternde Beispiele (zusammengesetzte Begriffe)

B.0. Zur Vorbereitung des Lehrers (wie bei A):
Außerdem: Vorgeordnete Begriffe identifizieren; eventuell Lernstruktur erstellen (vgl. 6.2.1). Der Lehrer formuliere eine möglichst präzise, schülergemäße Definition des Begriffs, d. h. vor allem: möglichst mit grundlegenden Begriffen, die durch den vorangegangenen Fachunterricht bereits bekannt sind.
(Daneben formuliere er aber auch den »didaktischen Kern«; vgl. auch B.1.)

B.1. Motivation (wie bei A):
Einstieg eher auf der ikonischen Ebene. Im Zusammenhang damit eventuell Erstellung einer vorläufigen, eher umgangssprachlich-anschaulichen, noch nicht mathematisch genauer präzisierten Begriffserklärung (»Kern«).

B.2. Schwierigkeiten und ihre Überwindung
Die Schwierigkeiten bestehen hier für die Schüler vor allem darin, die in die Definition eingehenden Begriffe richtig zu verwenden, die Definition präzise zu formulieren[16] und an Beispielen zu konkretisieren.
Der Lehrer hilft:
- durch Klärung der vorgeordneten Begriffe (wobei Schüler mit heranzuziehen sind: »Erkläre doch mal, was mit – z. B. – ›Hypotenuse‹ gemeint ist!« ...);
- durch wenige, aber gut ausgewählte Beispiele und Gegenbeispiele (die Hilfen sind hier gegebenenfalls ähnlich wie bei A zu wählen);
- durch Hinweise auf relevante und irrelevante Merkmale;
- durch allmähliche Hinführung zu einer Definition in angemessener Fachterminologie: eventuell Definitionsversuche der Schüler gemeinsam diskutieren[17].

Eher nebensächlich erscheint,

- wann genau der Fachausdruck für den Begriff eingeführt wird (das kann schon am Anfang des Lernprozesses oder etwas später sein);
- ob die Definition letztlich in Anlehnung an enaktive oder ikonische Darstellungen (»operativ«) oder in »Ist-Form« erfolgt (vgl. 9.4).

B.3. Sicherung und Lernkontrolle
Fixierung einer präziseren Definition, möglichst in Worten der Schüler!
Mögliche Lernkontrollen:

16 Hier fällt den Schülern vor allem schwer, nicht nur »notwendige«, sondern auch »hinreichende« Eigenschaften für den Begriff anzugeben.
17 Ein erprobtes Mittel, unvollständige Definitionen deutlich zu machen, ist die Provokation durch entsprechende Gegenbeispiele.

a) Neue Beispiele oder Nichtbeispiele identifizieren und mit der Definition begründen lassen.
b) Neue Beispiele geben lassen.
c) Die Definition in eigenen Worten wiederholen und am Beispiel erläutern lassen.
d) »Definitionen« auf Vollständigkeit überprüfen lassen.

Man vergleiche im übrigen Abschnitt 9.7!

B.4. *Weitere Begriffsvertiefung* (ähnlich wie bei A!)

B.5. *Weitere Anwendung und Transfer* (wie bei A!)

Bemerkungen zur Unterrichtsform
Im allgemeinen wird es sich hier um einen »fragend-entwickelnden« Unterricht handeln, der mal mehr im Sinne von A »gelenktes Entdeckungslernen«, mal mehr im Sinne von B stärker geführter »expositorischer« Unterricht ist. Dies ist für den Einzelfall jedoch nicht unbedingt festzulegen. Es ist auch zu berücksichtigen, daß ein und derselbe Begriff (in einer früheren oder späteren Klasse) mal als »einfacher«, mal als »zusammengesetzter« Begriff eingeführt werden kann. (So geschieht das oft mit Begriffen wie »Quadrat« oder »symmetrisch«; vgl. das nachfolgende Unterrichtsbeispiel!)

9.9 Unterrichtsbeispiel zum Begriffslernen

Es soll versucht werden, einige Lehr- und Lernbedingungen des Abschnitts 9.8 am Beispiel des Begriffs »Quadrat« zu verdeutlichen. Der Begriff »Quadrat« wird im Sinne eines zwischen Typ A und B liegenden »gemischten« Verfahrens behandelt (wie es wohl einer Einführung des Begriffs etwa im 5./6. Schuljahr entspräche). Anschließend soll überlegt werden, wie bei einer Behandlung im Sinne von Typ A bzw. Typ B die Akzente zu setzen wären.

0. *Zur Vorbereitung*
Schülergemäße Definition des Begriffs Quadrat:
Ein Quadrat ist ein Viereck mit vier gleich langen Seiten und vier rechten Winkeln. (Es wird bewußt hingenommen, daß diese Definition »überbestimmt« ist[18].)

Begriffsspezifische Eigenschaften:

a) Alle Quadrate haben vier Seiten bzw. Ecken (sind »Vierecke«).
b) Alle Seiten eines Quadrats sind gleich lang.
c) Alle Winkel an den Ecken eines Quadrats sind rechte.

18 Man wird erst bei späterer Gelegenheit mit den Schülern diskutieren, wie man hier »sparsamer« definieren kann.

Zu beachtende irrelevante Eigenschaften sind folgende:

a) die Lage des Quadrats;
b) die Größe des Quadrats.
c) die Farbe des Quadrats

Vorgeordnete Begriffe sind:

a) vier,
b) Seite,
c) Ecke,
d) Viereck,
e) gleich lang,
f) Länge,
g) rechter Winkel.

Vorausgesetzte Fähigkeiten sind:

a) wie eine Seite zu messen ist bzw. wie gleiche Länge festzustellen ist,
b) wie ein rechter Winkel zu überprüfen ist.

1. *Motivation*
»Wir wollen heute eine geometrische Figur (Form) genauer betrachten, die ihr alle aus dem täglichen Leben kennt.« Der Lehrer zeigt eine »quadratische« Kachel, eine »quadratische« Teppichfliese oder ähnliches. Damit werden die Schüler an ihren empirischen Vorbegriff erinnert.
Sie werden aber auch darauf hingewiesen, daß nicht alles, was im Alltag »quadratisch« genannt wird, wirklich quadratisch im Sinne der Mathematik ist (z.B. Badezimmerkacheln, Sportfelder). Vorläufige Feststellung: Beim Quadrat muß die Entfernung von einer Ecke zur nächsten immer dieselbe sein!

2. *Hilfen bei der Begriffsbildung*
Der Lehrer präsentiert jetzt Beispiele für den Begriff:

a) Jedes Quadrat wird einzeln aus dem gleichen Papier ausgeschnitten und an die Tafel geheftet (nicht gleich mehrere zusammenhängende Quadrate, nicht gleich verschiedene Materialien, auch nicht: quadratische »Gegenstände«). Gesichtspunkt: möglichst wenige irrelevante Eigenschaften.
b) Die Beispiele werden gleichzeitig (eventuell noch in gleicher Lage) präsentiert:

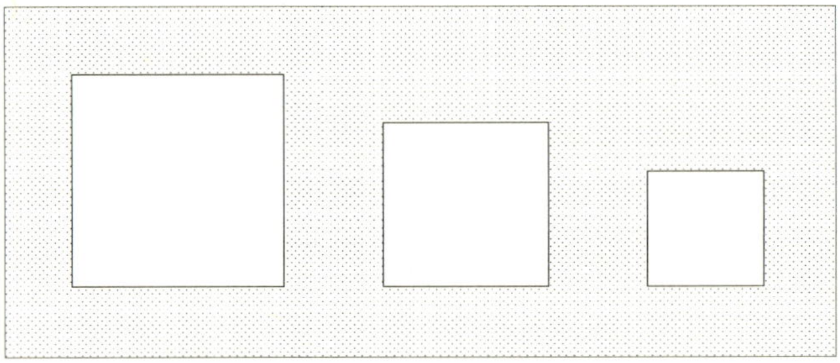

Abb. 9.3: Erste Beispiele

Der Lehrer fragt nach dem »Besonderen« dieser Quadrate. Zusätzlich wird er gegebenenfalls den Beispielen »gematchte« Gegenbeispiele gegenüberstellen:

Quadrat kein Quadrat

Abb. 9.4:
1. Beispiel-Gegenbeispiel-Paar

Viereck mit vier gleich langen Seiten und vier rechten Winkeln

Viereck mit vier gleich langen Seiten, aber *nicht* vier rechten Winkeln

Abb. 9.5:
2. Beispiel-Gegenbeispiel-Paar

Viereck mit vier gleich langen Seiten und vier rechten Winkeln

Viereck mit vier rechten Winkeln, aber *nicht* vier gleich langen Seiten

Der Lehrer lenkt die Aufmerksamkeit darauf, daß jeweils vier rechte Winkel *und* vier gleich lange Seiten vorliegen müssen. Die relevanten Merkmale läßt er zeigen und markieren. Die Schüler begründen jeweils, warum in dem einen Falle ein Quadrat vorliegt, im anderen nicht …
Indem dies auch deutlich an die Tafel geschrieben wird, ist zugleich das begrifflich Wichtigste fixiert.

3. *Übung und Lernkontrolle*
Die Beispiele werden stärker variiert (mehr irrelevante Merkmale), weitere Gegenbeispiele einbezogen.

»Welche Figuren sind Quadrate?«

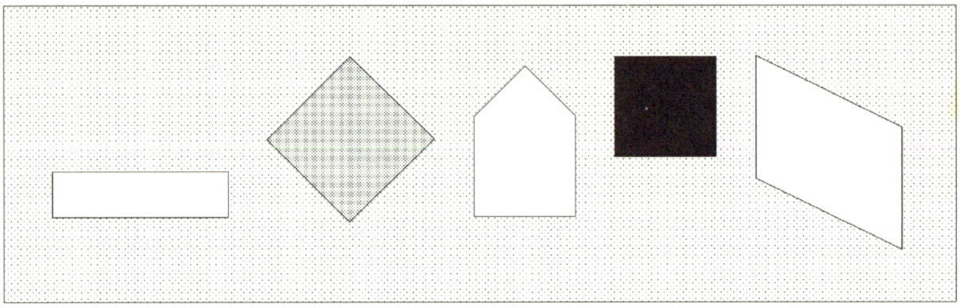

Abb. 9.6: Gemischte Beispiele/ Gegenbeispiele

(Variation der Lage, Farbe, der Seiten- und Eckenzahl, der Winkelgröße, der Seitenlänge)
Die Schüler begründen, wann und warum es sich (nicht) um ein Quadrat handelt. Die Irrelevanz der Lage wird vom Lehrer besonders betont, weil es hier bekanntlich am häufigsten zu Fehldeutungen kommt.
Für eine erste Lernkontrolle könnte eine weitere Folge von Figuren dienen ...

4. *Vertiefende Übung und Anwendung*
Der Lehrer läßt

- möglichst viele verschiedenartige Quadrate in Freihandzeichnung an die Tafel zeichnen und kommentieren;
- Quadrate an konkreten Gegenständen aufweisen (z.B. Schachspiel, Würfel, Rechenheft);
- weitere Beispiele aus der Umwelt nennen (verbunden mit der Frage: Warum kommen Quadrate so häufig vor?) ...
- Quadrate konstruieren, Seiten und Winkel mit Buchstaben bezeichnen; die Konstruktion beschreiben und notieren ...
- die Definition symbolisch notieren; ggf. noch vereinfachen.

5. *Zur weiteren Anwendung und Transfer*

- Man kann ein rechteckiges Bad mit quadratischen Fliesen »auslegen« und die Anzahl auf möglichst einfache Art feststellen lassen im Sinne der »Flächeninhaltsregel«.
- Man kann nach den Möglichkeiten fragen, eine gegebene Anzahl von Quadraten zu kombinieren:

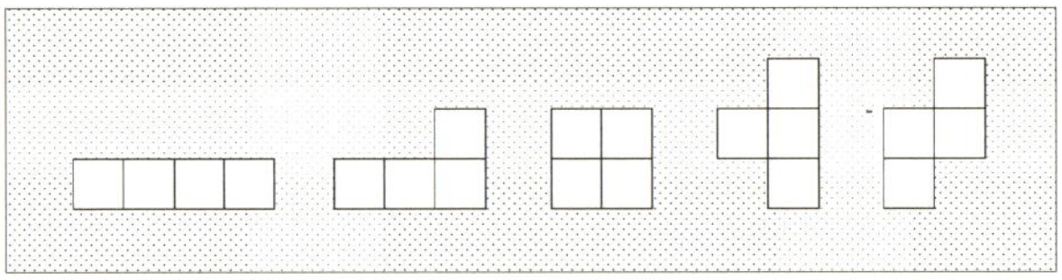

Abb. 9.7: Quadratkombination (hier: »Quadratvierlinge«)

(Kleine Problemlöseaufgabe für Grundschüler, die z.B. die Thematik »Würfelnetz« vorbereitet.)

– Man könnte den Würfel behandeln …[19]

Diese wenigen Andeutungen mögen genügen, um einige allgemeine Gesichtspunkte aus dem letzten Abschnitt ein wenig zu verdeutlichen. Sie sollen keine Stundenplanung darstellen; viele Einzelfragen bleiben unerörtert. Es soll abschließend angedeutet werden, wie die Akzente nach Typ A bzw. B des Begriffslernens zu setzen wären.

Typ A: a) Die Begriffsmerkmale werden »intuitiv« aus der Erfahrung heraus mehr oder weniger umgangssprachlich herausgearbeitet: Seiten sind u.U. »gerade Begrenzungen«. Seiten sind »gleich lang«, wenn sie dasselbe Stück einer Kordel ausmachen; »rechte Winkel« finden die Schüler an einer Postkare (mit der sie auch feststellen können, wo rechte Winkel zu finden sind) …

b) Die Beispiele werden in aller Breite in *wohlüberlegter Sequenz* präsentiert. Die relevanten Merkmale werden im Sinne von a) herausgehoben. Man bemüht sich lediglich um eine mehr oder weniger umgangssprachliche Beschreibung des Begriffs.

Typ B: a) Die »vorgeordneten« Begriffe Seite, Länge, rechter Winkel … sind mathematisch abgeklärt. Das gleiche gilt für die vorausgesetzten Fähigkeiten. (Tatsächlich ist es oft so, daß das eine intuitiv übernommen, das andere mathematisch geklärt wird.)

b) Man trifft eine knappe Auswahl typischer Beispiele und kommt über die relevanten Merkmale schnell zu einer »genauen« mathematischen Definition (oder geht u.U. gar von der Definition aus).

Der tatsächliche Mathematikunterricht (zumal der Primar- und Sekundarstufe I) bewegt sich meist zwischen den Typen A und B. Man sollte sich bemühen, dem jeweiligen Alter der Schüler, den jeweiligen Lernvoraussetzungen und dem jeweiligen Begriff unter Berücksichtigung der herausgearbeiteten psychologischen Gesichtspunkte in bewußter Entscheidung gerecht zu werden.

9.10 Begriffslernen mit Hilfe einer »Orientierungsgrundlage«

In diesem Abschnitt, der gewissermaßen als »Anhang« zu verstehen ist, sollen am Beispiel des Begriffs »Quadrat« noch kurz weitere Möglichkeiten des Begriffslernens diskutiert und damit das Handlungsrepertoire für den Unterricht erweitert werden.

19 Bei anderer Unterrichtsgestaltung könnte man damit evtl. sogar beginnen.

9.10.1 Operative Zugänge am Beispiel »Quadrat«

Bei entsprechenden Voraussetzungen der Schüler gibt es natürlich auch die Möglichkeit, den Begriff »Quadrat« als operativen Begriff über eine Handlung einzuführen. Eine naheliegende Handlung ist in der Geometrie die »Konstruktion«. Man könnte also damit beginnen, die Schüler »nach Anweisung« ein bestimmtes Viereck konstruieren zu lassen, z.B. so:

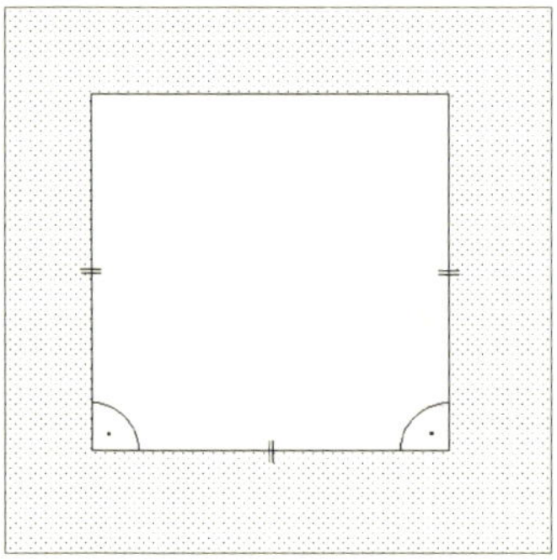

Abb. 9.8:
Konstruktive Einführung des Quadrats

Das so entstandene Viereck ... nennt man »Quadrat« ...

Ist der Begriff »Rechteck« bereits gebildet, so könnte der Begriff »Quadrat«, wenn auch schon »etwas weiter hergeholt«, auch über folgende Handlungsanweisung aus dem früheren Schulbuch des 5. Schuljahres von Winter/Ziegler (1969) eingeführt werden:

»Stelle aus einem rechteckigen Blatt ein anderes rechteckiges her, dessen vier Grenzstrecken gleich lang sind. Du kannst falten oder Zirkel und Lineal benutzen.«

Dies sind unter gegebenen Umständen denkbare Zugänge über die enaktive Ebene, von denen her sich der Begriff (unter weiterer Beachtung von Variations- und Kontrastprinzip) mehr oder weniger schnell »verinnerlichen« läßt. Weniger geeignet scheint folgender Handlungseinstieg aus der alten Geometriemethodik von Breidenbach (1964, S. 111):

»Der Faltwinkel[20] wird noch einmal so gefaltet, daß ein Winkel von 45° entsteht. Dann schneiden wir zu einem seiner Schenkel senkrecht durch.«

Es ist schwer zu sehen, wie hier die Handlung zur Einsicht führt (verinnerlicht werden kann). Man wird nur dann von einem echten operativen Zugang sprechen können, wenn die Handlung eine »Orientierungsgrundlage« für die relevanten Merkmale des Begriffs bietet. Damit wird hier ein Terminus verallgemeinernd verwendet, der in der Lernpsychologie Galperins einen ganz spezifischen Sinn hat. Davon soll im folgenden kurz berichtet werden.

20 Darunter ist ein durch »doppelte« Faltung eines Blattes materialisierter rechter Winkel zu verstehen.

9.10.2 Begriffslernen nach Galperin u.a.

Galperin/Talysina (1972, S. 106–130) halten drei Etappen der Begriffsbildung im Unterricht für wesentlich[21]:

1. *Etappe der materialisierten Handlung:*
   Arbeiten mit einer schriftlichen Orientierungsgrundlage an konkreten Dingen oder Darstellungen (vorgelegten Beispielen oder Gegenbeispielen);
2. *die Etappe der »äußeren« Sprache:*
   das Hervorheben der Begriffsmerkmale durch äußeres (lautes) Sprechen;
3. *die Etappe der geistigen Handlung:*
   der rein gedankliche Vollzug (mit Hilfe der »inneren« Sprache).

Für das Anfangsstadium ist die »Orientierungsgrundlage« von entscheidender Bedeutung:

1. Die Schüler erhalten Zettel, auf denen die notwendigen und hinreichenden Merkmale des Begriffs untereinander und numeriert aufgezählt sind.
   Sie bekommen außerdem als Instruktion, jedes der ihnen vorgelegten Objekte auf jedes dieser Merkmale hin genau zu überprüfen.
2. Die Schüler nehmen nun anhand des Zettels die Überprüfung, ob ein gegebenes Merkmal zutrifft oder nicht, laut sprechend vor.
   Sobald den Schülern die Merkmale des Begriffs geläufig sind, werden sie aufgefordert, den Zettel wegzulassen.
3. Schließlich wird auch auf die äußere Sprache verzichtet: Jeder Schüler arbeitet still »für sich« und nennt nur das Ergebnis.

Galperin/Talysina gehen davon aus, daß der Begriff beherrscht wird, sobald die Schüler nicht mehr nach dem einzelnen Merkmal fragen, sondern »mit einem Blick« auf das vorgelegte Objekt die richtige Antwort geben.

Sie verwendeten in ihren Versuchen die elementarsten Begriffe (Linie, Winkel, Winkelhalbierende, Nebenwinkel, Senkrechte) im Unterricht von lernschwachen Schülern der Klassen 5–7 und hatten dabei mit ihrer eher deduktiven Methode (gegenüber dem traditionellen eher induktiven Vorgehen) bemerkenswerte Erfolge.

Offensichtlich läßt sich dieses Vorgehen auch auf komplexere Begriffe übertragen (vgl. Ohl 1973). Man spiele es einmal für den Begriff »Quadrat« mit den spezifischen Merkmalen (1. Viereck, 2. gleich lange Seiten, 3. ein rechter Winkel) an den Figuren des Abschnitts 9.9 durch (Übungsaufgabe!).

Bei ihren Untersuchungen kamen Galperin/Talysina (1972) im einzelnen zu folgenden Ergebnissen:

a) Die Schüler machten bei der geschilderten Begriffserarbeitung von vornherein kaum Fehler.

---

21 Vgl. den allgemeinen psychologischen Hintergrund dieses Zugangs in Abschnitt 4.1.5 c.

b) Die wenigen Fehler passierten meist beim Übergang von der »äußeren« zur »inneren« Sprache.
c) Für die Korrektur genügte meist die Aufforderung, die Merkmale gedanklich zu wiederholen und sich die Aufgabe noch einmal anzusehen.
d) Die Rückkehr zum lauten Sprechen oder zum Zettel half in den übrigen Fällen.
e) Es waren bei dieser Unterrichtsmethode weniger Variationen der Figuren (z.B. bezüglich der Lage) erforderlich:

»Die Schwierigkeiten der Kinder bei einer ungewöhnlichen Lage der Figur, die von einer ungenügenden Verallgemeinerung der Begriffsmerkmale zeugen, sind auf die Besonderheiten des Unterrichts zurückzuführen. In solchen Fällen kennen die Schüler die Begriffsmerkmale nicht genau, sie haben nicht gelernt, damit in objektivierter Form zu denken und sie bei der Lösung konkreter Aufgaben anzuwenden« (a.a.O., S. 118).

f) Als besonders wichtig erwies sich die Etappe der »äußeren Sprache« (des lauten Verbalisierens); Verzicht darauf bewirkte stärkere Ausfälle.
g) Die Orientierungsgrundlage anhand des Zettels mit den Begriffsmerkmalen (»Etappe der materialisierten Handlung«) zeigte sich letztlich als die wichtigste Etappe, weil sie die Schüler zu systematischem Vorgehen anleitete, zu dem sie ohne dies kaum fähig waren.
h) Es läßt sich vermuten, daß häufigeres Wiederholen dieses Verfahrens den Erwerb anderer (ähnlicher) Begriffe erheblich verkürzt, da die Schüler mit den Begriffen zugleich eine dem dortigen Vorgehen entsprechende »Begriffsbildungsstrategie« erwerben. (Diese Hypothese wurde in den Untersuchungen von Ohl 1973 bestätigt.)

Ohl (1973, S. 147–149) hebt darüber hinaus bei der Darstellung seiner Ergebnisse hervor:

- Die Vermittlung einer Orientierungsgrundlage erhöht wesentlich die Bewußtheit der Handlung.
- Es ist günstig, die Orientierungsgrundlage als relativ allgemeines (sprachliches) System zu geben (Verbesserung der Transferbedingungen).
- Die Orientierungsgrundlage fordert und fördert in stärkerem Maße die geistige Tätigkeit (Erkennen des Wesentlichen, Verallgemeinern).

Wenn die vorstehend referierte Methode nach Galperin – womöglich häufiger wiederholt – auch ein wenig rigide erscheinen mag und von umfassenderen Zielen des Begriffslernens (vgl. 9.7) ablenken könnte, so muß man sich doch vor Augen halten, daß sie auch einige Vorteile hat, die der Mathematiklehrer gelegentlich – z.B. für Übungen mit lernschwachen Schülern – nutzen sollte. Ich könnte mir vorstellen, daß Kollegen aus der früheren DDR die Galperinsche Methode längst in ihr Repertoire sinnvoll eingebaut haben. Eine mögliche Modifikation dieser Methode könnte darin bestehen, daß sie der Lehrer zu einer Modellierung im Sinne der Abschnitte 6.3.4 und 6.4.1 (Bandura u.a.) umformt (Aufgabe 11)[22].

22 Es wäre also z.B. vom Lehrer genauer vorzuführen, wie er ein Beispiel auf die relevanten Merkmale hin überprüft und was er dabei denkt.

9.11 Übersicht über günstige Bedingungen des Begriffslernens

Zum Abschluß werde eine Übersicht (Schema 21) zusammengestellt über die wichtigsten Lernbedingungen für mathematische Begriffe, wie sie sich aus den Abschnitten 9.1–9.10 ergeben.

Schema 21

Eine Übersicht über günstige (zumindest erprobenswerte) Lernbedingungen zum Unterrichten mathematischer Begriffe

1. Neben den unten folgenden spezifischeren Bedingungen des Begriffslernens beachte man weiterhin *wichtige didaktische Prinzipien allgemeiner Bedeutung* wie Rahmenbedingungen, übergeordnete Ziele, operative Prinzipien und Prinzipien des sinnvollen Lernens, Motivationsgesichtspunkte …
2. Mehrere *Beispiele*, die die Begriffsbreite verdeutlichen (Variation der irrelevanten Merkmale) zur Verhinderung von Untergeneralisierung des Begriffs.
3. *Gegenbeispiele* zur Verhinderung von Übergeneralisierung des Begriffs. (Geeignet sind vor allem solche, die leicht für Beispiele gehalten werden.)
4. *Am Anfang eher einfache Beispiele*, bei denen die relevanten Merkmale gut heraustreten (möglichst wenig irrelevante Merkmale).
5. *Systematische Heranziehung »gematchter« Paare* von Beispiel/Gegenbeispiel, die in den irrelevanten Merkmalen möglichst ähnlich sind, sich aber in einem relevanten Merkmal unterscheiden.
6. *Sprachliche Hilfen geben*:
   a) Bedeutsamkeit des Begriffs herausstellen.
   b) Begriffskern umgangssprachlich formulieren (lassen) unter Beachtung einschlägiger Vorerfahrungen und Vorbegriffe der Schüler.
   c) Auf relevante und irrelevante Merkmale aufmerksam machen (im Zusammenhang mit Beispiel/Gegenbeispiel schriftlich fixieren).
   d) Deutliche Namenszuordnung für den Begriff.
   e) Begriff ggf. in »angemessener« Fachterminologie definieren lassen.
   f) Für Rückmeldungen zu richtigen und falschen Begriffsverwendungen sorgen.
7. *Zielsetzungen des Begriffslernens* und entsprechende Lernkontrollen beachte (vgl. 9.7).
8. *Lernphasen des Begriffslernens* und unterrichtspraktische Hinweise dazu beachten (vgl. 9.8).
9. Bei *Begriffseinführung* eventuell geeignete konkrete Handlung als Definitionsgrundlage benutzen (vgl. 9.10.1).
10. Begriffslernen nach Orientierungsgrundlage im Sinne Galperins (vgl. 9.10.2) erproben:
    a) materalisierte Handlung
    b) äußere Sprache
    c) geistige Handlung.
11. Begriffseinführung als »Modellierung« im Sinne Banduras erproben.

9.12 Aufgaben und Diskussionsanregungen

0. Besinnen Sie sich auf das für Sie Wesentliche des 9. Kapitels. Diskutieren Sie ggf. Unklarheiten mit anderen, oder schreiben Sie dem Autor.

1. Suchen Sie weitere typische Beispiele
   a) für Konventionaldefinitionen,
   b) für Realdefinitionen,
   c) für Definitionen über Äquivalenzklassenbildung.

2. Konkretisieren Sie die psychologischen Vorgänge der Begriffsbildung nach Ausubel am Beispiel »Hund« (bzw. »punktsymmetrisch«).

3. Geben Sie eine genetische Definition für die Begriffe »achsensymmetrisch«, »Primzahl«, »ähnlich«.

4. Geben Sie für den Begriff »achsensymmetrisch« (bzw. »proportional«) geeignete definierende Merkmale an sowie irrelevante Merkmale, die vermutlich häufiger zu falscher Begriffszuordnung führen.

5. a) Geben Sie eine breite Skala von Beispielen für den Begriff »achsensymmetrisch« (»proportional«).
   b) Geben Sie gute Gegenbeispiele zum Begriff »achsensymmetrisch«(»proportional«).
   c) Wie könnten die Beispiele und Gegenbeispiele etwa aufeinander folgen? Wie könnten »matched examples« aussehen?

6. Geben Sie mögliche Einstiege (Anfangsmotivationen) für den Begriff »achsensymmetrisch« (»proportional«) an.

7. Formulieren Sie den »Kern« der Begriffe »achsensymmetrisch« (»proportional«) auf schülergemäße Weise (vgl. auch 5.4).

8. a) Geben Sie einige Aufgabenstellungen im Sinne einer vertiefenden Übung nach Schema 19 an für den Begriff »achsensymmetrisch« (»proportional«).
   b) Geben Sie inner- und außermathematische Situationen an, in denen der Begriff »achsensymmetrisch« (»proportional«) gebraucht bzw. angewendet wird.

9. Stellen Sie eine kleine schriftliche Lernzielkontrolle für den Begriff »achsensymmetrisch« (»proportional«) im Sinne des Abschnitts 9.7 zusammen.

10. Spielen Sie die Einführung eines Begriffs mit Hilfe einer »Orientierungsgrundlage« im Sinne von Galperin/Talysina am Beispiel »Quadrat« oder eines der vorgenannten Begriffe konkret durch (eventuell mit einem einzelnen Schüler).

11. Wie wäre die Einführung des Begriffs »Quadrat« im Sinne einer Modellierung nach 6.4.1 zu gestalten?

9.13 Vorschläge für die Beobachtung und Besprechung von Unterrichtsversuchen zur Einführung und vertiefenden Übung eines mathematischen Begriffs

Aus der folgenden Liste sind jeweils einige geeignete Gesichtspunkte für die Beobachtung auszuwählen[23]; die übrigen können bei der Stundenbesprechung aus dem Gedächtnis mit einbezogen und gegebenenfalls über eine Videoaufnahme kontrolliert werden.

1. *Zielorientierung* (am Anfang und während der Stunde; insbesondere auch begründete Arbeitsaufträge).

2. *Hinweise auf die Bedeutsamkeit des Begriffs* (diese können insbesondere auch anhand von geeignet ausgewählten Beispielen erfolgen).

3. Beobachten Sie die *Präsentation von Beispielen und Gegenbeispielen.* Achten Sie besonders auf Schwierigkeiten der Schüler.
   a) Sind die einführenden Beispiele einfach genug (möglichst wenig irrelevante Merkmale)? Kommen die relevanten Merkmale deutlich zum Vorschein?
   b) Werden zur Herausstellung relevanter Merkmale geeignete »matched examples« verwendet?
   c) Werden die Beispiele in geeigneter Weise variiert (Untergeneralisierung verhindert)?
   d) Werden »gute« Gegenbeispiele im Sinne von »Fastbeispielen« gewählt?

4. Beobachten Sie genauer die *sprachlichen Hilfen* (möglichst wörtlich protokollieren!):
   a) Werden die relevanten und irrelevanten Merkmale im Zusammenhang mit den Beispielen deutlich verbalisiert, zugeordnet, an die Tafel geschrieben?
   b) Werden Beispiele und Gegenbeispiele begründet, und wird explizite Rückmeldung zur Verwendung des Begriffs gegeben?
   c) Wird der Begriff (evtl. nur der »Kern«) explizit schülergemäß formuliert, ohne daß er fachlich verfälscht wird?
   d) Welche allgemeinen sprachlichen Hinweise sind geeignet, unnötig viele Beispiele und Gegenbeispiele zu vermeiden?

5. Beobachtung *vertiefender Gesichtspunkte* (vgl. Schema 19 in 8.3.4):
   a) In welcher Weise werden unterschiedliche Darstellungsebenen verwendet, und wie werden sie miteinander verknüpft?
   b) In welcher Weise werden andere operative Gesichtspunkte (z.B. Variation der Veranschaulichungsmittel, Variation des Aufgabentyps, Variation des Lösungswegs, Umkehrungen) sinnvoll einbezogen?

6. Besondere Auffälligkeiten (insbes. fachliche Mängel, fragwürdiges Lehrerverhalten, bemerkenswertes Schülerverhalten; vgl. 8.3.5).

---

23 *Es empfiehlt sich,* die ausgewählten Beobachtungspunkte auf besonderen Beobachtungsbogen auf Lücke einzutragen und ggf. auf mehrere Beobachter zu verteilen.

9.14 Literaturhinweise

Zu empfehlen ist:

Ausubel (1980², Kapitel 3, S. 115–147) zur allgemeinen Unterrichtspsychologie des Begriffslernens;

Hoffmann (1986) als umfassendere Darstellung von Grundlagenforschung zum Erwerb natürlicher Begriffe;

Tennyson/Park (1980) als Übersicht zu spezielleren Untersuchungen des Begriffslernens unter schulähnlichen Bedingungen; ergänzend dazu Niegemann (1978) mit größerer Nähe zur Mathematik, Clark (1971) und Markle/Tiemann (1969, 1970);

Galperin/Talysina (1972) zum Lernen von Begriffen nach einer Orientierungsgrundlage;

Fuhrmann (1973), Steinhöfel/Reichold/Frenzel (1978, S. 60–72) und Pietzsch (1984, S. 121–132) als wichtige ostdeutsche Beiträge der DDR-Zeit zum Unterrichten mathematischer Begriffe;

Vollrath (1984) als umfassendere Darstellung des Begriffslernens und -lehrens im Mathematikunterricht, die vor allem auch längerfristige Planungen des Begriffslehrens einbezieht;

Zech (1981, S. 37–48 u. S. 75–84), wo die Behandlung des Begriffs »achsensymmetrisch« genauer diskutiert und ein dementsprechendes Planungsbeispiel vorgelegt wird;

Zech (1978, S. 78–84), wo Anlage und wissenschaftsdidaktische Bedeutung einer Darstellung zum Begriffslernen der hier vorliegenden Art reflektiert wird;

Zech (1995, S. 49–54), wo die Bedeutung des Begriffslernens verallgemeinernd für das Regellernen reflektiert wird.

10. Kapitel: Das Lernen mathematischer Regeln

10.0 Vororientierung

Durch dieses Kapitel sollen Unterrichtsversuche zum Lernen mathematischer Regeln genauer vorbereitet werden. Dabei wird ähnlich verfahren wie in Kapitel 9 bezüglich des Begriffslernens: Es werden einige Aspekte früherer Kapitel nochmals aufgegriffen, spezifiziert und ergänzt.

Da die sprachliche Vermittlung eine zentrale Bedeutung erhält, werden in diesem Kapitel vor allem verbale Interaktionsformen (Grundformen und Strategien des didaktischen Gesprächs zwischen Lehrer und Schüler) zusätzlich diskutiert und entsprechende Handlungsvorschläge möglichst praxisnah zusammengefaßt.

Die Lernphasen des Regellernens werden schließlich modellhaft dargestellt und in einem Unterrichtsbeispiel verdeutlicht.

10.1 Erinnerung an frühere Ausführungen zum Regellernen

Zunächst sei daran erinnert, daß der Terminus »Regellernen« in einem gegenüber Gagné (1980[5]) eingeschränkten (aber gegenüber dem üblichen Sprachgebrauch erweiterten) Sinne verstanden wird, nämlich als sinnvolles rezeptives Lernen »mathematischer Zusammenhänge« (mathematischer Gesetze, Sätze, Verfahren ...).

Die Unterrichtssituation ist beim Regellernen gegenüber dem Begriffslernen meist noch stärker sprachlich bestimmt, weil als wesentlicher zusätzlicher Aspekt die sprachlich-logische Begründung hinzukommt. Beim Regellernen hat der Lehrer vor allem »sprachliche Anstöße« (Hinweise, Anregungen, Fragen) zu geben, die dem Lernenden helfen, die Begriffe in der richtigen Weise miteinander zu Regeln zu verknüpfen und unter den gegebenen Voraussetzungen (zu denen auch bereits bekannte Regeln gehören) zu begründen. Beim »Satz des Pythagoras« geht es z. B. um die Mobilisierung der Begriffe Quadrat, rechtwinkliges Dreieck, Flächeninhalt sowie die Anwendung elementarer Regeln zu diesen Begriffen.

Es wurde bereits darauf hingewiesen, daß für das Lernen mathematischer Regeln die sorgfältige Klärung vorgeordneter Begriffe und Regeln eine unerläßliche Bedingung darstellt, weil schon *eine* wesentliche Lücke in den Voraussetzungen das Gesamtverständnis verhindern kann.

Ein wichtiges technisches Hilfsmittel für den Lehrer, das Vernachlässigen von Voraussetzungen zu vermeiden, ist ggf. eine graphische Darstellung der Lernstruktur (vgl. 6.2).

Die Erstellung einer Regelstruktur des Satzes von Pythagoras sei als Übungsaufgabe vorgeschlagen.

Die Analyse der Voraussetzungen darf sich letztlich jedoch nicht nur auf die vorgeordneten Begriffe und ggf. Regeln beziehen, sondern muß sich auf alles beziehen, was der Lernende für den Lernprozeß mitbringt bzw. noch nicht mitbringt: Dazu gehört z. B. auch die Vertrautheit mit bestimmten Arbeitstechniken, mit bestimmten Materialien, vor allem aber auch Vorerfahrungen bezüglich des zu Lernenden, die im Alltag oder Schulunterricht bei früherer Gelegenheit gemacht wurden, weil sie die »kognitive Struktur« bestimmen, in der die zu lernende Regel und ihre Begründung zu verankern ist (vgl. 5.2).

Am Beispiel der Prozentsatzberechnung wurde in den Abschnitten 5.2.5 bis 5.2.7 bereits verdeutlicht, was bei der Erarbeitung einer Regel im Sinne einer Theorie des sinnvollen Lernens im einzelnen zu beachten ist:

- Vorstruktuierung;
- progressive Differenzierung; (stufenweise fortschreitend)
- integrative Verbindung; (Eingliederung in ein größeres Ganzes)
- gedächtnismäßige Verankerung.

Es wurde jedoch bisher nicht näher erörtert, wie die sprachliche Vermittlung während des Erarbeitungsprozesses aussehen könnte.

10.2 Verbale Interaktionsformen des Regellernens

10.2.1 Hauptformen: fragend-entwickelnder Unterricht und Unterrichtsgespräch

Regeln (wie auch Begriffe) können im Unterricht grundsätzlich sehr unterschiedlich gelernt werden: Sie können »rezeptiv« durch Lehrervortrag (darbietender, evtl. »modellierender« Unterricht im Sinne des Kapitels 6), durch »fragend-entwickelnden« Unterricht, »Unterrichtsgespräch« (erarbeitenden Unterricht) oder durch »entdecken lassenden« Unterricht erworben werden.

Die obigen Unterrichtsformen sind in der genannten Reihenfolge durch eine stetige Abnahme sprachlicher Hinweise und Hilfen durch den Lehrer gekennzeichnet. – Beim »Regellernen« wird man sich meist in dem mittleren Bereich der fragend-entwickelnden Unterrichtsform und des Unterrichtsgesprächs bewegen. Diese beiden »erarbeitenden« Unterrichtsformen stellen die Grundformen des rezeptiven schulischen Lernens (zumindest was den Mathematikunterricht betrifft) dar. Entdecken lassendes Lehren wird hier per Definition des »Regellernens« zurückgestellt, und Lehrervortrag verbietet sich – zumindest für eine erste Erarbeitung – meist schon deshalb bei (mathematischem) Regellernen, weil hierbei gewöhnlich keine hinreichende Verständniskontrolle bezüglich einer angemessenen Verknüpfung der Begriffe gewährleistet scheint.

Für das faktische Gewicht der erarbeitenden Unterrichtsform in allen Fächern und Schulstufen gibt es viele direkte und indirekte Belege. Nach Hage u. a. (1985) z. B. entfallen etwa 75% des Unterrichts auf sog. »Frontalunterricht«, der sich zu etwa $\frac{2}{3}$ als erarbeitender Unterricht im obigen Sinne (fragend-entwickelnder Unterricht und Unterrichtsgespräch) darstellt. Im Mathematikunterricht dürfte man eher bei einem noch höheren Prozentsatz von erarbeitendem Unterricht liegen.

Es läßt sich kaum vernünftig diskutieren, welcher Prozentsatz als didaktisch angemessen gelten kann, zumal es ja sehr auf die nähere Ausfüllung dieser Unterrichtsform ankäme. Die Tatsache alleine, daß der Unterricht in mindestens 50% der Fälle (eher mehr) »erarbeitend« durchgeführt wird, sollte jedoch Anlaß genug sein, sich mit dieser Unterrichtsform etwas genauer zu beschäftigen.

Innerhalb der erarbeitenden Unterrichtsform seien – wie schon angedeutet – noch gewisse Unterschiede gemacht zwischen »fragend-entwickelndem Unterricht« und »Unterrichtsgespräch« (vgl.Klingberg 1972, S. 335–336).

Beim *fragend-entwickelnden Unterricht* spielen sich die verbalen Interaktionen zwischen Lehrer und Schüler vorwiegend in folgender Weise ab:

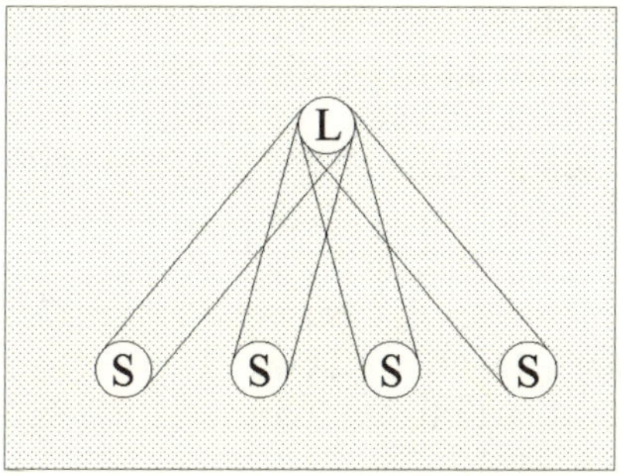

Abb. 10.1:
»Frage-Antwort-Spiel«

Etwas abfällig wird das Extrem als »Frage-Antwort-Spiel« bezeichnet. Der »Denkhorizont« der Schüler wird dabei häufig stark eingeschränkt.

Das echte *Unterrichtsgespräch* ist durch Schülerbeiträge gekennzeichnet, die aufeinander bezogen sind, etwa so:

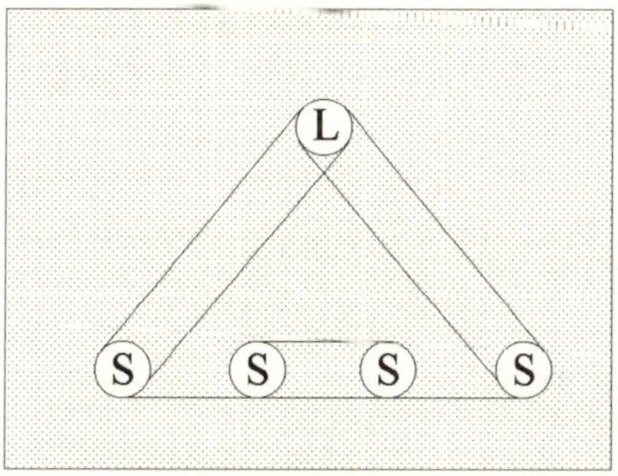

Abb. 10.2:
Unterrichtsgespräch mit Lehrerimpulsen und Schülerdiskussion

Zu propagieren ist sicherlich ein erarbeitender Unterricht, der sich möglichst in Richtung auf das eigentliche Unterrichtsgespräch bewegt, aus übergeordneten Zielvorstellungen heraus (Kommunikations- und Kooperationsfähigkeit der Schüler untereinander) und aus lernpsychologischen Erwägungen (i.a. wird man davon ausgehen dürfen, daß bei mehr eigener Verbalisation der Schüler eine tiefere Verarbeitung des Gelernten, besseres »Verständnis« und damit letztlich mehr Transfer gewährleistet ist).

Dies trifft sich mit der alten pädagogischen Regel: »*Was ein Schüler sagen (tun) könnte, braucht der Lehrer nicht zu sagen (tun).*«

Man beachte dabei auch die starke »natürliche« Tendenz zu lehrerzentriertem Unterricht, der es sicherlich entgegenzuwirken gilt: R. Tausch (1971^2) zählte pro Unterrichtsstunde durchschnittlich 55 Fragen, 50 Befehle des Lehrers; der Lehrer bestreitet 80%, die Schüler 20% des Gesprochenen (wobei sie meist noch auf gezielte Fragen des Lehrers zu antworten haben).

10.2.2 Strategien der didaktischen Gesprächsführung: Frage – Denkanstoß – Impuls

Der Lehrer kann sich zum Zwecke der Unterrichtssteuerung in verschiedener Weise an die Schüler wenden: Er kann sie fragen (»Wie ist die Lösungsmenge erklärt?«), er kann einen Denkanstoß geben (»Denkt doch mal darüber nach, wie die Winkelsumme im Dreieck mit der Winkelsumme im Viereck zusammenhängen könnte!«), oder er kann einen kurzen, verbalen Impuls geben, der die Schüler zum Denken, zu Tätigkeiten oder Äußerungen anregt (»Berichte!«..., »Erkläre!«..., »Begründe!«..., »Vergleiche!«..., »Das glaube ich nicht!«..., »Wirklich?«...). Daneben sind auch nichtverbale Impulse denkbar (und oft sehr wirksam!): Sprechpause des Lehrers, erstaunter Gesichtsausdruck, Kopf- oder Handbewegungen, stummes Deuten auf einen Gegenstand usw. (vgl. Ritz-Fröhlich 1973, S. 7). Die Begriffe »Denkanstoß« und »Impuls« werden oft synonym gebraucht.

10.2.3 Der didaktische Sinn von Frage, Denkanstoß, Impuls

Der didaktische Sinn der Lehrerfrage ist von der deutschen Reformpädagogik gelegentlich (vgl. z.B. Gaudig 1929^3, S. 13ff.) in Frage gestellt worden, insbesondere mit dem Hinweis auf die scheinbar perverse Situation: Warum soll der Lehrer den Lernenden fragen? Es müßte natürlicherweise doch umgekehrt sein!

Indessen kann man mit Aebli (1968^5, S. 141) den didaktischen Sinn der Lehrerfrage vor allem darin sehen, daß sie den Lernenden auf bestimmte Gesichtspunkte des zu Lernenden aufmerksam macht, d.h. die Denktätigkeit steuert:

> »Die Frage ›Wie viele?‹ schlägt dem Schüler vor, den Gegenstand unter dem Gesichtspunkt der Anzahl zu betrachten, die Frage ›Wo?‹ läßt ihn den Gegenstand auf seine Lage untersuchen, die Frage ›Warum?‹ schlägt die kausale Betrachtungsweise einer Erscheinung vor usw.«

Man kann weiter die didaktische Funktion der Lehrerfragen darin sehen, daß sie

- den Bezug der Schüler zum Thema feststellen oder bewußtmachen (»Was wollten wir eigentlich?«);

– die Vorkenntnisse mobilisieren (»Was versteht man noch unter …?«);
– Leistungen kontrollieren (»Wie heißt die erste binomische Formel?«).

Generell sollten die Fragen dazu dienen, die Schüler zu Selbsttätigkeit, insbesondere auch zu eigenen Fragen herauszufordern (vgl. Klingberg 1972, S. 323)[1]. Gelegentlich wird unterstellt, daß die Lehrerfragen den Schüler in engen, vorgeschriebenen Bahnen halten, während Denkanstöße und Impulse eher dazu geeignet sind, selbständiges Denken anzuregen, indem sie ein weites »Denkfeld« eröffnen, etwa so (vgl. Ritz-Fröhlich 1973, S. 18):

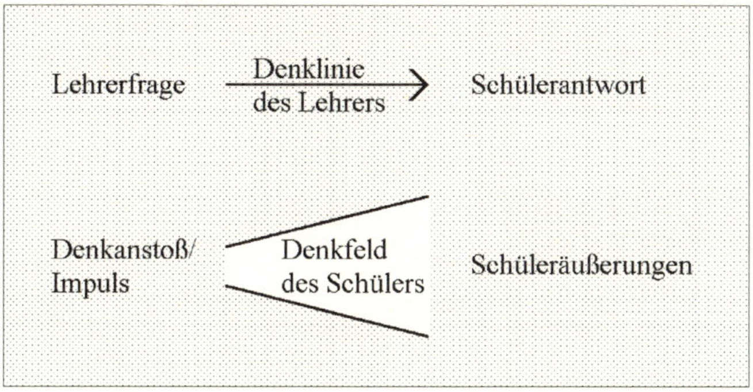

Abb. 10.3: Lehrerfrage versus Denkanstoß/Implus

Man kann diese Unterscheidung natürlich leicht abtun mit dem Hinweis, jede Frage lasse sich »logisch« in eine Aufforderung umwandeln und umgekehrt.

Frage: Wie ist die Lösungsmenge erklärt?

Aufforderung: Erkläre bitte den Begriff Lösungsmenge!

So gesehen kommen Frage und Aufforderung auf dasselbe hinaus. Indessen glaubte man früher einen gewissen psychologischen Unterschied zu sehen:

Die Lehrerfrage zentriere tendenziell stärker den Unterricht auf den Lehrer; eine Aufforderung rücke eventuell die Sache etwas stärker in den Vordergrund (vgl. Salzmann 1970[2], S. 59). Andererseits glaubte man auch, daß die Frage eher »Sprachbrokken« als Antwort provoziert, die Aufforderung eher ganze Sätze (vgl. Aebli 1968[5], S. 144).

Indessen zeigt sich in neueren Untersuchungen, daß Frage und Impuls tatsächlich in gleicher Weise vom Schüler wahrgenommen und beantwortet werden (vgl. Sommer 1981, S. 20).

Im übrigen erklärt sich die in der obigen Skizze zum Ausdruck gebrachte unterschiedliche Deutung einfach daraus, daß eben bei weiter Gesprächsführung anscheinend eher aufgefordert wird, bei enger Gesprächsführung eher gefragt wird, obwohl prinzipiell jeweils beides möglich wäre.

1 Wir kommen auf diesen Aspekt der Denkanregung durch Fragen noch einmal kritisch in Abschnitt 10.2.6 zurück.

10.2.4 Eng- und weitgefaßte Fragen

Im Einzelfall kann der Lehrer die Frage (oder Aufforderung) verschieden eng oder weit stellen. Dabei sollte als Prinzip gelten, daß der Schüler durch die Frage nicht unnötig viel Hilfe bekommt. Der Lehrer sollte vor allem nicht so eng fragen, daß es für den Schüler nichts mehr zu überlegen gibt. (»Was für Winkel haben wir im Rechteck?« – »Rechte!«) Gegebenenfalls sollte der Lehrer mit einer weiten Frage beginnen und sie bei bestehenden Schwierigkeiten verengen.

Der Prozeß der Verengung einer Frage sei an einem Beispiel verdeutlicht. Die Fragen beziehen sich dabei auf folgende Beweisfigur zum Satz des Pythagoras:

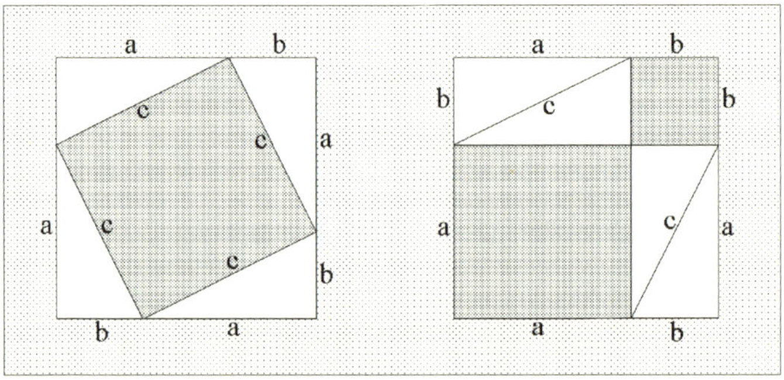

Abb. 10.4: Beweisfigur zum Satz des Pythagoras

(1) Weite Frage:	Seht euch mal die Zeichnung an. Fällt euch etwas auf?
(2) Engere Frage:	Achtet genau auf die Figuren und Bezeichnungen links und rechts. Was fällt euch auf?
(3) Noch enger:	Was kann man über die Dreiecke links und rechts sagen? Was über die entstandenen Quadrate?
(4) Ganz eng:	Wir haben links und rechts deckungsgleiche Quadrate (der Seitenlänge $a + b$); außerdem dieselben 4 kongruenten Dreiecke. Was kann man dann über die Quadrate a^2 und b^2 sagen im Vergleich zu c^2?

Bemerkungen

1. Man erkennt an dem vorliegenden Beispiel, daß weitgefaßte (offene) Fragen (Aufforderungen, Denkanstöße) wohl günstigere Bedingungen zur Förderung von selbständigem Denken und Kreativität schaffen als enge.
2. Man kann an diesem Beispiel zugleich beobachten, wie fließend die Übergänge von einer entdecken lassenden zu einer vortragenden Unterrichtsform sind.

10.2.5 Einige praktische Hinweise zur Fragetechnik des Lehrers

Die Fragetechnik des Lehrers hat zumindest eine sprachliche, eine logische, eine psychologische und eine unterrichtsstrategische Seite.

Die sprachlichen Anforderungen faßt Klingberg (1972, S. 325) in zwei Regeln zusammen:

1. *Das Fragewort gehört an den Anfang des Fragesatzes.*
   (Also nicht: Die Summe beträgt wieviel?
   Sondern: Wieviel beträgt die Summe?)
2. *Das richtige Fragewort wählen.*
   (Also nicht: Über was sprechen wir heute?
   Sondern: Worüber sprechen wir heute?)

Man sollte darauf m.E. kein übertriebenes Gewicht legen. Wichtiger ist schon das, was Klingberg (1972, S. 326) als »logische« Anforderung in die Regel faßt:

»Formuliere die Fragen so klar, eindeutig und präzis, daß der Schüler genau weiß, worauf es ankommt!«

Damit hängen die psychologischen Forderungen an die Lehrerfrage eng zusammen (Klingberg 1972, S. 327):

1. *Die Frage muß vom Schüler verstanden werden.*
   (Das beinhaltet: Der Lehrer sollte sich einer einfachen, schülergemäßen Sprache bedienen[2].)
2. *Der Lehrer vermeide sogenannte Kettenfragen.*
   (D.h.: Er stelle nicht gleich mehrere Fragen hintereinander; denn das verwirrt die Schüler.)

Aus allen bisherigen Forderungen zur Fragetechnik ergibt sich eine klare Konsequenz (zumindest für den angehenden Lehrer):

Entscheidende Fragen (bzw. Denkanstöße) sollten – nach Möglichkeit sogar wörtlich – vorbereitet werden, gegebenenfalls sollten auch geeignete Verengungen überlegt werden[3].

Abschließend seien einige *unterrichtsstrategische Hinweise zur Gesprächsführung* im Anschluß an Aebli (1968[5], S. 147f.) zusammengestellt, die auch heute noch aktuell sind:

1. Melden sich mehrere Schüler zur Beantwortung einer Frage, so *beginnt der Lehrer am besten bei den schwächeren* und läßt erst allmählich die besseren zum Zug kommen. Damit ist die Wahrscheinlichkeit größer, daß die nachfolgenden Antworten noch etwas Neues bringen. Andernfalls ist damit zu rechnen, daß ein guter Schüler zu Beginn gleich alles sagt und schwächere Schüler nicht mehr zu Wort kommen (und vielleicht das Dargelegte gar nicht verstehen, also unbemerkt abgehängt sind).

---

2 Vgl. auch die Überlegungen in Abschnitt 5.2.2.
3 Als »Vorübung« (nicht zur eigenen »Verengung« des Unterrichtenden) gedacht.

2. Der Lehrer sollte sich *zum Warten zwingen*, wenn er eine Frage gestellt hat, und nicht gleich selber die Antwort geben.
3. Der Lehrer sollte auch *nicht gleich* nach dem ersten Beitrag *Stellung nehmen*. Dies ist notwendig, damit nicht sogleich die Schüler entmutigt werden, die etwas anderes sagen wollten.
4. Bei der Behandlung der Antworten sollte der Lehrer nicht einfach richtige und falsche Antworten unterscheiden. Er sollte vielmehr versuchen, *das Gute* aus einer Antwort soweit wie möglich *herauszustellen* (evtl. auch nachfragen, um den Schüler besser zu verstehen).
5. Gedanken und Beiträge, die neue Ausblicke eröffnen, gibt der Lehrer an die Klasse zurück und fordert dazu auf, sie weiterzuverfolgen.
6. Falsche Antworten, die unwichtig sind, übergehe er eher oder korrigiere sie en passant[4]. *Gravierende Fehler* und verbreitete Mißverständnisse gebe der Lehrer *an die Klasse zur Stellungnahme zurück* und stelle sie mit ihr gemeinsam richtig.

Anmerkung zu 2
Es sei betont, daß es sich bei 2 nicht nur um ein Problem des Temperaments, sondern wesentlich um die allgemeine Lehrerqualifikation »Zuhörenkönnen« handelt, oft wohl auch um eine tiefer sitzende Angst vor überraschenden Schülerantworten. Wenn dies selbstkritisch vom Lehrer akzeptiert wird, kann eine amerikanische Untersuchung m.E. ganz hilfreich und ermutigend sein: *3 Sekunden* mehr Wartezeit als gewöhnlich, einen anderen Schüler aufzurufen, die Frage zu wiederholen oder irgend etwas zu sagen, trägt schon deutlich zur Erhöhung des kognitiven Unterrichtsniveaus bei. Die Schüler geben mehr Antworten mit mehr gedanklicher Tiefe (z.B. Schlußfolgerungen), sie äußern sich vielfältiger und fragen selber mehr (vgl. Gage/Berliner 1979², S. 678).

10.2.6 Zur Verbesserung der Fragequalität

Zum Abschluß des Abschnitts »Verbale Interaktionsformen« sei die Forderung aus Abschnitt 10.2.3 nochmals aufgegriffen, daß Fragen zum Denken anregen sollten. Die Problematik wurde auch bereits in Abschnitt 10.2.4 (»eher weite Fragen«) und Abschnitt 10.2.5 (»Schüler möglichst stärker und tiefer beteiligen!«) angesprochen, wird möglicherweise aber noch zu sehr als fragetechnisches Problem empfunden. In der Tat scheint das tiefere Problem darin zu bestehen, daß Lehrer – vermutlich traditionell bedingt – dazu neigen, immer wieder »Wissensfragen« statt »Denkfragen« zu stellen (vielleicht auch unbewußt, um »vorbeugend« als unangenehm empfundene Wartezeiten zu verkürzen; vgl. Anmerkung in 10.2.5).

Beispiel: Im Rahmen der Prozentsatzberechnung wird eher nur die Wissensfrage gestellt: »Wißt ihr, welchen Bruch man für den Anteil 9 von 23 schreiben kann?« Wenn

4 Häufig genügt auch ein leichtes Wiegen des Kopfes oder die Frage »Meinst du wirklich?« oder »Wer kann es vielleicht noch genauer sagen?«, damit für die Schüler selbst oder die anderen Schüler ein Signal gesetzt ist, eine Stellungnahme zu verbessern.

ein Schüler die Antwort $\frac{9}{23}$ weiß, wird selten die Denkfrage gestellt: »Warum eigentlich?« Dies bedeutet aber, daß eine Verständnis bewirkende Kommunikation (gerade im Mathematikunterricht ein ganz wesentliches Ziel) zuwenig gefördert wird. (Dies ist auch als »Zeitproblem« nicht einfach abzutun.)

Nach Sommer (1981, S. 104f.) muß man davon ausgehen, daß im Unterricht 60% aller Lehrerfragen Wissensfragen und nur 20% Denkfragen sind (die weiteren 20% Fragen beziehen sich auf den Unterrichtsablauf). Dies stimmt mit der häufig zu machenden Beobachtung überein, daß im Mathematikunterricht, ja auch in den Schulbüchern sehr wenig »Verständnisaufgaben« (vgl. 5.2.4) gestellt werden.

Welche inhaltlich-methodischen Mittel gibt es über die bisher erörterte Überprüfung der Fragetechnik hinaus, um Denken und Verständnis der Schüler stärker zu fördern, als das normalerweise vielleicht der Fall ist? Zur Verdeutlichung einiger Möglichkeiten wähle ich weitere alltägliche Beispiele aus dem Umfeld der Prozentsatzberechnung:

1. *Versuchen Sie, motivierende Fragen zu stellen, die die Schüler bewußt zum Denken anregen.*
   Hier sei besonders an Abschnitt 7.2 zur Motivation erinnert: Stellen Sie z.B. Fragen, die auf eine kognitive Diskrepanz (Lücke, Unsicherheit, Widerspruch ...) zielen.

   Beispiele:

   - In einer Klasse wurde der Klassensprecher mit 20 von 25 Stimmen gewählt, in einer anderen mit 19 von 23. Welcher Klassensprecher hat einen größeren Stimmenanteil bekommen? Versucht eure Antwort zu begründen. (Einerseits ... Andererseits ...)
   - Versucht die Stimmenanteile in Prozenten (Hundertstelbrüchen) auszudrücken, wie das sonst bei Wahlen üblich ist. (Im einen Fall geht es leicht mit Erweitern, ... im anderen Fall nicht ...)

2. *Stellen Sie häufiger Fragen, die auf die anschauliche Verständnisgrundlage zurückführen* (vgl. 5.2.4).

   Beispiele:

   - Warum sind denn eigentlich 20 von 25 Schülern $\frac{20}{25}$ der Klasse?
     (Stelle dir die Klasse als Kuchen, die Schüler als gleich große Stücke dieses Kuchens vor!)
   - Warum ist eigentlich $\frac{20}{25} = 20 : 25$?
     (Begründe erst einmal an der Verteilung von 2 Pizzen an 5 Leute, daß $\frac{2}{5} = 2 : 5$!)

3. *Stellen Sie häufiger »divergente« Fragen, die mehrere Antworten (Lösungsmöglichkeiten) zulassen*[5].

   Beispiele:

   - Wie kann man einen gewöhnlichen Bruch in einen Dezimalbruch verwandeln?
   - Wie kann man einen Bruch mit einem anderen Bruch vergleichen?

10.3 Die besondere Bedeutung der Sprache beim Regellernen

Wie in den letzten Abschnitten schon zunehmend deutlich wurde, hat die Sprache (hier insbesondere auch als Lehrerfrage) beim Regellernen eine besondere Bedeutung. Regeln werden im Unterricht vorwiegend über das Medium der (mündlichen) Sprache vermittelt. Das zur Rolle der Sprache beim Begriffslernen in Abschnitt 9.6 Gesagte ist für das Regellernen modifizierend zu wiederholen und zu ergänzen:

a) Die Sprache des Lehrers hat am Anfang des Lernprozesses eine *vororientierende Funktion*:
Der Lehrer stelle die Bedeutsamkeit der zu lernenden Regel heraus. Er gebe vorstrukturierende Hinweise im Sinne von Abschnitt 5.2.5; er schaffe Vorblicke, schließe an vorhandene Kenntnisse und Vorstellungen an, weise eventuell auf wesentliche Unterschiede zu bereits Bekanntem hin.

b) Die Sprache des Lehrers behält während des weiteren Lernprozesses ihre orientierend-strukturierende Funktion, u. a. in der Gestalt rekapitulierender Rückblicke (»Was haben wir schon?«) und lückenaufweisender Vorblicke (»Was fehlt uns noch?«)[6]. Daneben bekommt die Lehrersprache zunehmend eine *hinweisende Funktion*:
Der Lehrer macht auf relevante Begriffe aufmerksam, gibt Hinweise zur adäquaten Verknüpfung der Begriffe. Dies geschieht, wie bereits gesagt, vor allem durch geeignete Fragen und Denkanstöße.
Beispiel: Beweis des Satzes von Pythagoras
»Wie können wir von dieser Figur zu jener kommen ...?«
Antwort z. B.: Wir könnten eine Drehung um 90° anwenden.
»Achtet auf die Seiten und die Winkel der Figur!« –
Die Schüler versuchen, Beziehungen herzustellen.
Allgemein hofft man, daß den Fragen und Denkanstößen des Lehrers die Bemühungen der Schüler korrespondieren, Zusammenhänge festzustellen und zu verbalisieren (insbesondere auch zu begründen).
Wichtig sind beim Regellernen die »Querverweise« auf ähnliche Situationen im Sinne des Integrationsprinzips (vgl. Abschnitt 5.2.7).

---

5 Im Gegensatz zu »konvergenten« Fragen, die nur eine Antwort zulassen.
6 Vgl. Abschnitt 5.2.6 zu Zwischenzusammenfassungen und »rotem Faden«.

c) Die Sprache des Lehrers (wie auch des Schülers) hat natürlich auch beim Regellernen *Rückmeldungs- und Kontrollfunktion*: Der Lehrer provoziert die Rückmeldung durch Schüler z. B. mit der Frage: »War das richtig begründet?« – Oder er fordert auf, eine vorgeordnete Regel zu begründen.

d) Der Definitionsfunktion der Sprache beim Begriffslernen entspricht die *Formulierungsfunktion* beim Regellernen:
Die Regel sollte möglichst präzise, aber zugleich »schülernah« formuliert werden. (Der Sinngehalt ist zunächst wichtiger als eine mathematisch-logische Formalisierung.)

e) Ähnlich wie beim Begriffslernen hat die Sprache beim Regellernen auch eine *Benennungsfunktion.* Man gibt der Regel oft einen »Namen«, z. B. »Distributivgesetz«, »de-Morgansche Regel«, »binomische Formel«, »Satz des Pythagoras«.
Diese sprachlichen Bezeichnungen erleichtern bei späteren Verwendungssituationen eine schnelle Verständigung.

f) Die Benennung steht meist in enger assoziativer Verbindung zur »symbolischen Kondensation« der Regel:

$a \cdot (b + c) = a \cdot b + a \cdot c;$ $\overline{A \cup B} = \overline{A} \cap \overline{B};$
$(a + b)^2 = a^2 + 2\,ab + b^2;$ $a^2 + b^2 = c^2.$

Solche *symbolischen Kurzformen* (evtl. in Verbindung mit einer prägnanten Skizze), die Wesentliches der Regel kondensieren, sind wichtige Behaltensstützen und erleichtern den Transfer (vorausgesetzt, sie bauen auf einem Verständnisprozeß auf[7]).

10.4 Zur Zielsetzung und Kontrolle des Regellernens

Als Grobziel des Regellernens ist etwa folgendes anzusehen: *Der Lernende soll die Regel verstanden haben und in neuen Situationen anwenden können.*

Das bloße Verstehen der Regel ist als ein eher kurzfristigeres Ziel, das Anwendenkönnen der Regel als ein eher langfristigeres Ziel anzusehen.

Das *Verstehen der Regel* kann über verschiedene Teilziele angestrebt werden (vgl. hierzu auch die Lernzieltaxonomie in Abschnitt 3.2):

Die Schüler sollen[8]

a) die vorgeordneten Begriffe und Regeln verstanden haben;
b) die Teilschritte, die zu der Regel führen, verstanden haben;
c) die Teilschritte, die zu der Regel führen, logisch verbinden können;
d) die logische Ableitung der Regel in eigenen Worten wiedergeben können;

---

7 Es sei hier an Abschnitt 7.5, Aufgabe 9 erinnert.

8 Hier wäre häufig, je nach Regel, nach Leistungsstärke der Schüler zu differenzieren. Fragen des Begründungsniveaus werden hier nicht diskutiert (vgl. 11.8).

e) die Regel in eigenen Worten präzise formulieren können;
f) den Namen der Regel kennen;
g) die Regel ggf. anhand einer ikonischen Darstellung erläutern können; bildhaft
h) die Regel in eine symbolische Form übertragen können;
i) die Regel an einem Spezialfall demonstrieren können.

Zur *Lernkontrolle* dieser Ziele seien einige Bemerkungen hinzugefügt:

Zu a: Hier sei zurückverwiesen auf das vorige Kapitel 9 bzw. auf die folgenden Ausführungen zu b–i.

Zu b: Hier sind entsprechende »Rückfragen« erforderlich. Unangemessen ist meist jedoch die stereotype Frage: »Habt ihr das verstanden?«
Das Verständnis sollte durch Wiedergabe in eigenen Worten, an einem anderen Fall o.ä. »getestet« werden.

Zu c: Hier wären etwa bisherige bzw. mehrere Teilschritte wiederholen (zusammenfassen) zu lassen.

Zu d: Hier wären alle Teilschritte zu reproduzieren.

Zu e–i: Die Lernkontrollen ergeben sich hier unmittelbar aus den Zielangaben. Zur Überprüfung des Verständnisses sei nochmals ausdrücklich auf Verständnisaufgaben im Sinne von Abschnitt 5.2.4 hingewiesen. Es sei an dieser Stelle – ähnlich wie beim Lernen definierter Begriffe – daran erinnert, daß das Verständnis einer Regel kaum dadurch kontrolliert werden kann, daß man nur ihren Wortlaut wiederholen läßt (d.h. durch eine »Wissensfrage«).

In diesem Zusammenhang ist zu empfehlen, *die Formulierung einer Regel auf abstrakt-formalem Niveau nicht zu frühzeitig vorzunehmen,* weil sonst mechanischem Lernen Vorschub geleistet wird. Häufig tritt dabei an die Stelle von Verständnis die bloße Kenntnis der Regel und ihre gedankenlose Anwendung. Diese Gefahr ist gerade in der Mathematik (z.B. bei den Bruchrechenregeln) allzu bekannt.

Das *Anwendenkönnen der Regel* beinhaltet über die Zielsetzungen a–i hinaus weitere Zielsetzungen, die bis in den Bereich des Problemlösens hineinreichen:

Der Lernende soll[9]

j) Anwendungsfälle der Regel kennen;
k) neue, einfache Anwendungsfälle als »Routineprobleme« erkennen und lösen können;
l) Anwendungsfälle von Nichtanwendungsfällen der Regel (insbesondere von Anwendungsfällen ähnlicher Regeln) unterscheiden können;
m) die Regel oder deren Begründung zum Gegenstand von (logischen) Analysen machen können;
n) die Regel beim Aufbau übergeordneter Regeln anwenden können;
o) die Regel zur Lösung von Nichtroutineproblemen anwenden können.

9 Auch hier ist häufig nach Leistungsstärke der Schüler zu differenzieren.

Zur *Lernkontrolle* dieser Ziele sei bemerkt:

Zu j: Hier werde etwa verlangt, daß der Schüler Anwendungsbeispiele reproduzieren und ähnliche Beispiele angeben kann.

Zu k: Hier sei wieder an die Lernzieltaxonomie (S. 67) erinnert: Die Schüler sollen nach einigen typischen Anwendungsfällen auf ähnliche Anwendungsfälle generalisieren können.

Zu l: Zu denken wäre etwa an das sichere Identifizieren des Aufgabentypus bei gemischten Schlußrechenaufgaben (vgl. Abschnitt 7.4.3).

Zu m: Es wäre etwa daran zu denken, verschiedene Beweise einer Regel zu vergleichen oder einen vorgelegten Beweis auf Lücken zu untersuchen (vgl. Taxonomie S. 68).

Zu n: Zu denken wäre etwa an die Anwendung der Lösung einer linearen Gleichung mit einer Variablen bei der Lösung einer linearen Gleichung mit zwei Variablen (vgl. Abschnitt 6.2.1) oder die Benutzung des Satzes von Euklid[10] beim Beweis des Satzes von Pythagoras.

Zu o: Stellung echter Probleme, z.B. in Form von Sachaufgaben. Hier ist auf Kapitel 11 zu verweisen.

Das vorläufige Endziel des Regellernens ist erreicht, wenn – so könnte man wie beim Begriffslernen wieder etwas salopp formulieren – der Lernende mit der Regel »arbeiten« kann. Prinzipiell ist der Prozeß des Regellernens (ähnlich wie beim Begriffslernen) nie endgültig abgeschlossen. Ähnlich wie beim Begriffslernen gibt es auch beim Regellernen langfristige Ziele, die nicht nur für eine bestimmte Regel gelten, zu denen man bei Gelegenheit je nach Art der Regel beizutragen sucht:

Die Schüler sollen z.B.

- »rational argumentieren« lernen,
- bei mathematischen Sätzen Voraussetzung und Behauptung unterscheiden können,
- einen mathematischen Satz und dessen Umkehrung unterscheiden können,
- Vermutungen aufgrund von Beispielen aufstellen lernen,
- eine logisch stichhaltige Begründung (Beweis) von einer induktiven Ableitung aus Beispielen unterscheiden können.

Solche langfristigen Gesichtspunkte werden im Rahmen dieses Grundkurses nicht erörtert (vgl. Hinweise in 10.10). Darüber hinaus geht es im Rahmen des Regellernens auch bereits um das Bewußtmachen und Anregen von Vorgehensweisen (z.B. beim Lösen von Sachaufgaben das sog. »Vorwärtsarbeiten« und »Rückwärtsarbeiten«; vgl. 11.7).

Schließlich geht es in höheren Gymnasialklassen (außer Reichweite dieses Kurses) auch um das Bewußtmachen von speziellen Beweisverfahren (z.B. vollständige Induktion, indirekter Beweis).

---

10 Der Satz des Euklid :»Das Quadrat über einer Kathete ist flächeninhaltsgleich mit dem Rechteck, gebildet aus der Hypotenuse und dem der Kathete zughörigen »Hypotenusenabschnitt«.

10.5 Lernphasen des Regellernens und unterrichtspraktische Hinweise

In diesem zusammenfassenden Abschnitt sollen wesentliche Gesichtspunkte aus Abschnitt 6.4.4 und den vorangegangenen Abschnitten nochmals aufgegriffen und durch unterrichtspraktische Hinweise ergänzt werden. Ähnlich wie beim Begriffslernen, werden die Gesichtspunkte nach Lernphasen geordnet, also in der zeitlichen Reihenfolge, in der sie vom Unterrichtenden etwa zu berücksichtigen sind.

Vorweggeschickt seien einige Vorschläge zur Vorbereitung des Lehrers, die speziell beim Regellernen zu beachten sind:

0. *Zur Vorbereitung des Lehrers*
   a) Er formuliere präzise die von den Schülern zu lernende Regel, aber ggf. auch den didaktischen Kern der Regel (vgl. 5.2.4).
   b) Er formuliere eine schülergemäße Begründung der Regel (möglichst mit Begriffen und Regeln, die der Schüler aus dem vorangegangenen Unterricht bereits kennt, und ggf. auch so etwas wie eine Begründungs- oder Beweisidee; vgl. auch e)[11].
   c) Er erstelle ggf. eine b entsprechende Regelstruktur mit vorgeordneten Begriffen und Regeln.
   d) Er formuliere weitere beim Schüler vorauszusetzende kognitive, affektive und psychomotorische Fähigkeiten (vgl. Kapitel 3).
   e) Er identifiziere bzw. reflektiere bezüglich der zu lernenden Regel schon vorhandene allgemeine Vorstellungen bzw. verwandte Situationen.
   f) Er formuliere die für seine Unterrichtseinheit relevanten Ziele des Regellernens (vgl. Abschnitt 10.4) und ggf. Beiträge zu weiteren allgemeinen Zielvorstellungen (vgl. Kapitel 3).
   g) Er formuliere wichtige Fragen und Denkanstöße für »Gelenkstellen« (den Beginn wichtiger Teilabschnitte des Unterrichts; vgl. 10.6).

1. *Motivation*
   Dem Schüler sollte ggf. eine »erläuternde« oder »vergleichende« Vororientierung über die zu lernende Regel (vgl. 5.2.5) und ihre Bedeutsamkeit gegeben werden. Dabei sollte Bezug genommen werden auf vorhandene Vorstellungen und Kenntnisse (vgl. Punkt 0.e). Zu weiteren Motivationsmöglichkeiten für den Beginn und den Fortgang des Unterrichts vgl. Schema 15 in 7.2.7.
   Man gebe den Schülern ggf. an der Tafel eine Übersicht über den Stundenverlauf. Dabei ist zu beachten:
   »Ehe man zum eigentlichen Thema der Stunde übergeht, ist zu überlegen, ob man vorher in einem eigenen Zusammenhang später benötigte Aussagen … behandelt oder ob man erst dann auf sie zurückgreifen möchte, wenn man sie im Verlauf der Stunde benötigt« (Lietzmann 1968, S. 51). Weniger gewichtige und weniger zeitauf-

11 Zu a), b): Was auch immer der Lehrer zur Vorbereitung formuliert, es sollte ihn nicht verleiten, diese Formulierung im Unterricht »durchzudrücken«; d.h., sensibel für geeignetere Schülervorschläge bleiben!

wendige Voraussetzungen sollte man aus Motivationsgründen eher in die Behandlung des eigentlichen Themas integrieren.

2. *Schwierigkeiten, ihre Feststellung und Überwindung*
   a) Der Lehrer sollte durch geeignete Fragen bzw. Aufforderungen feststellen, ob die nötigen Vorkenntnisse vorhanden sind; dies – wie gesagt – nicht unbedingt am Anfang! (»Was war noch damit gemeint?« »Zeig doch mal ...!«)
   b) Die zu lernende Regel sollte i.a. anhand konkreter Beispiele vorbereitet und erarbeitet werden.
   c) Durch Fragen und Denkanstöße gibt der Lehrer Hinweise zur Herstellung der zu lernenden Zusammenhänge (vgl. 10.3). Er bemühe sich dabei möglichst um ein »Unterrichtsgespräch« mit Schüler-Schüler-Interaktionen im Sinne von 10.2.1 und beachte dazu die Hinweise zur Gesprächsführung und zur Fragenqualität (vgl. 10.2.5 und 10.2.6).
   d) Der Lehrer gebe enaktive und ikonische Verständnishilfen, wenn nötig und möglich, z.B. durch Modelle, Diagramme, Tabellen usw. (Hierzu sind mögliche Schwierigkeiten besonders zu reflektieren!)
   e) Über wichtige Zwischenschritte sollte der Lehrer möglichst vororientieren, ebenso für Rückblicke sorgen: Ein oder mehrere Teilschritte könnten von Schülern erläutert werden.
   f) Wichtige Teilschritte sollten u.U. an der Tafel übersichtlich fixiert und später für eine erste Zusammenfassung genutzt werden (vgl. (3)!)

3. *Lernkontrollen und Sicherung des Gelernten*
   Das laufende Verständnis sollte durch angemessene Zwischenfragen (vgl. 10.4) kontrolliert werden. Die Schüler sollten zu Fragen ermuntert werden! Erinnert sei auch an nonverbale Möglichkeiten der Lernkontrolle (Schülerreaktionen beachten, Blickkontakte!). Für Möglichkeiten der Lernkontrolle sei im einzelnen verwiesen auf Abschnitt 10.4.
   Eine erste Sicherung des Regellernens erfolgt z.B. durch eine zusammenfassende Demonstration der Regel und ihrer Begründung anhand des Einführungsbeispiels oder eines neuen Beispiels. Man führe dazu ein verkürztes rückblickendes Unterrichtsgespräch oder gebe eine Modellierung (evtl. bereits durch einen Schüler). Eine geordnete Zusammenfassung der Teilschritte für ein Musterbeispiel an der Tafel ist dabei oft zweckmäßig. Es sollte zunächst möglichst konkret-anschaulich formuliert werden. Die genaue Formulierung und Fixierung des präzisen Regelwortlauts sollte zugunsten der Formulierung eines Kerngedankens womöglich zurücktreten (vgl. 10.4).

4. *Vertiefende Übung und erste Anwendung der Regel*
   Die weitere Vertiefung des Verständnisses und Festigung des Gelernten erfolgt durch Anwendung in neuen Situationen. Hier sollten insbesondere auch operative Prinzipien beachtet werden, d.h. hier etwa: die Variation der Anwendungsfälle (Variation des Kontextes), u.U. Variation der gesuchten Größen (Reversibilitätsprinzip), die Variation und Verflechtung der Darstellungsebenen, das Integrationsprinzip usw. (vgl. Beispiele in den Kapiteln 4 und 5).

5) *Weitere Anwendung und Transfer*
Sind viele verschiedenartige Anwendungsfälle der Regel »durchgespielt«, so ist zugleich die Grundbedingung für positiven Transfer gelegt. Die Anwendungsfälle sollten mit Nichtanwendungsfällen gemischt werden, damit es nicht zur »Regelblindheit« im Sinne mechanischer Fixierungen und damit letztlich zu negativem Transfer kommt (vgl. 7.4.3).
Darüber hinaus muß aber auch für langfristiges Behalten und Verfügbarkeit der Regel gesorgt werden.
Für das Behalten ist die Einprägung der Regelbezeichnung und einer symbolischen Kurzform hilfreich (vgl. 10.3). Für das Verfügbarhalten der Regel ist ein gelegentliches »Überlernen« anhand alter und neuer Fälle erforderlich (vgl. 7.4.4). Schließlich ist es im Sinne des Endziels allen Regellernens gelegentlich wichtig, die Regel beim Aufbau übergeordneter Regeln bzw. beim »echten« Problemlösen einzusetzen. Von den hier geltenden Lernbedingungen wird im nächsten Kapitel gesprochen.

10.6 Unterrichtsbeispiel zum Regellernen: Flächeninhaltsberechnung des Kegelmantels

Wir wollen versuchen, einige Lehr- und Lernbedingungen des Abschnitts 10.5 am Beispiel der »Regel« für die Flächenberechnung des Kegelmantels zu verdeutlichen.

(0) *Zur Vorbereitung*

a) Die von den Schülern zu verstehende Regel heißt:
Der Flächeninhalt M der Mantelfläche des Kegels ist gleich dem Flächeninhalt eines Kreisausschnitts: Der Radius hat die Länge *l* der Mantellinie des Kegels, der Bogen ist gleich dem Umfang u des Kegelgrundkreises.

In mathematischen Zeichen[12]: $M = \frac{1}{2} u \cdot l.$

b) Eine schülergemäße Herleitung:

0. *Begründungsidee*: Berechnung der »abgewickelten« Kegelmantelfläche als Kreisausschnitt.

1. *Teilschritt* (Abwicklung)
Wir schlitzen den Kegelmantel längs einer Mantellinie auf und breiten ihn auf eine ebene Fläche aus. Da die Mantellinien eines Kegels alle gleich lang sind, entsteht bei dieser Abwicklung ein Kreisausschnitt:

12 Wird der Radius r der Kegelgrundfläche als bekannt angesehen, kann man hier fortfahren:
$M = \frac{1}{2} u \cdot l = \frac{1}{2} 2 \pi r \cdot l = \pi \cdot r \cdot l$

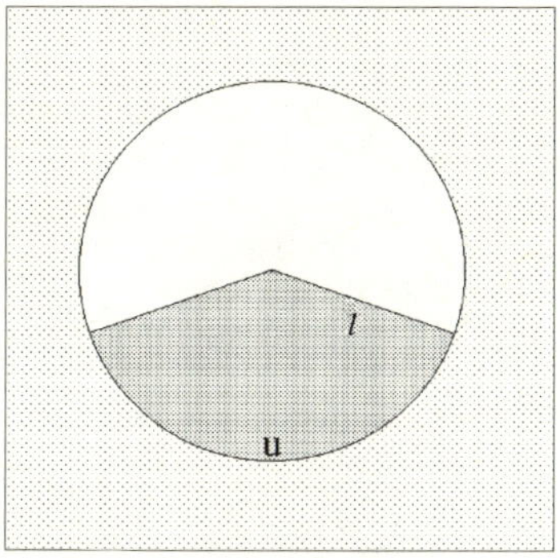

Abb. 10.5: Kreisausschnitt mit Mantellinie *l* als Radius und Kegelgrundkreis u als Kreisbogen

Unsere Aufgabe besteht jetzt in der Berechnung des Flächeninhalts $F_{\triangle}$ des Kreisausschnitts bei gegebenen Längen *l* des Radius und u des Kreisbogens.

1.1 Bezeichnungen genau besprechen

2. *Teilschritt* (Kreisberechnungen)
   Der Flächeninhalt $F_{\bigcirc}$ des Kreises mit der Radiuslänge *l* beträgt $\pi \cdot l^2$, der Umfang U dieses Kreises $2\pi \cdot l$.

3. *Teilschritt* (Verhältnisansatz)
   Der Flächeninhalt $F_{\triangle}$ des Kreisausschnitts verhält sich zum Flächeninhalt $F_{\bigcirc}$ des Kreises wie die Kreisbogenlänge u zum Kreisumfang U.
   In mathematischen Zeichen: $F_{\triangle} : F_{\bigcirc} = u : U$.

4. *Teilschritt* (algebraische Umformungen)

$$F_{\triangle} = \frac{u}{U} \cdot F_{\bigcirc} = \frac{u}{2\pi l} \cdot \pi \cdot l^2 = \frac{u}{2} \cdot l$$

5. *Ergebnis*: Der Inhalt der Mantelfläche des Kegels beträgt

$$M = F_{\triangle} = \frac{u}{2} \cdot l \; (= \pi \cdot r \cdot l \text{ wegen } u = 2\pi r)$$

(Diese Teilschritte sollen den Schülern natürlich nicht einfach »vorgetragen«, sondern didaktisch umgesetzt werden; vgl. das folgende!)

c) Die der Begründung in Punkt b entsprechende *Regelstruktur* (vgl. 6.2.1) sieht folgendermaßen aus:

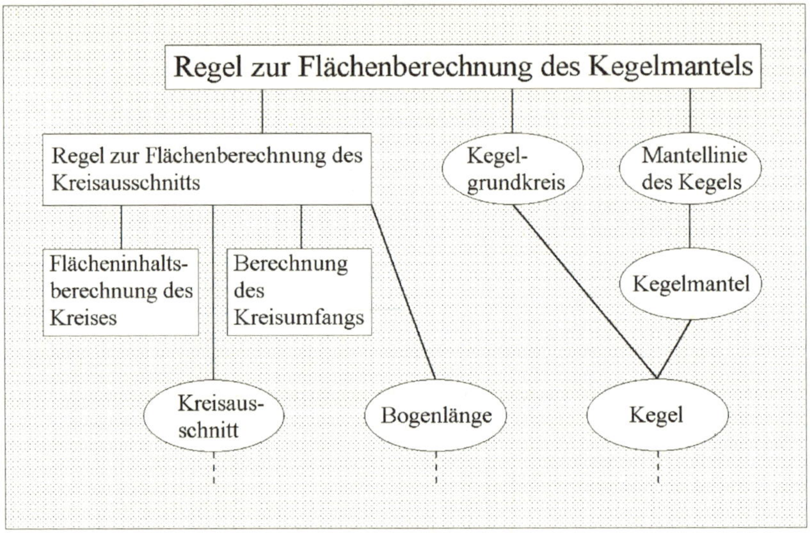

Abb. 10.6: Regelstruktur

d) Weitere vorauszusetzende kognitive Fähigkeiten:

- Vertrautheit mit der Bruchrechnung (insbesondere mit dem Multiplizieren und Kürzen von Brüchen);
- Vertrautheit mit »Verhältnisrechnung«;
- Vertrautheit mit algebraischen Umformungen.

Affektive Voraussetzungen: Bereitschaft zu längerer Aufmerksamkeit.
Psychomotorische Voraussetzungen: Umgang mit Zirkel, Lineal und Schere.

e) Schon vorhandene *allgemeine Vorstellungen und verwandte Situationen*:
»Kegelmantelflächen« sind den Schülern evtl. bereits aus eigener (Bastel-)Erfahrung als Spielfigur, Kreisel, kegelförmige Clownhüte o.ä. bekannt. Im übrigen kennen sie aus dem Alltag vermutlich kegelförmige Dächer.
Eine i.a. bereits bekannte ähnliche Situation liegt bei der Berechnung der Zylindermantelfläche vor.

f) *Relevante Ziele des Regellernens*:

- Die Schüler sollen folgende vorgeordnete Begriffe verstehen: Kegel, Kegelgrundkreis, Kegelmantel, Mantellinie, Kreisausschnitt, Kreisbogen.
- Sie sollen die vorgeordnete Regel verstehen, wie man den Flächeninhalt eines Kreisausschnitts bei gegebenem Radius und gegebener Bogenlänge berechnet.
- Sie sollen die in Punkt b skizzierten Teilschritte am konkreten und allgemeinen Fall verstehen:

1. begründen können, warum bei der Abwicklung ein Kreisausschnitt entsteht,
2. Flächeninhalt und Umfang des Kreises mit dem Radius l berechnen können,
3. begründen können, warum die Flächeninhalte von Kreisausschnitt und Kreis im selben Verhältnis zueinander stehen wie die zugehörige Kreisbogenlänge zum Kreisumfang,
4. die sich von dorther ergebenden algebraischen Umformungen zur Berechnung der Kegelmantelfläche durchführen können,

- Die Schüler sollen die Teilschritte 1–4 logisch geordnet in eigenen Worten wiedergeben können.

Als übergeordnete Zielvorstellungen dieser Unterrichtseinheit könnten ggf. betrachtet werden:

- Die Regel kann dazu benutzt werden, umweltbezogene Sachsituationen zu bewältigen (z.B. Berechnung des Preises eines Kirchturmdaches).
- Die Thematik ist geeignet, das geometrische Anschauungsvermögen zu fördern (Vorstellung des Übergangs von der Mantelfläche des Kegels zum Kreisausschnitt und umgekehrt).
- Die Thematik ist geeignet, das »Analogisieren« zu fördern (Analogie Zylinder-/Kegelmantelfläche):
  Abwickeln einer »runden Fläche« in die Ebene.

g) *Wichtige Fragen und Denkanstöße*[13]:

- Denkt an die Flächenberechnung des Zylindermantels!
- Warum ergibt sich bei der Abwicklung der Kegelmantelfläche ein Kreisausschnitt?
- Der Kreisausschnitt ist ein Teil einer Kreisfläche, die wir leicht berechnen können!
- In welchem Verhältnis steht der Flächeninhalt des Kreisausschnitts zum Flächeninhalt des Gesamtkreises?
- Betrachtet die zugehörigen Kreisbögen! (Hier müßten gegebenenfalls geeignete Verengungen der Fragestellung überlegt werden; Übungsaufgabe!)
- Wie kommen wir von der Verhältnisgleichung zur Berechnung des Kreisausschnitts?

(1) *Motivation*
Vergleichende Vororientierung: Wir wollen heute die Mantelfläche eines Kegels berechnen, so ähnlich wie wir das bei der Berechnung der Mantelfläche eines Zylinders gemacht haben. Die Berechnung der Kegelmantelfläche braucht man z.B. zur Berechnung des Preises für ein kegelförmiges Kirchturmdach ... Ehe wir zum

13 Die Art der Denkanstöße hängt natürlich vom vorangegangenen Unterricht ab.

eigentlichen Thema kommen, sehen wir uns erst noch einmal näher im Modell an …[14]
(Hieran werden die mit dem Kegel zusammenhängenden Vorbegriffe geklärt und als wichtiges relevantes Merkmal des Kegels festgestellt: lle Mantellinien des Kegels sind gleich lang.)

(2) *Schwierigkeiten, ihre Feststellung und Überwindung*
  a) Fragen nach nötigen Vorkenntnissen:
    – Wie kann man sich einen Kegel entstanden denken? (Frage nach einer »genetischen« Definition; Übungsaufgabe!)
    – Zeig doch mal eine Kegelmantellinie!
  b) »Wir wollen uns die Berechnung der Kegelmantelfläche an einem konkreten Fall (mit Zahlenangaben für u und *l*) klarmachen …« (Lehrer stellt Pappmodell eines Kegels vor die Schüler).
  c) Fragen und Denkanstöße (siehe Punkt 0.g!)
  d) Enaktive und ikonische Verständnishilfen:
     Aufschneiden des Pappmodells, Tafelzeichnung (vgl. obige Zeichnung!).
  e) Vororientierung über wichtige Zwischenschritte:
     »Was müssen wir jetzt machen?« (Z. B. die Fläche des Kreisausschnitts berechnen…)
     Rückblicke anregen, z. B.:
     »Wie kamen wir darauf, nach dem Verhältnis der Flächeninhalte von Kreisausschnitt und Kreisfläche zu fragen? …«
  f) Fixierung wichtiger Teilschritte, z. B.:
     1. Aufschneiden des Kegels längs einer Mantellinie.
     2. Abwickeln der Kegelmantelfläche in die Ebene führt zu einem Kreisausschnitt …

(3) *Lernkontrollen und Sicherung des Gelernten*
  – Überprüfung des laufenden Verständnisses durch Zwischenfragen:
    »Wie kommt man auf $\pi\, l^2$ als Flächeninhalt des Kreises …?«
    »Warum gilt $F_\triangle : F_\bigcirc = u : U$?«[15] …
  – Erste Sicherung:
    »Führe noch einmal kurz vor, wie wir vorgegangen sind«. (Lehrer gibt eventuell neue Zahlenwerte vor.)
  – Bemühung um eine genaue Formulierung der Regel (vgl. etwa Punkt 0.a) im Unterrichtsgespräch.
  – Notieren von Überschrift, Idee der Berechnung (vgl. Punkt b.o), Zeichnung, Teilschritten, formulierter Regel in das Schülerheft.

---

14 Evtl. könnte man auch gleich mit einer konkreten Aufgabe beginnen im Sinne eines »problemorientierten« Einstiegs.

15 Diese Verhältnisgleichung erfordert ggf. (je nach Vorkenntnissen der Schüler) zuvor eine genauere anschauliche Erarbeitung

(4) *Übung und Anwendung der Regel*
Der Lehrer gibt Anwendungsaufgaben mit Kirchturmdach o.ä., wobei die Daten variiert werden. Dabei könnten in kleinen »Verständnisaufgaben« Teilschritte der Kegelmantelberechnung erneut angesprochen werden:

- Skizziere das »abgewickelte« Dach.
- Was ist der Kreisbogen, der Radius in der Wirklichkeit?
- Welche Größen sind hier leicht zu berechnen?
- Wie kommt man von der berechneten Kreisfläche und dem berechneten Umfang zur Berechnung des Kreisausschnitts? (Hinweis auf Darstellung wie in Abb. 10.5)

Zur weiteren operativen Übung könnte man u.U. Aufgaben stellen, wo nach dem Umfang des Kegelgrundkreises oder nach der Länge der Mantellinie gefragt wird oder nach der Gesamtoberfläche des Kegels ...[16]
Eine neue Erläuterung der Formelaussage anhand einer Tafelskizze wäre möglich; ebenso eine Ableitung mit anderen Bezeichnungen.
Nach dem Integrationsprinzip böte sich noch als Aufgabe an:
»Vergleiche anschaulich die Mantelfläche eines Zylinders und eines Kegels bei gleich großer Grundfläche und gleich langen Mantellinien.«

(5) *Weitere Anwendung und Transfer*
Anwendungsfälle und Nichtanwendungsfälle »mischen«: Das hieße hier z.B. Aufgaben mit aufnehmen, wo nach anderen Flächeninhalten oder Volumina gefragt ist; aber auch solche, in denen nach der Kegelmantelfläche gefragt ist, aber nicht genügend (oder zuviel!) Daten gegeben sind. (Eine wache Anwendung der Regel erfordert die Einsicht, was gegeben sein muß, damit sie anwendbar ist.)
Bezüglich geeigneter Problemlöseaufgaben sei auf das nächste Kapitel verwiesen.

16 Eine operative Übung dieser Art macht hier u.U. wenig Sinn (vgl. die Kritik in Abschnitt 4.2.2 D).

10.7 Übersicht über günstige Bedingungen des Regellernens

Abschließend seien die wesentlichen Gesichtspunkte dieses Kapitels (mit entsprechenden Rückverweisen) in Schema 22 übersichtlich zusammengefaßt:

Schema 22

Eine Übersicht über günstige Lehr- und Lernbedingungen zum Unterrichten mathematischer Regeln

1. *Erstellung einer »Regelstruktur«* zur Klärung der vorgeordneten Begriffe und Regeln und ihres hierarchischen Aufbaus (zuvor Klärung der Vorkenntnisse bei den Schülern und schülergemäße Formulierung der Regel!).
2. *Besondere Beachtung der Prinzipien sinnvollen Lernens* nach Ausubel u. a. (vgl. Kapitel 5):
   a) Ausrichtung an der kognitiven Struktur der Schüler (vgl. bereits Punkt 1; ggf. Formulierung eines Kerngedankens der Regel bzw. einer Begründungsidee).
   b) Für Vorstrukturierungen, Zwischenstrukturierungen und beispielsorientierte Zusammenfassungen sorgen.
   c) Allmähliches Ausdifferenzieren einer allgemeinen Idee (im Sinne von a und b)
3. *Überlegter Einsatz von Strategien der didaktischen Gesprächsführung* (Frage – Denkanstoß – Impuls):
   Wichtige Fragen und Denkanstöße vorformulieren.
   a) Auf die Qualität der Fragen achten (eher Denk- als Wissensfragen!).
   b) Nicht zu eng fragen; ggf. später Frage verengen.
   c) Einfache Fragen in schülergemäße Sprache kleiden, Kettenfragen vermeiden.
   d) Schülergespräche anregen:
      – Erst eher schwächere Schüler fragen.
      – Warten; nicht gleich Stellung nehmen.
      – Antworten ggf. an die Klasse »zurückgeben«.
4. *Sprachliche Hilfen* beim Regellernen:
   a) Bedeutsamkeit der Regel herausstellen.
   b) Strukturieren (vgl. 2 b).
   c) Hinweise auf relevante Regeln und Begriffe geben (im Sinne von 3.).
   d) Verständnisfragen und -aufgaben stellen (zur Rückmeldung und Lernkontrolle); vgl. 2. a.
   e) Regel genau formulieren und gegebenenfalls benennen.
5. *Zielsetzungen des Regellernens* und entsprechende Lernkontrollen beachten (vgl. 10.4).
6. *Lernphasen des Regellernens* und unterrichtspraktische Hinweise beachten (vgl. 10.5).

10.8 Aufgaben und Diskussionsanregungen

0. Besinnen Sie sich auf das für Sie Wesentliche des 10. Kapitels. Diskutieren Sie Unklarheiten mit anderen, oder schreiben Sie dem Autor.
1. Erstellen Sie eine Regelstruktur des Satzes von Pythagoras, die einem Beweis entspricht, wie er in 10.2.4 angedeutet ist. (Notieren Sie zu diesem Zweck eine schülergemäße Herleitung, vgl. 10.6, Punkt 0.b).
2. Rekapitulieren Sie Ausubels Theorie des sinnvollen rezeptiven Lernens und die implizierten Prinzipien (Kapitel 5).
3. Diskutieren Sie die in 10.2.3 geäußerten Thesen zu Frage – Denkanstoß – Impuls.
4. Diskutieren Sie die unterrichtsstrategischen Hinweise zur Gesprächsführung (vgl. 10.2.4) unter dem Gesichtspunkt ihrer Begründung.
5. Überlegen Sie geeignete Verengungen der Fragestellung zu 10.6.0.g.
6. Geben Sie eine genetische Definition für den Begriff »Kegel« (vgl. 10.6.2.a).
7. Erläutern Sie mindestens vier Funktionen der Sprache beim Regellernen (Rückmeldung in 10.3).
8. Nennen Sie verschiedene Möglichkeiten, eine Regel (z. B. den Satz des Pythagoras) auf (Teil-)Verständnis zu überprüfen (Rückmeldung in 10.4).

10.9 Vorschläge für die Beobachtung und Besprechung von Unterrichtsversuchen zur Einführung und Vertiefung einer mathematischen Regel

1. Strukturierende Lernhilfen (Vorstrukturierung, Gliederung, (Zwischen-)Zusammenfassungen?).
2. Hinweise auf die Bedeutsamkeit der Regel (diese können insbesondere auch anhand geeignet ausgewählter Anwendungen erfolgen).
3. Kontrolle und Erarbeitung relevanter Begriffe, Regeln oder Verfahren (insbesondere eventuelle Versäumnisse markieren).
4. Fragen und Denkanstöße des Lehrers zur Erarbeitung der Regel (erst notieren; hinterher beurteilen, ob zu eng, zu weit, geeignet verengt, schwerverständlich, Kettenfragen bzw. -impulse; wurde genügend abgewartet, wurde Stellungnahmen (vor allem dem »Denken«) der Schüler genügend Raum gegeben? Wie hätte man die Qualität der Fragen verbessern (motivierender, anschauungsbezogener, divergenter gestalten) können?).

---

17 Vgl. auch die technischen Anmerkungen zu entsprechenden Vorschlägen für das Lernen mathematischer Begriffe in 9.13.

5. Logische Begründung und Erklärung der Teilschritte sowie der Regel insgesamt (angemessene Schlußzusammenfassung?).
6. Verständnisschwierigkeiten der Schüler und dementsprechende Maßnahmen des Lehrers (insbesondere auch unterlassene Hilfen markieren und eventuell unzulängliche Versuche notieren).
7. Verständnis- und Lernzielkontrollen (insbesondere mündliche).
8. Variation und Verknüpfung der Darstellungsebenen.
9. Variation der für die Regel unwesentlichen Gesichtspunkte.
10. Variation des Aufgabentyps (sinnvolle Anwendungen?).
11. Besondere Auffälligkeiten (insbesondere fachliche Mängel, fragwürdiges Lehrerverhalten, bemerkenswertes Schülerverhalten).

10.10 Literaturhinweise

Ergänzend sei empfohlen:

Gagné (1980[5], Kap. VI) zur Psychologie des Regellernens allgemein;

Aebli (1968[5], Kap. VII), Ritz-Fröhlich (1973), Ritz-Fröhlich (1982[2]) und Sommer (1981) zum fragend-entwickelnden Unterricht und Unterrichtsgespräch aus allgemeindidaktischer Sicht;

Walsch/Weber (1975, Abschnitt 3.5) zu methodischen Grundformen (u.a. dem Unterrichtsgespräch) im Mathematikunterricht; »Mathematik in der Schule«, 1991, Heft 2/3 zur Gesprächsführung im Mathematikunterricht;

Steinhöfel/Reichold/Frenzel (1978, Abschnitt 3.3) zur Behandlung mathematischer Sätze und ihrer Beweise;

Walsch (1975) und MU-Heft 1992/6 zum Begründen und Beweisen im Mathematikunterricht (weitere Hinweise in Kapitel 11).

11. Kapitel: Problemlösen im Mathematikunterricht

11.0 Vororientierung

Durch dieses Kapitel sollen Unterrichtsversuche zum Problemlösen genauer vorbereitet werden:

Es werden einige Aspekte früherer Kapitel zum Problemlösen (insbesondere in Kapitel 6) erneut aufgegriffen, spezifiziert und ergänzt.

Im Zusammenhang mit dem Problemlösen soll die Heuristik (»Methodik« des Problemlösens) als besonders wichtiger Teil der didaktischen Gesamtproblematik herausgestellt werden.

Die hier zu gewinnenden Einsichten ordnen sich im folgenden unter der Frage ein: Was sind angemessene Hilfen beim Problemlösen? Die Beantwortung dieser Frage beinhaltet einen wesentlichen Teil der Vorbereitung für problemlösenden Unterricht, bei dem es darauf ankommt, die Schüler möglichst selbständig agieren, aber nicht »alleine« zu lassen. Dazu werden mögliche Unterrichtsphasen für das Problemlösen genauer diskutiert.

Es folgen Beispiele für die wichtigsten Situationen des Problemlösens im Unterricht und hieran orientierte heuristische Regeln. Schließlich werden Anregungen gegeben, das Problemlösenlernen der Schüler generell zu fördern.

Ergänzend werden etwas ausführlichere Literaturhinweise zu den zahlreichen unterschiedlich ausgerichteten Arbeiten zu geben sein, die in den letzten Jahren zu Problemlösen und Heuristik im Mathematikunterricht erschienen sind.

Da es uns in den Unterrichtsversuchen besonders um das als didaktisch besonders fruchtbar anzusehende Problemlösungslernen in Kleingruppen geht, wird in einem Anhang auf die besonderen Lernbedingungen des Kleingruppenunterrichts etwas näher eingegangen.

11.1 Begriff und Bedeutung des Problemlösens

Ein Problemlösungsprozeß ist nach Klix (1971, S. 640) dadurch gekennzeichnet, daß ein bestimmter »Ausgangszustand« in einen bestimmten »Zielzustand« zu überführen ist, wobei eine »Barriere« eine unmittelbare Überführung der Anfangssituation in die angestrebte Zielsituation verhindert. Wird die Barriere aufgrund bekannter Situationsmerkmale sofort beseitigt, ist sie für den Betreffenden »kein Problem mehr«: Man spricht dann auch von »Routineproblemen« bzw. »Routineaufgaben«. Beispiele für Routineprobleme sind für den Leser etwa viele Aufgaben der Schlußrechnung, die er ohne großes Nachdenken löst.

Kann die Barriere nicht so ohne weiteres überwunden werden, muß also die gegebene Information erst durch Analyse, Synthese, Hypothesenbildung, Umordnung usw. umgeformt werden, dann kann man von echtem Problemlösen sprechen. Schlußrechnungsaufgaben können für Schüler durchaus echte Probleme in diesem Sinne sein. (Die Tatsache, daß die Probleme der Schüler häufig nur Routineaufgaben für den Lehrer sind, bringt die Gefahr mit sich, die Schwierigkeiten der Schüler zu unterschätzen.)

Um für das folgende ein konkretes Beispiel vor Augen zu haben, sei ein kleines mathematisches Schulproblem vorangestellt:

Es werde vorausgesetzt, daß die Schüler den Winkelsummensatz für das rechtwinklige Dreieck (»Hälfte« eines Rechtecks!) bereits eingesehen haben. Sie sollen jetzt herausfinden, daß er für beliebige Dreiecke gilt:

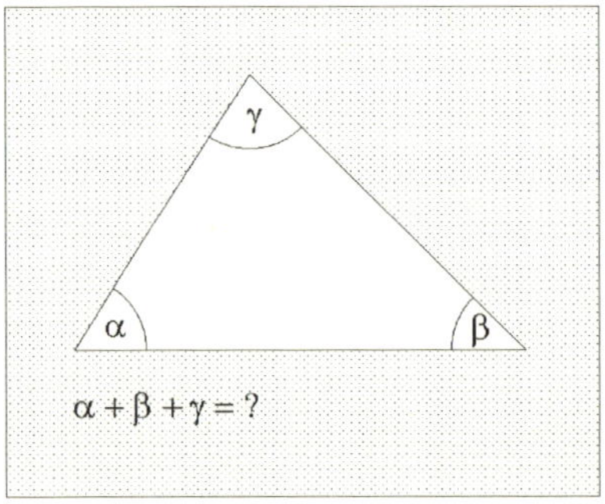

Abb. 11.1:
Zum Winkelsummensatz

Normalerweise ist solches Problemlösen der Schüler ein durch den Lehrer »unterstütztes Entdecken«. Das »Problemlösen« ist nach Gagné (1980[5]) gegenüber »Regellernen« dadurch ausgezeichnet, daß der Lernende die Regel möglichst selbständig findet. Da die Selbständigkeit der Schüler durch Hilfen des Lehrers mehr oder weniger relativiert wird, ist der Übergang zwischen Regellernen und Problemlösen letztlich fließend.

Trotzdem ist es sinnvoll, Problemlösen als eigenen Lerntyp herauszustellen und idealtypisch zu beschreiben. Die besondere Bedeutung des Problemlösens gegenüber »bloßem« Regellernen läßt sich am besten durch die damit verbundenen Zielvorstellungen begründen:

Regellernen, wie es in Kapitel 6 abgegrenzt und in Kapitel 10 genauer diskutiert wurde, ist vor allem auf den Aufbau einer umfassenden Wissensgrundlage ausgerichtet. Demgegenüber ist Problemlösen (so wie es hier verstanden wird) wesentlich auf eine Denkhaltung ausgerichtet, die als »Problemlöseverhalten« oder »produktives Denken« bezeichnet wird:

Der Lernende soll dazu angeregt werden, mit früher Gelerntem (Begriffen, Regeln) selbständig umzugehen, d. h. in neuen Situationen anzuwenden bzw. es zum Aufbau neuer Begriffe und Regeln zu benutzen. Insofern kann Problemlöseverhalten gewissermaßen als letztes Ziel jeglichen Lernens angesehen werden[1].

---

1 Ob dieses anerkannte Ziel allein durch episodisches Problemlösen, für das auch rezeptiv erworbenes Wissen als sehr wichtig eingeschätzt wird, zu erreichen ist oder nur durch einen grundsätzlich entdecken lassenden Unterricht, ist didaktisch strittig (vgl. 6.2.3 und 11.10.4).

Problemlöseverhalten (oder auch »autonomes Lernen«) beinhaltet vor allem, daß der Lernende nicht mehr auf Instruktionen (Fragen, Hinweise, Denkanstöße) eines Lehrers angewiesen ist, sondern in der Lage ist, diese durch *Selbstinstruktionen* zu ersetzen (vgl. die Abschnitte 4.1.5 und 5.3.2).

Die (Selbst-)Instruktionen des Lernenden beim Problemlösen bestehen vor allem in einer geeigneten Mobilisierung und Organisierung des Gelernten. Insofern diese Instruktionen Methoden des Denkens betreffen, spricht man von heuristischen oder denkstrategischen Regeln (vgl. die Abschnitte 6.3.5 und 6.4.6).

Ein wesentliches Ziel des Problemlösungsunterrichts besteht mithin im Lernen und Anwenden heuristischer Regeln (schlichter: im Selbständig-denken-Lernen).

Man kann wohl davon ausgehen, daß solche Regeln vor allem in zunächst mehr, nach und nach weniger gelenkten Problemlösungsprozessen mit der Fähigkeit zu immer selbständigerem Gebrauch erworben werden (vgl. auch Abschnitt 11.7.2).

Die dem Problemlösungslernen entsprechende Unterrichtsform ist demnach ein *entdecken lassendes* Verfahren, das insbesondere durch denkstrategische Hilfen des Lehrers gekennzeichnet ist, die nach und nach zurückgenommen werden. Die Fragen und Denkanstöße des Lehrers haben hier nicht (wie beim Regellernen) hauptsächlich den Sinn, den Lernprozeß auf einem vom Lehrer vorbereiteten Weg voranzutreiben, sondern sollen dem Lernenden *Denkhilfen* geben, auf einem von *diesem* beschrittenen Weg weiterzukommen. Als Grundgebot für den Lehrer gilt also, dem Schüler nicht seinen eigenen Lösungsweg aufzudrängen. Hier gilt das *Prinzip der minimalen Hilfe* (nicht mehr Hilfe als unbedingt nötig!) in strenger Form (vgl. Aebli 1968[5], S. 145 und Abschnitt 6.4.7). Es ist klar, daß ein solcher Unterricht sehr viel Geschick und *Zurückhaltung* auf seiten des Lehrers verlangt. Die folgenden Abschnitte möchten dazu etwas Hilfestellung leisten.

11.2 Grundbedingungen des Problemlösungsunterrichts

Problemlösen setzt das Verständnis vorgeordneter Begriffe und Regeln und den beweglichen Umgang mit diesen (operative Übungen!) voraus. Es hat also wenig Sinn, Probleme ins Blaue hinein zu stellen, ohne auf vorangegangene Lernprozesse zu achten. Je sorgfältiger die relevanten Begriffe und Regeln aufgebaut sind, desto eher wird der Lernende das Problem meistern.

Beim Problemlösen sollte der Lehrer möglichst nur mehr an relevante Begriffe und Regeln »erinnern« (d.h., allenfalls indirekte Hinweise geben). Solche inhaltlichen Hilfen sollten auch nur dann gegeben werden, wenn geringere Hilfen (Motivationshilfen, strategische Hilfen; vgl. 11.3) nicht ausreichen.

Grundlegend wichtig sind beim Problemlösen das Fernhalten störender Einflüsse und eine entspannte Atmosphäre. Vor allem muß zeitlicher Druck und Drängen vermieden werden: »Zeitdruck bewirkt eine größere Geschäftigkeit, ohne daß die Denkvorgänge selbst beschleunigt werden« (vgl. Metzger 1967, S. 179). In ähnlicher Weise wirkt seelischer Druck durch autoritäres oder spöttisches Verhalten des Lehrers oder zu starke Erfolgsorientierung (vgl. Hallmann 1970, S. 175f.).

Die Beinträchtigung des Denkvorgangs besteht nach Metzger (1967, S. 178) vor allem in folgenden Punkten:

1. Man kann sich viel schwerer von eingedrillten Regeln frei machen. Man verliert die geistige Beweglichkeit und Umstellungsfähigkeit.
2. Man fällt leicht in zielloses und blindes Probieren zurück.
3. Man verliert den Überblick und neigt zu voreiligen Scheinlösungen.

Als eine klare praktische Konsequenz ergibt sich daraus für Unterrichtsversuche, daß man nicht auf die Lösung eines Problems noch innerhalb der Unterrichtsstunde drängt, wenn das Ende der Stunde naht. Die Verlockung zu beschleunigender Hilfe ist bei vielen Lehrern erfahrungsgemäß sehr groß. Selbstkontrolle, anfangs auch Kontrolle durch andere, ist hier sehr wichtig.

11.3 Strategische Lernhilfen beim Problemlösen

11.3.1 Grundprinzipien der Heuristik

Die Heuristik (»Erfindungskunst«) beschäftigt sich mit dem zweckmäßigen Lösen von Aufgaben.

Ihr Ziel ist das Herausfinden von Strategien, die beim Lösen von Problemen hilfreich sein können (vgl. Polya 1964, S. 5). Es sei zunächst auf einige ganz allgemeine Richtlinien für Problemlösen hingewiesen, deren Beachtung Polya (a.a.O., S. 8f.) bei der Lösung von Problemen empfiehlt[2]:

1. *Das Prinzip der Rationalität*
   »Handle nie gegen dein Gefühl, jedoch suche klare »rationale« Gründe, welche für oder gegen deine gefühlsmäßige Auffassung sprechen ...!«
   Dieser Ratschlag bezieht sich auf die oft recht vagen Gefühle, die man zu Beginn eines Problemlösungsprozesses hat.
2. *Das Ökonomieprinzip und das Unbegrenztheitsprinzip*
   »Bleibe so nahe bei der Aufgabe als möglich.
   Man suche mit möglichst wenig nicht unmittelbar mit der Aufgabe gegebenem (von auswärts herbeizuschaffendem) Material auszukommen.«
   Komplementär ist dazu der Ratschlag: »Jedoch sei bereit, so weit von der Aufgabe dich zu entfernen, als es erforderlich und zweckmäßig erscheint.«
3. *Das Prinzip des Durchhaltens und das Prinzip der Abwechslung*
   »Gib es nicht zu früh auf! Verharre so lange bei dem untersuchten Punkt, als du hoffen kannst, davon noch eine nützliche Anregung zu empfangen!«
   Komplementär ist dazu der Ratschlag: »Suche noch unerschöpften Boden zu bearbeiten und irgendeine belangvolle Anregung von jedem bearbeiteten Punkt zu empfangen!«

---

2 Diese Prinzipien wie auch die weiteren Empfehlungen Polyas im nächsten Abschnitt sind auf konsequente Selbstbeobachtung dieses forschenden Mathematikers gegründet. Sie erscheinen vielen Mathematikdidaktikern sehr plausibel, sind aber gleichwohl in ihrer Nützlichkeit und Lehrbarkeit nicht unumstritten. Der Erwerb solcher allgemeiner heuristischer Regeln ist offenbar nur über einen sehr langen Zeitraum hin möglich. Kurzfristige Effekte sind empirisch häufig kaum nachweisbar oder sind stark an den inhaltlichen Bereich gebunden, in dessen Rahmen sie vermittelt wurden. Langfristige allgemeine Effekte aufgrund einer hierfür erforderlichen länger andauernden Vermittlung sind empirisch kaum untersucht (vgl. auch die Literaturhinweise in Abschnitt 11.15).

Die genannten Prinzipien nach Polya lassen sich vielleicht in folgende schlichte Empfehlungen für problemlösende Schüler ummünzen:

1. Versuche, deine Einfälle zu begründen!
2. Nutze die gegebenen Informationen soweit aus wie möglich, klebe aber nicht daran!
3. Gib nicht gleich auf; laß deine Gedanken auch mal schweifen!

Heutige Psychologen wie Dörner und Kluwe (vgl. etwa deren Aufsätze in Treiber/Weinert 1982) würden wahrscheinlich eher als Grundprinzip formulieren, *daß es vor allem auf die dauernde Reflexion des eigenen Problemlösungsprozesses ankommt.*

Ohne auf die Mathematik besonders einzugehen und auf mögliche Denkvorgänge im Sinne spezieller heuristischer Regeln schon näher abzuheben, läßt sich vorweg herausstellen:

»Hält man Kinder dazu an, bei jeglicher Problemlösungsaktivität erst einmal vorauszudenken, was sie tun wollen, wie sie vorgehen wollen usw., dann erhält man bessere Problemlöseleistungen« (Kluwe 1982, S. 126; auf empirische Untersuchungen von Resnick/Glaser 1976 verweisend).

Dieses *Prinzip der »vorausschauenden Reflexion«* hilft offenbar, unökonomisches und fehlerhaftes Arbeiten rechtzeitig zu vermeiden. Es scheint auch plausibel, daß der Lehrer durch »kognitives Modellieren« (vgl. 6.4.1), d. h. durch explizites Vorführen eines solchen reflexiven Verhaltens, den Schülern zusätzlich helfen kann, dieses zu internalisieren (vgl. auch die späteren Ausführungen in 11.7.2).

Damit ist vielleicht für das Weitere eine gewisse Grundorientierung gegeben, die eine unnötige starke Fixierung auf bestimmte heuristische Regeln, wie sie im folgenden vorgestellt werden, vermeidet.

11.3.2 Ein Katalog heuristischer Regeln nach Polya

Heuristische Regeln geben dem Lernenden u.U. wichtige Hinweise zur Frage: »*Wie sucht man eine Lösung?*«

Polya (1967[2], Umschlagseite) nennt folgende Hauptpunkte (Lösungsphasen), auf die es beim Lösen mathematischer Probleme seines Erachtens entscheidend ankommt:

Erstens: Du mußt die *Aufgabe verstehen.*
Zweitens: Du mußt einen *Plan* für die Lösung entwerfen.
Drittens: *Führe* deinen Plan *aus.*
Viertens: *Prüfe* die erhaltene Lösung.

Zu jeder Lösungsphase hat Polya einige Instruktionsfragen formuliert, die nach und nach zu Selbstinstruktionen des Lernenden werden könnten. Eine Auswahl aus diesem Katalog ist im folgenden zusammengestellt:

Schema 23

Heuristische Regeln

I. *Zum Verstehen der Aufgabe*

1. Was ist unbekannt? Was ist gegeben? Wie lautet die Bedingung?
2. Zeichne eine Figur! Führe eine passende Bezeichnung ein!

II. *Zum Ausdenken eines Planes*

1. Kennst du eine verwandte Aufgabe? Kennst du einen Lehrsatz, der förderlich sein könnte?
2. Kannst du die Aufgabe anders ausdrücken?
3. Geh auf die Definition zurück!
4. Wenn du die vorliegende Aufgabe nicht lösen kannst, so versuche, zuerst eine verwandte Aufgabe zu lösen. Eine speziellere Aufgabe? Kannst du einen Teil der Aufgabe lösen?
5. Kannst du etwas Förderliches aus den Daten ableiten? Hast du alle Daten benutzt?

III. *Zur Ausführung des Planes*

Wenn du Deinen Lösungsplan durchführst, so *kontrolliere jeden Schritt.* Kannst du deutlich sehen, daß der Schritt richtig ist? Kannst du beweisen, daß er richtig ist?

IV. *Zur Rückschau auf die Lösung*

1. Kannst du das Resultat kontrollieren?
2. Kannst du das Resultat auf verschiedene Weise ableiten?
3. Wie bist du zu dem Resultat gelangt?

Erläuterungen zu den heuristischen Regeln:
Es ist klar, daß nicht bei jedem Problem und auf jeder Altersstufe jede Frage der obigen Liste relevant ist. Man wird die Relevanz der Fragen bei der Behandlung von Problemen in Unterrichtsversuchen jeweils prüfen müssen. Es sollen hier nur ein paar allgemeine Hinweise zu den oben angeführten Punkten mit einigen konkreten Beispielen gegeben werden:

Zu I. 1: Diese Fragen helfen fast immer, vor allem bei Textaufgaben oder Konstruktionsaufgaben.

Zu I. 2: In einer Figur, zumal bei Wahl geeigneter Bezeichnungen, kann man oft die gegebenen und gesuchten Daten besser übersehen. (Vgl. auch die Ausführungen zum Ikonisieren in 4.1.4.)

Zu II. 1: Wenn der Satz des Pythagoras problemlösend erarbeitet werden soll, könnte man sich aufgrund dieser Anregungen an den Kathetensatz erinnern, falls dieser bereits behandelt wurde.

Zu II. 2: Bei Textaufgaben hilft es oft, die Aufgabe in eigenen Worten zu formulieren und in mehrere kleine Sätze zu zergliedern. (M.a.W.: Es hilft, die Aufgabe besser zu verstehen, in Sinneinheiten zu strukturieren.)

Zu II. 3: Viele Aufgaben kann man dadurch lösen, daß man auf die Definition eines Begriffs in der Aufgabenstellung zurückgeht. Man betrachte z.B. folgende simple Problemfrage: Gibt es gerade Primzahlen ungleich 2?
Eine Primzahl ist eine Zahl $\neq 1$, die nur durch 1 und sich selbst teilbar ist.
Jede gerade Zahl über 2 enthält neben 1 und sich selbst auch 2 als Teiler. Sie kann also nach Definition keine Primzahl sein.

Zu II. 4: Siehe z. B. Winkelsummensatz für das allgemeine Dreieck, den man erst für den Spezialfall rechtwinkliger Dreiecke beweist.
Man denke auch an die Lösung eines Systems von zwei Ungleichungen mit einer Variablen: Man sucht zunächst einmal die Lösungen für eine Ungleichung.

Zu II. 5: ... Man sehe nun, welche Lösungen auch die zweite Ungleichung erfüllen.
(Wenn man die Bedingungen zunächst reduziert, muß man darauf achten, zum Schluß doch alle Bedingungen zu erfüllen.)

Zu III. Diese Hinweise haben vor allem den Sinn, ein Schritt für Schritt reflektiertes und kontrolliertes Vorgehen anzuregen (vgl. auch das Prinzip der vorausschauenden Reflexion im letzten Abschnitt).

Zu IV. Die rückschauende Reflexion hat offenbar vor allem den Sinn, einesteils die Lösung (womöglich noch auf andere Weise) zu kontrollieren, andernteils aber sich das Allgemeine der Lösung, das auf andere Fälle Übertragbare, bewußtzumachen (vgl. auch Abschnitt 7.4.2 und 11.10.2).

11.3.3 Eine kleine Übung zur heuristischen Fragetechnik

Beim problemlösenden Lernen stelle der Lehrer nach Möglichkeit nur Fragen bzw. gebe er nach Möglichkeit nur Hinweise, wie sie in den Abschnitten 11.3.1 und 11.3.2 angedeutet sind[3]. Nur wenn es anders nicht weiterzugehen scheint, gebe er konkretere Hinweise, gehe er stufenweise zu spezifischeren Fragen über, damit der Anteil der Schüler an der Lösung des Problem möglichst groß bleibt.

An dieser Stelle sei eine kleine Übung angeregt. Polya (1967[2], S. 24ff.) diskutiert die Aufgabe, die *Raumdiagonale eines Klassenzimmers*[4] zu berechnen.

In bester Absicht stellt der Lehrer dazu vielleicht die Frage: »Kannst du den Satz des Pythagoras anwenden?«

Polya hält diese Frage für denkbar schlecht. Welches sind wohl seine Einwände? Welche Fragen würde er wohl als Hilfen empfehlen? (Gehen Sie den Fragenkatalog in 11.3.2 durch. Versuchen Sie zunächst selbst, Lehrerfragen und -hinweise sowie mögliche Schülerantworten zu formulieren, die bei der obigen Aufgabe u.U. sinnvoll wären.)

Vielleicht ähnelt das Ergebnis Ihrer Überlegungen dem folgenden.

Aufgabe: Bestimme die Länge der Raumdiagonale eines Klassenzimmers ohne direktes Messen!

I. *Verstehen der Aufgabe*
Was ist unbekannt? (Die Raumdiagonale.)
Was ist gegeben? (Länge, Breite und Höhe des Klassenzimmers.)
Zeichne eine Figur! Führe passende Bezeichnungen ein!

---

3 Dies sei als erste Faustregel genannt; Genaueres folgt im nächsten Abschnitt.

4 Spannender wäre für Schüler vielleicht die Frage, ob z. B. eine Latte gegebener Länge in einen Fahrstuhl paßt bei gegebenen Ausmaßen des Fahrstuhls. Dadurch wäre auch zunächst der für Schüler häufig schwierige Umgang mit Variablen zu vermeiden. Ich halte mich im folgenden an die allgemeine Darstellung Polyas.

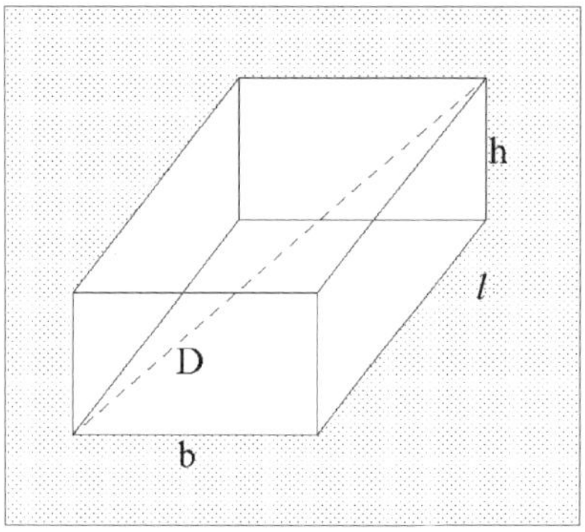

Abb. 11.2:
Situationsskizze

II. *Planung der Lösung*
Kennst du eine ähnliche Aufgabe?
(Bestimmung der Diagonale in einem Rechteck.)
Kennst du einen Lehrsatz, der förderlich sein könnte? (Satz des Pythagoras.)
Wenn du die vorliegende Aufgabe nicht lösen kannst, versuche erst, die verwandte Aufgabe zu lösen!

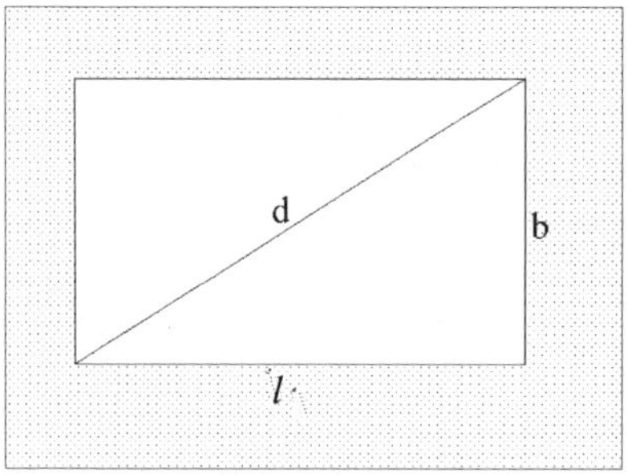

$d^2 = b^2 + l^2$

Abb. 11.3:
Skizze zur Bestimmung der Bodendiagonale

Hilft uns das etwas?
(Wir brauchten ein rechtwinkliges Dreieck, in dem D vorkommt.)
Beachte die gegebenen Größen!
(Die Schüler erkennen rechtwinkliges Dreieck aus d, D, h:

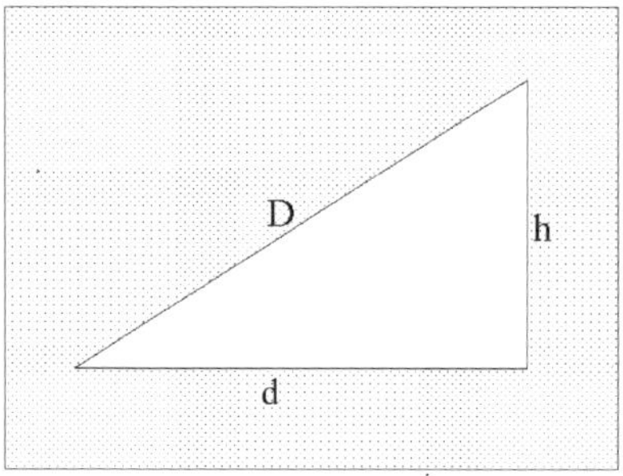

Abb. 11.4:
Skizze zur Bestimmung der Raumdiagonalen

– und möchten den Satz des Pythagoras anwenden.)

III. *Ausführung*

$D^2 = h^2 + d^2$.

Die Schüler erinnern sich, daß $d^2 = b^2 + l^2$, und erhalten

$$D^2 = h^2 + b^2 + l^2$$
$$D = \sqrt{h^2 + b^2 + l^2}$$

IV. *Kontrolle*
Kannst du das Resultat auch anders bekommen? (Die Schüler wählen ein anderes rechtwinkliges Dreieck mit D und bestätigen das Ergebnis.)

11.4 Eine Taxonomie möglicher Lernhilfen beim Problemlösen

11.4.1 Die Kategorien

Nach dem Prinzip der minimalen Hilfe sollte der Lehrer beim problemlösenden Unterricht nie mehr helfen als erforderlich. Dies besagt genauer folgendes:

Gewinnt der Lehrer den Eindruck, daß ein Schüler bzw. eine Schülergruppe bei der Lösung eines Problems (in »vertretbarer« Zeit) nicht weiterkommt, gibt er ihm bzw. ihr die seiner Einschätzung nach geringste Hilfe, die den Problemlösungsprozeß vermutlich weiterbringt.

Das hierdurch gegebene subjektive Moment der Lehrereinschätzung ist grundsätzlich nicht zu vermeiden. Wichtig wäre aber, dem Lehrer Anhaltspunkte dafür zu geben, was im allgemeinen als eine stärkere bzw. schwächere Hilfe zu gelten hat. Es soll versucht werden, eine dementsprechende »Hierarchie der Hilfen« aufzustellen, die eine gewisse Orientierung ermöglicht. Aufgrund vieler Unterrichtsbeobachtungen beim Problemlösen und einiger grundsätzlicher Anregungen durch Eigler/Judith u. a. (1973, S. 88–90) sowie Riedel (1973, S. 90) sei folgende Aufstellung von Hilfen wachsender Stärke vorgeschlagen:

Schema 24

Taxonomie der Hilfen

1. Motivationshilfen;
2. Rückmeldungshilfen;
3. allgemein-strategische Hilfen;
4. inhaltsorientierte strategische Hilfen;
5. inhaltliche Hilfen.

Die Hilfen innerhalb jeder Kategorie können wiederum verschieden stark sein, insbesondere mehr oder weniger direkt (wobei die direkte Hilfe als stärker anzusehen ist als die indirekte).

11.4.2 Erläuterungen der einzelnen Kategorien

Als *Motivationshilfen* seien Hilfen bezeichnet, die dem Lernenden nur mehr oder weniger Mut machen und ihn an der Aufgabe halten.

Beispiele könnten sein: »Die Aufgabe ist nicht so schwer.«
»Du wirst es schon schaffen.«

Solche Hilfen sind wohl die geringsten.

Als *Rückmeldungshilfen* seien Hilfen bezeichnet, die dem Lernenden Auskunft darüber geben, ob er richtig oder falsch liegt bei seinen Lösungsbemühungen.

Beispiele: »Du bist auf dem richtigen Wege.«
»Die Lösung ist noch nicht ganz richtig.«

Rückmeldungshilfen dieser Art geben neben Motivation schon etwas zusätzliche Information.

Als *allgemein-strategische Hilfen* seien Hilfen bezeichnet, die auf fachübergreifende bzw. allgemeine fachliche Problemlösungsmethoden aufmerksam machen. *Beispiele* sind die heuristischen Regeln von Polya aus Abschnitt 11.3:

- Hilfen im Sinne der dort genannten Prinzipien
  (»Versuche, deine Idee zu begründen.«, »Versuch's doch mal anders!«);
- Hilfen, die Aufgabe zu verstehen
  (»Was ist gegeben, was ist gesucht?«);
- Hilfen, einen Lösungsansatz zu finden
  (»Versuche, dich an einschlägige Sätze zu erinnern.«);
- Hilfen, die Lösung zu prüfen
  (»Wie bist du zu deiner Lösung gelangt?«)

Im Sinne des Prinzips der vorausschauenden Reflexion nach Kluwe könnte es auch zweckmäßig sein, den Schüler gelegentlich schlicht daran zu erinnern, überlegt vorzugehen:

- Bist du dir klar, was du willst?
- Überlege, was der erste (nächste) Schritt sein könnte!
- Schau mal, was für die Lösung wichtig sein könnte!

All diese allgemein-strategischen Hilfen geben nicht nur punktuelle Information wie die Rückmeldungshilfen, sondern machen allgemeinste Vorschläge zum Lösungsprozeß (Eigler/Judith u. a. sprechen von »prozeßorientierten Lernhilfen«).

Als *inhaltsorientierte strategische Hilfen* seien Hilfen bezeichnet, die auf stärker fachbezogene Problemlösungsmethoden (die sich auf Teilgebiete der Mathematik beziehen) bzw. auf allgemeine Problemlösungsmethoden – verbunden mit einem inhaltlichen Aspekt – aufmerksam machen.

Beispiele: »Stell doch mal eine Gleichung auf.«
»Versuche, die Aufgabe graphisch zu lösen.«
Vorgabe einer bestimmten Situationsskizze u. ä.

Inhaltsorientierte strategische Hilfen geben über eine allgemeine Information zur Lösungsmethode hinaus speziellere Hinweise, die auf den konkreten Inhalt der Aufgabe bezogen sind.

Als *inhaltliche Hilfen* seien schließlich Hilfen bezeichnet, die spezielle Hinweise geben auf vorgeordnte Begriffe und Regeln, auf bestimmte Zusammenhänge zwischen diesen, auf ganz bestimmte Hilfsgrößen oder Hilfslinien (Eigler/Judith u. a. sprechen von »ergebnisorientierten Lernhilfen«).

Beispiele: »Denke daran, daß man aus zwei der drei Größen Geschwindigkeit, Weg, Zeit die dritte berechnen kann.«
»Man kann hier den Kathetensatz anwenden.«
»Zeichnet doch mal diese Hilfslinie ein …«

Inhaltliche Hilfen sind offenbar als die stärksten Hilfen anzusehen; sie gehen bis zur Vorgabe von Teillösungen.

11.4.3 Direkte und indirekte Hilfen

Innerhalb jeder Kategorie unterscheiden sich die Hilfen vor allem bezüglich ihrer Direktheit.

Auch hier seien einige *Beispiele* gegeben:

- *Direkte Motivationshilfe*: »Du wirst es sicher schaffen.« (an einen bestimmten Schüler gewandt).
- *Indirekte Motivationshilfe*: »Die Aufgabe ist nicht so schwer.« (an die ganze Klasse gewandt).
- *Direkte Rückmeldungshilfe:* »An dieser Stelle hast du einen Fehler gemacht.« (Lehrer deutet auf die Stelle).
- *Indirekte Rückmeldungshilfe*: »An einer Stelle hast du einen Fehler gemacht.«
- *Direkte allgemein-strategische Hilfe*: »Was ist gegeben, was ist gesucht?«

- *Indirekte allgemein-strategische Hilfe*: »Sieh dir den Aufgabentext vielleicht noch mal genauer an.«
- *Direkte inhaltsorientierte strategische Hilfe*: »Versucht, die Aufgabe mit einem graphischen Fahrplan zu lösen.«
- *Indirekte inhaltsorientierte strategische Hilfe*: »Versucht, die Aufgabe vielleicht graphisch zu lösen.«
- *Direkte inhaltliche Hilfe*: »Zeichnet doch mal diese Hilfslinie ein.«
- *Indirekte inhaltliche Hilfe*: »Ihr braucht eine Hilfslinie, die einen rechten Winkel erzeugt.«

11.4.4 Zur praktischen Verwendung der Taxonomie

Die obige Hierarchie der Hilfen ist natürlich idealtypisch dargestellt. Tatsächlich sind die Hilfen in der Praxis oft vielfältig verflochten. Eine eindeutige Zuordnung ist dann nicht möglich.

Jede Hilfe, die der Lernende sucht, ist im allgemeinen motivierend. Deshalb sind die Motivationshilfen terminologisch eingeschränkt auf »Nur-Motivation«.

Oft werden inhaltliche Hilfen mit strategischen Hilfen verknüpft, z.B. in folgender Weise:

»Macht euch mal eine Zeichnung, dann seht ihr das und das ...«,
oder eine Hilfe durch Angabe eines analogen Falls:
»Die Aufgabe geht ähnlich wie ...«

Eine wichtige Vorbereitungsaufgabe des Lehrers besteht darin, mögliche Hilfen jeder Art zu überlegen, um sie im Problemlösungsunterricht je nach Lage der Dinge variabel anzuwenden.

Im allgemeinen ist die Gesamtheit der Hilfen nicht in eine klare lineare Ordnung zu bringen, da die Wirkung der jeweiligen Hilfe nicht nur von ihrer Art abhängt, sondern auch vom Zeitpunkt ihres Einsatzes (vgl. Gullasch 1973, S. 183). Dies müßte der Lehrer bei seiner Vorbereitung also zusätzlich berücksichtigen, läßt sich aber oft erst in der Problemlösungssituation selbst besser beurteilen. Ein häufigeres Formulieren verschiedenartiger Hilfen scheint zumindest notwendig, um die »Angemessenheit« der Hilfen allmählich zu verbessern.

11.4.5 Eine Tabelle möglicher Hilfen für ein spezielles Problem

Um eine möglichst konkrete Vorstellung zur Vorbereitung der Hilfen für problemlösenden Unterricht zu geben, sei eine Tabelle möglicher Hilfen für ein spezielles Problem dargestellt, das innerhalb eines Praktikums zu diesem Kurs in einer 9. Klasse gestellt wurde (ohne damit besonders für solch eine Art von Problemen zu plädieren!):

Aufgabenstellung:

Zwei Orte A und B liegen 245 km voneinander entfernt. In Ort A startet ein Auto in Richtung Ort B und legt durchschnittlich in einer Stunde 60 km zurück. Gleichzeitig startet in Ort B ein Auto in Richtung Ort A und legt in der Stunde durchschnittlich 80 km zurück. Während die beiden Autos losfahren, startet gleichzeitig ein Hubschrauber in Ort A. Der Hubschrauber fliegt mit einer Durchschnittsgeschwindigkeit von 240 km/h in Richtung Ort B. In dieser Richtung fliegt er so lange, bis er auf das Auto aus B trifft. Er wendet ohne Zeitverlust und fliegt in Richtung Ort A, bis er auf das Auto, das in Ort A gestartet ist, trifft. Auf diese Weise fliegt der Hubschrauber immer zwischen den beiden Autos hin und her, bis die Fahrzeuge sich treffen. Wie viele Kilometer legt der Hubschrauber währenddessen zurück?

Tabelle der Hilfen

Motivations-hilfen	**Rückmeldungs-hilfen**	**allgemein-strategische Hilfen**	**inhaltsorien-tierte strate-gische Hilfen**	**inhaltliche Hilfen**
Die Aufgabe ist nicht schwer!	Du bist auf dem richtigen Wege!	Lies die Aufgabe genau durch!	Versuche, deine Kenntnisse bezüglich Geschwindigkeit anzuwenden!	Denk an den Zusammenhang Geschwindig-keit – Weg – Zeit!
Du wirst die Auf-gabe schon schaffen!	Du stehst kurz vor der Lösung!	Schreib dir die gegebenen Daten heraus!	Versuche, das Problem graphisch zu lösen!	Wie ist Geschwindigkeit definiert?
Man braucht nicht viel Zeit zur Lösung …	Da mußt du noch mal nachrechnen!	Mach dir doch mal eine Zeichnung!	Vielleicht kann dir die Dreisatz- oder Verhältnis-rechnung helfen!	Versuche, aus zwei der Größen v, s, t die dritte zu berechnen!
Man bekommt schnell Anhalts-punkte für die Lösung!	Mach weiter so!	Versuche, die gegebenen Daten in einen Zusammenhang zu bringen!	Worauf kommt es hier an? Welche Rolle spielt der Hubschrauber?	Rechne doch erst mal aus, wann sich die Autos treffen!
		Überprüfe deinen Lösungsweg!	Überprüfe die Größenordnung des Ergebnisses!	Jetzt weißt du, wie lange der Hubschrauber in der Luft bleibt, und du kennst seine Geschwindig-keit. Also? …
			Überprüfe dein Ergebnis am Text!	

11.5 Zur Zielsetzung und Kontrolle des Problemlösens

11.5.1 Warum Problemlösen in Kleingruppen?

Dem strengen Begriff des Problemlösens würde es zweifellos eher entsprechen, den *einzelnen* Schüler mit dem Problem möglichst allein zu lassen. Es ist sicherlich wünschenswert, auch diese Situation zu erproben und dementsprechende Unterrichtsstrategien zu entwickeln. Denkbar wäre z.B., daß jeder Schüler »für sich« arbeitet und – falls erforderlich – eine (wiederum möglichst geringe) Hilfe beim Lehrer »abholt«.

Es soll hier indessen zunächst das »Problemlösen in Kleingruppen« interessieren und damit das Problemlösen weniger zur Sache des einzelnen als zur Sache einer Gruppe gemacht werden.

Von den sozialen Zielsetzungen des Gruppenunterrichts (vgl. Abschnitt 3.2.4) einmal abgesehen, scheint das Problemlösen in Gruppen eine geeignete Vorstufe für das Problemlösen des einzelnen zu sein, da beim Gruppenunterricht besonders günstige kognitive und affektive Bedingungen für das Problemlösen gegeben sind. (Näheres vgl. Abschnitt 11.9.)

11.5.2 Kognitive Zielsetzungen

Als allgemeines Ziel des Problemlösens (in Kleingruppen) werde formuliert:

Der Lernende (bzw. die Kleingruppe) soll ein mathematisches Problem möglichst selbständig bearbeiten und lösen lernen sowie auf (zumindest) verwandte Situationen übertragen können.

Das beinhaltet im einzelnen z.B. folgende Ziele[5]:

Die Lernenden sollen

a) von vorher gelernten Begriffen, Regeln und Denkstrategien selbständig Gebrauch machen (vgl. 11.1);
b) fähig sein, mathematische Daten aus einem gegebenen Kontext herauslösen und/ oder
c) Daten in neuer Weise kombinieren können;
d) einen Lösungsplan aufstellen (d.h. mehrere Lösungsschritte vorentwerfen) können;
e) Hypothesen und Alternativen entwickeln und diskutieren können;
f) aus Bekanntem logische Schlüsse ziehen und diese begründen können;
g) Lösungsschritte und Lösungsergebnisse kontrollieren können;
h) eine Aufgabenlösung oder einen Beweis vortragen und formulieren können;
i) sich hilfreiche Denkstrategien bewußtmachen;
j) verwandte Probleme sinnvoll lösen können;

---

5 Bei diesen z.T. anspruchsvollen Zielen ist sicherlich je nach Leistungsstärke der Schüler zu differenzieren, was hier indessen unerörtert bleiben muß (vgl. aber 11.10.4).

k) die durch das Problemlösen erworbenen inhaltlichen und heuristischen Regeln bei der Lösung weiterer Probleme einsetzen können.

Weitere Zielsetzungen für das problemlösende Lernen wären u.U. analog denen des Regellernens zu formulieren. Zu affektiven und sozialen Zielsetzungen für das Problemlösen (in Kleingruppen) vergleiche man Abschnitt 3.2.4 und Abschnitt 11.9.

11.5.3 Anregungen für Lernkontrollen

Aus den Zielsetzungen des vorigen Abschnitts ergeben sich für den Lehrer folgende Möglichkeiten der Lernkontrolle:

Zu a: Er kann die Schüler ihre Gedanken verbalisieren (»laut denken«) lassen (vgl. Duncker 1935).
Zu b, c: Er kann »Lösungsprotokolle« führen lassen.
Zu d: Er kann Lösungspläne aufstellen lassen.
Zu e: Er kann die Gruppendiskussion anhand von Ton- oder Videoaufnahmen einschätzen.
Zu f: Er kann sich Teilschritte der Lösung erläutern lassen.
Zu g: Er kann die Lösung und deren Überprüfung schriftlich fixieren lassen.
Zu i: Er kann nach den hilfreichen Denkstrategien fragen.
Zu j, k: Er kann entsprechende neue Probleme stellen (praktische Hinweise hierzu im nächsten Abschnitt).

Das Endziel des Problemlösungsunterrichts ist erreicht, wenn die Schüler ohne Hilfe neue Probleme lösen können.

Dieses Ideal wird allerdings relativ selten erreicht; man sollte jedoch versuchen, es bei seinen Bemühungen im Auge zu behalten (Näheres vgl. Abschnitt 11.8).

11.6 Lernphasen des Problemlösens und unterrichtspraktische Hinweise

11.6.1 Zum psychologischen Vorgang des Problemlösens

Bevor auf die schulische Organisation des Problemlösens etwas näher eingegangen wird, seien einige einschlägige Bemerkungen zum psychologischen Vorgang des Problemlösens vorweggeschickt.

Was beim Problemlösen als Denkvorgang »innerlich« vorgeht, ist eine umstrittene Frage[6]. In der äußeren Beschreibung des Problemlösungsvorgangs ist man sich jedoch weitgehend einig. Meist unterscheidet man ähnlich wie Strunz (1968, S. 229) etwa folgende *vier Phasen*:

1. Auftauchen einer Denkfrage;
2. Versuche zur Klärung;
3. Einfall;
4. intellektuelle Bearbeitung der Lösungsidee.

6 Eine gewisse »Vorstellung« kann das informationstheoretische Modell liefern, das Kiesswetter (1983) für mathematische Problemlösungsprozesse etwas näher zu präzisieren suchte.

Der ganze Vorgang wird oft im Sinne einer »Bereinigung eines Mangels innerer Ordnung« verstanden (vgl. Fries/Rosenberger 1970[2], S. 26): »Das Suchen und Forschen entzündet sich am Unbekannten, am Widersprüchlichen und Lückenhaften, am Besonderen und Außergewöhnlichen und zielt auf Stimmigkeit, Vollständigkeit und Klarheit«. Im Sinne der Gestaltspsychologie wäre dies als ein Streben nach strukturellen Ganzheiten zu deuten (vgl. etwa Wertheimer 1964[2], S. 118 und 221).

Im Sinne der Piagetschen Psychologie wäre es als Aufbau einer neuen »Operation« zu verstehen, die ein nicht mehr ausreichendes System von Operationen zu einem komplexeren, leistungsfähigeren Gesamtsystem erweitert (vgl. etwa Aebli 1963, S. 88 und 95).

Wohl angelehnt an die Gestaltpsychologie, wird der Lösungsvorgang bei Polya (1967[2], S. 110) als ein Zusammenfügen mehrerer isolierter Einzeltatsachen zu einem »wohlangepaßten Ganzen« beschrieben.

Nach Copei (1963[7], S. 67) wird Problemlösen ähnlich als »Ausrichtung auf ein Sinnganzes« verstanden, das »im fruchtbaren Moment« als Einfall bzw. aufleuchtende Idee erfahren wird. Vor dieser »Lösung« ist oft eine Lockerung der Problemsituation erforderlich, die durch Wechsel von »Nähertreten« (auf Einzelheiten gerichtet) und »Zurücktreten« (auf Überblick gerichtet) charakterisiert ist – bis schließlich der gesuchte Zusammenhang zwischen den Daten gefunden wird.

Nach dieser kurzen psychologischen Beschreibung des Problemlösens wird nun die didaktische Gestaltung von Problemlösungsprozesses im Mathematikunterricht näher behandelt. Die Darstellung orientiert sich wieder – wie beim Begriffs- und Regellernen – an den charakteristischen Lernphasen und wird ergänzt durch praktische Hinweise.

11.6.2 Zur Vorbereitung des Lehrers

a) Der Lehrer formuliere das Problem in verständlicher, schülergemäßer Sprache.
b) Er notiere mögliche Lösungswege der Schüler.
c) Er verschaffe sich eine Übersicht über die vorgeordneten Begriffe und Regeln (eventuell anhand einer Lernsturktur).
d) Er formuliere weitere (speziell für dieses Problem) beim Schüler vorauszusetzende kognitiv, affektiv oder psychomotorisch akzentuierte Fähigkeiten.
e) Er formuliere die Ziele, die für das gestellte Problem besonders relevant sind (vgl. 11.5).
f) Er formuliere wichtige, mehr oder weniger starke strategische und inhaltliche Hilfen (vgl. 11.4).

11.6.3 Motivation und Problemgewinnung

Die Motivation ist am Anfang und während des Problemlösungsprozesses besonders wichtig, da der Lernende ja weitgehend selbst den Lösungsprozeß weitertreiben und nicht gleich nach den ersten vergeblichen Ansätzen aufstecken soll. Es sei deshalb noch einmal besonders auf die verschiedenen Motivationsmöglichkeiten (vgl. Schema 15 in 7.2.7) hingewiesen. Elementare Antriebe der Schüler wie Tätigkeitsdrang, Wissensdrang und auch ein wenig Gruppenwettbewerb können für das Problemlösen genutzt werden.

Von besonderer Bedeutung (und erfahrungsgemäß nicht ganz einfach) ist die Wahl einer echten und zugleich interessanten Problemlösungsaufgabe:

Insbesondere sollte daran gedacht werden, auf die Leistungsfähigkeit der Schüler abgestimmte Aufgaben eines mittleren Schwierigkeitsgrades zu formulieren[7].

Grundsätzlich ist dabei zu beachten:

»Zu leicht ist eine Aufgabe, wenn der Lernende sie durch bloßes Erinnern schon gelernter Kenntnisse und Einsichten löst. Zu schwer ist eine Aufgabe, wenn bestimmte zur Lösung unerläßliche Kenntnisse und Einsichten nicht verfügbar sind bzw. nicht erschlossen werden können – in diesem Fall wird der Lernende früher oder später aus dem Feld gehen, möglicherweise mit dem Gefühl des Versagens. Wenn der Lernende zwar nicht in der Lage ist, aufgrund seiner kognitiven Struktur unmittelbar ein Problem zu lösen, wohl aber Hypothesen zu entwickeln und Alternativen durchzuspielen, liegt eine Aufgabe mittleren Schwierigkeitsgrads vor; von solchen Aufgaben geht die stärkste Aktivierung eines Problemlösungsverhaltens aus« (vgl. Eigler/Judith u. a. 1973, S. 86f.).

Für den Schwierigkeitsgrad von Aufgaben werden in Abschnitt 11.7 noch genauere Anhaltspunkte gegeben.

Meist wird der Lehrer eine gewisse Vororientierung über das Problem geben, indem er an Begriffe und Vorstellungen anknüpft, die dem Schüler zur Verfügung stehen (vgl. Kapitel 5).

Günstig dürfte auch ein Zurückgehen auf »Ursprungsituationen« sein, in denen das Problem erstmals auftauchte. Z. B. könnte man bei der problemlösenden Behandlung der Berechnung unregelmäßiger Flächen auf das Problem der Flurbereinigung (Landaufteilung) zurückgehen[8].

Im allgemeinen dürfte der Lehrer das Problem stellen. Gelegentlich kann es jedoch auch sinnvoll sein, die Schüler selbst ein Problem finden und formulieren zu lassen, indem man ihnen nur eine bestimmte Anwendungssituation vorstellt (u.U. mit vorgegebenen Daten, aber ohne Problemfrage). Man kann darin einen Beitrag zum »Mathematisieren« sehen, soweit es um ein Erkennen mathematischer Fragestellungen in der Umwelt geht. Eine solche erst aufzubereitende Problemsituation könnte beispielsweise das Renovieren einer Wohnung sein. Zur Problemformulierung kann man gegebenenfalls im gemeinsamen Unterrichtsgespräch gelangen. Das Problem sollte ggf. so gut geklärt werden, daß es alle Schüler erkannt haben (vgl. entsprechende strategische Lernhilfen im Abschnitt 11.3.2).

7 Hierbei wird angenommen, daß das Problemlösen eher am Ende eines Lernabschnitts steht. Die Aufgaben sind ggf. nach Leistungsfähigkeit der Schüler zu differenzieren.

8 Für historisch-genetisch orientierte wie auch anwendungsorientierte Problemaufgaben gibt es mittlerweile in der Mathematikdidaktik eine ganze Reihe von Vorschlägen (vgl.11.15).

11.6.4 Schwierigkeiten und ihre Überwindung (Problemlösung)

a) Überlegungen hinsichtlich einer möglichen Lösung

Ist das Problem deutlich erkannt worden, kann die Suche nach Lösungswegen beginnen.

Dabei könnte am Anfang durchaus eine »Probierphase« stehen, in der jeder seinen Einfällen nachgeht[9]. Die weitere Suche nach Lösungswegen wird dann sinnvoll in Kleingruppendiskussionen[10] erfolgen; denn hierbei ist jeder gezwungen, seine eigenen Vorstellungen zu präzisieren, um sie den anderen verständlich zu machen. Der Lehrer wird gegebenenfalls beratende Lernhilfen im Sinne von Absatz 11.3.2 II. geben.

b) Planung des Lösungsvorhabens

Jede Kleingruppe wird sich im allgemeinen auf ein gemeinsames Vorgehen einigen. U.U. könnten die Ansätze der Gruppen auch kurz im Klassengespräch erörtert werden – unter dem Blickwinkel, welche Ansätze weiterverfolgt werden sollen.

Vorzeitige Lösungen (die an dieser Stelle durchaus möglich sind) sollten möglichst zurückgehalten werden, damit den anderen die Lösung nicht vorweggenommen wird. Die Lösung einer vorgepreschten Gruppe könnte in Frage gestellt und die Gruppe könnte zu einer Überprüfung oder schriftlichen Darstellung aufgefordert werden. (Der Lehrer sollte auf jeden Fall auch eine weitere Aufgabe bereithalten, die möglichst an die vorher gegebene direkt anschließt.)

c) Durchführung des Lösungsvorhabens

In der Phase der Durchführung sind die einzelnen Schülergruppen mit der Entwicklung ihres Lösungsweges beschäftigt. Der Lehrer verfolgt die Arbeit an den einzelnen Tischen, hält sich zur Beratung bereit und hilft im Sinne des Prinzips der kleinsten Hilfe, wenn die Arbeit stagniert: Er ermuntert vielleicht zum Weitermachen oder zu einem Neuansatz, gibt auf Befragen Rückmeldung, weist auf allgemeinere oder speziellere Strategien hin, oder er macht auf den einen oder anderen Punkt aufmerksam, wenn ein Ansatz keinen Erfolg bringt.

Der Lehrer sollte unbedingt darauf achten, daß er sich bei einer Gruppe nicht unnötig lange aufhält und sich mit sparsamen Hinweisen begnügt, damit die Schüler wirklich zum »Denken« kommen. (Angehende Lehrer merken häufig erst bei solch einer Gelegenheit, wie langsam viele Schüler denken.)

---

9 Die hier propagierte Probierphase ist zu unterscheiden vom »systematischen Probieren« als heuristischer Regel (vgl. dazu z.B. König 1992).

10 Bei weniger darin geübten Klassen ist Partnerarbeit zweckmäßig (vgl. 11.11).

11.6.5 Sicherung des Erarbeiteten

a) Prüfung und Diskussion der Lösung

Schon während des Lösungsprozesses werden die Schüler – wenn nötig – zur Überprüfung von Zwischenergebnissen angehalten, erst recht natürlich, wenn die Gruppe glaubt, das Endergebnis zu haben (erforderliche Hilfen im Sinne der Absätze 11.3.2 III. und IV.!).

Jede verschiedenartige Lösung wird (im Idealfalle) zum Schluß von der Klasse gemeinsam geprüft und diskutiert. Besondere Schwierigkeiten werden besprochen. Wichtig ist vor allem, den Lösungsweg rückschauend bezüglich des »springenden Punktes« und der verfolgten Lösungsstrategien zu verdeutlichen. Polya (1967², S. 28) weist eindringlich auf die Bedeutung solch einer Rückschau auf den Lösungsweg hin (und hat dabei neuere Transferforschung – vgl. Abschnitt 7.4.2 – hinter sich):

»Durch Rückschau auf die vollendete Lösung, durch nochmaliges Erwägen und Überprüfen des Resultates und des Weges, der dazu führte, können die Schüler ihr Wissen festigen und ihre Fähigkeit, Aufgaben zu lösen, entwickeln.«

b) Formulierung des Ergebnisses

Vor oder nach der Diskussion der Lösung wird man Weg und Ergebnis der Problemlösung i.a. möglichst kurz und klar formulieren lassen, gegebenenfalls in der üblichen Fachterminologie[11]. In dieser Form ist das Gelernte, sofern Ergebnis eines sinnvollen Lernprozesses, vermutlich »transfergünstig« (vgl. entsprechende Überlegungen beim Regellernen in Kapitel 10).

c) Lernkontrolle für Problemlösen

Auf einzelne Möglichkeiten der Lernkontrolle (vor allem während und unmittelbar nach der Problemlösung) wurde bereits in Abschnitt 11.5.3 hingewiesen. Unter unterrichtspraktischen Gesichtspunkten interessiert besonders die Frage, wie das problemlösende Lernen in bezug auf die vermittelte »Einsicht« überprüft werden kann, zumal es mit dem Anspruch auftritt, besonders »einsichtsvolles« Lernen zu sein.

Von Parreren (1972⁴, S. 20) gibt darauf folgende einfache Antwort: »Ob ein Schüler wirklich Einsicht gewonnen hat, kann der Lehrer am besten dadurch prüfen, daß er ihm abgewandelte Aufgaben vorlegt.« M.a.W.: Einsicht ist besonders durch Transferfähigkeit zu testen.

Duncker (1963, S. 7) drückt das verdeutlichend so aus: »In gleichem Maße, wie eine

11 Man sollte als Lehrer hier nicht zu hohe Ansprüche stellen, weil sich die Fähigkeit zur Formalisierung erst allmählich entwickeln muß. Hier ist u.U. auch wieder ein Ort sinnvollen Modellierens durch den Lehrer, um die Schüler einen Schritt weiterzubringen.

Lösung ›verstanden‹ ist, ist sie ›transponierbar‹, was bedeutet, daß sie sich bei veränderten Situationsbedingungen … mitverändert.«

Sinnlose Fehler bei abgewandelten Aufgaben sind somit das deutlichste Symptom mangelnden Verständnisses. *Beispiele* für geeignete Verständniskontrollen und sich dabei ergebende Fehlleistungen gibt Wertheimer (1964²):

Die Schüler hatten gelernt, wie man die Fläche eines Parallelogramms durch Verwandlung in ein flächengleiches Rechteck findet. Wertheimer prüfte ihr Verständnis anhand neuer Aufgaben zur Flächenbestimmung anderer Vierecke. Er wählte dazu z.B. folgende Trapeze (a.a.O., S. 21):

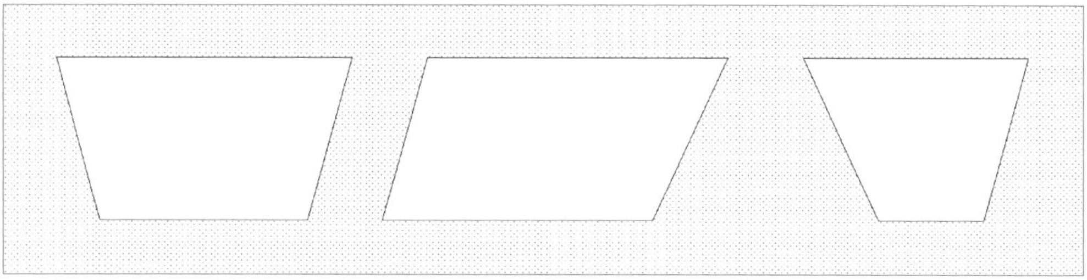

Abb. 11.5: Zur Lernkontrolle vorgelegte Trapeze

Er unterscheidet nun hinsichtlich der Schülerreaktionen sogenannte A-Antworten und B-Antworten.

A-Antworten sind richtige Lösungen, in denen die Figuren sinngemäß »verwandelt« wurden. B-Antworten sind solche Lösungsversuche, in denen die beim Parallelogramm gelernte Operation blind und erfolglos angewendet wurde.

A-Antworten (zeigen Verständnis):

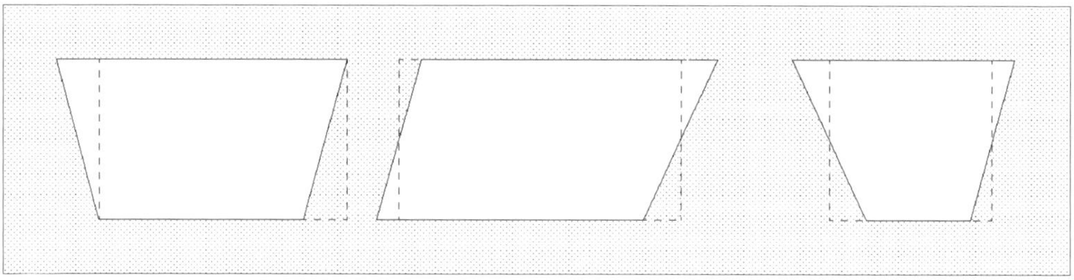

Abb. 11.6: Positive Ergebnisse

Die Versuchspersonen verwandeln die Figuren in flächengleiche Rechtecke.

B-Antworten (zeigen mangelndes Verständnis):

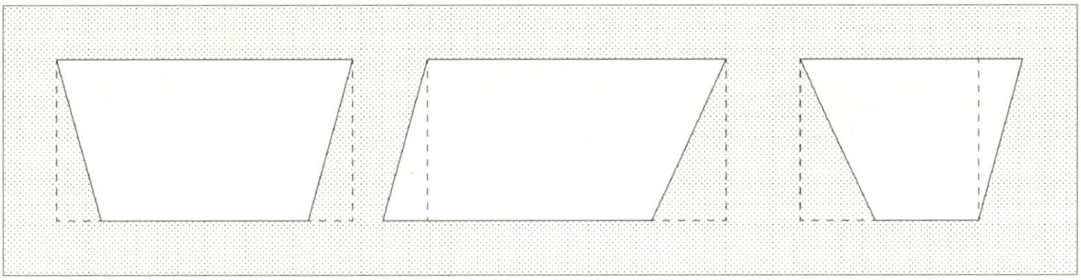

Abb. 11.7: Negative Ergebnisse

Diese Figuren sind zugleich lehrreiche Beispiele für negativen Transfer (vgl. Abschnitt 7.4.3). Will man Einsicht prüfen, so kommt es nach Wertheimer darauf an, geeignete Aufgabenstellungen zu finden, die A- bzw. B-Antworten provozieren. Weitere schöne Beispiele sind in Wertheimers Buch »Produktives Denken« (1964[2]) zu finden.

11.6.6 Übung, Anwendung und Transfer des Gelernten

Wurde eine »Regel« problemlösend erworben, so gilt bezüglich der weiteren Lernphasen das gleiche wie für »normales« Regellernen (vgl. Abschnitt 10.5):

Die nun eingeleitete Leistungsform muß in geeigneter Weise geübt, angewandt und übertragen werden. Die Übung des Gelernten wird oft in Form einer »operativen Übung« (vgl. Kapitel 4) erfolgen.

Anwendung und Transfer des Gelernten wird in Aufgaben erfolgen, die die Reproduktion und Generalisierung der eingeleiteten Leistungsform erfordern. Dabei können grundsätzlich neue »Probleme« entstehen und noch einmal alle Lernphasen des Problemlösens durchlaufen werden.

11.7 Zur problemlösenden Behandlung von Sachaufgaben

Im folgenden sollen drei Bereiche des Mathematikunterrichts wenigstens kurz angesprochen werden, in denen man es mit typischen Problemsituationen zu tun hat:

1. Behandlung von Sachaufgaben.
2. Beweisen mathematischer Sätze.
3. Geometrische Konstruktionen.

Damit verschiebt sich der Akzent der Darstellung von den allgemein-strategischen Regeln Polyas (vgl. 11.3) stärker zu inhaltlich orientierten strategischen Regeln im Sinne der Lernhilfentaxonomie von 11.4. Es wird hier vor allem auf eine ostdeutsche Tradition zurückgegriffen, die sich ursprünglich u. a. stärker an den Lerntheorien von Galperin und Lompscher (vgl. 4.1.5 und 9.10.2) orientierte, sich mittlerweile aber z. T. deutlich davon löste.

11.7.1 Das Anforderungsniveau von Aufgaben

Bei der Auswahl von Problemlösungsaufgaben und für die Einschätzung, wie man eine bestimmte Aufgabe für Schüler erleichtern oder erschweren kann, ist es hilfreich zu wissen, wovon die Schwierigkeit einer Aufgabe vermutlich abhängt. Die dafür maßgeblichen Gesichtspunkte werden unter dem Terminus »Anforderungsniveau« zusammengefaßt, ohne dabei Genaueres über das relative Gewicht dieser Faktoren und die tatsächliche Erschwerung oder Erleichterung bei Veränderung eines dieser Faktoren sagen zu wollen.

Im Laufe der Jahre haben sich mehrere Autoren mit dem Anforderungsniveau von Aufgaben näher auseinandergesetzt (vgl. z.B. Pippig 1971, Stahl 1972, Steinhöfel/Frenzel/Reichold 1977, Bruder[12] 1981, 1992, Kosmowski 1986, Müller 1992 und andere). Insgesamt ergibt sich ein etwas verwirrendes Bild, weil die Autoren mit den von ihnen angegebenen Parametern offenbar unterschiedliche Differenzierungsabsichten und methodische Umsetzungen verbinden. Für die Zwecke dieses Kurses genügt es, einige häufig diskutierte Parameter zu nennen und ein wenig zu umschreiben, ohne die unterschiedlich verwendeten Termini in ihrer Herkunft und Bedeutung genauer festlegen zu wollen. Man kann etwa unterscheiden, ohne Überschneidungen damit auszuschließen:

- *Anschaulichkeitsgrad*
  Je anschaulicher ein Sachverhalt dargestellt ist bzw. je anschaulicher, konkreter und spezifischer die verwendeten Lösungsmittel sein dürfen, desto einfacher wird die Aufgabe i.a. sein. In diesem Sinne hält man eine Aufgabe mit zeichnerischer-ikonischer Darstellung oder eine, die bloß anschaulich, vielleicht sogar auf konkret handelndem Wege oder mit konkreten Zahlen statt mit Variablen zu lösen ist, für einfacher, als wenn die Aufgabe auf weniger anschauliche Weise gegeben oder gelöst wird.

- *Abstraktionsgrad*
  Je mehr unwesentliche Angaben eine Aufgabe enthält, desto schwieriger wird sie i.a.; desto schwerer ist nämlich das Wesentliche zu erkennen, desto schwerer ist der »Transfer«. Die Erhöhung der Abstraktionsanforderung durch unwesentliche Angaben scheint häufig zweckmäßig, um zu erkennen, ob echtes Verständnis vorliegt und nicht nur ein Automatismus, der an bestimmten äußeren Merkmalen orientiert ist. So kann es z.B. zweckmäßig sein, die Grundfläche eines Raumes berechnen zu lassen, bei dem auch die Höhe gegeben ist.

- *Formalisierungs- bzw. Mathematisierungsgrad*
  Je weniger leicht die mathematischen Operationen zu erkennen sind, um die es geht, desto schwerer wird die Aufgabe. Dies steht in engem Zusammenhang mit dem Abstraktionsgrad. Die Formalisierung kann z.B. auf zweierlei Art erschwert

12 Durch Bruder (1981 und auch 1983) wird vermutlich erstmalig der interessante Versuch einer genaueren quantitativen Bestimmung des Anforderungsniveaus bei verschiedenen Aufgabenfeldern unternommen.

werden: Es kann sein, daß nur Termini wie »dazukommen«, das »Soundsovielfache«, die im Sachtext deutlich auf eine mathematische Operation hinweisen, ein andermal jedoch fehlen. Es kann aber auch sein, daß die Aufgabe »offener« gemacht wird dadurch, daß der Schüler wesentliche Daten oder notwendige Operationen aus einer Gesamtsituation (in der naturgemäß meist viel Unwesentliches drum herum ist) erst erschließen bzw. sie sich erst beschaffen muß. Evtl. sind sogar erst einmal sinnvolle Fragestellungen zu einer Sachsituation zu formulieren.

- *Bekanntheitsgrad*
  Hier kann man i.w. wiederum zwei Teilaspekte unterscheiden: Je vertrauter der *Sachverhalt* ist, desto einfacher wird die Aufgabe. Wenn es darum geht, sich zusätzlich erst mit einem fremden Sachverhalt vertraut zu machen (bei sonst gleicher Struktur der Aufgabe), tut sich der Schüler schwerer. Daneben läßt sich sagen: Je vertrauter eine zunächst vielleicht gar nicht so vertraute *Aufgabe* wird (je häufiger man sich z.B. mit ähnlichen Aufgaben beschäftigt), desto einfacher wird sie, weil sich die »kognitive Struktur« des Schülers anpaßt. Je mehr bekannte Teilaufgaben bis hin zu Automatismen die Aufgabe enthält, desto leichter wird sie.

- *Komplexitätsgrad*
  Je mehr Bedingungen und Denkschritte sowie unterschiedliche Operationen in eine Aufgabe eingehen, je mehr die Teilaufgaben miteinander verschachtelt sind (d.h., je schwerer sie zu identifizieren sind), desto schwieriger wird die Aufgabe.

Es ist ganz klar, daß sich diese Parameter überschneiden, weil es im Grunde immer darum geht – aus unterschiedlicher Perspektive betrachtet –, wie leicht oder schwer das Wesentliche in einer Aufgabe erkannt werden kann. Mit der Erleichterung des einen ist oft auch die Erleichterung des anderen verbunden: Je anschaulicher beispielsweise ein Sachverhalt präsentiert wird, desto einfacher ist u.U. von unwesentlichen Merkmalen abzusehen (das muß freilich nicht so sein). Auch die mathematische Operation ist dann u.U. eher zu erkennen, und man kann sich wahrscheinlich auch leichter mit dem Sachverhalt vertraut machen. Dann kann es auch leichter sein, die Komplexität zu entwirren.

Es seien noch ein paar *Bemerkungen* hinzugefügt:
Solche Kriterien für das Anforderungsniveau (die »Schwierigkeit« von Aufgaben) sind gewiß eine nützliche Orientierung für die Differenzierung von Aufgaben für unterschiedlich leistungsfähige Schüler, auch außerhalb ausgesprochener »Problemlösungssituationen«. Man darf sich m.E. aber nicht zuviel davon versprechen und meinen, alleine hiermit das Differenzierungsproblem umfassend im Sinne von »im Prinzip gleiche Aufgaben bei im Prinzip gleichen Zielsetzungen« (vgl. Kosmowski 1988) lösen zu können. Vermutlich sind zur Lösung des Differenzierungsproblems einesteils die Inhalte (und damit auch die Ziele) viel stärker zu differenzieren, als man häufig glaubt (vgl. Zech 1995, Abschnitt 3.10). Andernteils würde m.E. die Aufgabenkonstruktion (für Schulbuchautoren und Lehrer) und die Aufgabenzuweisung für unterschiedliche Schüler womöglich bald zu aufwendig. Es wäre freilich viel gewonnen, einige differen-

zierte Aufgabensätze für Problemlösungssituationen zu haben, welche die sonstigen Ad-hoc-Differenzierungen des Lehrers anregen.

Dabei – das sei auch sonst für die Auswahl und Differenzierung von Problemlösungsaufgaben für Unterrichtsversuche nahegelegt – ist darauf zu achten, daß man übergeordnete Auswahlgesichtspunkte (vgl. z.B. Schema 2 in 3.1.4), aber auch Praktikabilitätsgesichtspunkte nicht vernachlässigt. Schlicht gesagt:

- Ist die Aufgabe wichtig?
- Ist sie zumindest reizvoll?
- Ist sie sinnvoll zu variieren?

Hinsichtlich des letzten Punktes ist vor der Gefahr zu warnen, Aufgaben nach Anforderungskriterien »künstlich« zu konstruieren, ohne daß es einen vernünftigen Sinn macht.

Im folgenden sei noch beispielhaft verdeutlicht, daß die Schwierigkeit von Sachaufgaben durch obige Kriterien eigentlich immer noch recht grob bestimmt ist. Man muß für »Feinheiten« sensibel bleiben, deren Einfluß man nicht unbedingt vermutet, aber u.U. entscheidend ist. Die Beispiele stammen vor allem aus dem Grundschulbereich. Analoge Untersuchungen und Unterrichtserfahrungen sprechen jedoch dafür, daß die Gesichtspunkte von allgemeiner Bedeutung sind, also auch bei älteren Schülern eine ähnliche Rolle spielen.

So kann bei Textaufgaben die *Art der Textgestaltung* von großer Bedeutung sein, nicht nur in sprachlicher und grammatikalischer Hinsicht. (Die Wortwahl und der Satzbau sollten möglichst einfach sein. Diesbezüglich sollte man auch nicht unnötig differenzieren!) Interessant ist z.B. der Einfluß, den die *Reihenfolge der Angaben im Text* haben kann: Eine Aufgabe, bei der die Reihenfolge der Angaben der Reihenfolge ihrer Verwendung im Lösungsprozeß entspricht, kann sichtlich dadurch erschwert werden, daß man diese Reihenfolge ändert. Stahl (1972[2]) erläutert dies etwa an folgender Aufgabe:

»Eine Gruppe von 8 Schülern hat 39 Mark für Schrott und Altpapier erhalten. Bei einem Ausflug wurden davon 3 Mark für jeden Schüler ausgegeben. Wieviel Geld blieb übrig?«

Es zeigte sich, daß die Mehrzahl der Schüler mit der Zahl 39 zu operieren begann und sie mit einer Zahl in Beziehung brachte, die im Text danebenstand (hier 3 oder 8).

In einer eigenen Untersuchung (vgl. Wellenreuther/Zech 1987) stellten wir fest, daß Prozentsatzaufgaben, bei denen der Anteil nicht in der Standardreihenfolge »8 von 25 Schülern« (z.B. »von 25 Schülern waren es 8«) gegeben war, mit deutlich geringerem Erfolg gelöst wurden. Hier spielt zweifellos der Bekanntheitsgrad der Aufgabe eine Rolle.

Erstaunlich ist, in welchem Maße die Lösung der »gleichen« Aufgabe davon abhängt, *ob die Textformulierung bisherige Erfahrung anspricht oder nicht* (vgl. das Kriterium Bekanntheitsgrad des Sachverhalts). So berichtet Stern (1992, S. 14) davon, daß 96% der Sechsjährigen die Aufgabe

»5 Vögel haben Hunger. Sie finden 3 Würmer.
Wie viele Vögel bekommen keinen Wurm?«

lösen konnten, aber nur 25% der Kinder, wenn sie statt dessen gefragt wurden: »Wieviel mehr Vögel als Würmer gibt es?«

Entsprechend kann übrigens auch eine Aufgabe durch *Fehlen der Frage* erschwert werden, weil sich der Schüler u.U. erst eine einer vertrauten Situation entsprechende Frage selbst bilden muß (was oben auch mit dem Kriterium »Formalisierungsgrad« angesprochen wurde).

Weiterhin hat sich gezeigt, daß der Schwierigkeitsgrad einer Aufgabe u.U. deutlich davon abhängt, wie leicht eine zielgerichtete *Handlungsabfolge* (»Zuerst, danach, ... zum Schluß«) erkannt werden kann (insofern ein Teilaspekt des Kriteriums »Komplexitätsgrad«). Es ist freilich überraschend, wie sehr bereits kleine Texteinfügungen diesbezügliches Situationsverständnis verbessern können. So konnte nach Stern (1992, S. 23) gezeigt werden, daß z.B. die Aufgabe

»Maria und Hans haben zusammen 8 Murmeln,
Maria hat 3 Murmeln, wie viele Murmeln hat Hans?«

durch die Einfügung des Satzes »Die restlichen Murmeln gehören Hans« vor die Frage deutlich einfacher wird[13].

Die früher genannten Kriterien für das Anforderungsniveau von Aufgaben und die anschließend illustrierten »Feinheiten« hängen kognitionspsychologisch offenbar stark damit zusammen, wieweit es dem Schüler erleichtert oder erschwert wird, ein entsprechendes *Situationsverständnis* (eine »mentale Repräsentation des Problems«) zu entwickeln.

Von daher wird häufig dafür plädiert, mehrere Aufgaben möglichst in einen (wichtigen) vertrauten Kontext einzubetten. Dadurch werden die Aufgaben für viele Schüler nicht nur kognitiv einfacher, sondern sind durch den hergestellten Sinnzusammenhang auch besser motiviert (vgl. 7.2).

Wenn die Bewältigung von (Alltags-)Situationen stärker in den Vordergrund gestellt wird als die Bewältigung bestimmter separater Textprobleme, wird vielleicht auch mehr für die eigentliche mathematische Qualifikation der Schüler getan (vgl. bereits 7.3).

Problemlösender Unterricht ist hinsichtlich Sachaufgaben als eine Art Vorstufe von »Projektunterricht« (ohne dessen häufig überzogene Anforderungen) zu sehen, bei dem eine real-praktische Situation mathematisch bewältigt werden soll.

13 Dies könnte allerdings (zusätzlich) auch dadurch erklärt werden, daß das Wort »restlich« deutlicher auf die Subtraktion hinweist, der »Mathematisierungsgrad« im obigen Sinne also geringer ist.

11.7.2 Zum Lösen von Sachaufgaben in der Grundschule

Man stelle sich etwa folgende kleine Sachaufgabe vor:

6 Schüler bilden beim Sportunterricht eine Riege. 3 Riegen sind schon gebildet. 12 Schüler kommen etwas später hinzu. Alle machen mit; wieviel Schüler sind da beim Sport?

Es scheint (insbesondere seit Untersuchungen von Stahl 1972[2]) möglich und auch wünschenswert, bereits Grundschülern ab der ersten Klasse bestimmte einfache Regeln zum Lösen von Sachaufgaben zu vermitteln und auf deren Einhaltung zu achten (freilich nicht in übertrieben rigider Form). Hier können die Kinder bereits einigen Schritten sinnvoller Problembehandlung im Sinne von Polya begegnen, ohne daß man sie unnötig einengt.

Beispiele dafür wären etwa:

- Erfassen des Inhalts durch Wiederholen in eigenen Worten,
- Verdeutlichen einer Sachsituation durch Stichworte und Skizzen,
- Unterscheidung des Gegebenen und Gesuchten durch farbiges Unterstreichen,
- Herausfinden der für die Lösung notwendigen Angaben,
- Überlegen evtl. erforderlicher Zwischenschritte,
- Erkennen, Ausgliedern und Fixieren zur Lösung notwendiger Rechenaufgaben (auch Kennzeichnung von »Nebenrechnungen«),
- Formulieren der Antwort,
- Überprüfen der Ergebnisse.

Bei der Vermittlung der heuristischen Regeln gibt es (wie auch in späteren Klassen) im wesentlichen *sechs Verfahren*, die sich m.E. sinnvoll ergänzen:

1. *Impulse, Fragen und Hinweise des Lehrers* während des Lösens von Aufgaben im Sinne der genannten Regeln.
2. *Reflexion nach der Lösung von Aufgaben* und gelegentliches Fixieren einiger bewährter Regeln.
3. *Das kognitive Modellieren* des Vorgehens beim Aufgabenlösen durch den Lehrer.
4. Das Arbeiten der Schüler nach *schriftlichen Handlungsanweisungen bzw. -orientierungen.*
5. Das gezielte *Einüben von Teilhandlungen.*
6. Das möglichst selbstständige *Problemlösen* der Schüler.

Alle Methoden haben vermutlich gewisse Vor- und Nachteile, die in folgender Tabelle kurz akzentuiert angedeutet seien:

Methoden	Vorzug?	Gefahr?
1. Impulse	flexibel und gezielt anwendbar	machen zuwenig Vorgehensweisen bewußt
2. Reflexion	Schüler machen sich eigenes Denken bewußt	hängt vielleicht zu stark an einzelen Aufgaben
3. Modellierung	kann mögliche Denkvorgänge gut verdeutlichen	nimmt auf den einzelnen Schüler wenig Rücksicht
4. Handlungsanweisung	macht aufgabenunabhängige Bedeutung der Regeln besonders bewußt	wenig an einzelne Schüler und Aufgaben angepaßt
5. Übung von Teilhandlungen	Reduktion der Komplexität der Gesamthandlung	wird u.U. zu sehr von der Gesamthandlung isoliert
6. Problemlösen	Lernen von Verfahren durch eigene Erfahrung	Frustration bei ungenügender Vorbereitung

Die Kunst des Unterrichts besteht wahrscheinlich darin, ein ausgewogenes Maß für jede Vorgehensweise zu finden sowie mögliche Vorteile zur Geltung zu bringen und möglichen Nachteilen entgegenzuwirken (u.a. durch Variation und Kombination der Methoden). Dazu könnte z.B. gehören:

bei 1: ein gewisses stimmliches Unterstreichen der Impulse;
eine häufigere Wiederholung in ähnlicher Form;
eine Ergänzung durch Reflexion;

bei 2: Bezug der Reflexion auf mehrere Aufgaben;
eine Ergänzung durch Modellierung;

bei 3: das Einbeziehen von Schülermodellierungen;
eine Ergänzung durch Handlungsanweisungen;

bei 4: Motivieren der Handlungsanweisungen;
Beschränken der Handlungsanweisungen;
Ergänzung durch Impulsmethode und Modellierung;

bei 5: Stellenwert der Teilhandlung in der Gesamthandlung deutlich machen;
Ergänzung durch Handlungsanweisungen;

bei 6: gute Vorbereitung z.B. durch stärker rezeptive Vermittlung heuristischer Regeln;
Ergänzung durch Modellierung und Handlungsanweisungen.

Insgesamt gibt es, soweit ich sehe, noch keine gezielten Untersuchungen zur langfristigen Kombination unterschiedlicher Methoden, obwohl das Heil in der Praxis hier vermutlich am ehesten zu suchen ist. Die Methoden »Modellierung« und »Handlungsanweisungen« haben – einzeln betrachtet – am ehesten eine gewisse empirische Absicherung (vgl. Hinweise in 11.15).

Es seien noch Verdeutlichungen der Methoden des Modellierens und der Handlungsanweisungen und einige Bemerkungen zur Einübung von Teilhandlungen im Bereich »Lösen von Sachaufgaben in der Grundschule« hinzugefügt:

Zum Modellieren heuristischer Regeln

Es werde vorausgesetzt, daß das zweckmäßige Vorgehen bei einigen Sachaufgaben ähnlich der obigen Beispielaufgabe zuvor fragend-entwickelnd und reflektierend besprochen wurde und die Gesichtspunkte in Stichworten an der Tafel stehen, die den roten Faden für die Modellierung der Beispielaufgabe durch den Lehrer darstellen (im folgenden links hervorgehoben). Bei der Modellierung ist wichtig (vgl. 6.4.1), daß der Lehrer sich möglichst gut in den Schüler mit seinen möglichen Schwierigkeiten hineindenkt und jeden Schritt explizit ausführt und laut dazu sagt, was er denkt.

Der Schüler soll ja möglichst gut innerlich nachahmen können, wie der Lehrer vorgeht, und es sich dadurch ein Stück zu eigen machen. (Was der Lehrer dazu schreibt, ist im Druck fett hervorgehoben; was der Lehrer mündlich betont, ist im Druck kursiv gesetzt. Das sieht dann etwa so aus (bzw. hört sich etwa so an):

Wiederholung der Aufgabe

- **Kurze Sätze**
- **In eigenen Worten**

1. *Ich mache mir den Inhalt zuerst noch mal kurz mit eigenen Worten klar:*
   Es ist Sportunterricht. Es werden Riegen gebildet. Zu jeder Riege gehören 6 Schüler. 3 Riegen stehen schon. 12 Schüler kommen dazu.

   Wie viele Schüler waren es jetzt?

Klärung des Sachverhalts

- **Wichtiges unterstreichen**
- **Stichworte**
- **Skizze**

2. a) *Ich unterstreiche die wichtigen*[14] *Angaben.*
   b) *Ich schreibe mir die wichtigsten Angaben heraus* (das, was ich weiß, und das, was gefragt ist) *und mache eine kleine Skizze dazu.*

Ich weiß: 3 Riegen mit je 6 Schülern:

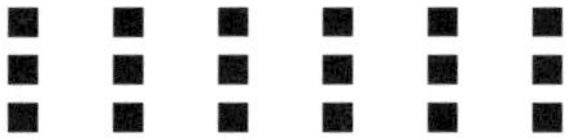

12 Schüler kommen dazu:

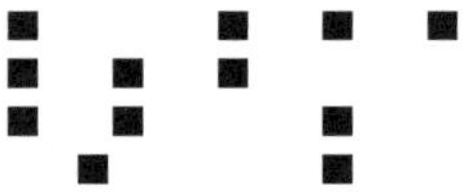

Frage: Wieviel sind das zusammen[15] ?

Ich überlege:

14 Der Lehrer simuliert dabei das Unterstreichen auf dem Aufgabenblatt (hier unterstrichen im Wiederholungstext).

15 An dieser Stelle braucht der Lehrer nicht zu verschweigen, daß er die Lösung bereits durch bloßes Auszählen bekommen kann. Die folgende Rechnung bekommt dann den Charakter einer Ergebniskontrolle.

Rechnung

– Zuerst?

3. a) *Was kann ich zuerst ausrechnen?*

– Wie viele Schüler schon da sind:
»3 Riegen zu je 6« heißt:
$6 + 6 + 6 = 3 \cdot 6.$
$= 18$

– Dann?

b) *Was kann ich dann ausrechnen?*

– Wieviel es sind, wenn 12 dazukommen?
»12 dazu« sagt mir: 12 sind zu addieren.

Zu rechnen ist also: 12 + 18 = ?

Ich überlege:

– Wie?

c) *Wie rechne ich am besten?*

Statt 12 + 18 rechne ich leichter 18 + 12
$18 + 12 = 18 + 2 + 10 = \underline{30}.$

Antwort

4. *Es sind insgesamt 30 Schüler.*

Ich frage mich:

Überprüfen

5. *Stimmt das?*

– Auf andere Weise

a) Ja es stimmt; denn dasselbe kommt ja heraus, wenn ich die Schüler in meiner Skizze abzähle.

– Durch eine andere Rechnung

b) Kann ich auch anders rechnen? – Ja.

3 Riegen zu je 6	$\underline{3} \cdot 6$
+ 12 Schüler (= 2 Riegen!)	$2 \cdot 6$
Zusammen	$\underline{5} \cdot 6 = 30$

Zu dieser mit Absicht ausführlichen Schilderung sei bemerkt:

1. Sie läßt erkennen, welche gedanklichen Anforderungen an Grundschüler schon mit der Lösung »harmloser« kleiner Sachaufgaben gestellt sein können: daß sie solche Aufgaben nicht »nebenbei« lernen, wenn nur die Rechenoperationen eingeführt sind.
2. Sie zeigt weiterhin deutlich, daß »kognitives Modellieren« viel mehr ist als eine »Musteraufgabe« an die Tafel schreiben oder schlichtes »Vormachen«.
3. Ich möchte betonen, daß solch eine kognitive Modellierung (von Zeit zu Zeit, im angedeuteten größeren Gesamtrahmen der Vermittlung heuristischer Regeln) durchaus nicht als vorgestrige Vortragsmethode zu betrachten ist (vgl. 6.3.7 und 6.4.1). Erfolgreiche Lehrer haben freilich auch schon früher häufig davon Gebrauch gemacht. Daran sollte erinnert werden.

4. Die Stichworte links könnten eine Orientierung für eine anschließende Modellierung durch Schüler sein.
5. Modellierungen kann und sollte man nicht immer so ausführlich handhaben, wie eben bewußt übertrieben angedeutet. Man sollte sich nach dem Lernstand der Schüler richten und meist nur einige Schritte, vielleicht auch nur einen, modellieren. Dies könnte auch der Auftakt sein für das zeitweilige Arbeiten mit schriftlichen Handlungsorientierungen oder das Üben von Teilhandlungen.

Zum Vermitteln heuristischer Regeln über Handlungsorientierungen im Sinne von Galperin und Lompscher (vgl. Stahl 1972[2])

Auch eine schriftliche Handlungsorientierung der hier zu besprechenden Art wird man nicht vom Himmel fallen lassen, sondern durch die vorherige bewußte Bearbeitung einiger Aufgaben motivieren, ähnlich wie auch Modellierungen. Sinnvoll wäre gewiß auch, den Umgang mit Handlungsorientierungen zu modellieren. Dies vorausgesetzt, könnte man die Schüler beim Lösen von Sachaufgaben gelegentlich mit Orientierungskarten arbeiten lassen, mit kurzen Fragen und Impulsen folgender Art:

Schema 25

Handlungsorientierung zum Lösen von Sachaufgaben (Grundschule)

1. Was weißt du?
2. Wie heißt die Frage?
3. Versuche, eine Skizze anzufertigen!
4. Überlege, was du zuerst ausrechnen kannst!
5. Schreibe den ersten Rechenschritt auf, und gib das Zwischenergebnis an.
6. Überlege, was du nun ausrechnen kannst!
7. Schreibe den nächsten Rechenschritt auf ...
8. Rechne mit Hilfe des Zwischenergebnisses (bzw. der Zwischenergebnisse) das Endergebnis aus.
9. Antworte!
10. Überprüfe Ergebnis und Antwort.

Ziel der Orientierungskarte ist es, den Kindern ihre eigene Denktätigkeit allmählich bewußtzumachen, um schließlich ohne schriftliche Anweisung auszukommen.

Man könnte – ähnlich wie beim Begriffslernen – die Aneignungstätigkeit der Schüler nach Galperin etwa in folgenden drei Etappen gestalten:

1. Etappe: Die Handlungsvorschrift liegt den Schülern schriftlich vor. Sie können sich beim Lösen ständig am Text orientieren.

2. Etappe: Die Handlungsvorschrift liegt nicht mehr schriftlich vor. Beim Ausführen der einzelnen Handlungsschritte müssen die Schüler die Ausführung jedes Teilschritts kommentieren (sprachliche Handlung).

3. Etappe: Die Schüler können auf schriftliche Vorlage und sprachliche Formulierung der Schritte verzichten. Sie haben sich die Handlung geistig angeeignet.
(Vgl. Steinhöfel/Reichold/Frenzel 1975, S. 22.)

Es ist mit Stahl (1972^2) zu betonen, daß es natürlich nicht Ziel des Unternehmens ist, daß die Schüler die Handlungsorientierung auswendig lernen. Der häufigere Umgang – so ist zumindest zu erhoffen – ermöglicht ein unwillkührliches »sinnvolles« Einprägen. Sie sollten mithin auch nicht schematisch daran »kleben«, sondern frei damit umgehen. Das Ergebnis sollte letztlich sein, daß die Kinder bewußter und gezielter im Sinne der heuristischen Regeln an Sachaufgaben herangehen.

Daß dorthin vermutlich kein schneller, glatter Weg hinführt, wie vielleicht Stahl seinerzeit noch annahm, wurde bereits angedeutet:

Handlungsorientierungen müssen wahrscheinlich vielfältig durch andere Methoden ergänzt werden.

Auf eine sei nochmals kurz hingewiesen:

Üben von Teilhandlungen im Rahmen der Heuristik[16]
Der Hauptgedanke besteht darin, nicht immer Aufgaben von vorne bis hinten »durchzukauen«, sondern – insbesondere unter Verzicht auf das genaue Ausrechnen – einige heuristische Regeln getrennt zu üben (einzeln oder auch einige wenige zusammen).

Für die Grundschule könnte man sich insbesondere das Üben folgender Teilhandlungen vorstellen:

1. Das Übertragen von Daten aus einem Text in eine übersichtliche (schematische) Skizze.
2. Das Erkennen einzelner Teiloperationen aufgrund bestimmter Signalwörter.
3. Das Zergliedern einer Aufgabe in Teilaufgaben.
4. Das Überprüfen einer Aufgabenlösung auf verschiedenen Wegen.

Hinsichtlich 4. kommt Überschlägen ein besonderes Gewicht zu, weil sie nicht nur der Überprüfung dienen, sondern im Alltag einen eigenständigen Wert haben. In der Sekundarstufe I bekommen sie auch einen besonderen Wert als heuristische Regel zum Finden einer Lösung (vgl. Zech 1995, Abschnitt 3.9.3).

11.7.3 Zum Lösen von Sachaufgaben in der Sekundarstufe I

Grundsätzlich wiederholen sich hier die gleichen methodisch-didaktischen Fragestellungen bei der Vermittlung heuristischer Regeln wie in der Grundschule auf etwas höherem Niveau. Auch hier geht es m.E. um eine möglichst sinnvolle Kombination mehrerer Unterrichtsmethoden (fragend-entwickelndes Verfahren, Reflektieren, ko-

16 Diese Möglichkeit wird bereits von Reichold u. a. (1977) propagiert und in neuerer Zeit von König und Heyer in MU 1992/3 und Bruder in ML 1992, Heft 52 aufgegriffen und an Beispielen aus der Sekundarstufe I stärker methodisch aufbereitet.

gnitves Modellieren, Handlungsanweisungen, Üben von Teilhandlungen, Problemlösen) und um sinnvolles Vorbereiten bzw. Motivieren dieser Methoden. Daneben empfiehlt es sich, das kognitive Modellieren und die Handlungsanweisungen auf wenige Regeln zu beschränken, die dem jeweiligen Lernstand angepaßt sind. Nähere Untersuchungen gibt es in diesem Bereich zum Einsatz von Handlungsanweisungen (vgl. Steinhöfel/Reichold/Frenzel 1975 sowie Reichold u.a. 1977), ihr Erfolg muß vermutlich jedoch relativiert werden (siehe weiter unten).

Machen wir uns die sich bei komplexeren Aufgaben verschärfende Problematik von Handlungsanweisungen an einem Beispiel[17] deutlich (vgl. Reichold u.a. 1977, S. 52f.):

»Ein Fahrzeug mit einer Ladefähigkeit von 3 t soll einen kegelförmigen Sandhaufen abfahren, der am Boden einen Umfang von 20 m besitzt und dessen Böschungswinkel ca. 35° beträgt. Wieviel Fahrten sind notwendig, wenn 1 m^3 1800 kg wiegt?«

Ähnlich wie Stahl (1972^2) für die Grundschule empfehlen Steinhöfel/Reichold/Frenzel (1975) im Anschluß an Galperin und Lompscher etwa mit einer »Handlungsanweisung« als Orientierungsgrundlage zu arbeiten (siehe Schema 26 auf S. 339).

Der angehende Lehrer wird hier zweifellos nützliche heuristische Hinweise finden, die er bei einem mehr oder weniger geführten »Problemlösungsunterricht«, etwa bei der genannten Aufgabe, einsetzen kann (vgl. 11.13, Aufgabe 1)[18]. Dies kann er um so besser, wenn er selber versucht, das Problem auf dieser Basis zu lösen. Beobachtet er jedoch seinen eigenen Lösungsprozeß genauer, kann er vermutlich feststellen, daß die (fast) lineare »Handlungsanweisung« hier nur sehr unvollkommen das Hin und Her des Lösungsprozesses zwischen gegebenen, gesuchten bzw. evtl. in Frage kommenden Hilfsgrößen abbilden kann: das typische Wechseln zwischen »*Rückwärtsarbeiten*« (Ausgehen vom Gesuchten; was muß ich dazu wissen in Richtung auf das Gegebene?) und dem »*Vorwärtsarbeiten*« (Ausgehen vom Gegebenen; was kann ich folgern in Richtung auf das Gesuchte?) und das Suchen nach vermittelnden Hilfsgrößen, um die Lösung letztlich zu einer Kette von routinemäßigen Teilaufgaben zu machen.

Um dies am obigen Beispiel noch etwas greifbarer zu machen, sei ein möglicher Lösungsvorgang genauer konkretisiert: Man versucht zunächst vielleicht, mehr global den Sachverhalt und die Zielsetzung zu verstehen (nicht nur in eigenen Worten zu wiederholen, wie es die Handlungsanweisung nahelegt): »Es geht darum, wie häufig ein Lastwagen fahren muß, um einen Sandhaufen abzufahren.«

Man interpretiert dann vielleicht den Text gleich in Richtung der Fragestellung:

»Der Lkw kann jedesmal nur 3 Tonnen laden.« Man fängt dann u.U. gleich an, hypothetisch »von hinten« Teilaufgaben abzugrenzen, ohne sich gleich die Daten schon genauer zu vergegenwärtigen (wie es der Handlungsanweisung entsprechen würde):

17 Diese Aufgabe kann nach Kriterien des Anforderungsniveaus sinnvoll erleichtert oder erschwert werden (vgl. Aufgabe 5 in Abschnitt 11.13).

18 Dies sollte ja in unserem Rahmen der wesentliche Nutzen bei eventuellen Unterrichtsversuchen sein.

Schema 26: Handlungsorientierung zum Lösen von Sachaufgaben* (Sekundarstufe I)

I. *Erfasse und analysiere die Aufgabe!*

1. Du mußt die *Aufgabe verstehen.*
   - Skizziere, wenn möglich, die Sachsituation!
   - Lies die Aufgabe gründlich durch!
   - Gib den Inhalt der Aufgabe mit eigenen Worten wieder!
   - Gib die Frage mit eigenen Worten wieder!
2. Erfasse die *gegebenen und gesuchten Größen!*
   - Schreibe die gegebenen Größen auf!
   - Schreibe auf, was gesucht wird!
3. Du mußt die *Beziehungen* in der Aufgabe *erfassen!*
   - Lege *Bezeichnungen* für die gesuchte(n) Größe(n) und für Hilfsgrößen fest!
   - Versuche ggf., in dieser *Skizze* die wichtigen Beziehungen zwischen gegebenen und gesuchten Größen sowie Hilfsgrößen zu verdeutlichen!
   - Stelle einander entsprechende Größen (wie Warenmenge – Preis, Weg – Zeit …) in einer *Tabelle* dar!
4. *Schätze* (soweit möglich) das Ergebnis!

II. *Ermittle den mathematischen Ansatz!*

1. Ist zur Berechnung der gesuchten Größe eine *Formel anwendbar, dann* gehe zu *2.*! Sonst gehe zu *3.*!
2. *Stelle die Formel auf!*
   - Überlege dabei, was die Symbole der Formel bedeuten und ob sie mit den Bezeichnungen übereinstimmen, die bei I. festgelegt wurden! Gehe zu 4.!
3. *Bestimme* (*eine*) *Gleichung*(*en*), *durch die die gesuchte*(*n*) *Größe*(*n*) *ermittelt werden kann* (*können*)*!*
   - Orientiere dich bei der Auswahl der Rechenoperationen am Text der Aufgabe bzw. an einer aufgestellten Tabelle oder an einer Skizze!
   - Verwende für die Formulierung der Gleichung(en) die von die gewählten Bezeichnungen für gesuchte Größen bzw. Hilfsgrößen! (Führe unter Umständen weitere Hilfsgrößen ein!)
4. Stelle nun einen *Ansatz* für die Berechnung der *Hilfsgrößen* auf! Beginne dabei wieder bei II.1.! Gehe dann zu III.!

III. *Löse die mathematischen Aufgaben!*

1. Überschlage!
2. Rechne unter Umständen die *Maßeinheiten* um!
3. Berechne die *Hilfsgrößen* (ggf. in einer Nebenrechnung)!
4. Berechne die *gesuchte*(*n*) *Größe*(*n*)!

IV. *Werte das (die) Ergebnis(se) aus!*

1. *Vergleiche* den *Überschlag* (auch das geschätzte Ergebnis) *mit dem* erhaltenen *Resultat.*
2. *Überprüfe* das Ergebnis *am Text* der Aufgabe!
3. Formuliere den *Antwortsatz*!

* Durch die Hervorhebungen versuchen die Verfasser, eine mögliche Kurzfassung dieser Handlungsorientierung anzudeuten.

- Ich müßte erst einmal wissen, welches Gewicht der Sandhaufen hat.
- Wenn ich das wüßte, brauchte ich nur auszurechnen, wie oft das zulässige Ladegewicht des LkWs (3 t) in dem Gewicht des Sandhaufens enthalten ist (Routineaufgabe der Division).
- Das Gewicht des Sandhaufens könnte ich bekommen, wenn ich das Volumen (in m^3) wüßte; denn ich weiß ja, was 1 m^3 wiegt (Blick nach dem Gegebenen, um zur Hilfsgröße Volumen zu kommen). Usw.

Genau für solch einen Prozeß des Rückwärts-/Vorwärtsarbeitens, der häufig entscheidend ist, findet man keine genaueren Anhaltspunkte in der Handlungsanweisung. Man darf insofern schon gelegentlich seine Zweifel haben, ob sich überhaupt Handlungsanweisungen dieser Art zu einem sinnvollen inneren Problemlösungsvorgang internalisieren lassen bzw. ob es wünschbar ist, solch eine Handlungsanweisung zu internalisieren, weil sie bei komplexeren Aufgaben u.U. eher der erforderlichen Beweglichkeit im Wege steht (vgl. in dieser Richtung Glatfeld 1992, S. 5). Zumindest wird hier wieder die Ergänzungsbedürftigkeit einer zur Rigidität verleitenden Handlungsanweisung (z.B. durch eine der jeweiligen Aufgabe und der Dynamik des Lösungsprozesses besser angepaßte Methode des kognitiven Modellierens) deutlich. Hierbei könnte der Lernende den Prozeß im wahrsten Sinne des Wortes besser »nachvollziehen«. Einen ähnlichen Effekt scheint sich Goldberg (1992) bei der Strategie des Vorwärts-/Rückwärtsarbeitens durch das eigene Reflektieren des Vorgehens an besonders geeigneten Beispielen zu versprechen.

Solange keine genaueren vergleichenden Untersuchungen, auch für kombinierte Methoden, hinsichtlich des langfristigen Effekts vorliegen, sollte der Lehrer selbst mit den Methoden frei »experimentieren«.

Zum Schluß gebe ich noch einige Anregungen von K. Reichold weiter:

Reichold, einer der Autoren der oben zitierten »Handlungsorientierung«[19], hat sich in späteren Arbeiten (vgl. Reichold 1980, 1982, 1983, 1984) selbst stärker von den Handlungsorientierungen (vgl. auch 11.8 und 11.9) methodisch gelöst und – ausgehend etwa von der folgenden Übersicht – für das Ausgliedern von Teilhandlungen und ihr bewußtes Üben plädiert.

Dabei hat er für gezielte Schwerpunktsetzungen anhand der Inhalte in den Klassen 5, 6, 7 und 8 plädiert. So war das Anfertigen und Nutzen von Skizzen bei Problemlösungen im Rahmen des Satzes von Pythagoras[20] (vgl. auch 11.3.3) ein besonderer Schwerpunkt (vgl. Reichold 1984). Wir geben hier nur die stärker am inhaltlichen Erfassen (vgl. 5. Kapitel) orientierte und auf das Finden des Ansatzes konzentrierte Übersicht wieder, die für den Lehrer vermutlich eine bessere Hilfe darstellt als Schema 26:

19 Der geschätzte Kollege Klaus Reichold ist bedauerlicherweise 1993 bei einer Bergtour in den Alpen tödlich verunglückt. Gerade ihm verdankt dieses 11. Kapitel viele Anregungen.

20 Vor allem das Herausfinden, Zeichnen, Bezeichnen und Berechnen von rechtwinkligen Dreiecken bei einschlägigem Sachverhalt.

Schema 27

Übersicht zum Finden des Ansatzes bei Sach- und Anwendungsaufgaben	
Aufgabe erfassen und analysieren	
Aufgabe aufnehmen	(Text verstehen, Sachverhalt überblicken, Aufgaben mit eigenen Worten wiedergeben, Teilaufgaben erkennen, ggf. Sachsituation skizzieren)
Gegebene und gesuchte Größen erfassen	– Erfassen gegebener Größen – Erfassen gesuchter Größen (Einführen von Variablen) – Erfassen weiterer Größen, die möglicherweise für die Lösungsfindung wichtig sind (Hilfsgrößen)
Beziehungen erkennen	– Zerlegen des Textes in Sinneinheiten – Neuformulierung des Textes mit Hilfe eingeführter Variablen für gesuchte und Hilfsgrößen – Verdeutlichung ebener, räumlicher, raumzeitlicher und größenmäßiger Beziehungen in Skizzen – Verdeutlichen von Abhängigkeiten (funktionalen Beziehungen) in Tabellen
Schätzen des Ergebnisses	– Ermitteln von Grenzen, in denen das Ergebnis liegen müßte. – Erfahrungswert, vermutetes Ergebnis notieren – Formulieren einer vorläufigen Antwort
Ermitteln des mathematischen Ansatzes	
»Inhaltlich« bestimmtes Vorgehen	– Anwenden von Formeln – Aufstellen von Gleichungen oder Ungleichungen (Nutzen von Schlußweisen, von Proportionalität; Nutzen von durch entsprechende Wortformulierungen signalisierten Operationen bzw. Relationen)
»Strategisch« bestimmtes Vorgehen	– Vorwärtsarbeiten (vom Gegebenen aus) – Rückwärtsarbeiten (vom Gesuchten aus)* – Kombination von Vorwärts- und Rückwärtsarbeiten (u.U. von zentralen Hilfsgrößen aus) – Aufstellen von Beziehungen zwischen gegebenen, gesuchten und Hilfsgrößen (u.U. Gleichungssystem)

* *Hinweis*: Beim Rückwärtsarbeiten immer vergewissern, daß man auch in umgekehrter Richtung schließen darf.

11.8 Zur problemlösenden Behandlung von mathematischen Sätzen und ihren Beweisen (in der Sekundarstufe I)

Dieser Abschnitt nimmt zunächst Bezug auf Arbeiten von Steinhöfel/ Reichold (1971, 1972, 1973)[21].

Beispielaufgabe:	Satz des Thales. »Wenn γ ein Peripheriewinkel über einem Durchmesser eines Kreises ist, dann ist dieser Winkel ein rechter Winkel.«

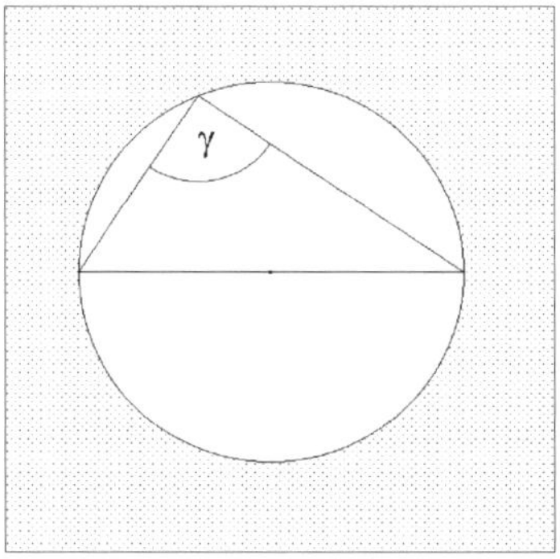

Abb. 11.8:
Zum Satz des Thales

Bei der vorliegenden Problematik geht es um zwei Aneignungsprozesse:

a) Aneignung des zu vermittelnden Satzes,
b) Aneignung seines Beweises.

Eine häufigere problemlösende Behandlung dieser beiden Aneignungsprozesse ist zu befürworten, da bei der üblichen expositorischen Behandlung der Lehrer zu schnell den Anwendungen zustrebt und das Verstehen des Beweisens bzw. das eigene Beweisen der Schüler[22] zu kurz kommt.

Steinhöfel/Reichold (1971, S. 704) sehen den *Gesamtprozeß des problemlösenden Beweisens*[23] etwa so:

21 Eine umfassendere Literaturübersicht gibt Reichold (1979).
22 Hier gibt es freilich auch Grenzen (vgl. Nachbetrachtung).
23 Der angehende Lehrer lasse sich durch diese etwas komplexe Beschreibung nicht unnötig irritieren (vgl. übernächste Seite und zusätzliche Erläuterung durch Schema 28), sowie spezielle Literatur in 11.15).

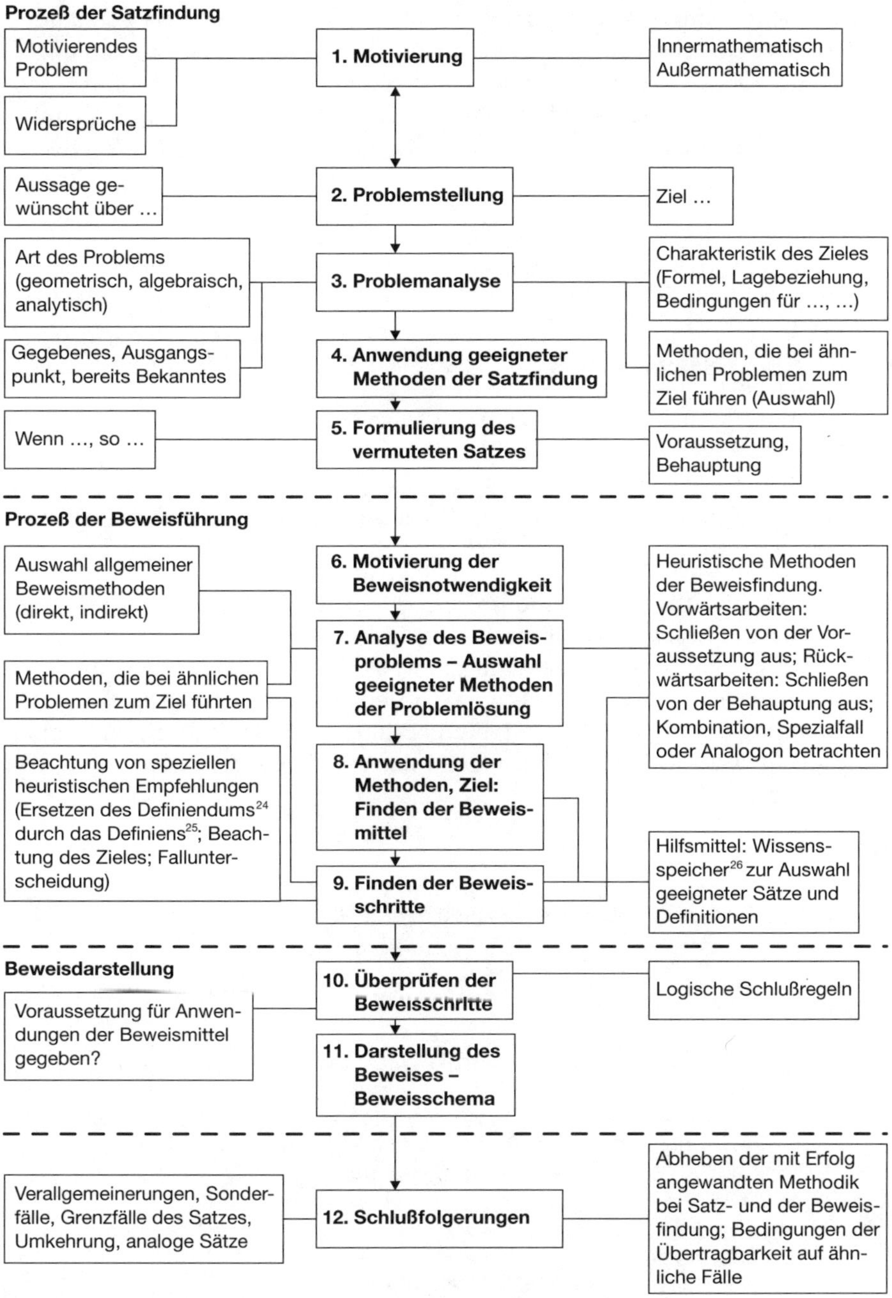

24 Definiendum (lat.): das zu Definierende (der Begriffsname).
25 Definiens (lat.): das Definierende (die Erklärung des Begriffs).
26 Als »Wissensspeicher« wird ein Arbeitsblatt mit einer kurzen Zusammenstellung bereits behandelter Sätze und Definitionen bezeichnet.

Die Verfasser möchten diese Prozeßdarstellung nicht als starres Schema verstanden wissen, sondern als eine Anregung, die in Abhängigkeit der gegebenen Bedingungen viele Möglichkeiten der Umsetzung im Unterricht offenläßt (vgl. dazu 11.10.2).

Die Untersuchungen der Verfasser haben gezeigt, daß eine Orientierung des Unterrichts an diesem Schema zu besseren Unterrichtsergebnissen führt (vgl. 1972, S. 223, 226):

»Durch die Orientierung der Lehrer der Versuchsklassen auf die Prozesse der Satz- und Beweisfindung und damit verbundenen Teilprozesse des Unterrichtsverlaufs[27] unter Beachtung größerer Selbständigkeit der Schüler bei der Behandlung mathematischer Sätze werden von den Schülern

a) die behandelten Sätze besser angeeignet;
b) die behandelten Beweise besser angeeignet;
c) mit besserem Erfolg ihnen noch unbekannte Sätze gefunden und
d) mit besserem Erfolg deren Beweise gefunden

als in den Vergleichsklassen, in denen die Lehrer in traditioneller Weise unterrichten. Dabei wurde abgesichert, daß Stoffumfang und zur Verfügung stehende Zeit in Versuchs- und Vergleichsklassen gleich waren.«

Die systematische, etappenweise Behandlung auf der Grundlage einer Handlungsanweisung für die Schüler brachte noch bessere Ergebnisse (vgl. 1973, S. 169–173).

Nachfolgend sei die vollständige Handlungsanweisung für das Beweisen geometrischer Sätze wiedergegeben, die der Lehrer nach den jeweiligen Bedürfnissen auch einfach als Anregung für evtl. geeignete Hilfen beim Problemlösen in Kleingruppen betrachten sollte, für kognitive Modellierungen oder auch die gezielte Einübung von Teilhandlungen (vgl. 11.7.3)[28].

Schema 28

Handlungsorientierung zum Beweisen geometrischer Sätze

1. Schreibe den vermuteten Satz in der Wenn-dann-Form nieder!
2. Unterstreiche die Voraussetzung grün!
   Unterstreiche die Behauptung rot!*
3. *Fertige eine Skizze an!*
   3.1. Bezeichne alle wichtigen Teile (Punkte, Strecken, Winkel)! Markiere ggf. rechte Winkel besonders.
   3.2. Zeichne, wenn möglich, die in der Voraussetzung genannten Stücke grün ein! Zeichne, wenn möglich, die in der Behauptung genannten Stücke rot ein!
   3.3. Kennzeichne gleich große Strecken und Winkel durch gleiche Farben oder gleiche Symbole!
4. Schreibe die Voraussetzung auf!
   Schreibe die Behauptung auf!
   Benutze dabei die in der Skizze benutzten Bezeichnungen!

27 Siehe Schema vorige Seite.

28 Wegen des freien Umgangs mit der »Handlungsanweisung« sprechen wir im Schema 28 ähnlich wie bereits früher wieder von »Handlungsorientierung«.

5. *Suche nach Beweismitteln!*
   5.1. Schreibe alle Sätze auf, die die gleiche Behauptung haben! Verwende den Wissensspeicher!
   5.2. Schreibe alle Sätze auf, die die gleiche Voraussetzung haben und die sonst noch günstig erscheinen!
6. *Beweisidee*
   6.1. Kannst du bereits einen der unter 5.1 ausgewählten Sätze auf die Skizze anwenden, dann arbeite gleich bei 7. weiter!
   6.2. Wähle einen geeigneten Satz unter 5.1 aus! Kannst du die Voraussetzung dieses Satzes herstellen, so gehe zu 7.! Zeichne, falls notwendig, Hilfslinien ein!
   6.3. Bist du zu keinem Ergebnis gelangt, dann versuche mit neu gewählten Hilfslinien weiterzukommen. Kommst du trotzdem zu keinem Ergebnis, dann gehe zu 9.!
7. Ergänze, wenn nötig, die Beweisfigur entsprechend dem ausgewählten Satz (Bezeichnungen)!
8. *Beweisüberlegung*
   8.1. Kannst du bereits einen lückenlosen Weg zwischen Behauptung und Voraussetzung herstellen, dann arbeite weiter bei 10.!
   8.2. Versuche, neue Zusammenhänge herzustellen, so daß du den Weg zur Voraussetzung weiterführen kannst!
   Beachte dabei die unter 5.2 aufgeschriebenen Sätze und eventuell neu entstandene Teilfiguren!
   8.3. Ergänze die Beweisfigur gegebenenfalls entsprechend dem nun ausgewählten Zusammenhang (Satz)!
   8.4. Hast du den Weg geschlossen, dann gehe zu 10!
   Im anderen Fall gehe nochmals zu 8.2 oder zu 9.!
9. *Du bist zu keinem Ergebnis gelangt*:
   Wähle einen neuen Satz als Beweismittel aus!
   Beginne noch einmal bei 6.!
10. *Beweisdarstellung*:
   Stelle deine Beweisüberlegungen im Beweisschema dar!
   Überprüfe die gefundenen Beweisschritte!

* Für Farbenblinde evtl. andere Farben wählen!

Nachbetrachtung

Trotz des relativ optimistischen Bildes, das die nunmehr schon länger zurückliegenden Arbeiten von Steinhöfel/Reichold vermittelten, scheinen deren Anregungen für eine stärker problemlösende Behandlung von Sätzen entweder wenig verbreitet oder nicht in rechter Weise (vielleicht doch zu rigide?) aufgenommen worden zu sein oder haben sich auf Dauer nicht als praktikabel genug erwiesen. Das gleiche gilt vermutlich auch für viele andere Anregungen und Bemühungen (vgl. z. B. Walsch 1972). Dabei wurde laut Goldberg (1992, S. 33) seit Mitte der 60er Jahre gerade in der DDR großer Wert auf die Befähigung der Schüler zum Beweisen gelegt, was sich z. B. in Lehrplänen, Weiterbildungskursen, Lehrerausbildung, Lehrbüchern, Unterrichtshilfen, Beweisanforderungen im Abitur (also nicht nur in didaktischer Literatur) niederschlug.

Für die bescheidenen Ergebnisse dieser vielen Bemühungen spricht neben vielen Erfahrungsberichten die Wiederholung einer 1964 von Walsch durchgeführten empirischen Untersuchung im Schuljahr 1988/89 an Schulen in Halle (vgl. Flade/Pruzina 1992). Sie zeigt, daß weder in der Einstellung noch in der Fähigkeit zum Beweisen Verbesserungen gegenüber dem (niedrigen) Stand von 1964 nachzuweisen sind.

So ist sich z.B. ein Drittel der in die Untersuchung einbezogenen Schüler nicht einmal über den Unterschied zwischen Definition und mathematischem Satz klar (bzw. darüber, ob ein vorgelegter Ausdruck prinzipiell eines Beweises bedarf oder nicht).

Daß das Ergebnis bei einer entsprechenden Untersuchung an westdeutschen Gymnasien nicht besser aussieht, verwundert – bei vergleichsweise vermutlich geringeren Anstrengungen diesbezüglich in den alten Bundesländern – auch nicht mehr[29].

Vermutlich hat man einige Schwierigkeiten des Beweisens unterschätzt (vgl. Näheres dazu bei Goldberg 1992, S. 39):

- Schwierigkeiten im fachsprachlichen Ausdruck,
- Schwierigkeiten beim Verwenden von Variablen und Symbolen,
- mangelndes sprachlogisches Verständnis für Existenz und Eindeutigkeit (z.B. Bedeutung von »Es gibt ein …«),
- Mechanische statt heuristische Schulung des Beweisens (siehe oben),
- Überbetonung der formalen Beweisdarstellung.

Walsch (1992) zieht u.a. das Fazit, daß man sich an einem weiteren Beweisbegriff orientieren sollte, der alle Arten von Argumentation und Begründung umfaßt, die in einer gegebenen Situation als »schlüssig«, »ausreichend«, »überzeugend« angesehen werden können.

Bei einfachen Begründungsaufgaben kann man eher auf Erfolge hoffen als bei formalen Beweisen:

Goldberg (1988) berichtet, daß Schüler schon ab 6. Klasse in der Lage sind, einfache Beweise selbständig zu führen, wenn sie ihre Gedanken aufschreiben dürfen, »wie ihnen der Schnabel gewachsen ist«.

Ein bemerkenswerter Neuansatz (bzw. ein stärker methodisch reflektiertes Aufwärmen eines alten heuristischen Gedankens) scheint mir das *beispielgebundene Begründen* in von Goldberg (1992) propagiertem Sinne.

»Beispielgebundenes Begründen« meint hier:

1. Den allgemeinen Gedanken an speziellen Beispielen gewinnen.
2. Eine repräsentative Beispielauswahl im Sinne einer vollständigen Fallunterscheidung[30].

Ein solches Begründen kann dann für die Schüler bereits als Beweis gelten. Die weitere Formalisierung könnte dem Lehrer und besseren Schülern überlassen bleiben[31].

Zusätzlich sei hier zur Beweisproblematik noch bemerkt:

---

29 Vgl. auch die recht ernüchternden Untersuchungen von Leppig aus früheren Jahren (1978), wonach lediglich 25% der Abiturienten überhaupt nur irgendeinen ihnen bekannten Satz beweisen konnten.

30 U.U. eine sinnvolle Möglichkeit für arbeitsteilige Gruppenarbeit.

31 Genauere methodische Hinweise (z.B. für den Peripheriewinkelsatz) findet man bei Goldberg (1992, S. 40f.).

So wichtig und typisch das Beweisen für die Mathematik auch ist, so genügt es angesichts der damit verbundenen Schwierigkeiten vielleicht, wenn schwächere Schüler der Sekundarstufe I (insbesondere Hauptschüler) nur einige wenige exemplarische Beispiele für »richtige« Beweise an Winkelsummensätzen, Sätzen aus dem Umfeld des Satzes von Pythagoras sowie von Winkelsätzen am Kreis (u. a. Peripheriewinkelsatz und Satz des Thales) in mehr expositorischer Form kennenlernen (also nicht so sehr selber finden müssen)[32].

Auf jeden Fall sind Beweise nur dann erforderlich und sinnvoll, wenn das *Beweisbedürfnis* der Schüler auch wirklich geweckt ist (vgl. Hinweise in Abschnitt 7.2). Psychologisch bedeutsam scheint auch ein Hinweis von Walsch (1992): Man sollte die Schüler ein wenig wegbringen von der Frage »Stimmt das?«, die auf den Wahrheitsgehalt zielt, den die Schüler aufgrund »empirischer Einsicht« u.U. doch nicht bezweifeln. Statt dessen sollte man die Schüler mehr auf die Frage hin »Wie kommt das?« orientieren, die auf das *Verstehen* der Zusammenhänge zielt.

11.9 Zur problemlösenden Behandlung von Konstruktionsaufgaben (etwa ab Klasse 6)

Traditionelle Konstruktionsaufgaben scheinen vergleichweise weniger problematisch und auch bei Schülern beliebter[33] als komplexere Textaufgaben und Beweisaufgaben, weil u.U. der »Suchraum« eingegrenzter ist und die Schüler konkrethandelnd vorgehen können. Dem folgenden legen wir zunächst einen Aufsatz von Steinhöfel/Reichold/Frenzel (1975/2) zugrunde.

Beispielaufgabe (a. a. O., S. 82): »Konstruiere ein Dreieck aus zwei Seiten (z. B. AB, AC) und der Höhe (z. B. h_c) auf eine der gegebenen Seiten (vgl. Figur).«

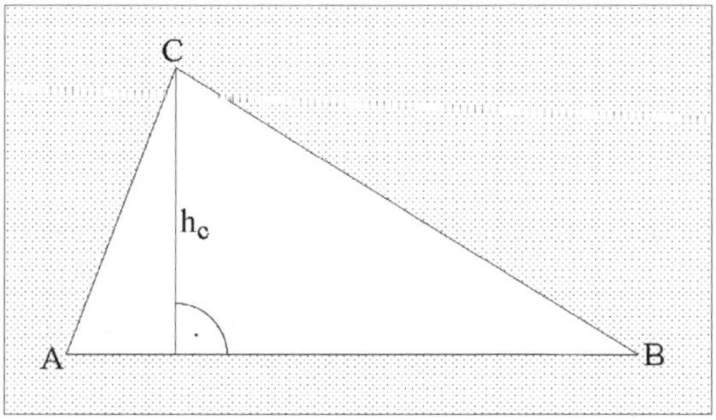

Abb. 11.9:
Zur Dreieckskonstruktion

Hauptziele der Behandlung von solchen Konstruktionsaufgaben könnten sein:

---

32 Einige interessante Hinweise zu relativ einfachen Beweisen im Algebraunterricht der Sekundarstufe I gibt Fraedrich (1989).

33 Vgl. dazu etwa Schupp (1983) und Flade/Pruzina (1992).

– Logisches Analysieren der Konstruktionsaufgaben,
– Anwenden von mathematischen Sätzen und Definitionen sowie von Grundkonstruktionen zum Finden, Begründen und Determinieren von Konstruktionen,
– Beschreiben von Konstruktionswegen unter Verwendung üblicher Fachterminologie,
– Rationelles und sauberes Ausführen von Konstruktionen.

Ähnlich wie für die Problemsituation »Beweisen von Sätzen« geben die o.g. Autoren eine schematische Übersicht über die wichtigsten Teilprozesse, die bei der Behandlung von Konstruktionsaufgaben zu durchlaufen sind und hier leicht modifiziert[34] wiedergegeben werden:

Orientierung auf das Problem
- Motivierung
- Problemstellung und Zielorientierung
  Aufgabe aufnehmen (Aufgaben evtl. mit eigenen Worten wiedergeben und das Wesentliche grob skizzieren)
- Problempräzisierung
  – gegebene und gesuchte Größen in sorgfältigere Skizze (Planfigur) eintragen[35]
  – Feststellen des Problembereichs (Bewegung, Drehung ...; Grundkonstruktion; Dreieckskonstruktion ...;
  – Besinnen auf ähnliche Konstruktionsaufgaben

Analyse des Problems
- Grundlegendes Prinzip: (»Ortslinien«!) Zurückführen auf die Konstruktion von Punkten – für jeden Punkt sind zwei Bedingungen notwendig (etwa: Schnitt von Kreisen und Geraden ...)
- Suchen nach
  – geeigneten Hilfslinien und Hilfsgrößen
  – bekannten Sätzen und Definitionen, um weitere Bedingungen für die zu konstruierenden Punkte zu erhalten

Lösung des Problems
- Plan der Konstruktion (evtl. numerierte Stichworte)
- Vorüberlegungen zur Konstruktion (Blatteinteilung)
- Ausführung des Konstruktionsplanes

Auswertung des Ergebnisses und des Lösungsweges
- Überprüfung von Richtigkeit und Eindeutigkeit des Ergebnisses: besondere Fälle?
- genauere fachsprachliche Konstruktionsbeschreibung
- Auf welche ähnlichen Fälle kann der Lösungsweg vermutlich übertragen werden?

Auch für das Lösen von Konstruktionsaufgaben können sinnvolle Handlungsanweisungen eingesetzt werden, die auch für den Problemlösungsunterricht in Kleingrup-

34 Die Veränderung gegenüber dem Original bezieht sich im wesentlichen auf die Aufspaltung der Konstruktionsbeschreibung in eine stichwortartige, ins Unreine geschriebene während der Planungsphase und eine fachlich präzisierte in der Anwendungsphase.

35 Bereits der Anlage der Planfigur mit (evtl. farbig unterschiedlicher) Eintragung der gegebenen und gesuchten Größen kommt heuristisch eine besondere Bedeutung zu. Durch das gleichzeitige Verdeutlichen von Ausgangs- und Zielsituation ermöglicht sie einen leichten Wechsel des »Vor- und Rückwärtsarbeitens« (vgl. 11.7.3).

pen im Sinne von 11.5 (oder auch für Regellernen im Sinne von Kapitel 10) zumindest sinnvolle Orientierungen für Lehrerhilfen sind.

Die genannten Autoren haben Handlungsanweisungen für Dreieckskonstruktionen, Viereckskonstruktionen und Grundkonstruktionen entwickelt. Hier sei nur die Handlungsanweisung für Dreieckskonstruktionen – dem Original gegenüber im Sinne der obigen Prozeßbeschreibung modifiziert – wiedergegeben.

Schema 29

Handlungsorientierung für Dreieckskonstruktionen

1. *Mach dir die Aufgabenstellung klar!*
   1.1. Lies die Aufgabe genau durch, und gib das Wesentliche mit eigenen Worten wieder!
   1.2. Zeichne eine Planfigur (Skizze)!
   1.3. Kennzeichne die gegebenen und gesuchten Stücke verschiedenfarbig!
2. *Suche nach der Konstruktionsmöglichkeit*
   2.1. Überlege, ob du das gesuchte Dreieck unmittelbar (Anwendung von sss, sws, wsw, ssw[36]) oder mit Hilfe von Teildreiecken konstruieren kannst!
   2.2. Überlege, mit welcher der gegebenen Seiten des Dreiecks bzw. eines Hilfsdreiecks zweckmäßigerweise zu beginnen ist!
   2.3. Überlege, wie du den dritten Punkt des (Hilfs-)Dreiecks erhalten kannst, indem du (unter Benutzung der noch gegebenen Stücke) die Schnittpunkte zweier Punktmengen (»geometrischer Ortslinien«) suchst!
   Das können sein:
   – freie Schenkel von Winkeln
   – Kreise (z. B. gegebene Seiten)
   – Geraden, insbes. Parallelen (z. B. gegebene Höhen)
   2.4. Überlege, wie du nach Konstruktion eines Teildreiecks evtl. weitere Hilfsdreiecke oder das gesuchte Dreieck erhältst (benutze dazu wieder 2.3!)
   2.5. Notiere den Konstruktionsweg in Stichworten.
3. *Führe die Konstruktion durch*
4. *Überlege, ob die Konstruktion eindeutig ist!*
   (Lassen sich aus den gegebenen Stücken noch andere, diesem Dreieck nicht kongruente Dreiecke konstruieren?)
5. *Beschreibe deinen Konstruktionsweg genau!*[37]

Anmerkung: Die bewußte nachträgliche Reflexion des Vorwärts- und Rückwärtsarbeitens bei der Konstruktion, aber auch das gezielte Einüben von Teilhandlungen wie »Erstellen einer Planfigur« oder »fachsprachliche Konstruktionsbeschreibung« scheinen hier besonders sinnvoll.

---

36 Ein Dreieck ist (hinsichtlich Kongruenz) bestimmt durch drei Seiten (»sss«); zwei Seiten und deren eingeschlossenen Winkel (»sws«); usw.

37 Ein alter methodischer Kniff von Mathematiklehrern zur präziseren Beschreibung der Konstruktion besteht darin, Schritt für Schritt genau das unter der kritischen Beobachtung der Mitschüler zu tun, was einer der Schüler beschreibt. Ein neuerer Kniff: Fragen, ob ein Computer nach der vorgeschlagenen Anweisung das Dreieck zeichen kann.

11.10 Förderung des Problemlösens

Anliegen der Unterrichtsversuche dieses Kurses ist es u.a., das Problemlösen der Schüler zu fördern. Dies kann im Rahmen eines Praktikums natürlich nur sehr punktuell geschehen. Es scheint daher wünschenswert, in diesem Abschnitt einige generelle Möglichkeiten zur Förderung des Problemlösenlernens noch einmal kurz zusammenzutragen und durch weitere Hinweise zu ergänzen.

Zunächst sind einige alters- und entwicklungsbedingte Faktoren zu diskutieren, die einerseits besondere Förderungsnotwendigkeiten und -möglichkeiten, andererseits auch bestimmte Förderungsgrenzen deutlich machen.

11.10.1 Altersbedingte Tendenzen beim Problemlösen

Es ist an dieser Stelle nochmals an die Theorien der Denkentwicklung (Kapitel 4) zu erinnern, in denen die altersbedingten Tendenzen für Denken überhaupt dargestellt und noch einmal in Abschnitt 9.4 in ihrer Bedeutung für das Begriffslernen angesprochen wurden. Entsprechendes gilt für das Problemlösen:

In der konkret-operationalen Phase der Grundschule sind die Schüler in ihrem Denken noch sehr abhängig von konkret-empirischen Stützen. Entsprechend sind die Denkergebnisse noch weitgehend »intuitiv« und »halbabstrakt« (Ausubel u.a. 1981², S. 660). Das Arbeiten mit abgeleiteten Begriffen ist noch sehr begrenzt und damit zugleich das Denkniveau.

Erst in der Phase formal-logischer Operationen, wenn Beziehungen zwischen abgeleiteten Begriffen ohne dauernde Bezugnahme auf besondere Fälle hergestellt werden können, wird der Denkprozeß wirklich »abstrakt«. Erst die Schüler dieser Entwicklungsphase sind in der Lage, komplexere Probleme unter Herstellung hypothetischer Beziehungen zu lösen. »Eigentliche« Beweise gehören daher beispielsweise noch nicht in die Grundschule (wohl aber punktuelles Begründen durch Fragen wie »Wie kommst du darauf?«, »Kannst du es begründen?«, »Warum ist das falsch?«). Bezeichnend ist auch, daß jüngere Kinder weniger von allgemeinen Lösungshinweisen profitieren und aus Fehlern lernen als ältere, weil sie noch weniger fähig sind, über einen bestimmten Kontext hinaus zu verallgemeinern und zu übertragen (Ausubel u.a. 1981², S. 661f.). Auch hieraus ergibt sich, daß die Hilfen des Lehrers beim Problemlösen in der Grundschule von vornherein etwas stärker anzusetzen sind als in späteren Jahren.

Charakteristisch ist weiterhin, daß mit zunehmendem Alter die Tendenz, beim Problemlösen nach Versuch und Irrtum vorzugehen, abnimmt. Ältere Schüler »überlegen« mehr und gehen systematischer vor. Sie sind auch eher in der Lage, den Blick »schweifen« zu lassen, und haben eine größere Frustrationstoleranz (Ausubel u.a. 1981², S. 661).

Eine Folgerung hieraus für Unterrichtsversuche:

Man sollte in der Grundschule eher kleinere Probleme stellen, die den Schülern relativ rasch Erfolgserlebnisse vermitteln. Man sollte weiterhin beachten, daß es jüngeren Schülern schwerfällt, mehrere Schritte vorauszudenken. U.a. deshalb bieten sich z.B. schwierigere Konstruktionsaufgaben erst für Schüler der Sekundarstufe an.

11.10.2 Entwicklung von Problemlösefähigkeit

Die Problemlösefähigkeit muß offensichtlich durch langfristige Erfahrung mit dem Lösen von Problemen erworben werden. Schon deshalb sollte ein Teil dieser Erfahrung selbstentdeckend gemacht werden (Ausubel u.a. 1981^2, S. 664).
Ausubel u.a., sonst Verfechter eines vorwiegend rezeptiven Lernens (vgl. Abschnitt 6.2.3), sehen die legitimen Ansprüche der Entdeckungsmethode (1981^2, S. 606) folgendermaßen:

»In den ersten einfachen Phasen eines abstrakten Stoffes ist – besonders in den Jahren vor der Adoleszens[38] – die Entdeckungsmethode außerordentlich nützlich. Sie ist auch unentbehrlich, wenn man den Bedeutungsgehalt des Wissens testen und wissenschaftliche Methoden und effektive Arten des Problemlösens lehren will.«

Nun lernen die Schüler Problemlösungsfertigkeiten offenbar nicht nur durch »Zusehen« und offenbar auch nicht einfach dadurch, daß man sie mit den Problemen alleine läßt, sondern dadurch, daß man ihnen zunächst eine geeignete Anleitung gibt, die sie dann mehr oder weniger selbständig erproben.

Die *Dialektik*[39] *zwischen Anleitung und Selbständigkeit* arbeitet Lompscher an mehreren Stellen deutlich heraus (vgl. z.B. 1972, S. 96, 123).

Einen wesentlichen Stellenwert haben dabei für Lompscher die *Handlungsanweisungen* im Anschluß an Galperin (vgl. auch die mehrfach zitierten ostdeutschen Autoren Frenzel, Gullasch, Pippig, Reichold, Stahl, Steinhöfel).

Wegen der wohl bleibenden Bedeutung dieser Gedanken sei Lompscher hier ausführlicher zitiert:

»Die Vermittlung von Handlungsanweisungen ist keinesfalls mit der Entwicklung des Schöpferischen unvereinbar, sondern seine notwendige Grundlage und Voraussetzung. Ohne Beherrschung von Verfahren und Lerntechniken ist weder die rationelle Aneignung von Wissen und Können (als Voraussetzung schöpferischer Leistungen) noch die vielfältige Anwendung dieses Wissens und Könnens möglich. Natürlich reduziert sich schöpferisches Denken nicht auf die Beherrschung von Verfahren der geistigen Tätigkeit. Nicht für jede Teilklasse von Aufgaben dürfen detaillierte Handlungsanweisungen gegeben werden, weil sonst relativ leicht – gerade bei jüngeren Kindern – die Tendenz entsteht, nur dann Bereitschaft zur geistigen Tätigkeit zu entwickeln, wenn es sich um Aufgaben handelt, für die Lösungsverfahren bekannt sind. Deshalb ist es notwendig (und wir haben uns darum bemüht), vor allem für »Schlüsselstellungen«, für die besonders wichtigen, grundlegenden und häufigen Aufgabenklassen allgemeiner und fachspezifischer Art Verfahren zu entwickeln.

Die Gefahr des schablonenhaften, schematischen Anwendens der Verfahren kann wesentlich eingeschränkt werden, wenn die Kinder dort, wo es möglich ist, angeregt werden, selbst Regeln zu entwickeln und zu formulieren, aus der eigenen Erfahrung abzuleiten und zu begründen sowie eigene und fremde geistige Leistungen, speziell auch Fehler, unter dem Aspekt der Regeln zu analysieren. Zweifellos ist es auch sinnvoll, Aufgaben zu stellen, für die die Kinder keine Verfahren kennen – natürlich innerhalb des von ihnen erreichten Entwicklungsniveaus ...«

38 Adoleszens (lat.): Heranwachsendenalter (ab ca. 17 J.).
39 Dialektik (gr.-lat.): Aufweis und Überwindung von Widersprüchen.

Gerade durch die letzten Passagen könnten u.U. einige unberechtigte Vorurteile westlicher Didaktiker gegenüber östlichen »Handlungsanweisungen« beseitigt werden. Trotz mehrfach nachgewiesener Erfolge scheint jedoch eine gewisse Skepsis und eine methodische Ergänzung angebracht (vgl. Abschnitt 11.7).

Schon Steinhöfel/Reichold/Frenzel (1975) weisen darauf hin, daß Handlungsanweisungen durchaus *nicht das einzige Mittel* zur besseren Steuerung des Lernens sind und ihre Gestaltung wie ihr Einsatz an bestimmte Voraussetzungen gebunden sind.

Eine gangbare Strategie für die Verwendung von Handlungsanweisungen ist auch bei Lompscher u.a. bereits angedeutet:

- allmählicher Aufbau einer Orientierungsgrundlage gemeinsam mit den Schülern (bei durchaus stärkerer Führung durch den Lehrer);
- bewußter Einsatz einer (spezielleren) Orientierungsgrundlage bei Aufgaben einer *größeren* Aufgabenklasse;
- Diskussion von Lösungen anhand der Orientierungsgrundlage;
- möglichst baldiges Beiseitelegen der Orientierungsgrundlage;
- Mischung von Aufgaben mit unterschiedlichen Orientierungsgrundlagen (vgl. die Abschnitte 11.7–11.9);
- Aufgaben mit allgemeiner Orientierungsgrundlage (vgl. z.B. Polyas Regeln in Abschnitt 11.3.2);
- gelegentliches »Überlernen« von Aufgaben anhand einer Orientierungsgrundlage;
- Aufgaben ohne jede (schriftliche) Orientierungsgrundlage.

Hieraus wird ersichtlich, daß ein viel flexiblerer Umgang schon allein mit den Orientierungsgrundlagen propagiert wurde, als es dann vielleicht in der Praxis erfolgte. Aus heutiger Sicht würden demgegenüber ostdeutsche Didaktiker vermutlich die *Übung und Reflexion von Teilhandlungen* als wesentliches zusätzliches Element besonders betonen (Analogie zu Microteaching-Konzepten; vgl. 8.2.2!).

Im Rahmen kurzfristiger, in der Anzahl sehr begrenzter Unterrichtsversuche kann man leider nur relativ geringen direkten Gebrauch von solchen Anregungen machen:

Der Praktikant (Lehrer) könnte aber innerhalb von Unterrichtsversuchen z.B. eine Stunde halten, in der er anhand einer »typischen« Aufgabe eine kleine Orientierungsgrundlage erarbeitet im Sinne eines »heuristischen Regellernens«, und eine folgende Stunde, in der die Schüler bei einer neuen Aufgabe möglichst selbständig von dieser Orientierungsgrundlage Gebrauch machen. Das Vorgehen in der zweiten Stunde könnte sich dann sinnvoll mit dem »Prinzip der minimalen Hilfe« und auch mit Kleingruppenarbeit verbinden.

Ein weiterer wichtiger Hinweis von Lompscher zur Entwicklung der Problemlösungsfähigkeit betrifft die *Analyse von Fehlern*, die auf das Nichtbeachten wichtiger heuristischer Regeln zurückzuführen sind – nicht zuletzt unter dem Gesichtspunkt, den Schülern zu verdeutlichen, wie wichtig es ist, solche Regeln zu beachten (vgl. Lompscher 1972, S. 124).

Von allgemeiner Bedeutung scheint auch das *Kommentieren und Begründen* sowohl falscher wie auch richtiger Lösungsschritte zu sein. (Worin besteht der Fehler, wodurch kam er zustande? Warum hältst du das für richtig? ...; vgl. Lompscher 1972, S. 131).

Von verschiedenen Seiten (z.B. Polya, Bruner, Dörner, Kluwe) wird immer wieder betont (vgl. auch die Abschnitte 11.3.1, 11.6.5 und 11.7.2), wie wichtig es zur Entwicklung der Problemlösungsfähigkeit vermutlich ist, den eigenen *Lösungsweg reflektieren* zu lernen. (Wie waren wir vorgegangen? Worauf kam es an? Was haben wir zu beachten?) Man sollte dies bei Unterrichtsversuchen besonders im Auge behalten.

Von ähnlich grundsätzlicher Bedeutung für die Entwicklung der Problemlösefähigkeit scheint die Anleitung zu sein, *bereits erarbeitetes Wissen auszunutzen* und zu *analogisieren*, d.h., die Ähnlichkeit zwischen verschiedenen Situationen zu reflektieren (vgl. Montada 1970, Kluwe 1982):

»Wo hatten wir schon einmal etwas Ähnliches? – Was könnten wir denn da gebrauchen?«

Hervorgehoben zu werden verdienen schließlich auch einige *Maßnahmen zur Entwicklung der Abstraktionsfähigkeit* (vgl. Pippig 1971, S. 183) als einer vermutlich wichtigen Teilqualifikation der Problemlösefähigkeit:

- die Gewöhnung, bei einer Aufgabe die Frage genau zu analysieren;
- die ständige Forderung und die Übung, gegebene Bedingungen genau zu beachten, den Sachverhalt und besonders die verwendeten Formulierungen bewußt zu analysieren;
- die Übungen am gleichen Gegenstand auf verschiednen Ebenen der Erkenntnistätigkeit;
- die Gewöhnung, eine Aufgabe selbständig ohne vorherige Erläuterung durch den Lehrer in Angriff zu nehmen.

(Letzteres ist nicht in Widerspruch, sondern als gelegentliche Alternative zu Abschnitt 11.6.3 zu sehen!)

Besondere Bedeutung mißt Pippig (a.a.O., S. 187) den Maßnahmen zur Entwicklung der Fähigkeit bei, *Gedankengänge umzukehren* (ein gegenüber Piaget/Aebli verallgemeinertes »Reversibilitätsprinzip«):

- den Typ von Aufgaben bestimmen oder Aufgaben nach vorgegebenem Typ zu bilden;
- aus den Sachaufgaben die formale Aufgabe herauszuschälen und zu formalen Aufgaben Sachaufgaben (»Rechengeschichten«) zu finden;
- Rechenproben durchzuführen, die häufig die Umkehroperation verlangen.

Von meiner Seite möchte ich nur nochmals die vielen (häufig ungenutzten) *Möglichkeiten des »kognitiven Modellierens«* (und damit des inneren Nachahmens) von Problemlöseprozessen betonen (vgl. besonders Abschnitt 11.7.2).

Wenn man die bis dahin vorgeschlagenen Maßnahmen zur Entwicklung der Problemlösefähigkeit insgesamt überblickt, so sieht man, daß sie im wesentlichen darauf hinauslaufen, durch geeignete Unterrichtsmaßnahmen hilfreiche *Denkstrategien zu motivieren, zu propagieren, bewußtzumachen und zu üben.*

Dies ist in der eigentlich banalen Grunderkenntnis zusammenzufassen, daß Problemlösefähigkeiten besser zu entwickeln sind, »wenn wir dafür besondere unterrichtliche Maßnahmen einleiten und diese Entwicklung nicht der Spontaneität überlassen« (so bereits Pippig 1971, S. 208).

11.10.3 Förderung kreativen Verhaltens

Vorweg: »Kreativität ist einer der unbestimmtesten, ambivalentesten und verwirrendsten Befriffe der heutigen Psychologie und Pädagogik« (Ausubel u.a. 1981^2, S. 670).

Es soll hier eine große Begriffserörterung vermieden und unter »Kreativität« ganz schlicht die Fähigkeit und Bereitschaft einer Person verstanden werden, etwas (für sie) Neues zu schaffen (vgl. verschiedene Definitionsversuche bei Schiffler 1973, S. 10f.). Es wird hier also bewußt über die im letzten Abschnitt diskutierte kognitive Seite mathematischen Problemlösens hinausgegangen zu einem allgemein menschlichen Verhalten mit einer kognitiven und einer affektiven Dimension.

»Förderung kreativen Verhaltens« kann verstanden werden als der gezielte Versuch, bestimmte Fähigkeiten und Bereitschaften des Menschen zu fördern, mit (seinen) Problemen besser fertig zu werden.

Insofern ist die mathematische Problemlösefähigkeit ein Teil kreativen Verhaltens. Umgekehrt kann man erwarten, daß eine allgemeine Förderung kreativen Verhaltens auf mathematische Problemlösefähigkeit zurückwirkt, indem sie zumindest bessere affektive Bedingungen für dieses Problemlösen schafft.

Auf einige affektive Grundbedingungen für kreatives Verhalten (wie z.B. Vermeidung von Druck und Drängen jeglicher Art) wurde bereits in Abschnitt 11.2 hingewiesen.

Daß man Kreativität in bestimmtem Umfange lernen kann, wird kaum noch bestritten, entspricht zumindest verbreiteter Überzeugung, wenn auch die Belege hierfür, wie schon angedeutet (vgl. auch 11.15), sehr schwer zu erbringen sind. Gestützt auf einschlägige Forschungen, gibt Hallmann (1970, S. 177–180) *einige auch heute noch beherzigenswerte Anregungen für »kreative Lehrer«*. Diese Ratschläge weisen zum Teil weit über den Rahmen einer Ausbildungssituation und das Fach Mathematik hinaus, ergänzen aber sehr gut die früheren Ausführungen dieses Kapitels (vgl. auch die Abschnitte 2.2 und 3.1):

»1. Der kreative Lehrer sorgt auf seiten der Schüler für *selbstinitiierendes Lernen* ... Die Eigenaktivität ermutigt Schüler, sich zu exponieren, sich aufs *Experimentieren* einzulassen, Hypothesen zu bilden.

2. Der kreative Lehrer richtet *nicht-autoritäre Lernumgebungen* ein. Freiheitliche Bedingungen erleichtern das schöpferische Tun ...

3. Der kreative Lehrer ermutigt die Schüler zu *überlernen* (overlearn), sich mit Informationen, Eindrücken und Bedeutungen zu sättigen ... Überlernen wirkt dadurch kreativ, daß es dem Schüler gestattet, sich von Materialien zu lösen, so daß sie plastisch und Gegenstand eines neuen Aufbaus werden können.

4. Der kreative Lehrer *fördert kreative Denkprozesse*. Er regt die Schüler dazu an, neue Verknüpfungen zwischen Daten zu suchen, zu assoziieren, zu phantasieren ...

5. Der kreative Lehrer *schiebt das Urteil auf*. Er blockiert die forschenden Bemühungen nicht dadurch, daß er die Ergebnisse ankündigt oder die Lösungen liefert ...
Der kreative Lehrer verringert die Bedeutung von Fehlern. Er macht klar, *daß Fehler erwartet wie auch notwendig sind*.

6. Der kreative Lehrer fördert die intellektuelle Flexibilität bei Schülern. Er ermutigt die Schüler, ihre *Beobachungsposition* zu *verändern* … und zu vermeiden, sich auf eine einzige Linie festzulegen, wenn sie eine Aufgabe anpacken.
7. Der kreative Lehrer ermutigt die *Selbstbewertung* von individuellem Fortschritt und Leistung …
   Möchte man lernen, schöpferisch eigenständig und selbstverantwortlich zu werden, ist ständig Übung in der Selbstbewertung erforderlich …
8. Der kreative Lehrer hilft dem Schüler, *ein feinfühliger Mensch zu werden* – sensitiver gegenüber … sozialen und personalen ebenso wie schulischen Problemen …
9. Der kreative Lehrer weiß, wie er die *Frage benutzen* kann. Jeder kreative Akt beginnt mit Fragen, aber die Fragen müssen operational und offen und für Schüler sinnvoll sein, keine vorbestimmten Antworten haben und besonders nicht durch das Aufsagen von Tatsachen beantwortet werden können.
10. Der kreative Lehrer *verschafft den Schülern Gelegenheit, mit Materialien, Ideen, Begriffen, Werkzeugen und Strukturen umzugehen …*
    Das aktive Umgehen mit Dingen fördert das Schöpferische, denn es hilft dem Schüler, die vor sich gehenden Prozesses zu verstehen …
11. Der kreative Lehrer unterstützt den Schüler bei der *Überwindung von Frustrationen und Fehlschlägen …*
12. Schließlich drängt der kreative Lehrer die Schüler dazu, die *Probleme als ganze zu betrachten*, eher Gesamtstrukturen als je einzelne additive Elemente zu betonen. Die Konstruktion als integratives Ganzes liefert richtunggebende Hinweise für den aktuellen kreativen Prozeß …«

Anregungen ähnlicher Art, aber wieder etwas stärker auf den Mathematikunterricht zurückbezogen, faßt Wittmann (1981[6], S. 101f.) unter der Überschrift *»Bedingungen für die Förderung kognitiver Strategien«* zusammen:

1. Erwerb von Wissen durch entdeckendes Lernen.
2. Die Schüler zum divergenten Denken ermutigen.
3. Automatisierte Gedankenabläufe stören und scheinbare Paradoxien vorlegen.
4. Offene und herausfordernde Probleme stellen.
5. Schüler selbst Probleme stellen und weiterführen lassen.
6. Überblickbarkeit der Probleme für die Schüler.
7. Intuitives Argumentieren und Vermuten anregen.
8. Heuristische Strategien lernen.
9. Ein konstruktives Verhältnis zu Fehlern aufbauen.
10. Diskussion, Reflexion und Argumentation anregen.

Schließlich hebt auch Winter (1991[2], S. 175) in ähnlicher Richtung *Vorschläge zum Trainieren von Kreativität* aus der Psychologie hervor, die ihm »am ehesten für theoretisch rechtfertigbar und praktisch realisierbar« erscheinen:

»(1) Probleme (nicht geben, sondern) aus Kontexten heraus entwickeln, die herausfordernd erscheinen, zum Fragen anreizen
(2) Möglichkeiten zum freien Experimentieren, insbesondere auch sinnlicher Natur, an die Hand geben und zum Vermuten ermuntern
(3) Lern-/Entdeckungshilfen genügend weit halten, weniger Ergebnisfindungshilfen als mehr Hilfen zum Selbstfinden des Ergebnisses anbieten
(4) Für warmes Lernklima sorgen, insbesondere Zurückhaltung in der Bewertung (falsch/richtig) von Schülerbeiträgen, Abbau von Scheu vor ungewöhnlichen Vorschlägen
(5) Heuristische Strategien bewußtmachen und allgemein über Denken, Ausdrücken, Darstellen, Sichmerken, Erinnern, Vergessen, Fehlermachen, Üben usw. sprechen
(6) Inhaltliche oder »formale« Bedeutsamkeit des Themas deutlich werden lassen.«

Um zuletzt nicht ungewollt zu blauäugig zu erscheinen, lasse ich noch einen kritisch-besinnlichen Abschnitt folgen.

11.10.4 Ausblick: Problemlösen, kreativer Unterricht und die Realität

Im letzten Abschnitt wurde zum Ausdruck gebracht, daß Problemlösen vermutlich als Teil einer umfassenderen Unterrichtskonzeption und eines kreativitätsfördernden Unterrichtsstils zu sehen ist, der einen entsprechenden Boden bereitet und Freiräume schafft. Freilich muß deutlich gesehen werden, daß damit leider eher eine Utopie als real existierender Unterricht beschrieben wird. Die schönen Grundsätze dafür, zuletzt im Anschluß an Wittmann und Winter kurz angedeutet (ebenso diejenigen von Hallmann zuvor), müßten erst einmal in größerem Umfange in konkreten Unterricht an bestimmten Inhalten in die Tat umgesetzt werden[40]. Zwar wurden gerade in den letzten 20 Jahren (nicht zuletzt auch von Wittmann und Winter selbst) mancherlei beachtliche Unterrichtsbeispiele und -beschreibungen gegeben, viele inhaltliche Vorschläge für problemorientierten, problemhaften, problemlösenden, entdecken lassenden, genetischen, konkreten, heuristisch orientierten, offenen, anwendungsorientierten und projektorientierten Unterricht gemacht (wobei die klingenden Bezeichnungen meist unterschiedliche Akzentuierungen andeuten, denen ich hier nicht nachgehe; vgl. einige Literaturhinweise in 11.15).

Trotz alledem ist es bisher kaum gelungen, all diese bemerkenswerten Einzelvorschläge zu einem umfassenderen Ganzen (»Curriculum«) zu verbinden. Dazu gehörten u.a. entsprechende Lehrpläne, Lehreraus- und -fortbildung, geeignete Rahmenbe-

40 Vorläufig wäre m.E. viel gewonnen, wenn sich jeder Lehrer zumindest über eine längere Zeit jeweils um einen dieser Grundsätze bewußt im eigenen Unterricht bemühte. Es kämen gewiß viele allgemein interessierende Erfahrungen und Anregungen zusammen.

dingungen in der Schule und nicht zuletzt überzeugte Lehrer (von Theoriedefiziten, evtl. vorausgehender, begleitender und auswertender Entwicklungsforschung gar nicht zu reden).

Leider läuft schon die didaktische Diskussion in Deutschland über anzustrebende Unterrichtsformen etwas verquer. Zwar scheinen sich die Mathematikdidaktiker hinsichtlich der allgemeinen Ziele (vgl. Kapitel 3) weitgehend einig, auch in grundsätzlichen Leitlinien wie denen von Wittmann und Winter (zumindest, soweit sie weiter oben wiedergegeben wurden). Es scheint mir aber etwas unglücklich, wie Winter (1991^2, S. 4f.) – zwar in bewußt polarisierender Absicht – versucht, alle darin zum Ausdruck gebrachten »positiven Werte« (wie auf Neugier der Schüler setzen, Mitverantwortung der Schüler, Erhellung allgemeiner Stoffbedeutung, Verdeutlichung allgemeiner Ideen, Beziehungsreichtum, Lebensnähe, Selbstkontrolle der Schüler, positiven Umgang mit Schülerfehlern, Bewußtmachen heuristischer Regeln) einseitig unter das Schlagwort »entdeckendes Lernen« zu stellen und damit jegliches »Lernen durch Belehren« negativ zu stigmatisieren.[41] Dadurch wird – vielleicht ungewollt – der Eindruck hervorgerufen, als wenn »sinnvolles rezeptives Lernen« (vgl. dazu insbesondere Kapitel 5) möglichst auszuschließen sei, obwohl eigentlich nur von einer Zerrform des »Belehrens« gesprochen wird. Dabei spricht sehr viel dafür – wie quer durch alle Kapitel dieses (meines) Buches zum Ausdruck gebracht wird –, daß die genannten positiven Werte vermutlich zu einem wesentlichen Teil auch durch guten, aufgeklärten »rezeptiven Unterricht«[42] zu erreichen sind, ja ihn voraussetzen.

Also wäre es vielleicht nützlich, sich genauer zu überlegen, was sich rezeptiv eo ipso wirklich nicht vermitteln läßt: Das ist zumindest das reale selbständige Problemlösen selbst und das eigene Erleben der Mathematik als Prozeß. Dazu braucht man offenbar zumindest gelegentliche Problemlösungsphasen. Hier müßte man freilich noch etwas weiter differenzieren, z. B. nach der Leistungsfähigkeit der Schüler.

Es könnte u. U. vernünftig sein, mathematische Problemlösefähigkeit in einem anspruchsvolleren Sinne (zumal deren Transfereffekt auf allgemeine Problemlösefähigkeit womöglich gar nicht allzuhoch anzusetzen ist – zumindest nicht ohne massive Transferanleitung) und auch eigenes Erleben mathematischer Prozesse nicht als notwendige Lernziele für alle Schüler anzusehen. Es schiene mir ggf. durchaus realistisch, eigentliche Problemlösungsphasen eher auf die besseren Schüler zu beschränken. Für die schwächeren Schüler könnte in dieser Zeit stärker die Bewältigung von Routineaufgaben mit stärker eingrenzbaren Lösungsmustern gesichert werden – auf eine möglichst »sinnvolle« und durchaus anregende Weise, aber mit sehr dosierten Transferanforderungen; vgl. dazu z. B. unser Projekt »Stützpfeiler« (Zech/Wellenreuther ab 1992) und meine Methodik »Mathematik erklären und verstehen« (Zech 1995).

Es ist im übrigen als Fortschritt hinsichtlich der Rahmenbedingungen anzusehen, daß in einigen bundesdeutschen Ländern Reservate für Problemlösungs- und Projektunterricht geschaffen wurden und ihm dadurch zumindest ein gewisses Experimentieren gesichert ist, in dem man Erfahrungen sammeln kann (wie auch mit dem neuer-

41 In ähnlich unnötig polarisierender Weise äußert sich leider auch Wittmann (1994^2, S. 157–171).

42 Leider klingt der Terminus für manchen in irritierender Weise nach »Rezept«.

dings hochgejubelten »offenen Unterricht«). Mehr Begleitforschung wäre sehr wünschenswert. Inhaltlich und organisatorisch scheint mir häufig nicht genügend geklärt, wie lernschwache Schüler vor unnötigen Frustrationen bewahrt werden können.

Auch Mathematikdidaktiker wie Winter (vgl. etwa 1991^2, S. 188f.), denen noch immer ein möglichst reines und vielen Kollegen sympathisches Konzept entdeckenden Lernens für alle vorzuschweben scheint, sehen ja die Schwierigkeiten (Motivierung, Übung, Nutzen der Heuristik, Organisation im Klassenunterricht, »normale« Aufgaben der Schule, Curriculumprobleme, aber sicher auch Probleme der Lehrerausbildung und die Skepsis der Lehrer selbst[43]).

M.E. darf man sich auch als – häufig ein wenig in die Mathematik verliebter – Mathematikdidaktiker nicht zu sehr von einigen schönen Beispielen (vgl. die Projekte »Geschwindigkeit im Straßenverkehr« und »Lebensversicherungsbeiträge« bei Winter 1991^2) faszinieren lassen. Es sei bei aller Anerkennung der etwas ketzerische Gedanke geäußert, daß lernschwachen Schülern mit einer handfesten Information über wichtige Sachverhalte (und dem Versuch, sie möglichst »verstehbar« zu machen) u.U. mehr gedient wäre als mit der vermutlich vergeblichen Liebesmüh, sie zu einer möglichst selbstständigen Mathematisierungsleistung zu bringen.

Indessen teile ich durchaus die Hoffnung, mit mehr Schülern, die dazu bereit und fähig sind, häufiger problemlösenden Unterricht treiben zu können, allerdings auf der soliden Grundlage eines verständnisorientierten, stärker rezeptiven Unterrichts ohne die Illusion eines allumfassenden entdecken lassenden Unterrichts. In Zukunft wird sicherlich noch hart, aufs Ganze gerichtet daran weitergearbeitet werden müssen, um nach weiteren 20 bis 30 Jahren nicht zu ähnlich desillusionierenden Ergebnissen zu kommen wie Flade/Pruzina (1992) beim Beweisen, aber auch andere bereits bei Basisfertigkeiten (vgl. z.B. Zech 1995, S. 139).

11.11 Zum Kleingruppenunterricht (Anhang)

Es wurde in früheren Abschnitten (vgl. insbesondere 11.5 und 11.6) das Problemlösen in Kleingruppen propagiert. In diesem Anhang soll eine Begründung für einen solchen Kleingruppenunterricht nachgeliefert und einige praktische Hinweise dazu gegeben werden.

11.11.1 Begründung des Kleingruppenunterrichts

Hier soll die in Abschnitt 11.5.1 gestellte Frage (Warum Problemlösen in Kleingruppen?) genauer beantwortet und in einen größeren Zusammenhang (Warum überhaupt Kleingruppenunterricht?) gestellt werden.

Es ist plausibel, daß eine Gruppe im Sinne der »Addition der Kräfte« durch Zusammenwerfen ihrer Ideen eher ein Problem löst als der einzelne – zumindest in dem

43 Vgl. auch die Auseinandersetzung von Wittmann (1994^2, S. 164–167) mit Gegenargumenten von Lehrern.

Sinne, daß sich die Möglichkeit verbessert, daß wenigstens einer in der Gruppe die richtige Lösung findet.

Die Gruppenleistung ist der individuellen Leistung überlegen, weil bzw. wenn bei einem Mindesmaß von Koordination der Gruppenmitglieder die Lösung durch Erzeugung von Alternativhypothesen (divergentes Denken) erleichtert wird (Ausubel 1981[2], S. 540).

»Aber Gruppenleistung ist individueller Leistung nicht schon deswegen überlegen, weil sie Gruppenleistung ist – und zwar überlegen weder im Sinne des reinen Arbeitsertrages (outputs) noch im Sinne des sozialen Lernens ...« (Schreiner 1973, S. 416). Die Überlegenheit der Gruppe ist nur gesichert, wenn:

»1. die Gruppenteilnehmer hinsichtlich ihrer Leistungen in ständiger Kommunikation stehen;
2. die Gruppe richtige Teillösungen akzeptiert, also nicht in Vorurteilen über die Leistungsfähigkeit und Informiertheit eines ihrer Mitglieder befangen ist;
3. die Mitglieder unabhängig voneinander arbeiten, d.h., daß die Mitglieder nicht einfach nachmachen, was andere vormachen«.

Die genannten Voraussetzungen sind in einer Gruppe nicht von Natur aus gegeben, sondern echte soziale Lernziele. Es wurde bereits früher darauf eingegangen, welche Möglichkeiten der Mathematikunterricht bietet, eventuell hier einen nützlichen Beitrag zu leisten (vgl. Abschnitt 3.2.4).

Diese Möglichkeiten können jedoch nur genutzt werden, wenn Kleingruppenarbeit (im Mathematikunterricht) wirklich praktiziert wird:

Obwohl Kleingruppenunterricht – nicht zuletzt wegen seiner »sozialen Werte« – immer wieder gefordert wird, findet man ihn immer noch selten in der Unterrichtswirklichkeit (vgl. bereits Kösel 1973 und langjährige eigene Erfahrungen). Es erscheint deshalb sinnvoll, wenn angehende Lehrer solch einen Unterricht in geeigneten Situationen (und dazu zählt ja vielleicht doch das mathematische Problemlösen) gezielt und bewußt »durchspielen«. (Wegen der besonderen Anforderungen dieses Unterrichts – vgl. nächsten Abschnitt – geht der praktizierende Lehrer der Kleingruppenarbeit sonst u.U. gern aus dem Wege!)

Vor der Erörterung, was der Lehrer bei der Kleingruppenarbeit zu beachten hat, seien »Vorteile« dieses Unterrichts benannt, die seine Verfechter gegenüber dem sonst meist üblichen Frontalunterricht hervorheben (vgl. Fittkau u. a. 1973, Ritz-Fröhlich 1982[2] und Meyer 1987):

- Mehr aktive Beteiligung von mehr Schülern.
- Förderung der Kooperationsfähigkeit der Schüler untereinander.
- Förderung der Verbalisierungsfähigkeit der Schüler und besseres Verstehen durch »Darüberreden«.
- Weniger Korrektureingriffe des Lehrers; mehr Selbstregulierung der Schüler.
- Wegfall der typischen Plenumsfrustrationen (Dominanz der Lebhafteren und »Besseren«; Scheu, etwas zu sagen); mehr Zeit; Möglichkeit, etwas ins »Unreine« zu sagen, Seitenpfade zu gehen.

- Abbau von Autoritätsfixierung und Abhängigkeit vom Lehrer und damit mehr Selbständigkeit und Selbstbewußtsein.
- Eher Gelegenheit für individuelle Hilfe und Beobachtung des Lehrers.
- Tendenzieller Ausgleich von Leistungsunterschieden.

Es ist m.E. keine Frage, daß ein häufigerer Kleingruppenunterricht (zumal bei größeren Klassen) mit solchen Begründungen legitimiert werden kann. Es sei hinzugefügt, daß selbst bei den episodischen Unterrichtsversuchen innerhalb unserer früheren Unterrichtsversuche in höheren (allerdings leistungsstärkeren) Hauptschulklassen durch Kleingruppenunterricht ungeahnte Aktivitäten geweckt wurden.

11.11.2 Praktische Hinweise zum Kleingruppenunterricht

a) Zur optimalen Gruppengröße

Eine Arbeitsgruppe sollte so klein sein, daß jeder gut mit jedem kommunizieren kann, aber so groß, daß genügend viele Anregungen zusammenkommen. Aus diesem Grunde empfiehlt sich, 4–6 Schüler in einer Gruppe zusammenzufassen (vgl. Sjølund 1973). Für den Mathematikunterricht scheint nach Erfahrungen innerhalb unserer Unterrichtsversuche eher die untere Grenze günstig.

b) Zur Gruppenbildung

Es gibt grundsätzlich vielfältige Möglichkeiten zur Gruppenbildung (vgl. Švajčer 1973): z.B. durch freie Wahl der Schüler (nach Sympathie oder Interesse), nach Zufall, nach Soziogramm (vgl. 2.2.1), nach Leistung (homogen oder inhomogen).

Nach dem »Prinzip der Passung« (vgl. 7.2.4) und wegen gesünderer Wettbewerbsverhältnisse (vgl. 7.2.5) empfiehlt sich für das Problemlösen grundsätzlich eine Einteilung in homogene Gruppen von jeweils etwa gleicher Leistungsfähigkeit, womöglich unter Zuweisung von Aufgaben unterschiedlicher Schwierigkeit. Dieses »Ideal« wird jedoch praktisch aus mehreren Gründen durchkreuzt:

- Oft sind die Gruppen innerhalb der Klasse durch Sitzordnung nach anderen Gesichtspunkten weitgehend festgelegt.
- Man kann die Wünsche der Schüler nicht ganz unberücksichtigt lassen; die Gruppenmitglieder müssen ihre Zusammenstellungsgrundlage akzeptieren.
- Der Schwierigkeitsgrad der Aufgabe (vgl. die Variablen in 11.7.1) läßt sich oft nicht so genau dosieren, daß eine Differenzierung sinnvoll erscheint[44].
- Verschiedenartige Aufgaben stehen oft zweckmäßigen gemeinsamen Besprechungen mit der Klasse entgegen.

44 Eine eigene Auswahl unterschiedlich schwieriger Aufgaben durch die Schüler erfordert viel Vorarbeit, die im Rahmen von Ausbildungssituationen meist nicht geleistet werden kann.

Es empfiehlt sich aus den genannten Gründen für das Problemlösen in Kleingruppen sehr oft, eine etwas komplexere Aufgabe mit einer gewissen »Bandbreite« der Teilschwierigkeiten auszuwählen, die allen Schülern angemessene Aktivitäten ermöglichen. Im übrigen kann man durch die Art der Hilfen differenzieren (vgl. 11.4) und den Schwierigkeitsgrad nach den erörterten Gesichtspunkten u.U. noch während des Problemlösungsprozesses verändern.

Ausgesprochene Arbeitsteilung zwischen den Gruppen oder innerhalb der Gruppen bietet sich im problemlösenden Mathematikunterricht meist weniger an.

c) Zur Vermeidung von Nachteilen der Gruppenarbeit

Der Lehrer sollte regulierend eingreifen, wenn sich die Neigung einer Gruppe zu angenehmer »Konversation« hin verlagert, indem er auf das Ziel (die Lösung der Aufgabe) aufmerksam macht und die Aufgabe gegebenenfalls neu motiviert.

Er hat auch darüber zu wachen, daß sich nicht einige Schüler »abseilen« und sich auf die anderen der Gruppe verlassen, sondern einen eigenen Beitrag leisten. Die Gefahr beschreibt Ausubel (1981^2, S. 540) sehr deutlich: »Obwohl die Einfügung in eine Gruppe zweifellos Angst reduziert und in Problemlösungssituationen das Vertrauen stärkt, reduziert sie aber im gleichen Maße die individuelle Verantwortung und Initiative.«

d) Zur Förderung von Vorteilen der Gruppenarbeit

Umgekehrt sollte der Lehrer versuchen, die Vorteile der Gruppenarbeit zum Tragen zu bringen:

- Er sollte zu Kommunikation und Kooperation der Gruppenmitglieder untereinander anregen (im Gegensatz zu anderen Klassensituationen, insbesondere der »Klassenarbeit«).
- Er sollte den Glauben der Gruppe an ihre Leistungsfähigkeit und damit das »Gruppenbewußtsein« stärken, die Gruppe möglichst als ganze (nicht so sehr einzelne) ansprechen und möglichst viele Entscheidungen der Gruppe überlassen (eher auf bereits Geleistetes aufmerksam machen als selber Vorschläge machen).
- Er sollte selbst möglichst unauffällig agieren, um die »Dezentralisierung« zu fördern (wenig reden, mehr zuhören, mehr beobachten).

(Es hat sich bei unseren Unterrichtsversuchen als zweckmäßig erwiesen, wenn sich der Lehrer bei seinen »Rundgängen« – allerdings nur möglichst kurzzeitig – in die jeweilige Gruppe integriert, indem er sich zu ihr an den Tisch *setzt.*)

e) Zur Sitzordnung

Es erscheint selbstverständlich, daß der Lehrer die Sitzordnung so organisiert, daß jede Gruppe gesondert an einem Tisch sitzt, die Gruppen sich gegenseitig nicht stören und nach Möglichkeit (für Besprechungen und Diskussionen mit der ganzen Klasse) jede Gruppe einen freien Blick zur Tafel bzw. zum Lehrer hat[45].

f) Vorformen der Gruppenarbeit; Partnerarbeit

Oft ist es so, daß man Klassen vorfindet, die relativ wenig an Gruppenarbeit gewöhnt sind. Eine gute Vorbereitung für Gruppenarbeit ist die »Partnerarbeit«, bei der jeweils zwei Schüler für kurze Zeit zu einer Arbeitsgemeinschaft verbunden sind (vgl. hierzu z. B. Kösel 1973).

Partnerarbeit ist vielseitig einsetzbar, z. B. in der Motivationsphase (Arbeitsauftrag!), bei Übungen (Helfersystem!), Diskussionsfragen (z. B. zu unterschiedlichen Lösungswegen), für Hausaufgaben (Gemeinschaftsarbeit oder bei der Hausaufgabenkontrolle!).

Hier können schon recht gut die sozialen Zielsetzungen verfolgt werden, die auch für den Gruppenunterricht maßgebend sind (Zuhören, Sprechen, Fragen und Antworten, Erklären, Argumentieren, Begründen, Bewerten).

Partnerarbeit ist Gruppenarbeit gelegentlich vorzuziehen, weil ängstliche, gehemmte und langsame Kinder bei Partnerarbeit eher zum Sprechen kommen (vgl. Ritz-Fröhlich 1982[2]).

g) Funktion des Lehrers im Zusammenhang mit der Gruppenarbeit

Die Hinweise zur Gruppenarbeit seien kurz in den Funktionen des Lehrers zusammengefaßt, die er dabei zu erfüllen hat (vgl. Meyer 1973):

- Eine *Vorsorgefunktion*, indem er notwendige Voraussetzungen der Gruppenarbeit sichert;
- eine *organisierende Funktion*, indem er die Gruppe zusammenstellt und für eine geeignete Sitzordnung sorgt;
- eine *initiierende Funktion*, indem er eine geeignete Aufgabe stellt;
- eine *regulierende Funktion* während der Gruppenarbeit, indem er für das »Funktionieren« der Gruppen sorgt.

Erinnert man sich noch an die *Funktion des Lehrers beim problemlösenden Lernen*, so hat man ein einigermaßen umfassendes Bild von den Aufgaben des Lehrers im Zusammenhang mit dem Problemlösungsunterricht in Kleingruppen: Der Lehrer hat dabei

- eine *stimulierende Funktion* zur generellen Förderung des Problemlöseverhaltens (vgl. 11.10),

45 Sinnvolle, leicht zu verändernde Sitzordnungen werden bei Ritz-Fröhlich (1982[2]) in instruktiven Zeichnungen vorgeschlagen.

- eine *motivierende Funktion*, eine *rückmeldende Funktion*, eine *heuristische Funktion* und eine *informierende Funktion* während des Problemlösungsprozesses (vgl. Lernhilfen in 11.4).

Damit ist ein nicht geringer Anspruch gesetzt, dem man in einer Ausbildungssituation sicherlich immer nur teilweise gerecht werden kann und der deshalb eine bleibende Aufgabe für die Unterrichtspraxis darstellt.

11.12 **Übersicht** über günstige Bedingungen für Problemlösen

Der für praktische Zwecke wesentliche Inhalt des Kapitels 11 sei abschließend (wieder mit gezielten Rückverweisen) knapp zusammengefaßt:

Schema 30

Eine Übersicht über günstige Bedingungen für Problemlösen im Mathematikunterricht

1. Grundbedingungen des Problemlösens:
   - Erwerb vorgeordneter Begriffe und Regeln } gewisse Problemlösefähigkeit
   - Erwerb einiger heuristischer Regeln }
   - Problemlösebereitschaft der Schüler (motivierende Aufgaben!)
   - Fernhalten störender Einflüsse und entspannte Atmosphäre (insbesondere Vermeiden von zeitlichem Druck und Drängen)
   - Fehler zulassen (als Lerngelegenheiten betrachten; z. B. fragen: »Warum geht es so nicht?«)
2. Strategische Lernhilfen beim Problemlösen
   a) Grundprinzipien:
      - Versuche, deine Einfälle zu begründen
      - Halte dich an das Gegebene, aber klebe nicht daran
      - Gib nicht gleich auf
      - Versuche immer vorauszudenken, was du tun willst

   b) Katalog heuristischer Regeln nach Polya (vgl. Schema 23)
3. Man beachte das Prinzip der minimalen Hilfe unter Berücksichtigung folgender Taxonomie möglicher Lernhilfen (geordnet nach wachsender Stärke) (vgl. Schema 24):
   - Motivationshilfen
   - Rückmeldungshilfen
   - allgemeinstrategische Hilfen
   - inhaltsorientiert-strategische Hilfen
   - inhaltliche Hilfen

   Man unterscheide dabei jeweils direktere und indirektere Hilfen!
   (Praktische Hinweise beachten; Tabelle)
4. Zielsetzungen des Problemlösens und entsprechende Lernkontrollen beachten (vgl. 11.5)
5. Lernphasen des Problemlösens und unterrichtspraktische Hinweise beachten (vgl. 11.6)

6. Probleme »mittlerer Schwierigkeit« formulieren: Anforderungniveau der (Sach-)Aufgabe nach folgenden Kriterien abschätzen (vgl.11.7):
   - Anschaulichkeitsgrad (Darstellungsebene)
   - Bekanntheitsgrad (des Sachverhalts und der Art der Aufgabenstellung)
   - Abstraktionsgrad (unwesentliche Angaben?)
   - Formalisierungsgrad (Operationen schwer zu erkennen?)
   - Komplexitätsgrad der Aufgabe (Offenheit, Kompliziertheit)
   - Ausführungsschwierigkeit der Aufgabe (Rechenschwierigkeit)
7. Zur problemlösenden Behandlung von Sachaufgaben:
   - Handlungsorientierung Grundschule: Schema 26
   - Handlungsorientierung Sekundarstufe 1: Schema 27;28
8. Zur problemlösenden Behandlung von mathematischen Sätzen und ihren Beweisen in der Sekundarstufe 1: Schema 29
9. Zur problemlösenden Behandlung von Konstruktionsaufgaben (ab etwa Klasse 6): Schema 30
10. Förderung des Problemlösens:
    - durch Problemlösen!
    - Dialektik zwischen Anleitung und Selbständigkeit beachten!
    - Verwendung von Handlungsanweisungen
    - gezieltes kognitives Modellieren heuristischer Regeln
    - Üben von Teilhandlungen
    - Analyse von Fehlern, die auf das Nichtbeachten wesentlicher heuristischer Regeln zurückzuführen sind
    - Kommentieren richtiger und falscher Lösungsschritte (Rückmeldung)
    - Lösungswege reflektieren (besonders wichtig!)
    - Aufforderung, von vorhandenem Wissen Gebrauch zu machen, auf Ähnlichkeiten zu reflektieren (Analogisieren)
    - Entwicklung der Abstraktionsfähigkeit (daran gewöhnen, auf wichtige Informationen zu achten)
11. Förderung kreativen Verhaltens: Kataloge in 11.10.3
12. Kleingruppenunterricht (vgl. 11.11)

11.13 Aufgaben und Diskussionsanregungen

0. Besinnen Sie sich auf das für Sie Wesentliche des 11. Kapitels. Diskutieren Sie Unklarheiten mit anderen, oder schreiben Sie dem Autor.

1. Formulieren Sie einige nach Stärke geordnete direkte und indirekte allgemein-strategische bzw. inhaltsorientiert-strategische bzw. inhaltliche Hilfen zum Winkelsummenproblem in 11.1 bzw. zur Sandkegelaufgabe in 11.7.3. (Beachten Sie dabei insbesondere den Katalog heuristischer Regeln in 11.3.2 und die Taxonomie der Hilfen in 11.4.)

2. Führen Sie die in 11.3.3 vorgeschlagene Übung zur heuristischen Fragetechnik (eventuell praktisch mit einem Schüler) durch.

3. Benutzen Sie die Hubschrauberaufgabe aus 11.4.5 (oder die Sandkegelaufgabe in 11.7.3) zur Simulation eines entdecken lassenden Unterrichts, indem Sie Bekannte bitten, unter Ihrer Hilfestellung (Prinzip der minimalen Hilfe!) die Aufgabe zu lösen. Setzen Sie dabei eine Tabelle in der Art von 11.4.5 ein.
   Wie würden Sie das Problem motivieren?

4. Überlegen Sie mögliche Verständniskontrollen durch »abgewandelte« Aufgaben im Sinne Wertheimers (vgl. 11.6.5) für das Winkelsummenproblem in 11.1.

5. a) Diskutieren Sie den Schwierigkeitsgrad der Hubschrauberaufgabe und der Sandkegelaufgabe nach den Kriterien von 11.7.1.
   b) Erhöhen und erniedrigen Sie den Schwierigkeitsgrad der Sandkegelaufgabe nach diesen Kriterien.

6. a) Führen Sie die Lösung von Beispielaufgaben in 11.7., 11.8 und 11.9 anhand der jeweiligen »Handlungsanweisungen« durch. Welche Teilhandlungen würden Sie im Unterricht besonders betonen, ggf. üben?
   b) Diskutieren Sie die etappenweise Behandlung von Problemlösungsaufgaben anhand einer Orientierungsgrundlage im Sinne von Galperin/Lompscher (am besten aufgrund ihrer eigenen Erfahrungen aus Aufgabe 6a und der Erörterung in 11.10.2).
   c) Führen Sie (für einen Schüler oder einen Bekannten) eine kognitive Modellierung zur Sandkegelaufgabe durch.

7. Eine komplexere Aufgabe des bergbegeisterten Kollegen Reichold (1984, S. 147; siehe auch 11.8) für leistungsstärkere Schüler, an der Sie gut heuristische Vorgehensweisen diskutieren können:

   Bei einer Wanderung im Gebirge bestimmt die Wandergruppe ihren Standort auf der Karte. Sie kann von diesem Standort den Gipfel eines Berges gut erkennen, der das Ziel der Wandergruppe ist. Auf der Karte wird die Entfernung vom Standort zum Berggipfel mit 15 cm gemessen. Außerdem wird festgestellt, daß der Standort auf einer Höhenlinie von 300 m liegt, während der Berggipfel 1200 m hoch ist. Der Maßstab der Karte beträgt 1 : 50000.
   Wie lange wird die Wandergruppe mindestens unterwegs sein, wenn sie mit einer Geschwindigkeit von $4 \frac{\text{km}}{\text{h}}$ wandert und man die Luftlinienentfernung zum Ziel um 30 % vergrößern muß, um die Wanderstrecke etwa richtig einzuschätzen?

8. Diskutieren Sie die in 11.10.2 angegebenen Möglichkeiten zur Förderung problemlösenden Lernens im einzelnen an konkreten Beispielen.

9. Diskutieren Sie die Möglichkeiten (Vor- und Nachteile) des problemlösenden Mathematikunterrichts in Kleingruppen (auch anhand eigener Erfahrungen!)

10. Diskutieren Sie die in 11.11.2 gegebenen praktischen Hinweise zur Kleingruppenarbeit, und versuchen Sie, diese »kreativ« zu ergänzen.

11. Diskutieren Sie »Projektunterricht« anhand der in 11.10.4 genannten Projektbeispiele von Winter (1991^2 oder 1985).

11.14 Vorschläge für die Beobachtung und Besprechung von Stunden zur Erarbeitung heuristischer Regeln und zur Lösung mathematischer Probleme in Kleingruppen

I. *Zur Erarbeitung heuristischer Regeln* (vor, während oder nach einer Problemlösungsstunde)

1. Wie wird der Nutzen heuristischer Regeln verdeutlicht?
2. Schwierigkeiten und Hilfen bei der Erarbeitung heuristischer Regeln.
3. Was wird zur Verdeutlichung bzw. Bewußtmachung von heuristischen Regeln getan (z.B. wäre zu notieren, wie Lösungsschritte kommentiert, reflektiert und fixiert werden).

II. *Zur Beobachtung von Lehrerhilfen in Problemlösungsstunden*

1. Notieren Sie alle auf das Problem bezogenen Lehrerhilfen (**M**otivationshilfen, **R**ückmeldungshilfen, **a**llgemein **s**trategische Hilfen, **i**nhaltlich orientierte **s**trategische Hilfen, **i**nhaltliche Hilfen).
2. Kennzeichnen Sie nach der Stunde die notierten Hilfen je nach Art durch M bzw. R bzw. AS bzw. IS bzw.I.
3. Diskutieren Sie die Angemessenheit der Hilfen nach dem »Prinzip der minimalen Hilfe«.

III. *Zur Beobachtung der Kleingruppenarbeit* (hier ist die Konzentration eines Beobachters auf eine Gruppe erforderlich)

1. Wie funktioniert die Gruppenarbeit?
   - Gibt es Spannungen zwischen einzelnen?
   - Wo wird ein einzelner von seiner Gruppe nicht akzeptiert?
   - Gibt es Schüler, die in der Gruppe dominieren?
   - Wie werden schwächere Gruppenmitglieder behandelt?
   - Verweigern sich einzelne der Zusammenarbeit?
   - Wie verhält sich der Lehrer bezüglich der Gruppe (regulierend, sich integrierend, stabilisierend)?
2. Was erarbeitet die Gruppe?
   - Welche Lösungsansätze werden vorgeschlagen?
   - Welche Lösungswege werden verfolgt?
   - Welche Fehler werden gemacht?
   - Welche (Teil-)Ergebnisse werden erzielt?
   - Wie werden die Ergebnisse fixiert?

Besondere Auffälligkeiten (z.B. bezüglich Motivation der Schüler und Zurückhaltung des Lehrers)?

11.15 Literaturhinweise[46]

Es sei empfohlen bzw. hingewiesen auf:

Allgemeine Grundlagen

Ausubel u. a. (1981², Kap. 16) als allgemeine kognitionspsychologische Orientierung zum Thema »Problemlösen und Kreativität«; die Aufsätze von Kluwe und Dörner in Treiber/Weinert (1982) über Aspekte des »Denkenlernens« aus neuerer kognitionspsychologischer Sicht;
Polya (1980³) zu heuristischen Hilfen im Mathematikunterricht;
Wertheimer (1964²) als klassisches Buch der sog. »Gestaltpsychologie« mit Beispielen aus dem Mathematikunterricht.

Allgemeindidaktische Literatur

Fries/Rosenberger (1976⁴) zur Gestaltung von typischen Phasen problemlösenden Unterrichts;
Riedel (1973) zu Hilfen beim entdeckenden Lernen;
Forsberg/Meyer (1976²), Kösel (1978⁶), Ritz-Fröhlich (1982²) und Meyer (1987, S. 238–277) zum Kleingruppenunterricht.

Empirische Untersuchungen zur Heuristik

Kilpatrick (1967), Putz-Osterloh (1973), Bassler (1975), Webb (1975), Kantowski (1977) und Schoenfeld (1985) zum empirischen Nachweis des relativen Nutzens von heuristischen Regeln im Mathematikunterricht;
Jerma (1971), Ryle (1971) und Fischbein (1973) als kritische Beiträge, die das Lehren heuristischer Regeln für weniger ergiebig halten;
Frenzel, Reichold, Stahl, Steinhöfel stehen mit ihren Untersuchungen für den relativ erfolgreichen Einsatz von »Handlungsanweisungen« beim Problemlösen in einzelnen Teilbereichen der Mathematik;
Lauth/Holzhauer/Weitendorf (1983) stehen mit eigenen Untersuchungen und Berichten über andere für den relativ erfolgreichen Einsatz des kognitiven Modellierens von Denkstrategien bei retardierten Kindern;
Zimmermann (1977) macht deutlich, wie problematisch genauere empirische Untersuchungen von Denkprozessen beim Lösen mathematischer Probleme sind.

Mathematikdidaktische Bücher zu problem- und anwendungsorientierten Unterrichtskonzepten

Strehl (1979) zu einigen Problemen des Sachrechnens (eher von der Mathematik her);
Winter (1991²) als grundlegendes Buch zum »entdeckenden Lernen« im Mathematikunterricht und seinen didaktischen Problemen (mit Beispielen aus der Sekundarstufe I):
Winter (1987) zum endeckenden Lernen in der Grundschule (mit einigen Beispielen);
Winter (1985) zur Behandlung von Sachaufgaben in der Grundschule (mit einigen Projektbeispielen);
Wittmann (1981⁶) ist in seinen theoretischen Überlegungen zur Förderung kognitiver Strategien und genetischen Unterrichts ähnlich orientiert wie Winter; inhaltliche Ergänzung mit vielen Beispielen aus der Grundschule: Müller/Wittmann (1977); Wittmann/Müller (1994);
Baireuther (1990), Beck (1982), Becker u. a. (1979) und Glatfeld u. a. (1983) mit vielen Beispielen (vor allem aus der Sek. I) bringen weitere (vor allem inhaltlich orientierte) Spielarten problem- und anwendungsorientierten Unterrichts zum Ausdruck.

---

46 Die Zwischenüberschriften bringen nur grob bestimmte Akzentuierungen zum Ausdruck, aber keine überschneidungsfreie Aufgliederung.

Mathematikdidaktische Zeitschriftenartikel zu problemhaftem bzw. problemlösendem Unterricht in verschiedenen Teilbereichen

Viele Anregungen und Beispiele zu einer »problemhaften Unterrichtsgestaltung« (stärker innermathematisch orientiert)[47] findet man vor allem in einer Beitragsserie der Zeitschrift »Mathematik in der Schule« aus den Jahren 1977–1983.

Hingewiesen sei weiterhin auf einzelne Aufsätze und mehrere Themenhefte von Zeitschriften: Markl in DdM 1979, Heft 1 zu Textaufgaben; Holland in DdM 1979, Heft 2 zum Beweisen geometrischer Sätze; Reichold in Math. Schule (1980, Heft 7/8); Profke in Math. Schule 1991, Heft 12 zu Sachaufgaben (mit weiteren Literaturhinweisen); Studeny in PW 1995, Heft 9 zum Sachrechnen in der Grundschule.

MU 1983/Heft 3: Materialien zum Problemlösen;
MU 1992/Heft 3: Heuristische Vorgehensweise für das Lösen komplexer Aufgaben lehren und lernen;
MU 1992/Heft 6: Begründen und Beweisen.

Besonders hinzuweisen ist auf Stern in MU 1992/Heft 5 zum Verstehen von Textaufgaben aus kognitionspsychologischer Sicht[48] (in Erwiderung auf Untersuchungen von Radatz in JMD 1983, 205–217).

ML 1988, Heft 28: Entdecken;
ML 1992, Heft 52: Problemlösen lernen;
ML 1992, Heft 53: Beiträge zum Geometrieunterricht;
ML 1995, Heft 68: Textaufgaben – Aufgabentexte.

Anregungen zu Problemlösungsaufgaben

Interessante Anregungen für Aufgaben findet man außer in neueren Schulbüchern in den bereits genannten Büchern und Zeitschriften sowie in dem Schülermagazin »alpha« (seit 1991 Beilage der Zeitschrift »Mathematik lehren«), in den früheren Beilagen zu »Mathematik lehren« (insbesondere geometrische Aufgaben in ML 1990, Heft 3 und bei Hilbert 1983).
Daneben seien kleinere Zusammenstellungen von Aufgaben für besondere heuristische Zwecke genannt:
Avital/Shettleworth (1983), Hole (1973) und Pippig (1971).
Besonders hervorgehoben sei die Sammlung geometrischer Aufgaben von Perelmann (1963) und nicht zuletzt ein umfangreiches Aufgaben- und Beweismaterial aus dem Bereich des Satzes von Pythagoras bei Fraedrich (1995).

Hinweis auf eigene Ergänzungen

Zech (1981) zum Problemlösungsunterricht in der Hauptschule mit einzelnen typischen Aufgabenbeispielen und dem Entwurf einer Problemlösungsstunde in Kleingruppen nach den in diesem Buch diskutierten Gesichtspunkten.

47 Diese »östliche« Spielart problemorientierten Unterrichts unterscheidet sich von »westlichen« Spielarten vor allem dadurch, daß zugleich großer Wert auf systematisches Vorgehen im Rahmen eines Lehrgangs gelegt wird.
48 Dort viele weitere Literaturhinweise.

12. Kapitel: Zielsetzungen des Kurses: Rück- und Ausblick

12.0 Vororientierung

Dieses abschließende Kapitel dient vor allem der Verdeutlichung der Zielsetzungen des Kurses, wie sie bereits im 1. Kapitel angedeutet wurden.

Die Zielsetzungen der einzelnen Kapitel werden exemplarisch aufgewiesen, um den Leser dazu anzuregen, sich genauer selbst Ziele zu setzen und für ihn Wesentliches herauszufinden (vgl. Aufgabe 0 zu den einzelnen Kapiteln).

Eine mögliche Lernzielkontrolle zum Inhalt des Buches kann die Verbindung herstellen zu den Aufgaben eines Fachpraktikums bzw. einer praktischen Phase.

Die »Zielsetzungen eines Praktikums« beziehen sich auf ein Fachpraktikum auf der Grundlage dieses Buches. Sie können dazu anregen, sich sinnvolle Ziele für irgendeine praktische Phase zu Inhalten dieses Buches zu setzen.

12.1 Zielsetzungen dieses Buches

Wie in Kapitel 1 schon erwähnt und exemplarisch dargestellt, verfolgt dieser Kurs letztlich Ziele auf mehreren Ebenen. In der »Vorbereitungsphase« geht es hauptsächlich um kognitive Ziele und damit verbundene grundsätzliche Einstellungen. Kompetenzen bezüglich der Unterrichtsvorbereitung, -beobachtung und -beurteilung sind dabei zunächst nur in relativ isolierten Teilfähigkeiten angesprochen; sie sollten in einer daran anschließenden praktischen Phase integriert und vertieft werden.

In früheren Auflagen schlossen sich Kataloge der zu den einzelnen Kapiteln verfolgten Ziele an.

Das hatte sicherlich gewisse Vorteile für den Leser, sich Ziele zu verdeutlichen und sich selbst zu überprüfen und konnte u.U. zur Vereinheitlichung der kognitiven Grundlage einer Praktikumsgruppe beitragen.

Ich will jedoch bei der Neuauflage dieses Buches auf solche »flächendeckenden« Zielangaben aus mehreren Gründen verzichten:

- Es wurde bereits im Text versucht, die wesentlichen Dinge deutlich herauszustellen, nicht zuletzt in den zusammenfassenden Schemata und durch Aufgaben, Diskussionsanregungen und Vorschläge zur Unterrichtsbeobachtung.

- Es scheint für einen vertiefenden Lernprozeß des angehenden Lehrers nützlich, daß dieser das für ihn persönlich Wichtige und Wesentliche vor allem auch selbst erschließt.
  Dies kann aufgrund der unterschiedlichen kognitiven Struktur der Leser durchaus unterschiedlich aussehen, wie ich unlängst aus schriftlichen Bearbeitungen der Vorfassung dieses Buches durch Studenten ersehen konnte. Dies ist zu respektieren, zumal der einzelne Student am ehesten das in der praktischen Unterrichtssituation berücksichtigen wird, was er als wichtig für sich erkannt hat.
- Gleichwohl hat der Student oder Referendar – so er es will – die Möglichkeit, die vom Autor angestrebten Zielsetzungen in früheren Auflagen genauer nachzulesen.
- Im übrigen wollte ich nicht mehr so gerne den ungewollten Eindruck von Abgeschlossenheit bzw. Abschließbarkeit der Zielsetzungen entstehen lassen, da es im wesentlichen um Anregungen zum eigenen Nachdenken, Weiterdenken, Erproben und Korrigieren geht; ein Prozeß, der sich auch im späteren Unterricht immer weiter fortsetzen sollte.

Ich will also lieber den zur Verfügung stehenden Raum für ein paar eher exemplarische Anregungen nutzen. Zunächst sollte sich der Leser m.E. klarmachen, daß es auch bei solch einem Buch um sehr unterschiedliche kognitive Zielkategorien geht. Mit einigen Anklängen an die Bloomsche Taxonomie in Kapitel 3 kann man unterscheiden:

(I) *Hintergrundinformation* (»zur Kenntnis und Denkanregung gegeben«, bei Bedarf nachzuschlagen, aber nicht als abfragbares Wissen gedacht)
Dazu zähle ich z.B. viele Informationen in Kapitel 1 über den Stellenwert dieses Grundkurses und zur Organisation eines sinnvollen Theorie-Praxis-Bezugs bis hin zu genaueren Anregungen zur Planung eines entsprechenden Kurses (vgl. auch die Hinweise in 12.3 und 12.4).

(Al) *Analyse eines mathematikdidaktischen Sachverhalts* (einen komplexeren Sachverhalt genauer »auseinandernehmen« können)
Hierzu stelle ich mir z.B. gewisse Spezialgebiete vor, auf die sich ein Lehramtskandidat in Verbindung mit diesem Buch vorbereitet. Das könnte auf dem genannten Niveau bedeuten: das Thema »Geschlechtsunterschiede im Mathematikunterricht« (Kapitel 2) aufgrund der angegebenen Literatur genauer diskutieren zu können; oder das Thema »Affektive Zielsetzungen im Mathematikunterricht« (Kapitel 3); »Operative Prinzipien im Mathematikunterricht« (Kapitel 4); »Prinzipien sinnvollen Lernens ...« (Kapitel 5); »Modellernen im Mathematikunterricht« (Kapitel 6); »Motivationsmöglichkeiten ...« (Kapitel 7). Ein typisches Analyseziel wäre auch das Beobachtenkönnen einer Unterrichtsstunde nach bestimmten vorgegebenen Kategorien (vgl. Kapitel 8 bis 11).

(Sy) *Synthese eines mathematikdidaktischen Sachverhalts* (Kenntnisse in einem neuen, komplexeren Sachverhalt anwenden können)
Als solche würde ich beispielweise die Anwendung der Planungsgesichtspunkte für Begriffslernen, Regellernen oder Problemlösungslernen (vgl. Kapitel 8–11) in einem Planungsentwurf für ein neues Thema ansehen.

(Bw) *Bewerten eines komplexeren mathematikdidaktischen Sachverhalts* (eine Thematik aufgrund genauerer Kenntnis mit begründeter eigener Stellungnahme kritisch diskutieren können)
Dazu könnte u.U. die differenzierte Diskussion über »Taxonomie und Operationalisierung mathematischer Lernziele« (Kapitel 3), »Übungsformen im Mathematikunterricht« (Kapitel 7) oder »Vermittlung heuristischer Regeln im Mathematikunterricht« (Kapitel 11) gehören.
Ein typisches Bewertungsziel wäre auch, eine Unterrichtsstunde aufgrund genauer Beobachtungen diskutieren zu können (vgl. Kapitel 8–11).

Alle obengenannten Zielsetzungen sind als *Beispiele* zu verstehen, welche Art von kognitiven Zielsetzungen man mit den Kapiteln 1–11 verbinden kann in u.U. sehr unterschiedlichen Veranstaltungen oder Ausbildungssituationen: Es können fachdidaktische Seminare mit oder ohne Verbindung zu einem bestimmten Stoffgebiet sein. Die angesprochenen Zielsetzungen mögen den Leser dazu anregen, sich selbst bestimmte Ziele in Verbindung mit der Lektüre dieses Buchs zu setzen (evtl. mit ergänzender Lektüre nach den gegebenen Literaturhinweisen).

Häufig werden dies nur Zielsetzungen auf den Ebenen des Verstehens, Definierens, Wissens und Anwendens sein, wie sie auch des öfteren durch die Aufgaben zu den einzelnen Kapiteln angesprochen werden. Es gehören aber auch u.U. anspruchsvollere Ziele dazu, wie sie beispielsweise mit der Beobachtung und Bewertung von Unterricht(saufnahmen), mit der Vorbereitung von Unterrichtsthemen oder mit Referaten verbunden sein können. Zugleich sieht man hier bereits, wie vielgestaltig »Lernzielkontrollen« (bzw. »Bewährungssituationen«) zu diesem Buch sein könen (vgl. 12.2) – in mündlicher oder schriftlicher Form.

Anmerkung zu affektiven Zielsetzungen dieses Buches
Natürlich verbinden sich mit den kognitiven Zielsetzungen dieses Buchs auch affektive Zielsetzungen (wie das für die Schulebene früher in Kapitel 3 ausgeführt wurde). Als Autor hofft man insbesondere, daß sich beim Leser *Einstellungen* entwickeln, bestimmte theoretische Aspekte »ernst« zu nehmen, d.h., im eigenen Unterricht berücksichtigen bzw. erproben und modifizieren zu wollen (was man insgesamt als Beitrag zu einer »experimentellen Lehrereinstellung« bezeichnen könnte).

Einige Punkte, die mir diesbezüglich besonders »am Herzen« liegen, seien hervorgehoben:

- die Ermunterung, sich kritische Rechenschaft über die eigenen Lehrereigenschaften (Verhaltensgewohnheiten) abzulegen, statt selbstgefällig zu werden;
- die Neigung, immer allgemeine Zielsetzungen und Werte (d.h. den Sinn der Dinge) im Auge zu behalten, statt sich in Einzelheiten zu verlieren;
- die Notwendigkeit, immer wieder sinnvolle Lernprozesse unter Beachtung der Schülervoraussetzungen (»Verstehen«) zu fördern, statt vorschnell in Automatisierungsübungen zu verfallen;
- sich nicht zu schämen, kognitive Modellierungen einzusetzen, statt einseitigen Drill- oder Entdeckungsmethoden zu verfallen;

- die Motivation der Schüler nie zu vergessen, ohne sich nur vordergründig in Variationen zu üben;
- die Vorbereitung des Unterrichts als wichtige Aufgabe zu begreifen und dabei nicht in Schematismus zu verfallen;
- beim Begriffslernen über den Beispielen nicht die Gegenbeispiele und die verallgemeinernden Hinweise zu vergessen;
- sich um Denkfragen zu bemühen, statt in kleinschrittiges Frage-Antwort-Spiel zu verfallen;
- zur wiederholten Erprobung von Problemlösestunden (mit Kleingruppenarbeit) bereit sein, auch wenn Zeitdruck und erste Erfahrungen dagegen zu sprechen scheinen.

12.2 Eine mögliche Lernzielkontrolle

Im letzten Abschnitt war schon deutlich geworden, daß es – je nach Schwerpunktsetzung, Veranstaltungsart und Ausbildungssituation – unterschiedliche Möglichkeiten gibt, mit diesem Buch zu verbindende Zielsetzungen auf unterschiedlichem Niveau mündlich oder schriftlich zu verfolgen und zu überprüfen. Wenn dies bei mathematikdidaktischen Zielsetzungen vielleicht auch etwas schwieriger ist als bei rein mathematischen, so scheint es hier im Grunde ebenso notwendig. Unabhängig von rigiden Prüfungsideen gehören Zielsetzungen und Rückmeldungen bei allen Lernprozessen zusammen (vgl. Abschnitt 3.3)[1].

Im folgenden wird eine von vielen Möglichkeiten genannt, eine dem Gegenstand und der Situation angemessene Lernzielkontrolle durchzuführen. Dabei ist etwa an eine »Wieder-holung« nach einem Vorbereitungsseminar vor einem Fachpraktikum gedacht, um einige Grundkenntnisse für das Praktikum zu mobilisieren und bis zu einem gewissen Umfang auch sicherzustellen.

Die hier vorgestellte Lernzielkontrolle ist inhaltlich an der Teilbarkeitslehre bzw. an der Schlußrechnung orientiert, die auch in den Aufgaben zu den einzelnen Kapiteln wiederholt angesprochen wurden. Eine gewisse Vertrautheit mit den Inhalten dieser Teilgebiete wird vorausgesetzt (vgl. dazu die Vorbereitungsliteratur in 8.3.5 und 8.6). Die Inhalte könnten gegen andere (evtl. bereits für das Praktikum vereinbarte) ausgetauscht werden.

Die folgenden Aufgaben

sollten z.T. ohne Hilfsmittel (o.H.),
können z.T mit den angegebenen Hilfsmitteln (m.H.),
z.T. in Kleingruppen (i.G.) zu Hause gelöst werden.

Die Aufgaben, die zweckmäßig allein zu lösen sind, werden mit X gekennzeichnet.

---

1 Dadurch, daß man bei fachdidaktischen Zielsetzungen häufig auf Lernzielkontrollen, Rückmeldungen und auch Prüfungen verzichtet, nimmt man ihnen – manchmal ungewollt – viel von ihrer Verbindlichkeit.

Die Bearbeitungszeit für die Alleinarbeit und die Kleingruppenarbeit beträgt ca. je 3 Stunden.

X (o.H.) 1. Geben Sie jeweils drei vorwiegend anthropogene und drei vorwiegend soziokulturelle Bedingungen an, die für den Mathematikunterricht (z.B. Behandlung der Teilbarkeitslehre oder Schlußrechnung) besonders relevant scheinen, und begründen Sie möglichst, warum.

(i.G.) 2. Analysieren Sie die Teilbarkeitslehre (bzw. Schlußrechnung) nach den in Kapitel 3 in einer Checkliste zusammengestellten Auswahlkriterien für Lernziele (Schema 2), und begründen Sie ihre Aussagen.
(Für die Teilbarkeitslehre werde etwa ein normales 5. Schuljahr, für die Schlußrechnung ein 7. Schuljahr angenommen.)

(i.G.) 3.a) Formulieren Sie kognitive Ziele für die Teilbarkeitslehre (bzw. Schlußrechnung)[2] nach den einzelnen Kategorien der didaktischen Taxonomie in Abschnitt 3.2.3.
b) Formulieren Sie stoffübergreifende und allgemeine Ziele, die Sie mit den genannten Stoffgebieten verbinden würden. (Suchen Sie sich Anregungen bei Kapitel 3, Schema 2.) Deuten Sie an, bei welchen Gelegenheiten Sie diese allgemeinen Ziele berücksichtigen.

X (m.H.) 4. Welche grundsätzlichen Folgerungen ziehen Sie aus den operativen Prinzipien in Abschnitt 4.2.2 für die Behandlung der Teilbarkeitslehre in der 5. Klasse (bzw. der Schlußrechnung in der 7. Klasse)?

X (m.H.) 5. Erläutern Sie eine kleine vertiefende Übung zur Teilbarkeitslehre (bzw. zur Schlußrechnung) an Aufgaben nach verschiedenen sinnvollen Gesichtspunkten (vgl. Abschnitt 5.2.4 und Schema 19).

X (o.H.) 6. Geben Sie eine vorstrukturierende Orientierung (im Sinne von Ausubel) für die Teilbarkeitslehre (bzw. für die Schlußrechnung).

X (o.H.) 7. Geben Sie eine schülergemäße Formulierung für den Begriff »ist Teiler von« (bzw. »proportional«).

X (o.H.) 8. Konkretisieren Sie andeutungsweise die Lernphasen für den Begriff »ist Teiler von« (bzw. »proportional«).

X (m.H.) 9. Konkretisieren Sie mehrere verschiedenartige Motivationsmöglichkeiten während der Behandlung der Teilbarkeitslehre (bzw. Schlußrechnung). Hilfsmittel: Kapitel 7, Schema 15.

X (o.H.) 10. Erstellen Sie eine hypothetische Lernstruktur für die Teilbarkeitsregel bezüglich der Teilbarkeit durch 4 (bzw. für den Satz, daß der Graph einer Proportionalität im Kartesischen Koordinatensystem eine Gerade ist).

---

2 Entscheiden Sie sich am besten jeweils für einen bestimmten inhaltlichen Bereich.

X (o.H.) 11. Nennen Sie geeignete Beispiele und Gegenbeispiele für den Begriff »ist Teiler von« (bzw. »proportional«).
Welche Gesichtspunkte berücksichtigen Sie dabei?

X (o.H.) 12. Geben Sie mögliche Lernkontrollen für den Begriff »ist Teiler von« (bzw. »proportional«) an.

X (o.H.) 13. Erläutern Sie die Etappen der Begriffsbildung nach Galperin möglichst konkret am Beispiel »ist Teiler von« (bzw. »proportional«).

X (o.H.) 14. Erläutern Sie möglichst konkret einige Gesichtspunkte, die man bei der Behandlung von Regeln in der Teilbarkeitslehre bzw. Schlußrechnung (vgl. u. a. Aufgabe 10) zu berücksichtigen hat.

(i.G.) 15. (m.H.) Erläutern Sie die Taxonomie der Hilfen (Abschnitt 11.4) an einer ausgewählten Aufgabe aus der Teilbarkeitslehre bzw. Schlußrechnung. Hilfsmittel: Schulbuch.

(i.G.) 16. (m.H.) Analysieren Sie den Schwierigkeitsgrad der Aufgabe von Nr. 15 nach relevanten Gesichtspunkten. Hilfsmittel: Abschnitt 11.7.1. Wie können Sie die Aufgabe sinnvoll erleichtern oder erschweren?

(o.H.) 17. Deuten Sie an, wie eine kognitive Modellierung für die Bildung des »kleinsten gemeinsamen Vielfachen zweier Zahlen« (für eine Dreisatzaufgabe) aussehen könnte.

12.3 Zielsetzungen eines Praktikums

Vorbemerkung
Dieses Buch ist ursprünglich als Grundlage für ein Fachpraktikum Mathematik konzipiert. Eine solche bewußt hergestellte Verbindung zwischen Theorie und Praxis halte ich nach wie vor für die effektivste, weil transfergünstigste Form der Lehrerausbildung (vgl. Kapitel 1), auch wenn die Rahmenbedingungen häufig eine solche Realisierung nicht erlauben.

Ich möchte hier eine mögliche Verklammerung der Zielsetzungen dieses Buchs mit Zielsetzungen eines Fachpraktikums oder einer irgendwie zugeordneten praktischen Phase verdeutlichen (wie bereits im Abschnitt 1.1.4 angedeutet). Dies scheint um so wünschenswerter, als die Ziele von praktischen Phasen leider sehr selten explizit gemacht werden und häufig dem Zufall überlassen bleiben. So mag die folgende – bewußt etwas detailliertere – Liste zunächst dazu anregen, die Zielsetzungen einer praktischen Phase (womöglich auf stärker theoriebezogener Basis) stärker zu reflektieren.

12.3.1 Hauptziele eines auf dieses Buch bezogenen Praktikums

Die Ziele des Praktikums bewegen sich hauptsächlich auf den Ebenen des Beobachtens (BZ), des Planens (PZ), des unterrichtlichen Handelns (HZ) und des Evaluierens von Unterricht (EZ).

Bezüglich der Ziele auf der kognitiven Ebene des Verstehens, Wissens, Anwendens usw. und der zugeordneten affektiven Ebene der Bereitschaften (vgl. Abschnitt 12.1) soll das Praktikum »handlungsorientiert« vertiefend wirken.

Die »Hauptziele« seien nach den Phasen eines Praktikums (vgl. Abschnitt 1.7) gegliedert:

I. Hospitationsphase

0. (BZ) Freie Beobachtung der Klasse zum »Kennenlernen«; Hospitation beim Mentor (evtl. auch mit ausgewählten Beobachtungsgesichtspunkten nach den Kapiteln 3 bis 7).

1. (PZ) Vorbereitung einer größeren mathematischen Unterrichtseinheit nach den Gesichtspunkten des Abschnitts 8.1.3 durch die Praktikumsgruppen (unter Hilfestellung von Tutor und Mentor);
   a) Klärung von Rahmenbedingungen;
   b) Klärung von Inhalten, Zielen und Methoden; Aufbau einer Stundenfolge.

2. (PZ) Verdeutlichung der schriftlichen Vorbereitung einer Unterrichtsstunde nach Abschnitt 8.1.4 (evtl. am Beispiel einer Tutorstunde):
   1. Rahmenbedingungen.
   2. Inhaltsanalyse.
   3. Ziele der Stunde.
   4. Methodische Analyse.
   5. Geplanter Unterrichtsverlauf.

3. (EZ) Vergleich der Unterrichtsplanung mit der Realisation nach den Gesichtspunkten 1–5.

4. (BZ) Beobachtung von Motivationen im Mathematikunterricht (nach den Vorschlägen des Abschnitts 8.3.4); Hospitation beim Mentor.

5. (BZ) Beobachtung von Übungsgesichtspunkten im Mathematikunterricht (nach den Vorschlägen des Abschnitts 8.3.4); Hospitation beim Tutor.

II. Unterrichtsphase

1. (PZ, HZ, BZ, RZ) Vorbereitung, Durchführung, Beobachtung einer Stunde zur *Einführung eines mathematischen Begriffs*.
   (Die Vorbereitung und Durchführung der Stunde erfolgen nach den Gesichtspunkten der Kapitel 8 und 9. Die Vorbereitung erfolgt durch zwei Praktikanten unter Mithilfe der übrigen Praktikumsteilnehmer; die Stunde wird von einem Praktikanten durchgeführt. Beobachtung und Besprechung erfolgen nach den Beobachtungsaufgaben des Kapitel 9.)

2. (PZ, HZ, BZ, EZ) Vorbereitung, Durchführung, Beobachtung und Besprechung einer Stunde zur *vertiefenden Übung eines mathematischen Begriffs.*
   (Die Vorbereitung und Durchführung der Stunde erfolgen nach den Gesichtspunkten der Abschnitte 4.2.2 und 7.3.1, Beobachtung und Besprechung erfolgen nach Vorschlägen der Beobachtungsaufgaben zu Kapitel 9.)

3. (PZ, HZ, BZ, EZ) Vorbereitung, Durchführung, Beobachtung und Besprechung einer Stunde zur *Einführung einer mathematischen Regel.*
   (Die Vorbereitung und Durchführung der Stunden erfolgen nach den Gesichtspunkten der Kapitel 8 und 10. Beobachtung und Besprechung erfolgen nach den Beobachtungsaufgaben zu Kapitel 10.)

4. (PZ, HZ, BZ, EZ) Vorbereitung, Durchführung, Beobachtung und Besprechung einer Stunde zur *Vertiefung einer mathematischen Regel.*
   (Bedingungen wie bei 3.)

5. (PZ, HZ, BZ, EZ) Vorbereitung, Durchführung, Beobachtung und Besprechung einer Stunde zur *Erarbeitung von heuristischen Regeln zur Lösung mathematischer Aufgaben.*
   (Die Vorbereitung und Durchführung der Stunde erfolgen nach den Gesichtspunkten der Kapitel 8 und 12. Beobachtung und Besprechung erfolgen nach den Beobachtungsaufgaben des Kapitels 12.)

6. (PZ, HZ, BZ, EZ) Vorbereitung, Durchführung, Beobachtung und Besprechung einer Stunde zum *Lösen mathematischer Probleme in Kleingruppen.*
   (Die Vorbereitung und Durchführung der Stunde erfolgen nach den Gesichtspunkten der Kapitel 8 und 12. Beobachtung und Besprechung erfolgen nach den Beobachtungsaufgaben zu Kapitel 12.)

III. Auswertungsphase

1. (PZ, EZ) Vorbereitung und Auswertung einer Klassenarbeit als Lernzielkontrolle zu den im Praktikum verfolgten Zielen nach Gesichtspunkten des Kapitels 3 und Wendeler (1981).

2. Rekonstruktion und Evaluation des Praktikums (evtl. Fragebogen, Auswertung und Diskussion[3]).

12.3.2 Nebenziele des Praktikums

Neben den vorgenannten »Hauptzielen« des Praktikums werden im Praktikum charakteristische »Nebenziele« verfolgt, die auch von großer Bedeutung sind.

3 Auch mit den Schülern!

Dazu gehören affektive Ziele (AZ), soziale Ziele (SZ), Unterrichtsverhaltensziele (VZ), unterrichtstechnische Ziele (TZ).

Diese Ziele werden oft nach Lage der Dinge variieren. Es seien typische Zielsetzungen dieser Art genannt.

Die Praktikanten sollen

1. (AZ) – die Bereitschaft entwickeln, sorgfältige Unterrichtsplanungen im Sinne dieses Buches durchzuführen;

2. (SZ) – lernen, bei der Vorbereitung von Unterricht mit anderen zusammenzuarbeiten (Gegensteuern zu Isolationstendenzen im Schulunterricht, Offenhalten für »Teamteaching«);

3. (VZ) – angeleitet werden, »sozial-integrativ« (Tausch/Tausch 1991[10]), aber bestimmt aufzutreten und mit sogenannten »Disziplinproblemen« fertig zu werden (vgl. Meyer 1980 und 1987);

4. (HZ) – angeleitet werden, den Unterricht klar zu artikulieren, klare Arbeitsanweisungen zu geben, ein übersichtliches Tafelbild zu entwickeln, bunte Kreide bzw. Folienfarbstifte sinnvoll einzusetzen (vgl. 8.2.4);

5. (AZ) – die Fähigkeit entwickeln, Unterricht möglichst unvoreingenommen nach bestimmten Kriterien zu beobachten und zu diskutieren (vgl. 8.3.2);

6. (SZ) – angeleitet werden, konstruktive Kritik aneinander zu üben;

7. (VZ) – u.a. anhand von Videoaufnahmen ihre Fähigkeit zur Selbstkritik verbessern;

8. (TZ) – ermuntert werden, moderne Medien sinnvoll einzusetzen (Videoband, Tageslichtprojektor, Kopiergeräte …) usw.

Je nach Situation wird man die einzelnen Ziele akzentuieren. Es scheint nicht sinnvoll, sich hier ein allzu starres Programm vorzunehmen.

Gerade ein Praktikum ist Anlaß für mancherlei Diskussionen, die vorher kaum einplanbar sind:

Da ist z. B. ein Praktikant, der nach einigen Unterrichtsstunden am Sinn des Mathematikunterrichts zweifelt. Dies kann Anlaß sein, über die Durchführung des Praktikums oder den Sinn des Mathematikunterrichts zu diskutieren. Es könnte evtl. auch Anlaß sein, über die »Berufung« des Praktikanten zum Mathematiklehrer zu diskutieren.

Es dürfte jedenfalls wichtig sein, sich in einem Praktikum nicht einfach von diesem zu jenem treiben zu lassen, sondern eine klare Grundkonzeption für gezielte Unterrichtsversuche zu haben, die natürlich immer nach den jeweiligen Bedürfnissen modifiziert werden können.

12.4 Essentials eines Theorie und Praxis verbindenden Gesamtkurses

Anstelle eines detaillierten Planungskonzepts für einen zweisemestrigen Kurs (Vorbereitungsseminar mit anschließenden Fachpraktikum) in früheren Auflagen möchte ich zusammenfassend nur einige m.E. wichtige hochschuldidaktische Gesichtspunkte eines solchen Kurses herausstellen, die sehr viele Realisierungsmöglichkeiten offenlassen:

I. Zur Theoriephase

1. Die Lektüre dieses Buches sollte da und dort vertiefend durch pädogogisch-psychologische oder mathematikdidaktische Originalliteratur (vgl. Abschnitt 1.6 und die Literaturhinweise zu den einzelnen Kapiteln) ergänzt werden.
2. Der Inhalt des Buches sollte (eigenen Interessen und den Aufgabenanregungen zu den Kapiteln folgend) kapitelweise oder in größeren Sinneinheiten diskutiert werden. Bei Großgruppen ist es zweckmäßig, (evtl. arbeitsteilige) Kleingruppendiskussionen vorzuschalten.
3. Zur Veranschaulichung und gezielten Beobachtung von Motivationen, Übungsgesichtspunkten (vgl. Abschnitt 8.3.4), evtl. auch zur Demonstration einer kognitiven Modellierung (vgl. Abschnitt 6.4.1) sowie zur Verdeutlichung von Bedingungen des Begriffs-, Regel- und Problemlösungslernens, evtl. auch zur Erarbeitung von heuristischen Regeln sollte man geeignete Videobänder bereitstellen.
4. Die theoretischen Zielsetzungen sollten in der einen oder anderen Form (durch einfache Lernzielkontrollen, Referate, schriftliche Ausarbeitungen; vgl. die Abschnitte 12.1 und 12.2) »kontrolliert« werden.

II. Zur Praxisphase

5. Die genauere Abklärung von Rahmenbedingungen (vgl. Kapitel 2) sollte in einer den Unterrichtsversuchen vorangehenden Hospitationsphase erfolgen.
6. Zumindest zu den wichtigsten Lerntypen bzw. typischen Unterrichtssituationen (Begriffs-, Regel- und Problemlösungslernen) und nachfolgenden Übungsstunden bzw. einer vorgängigen Heuristikstunde zum Problemlösen sollten gezielte Unterrichtsversuche nach den in den Kapiteln 9–11 erarbeiteten Gesichtspunkten durchgeführt werden.
7. Die Unterrichtsversuche sollten nach den gleichen Gesichtspunkten sorgfältig vorbereitet, beobachtet und besprochen werden (vgl. Kapitel 8).
8. Die Erfahrungen während der praktischen Phase sollten von allen Beteiligten gründlich ausgewertet werden (evtl. Lernzielkontrolle, Fragebogen für die Schüler, Diskussion der Unterrichtsstunden mit Betreuern und Schülern).

Schlußbemerkung

Zum Abschluß dieses Buches soll der eigene Theorie und Praxis verbindende Gesamtkurs des Autors in seiner hochschuldidaktischen Struktur nur mehr als zusammenfassende Graphik präsentiert werden, die nun auch ohne weitere Erläuterung aus sich selbst heraus verständlich sein dürfte.

Schema 31: Übersicht über das Methoden-Medien-System des Grundkurses Mathematikdidaktik, eingebettet in einen Theorie und Praxis verbindenden Gesamtkurs

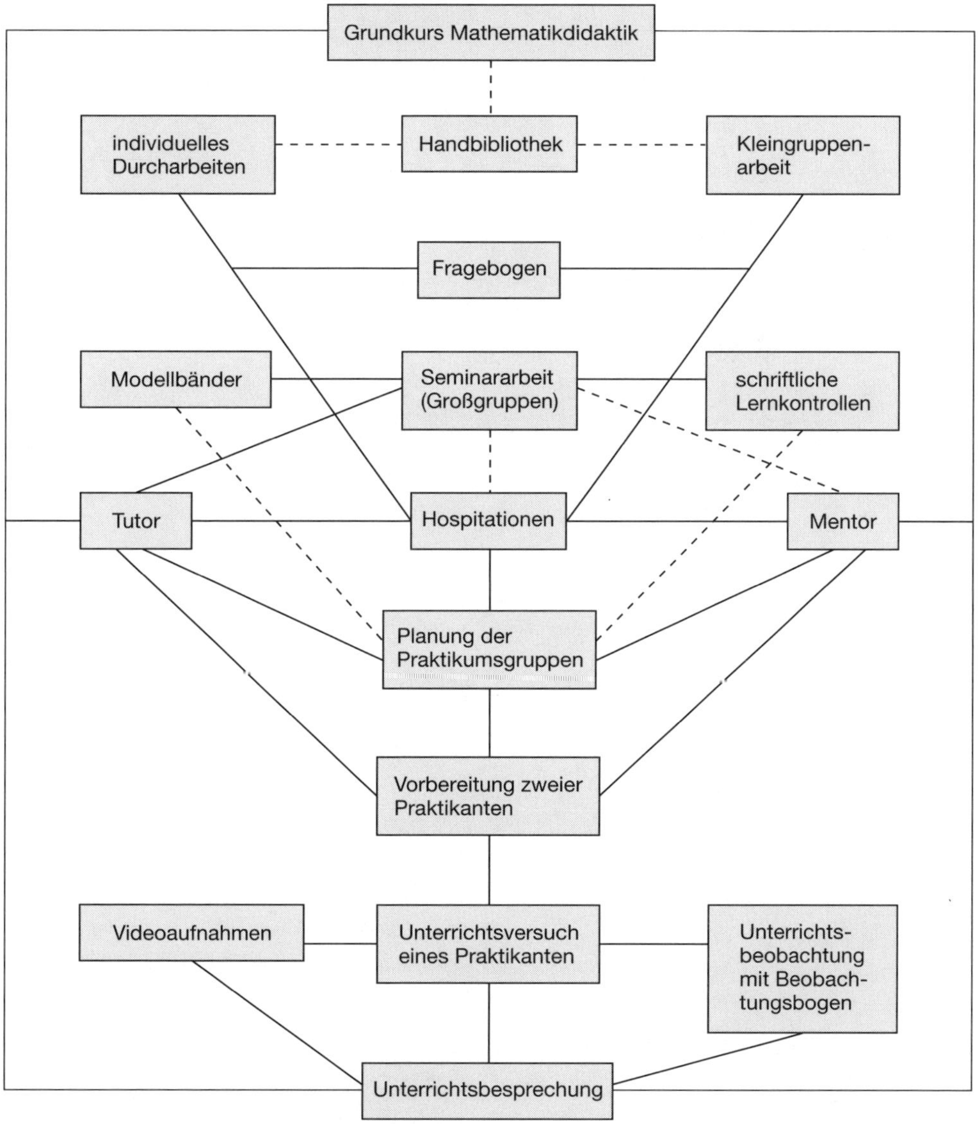

Literaturverzeichnis

Hochzahlen hinter Jahreszahlen (z.B. 1981³) bedeuten Auflagen (hier: 3. Aufl. 1981).
Folgende *Abkürzungen* werden für Zeitschriften verwendet:
DdM: Didaktik der Mathematik
JMD: Journal für Mathematikdidaktik
LU: Lernzielorientierter Unterricht
Math. did.: mathematica didactica
Math. Schule: Mathematik in der Schule
ML: Mathemathik lehren
MU: Der Mathematikunterricht
PW: Pädagogische Welt
UW: Unterrichtswissenschaft
WPB: Westermanns Pädagogische Beiträge
ZDM: Zentralblatt für Didaktik der Mathematik
Arithm. Teacher: Arithmetic Teacher
Cogn. Psych.: Cognitive Pschology
J. of Ed. Psychol.: Journal of Educational Psychology
J. for Res. in Math. Ed.: Journal for Research in Mathematics Education
Soc. Res. Child Develop.: Social Research of Child Development

Aebli, H: Psychologische Didaktik. Stuttgart 1963a (1976⁶).
Aebli, H: Über die geistige Entwicklung des Kindes. Stuttgart 1963b. (Neuaufl. Frankfurt a.M. 1989).
Aebli, H.: Die geistige Entwicklung als Funktion von Anlage, Reife, Umwelt und Erziehungsbedingungen. In: Roth, H. (Hrsg.): Begabung und Lernen. Stuttgart 1968.
Aebli, H.: Grundformen des Lehrens. Stuttgart 1961 (1968⁵).
Aebli, H.: Die 12 Grundformen des Lehrens. Stuttgart 1983 (1993⁷).
Aebli, H.: Grundlagen des Lehrens. Stuttgart 1987 (1993²).
Aebli, H.: Das operative Prinzip. In: ML 1985/11, S. 4–6.
Allen, D.W./Ryan, K.A.: Microteaching. Weinheim/Basel 1972.
Ambrus, A.: Indirektes Argumentieren, Begründen, Beweisen im Mathematikunterricht. In: MU 1992/6, S. 10–22.
Andelfinger, B. u.a.: Medien und Lehrziele. Freiburg i.Br. 1979.
Andersen, F./Sörensen, K.K.: Medien im Unterricht. Stuttgart 1972.
Andrews, G.R./Debus, R.L.: Persistance and casual perception of failure modifying cognitive attributions. J. of Ed. Psychol.; 1978, S. 154–166.
Ausubel, D.P.: Die Verwendung von »Advance Organizers« beim Lernen und Behalten von bedeutungsvollem sprachlichen Material. In: Hofer, M./Weinert, F.E. (Hrsg.): Funkkolleg Pädagogische Psychologie, Grundlagentexte 2. Frankfurt a.M. 1973.
Ausubel, D.P.: Entdeckendes Lernen. In: Neber (1973, S. 28–70).
Ausubel, D.P.: Psychologie des Unterrichts. Weinheim/Basel 1974.
Ausubel, D.P./Novak, J./Hanesian, H.: Psychologie des Unterrichts. Bd. 1: Weinheim/Basel 1980². Bd. 2: Weinheim/Basel 1981².

Avital, S.M./Shettleworth, S.J.: Ziele des Mathematikunterrichts – Ideen für den Lehrer. Braunschweig/Wiesbaden 1983 (engl. 1968).

Baireuther, P.: Konkreter Mathematikunterricht. Bad Salzdetfurth 1990.
Bandura, A.: Sozialkognitive Lerntheorie. Stuttgart 1979.
Bassler, O.C./Beers, M.J./Richardson, L.J.: Comparision of two instructional strategies for teaching the solution of verbal problems. J. for Res. in Math. Ed. 1975, S. 170–177.
Bauer, L.: Das operative Prinzip als umfassendes, allgemeingültiges Prinzip für das Mathematiklernen? In: ZDM 1993/3, S. 76–83.
Bauer, M.: Verhaltensmodifikation durch Modellernen. Stuttgart 1979.
Bauersfeld, H. u.a.: alef, Wege zur Mathematik. Hannover, ab 1970.
Bauersfeld, H./Otte, M./Steiner, H.-G. (Hrsg.): Differenzierung im Mathematikunterricht. Schriftenreihe des IDM 17, Bielefeld 1978.
Bauersfeld, H.: Subjektive Erfahrungsbereiche als Grundlage einer Interaktionstheorie des Mathematiklernens und -lehrens. In: Bauersfeld (Hrsg.): Lehren und Lernen von Mathematik. Köln 1981.
Bauersfeld, H./Heymann, H.W./Lorenz, J.H. (Hrsg.): Forschung in der Mathematikdidaktik. Köln 1981.
Beck, U.: Mathematikunterricht zwischen Anwendung und Reiner Mathematik. Frankfurt a. M. 1982.
Becker, G. u.a.: Anwendungsorientierter Mathematikunterricht in der Sekundarstufe I. Bad Heilbronn 1979
Becker, G.: Geometrieunterricht, Bad Heilbrunn/Obb. 1980.
Becker, H./Haller, H.D./Stubenrauch, H./Wilkending, G.: Das Curriculum. Praxis, Wissenschaft und Politik. München 1974.
Berlyne, D.E.: Konflikt, Erregung, Neugier. Stuttgart 1974.
Bigalke, H.G.: Zur »gesellschaftlichen Relevanz« der Mathematik im Schulunterricht – Aufgaben und Ziele des Mathematikunterrichts. In: ZDM 1976/1, S. 25–34.
Bigalke, H.G./Wippermann, H.: Reguläre Parkettierungen. Mannheim 1993.
Bloom, B.S./Hastings, J.T./Madaus, G.F.: Handbook on formative and summative evaluation of student learning. New York 1971.
Bloom, B.S. (Hrsg.): Taxonomie von Lernzielen im kognitiven Bereich. Weinheim/Basel 1972.
Bloom, B.S./Madaus, G.F./Hastings, J.T.: Evaluation to improve learning. New York/London 1981.
Blum, W.: Anwendungen und Modellbildung im Mathematikunterricht. Hildesheim 1993.
Blum, W. (Hrsg.): Materialien für einen realitätsbezogenen Mathematikunterricht. Hildesheim 1994.
Bock, H./Walsch, W.: Zum logischen Denken im Mathematikunterricht. Berlin 1975.
Bölts, H.: Kritik einer Fachdidaktik. Weinheim 1978.
Böhmer, J.P. u.a.: Fördern im Mathematikunterricht der Hauptschule. NLI-Bericht 42. Hildesheim 1990.
Boettcher, W. u.a.: Lehrer und Schüler machen Unterricht. Weinheim/Basel 1982[4].
Borg, W.R./Kelley, M.L. u.a.: The minicourse: A microteaching approach to teacher education. Bevery Hills 1970.
Borneleit, P.: Zur Gesprächstechnik beim problemhaften Vorgehen im Mathematikunterricht. Math. Schule 1993/11, S. 584–592.
Bracht/Pietschner: Bildaufgaben für Mathematik. 4. Schuljahr. Offenburg 1980[2].
Bredenkamp, J./Bredenkamp, K.: Was ist lernen? (Kap. 19); Die Bedingung des Erlernens, Behaltens und Vergessens von sprachlichem Material (Kap. 20). In: Weinert, F. E. u.a. (Hrsg.): Funkkolleg Pädagogische Psychologie, Bd. 2. Frankfurt a.M. 1974.
Breidenbach, W.: Raumlehre in der Volksschule. Hannover 1964[8].
Breidenbach, W.: Methodik des Mathematikunterrichts in Grund- und Hauptschule. Hannover 1969.
Bromme, R./Seeger, F.: Unterrichtsplanung als Handlungsplanung. Königstein i.Ts. 1979.

Bromme, R.: Die alltägliche Unterrichtsvorbereitung des (Mathematik-)Lehrers im Spiegel empirischer Untersuchungen. IDM 1986/1, S. 3–22.
Bruder, R.: Zur quantitativen Bestimmung und zum Vergleich objektiver Anforderungsstrukturen von Bestimmungsaufgaben im Mathematikunterricht. In: Wiss. Zeitschrift der PH Potsdam 1981/1, S. 173–178.
Bruder, R.: Zur Bestimmung objektiver Anforderungsstrukturen von Begründungs- und Beweisaufgaben im Mathematikunterricht. In: Wiss. Zeitschrift der PH Potsdam 1983, S. 108–111.
Bruder, R.: Problemlösenlernen – aber wie? In: ML 52, 1992, S. 6–12.
Bruner, J.S.: Der Akt der Entdeckung. In: Neber (1973, S. 15–28).
Bruner, J.S.: Entwurf einer Unterrichtstheorie. Berlin 1974.
Bruner, J.S.: Studien zur kognitiven Entwicklung. Stuttgart 1971 (1988²).
Bruner, J.S./Goodnow, J.J./Austin, G.A.: A study of thinking. New York 1956.
Bruner, J.S./Kenney, H.J.: Representation and mathematics learning. Soc. Res. Child Develop. 30, 1965, Nr. 1, S. 50–59.
Bülow, E./Franke, M.: Unsere Schüler sollen freudig und beharrlich lernen (I). Unterstufe 1981/4, S. 90–93.

Chandler, T.A.: What's wrong with sucess and praise? Arithm. Teacher 1981/4, S. 10–12.
Christmann, N.: Einführung in die Mathematikdidaktik. Paderborn 1980.
Clark, D.C.: Teaching concepts in the classroom: A set of teaching prescriptions derived from experimental research. In: J. of Ed. Psychol. 1971/3, S. 253–278.
Claus, H.J.: Einführung in die Didaktik der Mathematik. Darmstadt 1995².
Copei, F.: Der fruchtbare Moment im Bildungsprozeß. Heidelberg 1963⁷.
Correll, W.: Lernpsychologie. Donauwörth 1965⁴ (1970¹⁰).

Dahlke, E.: Zur Vermeidung negativen Transfers beim Lernen ähnlicher Aufgabenklassen. Diss. Braunschweig 1974.
Dahlke, E.: Schwierigkeiten der Lernzielfindung im Mathematikunterricht. In: Zschr. f. Päd. 1975/1.
Dahlke, E.: Üben im Mathematikunterricht. In: Sachunterricht und Math. i. d. Grundsch. 4 (1976), Teil 1, S. 188–195, Teil 2, S. 226–237.
Dahlke, E.: Zum Stellenwert didaktischer Prinzipien im Mathematikunterricht. In: Bauersfeld/Heymann/Lorenz (1981, S. 125–135).
Damerow, P./Ellwitz, U./Keitel, C./Zimmer, J.: Elementarmathematik: Lernen für die Praxis? Stuttgart 1974.
Dave, R.H.: Eine Taxonomie pädagogischer Ziele und ihre Beziehung zur Leistungsmessung. In: Ingenkamp, K./Marsolek, T.: Möglichkeiten und Grenzen der Testanwendung in der Schule. Weinheim 1968, S. 225–237.
Dienes, Z.P.: Mathematisches Denken und logische Spiele. Freiburg i.Br. 1966 (1971⁷).
Dienes, Z.P. Schulmathematik als Bildungsfach. Freiburg i.Br. 1967a.
Dienes, Z.P.: Die Arithmetik der natürlichen Zahlen. Freiburg i.Br. 1967b (1971³).
Dienes, Z.P.: Aufbau der Mathematik. Freiburg i.Br. 1969³.
Dienes, Z.P./Golding, E.W.: Die Entdeckung des Raumes. Freiburg i.Br. 1967 (1971³).
Dienes, Z.P.:/Golding, E.W.: Methodik der modernen Mathematik. Freiburg i.Br. 1970 (1971²).
Dienes, Z.P./Jeeves, M.A.: Denken in Strukturen. Freiburg i.Br. 1973.
Dietz, B.: Zielorientierung im Unterricht. Berlin 1965 (1969²).
DIFF: Mathematik. Kurs für Grundschullehrer/Orientierungsstufe; viele Einzelhefte. Tübingen ab 1973.
DIFF: Mathematik für Lehrer der Sekundarstufe I/Hauptschule: viele Einzelhefte. Tübingen ab 1979.
DIFF: Mathematik – Sachrechnen für Lehrer an Berufsschulen; mehrere Einzelhefte. Tübingen ab 1983.
Dijk, T. A. van: Textwissenschaft. München 1980.

Dörner, D.: Lernen des Wissens- und Kompetenzerwerbs. In: Treiber/Weinert (1982, S. 134–148).

Drefenstedt, E.: Effektivität des Unterrichts. Berlin 1987.

Drefenstedt, E./Neuner, G.: Lehrplanwerk und Unterrichtsgestaltung. Berlin 1970^3.

Duncker, K.: Zur Psychologie des produktiven Denkens. Berlin/Göttingen/Heidelberg 1. Aufl. 1935; 1963 (erster Neudruck); 1974^3.

Eigler, G./Judith, H. u.a.: Grundkurs Lehren und Lernen. Weinheim/Basel 1973 (1977^3).

Elbing, E.: Das Soziogramm in der Schulklasse. München 1972^4.

Fanghänel, G./Stamm, R./Weber, K.: Mathematikunterricht in Ländern der Bundesrepublik Deutschland. Übersichten und vergleichende Betrachtungen zu Zielen, Inhalten und Gestaltungskonzepten für den Mathematikunterricht der Klassen 1 bis 10. TU Berlin. Reprint Reihe Mathematik, FB 3. (Hrsg.: R.J.K. Stowasser, Nr. 4/1992.)

Fettweis, E./Schlechtweg, H.: Didaktik und Methodik des Rechenunterrichts. Paderborn 1965^4.

Fischbein, E.: Intuition, structure and heuristic methods in teaching of mathematics. In: Howson, A.G. (Hrsg.): Developments in mathematical Education. Cambridge 1973.

Fittkau, B./Schulz von Thun, F.: Über Alternativen zum autoritären Unterricht. In: WPB 1973/8, S. 422–430.

Flade, L./Goldberg, E.: Tägliche – erste – vielfältige – komplexe Übungen. In: ML 53, 1992, S. 60–66.

Flade, L./Pruzina, M.: Vergleichende empirische Untersuchungen hinsichtlich einiger Aspekte des Beweisens im Mathematikunterricht. In: MU 1992/6, S. 5–9.

Flechsig, K.-H./Haller, H.-D.: Entscheidungsprozesse in der Curriculumentwicklung. Stuttgart 1973.

Floer, J.: Spielen und Lernen im Mathematikunterricht. In: MU 1985/3, S. 28–37.

Fokken, E.: Die Leistungsmotivation nach Erfolg und Mißerfolg in der Schule. Hannover 1966.

Forsberg, B./Meyer, E.: Einführung in die Praxis der schulischen Gruppenarbeit. Heidelberg 1973 (1976^2).

Fraedrich, A.M.: Vorschläge für Beweisübungen im Mathematikunterricht der Sek. 1. In: Beiträge zum Mathematikunterricht 1989. Bad Salzdetfurth 1989, S. 147–150.

Fraedrich, A.M.: Die Satzgruppe des Pythagoras. Mannheim 1995.

Frenzel, L./Grund, K.H.: Sprachliches Handeln beim Lösen von Konstruktionsaufgaben in der Sekundarstufe I. In: ML 53, 1992, S. 12–14.

Freudenthal, H.: Lernzielfindung im Mathematikunterricht. In: Zeitschrift für Pädagogik 1974/5.

Fricke, A./Besuden, H.: Mathematik, Elemente einer Didaktik und Methodik. Stuttgart 1970.

Friedrich, J./Lüdtke, H.: Teilnehmende Beobachtung. Weinheim/Basel 1972.

Fries, E./Rosenberger, R.: Forschender Unterricht. Frankfurt a.M. 1970^2 (1976^4).

Fuhrmann, E.: Zum Definieren im Mathematikunterricht. Berlin 1973.

Funk, H./Neuner, G. u.a.: Handreichung Fachsprache in der Berufsausbildung ausländischer Jugendlicher (Hrsg. Bundesminister für Bildung und Wissenschaft). Bonn 1987.

Gage, N.L./Berliner, D.C.: Pädagogische Psychologie.
Bd. 1: Grundlagen, Konzepte, Ergebnisse. München/Wien/Baltimore 1979^2.
Bd. 2: Lehrmethoden, Bewertung des Lernerfolgs. München/Wien/Baltimore 1986^4.

Gagné, R.M.: Arten des Lernens und der Begriff der Entdeckung. In: Neber (1973, S. 127–142).

Gagné. R.M./Paradise, N.E.: Abilities and learning sets in knowledge acquisition. In: Psychological Monographs, Vol. 15, No. 14, 1961.

Gagné, R.M.: Die Bedingungen des menschlichen Lernens. Hannover 1969 (1980^5).

Galperin, P.J.: Stages in the development of mental acts. In: M. Cole/J. Maltzman (Hrsg.): A handbook of contemporary soviet psychology. New York 1969.

Galperin, P.J./Leontjew, A.N. u.a.: Probleme der Lerntheorie. Berlin 1972 (1974^4).

Galperin, P.J./Talysina, N.F.: Die Bildung erster geometrischer Begriffe auf der Grundlage organisierter Handlungen der Schüler. In: Galperin/Leontjew (1972).

Gardner, H.: Dem Denken auf der Spur. Stuttgart 1989.

Gatzemeier, M.: Grundsätzliche Überlegungen zur rationalen Argumentation. In: Schweizer Schule 1974/5.
Gaudig, H.: Didaktische Präludien. Leipzig 1929³.
Gerster, H.-D.: Schülerfehler bei schriftlichen Rechenverfahren – Diagnose und Therapie. Freiburg i.Br. 1982.
Glatfeld, M. (Hrsg.): Anwendungsprobleme im Mathematikunterricht der Sekundarstufe 1. Braunschweig 1983.
Glatfeld, M.: Einführung zu MU 1992/3 (vgl. Abschnitt 11.15).
Glatfeld, M. (Hrsg.): Finden, Erfinden, Lernen – Zum Umgang mit Mathematik unter heuristischem Aspekt. Frankfurt a.M. 1990.
Goldberg, E.: Beweisen im Mathematikunterricht der Sekundarstufe I. Ergebnisse – Schwierigkeiten – Möglichkeiten. In: MU 1992/6, S. 33–45.
Grell, J. und M.: Unterrichtsrezepte. München/Wien/Baltimore 1979.
Griesel, H.: Die neue Mathematik für Lehrer und Studenten.
Bd. 1: Mengen, Zahlen, Relationen, Topologie. Hannover 1971.
Bd. 2: Größen, Bruchzahlen, Sachrechnen. Hannover 1973.
Bd. 3: Rationale Zahlen, Algorithmen, Sachrechnen, Verknüpfungen, Gruppen, Körper. Hannover 1974.
Gullasch, R.: Denkpsychologische Analyse mathematischer Fähigkeiten. Berlin 1973 (Diss. 1967).

Hage, K. u.a.: Das Methoden-Repertoire von Lehrern. Opladen 1985.
Hallmann, R.J.: Techniken des kreativen Lehrens. In: Mühle, G./Schell, Ch. (Hrsg.): Kreativität und Schule. München 1970.
Hasemann, K.: Die Individualität der Schüler im Mathematikunterricht. In: ML 49/1991, S. 6–11.
Heckhausen, H.: Förderung der Lernmotivierung und der intellektuellen Tüchtigkeiten. In: H. Roth (Hrsg.): Begabung und Lernen. Stuttgart 1968.
Heckhausen, H.: Motive und ihre Entstehung (Kap. 3). Einflußfaktoren der Motiventwicklung (Kap. 4). Bessere Lernmotivation und neue Lernziele (Kap. 18). In: Weinert, F. E. u.a. (Hrsg.): Funkkolleg Pädagogische Psychologie, Bd. 1. Frankfurt a.M. 1974.
Heckhausen, H./Rheinberg, F.: Lernmotivation im Unterricht, erneut betrachtet. In: UW 1980/1, S. 7–47.
Heimann, P./Otto, G./Schulz, W.: Unterricht, Analyse und Planung. Hannover 1970⁵ (1979¹⁰).
Hentig, H. von: Allgemeine Lernziele der Gesamtschule. In: Lernziele der Gesamtschule, Deutscher Bildungsrat. Gutachten und Studien der Bildungskommission 12. Stuttgart 1971³ (1969).
Hentig, H. von: Aufwachsen in Vernunft. Kommentare zur Dialektik der Bildungsreform. Stuttgart 1981.
Hesse, H. A./Manz, W.: Einführung in die Curriculumforschung. Stuttgart 1974³.
Hestermeyer, W.: Warum Mengenlehre? In: Lebendige Schule 1973/5.
Heyer, U.: Überlegungen zur langfristigen Ausbildung heuristischer Vorgehensweisen. In: MU 1992/3, S. 39–50.
Heyer, U.:/König, H.: Heuristische Vorgehensweisen bewußt herausbilden – Methodische Empfehlungen für den Mathematikunterricht. In: MU 1992/3, S. 51–65.
Heymann, H. W.: Innere Differenzierung im Mathematikunterricht. In: ML 49/1991, S. 63–66.
Heymann, H. W.: Wieviel Mathematik gehört zur Allgemeinbildung? Habilitationsschrift Bielefeld 1995.
Hilgard, E.R./Bower, G.A.: Theorien des Lernens. 2 Bde. Stuttgart 1973³.
Hilbert, A. (Hrsg.): Mathematische Arbeitsgemeinschaften in den Klassen 5 bis 8. Berlin 1983.
Hirschmann, G.: Lernzielorientierte Unterrichtsvorbereitung in der Weiterbildung. In: LU 1972/1/2.
Hoffmann, J.: Die Welt der Begriffe. Berlin 1986.
Hole, V.: Erfolgreicher Mathematikunterricht. Freiburg 1973 (1976⁵).

Holland, G.: Das Beweisen geometrischer Sätze in der Sekundarstufe I unter verschiedenen Aspekten von Geometrie. In: DdM 1979/2, S. 104–119.
Holland, G.: Geometrie in der Sekundarstufe. Mannheim 1988.
Huch, K.J.: Einübung in die Klassengesellschaft. Frankfurt a.M. 1973[5].

Jank, W./Meyer, H.: Didaktische Modelle. Frankfurt a. M. 1991 (1993[2]).
Jerma, N.M.: Instruction in problem solving and analysis of instructional variables, that contribute to problemsolving difficulty. Technical Report, No. 18, Stanford 1971.
Jung, W.: Unterrichtsziele im Mathematikunterricht in der differenzierten Gesamtschule. In: von Hentig (1971[3]).

Kantowski, M.G.: Processes involved in mathematical problem solving. In: J. for Res. in Math. Ed. 1977, S. 163–180.
Kiesswetter, K.: Modellierung von Problemlöseprozessen. In: MU 1983/3, S. 71–101.
Kilpatrick, J.: Analyzing the solution of verbal problems. Diss. Stanford 1967.
Kirsch, A.: Über Ziele der »neuen Mathematik« in der Schule. In: WPB 1974/3, S. 155–164.
Kirsch, A.: Mathematik wirklich verstehen. Göttingen 1994[2].
Klafki, W.: Probleme der Curriculumentwicklung. Entwürfe und Reflexionen. Frankfurt a.M. 1972.
Klausmeier, H.J./Harris, C.W. (Hrsg.): Analysis of concept learning. New York 1966.
Kleineberg, K.: Funktionen im Mathematikunterricht der Grundschule. Sequenzen zu einem Curriculum unter Berücksichtigung der Lernhierarchiekonzeption von R.M. Gagné. Diss. Bonn 1981.
Klingberg, L.: Einführung in die allgemeine Didaktik. Berlin 1972 (1989[7]).
Klix, F.: Information und Verhalten. Berlin 1971.
Kloep, M.: Leicht oder mittelschwer? In: UW 1985/2, S. 130–139.
Kluwe, R.H.: Kontrolle des eigenen Denkens und Unterricht. In: Treiber/Weinert (1982, S. 113–133).
König, H.: Einige für den Mathematikunterricht bedeutsame heuristische Vorgehensweisen. In: MU 1992/3, S. 24–38.
Kösel, E.: Sozialformen des Unterrichts. Ravensburg 1973.
Kosmowski, M.: Zum Nutzen verschiedener kognitiver Niveaus als Mittel der inneren Differenzierung im Mathematikunterricht. In: Wiss. Zschr. der Humboldt Universität, Math.-Nat. R. 35, 1986/8, S. 795–802.
Kounin, J.S.: Disciplin and group management in classrooms. New York 1970.
Kounin, J.S.: Techniken der Klassenführung. Bern/Stuttgart 1976.
Kramp, W.: Hinweise zur Unterrichtsvorbereitung für Anfänger. In: Roth, H./Blumenthal, A. (Hrsg.): Auswahl. Grundlegende Aufsätze aus der Zeitschrift »Die Deutsche Schule«. Reihe A, Bd. 1. Hannover 1974[11].
Krathwohl, D.R./Bloom, B.S./Masia, B.B.: Taxonomie von Lernzielen im affektiven Bereich. Weinheim/Basel 1975.
Krippner, W.: Wozu lernen wir Mathematik? Mathematik in der Hauptschule als pädagogische Aufgabe. Bl. für Lehrerfortb., Nov. 1981, S. 440–445.
Krippner, D.: Mathematik differenziert unterrichten. Hannover 1992.
Kusmina, N.W.: Psychologie der Lehrertätigkeit. Berlin 1971.

Lange, O.: Allgemeine Lernziele für Mathematik – Erläuterungen zu einem Lernzielkatalog. In: LU 1974/4.
Lauter, J.: Fundament der Grundschulmathematik. Donauwörth 1991.
Lauth, G./Holzhauer, D./Weitendorf, K.: Trainingsmanual kognitiver Fertigkeiten bei retardierten Kindern. Oldenburg/Tübingen 1983.
Lehmann, H./Vollstadt, W.: Effektive Planung und Vorbereitung des Unterrichts. Berlin 1986.
Lehmann, K.: Leistungssteigerung durch vielseitige Motivierung. Math. Schule. Teil 1: 1981, S. 151–169; Teil 2: 1981, S. 297–305; Teil 3: 1981, S. 371–377.

Lenné, H.: Analyse der Mathematikdidaktik in Deutschland. Stuttgart 1969.
Leppig, M.: Mathematikleistungen von Studienbewerbern 1976. ZDM 1978/2.
Leppig, M.: Wie sinnvoll ist das »Päckchenrechnen«? In: Die Grundschule 1984, S. 59–61.
Leppig, M. (Hrsg.): Lernstufen Mathematik 6. Hauptschule Nordrhein-Westfalen. Düsseldorf 1989, S. 37.
Leppig, M. (Hrsg.): Lernstufen Mathematik 7. Hauptschule Nordrhein-Westfalen. Düsseldorf 1990, S. 30.
Lewy (1966) in: Bloom/Hastings/Madaus (1971).
Lichtenberger, J.: Spiele mathematisch. Eine themenbezogene Spielauswahl für den Unterricht in den Klassen 5–7. Düsseldorf 1989^{3}.
Lietzmann, W.: Methodik des mathematischen Unterrichts. Heidelberg 1968.
Lompscher. J./Stahl, R.: Einige Besonderheiten der Analyse und Synthese im Denken der Schüler beim Lösen arithmetischer Textaufgaben. »Pädagogik«, 4. Beiheft 1962.
Lompscher, J. (Hrsg.): Probleme der Ausbildung geistiger Handlungen. Berlin 1972.
Lompscher, J. u.a.: Theoretische und experimentelle Untersuchungen zur Entwicklung geistiger Fähigkeiten. Berlin 1972 (1975^{2}).
Lorenz, J.H. (Hrsg.): Lernschwierigkeiten. Forschung und Praxis. Köln 1984.
Lorenz, J.H. (Hrsg.): Mathematik und Anschauung. Köln 1993.
Lorenz, J.H./Radatz, H.: Handbuch des Förderns im Mathematikunterricht. Hannover 1993.
Luria, A.R.: Experimentelle Analyse der Entwicklung willensmäßiger Handlungen bei Kindern. In: D. Brengelmann (Hrsg.): Perspektiven der Persönlichkeitsforschung. Bern 1961, S. 107–115.

Mager, R.F.: Motivation und Lernerfolg. Weinheim 1970 (1979^{8}).
Mager, R.F.: Zielanalyse. Weinheim/Basel 1973.
Mager, R.F.: Lernziele und Unterricht. Weinheim/Basel 1994 (unveränd. Neuausg. von 1977).
Markl, T.: Textaufgaben – Stiefkinder des modernen Mathematikunterrichts? In: DdM 1979/1, S. 73–81.
Markle, S.M./Tiemann, P.W.: Conceptual learning and instructional design. Journal of Ed. Technology, Vol. I, No. 1 (1970), S. 52–62.
Maslow, A.H.: Motivation and personality. New York 1954.
Meichenbaum, D.: Kognitive Verhaltensmodifikation. München/Wien/Baltimore 1979.
Menacher, P.: Erklärungsansätze für geschlechtsspezifische Interessen- und Leistungsunterschiede in Mathematik, Naturwissenschaften und Technik. In: ZDM 1994/1, S. 1–11.
Merten, R.: Die Entwicklung lernzielorientierter Testaufgaben … In: LU 1972/3.
Merz, W./Raatz, U: Zur taxonometrischen Beschreibung lernzielorientierter Testaufgaben. In: LU 1972/1/2.
Merz, W./Schneider, J./Spiering, TH.: Planungsaufgabe Unterricht. Worshop Schulpädagogik Materialien 10. Ravensburg 1975^{2}.
Messer, A. u.a.: Planungsaufgabe Unterricht. Ravensburg 1975^{2}.
Messner, R.: Funktionen der Taxonomie für die Planung von Unterricht. In: Bloom (1972).
Messner, H./Füglister, P.: Entwicklung eines Instruments zur Unterrichtsbeurteilung. In: Die Schweizer Schule 1973/20, S. 878–896.
Metzger, W.: Kann man schöpferisches Denken üben? In: Flitner, A./Scheuerl, H. (Hrsg.): Einführung in pädagogisches Sehen und Denken. München 1967 (1993^{4}).
Meyer, E.: Das Modell der Gruppendidaktik. In: Forsberg/Meyer (1973).
Meyer, H.: Trainingsprogramm zur Lernzielanalyse. Frankfurt a.M. 1974 (1975^{2}).
Meyer, H.: Leitfaden zur Unterrichtsvorbereitung. Frankfurt a.M. 1980 (1991^{10}).
Meyer, H.: Unterrichtsmethoden.
Bd. 1: Theorieband. Frankfurt a.M. 1987 (1988^{2}).
Bd. 2: Praxisband. Frankfurt a.M. 1987.
Montada, L.: Die Lernpsychologie Jean Piagets. Stuttgart 1970.
Müller, G./Wittmann, E.: Der Mathematikunterricht in der Primarstufe. Braunschweig 1977.

Müller, H.: Grundtypen des Begründens im Mathematikunterricht. In: Math. Schule 1991, S. 437–445.
Müller, H.: Heuristisches Arbeiten im Lösen von Komplexaufgaben. In: MU 1992/3, S. 7–23.
Müller, H.: Aufgaben zur Schulung der Raumanschauung. Math. Schule 1995/4, S. 214–221.
Münzinger, W. (Hrsg.): Projektorientierter Mathematikunterricht. München 1977.

Nägerl, H. u.a.: Über die Schwierigkeiten von Studienanfängern der Medizin beim Transfer einfacher mathematischer Regeln. DdM 1975/2, S. 150–158.
Neander, J.: Mathematik und Ideologie. Starnberg 1974.
Neber, H. (Hrsg.): Entdeckendes Lernen. Weinheim/Basel 1973 (neu: 1981³).
Nenninger, P./Eigler, G./Macke, G.: Studien zur Mehrdimensionalität von Lehr-Lern-Prozessen. Bern/Berlin/Frankfurt a.M. 1993.
Niegemann, H.M.: Lehren und Lernen von Begriffen im Unterricht. Diss. Saarbrücken 1978.

Odenbach, K.: Die Übung im Unterricht. Braunschweig 1965.
Oehl, W.: Der Rechenunterricht in der Grundschule. Hannover 1962.
Oehl, W.: Der Rechenunterricht in der Hauptschule. Hannover 1965 (1976⁶).
Oelschläger, H.J.: Zur Praxisrelevanz pädagogischer Literatur. Stuttgart 1978.
Ohl, W.: Aneignungsprozeß, Wissenserwerb, Fähigkeitsentwicklung. Berlin 1973.
Olivero, J.L./Brunner, R.: Microteaching. München/Basel 1973.
Overing, R.L./Travers, M.W.: Die Wirkungen verschiedener Übungsbedingungen auf die Übertragung des Gelernten (Transfer). In: Hofer, M./Weinert, F.E. (Hrsg.): Funkkolleg Grundlagentexte. Pädagogische Psychologie, Bd. 2. Frankfurt a.M. 1973.

Padberg, F.: Didaktik der Arithmetik. Mannheim 1986.
Padberg, F.: Didaktik der Bruchrechnung. Mannheim 1989.
Palzkill, L./Schwirtz, W.: Die Raumlehrstunde (Eine Einführung in den operativen Geometrieunterricht der Hauptschule). Ratingen 1971.
Parreren, C.F. van: Lernprozeß und Lernerfolg. Braunschweig 1966 (neu 1972²).
Parreren, C.F. van: Lernen in der Schule. Weinheim/Basel 1972⁴.
Perelmann, J.J.: Unterhaltsame Geometrie. Berlin 1963.
Peschek, W.: Abstraktion und Verallgemeinerung im mathematischen Lernprozeß. In: JMD, 1989/3, S. 211–285.
Peterssen, W.H.: Zur Erfassung situativer Voraussetzungen für didaktische Entscheidungen. In: Die Deutsche Schule 1973/3, S. 173–180.
Piaget, J.: Psychologie der Intelligenz. Olten 1972² (3. Neuaufl. Frankfurt a.M. 1992).
Piaget, J./Inhelder, B.: Die Entwicklung der physikalischen Mengenbegriffe beim Kinde. Stuttgart 1969.
Piaget, J./Inhelder, B.: Psychologie des Kindes. Olten 1972 (Neuaufl. München 1993).
Pietzsch, G.: Überlegungen zur Gestaltung des Unterrichts bei der Aneignung mathematischer Begriffe. In: Math. Schule 22, 1984/2/3, S. 121–132.
Piontkowski, U.: Interaktion und Kommunikation im Unterricht. In: Treiber/Weinert (1982, S. 149–176).
Pippig, G.: Zur Entwicklung mathematischer Fähigkeiten. Berlin 1971.
Polya, G.: Die Heuristik. Versuch einer vernünftigen Zielsetzung. In: MU 1964/1, S. 5–15.
Polya, G.: Schule des Denkens. Bern 1967² (1980³).
Polya, G.: Vom Lösen mathematischer Aufgaben. Basel 1966 (Bd. 1: 1979²; Bd. 2: 1983²).
Popp, W.: Die Funktion von Modellen in der didaktischen Theorie. In: Dohmen, G./Maurer, F./Popp, W. (Hrsg.): Unterrichtsforschung und didaktische Theorie. München 1970.
Profke, L.: Praktische Anwendungsaufgaben im Mathematikunterricht. In: Math. Schule 29/1991, S. 845–867.
Profke, L.: Veranschaulichen … nicht nur Visualisieren. In: Kautschitsch, H. (Hrsg.): Anschauliche und experimentelle Mathematik II. Wien 1994.
Profke, L.: Brauchen wir einen Mathematikunterricht? In: Math. Schule 1995/3, S. 129–136.

Putz-Osterloh, V.: Über die Effektivität verschiedener Trainingsverfahren zur Verbesserung des Problemlöseverhaltens erwachsener Personen. Diss. Kiel 1973.

Raatz, U./Forth, H./Priemer, W.: Welche mathematischen Kenntnisse sind im Beruf erforderlich? Eine empirische Untersuchung. In: LU 1973/2.
Radatz, H.: Individuum und Mathematikunterricht. Hannover 1976.
Radatz, H.: Fehleranalysen im Mathematikunterricht. Braunschweig 1980.
Radatz, H.: Untersuchungen zum Lösen eingekleideter Aufgaben. In: JMD 1983/3, S. 205–217.
Radatz, H./Rickmeyer, K.: Handbuch für den Geometrieunterricht an Grundschulen. Hannover 1991.
Radatz, H./Schipper, W.: Handbuch für den Mathematikunterricht an Grundschulen. Hannover 1983.
Reichold, K. u.a.: Zu methodischen Problemen beim Behandeln von Sach- und Anwendungsaufgaben. TH Karl-Marx-Stadt (Chemnitz) 1977.
Reichold, K.: Zur Behandlung von Sachaufgaben in Klasse 5 unter Beachtung des auszuprägenden Kenntnisniveaus beim Finden des mathematischen Ansatzes. In: Math. Schule, 1980/7/8, S. 369–374.
Reichold, K.: Zur Behandlung von Sachaufgaben in Klasse 6 unter Beachtung des auszuprägenden Kenntnisniveaus beim Finden des mathematischen Ansatzes. In: Math. Schule, 1982/2/3, S. 148–155.
Reichold, K.: Zur Behandlung von Sachaufgaben in Klasse 7 unter Beachtung des auszuprägenden Kenntnisniveaus beim Finden des mathematischen Ansatzes. In: Math. Schule, 1983/7/8, S. 532–545.
Reichold, K.: Zur Behandlung von Sachaufgaben in Klasse 8 unter Beachtung des auszuprägenden Kenntnisniveaus beim Finden des mathematischen Ansatzes. In: Math. Schule, 1984/2/3, S. 140–148.
Reiss, V.: Fachspezifische Sozialisation in der Ausbildung von Gymnasiallehrern mit naturwissenschaftlichen Unterrichtsfächern. In: Neue Sammlung 1975, S. 298–314.
Resnick, L./Glaser, R.: Problem solving and intelligence. In: Resnick, L. (Hrsg.): The nature of intelligence. New York 1976, S. 205–230.
Rheinberg, F.: Leistungsbeurteilung und Lernmotivation. Göttingen 1980.
Riedel, K.: Lehrhilfen zum entdeckenden Lernen. Hannover 1973.
Ritz-Fröhlich, G.: Das Gespräch im Unterricht. Stuttgart 1982².
Robinsohn, S.B.: Bildungsreform als Revision des Curriculum. Neuwied 1970².
Rosch, E./Mervis, D.B.: Family resemblances: Studies in the internal structure of categories. Cogn. Psychol. 7, 1975, S. 573–605.
Rosenfeld, G.: Theorie und Praxis der Lernmotivation. Berlin 1973⁸.
Rosenthal, R./Jacobsen, L.: Pygmalion im Unterricht. Lehrererwartungen und Intelligenzentwicklung der Schüler. Weinheim/Basel/Berlin 1971.
Roth, H.: Pädagogische Psychologie des Lehrens und Lernens. Hannover 1965⁸ (1976¹⁵).
Roth, H./Blumenthal, A. (Hrsg.): Zum Problem der Lernziele. Hannover 1973.
Roth, H./Blumenthal, A. (Hrsg.): Soziales Lernen in der Schule. Hannover 1977.
Rutter, M. u.a.: Fünfzehntausend Stunden. Schulen und ihre Wirkung auf die Kinder. Weinheim 1980.
Ryle, G.: Denken. In: Graumann, C.F. (Hrsg.): Denken. Köln/Berlin 1971.

Salzmann, C.: Impuls – Denkanstoß – Lehrerfrage. Essen 1970² (1977⁴).
Schiefele, H.: Lernmotivation und Motivlernen. München 1978².
Schiffler, H.: Fragen zur Kreativität. Ravensburg 1973.
Schipper, W. u.a.: Üben im Mathematikunterricht der Grundschule. NLI-Bericht 26. Hildesheim 1993⁷.
Schipper, W.: Stoffauswahl und Stoffanordnung im mathematischen Anfangsunterricht. In: JMD 1982/3.
Schmidt, G.: Innermathematische Motivation. In: MU 1985/3, S. 60–74.

Schmidt, S.: Lernziele des affektiven Bereichs auch im Mathematikunterricht? In: LU 1976/2, S. 1–10.

Schoenfeld, A.H.: Mathematical Problem Solving. New York 1985.

Schreiner, G.: Soziales Lernen in der Schule. In: WPB 1973/8, S. 415–421.

Schreiner, G.: Soziales und politisches Lernen. In: Deutsche Schule 1974/1, S. 22–34; 1974/2, S. 83–95.

Schubring, G./Thiede, U.: Dokumentation der Mathematik-Lehrpläne in der Bundesrepublik Deutschland (V). Allgemeinbildende und berufsbildende Schulen 1986–1992. Schriftenreihe des IDM, Universität Bielefeld 35/1993.

Schulz, W.: Drei Argumente gegen die Formulierung von »Lernzielen« und ihre Widerlegung. In: Mager (1977).

Schulz, W.: Unterrichtsplanung. München/Wien/Baltimore 1980[2] (1981[3]).

Schulz, W./Teschner, P./Voigt, J: Verhalten im Unterricht. Seine Erfassung durch Beobachtungsverfahren. In: Ingenkamp, K. (Hrsg.): Handbuch der Unterrichtsforschung, Teil 1. Weinheim/Berlin/Basel 1970.

Schupp, H.: Elemente der Logik. Braunschweig 1970.

Schupp, H.: Schülerpräferenzen im Mathematikunterricht des 7. Schuljahres. Math. did. 1983/1, S. 19–28.

Schwartze, H.: Elementarmathematik aus didaktischer Sicht.
Bd. 1: Arithmetik und Algebra. Bochum 1980.
Bd. 2: Geometrie. Bochum 1984.

Schwartze, H./Fricke, A.: Grundriß des mathematischen Unterrichts. Bochum 1983[7].

Seiler, T.B.: Die Bereichsspezifizität normaler Denkstrukturen – Konsequenzen für den pädagogischen Prozeß. In: Frey, K./Lang, M. (Hrsg.): Kognitionspsychologie und naturwissenschaftlicher Unterricht. Bern/Stuttgart/Wien 1973.

Sjølund, A.: Der Kommunikationsprozeß im Unterricht. In: Forsberg/Meyer (1973).

Skemp, R.R.: Goals of learning and qualities of understanding. In: Math. Teaching, No. 88, Sept. 1979, S. 44–49.

Skinner, B.F.: Erziehung als Verhaltensformung. München/Neubiberg 1971.

Skowronek, H.: Lernen und Lernfähigkeit. München 1969 (1976[6]).

Sommer, H.: Grundkurs Lehrerfrage. Weinheim/Basel 1981.

Stahl, R.: Das Lernen im Mathematikunterricht. In: Lompscher, J. (Hrsg.): Psychologie des Lernens in der Unterstufe. Berlin 1972[2].

Stampe, E.: Repititorium Fachdidaktik Mathematik. Bad Heilbrunn 1984.

Starke, H./Türke, W.: Fachtheoretische Grundlagen des Geometrieunterrichts und methodische Hinweise zur Unterrichtsgestaltung. Berlin 1971.

Stein, G.: Lernzielproblematik im Mathematikunterricht. In: LU 1973/4.

Steiner, G.: Mathematik als Denkerziehung. Stuttgart 1973.

Steinhöfel, W./Reichold, K.: Zur Behandlung mathematischer Sätze und ihrer Beweise im Mathematikunterricht. In: Math. Schule 1971/11, S. 700–707 (Teil 1); 1972/10, S. 217–226 (Teil 2).

Steinhöfel, W./Reichold, K.: Zur Verwendung von Handlungsanweisungen beim Beweisen mathematischer Sätze im Unterricht. In: Math. Schule 1973/3, S. 168–175.

Steinhöfel, W./Reichold, K./Frenzel, L.: Einige Probleme bei der Behandlung von Sach- und Anwendungsaufgaben in den Klassen 5 und 6. In: Math. Schule 1975/1, S. 20–28.

Steinhöfel, W./Reichold, K./Frenzel, L.: Einige Probleme bei der Behandlung von Konstruktionsaufgaben in Klasse 6. In: Math. Schule 1975/2, S. 79–86.

Steinhöfel, W./Reichold, K./Frenzel, L.: Gestaltung typischer Unterrichtssituationen. TH Karl-Marx-Stadt (Chemnitz) 1978.

Stern, E.: Warum werden Kapitänsaufgaben gelöst? In: MU 1992/5, S. 7–29.

Straka, G./Macke, G.: Lehren und Lernen in der Schule. Stuttgart 1981[2].

Strehl, R.: Grundprobleme des Sachrechnens. Freiburg i. Br. 1979.

Strunz, K.: Der neue Mathematikunterricht in pädagogisch-psychologischer Sicht. Heidelberg 1968.

Studeny, G.: Kummer mit dem Sachrechnen – muß das sein? In: PW 1995/9, S. 409–412.

Švajčer, V.: Strategie der Gruppenbildung. In: Forsberg/Meyer (1973).

Tausch, R.: Wesentliche Verhaltensdimensionen und Zusammenhänge der sozialen Interaktion in Erziehung und Unterricht. In: Meyer, E. (Hrsg.): Neuer Stil in Schule und Unterricht. Stuttgart 1971².
Tausch, R./Tausch, A.-M.: Erziehungspsychologie. Göttingen/Toronto/Zürich 1977⁸ (1991¹⁰).
Tennyson, R.D./Park, O.: The teaching of concepts. A review of instructional design research literature. Review of educaticational research. Vol. 50, No. 1, 1980, S. 55–70.
Tietze, U.P.: Eine Untersuchung zum Analogisieren und strukturellen Transfer. In: Bauersfeld u.a. (1981, S. 193–227).
Tietze, U.P./Klika, M./Wolpers, H.: Didaktik des Mathematikunterrichts in der Sekundarstufe II. Braunschweig 1982.
Treiber, B./Weinert, F.E. (Hrsg.): Lehr-Lern-Forschung. München/Wien/Baltimore 1982.

Vester, F.: Denken, Lernen, Vergessen. München 1980⁵.
Viet, U.: Mathematikunterricht 5–10. Weinheim/Basel 1982.
Vogel, A.: Artikulation des Unterrichts, Verlaufsstrukturen und didaktische Funktionen. Ravensburg 1975⁴.
Vollrath, H.-J.: Methodik des Begriffslehrens im Mathematikunterricht. Stuttgart 1984.
Vollrath, H.-J.: Algebra in der Sekundarstufe. Mannheim 1994.
Vontobel, J.: Leistungsbedürfnis und soziale Umwelt. Bern 1970.
Vortmann, H.: Grundlagen und Praxis psychomotorischer Lernziele im Mathematikunterricht. Kastellaun 1977.
Vortmann, H./Schmid, H.: Die Übung im Mathematikunterricht der Grund- und Hauptschule in Unterrichtsbeispielen. Ratingen/Kastellaun/Düsseldorf 1975 (neu: 1991).
Vygotski, L.S.: Denken und Sprechen. Frankfurt a.M. 1969 (Neuausg. 1986).

Wagemann, E.B.: Von der Übung im Mathematikunterricht. Universität Gießen 1984.
Wagenschein, M.: MU 1962/4 (Exemplarisches Lehren im Mathematikunterricht).
Walsch, W.: Zum Beweisen im Mathematikunterricht. Berlin 1975.
Walsch, W.: Beweisen im Mathematikunterricht – logische, psychologische und didaktische Aspekte. In: MU 1992/6, S. 23–32.
Walsch, W./Weber, K. u.a.: Methodik Mathematikunterricht. Berlin 1975.
Walter, H.: Neue Wege zum optimalen Unterricht (Beobachtung und Beurteilung von Schüler- und Lehrerverhalten). München 1975.
Walter, H./Edelmann, J.: Pragmatische Unterrichtsvorbereitung. Braunschweig 1979.
Webb, N.L.: An exploration of mathematical problem solving processes. Diss. Stanford 1975.
Weidenmann, B.: Psychische Prozesse beim Verstehen von Bildern. Bern 1988.
Weiner, B.: Motivationspsychologie. Weinheim 1984.
Weinert, F.E.: Einführung in das Problemgebiet der Pädagogischen Psychologie. In: Weinert, F.E. u.a.: Funkkolleg Pädagogische Psychologie Bd. 1. Frankfurt a.M. 1974.
Wellenreuther, M./Zech, F.: Gestaltung von Lehrtexten für den Mathematikunterricht am Beispiel einer Untersuchung zur Prozentrechnung. Teil I: Math. did. 9, S. 159–178 (1986). Teil II: Math. did. 10, S. 23–43 (1987).
Weltner, K.: Autonomes Lernen. Stuttgart 1978.
Wendeler, J.: Lernzieltests im Unterricht. Weinheim/Basel 1981.
Wertheimer, M.: Produktives Denken. Frankfurt a.M. 1964².
Wilson, J.W.: Evaluation of learning secondary school mathematics. In: Bloom/Hastings/Madaus (1971).
Winter, H.: Vorstellungen zur Entscheidung von Curricula für den Mathematikunterricht in der Gesamtschule. In: Beiträge zum Lernzielproblem. Ratingen 1972.
Winter, H.: Steigerung arithmetischer Fähigkeiten. In: Die Grundschule 1974/8, S. 415–427; 1974/9, S. 470–477.
Winter, H.: Begriff und Bedeutung des Übens im Mathematikunterricht. In: ML 1984/2, S. 4–16

Winter, H.: Sachrechnen in der Grundschule. Bielefeld 1985.
Winter, H.: Mathematik entdecken. Neue Aufsätze für den Unterricht in der Grundschule. Frankfurt a.M. 1987.
Winter, H.: Entdeckendes Lernen im Mathematikunterricht. Braunschweig 1991².
Winter, H./Ziegler, H.: Neue Mathematik 5. Hannover 1969.
Wittenberg, A.: Bildung und Mathematik. Stuttgart 1963.
Wittmann, E.: Zur Rolle von Prinzipien in der Mathematikdidaktik. In: Beiträge zum Mathematikunterricht 1975. Hannover 1975.
Wittmann, E.: Piagets Begriff der Gruppierung. In: G. Steiner (Hrsg.): Psychologie des XX. Jhdts. Bd. VII Piaget und die Folgen. Zürich 1978, S. 219–238.
Wittmann, E.: Grundfragen des Mathematikunterrichts. Braunschweig 1981⁶.
Wittmann, E.: Objekt – Operationen – Wirkungen: Das operative Prinzip in der Mathematikdidaktik. In: ML 1985/11, S. 7–11.
Wittman, E./Müller, G.: Handbuch produktiver Rechenübungen.
Bd. 1: Vom Einspluseins zum Einmaleins. Stuttgart 1994².
Bd. 2: Vom halbschriftlichen zum schriftlichen Rechnen. Stuttgart 1994.
Wittoch, M.: Motivation im Mathematikunterricht lernschwacher Schüler. In: MU 1985/3, S. 92–108.
Wölpert, H.: Materialien zur Entwicklung der Raumvorstellung im Mathematikunterricht. In: MU 1983/6.
Wood, R.: Objectives in the teaching of mathematics. In: Educational research 10, S. 83–98.

Zbick, E.M.: Die Rolle des Motivationsproblems in der Mathematikdidaktik. Diss. Duisburg 1988.
Zech, F.: Mathematikunterricht nach lehr-lerntheoretischer Orientierung. Entwicklung eines Theorie und Praxis verbindenden Kurses für künftige Mathematiklehrer. Weinheim/Basel 1978.
Zech, F.: Neuere Tendenzen in der Mathematikdidaktik – mit Unterrichtsbeispielen. Braunschweig 1981.
Zech, F.: Motivation im/für Mathematikunterricht im Lichte neuerer Psychologie, Pädagogik, Mathematikdidaktik. In: MU 1985/3, S. 7–27.
Zech, F.: Geometrie 1. Reihe »Stützpfeiler Mathematik«. Berlin 1992.
Zech, F.: Geometrie 2. Reihe »Stützpfeiler Mathematik«. Berlin 1993.
Zech, F.: Mathematik erklären und verstehen. Eine Methodik des Mathematikunterrichts mit besonderer Berücksichtigung von lernschwachen Schülern und Alltagsnähe. Berlin 1995.
Zech, F./Wellenreuther, M.: Konstruktive Entwicklungsforschung: Eine zentrale Aufgabe der Mathematikdidaktik. JMD 13 (1992) 2/3, S. 143–198.
Zech, F./Wellenreuther, M. (Hrsg.): Stützpfeiler Mathematik. Wichtige Bausteine für Rechnen und Geometrie im Alltag aus den Schuljahren 5–8. Hefte zur Geometrie, Bruchrechnung, Prozentrechnung, Zinsrechnung und Schlußrechnung. Berlin 1992–1996.
Zimmermann, B.: Analyse des Problemlöseverhaltens bei Aufgaben der Inzidenzgeometrie. Diss. Paderborn 1977.

Sachverzeichnis

Autorenverzeichnis